ILS ÉTAIENT
COMME DES GÉANTS

Leurs parents étaient japonais,
ils étaient américains et ils ont libéré l'Europe…

L'histoire vraie de ces héros oubliés
de la Seconde Guerre mondiale

Du même auteur

Ils étaient un seul homme. L'histoire vraie de l'équipe d'aviron qui humilia Hitler, La Librairie Vuibert, 2014.

Daniel James Brown

ILS ÉTAIENT
COMME DES GÉANTS

Traduit de l'américain par Grégory Martin

BUCHET ● CHASTEL

Titre original
Facing the Mountain – A True Story of Japanese American Heroes in World War II

Éditeur original
Viking, New York, 2021.
© Golden Bear Endeavors, LLC, 2021.
Pour l'avant-propos © Thomas K. Ikeda, 2021

La correspondance entre Hiro Higuchi et son épouse Hisako Higuchi
est reproduite avec l'aimable l'autorisation de Royce Fukunaga.
La correspondance entre les membres de la famille Saito est reproduite
avec l'aimable autorisation du Japanese American National Museum.

Cartes réalisées par Jeffrey L. Ward

© Buchet/Chastel, Libella, Paris, 2023

ISBN 978-2-283-03586-3

À Kats, Rudy, Fred et Gordon
Et à tous ceux qui ont brandi haut le flambeau de la liberté
Et nous ont conduits par-delà la montagne
quand les ténèbres ont surgi.

« En fait, je pense à tous ces gars qui ne sont pas revenus,
j'espère qu'ils nous regardent depuis là-haut et que, eux aussi,
ils se réjouissent en se disant :
"Regardez ce que nous avons fait." »

Rudy Tokiwa, 24 mars 2002

Avant-propos de Tom Ikeda

Il y a vingt-huit ans, en 1995, avec l'aide de bénévoles, j'ai entrepris d'enregistrer et de rendre accessibles au public les récits de vie de nos aïeux nippo-américains incarcérés pendant la Seconde Guerre mondiale. Nous avons dénommé ce projet *Densho*, du japonais signifiant « laisser un héritage pour les générations futures ». À l'époque, mon père m'avait assuré, d'une voix douloureuse, que c'était une mauvaise idée. Les membres de la communauté voulaient avant tout oublier les années de guerre et les souffrances qu'ils avaient endurées.

C'est ainsi que s'engagea une longue discussion avec un homme qui me disait rarement ce que je devais faire. À la fin de la conversation, je lui indiquai qu'il me fallait poursuivre mon projet avec l'espoir qu'il se rangerait à mon avis. Car ce moment de l'histoire américaine était rarement enseigné à l'école et trop peu de personnes avaient jamais entendu parler de l'incarcération de 120 000 Nippo-Américains. Ceux qui avaient vécu cette expérience étaient au soir de leur vie. Nous devions écouter et enregistrer leur histoire. Quand mon père vit que j'allais réellement interviewer les témoins, il me mit en garde, m'invitant à garder à l'esprit ceci : « Il existe de profondes divisions dans notre communauté et certains ne souhaitent pas en parler. Sois délicat et ne juge pas en te fondant sur ce que tu penses savoir. La vie peut basculer rapidement. »

Au cours des années qui ont suivi cet échange, mon père est devenu mon meilleur conseiller. Il a même accepté d'être interviewé et a été un lien privilégié entre Densho et les Nippo-Américains les plus âgés, précisément ceux qui étaient les plus réticents à l'idée de partager leur histoire.

Vingt ans plus tard, par une journée ensoleillée, je me tenais sur une scène dressée en plein air afin de recevoir une distinction remise par le maire de Seattle. Elle récompensait le travail de Densho pour la préservation et la transmission de notre histoire. L'estrade se trouvait devant la célèbre fresque de l'artiste nippo-américain Paul Horiuchi, une mosaïque en verre de 5 mètres de haut sur 19 de large aux couleurs vives. Lors d'une interview que j'avais menée six ans auparavant avec sa veuve, j'avais appris qu'en raison de ses origines, Paul avait eu du mal à trouver du travail quand ils vivaient dans le Wyoming. Son épouse et lui étaient si pauvres que lorsqu'ils rendaient visite aux membres de leur famille internés au camp de concentration de Minidoka dans l'Idaho, Bernadette était jalouse des enfants qui mangeaient des repas chauds, avaient un toit et pouvaient boire du lait. Je me souviens de m'être senti mal à l'aise en écoutant Bernadette évoquer cela. Puis j'ai réalisé encore plus intensément combien ces années avaient dû être difficiles pour sa famille. Mon père avait raison quand il me conseillait d'écouter et de ne pas juger.

Quand j'ai détourné le regard de la fresque et que j'ai scruté l'assistance pour chercher des yeux mon père de 88 ans, mon attention a été retenue par les lignes gracieuses des arches de Yamasaki, des arches néogothiques hautes de 150 mètres qui ont été conçues par l'architecte originaire de Seattle, Minoru Yamasaki pour l'Exposition universelle de 1962. Elles devaient être temporaires. Elles étaient pourtant si belles qu'elles sont restées et figurent à présent parmi les monuments notables de la ville. Non sans ironie, deux des autres créations de Yamasaki qui, elles, étaient censées être permanentes, les tours jumelles du World Trade Center à New York, ont été détruites par des terroristes le 11 septembre 2001. Au cours des jours et des mois qui suivirent ces attentats, je me rappelle à quel point les Nippo-Américains étaient horrifiés en voyant les musulmans et les Arabo-Américains être attaqués, ostracisés, et traités comme des ennemis, à l'instar de ce qu'avaient vécu nos parents et nos grands-parents pendant la Seconde Guerre mondiale. Puis je me suis souvenu des mots de mon père : « La vie peut basculer rapidement. »

Lors de la cérémonie, le maire de Seattle a présenté le travail de Densho avant de me donner la parole. J'ai commencé mon propos en dédiant la récompense à mon père, dont, tout le temps où je parlais, je cherchais le visage dans la foule. Je l'ai finalement aperçu en train de me faire signe au troisième rang en partant du fond, sur un côté. J'imagine qu'il s'était assis à un endroit isolé pour ne pas prendre le siège d'un officiel, sans réaliser que ce jour-là, c'était lui la personne la plus importante.

Quand je suis retourné m'asseoir, j'ai pris place à côté d'un autre impétrant, Daniel James Brown, un homme discret à la voix douce, distingué ce jour-là pour le livre qu'il avait consacré à l'équipe d'aviron locale, *Ils étaient un seul homme*, un de mes ouvrages préférés. J'admirais son talent de conteur et mesurais l'importance des recherches historiques qu'il avait menées. Nous avons sympathisé immédiatement quand nous avons réalisé que nous avions tous les deux travaillé pour Microsoft au même moment puis quitté l'entreprise pour vivre notre passion. Dan me dit ensuite qu'il était intéressé depuis longtemps par le sort des Nippo-Américains durant la Seconde Guerre mondiale et qu'il pensait à ce sujet pour son prochain livre. Juste avant la fin de la cérémonie, nous avons échangé nos cartes de visite et nous sommes promis de rester en contact.

Cinq ans plus tard, me voici en train d'écrire l'avant-propos au livre qui est né, du moins en partie, de cette conversation. Dan et moi avons passé des heures ensemble, en compagnie de l'historien de Densho Brian Niiya, échangeant des idées et des propositions pour faire en sorte que l'ouvrage soit, d'un point de vue historique, le plus précis possible, s'appuyant sur une série de témoignages de Densho et d'autres archives à Hawaï et en Californie. J'ai suivi le travail de Dan et de son épouse, Sharon, qui ont passé de nombreuses années à mener des recherches et à voyager pour acquérir une connaissance approfondie de ce qu'avaient vécu les Nippo-Américains pendant la guerre. À un point tel que les moments passés avec Sharon et Dan m'ont permis d'en apprendre davantage. J'ai pris beaucoup de plaisir à découvrir la vie des aumôniers du 442e régiment d'infanterie à travers leur correspondance. Quel bonheur de retrouver Fred Shiosaki, Rudy Tokiwa et Gordon Hirabayashi, des hommes qui avaient généreusement passé des heures avec moi quand j'avais recueilli leurs témoignages et dont les histoires font désormais partie du livre de Dan !

Aux débuts de Densho, je rêvais que les histoires que nous rassemblions aident à lutter contre les injustices. *Ils étaient comme des géants* nous arrive en une époque troublée, en une époque où notre empathie est plus que jamais nécessaire afin de guider les choix que nous ferons. Ce livre va ouvrir des cœurs. Merci, Dan.

TOM IKEDA

Tom Ikeda est le directeur exécutif de Densho, une organisation à but non lucratif dont la mission est de collecter, préserver et rendre accessible l'histoire des Nippo-Américains, ainsi que de promouvoir la justice sociale et l'égalité des droits.

Note de l'auteur

En avril 1946, dans l'immédiat après-guerre, George Orwell a écrit : « Le langage politique – et à quelques variantes près, c'est le cas pour tous les partis politiques, des conservateurs aux anarchistes – est conçu pour rendre les mensonges crédibles et le meurtre respectable. »

Les événements au cœur de ce livre illustrent parfaitement son propos. Quand le gouvernement américain a déplacé des dizaines de milliers de Nippo-Américains de leur domicile et les a internés loin de tout, dans des camps sordides, il a justifié ces actions avec un langage destiné à expurger, euphémiser, masquer et déformer un certain nombre de faits concrets et déplaisants. Les dirigeants politiques et militaires ont qualifié le déplacement forcé de citoyens d'« évacuation ». Ils ont désigné les parents de ces citoyens, dont la plupart vivaient aux États-Unis depuis des décennies, par la formule d'« ennemis étrangers ». Ils ont décrit les champs de foire et les hippodromes où ces citoyens ainsi que leurs parents ont d'abord été confinés derrière des barbelés comme des « centres de rassemblement ». Ils ont nommé « centres de déplacement » les structures d'hébergement où plus d'une centaine de milliers de personnes ont vécu toute la guerre, entassées dans des baraques spartiates au milieu du désert. La presse de l'époque a adopté presque unanimement cette terminologie et les auteurs des livres d'histoire au cours des décennies suivantes s'en sont fait l'écho.

Pour raconter une histoire vraie, on doit utiliser les mots justes, et je me suis donc évertué au fil de mon récit à remplacer ces euphémismes par des termes plus honnêtes. Par exemple, je qualifie parfois les installations décrites plus haut de « camps de concentration ». Nul, à aucun moment, ne doit prendre cela comme signifiant qu'il ait jamais existé quelque équivalence que ce soit entre ces endroits et les camps de la mort et de travail forcé de l'Allemagne nazie, comme Auschwitz ou Dachau. Absolument rien dans l'histoire moderne et contemporaine n'équivaut à l'horreur qui s'est déroulée dans ces lieux. Mais il demeure que les « centres de rassemblement » et les « centres de déplacement » étaient, dans les faits, des camps de concentration américains, quelle que soit la définition que l'on en donne.

J'ai également veillé à être aussi précis et honnête que possible en restituant certaines conversations. Tous les dialogues apparaissant dans cet ouvrage sont directement extraits de transcriptions d'interviews ou d'autres sources primaires, et sont donc fidèles non seulement aux mots qui ont été prononcés, mais à la manière dont ils l'ont été. Ce point doit être souligné, en particulier parce que certains des personnages que vous allez croiser dans ces pages parlaient le créole hawaïen, connu dans les îles sous le nom de « pidgin ». Pour les profanes, ce langage peut sembler grossier ou même traduire un manque d'éducation. Ce n'est pas le cas. C'est simplement le langage chaleureux et familier issu du melting-pot culturel qu'est Hawaï. Combinant des mots et des expressions de l'anglais, du portugais, de l'hawaïen, du cantonais, du japonais, du coréen, du tagal et d'un peu d'espagnol, il est un moyen pratique de communication qui se joue des frontières raciales et linguistiques. Cette langue relie en un tout la grande *'ohana,* la « famille », hawaïenne. Et, comme vous allez le voir, elle tient, elle aussi, un rôle dans l'histoire que vous vous apprêtez à lire.

Prologue

> « Nous avons fait des sacrifices. Cela veut dire :
> "Je l'ai gagné, ne pensez pas que vous me le devez.
> C'est exactement cela : nous l'avons gagné." »
>
> Fred Shiosaki

L'un des nombreux plaisirs qu'il y a à écrire un livre comme celui-ci est de rencontrer les personnes exceptionnelles qui ont vécu l'histoire que vous vous apprêtez à raconter. D'habitude, on n'entre en contact avec elles que virtuellement, à travers leurs lettres, leurs journaux intimes ou les enregistrements vidéo qu'elles ont laissés derrière elles. Parfois, si on a de la chance, on peut faire leur connaissance en personne.

Ce fut le cas en 2018, lors d'un splendide après-midi typique d'Hawaï, quand mon amie Mariko Miho m'a fait pénétrer dans le Maple Garden Restaurant du quartier McCully-Mo'ili'ili d'Honolulu. L'endroit était plein du fracas des plats et des arômes chauds qui s'élevaient d'un buffet disposé le long d'un mur. La plupart des clients qui faisaient la queue devant les plats se trouvaient là en raison de la réduction offerte aux personnes âgées. Nous étions ici pour les convives.

Mariko m'a entraîné à l'arrière du restaurant où une demi-douzaine de messieurs aux cheveux blancs, tous nonagénaires, étaient assis autour de deux grandes tables rondes en compagnie de leurs épouses et de leurs enfants. Mariko me présenta à tout le monde. On me sourit et me fit quelques petits signes un peu timides, puis les conversations reprirent. Mariko m'invita à m'asseoir à côté de deux des messieurs qu'elle me présenta comme Roy Fujii et Flint Yonashiro. C'étaient des anciens combattants du 442ᵉ régiment d'infanterie. Pendant la Seconde Guerre mondiale, ce régiment avait combattu en Europe avec un tel courage qu'à la fin de la guerre, l'unité était une des plus décorées de l'histoire américaine. Roy et Flint se connaissaient et prenaient soin l'un de l'autre depuis au moins soixante-quinze ans. C'est ensemble qu'ils avaient combattu, ensemble qu'ils avaient perdu des amis, ensemble qu'ils avaient souffert, ensemble qu'ils avaient traversé l'enfer.

Très vite, ils me régalèrent d'histoires, et je les abreuvai de questions. Roy m'expliqua patiemment comment ajuster l'élévation d'un obusier de 105 millimètres. Tous deux évoquèrent le son terrifiant des obus d'artillerie en approche, les barres de friandises qu'ils avaient distribuées à des enfants affamés en Italie, leurs baignades dans la Méditerranée, et les précautions à prendre pour avancer entre la vie et à la mort à travers les champs de mines en Allemagne. Je sortis des cartes et aussitôt les deux hommes se penchèrent dessus, échangeant leurs impressions avec enthousiasme, indiquant les particularités du terrain en France – des montagnes qu'ils avaient gravies, les traversées de cours d'eau où certains de leurs amis avaient trouvé la mort. Nous avons parlé pendant une heure, voire plus, et pendant toute la conversation, ils avaient l'un et l'autre les yeux tellement brillants et les idées si claires, ils étaient si vivants qu'on aurait pu croire qu'ils avaient davantage 20 ans et des poussières que 90 ans passés. C'était facile de deviner quels hommes de cœur enthousiastes et audacieux ils avaient été autrefois.

Quand le déjeuner prit fin et que les anciens commencèrent à repousser leur siège, les membres des familles se bousculèrent afin de récupérer les déambulateurs et les cannes. Les filles, qui étaient elles-mêmes sexagénaires, se précipitèrent pour aider leur père à se relever. Les fils dégageaient le passage pour les fauteuils roulants. Quand Roy Fujii se releva, il chancela légèrement. Il y avait une chaise entre lui et la porte et il n'était pas certain que Roy l'ait vue. Plus vite que je n'aurais pu le faire, Flint Yonashiro, 94 ans, sauta sur ses pieds, courut autour de la table, écarta la chaise du passage, aida Roy à se tenir debout et lui tendit sa canne.

Ce n'était pas grand-chose, mais je ne l'oublierai jamais. Cela résumait en un geste tout ce que j'ai appris à propos non seulement de cette demi-douzaine d'hommes, mais également de milliers de leurs semblables. Pendant trois quarts de siècle, à travers tout le pays, ils s'étaient réunis, lors de déjeuners, de dîners ou de *lū'au*, les fêtes traditionnelles à Hawaï, chez eux, dans des restaurants ou dans les locaux d'associations d'anciens combattants, avec le besoin d'être de nouveau ensemble, le besoin de se montrer à quel point ils s'aimaient, le besoin de prendre soin les uns des autres, comme le font des frères. Quand ils quittèrent le restaurant cet après-midi-là, des inconnus les laissèrent passer, et une vague de vénération muette envahit la pièce. Nous savions tous que, désormais, ils ne seraient plus avec nous pour très longtemps, et nous souhaitions tous que cela ne fût pas le cas. Et c'est la raison pour laquelle, en cet endroit, j'ai pris la décision – grâce à l'aide précieuse de certains d'entre eux, de leurs enfants, de leurs amis et de leurs compatriotes – de raconter leur remarquable histoire du mieux que je le pourrais.

Certains venaient de bourgades, d'autres de grandes villes. Certains étaient originaires de petites fermes familiales dans l'Ouest américain, d'autres de plantations d'ananas et de cannes à sucre à Hawaï. Dans l'ensemble, ils avaient grandi comme d'autres garçons américains, entre matchs de base-ball ou de football et séances de cinéma le samedi après-midi. Ils jouaient dans les fanfares lors de la fête nationale, s'amusaient dans les foires locales, mangeaient des burgers avec des frites, bricolaient ensemble sous les capots des voitures, et écoutaient des airs de swing à la radio. Ils prévoyaient d'aller à l'université, de travailler dans l'entreprise familiale ou de s'occuper de la ferme plus tard. Ils lorgnaient les jolies filles aux livres serrés contre la poitrine dans les couloirs du lycée. Ils étudiaient l'histoire américaine et la littérature anglaise, ils suivaient des cours d'éducation physique ou d'enseignement manuel et technique, en attendant avec impatience le week-end. Et en cet automne-là, alors que les fêtes de fin d'année approchaient, il semblait que le monde entier s'offrait à eux.

Pourtant, au cours des heures que dura l'attaque japonaise contre Pearl Harbor ce 7 décembre 1941, tout cela bascula. Quelques jours après, le FBI frappait à leur porte, perquisitionnait leur domicile, emmenait leurs pères dans des endroits dont nul ne savait rien. Quelques semaines plus tard, beaucoup d'entre eux verraient leurs parents immigrés être contraints de vendre leur maison pour une bouchée de pain et de fermer l'entreprise qu'ils avaient passé des dizaines d'années à bâtir. Encore quelques mois, et des dizaines de milliers d'entre eux ou des membres de leur famille vivraient dans des baraques derrière des barbelés.

En dépit de leur américanité, les événements traumatisants de ce mois de décembre remirent en pleine lumière quelque chose qu'ils avaient toujours su : leur place dans la société américaine demeurait précaire. Des millions de leurs concitoyens les considéraient avec une animosité effrénée, fruit de décennies de discours anti-asiatiques déversés par la presse et éructés par les responsables politiques. Des arrêtés municipaux décidaient de là où ils pouvaient et ne pouvaient pas vivre. Les syndicats bloquaient régulièrement leur embauche dans les secteurs qu'ils contrôlaient. Les commerçants leur interdisaient l'entrée de leurs magasins, selon leur bon vouloir. Des lieux publics leur étaient parfois fermés. Des réglementations locales empêchaient leurs parents de posséder des biens fonciers. Dans de nombreux États, ils n'étaient pas autorisés à épouser quelqu'un d'une autre couleur de peau. Le gouvernement ne permettait pas à leurs parents de devenir des citoyens.

Il n'y avait pas de chemin tout tracé pour ces jeunes gens, ni de bonne ou de mauvaise façon de mener leur vie. Certains d'entre eux lanceraient des campagnes d'objection de conscience pour protester contre la suspension de leurs droits constitutionnels. D'autres, des milliers d'entre eux, serviraient dans l'armée et certains mourraient au combat en Europe, s'efforçant de prouver leur loyauté à l'égard des États-Unis. Tant de mères s'effondreraient en larmes en voyant des officiers, le visage fermé, franchir les barbelés pour leur annoncer une terrible nouvelle. Mais à la fin de leurs jours, tous ou presque – qu'ils se soient battus les armes à la main ou devant les tribunaux – seraient au nombre des héros américains.

L'histoire de ces jeunes gens – les combattants Nisei de la Seconde Guerre mondiale, parmi les Américains les plus courageux qui aient jamais existé – et la manière dont ils ont montré au monde, par leurs seuls actes, ce qu'être américain signifie, sont au cœur de ce livre. Mais celui-ci raconte aussi l'histoire de leurs parents immigrés, les Issei, qui, comme d'autres immigrés avant eux – venus d'Irlande ou d'Italie, d'Afrique du Nord ou d'Amérique latine –, ont été confrontés à la suspicion et aux préjugés dès qu'ils ont posé le pied en Amérique. Il raconte également comment ils se sont acharnés à gagner leur place dans l'histoire américaine, s'épuisant à des tâches serviles de l'aube au crépuscule, supportant en silence les discriminations et les insultes racistes, s'évertuant à apprendre la langue, créant des entreprises, cultivant la terre, fondant des familles unies, éduquant leurs enfants, bâtissant leur foyer. Il raconte les épouses, les mères et les sœurs qui ont préservé l'unité des familles dans des conditions extrêmes. Il raconte le sort des premiers Américains à avoir subi, après les Cherokee en 1838, des déplacements forcés, la privation de leurs moyens d'existence, et un internement de masse.

Mais en définitive, ce n'est pas une histoire de victimes. C'est bien davantage une histoire de vainqueurs, d'hommes et de femmes qui se sont battus, sont restés debout, ont défendu leurs principes, sacrifié leur vie, ont souffert, pour finir par l'emporter. Ce récit célèbre de jeunes Américains qui n'ont eu d'autre choix que de faire ce que leur sens de l'honneur, de la loyauté et de la justice leur disait de faire, de cultiver le meilleur d'eux-mêmes, d'embrasser les exigences dictées par leur conscience, de laisser leur foyer et leur famille derrière eux, de partir la fleur au fusil, d'affronter l'ennemi et de conquérir les montagnes de malheur qui les attendaient en chemin.

Première partie

LE CHOC

1.

« Si jamais je croise un soldat japonais,
je lui mettrai ma main dans la gueule
et mon pied dans les couilles. »

Ted Tsukiyama,
étudiant à l'université d'Hawaï,
7 décembre 1941

Katsugo « Kats » Miho était de ces gamins qu'on ne pouvait s'empêcher d'aimer. Et, ce qui ne gâchait rien, il était plutôt beau garçon. Avant même qu'il ne revête l'uniforme, les étudiantes de l'université d'Hawaï le trouvaient sacrément séduisant – « Un Cary Grant japonais », disaient-elles de lui. En particulier quand, après avoir plaqué ses cheveux en arrière, il vous lançait ce sourire insouciant qui faisait son charme. Mais son magnétisme ne se résumait pas à son physique de star de cinéma. Il y avait cette main toujours tendue vers vous, le regard qu'il vous offrait, la manière dont il vous invitait à le suivre, l'air de dire : « Eh, qui es-tu ? T'as cinq minutes pour discuter le coup ? On fait un tour ? »

Il émanait de lui une grâce décontractée, un optimisme naturel, une confiance en soi insouciante qu'il était impossible d'ignorer.

En ces premières heures du 7 décembre 1941, il dormait encore dans son dortoir de la Atherton House d'Honolulu, un bâtiment majestueux à la façade rose nacré qui ressemblait davantage à un manoir de la campagne anglaise qu'à un dortoir pour étudiants. Tandis que le soleil se levait sur O'ahu, l'île de l'archipel d'Hawaï où se trouve Honolulu, Kats s'agitait dans son lit, pensant à la journée qui l'attendait. Il avait l'habitude de se lever tard, mais le bruit courait parmi ses amis qu'il y avait un nouveau pasteur intéressant à l'église plus bas dans la rue. Et surtout, il avait eu vent que deux sœurs particulièrement jolies venues de l'île d'Hawaï (la grande île qui avait donné son nom à l'archipel) seraient au piano lors de l'office du matin. Il avait décidé d'aller y faire un tour avec quelques-uns de ses copains. Après l'office, il avait l'intention de réviser en vue des derniers examens qu'il lui restait à passer, et ensuite, il lui faudrait se préparer à retourner sur l'île de Maui pour les vacances de Noël.

Kats avait hâte de rentrer chez lui. Son premier semestre à l'université s'était très bien passé. Il suivait la formation militaire dispensée par le Corps d'entraînement de la réserve, s'était fait des amis sur le campus ainsi que dans son dortoir, obtenait de bonnes notes et s'amusait comme un fou. Mais les plats de sa mère ainsi que la compagnie de ses frères et sœurs lui manquaient. Il était impatient de traîner sur la plage avec ses anciens camarades du lycée de Maui, ceux qui étaient passés des bancs du lycée aux plantations de cannes à sucre et d'ananas pour y travailler. Ils joueraient sans doute au football pieds nus ou bien feraient un barbecue sur la plage de Kihei, comme ils en avaient l'habitude quand ils étaient enfants.

À 6 h 26 ce matin-là, au moment même où Kats était en train de se réveiller, le USS *Antares*, un ravitailleur, arrivait dans la zone interdite à la navigation au large du port militaire d'Honolulu, Pearl Harbor, remorquant une barge d'acier de 500 tonnes. Dans la lumière brumeuse de l'aube, le capitaine Lawrence Grannis remarqua dans l'eau un étrange objet en forme de cigare à un peu plus d'un quart de mille de son tribord avant. Dans l'incertitude en raison de la faible luminosité, mais suspectant que l'objet pourrait être un sous-marin, Grannis contacta par radio le contre-torpilleur *Ward* tout proche pour demander au capitaine du navire, William Outerbridge, et à son équipage de tâcher d'en savoir plus. Au même moment, au-dessus des bateaux, volant dans un hydravion de la Navy, l'enseigne William Tanner remarqua lui aussi l'objet. Supposant qu'il s'agissait d'un sous-marin américain en difficulté, il lâcha deux fumigènes à proximité pour marquer sa position. Le *Ward* se dirigea vers la fumée en accélérant à 25 nœuds, avançant rapidement vers ce que bientôt tous purent discerner dans la lueur naissante comme étant effectivement un sous-marin, mais un submersible assez étrange, de taille très réduite ; ce n'était définitivement pas un navire américain. À 6 h 45, le *Ward* ouvrit le feu et lança des grenades sous-marines. Le premier coup rata sa cible, le projectile passant au-dessus du submersible, mais le second toucha le navire exactement à la jonction entre le kiosque et la coque. Tout de suite, il commença à gîter et à couler. Presque simultanément, l'une des grenades sembla détoner directement sous lui et du fioul remonta à la surface, confirmant que le vaisseau avait été touché. À 6 h 54, le *Ward* transmit un message au capitaine de corvette Harold Kaminski, l'officier de service du 14e district naval à Pearl Harbor : « Avons envoyé charges profondes contre un sous-marin opérant dans la zone navale de défense. »

Surpris, Kaminski hésita, ne sachant pas s'il fallait y croire ou pas. À de nombreuses reprises, la présence de sous-marins hostiles avait été rapportée à tort au cours des mois précédents. Mais d'un autre côté, les nouvelles en provenance d'Asie orientale étaient de plus en plus inquiétantes depuis des semaines. Il saisit son combiné téléphonique et entama ce qui allait s'avérer être une interminable succession de coups de fil d'un officier à un autre pendant les heures suivantes. Petit à petit, la nouvelle de l'incident remonta lentement la chaîne de commandement jusqu'à atteindre l'amiral Husband E. Kimmel, le commandant en chef de la flotte du Pacifique.

Pendant ce temps-là, tout juste huit minutes après que le *Ward* eut transmis son message alarmant, à la station de radar mobile d'Opana de l'armée sur la côte nord d'O'ahu, le soldat de seconde classe George Elliott scrutait son oscilloscope sans pouvoir en croire ses yeux : sur l'instrument dernier cri, un énorme écho, bien plus gros que tout ce qu'il avait jamais observé, occupait un coin de l'écran. Il lui semblait que quelque chose ressemblant à une cinquantaine d'avions au bas mot volait en ligne droite depuis le nord, à environ 200 kilomètres de là. Effaré, il demanda au seul autre soldat de service, le seconde classe Joseph Lockard, de jeter un œil. Lockard scruta minutieusement l'écran, puis vérifia si l'instrument était en bon état de marche. Lui aussi n'avait jamais rien vu de semblable, mais il se dit que c'étaient très certainement des avions américains et qu'il ne servirait à rien de faire un signalement. Néanmoins Elliott décrocha le téléphone pour appeler ses supérieurs à Fort Shafter. On lui répondit d'attendre que quelqu'un le contacte. Plusieurs minutes s'écoulèrent. À environ 7 h 15, le lieutenant Kermit Tyler rappela, obtenant Lockard. Tyler, supposant qu'Elliott et Lockard avaient très certainement repéré un vol de B-17 dont il attendait l'arrivée ce matin-là, lança à Lockard : « Ne t'inquiète pas, c'est OK. » À peu près au même moment, l'information de l'engagement du *Ward* contre le sous-marin de poche parvint enfin à l'amiral Kimmel. Comme Kaminski, il doutait de la véracité du signalement. Il décida de ne rien entreprendre, choisissant d'attendre une confirmation.

De fait, il y avait bien une formation de B-17 en provenance de Californie qui approchait d'Oʻahu ce matin-là. Mais ce n'était pas elle qui était derrière le spot qu'Elliott et Lockard avaient repéré sur leur écran. Le spot était l'écho radar d'une escadrille de 183 appareils militaires japonais. Les navigateurs de ces avions, ajustant le tuner de leur radio de bord, avaient tout juste commencé à entendre de la musique hawaïenne – le son mélodieux des guitares folk et des ukulélés – par-dessus le vrombissement de leurs moteurs. À la demande de l'armée, le responsable de la station radio d'Honolulu avait accepté la veille au soir de garder son antenne ouverte pour diffuser de la musique toute la nuit. De cette manière, les navigateurs des B-17 en approche pourraient utiliser le signal de la radio afin de se caler sur la trajectoire la plus directe jusqu'à Honolulu. À cette heure précise, c'étaient ironiquement les navigateurs japonais qui commençaient à suivre la musique en direction de Pearl Harbor.

Il leur restait encore une demi-heure avant d'atteindre Oʻahu. À l'école de langue japonaise Chūō Gakuin située sur l'avenue Nuʻuanu d'Honolulu, la professeure de piano dispensait un cours du dimanche et jouait pendant que ses élèves chantaient l'hymne de l'école. Sur la plage de Waikiki, les premiers baigneurs de la journée étendaient leurs serviettes sur le sable fin de corail avant d'aller barboter entre les vagues turquoise. Pendant ce temps-là, le café chauffait dans des cuisines baignées de soleil, les chiens erraient le long des rues dominicales désertes, les fleurs jaunes des hibiscus s'ouvraient doucement, les cloches des églises retentissaient, les mainates s'agitaient et jacassaient parmi les feuilles des palmiers, tandis que le port de Pearl Harbor, les bases militaires l'entourant et la ville d'Honolulu s'éveillaient sous les auspices d'une matinée radieuse. Sur les hauteurs de la ville, à Atherton House, Kats Miho rejeta ses draps, se leva et prit la direction des douches.

Ce qui arriva ensuite sur Oʻahu resta figé à jamais dans la mémoire de nombreux survivants.

Au tout début, ils semblaient inoffensifs, comme des essaims d'insectes noirs dérivant à travers les cieux pâles du petit matin. Mais ensuite, ils dessinèrent une boucle au-dessus de la mer et des montagnes, puis ils entamèrent leur descente, plongeant en spirale par groupe de cinq ou six, laissant tomber de leur ventre des objets noirs qui frappaient l'eau en soulevant des gerbes blanches. Le cerveau avait beau essayer de comprendre ce que c'était, il n'y parvenait pas. Les marins et les officiers, les militaires comme les civils arrêtèrent ce qu'ils étaient en train de faire pour scruter le ciel et se poser la même question : mais qu'est-ce que cela peut bien être ? Ce ne sont pas des insectes mais des avions… Qu'est-ce que… ? Des acrobates ? Des casse-cou faisant les imbéciles ? Une espèce d'exercice militaire du dimanche matin dénué de sens ? Pourtant, à mesure que les appareils se rapprochaient, ils devinrent horriblement menaçants, avec leur carlingue en acier gris, leurs vitres lustrées et leurs énormes moteurs noirs rugissants. Ils descendirent à ras de l'eau, certains volaient à guère plus de 15 à 20 mètres d'altitude, se dirigeant droit vers les bateaux, les bâtiments, les camions, les habitations et vers tous ceux qui se trouvaient sur les pistes d'aviation, bouche bée – et peut-être même vers vous si vous aviez eu la malchance d'être là –, vrombissant, crachant le feu, filant en rase motte, avec de grands disques rouges peints sous leurs ailes et sur leur flanc. Et là, enfin, le cerveau comprenait sans trop y croire.

À 7 h 48, les aéronefs japonais « Zéro » frappèrent d'abord la base de la Navy de Kāneʻohe, à 25 kilomètres au nord-est de Pearl Harbor, criblant les appareils au sol avec leurs mitrailleuses, les faisant s'embraser, puis les avions firent demi-tour, traversèrent des tourbillons de fumée noire et visèrent tout ce qui restait, les voitures se dirigeant vers les lieux, les hommes se précipitant à travers le terrain d'aviation pour trouver un abri, et même des habitations. Environ sept minutes plus tard, de nombreux autres avions – des bombardiers d'altitude, des bombardiers en piqué, des bombardiers torpilleurs – frappèrent, presque simultanément, les bases aériennes de Ford Island au milieu de la rade de Pearl Harbor, d'Ewa, de Wheeler, de Bellows, de Hickam Field juste au sud de Pearl Harbor, et la caserne des Schofield Barracks. En nombre de ces endroits, les appareils américains étaient regroupés – parqués ailes contre ailes – afin de les préserver au mieux de tout éventuel sabotage. Mais cela en faisait des cibles faciles pour les attaquants et, en quelques minutes, la capacité américaine à monter une défense aérienne efficace s'évanouit purement et simplement en un tourbillon de fumée, de verre brisé, de métal tordu et de corps éparpillés. Sur Ford Island, alors que des bombes explosaient sous ses fenêtres, Logan Ramsey, en charge du centre de commandement, courut jusqu'à la salle de transmissions, hurlant au technicien radio d'envoyer un message sans le coder pour qu'il arrive le plus vite possible à Washington : « Raid aérien sur Pearl Harbor. Ce n'est pas un exercice. »

Puis les attaquants firent obliquer leurs avions et prirent la direction de la flotte américaine et leur principale cible : sept énormes vaisseaux de guerre alignés le long de Ford Island et un huitième, laissé sans défense dans une cale sèche. Sur le pont d'un de ces navires, le USS *Nevada*, un orchestre militaire entamait les premières notes de l'hymne national pour la levée rituelle des couleurs à 8 heures. Soudain, un bombardier torpilleur japonais rugit à 20 mètres au-dessus de l'eau et déclencha sa mitrailleuse contre le pont du *Nevada*, ratant pour une raison ou une autre tous les membres de l'orchestre, mais réduisant en charpie le drapeau américain à mi-mât. L'orchestre continua à jouer jusqu'à la fin de l'hymne. Puis, jetant leurs instruments au sol, les musiciens coururent se mettre à l'abri. Ce fut le dernier moment de chance des Américains ce matin-là.

À bord du USS *Oklahoma*, un marin hurla dans les haut-parleurs : « Soldats, à vos postes de combat ! C'est pour de vrai ce coup-là ! » Mais presque immédiatement, deux torpilles touchèrent coup sur coup le bateau à son flanc bâbord et le bâtiment commença à gîter. Puis une troisième torpille atteignit le navire et, quelques minutes plus tard, il se retourna complètement, prenant au piège des centaines d'hommes restés sur les ponts inférieurs, son énorme coque grise tournée vers le ciel comme le ventre d'une gigantesque baleine. À peu près au même moment, sept torpilles et deux bombes aériennes touchèrent le USS *West Virginia* qui commença à sombrer rapidement, entraînant avec lui soixante-cinq autres hommes restés dans ses entrailles. En quelques minutes, les huit vaisseaux et de nombreux autres bateaux plus petits furent frappés.

Puis le pire survint. Entre 8 h 04 et 8 h 10, une bombe anti-blindage transperça le pont avant du USS *Arizona* déjà touché et fit détoner environ 100 tonnes d'explosifs entreposées dans ses cales. Une boule de feu engloutit le cuirassé. L'onde de choc de l'explosion traversa tout Pearl Harbor, balayant les marins des ponts des navires environnants. L'*Arizona* – un bateau déplaçant quelque 30 000 tonnes d'acier – se souleva dans les airs à une hauteur de 3 à 5 mètres, se rompit et sombra rapidement, seule sa superstructure ravagée surnageant à la surface. En un instant, 1 177 membres de son équipage périrent, à peu près la moitié de ceux qui perdirent la vie ce jour-là.

Partout, sans attendre les ordres, les militaires se précipitèrent pour s'emparer de n'importe quelle arme qui leur tombait sous la main : des mitrailleuses de calibre 50, des batteries antiaériennes, des fusils, des pistolets, n'importe quoi du moment que ça pouvait projeter du plomb ou de l'acier dans les airs. Sur le *New Orleans*, où il n'y avait plus d'électricité, l'aumônier Howell Forgy encourageait en hurlant les soldats qui tentaient de charger manuellement les canons de 5 pouces : « Priez le Seigneur et passez les munitions !! » Quand la flottille des treize B-17 américains désarmés arrivant de Californie approcha d'Oʻahu, les pilotes, stupéfaits, durent esquiver à la fois les rafales des « Zéro » japonais et les tirs de défense acharnés venant du sol en zigzaguant frénétiquement.

Un déluge meurtrier de bombes japonaises et de projectiles anti-aériens américains ayant raté leur cible commença à s'abattre sur les zones d'habitation d'Honolulu, mettant le feu à des maisons, endommageant les voitures, et faisant, au total, quarante-neuf morts parmi les civils. À l'école de langue japonaise de l'avenue Nuʻuanu, un obus tomba sur l'auditorium. Le souffle de l'explosion envoya balader les tables, les cartables, les livres et les enfants. Sous les décombres, Nancy Arakaki, 7 ans, se mit à saigner abondamment. Jacky Hirosaki, 8 ans, courut depuis l'école jusqu'au restaurant tout proche de sa grand-mère, le Cherry Blossom, devant lequel un autre obus explosa, projetant des éclats tout autour qui tuèrent Jacky, son père, son frère et sa sœur Shirley, âgée de 2 ans.

Déjà, une autre vague de 177 aéronefs d'attaque avait décollé des porte-avions japonais au nord d'Oʻahu et fonçait sur l'île. Au cours des deux heures suivantes, le carnage se poursuivit dans le port et à Honolulu – un tourbillon d'horreurs. Un cuisinier bien bâti était assis sur l'épave fumante de l'*Arizona*, fixant en silence le moignon de sa jambe. Des marins erraient comme des zombies sur le pont de l'*Arizona*, nus et aussi pâles que des fantômes, la peau et les vêtements brûlés. D'autres, déjà morts, s'entassaient sur les ponts. Ceux qui avaient sauté dans les flots étaient recouverts de fioul noirâtre. Le carburant répandu à la surface de l'eau se consumait, cernant les hommes de plus en plus près. Une fumée noire suffocante. Des détonations assourdissantes. Les coups tapés contre la coque depuis l'intérieur de l'*Oklahoma* par un marin essayant désespérément de trouver un moyen de sortir de là. Dans un hôpital d'Honolulu, les ambulanciers, leur tenue maculée de sang, transportaient des victimes gémissantes au corps noirci par la fumée. Dans la morgue de l'hôpital, une petite fille, pieds nus, portant un pull rouge, se cramponnait à l'extrémité calcinée d'une corde à sauter.

Ce matin-là, beaucoup d'avions japonais volèrent si bas que celles et ceux au sol purent voir les pilotes les regarder, établissant un contact visuel. Certains restaient impassibles, d'autres avaient le visage traversé d'un rictus, et quelques-uns leur firent même signe quand ils passèrent au-dessus d'eux. Et ces pilotes, en regardant au sol, ne pouvaient pas s'empêcher de noter que les visages qui les regardaient avec ébahissement ressemblaient, dans de nombreux cas, aux visages qu'ils pouvaient voir chez eux, au Japon.

En 1941, à peu près un tiers des habitants d'Hawaï étaient d'ascendance entièrement japonaise[1]. Alors que l'horreur de la journée apparaissait peu à peu, une très grande majorité réagit avec la même fureur abasourdie et la même indignation que les autres Américains. Un soldat américain, Akiji Yoshimura, résuma plus tard ce que beaucoup d'entre eux ressentirent ce matin-là, expliquant qu'il avait éprouvé « une profonde angoisse et un grand désespoir car le pays que [s]es parents [lui avaient] appris à honorer avait commis un acte de guerre contre le pays qu['il] aimai[t] ».

Ronald Oba – en dernière année au lycée 'Iolani du centre-ville d'Honolulu – profitait de son petit plaisir des dimanches matin, des pancakes, avec sa famille, lorsqu'il crut entendre des feux d'artifice. À mesure que le bruit se faisait plus intense, il comprit qu'il se trompait. Ce devait être des exercices militaires. Mais quand une explosion bien plus importante secoua la maison au point de faire trembler les fenêtres, Ronald bondit de sa chaise, se précipita dans Kauhale Street, courut pour traverser la voie de chemin de fer et ne s'arrêta qu'une fois arrivé sur la plage à l'est de Pearl Harbor, fixant ahuri les épaisses colonnes de fumée noire s'élevant de Ford Island et, plus loin, de l'épave de l'*Arizona*. Tandis qu'il se tenait là, essayant de comprendre ce qui se passait, une autre série d'explosions secoua l'endroit où les cuirassés mouillaient. Quand l'un des avions vira sur l'aile et se dirigea droit sur lui, il vit l'insigne du Soleil levant du Japon impérial et se dit : « Ces mecs ont des nerfs d'acier ! Ils sont nos cousins et ils viennent nous attaquer comme ça ! »

Daniel Inouye, 17 ans, était en train de s'habiller, écoutant d'une oreille la musique hawaïenne que la radio avait diffusée toute la nuit

---

1. D'après les données du recensement de 1940, 128 947 personnes d'origine japonaise vivaient dans l'archipel, pour une population de 423 330 personnes.

pour guider les B-17, quand le présentateur Webley Edwards interrompit le programme pour un bulletin spécial, se mettant à hurler dans le micro : « Ce n'est pas un exercice ! C'est bien la réalité ! Pearl Harbor est bombardé par les Japonais ! Ne sortez pas dans les rues ! » Bravant la consigne, Inouye se précipita depuis chez lui dans le quartier de Moʻiliʻili à Honolulu. Lui aussi vit l'insigne du Soleil levant sous les ailes d'un « Zéro » qui passait au-dessus de lui et il fut immédiatement submergé par une vague de colère et d'effroi. « J'ai pensé que ma vie était terminée », confia-t-il plus tard. Il enfourcha son vélo et se précipita vers un centre d'aide de première urgence à l'école Lunalilo, où il passerait l'essentiel des trois jours et des trois nuits suivants, aidant à soigner les blessés et à transporter les morts à la morgue.

Dans l'ancienne ville de plantations de Waipahu au nord de Pearl Harbor, Flint Yonashiro, un lycéen, entendit les avions voler à basse altitude. Il sortit juste à temps du petit restaurant où sa mère vendait des glaces et des nouilles saimin pour voir deux rangées de balles se ficher dans le sol à ses pieds, le manquant de peu, claquant sur les pavés, soulevant des nuages de poussière, tandis qu'un pilote japonais tirait sur un réservoir de molasse, le prenant à tort pour un réservoir de carburant. Flint suivit des yeux l'avion qui se détachait de la formation, puis regarda, fasciné, horrifié et furieux, les énormes flammes orange qui s'élevaient au milieu de la baie sur Ford Island.

Jesse Hirata était dans l'armée américaine depuis seulement cinq semaines quand il entendit les premiers bulletins d'information à la radio ce matin-là. Il grimpa dans la voiture d'un ami et se dirigea vers la caserne des Schofield Barracks, mais la circulation était bloquée dans tout Honolulu. Frustré, Hirata, qui n'avait pas encore revêtu son uniforme, sortit du véhicule pour mieux voir le chaos qui régnait à Pearl Harbor. Tandis qu'il regardait la scène, un officier de la police militaire pointa un pistolet sur ses côtes et cria à son supérieur : « C'est un bridé. Qu'est-ce que je dois faire de lui ? » Jesse ravala la grossièreté qui lui était montée aux lèvres et expliqua qu'il était un soldat américain. Ils le laissèrent passer. Quand il arriva aux Schofield Barracks, une autre scène de chaos l'attendait : des jeunes hommes en uniforme couraient dans tous les sens, se demandant ce qu'ils pouvaient faire, déchargeant des camions de munitions, creusant furieusement des tranchées sur la place d'armes. Jesse se dirigea vers sa tente, qu'il trouva transpercée de balles. Il y avait deux projectiles japonais sur son lit. À plusieurs, ils déplacèrent dans un champ une mitrailleuse refroidie par eau, la pointèrent vers le ciel et ensuite se contentèrent de la regarder. Aucun d'entre eux n'avait la moindre idée de la façon de la faire fonctionner.

À Atherton House, Takejiro Higa, 18 ans, servait le petit déjeuner dans la cafétéria quand une femme blanche surgit dans la pièce, criant, à la limite de la cohérence : « C'est la guerre ! C'est la guerre ! Du café ! Du café ! » Quelqu'un lui tendit une tasse de café, mais ses mains tremblaient tellement que presque tout le contenu se répandit dans la soucoupe. « Je viens de déposer mon mari à Pearl Harbor », balbutia la femme. Takejiro, qui ne comprenait pas encore ce qui se passait, regarda ses collègues, secoua la tête et chuchota : « Hé, la vahiné m'a l'air bien fêlée, non ? »

À l'étage, Kats Miho était en train de se raser quand un tapage éclata sous ses pieds : des éclats de voix retentissaient, des pas se précipitaient lourdement dans les escaliers, des radios bourdonnaient. Curieux, il se pencha par-dessus la balustrade et s'époumona dans la cage d'escalier : « Hé, qu'est-ce qui se passe là-dessous ? » Quelqu'un lui répondit en criant : « Allume la radio ! Écoute la radio ! » Un autre hurla : « On est attaqués ! »

Le temps qu'il mette la main sur un poste, Kats prit conscience d'un bourdonnement sourd au loin. Il alluma l'appareil. Un présentateur vociféra quelque chose à propos de Pearl Harbor. Le visage encore barbouillé de crème à raser, Kats grimpa quatre à quatre les escaliers jusqu'au toit et regarda dans la direction de Pearl Harbor vers le nord-est, où des colonnes de fumée noire s'élevaient haut dans le ciel. Takejiro Higa et d'autres garçons le rejoignirent, certains avec des jumelles à la main. Ils n'étaient pas encore assurés de ce qui se déroulait sous leurs yeux, jusqu'à ce qu'un projectile tombe bien plus près d'eux, sur les environs de Nu'uanu Avenue, à un peu plus d'un kilomètre. Des morceaux de toit en tôle ondulée dansèrent dans le ciel. Puis il y eut un bruit sourd. Une lumière vive. De la fumée. Un cratère. Et un incendie, tandis qu'un autre projectile tombait juste devant Atherton House.

Kats courut jusqu'à la radio juste à temps pour entendre une autre annonce urgente. Tous les cadets du Corps d'entraînement de la réserve devaient se présenter immédiatement au gymnase de l'université d'Hawaï. Il enfila à la hâte son uniforme kaki et traversa en courant University Avenue puis le campus, rejoignant un flot de jeunes gens, pour beaucoup des Nippo-Américains, qui se précipitaient vers le gymnase.

À l'intérieur, 500 à 600 garçons tournaient en rond bruyamment, la confusion s'ajoutant à l'adrénaline. À première vue, il ne semblait pas y avoir de responsable, mais Kats parvint à se frayer un chemin à travers la foule pour trouver le chef de son groupe, un entraîneur de football de l'université d'Hawaï âgé de 30 ans, Francis Aiwohi. Quelqu'un apporta en les traînant au sol des caisses de vieux fusils à verrou Springfield 1903 recouverts de Cosmoline, un antirouille poisseux à base de pétrole. Aiwohi ordonna à son groupe d'essuyer les fusils pour les débarrasser de la substance odorante. Ils se demandèrent ensuite comment faire entrer les percuteurs dans les fusils. La confusion ne faisait que croître. Leur entraînement n'était pas suffisant pour qu'ils soient autorisés à manipuler des armes. De temps en temps, ils entendaient des avions japonais rugir à basse altitude. Personne ne savait à quoi s'attendre ni ce qui se passait exactement à l'extérieur. Aiwohi tendit à chacun cinq cartouches de fusil en tout et pour tout.

Puis, tandis que les garçons étaient assis anxieusement sur le parquet du gymnase, cramponnés à leur arme, un bruit commença à se répandre de groupe en groupe. On disait que des parachutistes japonais vêtus d'uniformes bleus étaient en train de sauter sur la colline qui surplombait le campus. Les étudiants se précipitèrent dans un champ, scrutèrent les hauteurs et, en effet, ils crurent discerner des silhouettes qui se faufilaient entre les arbres sur la crête. Quelqu'un ordonna aux jeunes hommes éberlués de former une ligne de tir et de se préparer à repousser un assaut ennemi. Kats Miho fixait la colline, les mains serrées sur son fusil, terrifié.

2.

« Je me rappelle que dans mon enfance je priais
souvent en secret pour que ma peau devienne blanche.
Il était implicitement entendu que "si vous aviez
la peau jaune, vous ne pouviez pas vous hisser au-delà
d'un certain niveau – vous deviez rester à votre place". »

Fumiye Miho

Pour autant que Kats s'en souvienne son foyer avait toujours été le petit hôtel tenu par sa famille dans la ville portuaire de Kahului sur l'île de Maui. Aussi modeste fût-il – et un peu branlant à cause des termites qui ne cessaient de miner ses étais –, l'hôtel Miho était néanmoins un foyer heureux, un endroit couru qui palpitait toute l'année de conversations animées tenues par des hôtes fascinants. Les habitués et la famille Miho pouvaient y déguster d'excellents plats japonais faits maison comme à Hiroshima, se baigner dans un grand *ofuro* chauffé par un feu de bois, s'endormir au son des feuilles de palmier bruissant sous les alizés et être réveillés au matin par le sifflement strident des locomotives aussi petites que puissantes qui tiraient des wagons chargés de sucre à travers la ville.

Doté d'un étage, fort de quatorze petites chambres, l'hôtel était calé entre la pharmacie Toda et l'épicerie Ah Fook sur Main Street, une

37

large artère de Kahului. La famille vivait à l'arrière de l'immeuble, dans des pièces de taille modeste entourant une plus grande salle à tatamis. Au centre du bâtiment se trouvait une petite cour à la végétation luxuriante où la mère de Kats, Ayano, faisait pousser des orchidées impressionnantes et d'autres fleurs tropicales – une douce explosion de rose, de lavande et de rouge sur fond de feuillage vert foncé.

Le père de Kats, Katsuichi – un homme mince et fringant avec une moustache impeccablement taillée –, présidait aux destinées de l'établissement. Au Japon, le cursus qu'il avait suivi le destinait à devenir directeur d'école et il ne s'était lancé dans les affaires qu'après avoir émigré à Hawaï, par nécessité. Il avait attentivement étudié le bouddhisme et le shintoïsme, ainsi que l'enseignement de Confucius. Cela l'avait amené à réfléchir profondément au sens de la vie. Il formulait ses opinions avec assurance et se dérobait rarement quand un différend se présentait. L'importante communauté japonaise de Maui le tenait en haute estime, et il passait l'essentiel de son temps à s'affairer partout en ville – l'un ou l'autre de ses enfants adultes lui servant de chauffeur car il conduisait si mal qu'il aurait pu provoquer un accident grave –, s'occupant des affaires de la communauté, distribuant un journal en japonais, perpétuant la culture japonaise, gardant vivantes les traditions. Maintenir le contact avec sa famille restée au Japon, célébrer O-bon pour honorer ses ancêtres, se conduire comme on lui avait appris à le faire étaient des choses importantes pour Katsuichi.

Il s'intéressait peu à l'argent. Extraordinairement généreux, il signait des chèques avec une grande facilité et sans se soucier du solde de son compte en banque. Il avait beau diriger l'établissement, c'était la mère de Kats qui, de très loin, le faisait tourner. Elle tenait les comptes, payait les factures, supervisait la petite équipe et préparait les repas qui faisaient la popularité de l'hôtel Miho parmi les hommes d'affaires de passage venus d'Honolulu et, parfois, de Tokyo.

Si Kahului était une cité féodale, en fait, pratiquement tout Maui – avec ces vastes plantations de cannes à sucre – était un fief, détenu et exploité *in fine* par la famille Baldwin, des descendants de missionnaires chrétiens arrivés sur l'île dans les années 1830. Les Baldwin s'étaient unis à une autre famille de missionnaires, les Alexander, et toutes deux avaient jeté les fondements d'une entreprise et d'une dynastie politique qui présideraient aux destinées de Maui jusqu'après le milieu du XXe siècle. Les membres des deux familles vivaient loin du chahut de Kahului, au calme de leurs domaines isolés, dans l'arrière-pays paisible de Maui. Ils occupaient leur temps libre à jouer au polo, à choyer leurs spitz nains, et à faire la fête en compagnie des visiteurs de marque venus du continent lors des somptueuses fêtes traditionnelles, les *lū'au*, et des parties de golf au country club de Maui.

Comme les plantations de la campagne environnante, Kahului était physiquement divisée en « camps » regroupant chacun plusieurs cahutes. Et, comme dans les plantations, les camps étaient ségrégués en fonction de l'origine de leurs habitants – pour l'essentiel, les seuls à ne pas y habiter étaient les Blancs nord-américains, des *haoles* dans le langage local. Ils vivaient dans des demeures confortables dissimulées derrière de hautes haies d'hibiscus le long d'une étendue de sable blanc que les locaux appelaient Haole Beach.

Les plus grands camps, au centre de la ville, abritaient des dockers japonais et leur famille. D'autres, à l'extérieur de la ville, étaient baptisés d'après l'origine, le métier ou la qualité de leurs habitants. Raw Fish Camp, près du port, abritait des pêcheurs portugais. Alabama Camp était la résidence des travailleurs noirs venus du Sud profond. À Kolo Camp, les Hawaïens vivaient autant qu'ils le pouvaient comme leurs ancêtres, naviguant sur Kahului Bay dans des canoës à balancier, se regroupant par familles pour cuire à la vapeur des cormes de taro et piler du poï sur de longues planchettes en utilisant d'anciens pilons en basalte.

Sur Main Street, des marchands – surtout des immigrants japonais et chinois – étaient autorisés à louer des terrains et à exercer des activités commerciales – ainsi l'épicerie Ah Fook, la pharmacie Toda et l'hôtel Miho. Cela faisait des familles comme les Miho des « gens de la ville » plutôt que des « gens des camps », et par conséquent leur conférait un statut social relativement élevé. Leur situation était néanmoins précaire. Les baux étaient de courte durée (un mois parfois) et pouvaient prendre fin à n'importe quel moment pour n'importe quelle raison, voire sans raison.

La plus somptueuse des grandes demeures qui s'alignaient le long de Haole Beach appartenait à William Walsh, le responsable d'à peu près tout et de tout le monde à Kahului. Les Miho, comme tout un chacun en ville, savaient que s'ils voulaient continuer à travailler pendant plus de trente jours, ils n'avaient pas intérêt à se le mettre à dos, ni lui ni son épouse, Mabel.

Il fallait être arrangeant. Dès que le propriétaire du cinéma Kahului, par exemple, apprenait que les Walsh envisageaient de venir voir un film, il envoyait ses placeurs dans la rue afin de guetter leur arrivée, puis les attendait nerveusement, refusant de lancer la projection tant qu'ils n'étaient pas confortablement installés. Chaque Premier de l'an, les gens de la ville, parmi lesquels les Miho, apportaient des présents à la résidence des Walsh sur la plage, une belle bouteille de saké une année, la suivante une coiffeuse en laqué rouge que Mabel Walsh avait admirée dans le hall de l'hôtel Miho. Payer son tribut aidait à préserver l'avenir.

La structure sociale stratifiée de Kahului – et plus globalement de Maui – était reproduite sur toutes les îles de l'archipel d'Hawaï. Depuis l'arrivée des premiers missionnaires blancs, l'histoire des îles avait toujours été marquée par l'exploitation de leurs terres et de leurs habitants. Issus pour presque tous de la Nouvelle-Angleterre, les missionnaires comme les Baldwin et les Alexander étaient imprégnés de la notion puritaine que la richesse était un indicateur de la faveur divine. À la fin du XIXe siècle, leurs enfants et petits-enfants, tout en tenant à cette notion, embrassaient également les principes du darwinisme social, en particulier l'idée de la supériorité naturelle des Anglo-Saxons et, partant, de leur vocation à diriger la société.

Alors qu'ils prenaient le contrôle de la terre et commençaient à planter de la canne à sucre, ainsi que des ananas – et leurs descendants à leur suite –, ils ne tardèrent pas à se rendre compte qu'ils auraient besoin d'une importante main-d'œuvre pour exploiter les champs. Compte tenu de leur conception de la société, cela impliquait de trouver des personnes à la peau plus sombre que la leur pour effectuer les tâches les plus pénibles. C'est cette approche qui a déterminé les relations raciales sur les îles jusqu'au cœur du XXe siècle. Walter Dillingham, un homme d'affaires d'Honolulu, l'a exposé sans ménagement en 1921 : « On ne peut pas demander à l'homme blanc de travailler dans la chaleur suffocante des cannaies, c'est le forcer à faire quelque chose pour lequel le bon Dieu ne l'a pas créé. Je pense que si c'était ce qu'Il avait voulu, les hommes de ce monde auraient tous la peau blanche et non des peaux de couleurs différentes. »

Initialement, les planteurs s'étaient tournés vers les Hawaïens pour travailler dans les champs. Mais ils étaient bien trop peu nombreux pour répondre aux besoins grandissants des plantations toujours plus étendues. En 1853, un recensement au sein du royaume d'Hawaï avait montré que les Hawaïens représentaient 96 % de la population des îles. Or, en 1884, ils n'étaient plus que 50 %. Et en 1896, ils comptaient à peine pour 25 % de la totalité des habitants. Au fil des années, non seulement leurs effectifs décroissaient, mais ils étaient supplantés par des vagues d'immigrants, notamment en provenance d'Asie, auxquels les planteurs avaient fait appel – des travailleurs contractuels chinois, philippins, coréens et japonais. De loin, la part la plus importante était constituée d'immigrants japonais.

Alors que le système des plantations se développait, les planteurs trouvèrent utile de monter ces groupes les uns contre les autres. En ségréguant les camps selon l'origine de ceux qui les habitaient, ils appliquaient la stratégie « diviser pour mieux régner », empêchant les travailleurs de s'unir d'une manière significative et encourageant les ressentiments au sein des différents groupes dans leur compétition pour toucher des salaires de misère. C'était un système efficace, souvent impitoyable, qui permettait à une petite oligarchie de familles puissantes d'exercer un pouvoir énorme sur la vie de ceux qui faisaient leur richesse.

En dépit des profondes inégalités, tant raciales qu'économiques, qui régnaient sur Kahului, Kats Miho – comme beaucoup d'enfants des camps auprès desquels il avait grandi – eut une enfance insouciante. Né en 1922, il était le dernier de huit enfants, et il était adoré de ses frères et sœurs plus âgés, en particulier sa sœur Fumiye et son frère Katsuaki[1]. L'hôtel était en permanence plein de petits Miho fougueux, tous débordants d'énergie, d'optimisme et bien déterminés à laisser leur empreinte sur le monde. Ils avançaient dans la vie en suivant la philosophie de leur père et plus particulièrement l'importance de maintenir le bon équilibre dans le conflit éternel entre le *giri* et le *ninjō*. Le giri, l'obligation de suivre les règles strictes de la société, se heurtait parfois au ninjō, le sentiment naturel de chaleur et de compassion pour autrui. Katsuichi avait enseigné à sa progéniture que beaucoup de choses dans la vie dépendaient de la manifestation de ces deux qualités, chacune dans une exacte mesure, chacune au bon moment. Mais, de manière tout aussi égale, les enfants Miho modelèrent leur comportement sur le dédain de leur père pour un autre principe souvent perçu comme éminemment japonais, l'*otonashi*, la nécessité de rester à sa place, de maîtriser ses sentiments, d'éviter de montrer que l'on en sait trop ou de trop souvent faire part de son opinion. Les jeunes Miho n'étaient qu'engagement, expression de leurs opinions, prise de responsabilité. Et rester à leur place était bien la dernière chose qu'ils avaient l'intention de faire.

---

1. Kats avait quatre autres frères plus âgés : Katsuto (qui était né et avait grandi au Japon), Katsuro, Katsuso (qui se ferait appeler Paul) et Katsuaki. Leur père avait choisi des prénoms qui commençaient, comme le sien, par « Katsu » pour exprimer la loyauté familiale qu'ils lui devaient et qu'ils se devaient les uns aux autres.

Les enfants Miho à Maui (de gauche à droite : Paul, Kats, Fumiye et Katsuaki)

Dans cet environnement heureux, Kats grandit sans souci ni chaussures. L'un de ses principaux plaisirs, en effet, était de jouer au football pieds nus, à la hawaïenne. Les matchs étaient sauvages, les garçons se confrontaient les uns aux autres en soulevant des nuages de terre rouge de Maui, sans la protection de casques, d'épaulettes ou de chaussures. Pendant l'été, Kats devait parfois se lever à 2 heures du matin pour travailler dans les champs de canne à sucre, sarclant les mauvaises herbes ou coupant les cannes jusqu'à 14 heures, et il pouvait s'estimer heureux s'il gagnait 1 dollar pour ses douze heures de labeur. Il consacrait ses week-ends à de longues journées de bonheur sur les plages de corail blanc avec sa troupe de boy-scouts. Là, les garçons s'abandonnaient dans les vagues chaudes, chahutaient dans l'eau, restaient se baigner bien après le crépuscule, puis faisaient cuire de la viande en conserve et du chou sur des feux de camp. Ils grattaient leurs ukulélés et leurs guitares, chantaient les yeux perdus dans le vaste ciel nocturne d'Hawaï, et se parlaient sereinement à cœur ouvert, alors que les vagues venaient lécher le sable aux confins de la lueur de leurs feux. Ils recouraient à ce moment-là non pas à l'anglais qu'ils apprenaient à l'école, mais à la langue qu'ils avaient toujours utilisée entre eux, le pidgin hawaïen. Quand ils ne pouvaient pas aller à la plage, ils pêchaient des *manini*, des poissons-chirurgiens bagnards, sous le ponton du port de Kahului, utilisant des épingles tordues en guise de hameçons, ou bien ils ramassaient des petits crabes de sable que leurs mères enroberaient de pâte à frire et plongeraient dans de l'huile de sésame chaude pour en faire des tempura sucrés et croquants.

La semaine, Kats fréquentait l'école publique de Kahului. Les après-midi, il allait à l'école de langue japonaise, où il apprenait non sans mal l'idiome de ses parents. Les dimanches, les membres de la famille Miho mettaient leurs chaussures, revêtaient leurs plus beaux habits et se rendaient à l'église, où ils chantaient des hymnes dont les paroles disaient : « Jésus m'aime, je le sais. » Après l'office, ils descendaient la rue jusqu'au temple bouddhiste où un prêtre en robe de cérémonie leur faisait signe d'entrer. Là, ils enlevaient leurs chaussures et prenaient place sur des tatamis, tandis que le prêtre, à l'amusement général, leur faisaient parfois chanter : « Bouddha m'aime, je le sais. »

À peu près une fois par mois, des camions traversaient la ville, précédés par de bruyants joueurs de tambour et de jeunes hommes distribuant des prospectus qui annonçaient la projection de films japonais muets dans les champs le soir même. Pendant ces nuits chaudes de Maui, Kats et son frère Katsuaki rampaient entre les cannes à sucre pour ne pas être repérés, repoussant nonchalamment de la main des araignées aussi grosses que leur poing, puis se glissaient sous les toiles de séparation afin de regarder le spectacle. Les films – généralement des histoires de samouraïs – tremblotaient sur des draps blancs, tandis que des doubleurs professionnels, les *benshi*, racontaient l'action en japonais avec des accents dramatiques. L'essentiel de ce qui était dit échappait aux frères Miho, mais grâce à ces films, ils absorbaient des éléments d'une tradition guerrière qui finirait par leur être utile bien au-delà de ce qu'ils pouvaient imaginer.

Toutefois, c'était la foire locale que Kats attendait avec le plus d'impatience tout au long de l'année. Lui et ses amis arpentaient ses allées avec à la main des cornets de papier remplis de granité, servis à la Maui, une cuillère de pâte de haricot sucrée disposée au fond du cornet. Ils faisaient la queue pour prendre des *malasadas* portugaises tout juste sorties de l'huile bouillante et saupoudrées de cannelle et de sucre de canne. Ils dégustaient à pleines cuillères la douce chair orangée de papayes mûres. Dans l'exposition agricole, ils dévoraient des yeux des monceaux de mangue – des rouges, des orange, des vertes – ainsi que des ananas et des *ualas*, les pommes de terre violettes d'Okinawa. Dans la section des cannes à sucre, des couteaux à canne parfaitement aiguisés brillaient sous le soleil tandis que des jeunes hommes se mesuraient les uns aux autres pour savoir lequel d'entre eux couperait le plus de pieds de canne dans un temps déterminé.

La fête offrait également un plaisir unique à Kats, l'un de ceux qui le marquerait plus tard dans la vie. Pratiquement toutes les vedettes des attractions foraines – la femme à barbe, le plus grand homme du monde, le contorsionniste, Freckles le clown, l'homme aux deux estomacs – descendaient à l'hôtel Miho, attirées par la cuisine d'Ayano et le souhait de rester à l'écart des habitants de la ville auxquels elles n'avaient pas envie d'offrir un spectacle gratuit.

Ces saltimbanques étaient gentils avec Kats. Pendant des heures, ils s'asseyaient autour d'une table à jouer au milieu des orchidées de la cour, fumant, jouant aux dominos, dégustant du saké, et régalant Kats avec des récits de leur vie hors du commun. L'homme aux deux estomacs lui montra comment il pouvait avaler des objets et régurgiter certains d'entre eux à la demande. La femme à barbe lui confia qu'en réalité, elle n'était pas vraiment une femme. Le plus grand homme du monde, un type sympa de Memphis dénommé Willie Camper, montra fièrement à Kats ses chaussures pointure 54 et comment il pouvait tenir une douzaine d'œufs sans les casser dans la paume de sa main longue de 30 centimètres. Au début, Kats trouvait que ces personnes étaient amusantes, il pouvait s'en moquer ensuite avec ses amis sur la plage, mais en grandissant, et comme elles continuaient de descendre à l'hôtel chaque année, Kats en vint rapidement à ressentir de l'empathie à leur égard. Voir le monde à travers le regard de ces « monstres », comprendre leur humanité, ressentir la chaleur de leurs sentiments pour lui, conforta ce que Kats avait appris de son père au sujet de la nécessité de traiter autrui avec compassion.

C'est quand il entra au lycée de Maui, toutefois, que Kats trouva sa voie. Bâti sur les contreforts du mont Haleakalā, l'impressionnant volcan-bouclier de Maui, où les alizés gardaient l'air frais la plupart du temps, l'établissement était un endroit à l'aspect improbable, le bâtiment de style Mission Revival recouvert de plantes grimpantes s'élevait de manière monumentale au-dessus d'une vaste mer de cannes à sucre, ce qui lui donnait des airs de temple d'une civilisation perdue. Et c'était bel et bien une sorte de temple. Chaque jour, des centaines de lycéens arrivaient des plantations à pied, beaucoup n'avaient même pas de chaussures, empruntant des sentiers poussiéreux à travers les champs de canne et grimpaient un gigantesque escalier pour se rassembler en vue de leur premier cours de la matinée.

Les cours étaient exceptionnels. Son architecture mise à part, ce qui distinguait le lycée de Maui, c'était son corps enseignant. De jeunes et brillants professeurs venus du continent enseignaient Homère, la littérature, le latin, l'astronomie, la philosophie, la biologie cellulaire

Kats Miho au lycée de Maui

et l'histoire du monde à des filles et des fils d'ouvriers agricoles aussi bien que d'ingénieurs des chemins de fer. Les matières enseignées étaient si nombreuses que même certains des petits Baldwin fréquentaient le lycée, rompant avec l'habitude qu'avaient prise les planteurs d'envoyer leurs enfants dans des établissements privés sur le continent.

Dès le début, Kats s'impliqua avec enthousiasme dans la vie du lycée. Il jouait au football – désormais avec la tenue de rigueur, un casque et des chaussures à crampons. Il adhéra à des clubs, joua dans des pièces de théâtre, et s'impliqua dans la vie du lycée, ce qui lui permit de découvrir qu'il avait du talent pour parler en public et capter l'attention. Pendant les quatre années suivantes, il fit part de son opinion à voix haute et sans hésitation lors des discussions de classe. Il entrait en contact avec ses semblables et se liait avec eux. Au cours de sa dernière année, il fut élu président du conseil des élèves par plus d'un millier de lycéens. Ses amis, amusés et impressionnés par son succès, se mirent à l'appeler « le prez' ».

Une fois le lycée terminé, Kats travailla pendant un an comme ouvrier de maintenance dans la conserverie d'ananas de Maui à Kahului pour mettre de l'argent de côté. À l'automne 1941 – suivant l'exemple de ses aînés Katsuaki et Fumiye – il déménagea à Honolulu, s'inscrivit à l'université et s'installa à Atherton House.

Et c'est ainsi qu'il se retrouva à cet endroit ce matin du jour qui allait changer tout ce qu'il avait toujours connu, ce matin du jour qui entraînerait la fermeture de l'hôtel Miho, séparerait ses parents, coûterait la vie à l'un de ses frères, interrogerait son identité, et l'enverrait aux antipodes, en plein cauchemar.

3.

« Nous avions entendu dire que mon père allait être
arrêté prochainement. Et il était donc prêt,
il avait mis une cravate et enfilé son manteau.
Ils avaient des baïonnettes au bout de leurs armes.
Ils ont lancé : "Vous êtes en état d'arrestation !
Suivez-nous !" Et ils l'ont empoigné.
Qu'est-ce que nous avions peur !
Nous ne savions pas quoi faire. »

Laura Iida Miho

En 1941, il y avait 45 millions de récepteurs radio aux États-Unis, et chaque dimanche, il était fort probable que la plupart d'entre eux soient allumés. Les programmes radiophoniques étaient extrêmement populaires à travers tout le pays, en particulier les dimanche après-midi, après l'office, quand la vie offrait enfin aux travailleurs la possibilité d'écouter une émission, que ce soit avec des aiguilles à tricoter ou un journal entre les mains, voire pour certains devant une casserole pleine de petits pois en attente d'être écossés. Mais quand les premiers bulletins d'information annonçant l'attaque de Pearl Harbor furent diffusés sur les ondes ce jour-là, leur occupation comme le programme qu'ils étaient en train d'écouter s'évanouirent dans l'insignifiance pour des millions d'individus partout dans le monde. À Los Angeles aussi bien qu'au fin fond du Nebraska, à Londres comme à Toronto, des gens se penchèrent vers leur récepteur, faisant signe à leurs proches de venir écouter ce qui se passait et se concentrèrent sur ce qui sortait du poste. Pendant ces quelques minutes, la plupart d'entre eux comprirent que, quoi qu'ait signifié cette information, elle impliquait que toute une génération, la leur, allait être marquée pour toujours par ces événements.

L'une des radios allumées ce jour-là se trouvait dans un petit appartement situé au-dessus d'une modeste blanchisserie d'un quartier déshérité de Spokane, une ville de l'État de Washington, nommé Hillyard.

L'endroit était à peine praticable, sur un peu plus d'un kilomètre s'étendaient de vieux magasins en brique et des petites maisons en bois plantées sur des terrains envahis par les mauvaises herbes le long de l'énorme dépôt ferroviaire de 200 hectares de la Great Northern Railway, la compagnie de chemin de fer de James J. Hill. Avec sa rotonde capable d'abriter une vingtaine de locomotives, des hangars gigantesques pour la construction et la réparation de ces mêmes locomotives, les énormes réservoirs pour le combustible, une scierie destinée à fabriquer les traverses des rails, des carrières de gravier, des ateliers de réparation, et des rangées de wagons de marchandises dont les essieux avaient été enlevés afin de les convertir en logements de misère pour les ouvriers, le dépôt de la Great Northern n'était que fracas de bruits métalliques, de sifflements perçants et de moteurs éructant de la vapeur, jour et nuit. C'était un monde rempli de crasse, de graisse, de sable, de suie et de transpiration, un monde de salopettes toujours sales et de tenues de travail souillées – le genre d'endroit qui avait besoin d'une blanchisserie à proximité.

À deux pas du dépôt, la blanchisserie de Hillyard occupait le rez-de-chaussée d'un étroit immeuble à un étage de l'East Olympic Avenue. Affairés tout au long de la semaine, les propriétaires du lieu, Tori et Kisaburo Shiosaki, étaient de repos ce matin-là. Six jours par semaine, les Shiosaki se levaient bien avant l'aube et entamaient une journée de travail de seize heures, allumant les énormes chaudières, manœuvrant l'essoreuse qui brassait des dizaines de kilos de linge humide dans un beau vacarme, se débattant avec le linge pas encore sec pour le faire entrer dans les deux grands séchoirs électriques, le ressortant, puis le repassant, le secouant et le pliant, juste à temps pour ouvrir l'échoppe à 7 heures et accueillir les premiers clients de la journée.

La plupart des habitués de la blanchisserie des Shiosaki, en fait la plupart des habitants de Hillyard, étaient des immigrés récents, des ouvriers allemands, irlandais, scandinaves ou italiens qui en majorité travaillaient d'une manière ou d'une autre pour la Great Northern. Quelques-uns étaient japonais, ils appartenaient à un groupe d'ouvriers du rail qui vivait dans les wagons de marchandises de l'autre côté de la voie ferrée, un endroit dénommé Dogtown, le seul quartier de Spokane que l'on pouvait considérer comme plus misérable que Hillyard. De quelque côté de la voie ferrée qu'ils viennent, leurs clients appréciaient les Shiosaki, qu'ils appelaient « Kay et Mme Kay », des surnoms que le couple aimait bien et avait volontiers adoptés. À peu près tout le monde en ville prenait plaisir à s'arrêter une ou deux minutes le matin pour échanger des propos sans conséquence et les derniers ragots avec Kay et Mme Kay, avant de laisser son linge et de s'en aller pour une journée de travail.

Tori et Kisaburo Shiosaki au travail à la blanchisserie de Hillyard

Ce jour-là, un dimanche, était chômé, Kisaburo se prélassait dans son fauteuil, feuilletant le journal local, le *Spokesman-Review*, tout en goûtant à l'un de ces gros cigares White Owl qu'il aimait tant. C'était un jour particulièrement froid, et il faisait clair. La neige d'une tempête de la semaine précédente avait presque entièrement fondu, laissant toutefois les rues encore glissantes, le sol était dur comme de la roche, et la couleur de la végétation du parc James J. Hill plus haut sur Nebraska Avenue avait déjà viré au marron flétri. Poussés par un vent frais soufflant du nord, quelques nuages d'altitude couraient à toute allure dans un ciel presque blanc. L'appartement au-dessus de la blanchisserie avait beau être petit – il comprenait seulement deux chambres, un salon et une cuisine –, il était agréable, confortable et chaleureux ; la lourde chaleur qui montait des chaudières du rez-de-chaussée couvrait les vitres de buée. Et il y régnait les habituelles odeurs réconfortantes du dimanche matin, des œufs en train de frire, des toasts qui grillaient, du thé mis à infuser sur le poêle. Tori Shiosaki se disait que, si elle avait du temps, elle pourrait aller à l'église méthodiste afin d'y rencontrer d'autres Japonaises. Après une semaine à employer tant bien que mal ses rudiments d'anglais pour échanger avec les clients, elle appréciait toujours de pouvoir parler japonais.

Âgé de 17 ans, Fred, un des fils Shiosaki, avait allumé la radio. La perspective d'avoir à affronter bientôt une nouvelle semaine ne l'enthousiasmait guère. Au lycée, les journées n'en finissaient pas. Fred était un élève moyen et peu motivé. Il était le vice-président du club de photographie et il avait du succès dans l'équipe d'athlétisme, mais c'étaient surtout les week-ends qui comptaient pour lui, en particulier les samedis. Comme chaque matin, la journée commençait à l'aube avec les corvées habituelles, couper et fendre le bois pour alimenter les chaudières insatiables de la blanchisserie, puis, l'après-midi, il était libre de jouer au base-ball avec ses amis sur l'un des nombreux terrains vagues des environs, de prendre des photographies tout autour de la ville, d'enfourcher sa bicyclette pour aller au cinéma Rialto sur Diamond Avenue et voir un western en matinée, ou de se promener entre les buissons de sauge et les pins ponderosa dans les collines poussiéreuses qui surplombaient Spokane, canardant des boîtes de conserve vides avec sa 22 long rifle.

Du haut de son mètre soixante-dix, Fred était un garçon menu à la peau claire dont les joues avaient tendance à rosir quand il faisait froid ou qu'il ne parvenait pas à maîtriser ses émotions. Il avait les yeux pétillants derrière ses lunettes, le sourire facile, un rire étonnamment franc et une propension marquée à se moquer de lui-même. Il était toujours poli et courtois au premier abord. Dans un quartier aussi dur que Hillyard – et c'était un quartier très dur, en particulier si vous étiez un garçon résolu à ne pas s'en laisser conter dans les rues mal famées –, il ressemblait à première vue à une proie idéale sur laquelle s'en donner à cœur joie pour remporter une bagarre à peu de frais. Plus d'un garnement avait cru bon de tenter sa chance, et presque tous avaient vite déchanté.

Malgré son bon fond naturel, Fred avait un cœur d'acier. Si quelqu'un essayait d'abuser de sa gentillesse, son aménité s'évaporait dans l'instant. En grandissant, il s'était retrouvé impliqué dans tellement de bagarres que son père avait fini par le menacer de ne plus lui acheter de nouvelles lunettes s'il continuait à rentrer à la maison avec des verres cassés. À 15 dollars la paire, son impétuosité pesait sur le budget familial. La plupart du temps, dans le melting-pot qu'était Hillyard, la violence surgissait parce que les petites brutes savaient toucher là où ça faisait mal : la couleur de la peau. Fred ne supportait pas les brimades, et par-dessus tout, il ne supportait pas qu'on l'appelle « le bridé ». La taille du garçon qui lui lançait l'insulte à la figure importait peu. La nécessité de riposter était plus forte que lui. Les yeux plissés et la mâchoire serrée, il lâcherait les premières injures qui lui viendraient à l'esprit, serrerait ses poings, et se jetterait sur l'offenseur en un éclair. Il ne gagnait pas toujours, mais il ne reculait jamais.

À 11 h 30, Fred écoutait les titres de « The World Today », une émission d'actualité de la CBS, quand une voix agitée interrompit le programme : « À vous New York ! » Puis le présentateur du programme, John Charles Daly, prit l'antenne. Sa voix pressante crépitait dans le haut-parleur : « Les Japonais ont attaqué Pearl Harbor à Hawaï par les airs, vient d'annoncer le président Roosevelt. » Fred leva les yeux, ébahi, cherchant à comprendre. Daly continua : « L'attaque a également visé toutes les installations navales et militaires de l'île principale d'O'ahu. » Fred appela son père dans l'autre pièce : « Eh, papa, les Japonais ont attaqué Hawaï ! » Les parents de Fred, son frère Floyd et sa sœur Blanche se rassemblèrent tous autour de Fred et de la radio. Ses parents semblèrent soudainement avoir les traits tirés, ils étaient pâles et nerveux. Après avoir écouté pendant un moment, Kisaburo murmura : « Ça ne va pas durer longtemps. » Mais il ne paraissait guère convaincu, et Fred ne parvenait pas à comprendre ce que son père avait voulu dire exactement. Pourquoi cela ne durerait-il pas longtemps ? Des pensées troublantes commencèrent à cheminer dans son esprit : qu'adviendrait-il de la blanchisserie ? Qu'allaient faire ses amis et les voisins ? Que se passerait-il au lycée le lendemain ?

Alors qu'il était déjà midi passé, Fred délaissa ses devoirs qu'il ne parvenait pas à terminer et s'assit à côté de la radio, frappé d'entendre le mot répété de manière de plus en plus incessante, devenant plus venimeux à chaque fois. « Les bridés », « Les sales bridés », « Ces sales bridés de Japonais ». Cette fois-ci, pourtant, le mot ne sortait pas de la bouche d'un adolescent abruti dans les rues de Hillyard mais de celle des adultes : voix sérieuses des présentateurs des actualités, dépêches militaires urgentes, figures d'autorité respectées. C'était solennel, sobre, froid, officiel et cela semblait venir du cœur de l'Amérique elle-même.

Pour les parents de Fred, l'expression et le ton sur lequel elle était prononcée n'étaient pas une surprise. En quittant le Japon et leur vie là-bas, tous deux avaient entamé un long et rude chemin. Depuis qu'ils étaient arrivés en Amérique, on les avait éconduits plus d'une fois, ils avaient été rudoyés à maintes reprises, l'insulte leur avait été jetée à la figure assez souvent pour qu'ils ne se méprennent pas sur la cordialité de leurs clients : la plupart des Américains s'étaient depuis longtemps endurcis contre les personnes comme eux. Sans réfléchir, Tori Shiosaki tira immédiatement les rideaux occultants des deux petites fenêtres de l'appartement qui donnaient sur les rues hostiles de Hillyard.

En dépit des flashs spéciaux à la radio, la nouvelle de l'attaque ne fut connue de tous que bien plus tard. Puisque c'était un dimanche, nombre d'Américains étaient encore à l'église ou au cinéma pour la projection du début d'après-midi. Quelques salles projetèrent des placards sur l'écran ou diffusèrent des annonces par haut-parleur, mais beaucoup ne firent rien. Des milliers de cinéphiles retrouvèrent la lumière du jour plus tard dans l'après-midi et furent surpris de découvrir des crieurs de journaux proposant des éditions spéciales avec des gros titres comme celui du *Oakland Tribune* : « Les bridés déclarent la guerre, Hawaï bombardé, grosses pertes humaines », ou celui du *San Francisco Chronicle*, une simple proclamation en lettres capitales de 10 centimètres de haut : « LA GUERRE ». D'autres apprirent la nouvelle par téléphone quand un membre de leur famille parvenait à en appeler un autre. Partout dans le pays, les opératrices s'agitèrent pour établir les communications, mais il n'y avait clairement pas assez de personnel en service un dimanche après-midi pour gérer l'afflux d'appels. En ce dimanche, dans les quartiers tranquilles ou dans les bourgades de campagne, la nouvelle passa de bouche à oreille, direc-tement d'un voisin à un autre : on sonnait à la porte à la toute fin de l'après-midi, ou bien une conversation, alarmiste et précipitée, s'engageait par-dessus une barrière, à l'angle d'une clôture.

Dans les premières heures, les Américains passèrent par toute la gamme des sentiments, de la rage au soulagement. Ce dernier surgit comme par surprise, y compris chez ceux qui le ressentaient le plus profondément. Depuis la Grande Guerre, tout le pays avait pris bien soin d'ignorer ce qui se passait ailleurs sur la planète, se convainquant que le désordre mondial toujours croissant était le problème des autres en dépit de l'évidence. Désormais, ce raisonnement était devenu intenable. L'incertitude sans fin était terminée. Beaucoup de jeunes gens, particulièrement ceux qui étaient déjà sous l'uniforme, virent soudain le futur sous un autre jour, plus intéressant, ils vibraient de la possibilité de la gloire qui les attendait juste au-delà de l'horizon, à l'ouest. Dans un cinéma d'Atlanta, un soldat en permission s'écria : « Oh mon Dieu, ça y est ! » Un matelot ajouta : « C'est tout ce que nous attendions. » Un autre militaire à Portland, dans l'Oregon, se tourna vers un ami, lui sourit et lança : « On ferait mieux d'astiquer nos pétoires. »

Et sans surprise, la plupart des Américains ressentaient une vraie colère, une colère profonde, et tous brûlaient d'impatience de faire quelque chose.

Dès cet instant, l'hostilité contre les Asiatiques qui couvait depuis longtemps – en particulier dans l'ouest des États-Unis – remonta à la surface et nourrit le ressentiment de millions de personnes. À San Francisco, un automobiliste s'arrêta à une station-service et s'exclama : « J'ai raté de peu un bridé à moto plus bas dans la rue. Peut-être que j'aurais dû le renverser. Ç'aurait été ma contribution à la guerre. » À Topeka, dans un camp d'entraînement pour chiens de chasse, un homme lança d'un ton hargneux : « J'imagine qu'à partir de maintenant, nous allons pouvoir chasser ses salopards de fils de pute de bridés. »

À l'épicentre de ce cataclysme, à Honolulu, Kats Miho passa la nuit dans une ville en proie à la terreur. La rumeur – pas totalement dénuée de fondement – courait que le raid aérien avait simplement servi à préparer le terrain pour une invasion de tout l'archipel. À 16 h 25, le gouverneur du territoire, Joseph Poindexter, avait instauré la loi martiale, et la ville était désormais plongée dans l'obscurité totale du fait d'un black-out généralisé. La seule lumière qui éclairait les environs de Pearl Harbor venait des incendies qui consumaient encore les bateaux échoués et ce qui restait des hangars à avions. Des sirènes hurlaient dans les ténèbres. De temps en temps, des salves de tirs antiaériens résonnaient comme des coups de tonnerre et illuminaient les cieux quand, vers Pearl Harbor, les sentinelles à bout de nerfs tiraient sur des avions imaginaires. Faisant fi du couvre-feu militaire, des conducteurs impatients de rentrer chez eux pour retrouver leurs proches conduisaient phares éteints à travers des rues obscures où les feux de signalisation ne fonctionnaient plus. Excepté pour des bulletins d'information occasionnels, les stations de radio s'abstenaient d'émettre afin d'éviter que d'autres avions japonais ne suivent leur signal jusqu'à O'ahu.

Alors que les autorités gardaient le silence, les bruits les plus fous couraient sans pouvoir être corroborés. On disait que les Japonais vivant à Hawaï avaient empoisonné le réseau de distribution d'eau ; que le SS *Lurline* – un paquebot de luxe de la compagnie Matson qui transportait des milliers de passagers chaque année entre Honolulu et la Californie – avait été coulé en naviguant vers Los Angeles avec ses 840 passagers[1], que sur les plantations les ouvriers japonais avaient tracé de grandes flèches dans les champs pour indiquer la direction de Pearl Harbor aux avions ennemis qui les survolaient ; que des troupes japonaises avaient débarqué sur des plages de la côte nord d'O'ahu ; que l'île de Kaua'i était déjà occupée ; que San Francisco avait été bombardé ; que des Nippo-Américains armés de mitraillettes avaient ouvert le feu à Hickam Field depuis des camions de livraison de lait.

Kats se tenait debout dans la pénombre à un angle de rue dans Iwilei – un quartier industriel où se mêlaient cuves de carburant, voies de chemin de fer, grues et engins en train de rouiller à proximité du port d'Honolulu –, avec entre les mains un vieux fusil qu'il ne savait toujours pas vraiment utiliser, scrutant les ténèbres. Le front de mer était plongé dans l'obscurité depuis Waikiki jusqu'à Diamond Head, les enseignes lumineuses des grands hôtels le long de la plage avaient été éteintes. Dans le port, même les feux de navigation vert et rouge avaient été mis hors service, il était par conséquent difficile de distinguer quoi que ce soit, à part des ombres et des silhouettes au clair de lune. De temps en temps, un bruit inopiné le faisait sursauter – le soudain aboiement d'un chien, quelqu'un qui jetait quelque chose dans une poubelle, le claquement d'une porte – et il tressaillait, s'accroupissait, puis posait son doigt sur la détente.

Plus tôt dans la journée, lui et ses camarades du Corps d'entraînement de la réserve de l'université d'Hawaï – presque tous des

---

1. En fait, le *Lurline* arriva à bon port à San Francisco à 2 heures du matin passées le 10 décembre mais seulement après que l'équipage eut enduit de peinture noire tous ses hublots et donné l'ordre aux passagers de ne pas même allumer une allumette après le coucher du soleil, que son commandant eut navigué en zigzag à la vitesse maximum et que des passagers terrorisés eurent essayé, en vain, de dormir tout habillés et vêtus d'un gilet de sauvetage.

Américains d'ascendance japonaise – avaient été transférés dans une toute nouvelle unité, la Garde territoriale d'Hawaï. Sa mission était de surveiller les infrastructures importantes d'O'ahu – les centrales électriques, les stations de pompage, les dépôts de carburant, etc. – en vue de l'imminence de l'invasion japonaise. La rumeur antérieure du déploiement de parachutistes s'était avérée infondée, il s'agissait seulement de promeneurs qui, apparemment, tentaient d'avoir une meilleure vue sur ce qui se passait à Pearl Harbor. Mais à présent, dans le noir, tout ce qui bougeait, la moindre ombre équivoque, chaque bruit soudain, ressemblait à une menace mortelle. D'autres jeunes hommes comme Kats étaient positionnés à environ 50 mètres les uns des autres le long du rivage. Tout le monde était nerveux et avait la détente facile. Parfois, quelqu'un appuyait vraiment dessus et le bruit d'une détonation déchirait la nuit, sans le savoir un garçon avait tiré sur un chien, un chat ou un rat, sur quelque chose qui marchait, rampait ou glissait dans le clair-obscur nocturne.

Pourtant Kats était fier. Après une longue journée au cours de laquelle il avait ressassé sa colère et son impuissance, il portait désormais un uniforme, il était armé et faisait enfin quelque chose : servir son pays, le protéger contre ceux qui lui voulaient du mal. Il ignorait qu'au moment même où il montait la garde à Honolulu, un fusil entre les mains, d'autres hommes armés conduisaient son père dans la nuit de Kahului à la pointe de leur baïonnette, tandis qu'Ayano Miho se tenait sur le seuil de l'hôtel, en pleurs. Au moment où il passa la porte, Katsuichi, pensant qu'il était sur le point d'être exécuté, se retourna vers son épouse et lui donna rapidement un ultime conseil : « Ne fais rien qui puisse attirer la honte sur la famille et sur les Japonais. Fais toujours de ton mieux. Sois digne. »

Katsuichi Miho était simplement l'une des centaines de personnes, souvent des hommes âgés, arrêtées chez elles ce soir-là et de milliers d'autres qui le seraient dans les semaines suivantes quand des agents fédéraux appréhendèrent et jetèrent en prison des citoyens japonais aussi bien à Hawaï que sur le continent. Presque tous étaient des Issei – la première génération d'immigrés, des chefs de famille. La plupart d'entre eux vivaient légalement aux États-Unis depuis des dizaines d'années, même si la loi les empêchait d'être naturalisés américains. Leurs enfants, qui étaient nés sur le sol américain – les Nisei –, avaient la citoyenneté américaine et ils étaient théoriquement protégés par la Constitution contre toute privation de liberté abusive, mais cette protection s'avérerait bientôt illusoire.

Bien avant l'attaque contre Pearl Harbor, le gouvernement avait dressé des plans détaillés au sujet du traitement qu'il conviendrait d'appliquer aux ressortissants de puissances ennemies résidant sur le territoire américain en cas de guerre. Dans les années 1930, en vertu de la loi sur les ennemis étrangers de 1798, le renseignement militaire et le FBI avaient commencé à établir des listes de Japonais, d'Italiens et d'Allemands vivant aux États-Unis. En 1936, alors que les tensions avec le Japon allaient croissant, les immigrés japonais à Hawaï se retrouvèrent sous surveillance étroite, car les autorités voulaient savoir avec qui ils étaient en contact. Les bateaux commerciaux japonais qui faisaient escale à Honolulu étaient particulièrement surveillés. Parfois leur équipage japonais se mêlait aux Issei et aux Nisei locaux, apportant avec eux des nouvelles et des lettres de leur famille au Japon. Le 10 août de cette année-là, le président Roosevelt proposa que « chaque Japonais, disposant ou non de la citoyenneté japonaise, de l'île d'O'ahu en contact avec ces navires japonais [faisant escale à Hawaï] ou ayant le moindre lien avec leurs officiers ou leur équipage [soit] secrètement et précisément identifié et que son nom [soit] inscrit sur une liste spéciale désignant ceux qui devront en priorité être internés dans des camps de concentration en cas de troubles ». En 1941, les renseignements militaires et le FBI, sous la direction de John Edgar Hoover, avaient mis au point un système implacable pour identifier et lister ceux dont ils suspectaient qu'ils représentent un danger.

Dans la foulée de Pearl Harbor – à la fois à Hawaï et sur le continent –, le FBI lança un vaste coup de filet, cochant les noms sur la liste aussi vite que possible, arrêtant tous ceux qui y figuraient, qu'ils soient d'origine japonaise, allemande ou italienne[1]. À Hawaï et sur la côte ouest, la plus grande part des noms figurant sur la liste, et de loin, étaient japonais. Les agents du FBI se mirent en ordre de marche, arrêtant des prêtres bouddhistes et shintō, des enseignants de japonais, des hommes d'affaires, quiconque ayant échangé avec le consulat japonais, des propriétaires de bateaux de pêche, des rédacteurs en chef de journaux en japonais, des membres de sociétés littéraires japonaises, de clubs d'art floral japonais et beaucoup d'autres. La plupart des

---

1. Aux États-Unis, plus de 1,2 million de personnes étaient nées en Allemagne et les deux parents de 5 millions de personnes étaient nés en Allemagne. La communauté italienne était encore plus importante. Pendant la guerre, le département de la Justice incarcéra environ 11 500 individus d'ascendance allemande et 3 000 individus d'ascendance italienne. Toutefois, ni les Italo-Américains ni les Germano-Américains ne firent l'objet des internements massifs et indistincts dont allaient être victimes les Nippo-Américains résidant sur le continent et leurs parents.

personnes arrêtées étaient des hommes et presque tous le furent chez eux ou à leur bureau, avec seulement les vêtements qu'ils portaient, sans le moindre chef d'accusation, et bien sûr sans qu'eux-mêmes ou leur famille ne sachent où on les amenait. La soudaineté des arrestations, qui semblaient arbitraires, déclencha une onde de choc, de peur et d'incertitude mêlées, parmi les familles japonaises à la fois sur le continent et à Hawaï. Personne ne savait qui serait arrêté et qui ne le serait pas.

Au mariage de Sumi Okamoto à Spokane, les agents interrompirent la réception et emmenèrent plusieurs convives Issei. À San Pedro, en Californie, tandis qu'ils débarquaient de leur bateau, ignorant ce qui s'était passé à Hawaï, plusieurs centaines de pêcheurs furent conduits dans des enclos grillagés sur le front de mer. À San Diego, la lycéenne Margaret Ishino regarda des agents fédéraux fouiller sa maison. Sa mère était alitée car elle venait de donner naissance à son petit frère, Thomas. Suspectant le lit de contenir des objets de contrebande, l'un des agents déchira les couvertures et les draps, exposant la mère de Margaret. Puis ils arrêtèrent son père. À Hood River, dans l'Oregon, des agents tapèrent aux portes à 3 h 30 le matin du lundi, perquisitionnèrent les maisons et embarquèrent une douzaine de personnalités éminentes de la communauté. Parmi eux figurait Tomeshichi Akiyama, dont le fils George servait alors dans l'armée américaine[1]. À Stockton, en Californie, tandis que Yasaburo Saiki était emmené hors de la pension de famille qu'il tenait, il dit à son fils Barry, étudiant à l'université de Californie à Berkeley : « Attends, attends, tu pourrais avoir besoin de ça », et, saisissant dans sa poche une poignée d'emprunts de guerre américains qu'il avait achetés avant l'attaque, il les lui tendit. Dans le quartier Wai'alae d'Honolulu, Matsujiro Otani était alité, malade, vêtu seulement de son pyjama quand le FBI arriva. Les agents lui collèrent un pistolet entre les côtes en lui ordonnant de sortir du lit et le conduisirent dehors pieds nus. Sa femme les implora : « Si vous le prenez, prenez-moi aussi ! » Les agents lui lâchèrent sur un ton brusque : « Restez en dehors de ça » et conduisirent Otani jusqu'à la voiture qui les attendait. Mme Otani se précipita dans la maison, attrapa un imperméable ainsi qu'une paire de chaussures et les jeta dans la voiture juste avant que ses portières ne se referment et qu'elle ne démarre. Dans le centre d'Honolulu, la banque Yokohama Specie de Merchant Street fut saisie et transformée en centre d'enregistrement des hommes

---

1. George Akiyama recevrait plus tard une décoration pour le courage extraordinaire dont il avait fait preuve lors des combats.

Issei à mesure qu'ils y étaient conduits. L'un d'entre eux, un prêtre, était si courbé et le dos voûté par l'âge qu'il pouvait à peine marcher bien qu'il soit escorté par un jeune soldat nippo-américain. Mortifié par les ordres reçus, celui-ci fixait le sol d'un air sombre et refusait de parler à quiconque de ce qu'il était en train de faire. Certains des hommes les plus âgés qui étaient interrogés parlaient à peine l'anglais et ne comprenaient simplement pas ce qu'il leur arrivait. L'un d'entre eux demanda à son fils et à sa bru : « Ça veut dire quoi "bridé" ? »

4.

« Je suis sorti de la tente et j'ai levé
le regard vers les étoiles qui scintillaient dans le ciel,
comme si elles s'amusaient de mon humble condition.
La Terre continuait de tourner, avec ses 2 milliards
d'humains qui se comportent comme s'ils étaient fous. Demain
succédera à aujourd'hui. Nos tentes craquent sous les alizés
de Nuʻuanu, et j'ai le sentiment de réciter une prière. »

Otokichi Ozaki, centre de détention de Sand Island

À Spokane, Fred Shiosaki se réveilla ce lundi matin comme il s'était endormi la veille au soir, profondément inquiet, mal à l'aise, l'estomac noué. Il n'alla pas au lycée ce jour-là et resta chez lui toute la journée. Il savait qu'il pouvait se bagarrer avec les plus forts, à un contre un, mais il n'était que l'un des quelques élèves nippo-américains, et il n'était pas certain que tous les autres n'allaient pas lui tomber dessus à la seconde même où il entrerait dans l'établissement. Soudainement, pour la première fois de sa vie, il sentit qu'il serait complètement seul aussitôt qu'il s'aventurerait dans les rues de Hillyard.

La journée n'avait pas bien commencé à la blanchisserie. Ses parents avaient ouvert à l'heure habituelle – 7 heures du matin –, mais au milieu de la matinée, pas un seul client ne s'était encore présenté. Kisaburo se rendit en voiture chez un ami de longue date,

Will Simpson, propriétaire d'une imprimerie et rédacteur en chef du *Hillyard News*, pour récupérer son linge sale, comme il le faisait chaque lundi matin. Vingt ans plus tôt, Simpson avait pris Kisaburo sous son aile et depuis il était devenu un allié de poids en ville. Démocrate, il exerçait des responsabilités locales et il était très respecté, pas seulement à Hillyard, mais dans tout l'État de Washington et même au-delà. Ce matin-là, toutefois, quand Kisaburo se présenta à la porte de service de sa demeure, Simpson sortit en brandissant la une du *Spokesman-Review*. Le titre, en lettres capitales hautes de 10 centimètres, annonçait le « LOURD BILAN DU BOMBARDEMENT ». En dessous figurait la première liste des nombreuses victimes tombées à Pearl Harbor. « Kay, regarde ça ! Qu'est-ce que tu en dis ? » demanda Simpson. Kisaburo baissa les yeux. Il ne savait pas quoi répondre. Il finit par murmurer : « C'est idiot de leur part. Je suis sûr que ce sera bientôt terminé. » Simpson le fixa d'un air sévère, comme s'il le voyait pour la première fois, et lâcha : « Eh bien, Kay, je suis désolé, je ne peux plus travailler avec toi. J'ai des responsabilités politiques, je dois faire attention. » Et sur ce, il claqua la porte de sa maison au nez de Kisaburo.

De retour à la blanchisserie, celui-ci trouva sa famille qui l'attendait, espérant qu'il rapporterait du travail, quelque chose à faire. Mais Fred put voir en un coup d'œil que son père avait les mains vides et qu'il était complètement déconfit. Kisaburo marmonna : « Bon, M. Simpson a dit qu'il ne travaillerait plus avec nous. » Puis il s'assit calmement derrière le comptoir pour le restant de la matinée, contemplant la ruine apparente de tout ce qu'il avait bâti en trente ans aux États-Unis. Fred ne l'avait jamais vu aussi accablé.

Le père de Fred était arrivé aux États-Unis avec une valise en osier, la tête pleine de rêves, et languissant après leur accomplissement. Troisième fils d'un métayer habitant un village proche de la ville de Kakegawa, au cœur de la campagne de la préfecture de Shizuoka, il était né avec pour seule perspective une vie de dur labeur dans les champs, condamné à l'extrême pauvreté.

Une profonde crise économique avait frappé le Japon à la fin des années 1870 et dans les années 1880. Puis, en 1883, une grave sécheresse avait ravagé les campagnes et anéanti l'équivalent de millions de yens de riz et d'autres récoltes, avant d'être suivie en 1884 par une importante tempête qui avait causé des inondations un peu partout et détruit encore plus de récoltes. Au milieu de la décennie, les fermiers japonais les plus pauvres en étaient réduits à manger de la balle de riz et des résidus de pâte de haricots mélangée avec des mauvaises herbes et du fourrage. Ils se blottissaient dans de petites maisons sombres chauffées uniquement par des chaufferettes au charbon creusés dans le sol que l'on nommait *hibachi*. La fièvre de l'émigration toucha plusieurs régions du Japon quand des milliers de jeunes hommes, cherchant désespérément à s'enfuir, embarquèrent sur des bateaux à vapeur en direction d'abord, dans les années 1880, des plantations de cannes à sucre et d'ananas d'Hawaï, et plus tard, dans la première décennie du XXᵉ siècle, de la côte ouest des États-Unis.

Aussi, lorsque des recruteurs d'une compagnie de commerce canadienne arrivèrent dans son village afin d'enrôler des travailleurs pour la construction du chemin de fer Canadien Pacifique, Kisaburo Shiosaki saisit l'opportunité et embarqua sur un bateau à vapeur. La compagnie paya son voyage jusqu'au Canada, non sans avoir d'abord souscrit une police d'assurance sur sa vie de manière que son investissement soit couvert si Kisaburo devait succomber pendant la traversée.

C'est un jeune homme de 21 ans à l'ambition inébranlable qui arriva sain et sauf à Vancouver en 1904 ; il se mit tout de suite au travail, posant et réparant des rails pour le chemin de fer. C'était une tâche particulièrement dure et payée une misère, seulement 1 dollar ou 2 par jour. Kisaburo et les autres immigrés japonais vivaient dans des wagons de marchandises ou dans des campements, subissant les interminables hivers aussi crépusculaires que rudes de la Colombie-Britannique et de l'Alberta. Ils travaillaient pliés en deux, les mains gelées, maniant piolets et pelles pour dégager la neige, qu'elle fût dure comme de la glace ou fondue, avant de se retrouver le soir autour de feux de camp, cuisinant du riz et des morceaux de poisson ou quoi que ce soit d'autre qu'ils puissent s'offrir avec leur maigre paie. Pendant l'été, ils peinaient sous un soleil brûlant au cœur des terres arides de l'Ouest, pelletant des graviers, portant de lourdes traverses, donnant de grands coups de marteau pour enfoncer des pointes. Comme les légumes étaient chers et difficiles à acheminer jusqu'au fin fond du Canada, beaucoup d'entre eux souffraient du scorbut. D'autres étaient blessés par les explosifs ou écrasés par les rochers de plusieurs tonnes lors de leur chute. C'était une existence de misère. Survivre était tout ce qu'un homme pouvait espérer de mieux.

Quand la section de la voie ferrée sur laquelle il travaillait l'amena près de la frontière avec les États-Unis, Kisaburo décida qu'il en avait assez. Il passa de l'autre côté et commença à se diriger vers l'ouest le long de la voie de la Great Northern Railway en direction de l'État de Washington, vivant de petits boulots, à l'affût de la moindre opportunité, toujours à la recherche d'un moyen de réaliser ses rêves. Il finit par le trouver, non dans les forêts enneigées, ni le long d'une interminable voie ferrée, mais dans ce que la région pouvait offrir de plus luxueux.

L'hôtel Davenport à Spokane était de loin l'établissement le plus somptueux entre Minneapolis et Seattle. Beaucoup le considéraient comme le plus beau palace à l'ouest du Mississippi, une merveille de raffinement, de bon goût et d'élégance. Quitter les rues répugnantes de Spokane et pénétrer dans son vaste hall de style renouveau colonial espagnol revenait à entrer dans un autre monde, un monde d'élégance sobre et sophistiquée. En journée, la lumière naturelle filtrée par des verrières opalescentes inondait le vaste intérieur, elle se reflétait sur les sols de marbre poli et faisait briller les balustrades en cuivre, ainsi que les très grands miroirs accrochés aux murs dans des cadres. La nuit, des lampes en forme de coquillage blanc posées sur des colonnes dorées hautes de 3 mètres plongeaient la pièce dans une chaleureuse lumière jaune. Des meubles sculptés en noyer et en acajou recouverts de tissus finement ouvragés invitaient les clients à s'asseoir et à profiter de la splendeur des lieux. Des stars de cinéma, des financiers, des capitaines d'industrie et des responsables politiques descendaient régulièrement des trains de la Great Northern et entraient royalement dans l'hôtel par les grandes portes, interrompant leur voyage à travers le continent simplement pour le plaisir de profiter des installations luxueuses du Davenport et de son excellente cuisine.

Pour des clients aussi distingués, une nuit ou deux à l'hôtel était un petit plaisir. Pour un jeune homme qui avait grandi plié en deux dans des champs détrempés, qui avait vécu dans la misère noire et la pauvreté spartiate des campagnes japonaises, le simple fait d'esquisser quelques pas dans le grand hall fut une révélation. C'était un monde dont Kisaburo Shiosaki n'aurait pu rêver avant de l'avoir vu de ses propres yeux. Quand il fut embauché au Davenport, il comprit immédiatement que c'était son salut.

Son travail était tout sauf raffiné. Des hommes de son âge l'appelaient « mon garçon ». Il nettoyait les tables, ramassait des morceaux de nourriture tombés par terre, portait des piles d'assiettes sales dans la cuisine, balayait des mégots de cigarettes, vidait les crachoirs et les cendriers, passait la serpillière dans les toilettes, récurait la vaisselle, il faisait tout ce qu'on lui demandait de faire neuf ou dix heures par jour, six jours par semaine. Mais pour Kisaburo, après des années de dur labeur sur les chantiers, cela représentait une sacrée opportunité. Il se lançait de tout son cœur dans chaque tâche, aussi servile fût-elle.

En un an, il avait tellement impressionné ses employeurs du Davenport qu'ils rédigèrent une lettre de recommandation élogieuse et c'est avec cette missive en poche qu'il retourna au pays pour trouver une épouse. Vêtu d'un nouveau costume impeccable et un parapluie en soie à la main pour attester de sa prospérité, il ne mit guère de temps à en dénicher une. Il la rencontra dans le village d'Hatsuma, à une courte distance de son propre hameau. Tori Iwai avait 18 ans et elle était très belle. Le mariage se conclut rapidement, avec la bénédiction de leurs parents respectifs. Kisaburo retourna à Hillyard, acheta la blanchisserie en 1917 et Tori le rejoignit bientôt. Tous deux se retroussèrent les manches pour construire ensemble un avenir devenu prometteur, travaillant de longues heures, se faisant des amis dans la communauté, devenant Kay et Mme Kay, et fondant une famille.

Au début de 1941, les Shiosaki ne nourrissaient pas la moindre inquiétude. Ils n'étaient pas le genre de personnes qui pouvaient descendre au Davenport, ou même y prendre un repas. Et à Spokane, comme dans beaucoup d'autres villes de l'Ouest américain, des panneaux à l'entrée de certains endroits – des patinoires, des restaurants, des piscines – les informaient parfois qu'eux et leurs enfants n'étaient pas autorisés à y entrer. Il y avait des quartiers de Spokane où des dispositions locales les empêchaient d'acquérir une maison, même s'ils en avaient les moyens. Des passants dans la rue pouvaient toujours ricaner devant eux et les appeler des « bridés », comme c'était le cas depuis le premier jour où ils avaient posé le pied sur le sol américain. Mais, au moins, ils avaient une affaire qui marchait, une maison, une voiture, quelques commodités modernes et des enfants qui bénéficiaient d'une éducation leur permettant certainement de s'élever dans la classe moyenne. Désormais, ils pouvaient emmener leur famille voir des films au cinéma, ou passer l'après-midi au stade de base-ball, une passion particulière de Tori qui, de toutes les Issei, était devenue la plus calée sur ce sujet à Spokane. La vie en Amérique, même si elle se heurtait toujours aux barrières raciales, commençait enfin à être à la hauteur de ce dont Kisaburo avait rêvé des dizaines d'années plus tôt. Mais tout cela, c'était avant ce premier dimanche de décembre 1941.

Le lundi matin, l'atmosphère était empreinte de terreur à Honolulu. Des volutes d'une épaisse fumée noire s'élevaient toujours de la mer huileuse à Pearl Harbor. Les grands hôtels de luxe de Waikiki, devenus fantomatiques, étaient calmes, les rues adjacentes étaient presque désertes, à l'exception de quelques visiteurs perplexes qui s'aventuraient dehors pour la première fois depuis l'attaque, le visage marqué par le choc et l'horreur. La plage elle-même était vide de baigneurs. À leur place, des soldats étaient déjà en train d'installer des blocs de béton sur le sable et tendaient des barbelés entre eux. La crainte d'une invasion imminente n'avait fait que s'intensifier après qu'à l'aube, le commandant d'un sous-marin de poche japonais – l'enseigne Kazuo Sakamaki, 24 ans – sortit à grand-peine de l'eau pour s'effondrer sur la plage de Waimānalo, sur la côte est d'O'ahu. Quand Sakamaki leva la tête du sable, il devint le premier prisonnier de guerre japonais de la Seconde Guerre mondiale, le pistolet d'un membre de la Garde nationale d'Hawaï décontenancé répondant au nom de David Akui pointé sur lui.

À Atherton House, Kats Miho se reposait enfin après une longue et angoissante nuit passée sur le front de mer d'Honolulu. La seule victime de la première mission de surveillance nocturne de la nouvelle Garde territoriale d'Hawaï avait été une vache qui s'était approchée trop près d'une station de pompage d'eau. Ne daignant pas répondre aux injonctions répétées des garçons pour s'arrêter, elle avait essuyé une rafale de tirs qui lui avait été fatale, sans faire d'autre victime. Tandis que Kats passait mentalement en revue ce qui s'était passé au cours des vingt-quatre heures précédentes et la manière dont cela pourrait affecter son existence, il ne savait pas encore que son père croupissait dans la prison du comté de Maui.

Le père de Kats ne s'appelait pas Miho à la naissance. Il était né sous le nom de Katsuichi Imamura dans le village de Kure, à quelques kilomètres au sud d'Hiroshima, en 1884. Adolescent, sur le chemin du lycée, il s'attardait chaque jour devant la demeure d'une séduisante jeune femme dénommée Ayano Miho, fille d'un prospère marchand de nori. Tous deux commencèrent à se parler par-dessus la clôture de la maison. Quand une domestique intercepta une lettre d'amour que Katsuichi avait écrite à Ayano, la famille laissa éclater sa colère. Faire la cour n'était pas le procédé habituel pour trouver une épouse au Japon. C'était une attitude jugée dangereuse et subversive. M. Miho décida pourtant d'enquêter sur le jeune homme et plus il avançait dans ses investigations, plus ce qu'il trouvait lui plaisait. Les deux familles conférèrent au point de finir par s'apprécier de plus en plus et le couple fut autorisé à s'unir, mais à une seule condition. Le père d'Ayano n'avait pas de fils pour perpétuer le nom des Miho et le commerce familial. Si Katsuichi voulait épouser la fille aînée des Miho, il devait accepter d'être adopté par M. Miho et prendre son nom.

Katsuichi accepta, et le jeune couple se maria. Une fois leurs études terminées, ils enseignèrent dans la préfecture d'Hiroshima. Pendant ce temps, Ayano donna naissance à un fils et à deux filles, et Katsuichi devint le directeur de l'école primaire de Fujisaki. Tout semblait aller pour le mieux. Mais, quand il eut 28 ans et qu'Ayano en avait 26, Katsuichi fut rattrapé par le virus de l'émigration.

On disait que les plantations de cannes à sucre et d'ananas à Hawaï recherchaient des éducateurs pour les milliers d'enfants Nisei nés de travailleurs immigrés arrivés au cours des décennies précédentes. Comme elles étaient réputées offrir de meilleurs salaires aux enseignants que le Japon rural, Katsuichi et Ayano virent là une opportunité. Sauf que Katsuichi aurait besoin de la permission de son père adoptif et il savait qu'elle serait difficile à obtenir. S'il quittait le Japon, il n'y aurait plus personne pour perpétuer le nom de la famille et prendre sa succession, la raison précise pour laquelle M. Miho avait adopté Katsuichi.

Après de nombreuses disputes et de longues négociations, le père et le fils adoptif arrivèrent à un accord, mais ses termes étaient extrêmement durs. Katsuichi et Ayano devraient laisser leurs aînés, Katsuto et Hisae, au Japon pour servir d'héritiers. Avec réticence, le couple accepta, prit avec lui leur deuxième fille, Tsukie, et annoncèrent qu'ils reviendraient dans quelques années pour s'occuper de leurs deux premiers enfants une fois qu'ils auraient mis assez d'argent de côté.

En octobre 1911, ils embarquèrent à Kobé sur un bateau à vapeur, arrivèrent quelques semaines plus tard à Honolulu, et durent passer par les mêmes services d'immigration que des milliers d'immigrés japonais avant eux pour rejoindre les champs de canne à sucre. Une fois les formalités accomplies, le couple se rendit compte toutefois qu'il ne pourrait pas facilement trouver un emploi correspondant à ses qualifications sur l'île d'O'ahu. Devant faire vivre sa famille, Katsuichi consentit à la place à se faire embaucher pour ramasser des noix de macadamia.

Au cours des années suivantes, il exerça plusieurs métiers, et la famille Miho s'agrandit, avec l'arrivée de cinq enfants américains qui s'ajoutèrent aux trois autres nés au Japon. Plus que jamais, le besoin d'argent se faisait criant. Ils déménagèrent à Kahului, sur Maui, où Katsuichi commença à travailler comme enseignant itinérant, allant de plantation en plantation sur les pistes de terre rouge entre les champs de canne dans un chariot tiré par un cheval, avant de trouver un emploi de comptable, puis, enfin, de directeur de magasin, à l'épicerie Onishi, située juste en face de ce qui serait bientôt l'hôtel Miho. Ce n'est pourtant que lorsque Ayano parla à Katsuichi d'acheter l'hôtel en 1929 que la famille Miho commença à toucher du doigt le rêve américain. C'est là que les petits Miho grandirent, fougueux, curieux de tout et allergiques aux chaussures, et c'est là que Katsuichi devint, au début des années 1940, l'un des aînés de la communauté les plus fiables et respectés, largement admiré pour ses prises de position fondées sur des principes forts et fréquemment consulté pour sa sagesse. Jusqu'à son arrestation.

Quand le FBI vint le chercher le 7 décembre, Katsuichi se montra effrayé mais pas vraiment surpris. Au cours des deux années précédentes, les agents fédéraux s'étaient présentés à l'hôtel Miho à plusieurs reprises afin de l'interroger sur les liens de la famille Miho avec le Japon et sur le travail mené par Katsuichi pour aider d'autres familles à enregistrer la naissance de leurs enfants auprès du consulat japonais. Dès lors, il avait supposé que, d'une manière ou d'une autre, il était considéré comme suspect. Ses activités visant à entretenir la culture japonaise parmi ses compagnons d'immigration, avait-il compris, seraient probablement sujettes à caution aux yeux des autorités américaines toujours à la recherche d'espions et de saboteurs. C'était le prix à payer pour être en Amérique sans être un Américain. En ayant interdiction, en fait, de devenir un Américain. En japonais, cela impliquait l'application du *gaman*, c'est-à-dire accepter que survienne un événement que l'on ne pouvait empêcher et l'endurer. Alors que des agents l'emmenaient et qu'il comprit qu'ils n'avaient pas l'intention de l'exécuter, il se rendit compte que cela serait affreusement difficile d'être séparé de son épouse et de ses enfants, sans savoir quand lui serait donnée la permission de les revoir de nouveau ni même si celle-ci existait.

Il fut extrait de la prison du comté de Maui et conduit sur Sand Island, une morne étendue de sable et de corail mort juste en face des vasières du centre d'immigration d'Honolulu par lequel il était entré dans le pays trente ans plus tôt. Là, des soldats armés de baïonnettes les rassemblèrent, lui et 450 autres Issei – des hommes venus de toutes les îles de l'archipel –, dans un champ de 2 hectares entouré d'une clôture haute de plus de 4 mètres surmontée de barbelés. Huit miradors, tous occupés par des soldats armés de mitrailleuses, avaient été construits à intervalles réguliers le long du périmètre. Quelles que soient les maigres possessions que les Issei avaient prises avec eux, elles leur furent confisquées. On leur attribua des tentes de toile

– chacune contenant huit lits de camp disposés directement sur la vase et le corail.

Il plut sans discontinuer pendant plusieurs jours en ce mois de décembre, et les tentes furent rapidement inondées. Plusieurs fois par jour, les hommes devaient se tenir debout sous la pluie battante pour l'appel. Sans presque aucune tenue de rechange disponible, allongés sur les lits de camp, ils frissonnaient dans leurs habits mouillés pendant les longues nuits humides. Les gardes les qualifiaient de « prisonniers de guerre ». Certains étaient obligés de nettoyer les toilettes à mains nues. Quand il manquait une cuillère, ils étaient fouillés au corps. Ils n'avaient pas accès au téléphone, à la radio, aux journaux, au moindre stylo, à du papier, à leur montre ni même à des savons. Ils n'avaient qu'une vague idée de ce qui se passait à l'extérieur et pas la moindre de ce qui allait leur arriver. Pendant des semaines, ils ne purent recevoir aucune visite de leur famille. Pearl Harbor et Hickam Field se trouvaient à seulement 6 kilomètres à l'ouest, des avions militaires les survolaient à basse altitude et le sol vibrait jour et nuit, car les navires militaires s'entraînaient à tirer sur des barges qui faisaient des allers-retours tout le long de Mamala Bay.

Sous la pluie, avec le bruit des avions et le fracas des canons en arrière-fond, le père de Kats faisait chaque jour le tour du périmètre du centre de détention de Sand Island à pied, regardant un étroit bras de mer à Honolulu où, sans qu'il le sût, Kats – à seulement un grand jet de pierre de là où il se trouvait – patrouillait le long du front de mer chaque nuit, armé d'une vieille carabine, prêt à repousser l'ennemi.

À Spokane, Fred Shiosaki retourna au lycée à contrecœur, mais sa mère avait beaucoup insisté. Le plus pénible était d'y aller à pied. Le trajet à travers les rues de Hillyard rendues désertes par l'hiver promettait d'être aussi long que solitaire. En l'empruntant, Fred croyait voir les voisins le regarder de derrière les rideaux. À chaque pas qui le rapprochait du lycée, la perspective de pénétrer dans le bâtiment lui semblait plus redoutable. Quand il finit par arriver devant l'établissement à la façade Art déco de briques rouges et jaunes, son cœur battait la chamade, son estomac était noué. Il prit une profonde inspiration, franchit l'une des quatre grandes portes d'entrée et se fraya un chemin à travers le hall bruyant. Les lycéens étaient agglutinés par petits groupes et parlaient avec excitation de la guerre. Ils semblaient trop absorbés par les titres des journaux, les derniers bilans des victimes, la perspective pour les garçons de devoir bientôt revêtir l'uniforme, pour remarquer la présence de Fred. Ils avaient plutôt l'air de vouloir l'ignorer. Fred se rendit dans une salle de classe pour son premier cours de la journée. Au fil de la matinée, il se rendit compte à son grand soulagement que ses amis étaient toujours ses amis. Que ses coéquipiers de l'équipe d'athlétisme se projetaient toujours dans la saison à venir. Que ses camarades du club de photographie étaient déjà en train de se répartir les tâches pour la réalisation du prochain annuaire de fin d'année.

Mais c'étaient ses amis. Et ce n'était que le début de la journée. Alors que les heures passaient et que d'autres journées s'enchaînèrent, Fred réalisa que si personne n'allait lui casser la figure au lycée, il était à présent comme proscrit. Les conversations s'arrêtaient quand il tentait de s'y mêler. Ses clins d'œil amicaux ne lui valaient en retour que des regards froids. On lui tournait soudainement le dos. Quand les professeurs évoquaient la guerre lors des cours, Fred souhaitait pouvoir devenir invisible. Quand il marchait dans les couloirs du lycée, il ressentait comme un nuage noir qui le suivait partout. Il rentrait chez lui en traînant les pieds chaque fin d'après-midi pour trouver la blanchisserie presque toujours plongée dans la torpeur, les machines arrêtées, les séchoirs dégarnis, la caisse vide, ses parents désœuvrés et déprimés.

Les nouvelles de la guerre étaient chaque jour plus mauvaises. Rien ne semblait pouvoir résister aux forces impériales japonaises. Plusieurs heures avant le début de l'attaque contre Hawaï, elles avaient débarqué sur les plages de la Malaisie britannique. Alors que les bombes japonaises tombaient sur O'ahu, elles pilonnaient également l'atoll de Wake au cœur du Pacifique. Et le même jour, alors que les vaisseaux de guerre continuaient à se consumer dans Pearl Harbor, les soldats japonais s'étaient emparés de Hong Kong, avaient envahi la Thaïlande et bombardé Guam ainsi que des terrains d'aviation aux Philippines. Le 10 décembre, au large de la côte de la Malaisie britannique, les forces impériales avaient coulé deux imposants bâtiments britanniques – le HMS *Prince of Wales* et le HMS *Repulse* –, causant la perte de plus de 800 hommes. Le 12 décembre, des soldats commencèrent à prendre pied à Luçon aux Philippines. Le 14 décembre, des troupes envahirent la Birmanie. Elles retournèrent même à Hawaï. Au crépuscule, le 15 décembre, un sous-marin japonais fit surface au large de Maui et lança dix obus sur Kahului, endommageant la conserverie d'ananas où Kats avait travaillé l'année précédente. Seuls deux poulets moururent dans l'attaque, mais elle eut l'effet escompté, terrorisant les clients de l'hôtel Miho ainsi que les habitants de la ville, et renforçant l'idée qu'une invasion japonaise d'Hawaï était imminente.

Alors que les mauvaises nouvelles tombaient les unes après les autres, on n'entendit bientôt plus que la colère : un torrent de propos racistes se déversa, étouffant les voix de ceux qui tentaient de prendre du recul et de distinguer les amis des ennemis. Des caricatures apparurent dans les journaux, dépeignant les Japonais comme des rats, des insectes, des putois, des singes, des poux ou des chiens enragés. Un dessin de presse intitulé « Comment distinguer la vermine nipponne » proposait des indications pour distinguer les Américains d'origine chinoise de ceux d'origine japonaise : « La vermine nipponne est plus petite et semble avoir les jambes accrochées directement à sa poitrine (…). Le Nippon a des dents en avant (…). Le Chinois marche à grandes enjambées. La vermine traîne les pieds. » Des restaurants placèrent dans leur vitrine des panonceaux indiquant : « Cet établissement empoisonne les rats et les bridés. » Comme si « bridé » ne semblait déjà pas un qualificatif suffisamment dégradant, ceux qui barbouillaient ces panonceaux y allèrent de leur « Nipard » ou « vermine jaune » imitant les pires caricaturistes. Certains des éditorialistes les plus influents du pays commencèrent à entretenir la haine. Au sujet des Nisei qui étaient nés américains, le *Los Angeles Times* écrivit : « Une vipère est toujours une vipère quel que soit l'endroit où l'œuf a éclos. » D'autres journaux moins influents se mirent au diapason. Le journal de la ville natale de Fred Shiosaki, le *Spokesman-Review*, publia un éditorial appelant à l'emprisonnement des congénères de ses parents : « Tous les citoyens japonais des îles comme du continent devraient être raflés et envoyés dans des camps de concentration pour toute la durée de la guerre. »

Des politiciens qui savaient de longue date à quel point la haine raciale pouvait alimenter des campagnes électorales et faire avancer leurs idées ou leur carrière y virent une opportunité et, en un instant, leurs discours devinrent effrontément toxiques. Un parlementaire du Mississippi, John Rankin, déclara : « C'est une guerre raciale (…). Je vous le dis, il est de la première importance que nous nous débarrassions de chaque Japonais (…). Qu'ils soient maudits ! Qu'on s'en débarrasse maintenant ! » Un autre parlementaire, Jed Johnson, de l'Oklahoma, réclama la stérilisation forcée de tous les Japonais vivant aux États-Unis. Le gouverneur de l'Idaho, Chase Clark, lança : « Les bridés vivent comme des rats, se reproduisent comme des rats et agissent comme des rats. »

Aucune de ces métaphores dégradantes, aucune de ces images insultantes et aucun de ces sentiments offensants n'étaient nouveaux pour la plupart des Américains. Dès les débuts de l'immigration asiatique au XIXᵉ siècle, les premiers journaux, puis plus tard Hollywood, avaient fantasmé un « Péril jaune » – une vague implacable d'immigration asiatique qui menaçait de submerger et de détruire non seulement les États-Unis mais tout l'Occident. En particulier à partir des années 1880, les caricatures publiées par les principaux journaux décrivaient régulièrement les Asiatiques comme des rongeurs, des cafards, des serpents, et autres vermines grouillant en direction des côtes de l'Amérique. Des couvertures de magazine mettaient en avant des images épouvantables d'Asiatiques abjects aux ongles interminables s'en prenant à des femmes blanches ou les séduisant dans des fumoirs d'opium miteux. À partir de 1929, Hollywood montra aux Américains le spectre du méchant Fu Manchu, résolu à détruire le monde occidental. Dans la foulée, quantité d'autres personnages asiatiques peu recommandables, soit serviles et obséquieux, soit impénétrables et menaçants – et presque toujours interprétés par des acteurs blancs –, étaient des figures familières des studios américains de cinéma.

Désormais, alors que ces discours empiraient, les vieux stéréotypes et la haine étaient déjà bien présents dans les esprits de millions d'Américains et les conséquences s'en firent de plus en plus douloureusement ressentir pour les Nippo-Américains et leurs parents Issei. À Hawaï, la loi martiale resta en vigueur sur toutes les îles. Des cours militaires remplacèrent les cours civiles et des centaines d'Issei et de Nisei furent sommairement arrêtés pour suspicion de déloyauté. L'arrestation soudaine de centaines d'hommes Issei en particulier priva de nombreuses communautés japonaises de leurs figures charismatiques, entraînant d'énormes perturbations dans le fonctionnement de chacune de ces communautés à travers tout le territoire. Des temples bouddhistes furent fermés. Ce fut aussi le cas d'écoles de langue japonaise et de centres communautaires. Des journaux en japonais durent également cesser leur publication. Les comptes en banques furent gelés. Les pêcheurs Issei furent interdits de sorties en mer.

Sur le continent, les enfants étaient raillés sur le chemin de l'école, ils n'étaient pas les bienvenus sur les aires de jeux et l'accès aux cinémas leur était interdit. Les propriétaires de petits commerces de toutes sortes – parmi lesquels des restaurants, des salons de coiffure, des échoppes de barbiers, des garages, des pharmacies, des cliniques vétérinaires et des cabinets dentaires – refusaient de servir leurs clients nippo-américains. Les magasins tenus par des Nippo-Américains et leurs parents étaient boycottés. Le président de l'université de l'Arizona interdit à la bibliothèque de prêter des livres aux étudiants nippo-américains, en précisant : « Ces gens sont nos ennemis. »

Les Nisei, dont la plupart étaient des lycéens ou des étudiants, se demandaient comment leurs parents immigrés, qui n'étaient pas protégés par la citoyenneté américaine, allaient s'en sortir. Les Issei s'inquiétaient quant à la manière dont ils allaient pouvoir nourrir leur jeune famille, alors que leur situation économique devenait chaque jour plus compliquée. Des compagnies de chemin de fer, des restaurants, des pépinières, des entreprises horticoles, des compagnies minières et toutes sortes d'établissements industriels licencièrent du jour au lendemain des hommes qui travaillaient loyalement pour eux depuis des dizaines d'années. En quelques semaines, les municipalités retirèrent leurs licences à des entrepreneurs japonais, poussant des épiceries, des blanchisseries, des brasseries, des fleuristes et d'autres petits commerces à la liquidation. Le département du Trésor ferma des banques japonaises, gela les avoirs et renvoya les caissiers, les cadres et les responsables de comptes. Les familles ne pouvaient pas retirer plus de 100 dollars par semaine. Des restrictions de déplacement empêchèrent toute personne d'ascendance japonaise, qu'elle fût américaine ou non, de s'éloigner de plus de quelques kilomètres de son domicile ou de s'approcher de certaines installations sensibles comme les centrales ou les barrages[1]. Sur l'île de Bainbridge, à l'ouest de Seattle, la compagnie de ferry Black Ball interdit à toute personne d'origine japonaise – qu'elle fût américaine ou non – d'embarquer sur ses bateaux.

Les Shiosaki se tapirent à Hillyard. À l'orée de 1942, leur monde se réduisit à la blanchisserie comme endormie et à son voisinage immédiat. Dans l'impossibilité de retirer de l'argent librement de leur compte en banque, avec les revenus de leur échoppe réduits à presque rien, et dans l'incapacité même d'aller jusqu'aux lacs à l'extérieur de Spokane où Kisaburo aimait pêcher le dimanche, les parents conseillèrent à Fred ainsi qu'à ses frères et sa sœur de se faire discrets, d'éviter d'attirer l'attention : « N'allez pas là où il y a de la foule, où il y a des gens que vous ne connaissez pas et qui pourraient vous faire du mal. Restez à l'écart des inconnus. »

Alors que les fêtes de fin d'année venaient de s'achever, une vague immense de jeunes Américains se précipita pour rejoindre les rangs

---

1. Au début du XXe siècle les Issei se mariaient très rarement en dehors de leur communauté et un patronyme à consonance japonaise était considéré comme la preuve d'une ascendance japonaise.

de l'armée, n'hésitant pas à dormir sur le trottoir et à prendre place dans de longues files d'attente devant les bureaux de recrutement qui restaient ouverts seize à dix-huit heures par jour, pour en ressortir avec un large sourire, un dossier d'enrôlement à la main. Les rues et les restaurants, les bars et les dancings de chaque ville américaine furent soudainement remplis d'hommes portant fièrement les uniformes blancs de la Navy ou vert olive de l'armée de terre. Où qu'ils aillent, ces marins et soldats de fraîche date attiraient les compliments et les signes de tête amicaux, des tapes dans le dos de la part d'hommes trop âgés pour se battre et les regards admiratifs des jeunes femmes qu'ils croisaient dans la rue.

Aucun de ces jeunes hommes n'était sans doute plus fier de servir son pays que les membres de la Garde territoriale d'Hawaï. Plus des trois quarts d'entre eux étaient des Nippo-Américains, et pour cette raison, ils portaient leur uniforme avec une fierté particulière. Dès qu'ils avaient entendu l'annonce de ce qui s'était passé à Pearl Harbor – ou après avoir été les témoins directs de l'attaque –, ils savaient qu'ils auraient à supporter un fardeau particulier lors de cette guerre. Chacun d'entre eux savait que son visage et son nom de famille suggéraient une affinité avec l'ennemi et tous étaient déterminés à prouver qu'ils étaient autant américains, et impatients de se battre, que n'importe qui d'autre. Pendant presque six semaines, Kats Miho et ses camarades de la Garde – la majorité d'entre eux avaient 18 ou 19 ans à peine – patrouillèrent sur O'ahu, de nuit la plupart du temps, tenant la garde devant des réservoirs, des centraux téléphoniques, des dépôts de carburant, des centrales électriques, des hôpitaux et des pontons, avec à la main leur vieille carabine à culasse mobile.

Pourtant, le 19 janvier 1942, dans les heures précédant l'aube d'une nuit sans lune, survint un événement qu'ils n'avaient pas vu venir. Kats et son groupe étaient installés sous une tente pyramidale derrière une sous-station électrique de School Street. C'était une nuit comme les autres. Les garçons prenaient chacun leur tour de garde, deux par deux, se tenant au garde-à-vous devant la sous-station avec une baïonnette au bout de leur fusil. De temps en temps, des ouvriers de la défense travaillant la nuit passaient par School Street, en route vers leur travail, prenant toujours soin de chanter, de parler fort ou de taper sur les palissades pour être certains que les garçons de la Garde territoriale sachent qu'ils arrivaient et n'aient pas la détente facile. Quelques-uns d'entre eux traînaient même des boîtes de conserve vides avec une corde derrière eux pour qu'il n'y ait aucun doute.

À peu près vers 2 heures du matin, l'équipe reçut une communication radio lui ordonnant de ramasser ses affaires et de se préparer à partir. Ce n'était pas du tout habituel. Alarmés mais excités, dans l'incertitude de l'endroit où ils allaient être déployés, ou même pour quelle raison, les garçons se préparèrent. Puis ils attendirent. Ce n'est qu'à 5 h 30 qu'un camion débâché remonta lentement School Street, les ramassa et les emmena à l'école Lanakila. Là, ils retrouvèrent tous les membres de la Garde territoriale qui tournaient en rond dans l'obscurité sur le terrain de sport, essayant de comprendre ce qui se passait.

Finalement, un de leurs officiers commença à expliquer la situation. Le capitaine Nolle Smith était un grand gaillard, un joueur de l'équipe de football de l'université d'Hawaï. Il commença à bégayer, des larmes lui montaient aux yeux. En tant que Noir, il savait ce qu'était la discrimination. Il dit qu'il avait tenté de s'opposer à ce qui était sur le point de se passer, que tous les officiers locaux avaient essayé, mais qu'ils avaient été outrepassés par quelqu'un à Washington. Puis un autre officier, Rusty Frazier, lui succéda et alla directement au fait. Apparemment, certaines des huiles qui étaient venues du continent pour une inspection avaient été contrariées de voir des jeunes gens aux traits japonais porter des armes. Les ordres étaient venus d'en haut. « La raison pour laquelle vous êtes là ce matin, c'est parce que vous tous, qui êtes des Américains d'origine japonaise, vous êtes démobilisés en raison de vos origines. À l'instant où je vous parle, vous n'appartenez plus à la Garde territoriale d'Hawaï. »

Comme sonné, Kats Miho fut cloué sur place, la bouche ouverte, abasourdi. Ils étaient tous stupéfaits. En colère. Frustrés. Humiliés. Un jeune homme, Ted Tsukiyama, dirait des années plus tard que ce moment fut le pire de sa vie, l'expérience la plus traumatisante de toute la guerre, une guerre au cours de laquelle il vivrait de nombreux événements traumatisants. « Si une bombe avait explosé à cet instant, la dévastation n'aurait pas pu être pire », se rappela-t-il. Leur vœu le plus cher depuis le 7 décembre était de servir leur pays, d'accomplir ce que les jeunes gens faisaient à travers tous les États-Unis, se tenir debout, être fiers, comme tous leurs semblables. Cette possibilité s'était évanouie en un instant, remplacée par une soudaine prise de conscience qu'on ne leur faisait plus confiance. Voire pire : on ne les considérait même pas comme de vrais Américains.

Pendant quelques minutes, il n'y eut que du silence. Puis, tout autour de lui, Kats commença à entendre des jeunes gens sangloter doucement dans l'obscurité.

Deuxième partie

L'EXIL

5.

« L'un d'entre eux m'a confisqué mon kit de couture
– un de ces petits kits de voyage.
Il me l'a pris. J'ai expliqué : "Je ne peux pas faire
de bombe avec ça, j'en ai besoin."
Il m'a regardé l'air de dire : "Vous n'avez pas le droit
de dire quoi que ce soit." »

Lily Yuriko Hatanaka, 14 décembre 2009

En 1942, le printemps arriva tôt, comme c'est souvent le cas, dans la vallée de la Salinas en Californie, où de vastes champs de laitues, de bettes, d'épinards et d'artichauts s'étiraient à perte de vue depuis les monts Gabilan, à l'est, jusqu'à la baie de Monterey, à l'ouest. Début février, les températures diurnes se maintenaient aux alentours de 15 degrés, et dépassaient parfois les 20 degrés. Les monts Gabilan étaient passés d'un brun automnal à un vert printanier. Les fleurs de moutarde jaune clair avaient déjà éclos le long des fossés d'irrigation de la vallée. Des hommes au volant de tracteurs labouraient un sol noir qui sentait bon, tandis que des nuées de mouettes rieuses les suivaient, plongeant vers le sol, se régalant de vers de terre charnus. Des sturnelles étaient perchées sur les poteaux des clôtures, vocalisant leur chant de printemps ; les notes claires semblables au bruit de clochettes de leur ritournelle montaient en spirale vers un ciel bleu sans le moindre nuage.

La région natale de John Steinbeck était l'aboutissement d'un long et pénible voyage pour les dizaines de milliers de réfugiés qui, fuyant la tempête de poussière du *dust bowl*, s'étaient déversés dans la vallée au cours des années précédentes, une odyssée immortalisée par les photographies obsédantes de Dorothea Lange et la publication, juste trois ans plus tôt, des *Raisins de la colère*. Les Okies, du sobriquet dont on avait affublé ces ouvriers agricoles en référence à l'État de l'Oklahoma, épicentre de la catastrophe, étaient arrivés – épuisés, les traits tirés et les yeux caves – dans de vieux tacots et des camions déglingués remplis à ras bord de chaises à bascule, de bassines à linge et de vieilles machines à coudre, espérant trouver un éden américain. Par maints aspects, c'est bien ce qu'ils trouvèrent. Et ils découvrirent aussi qu'ils n'étaient pas seuls. Ils étaient seulement le dernier ajout à un riche pot-pourri de réfugiés et d'immigrants qui s'étaient installés dans la vallée avant eux. Moins d'un siècle après que les Américains venus de la côte est avaient envahi la Californie à la recherche d'or, forçant au départ les familles mexicaines qui détenaient les premiers grands ranchs de la vallée, les Blancs possédaient la majorité de la terre. Or c'étaient surtout des immigrés chinois, philippins et japonais qui la travaillaient. C'étaient eux qui cultivaient, moissonnaient et expédiaient vers l'est la plus grande partie des légumes du pays, eux dont le dur labeur avait fait de la vallée, dans les années 1930, le « saladier de l'Amérique ». C'était un travail exigeant, mal payé et qui n'offrait pas le moindre répit, dont beaucoup d'enfants qui grandissaient dans la vallée, quelle que soit la couleur de leur peau, partageaient la dureté. Peu d'entre eux toutefois étaient plus durs que Rudy Tokiwa, 16 ans. Et Rudy était ivre de colère.

Le jour de l'attaque de Pearl Harbor, il se trouvait dans un champ de laitues, plié en deux, une houe à la main, regardant sa sœur Fumi courir dans sa direction, trébuchant dans les sillons, remuant les bras, criant, lui apportant la nouvelle. Rudy avait été effaré, mais guère surpris. Sa première pensée fut : « Eh bien, il fallait que ça finisse par arriver. » Puis, presque immédiatement, une seconde pensée – sous forme de question – lui vint à l'esprit. Si c'était la guerre, la guerre avec le Japon, et qu'il fût appelé à combattre, que ferait-il ? Pour Rudy, la réponse était loin d'être évidente.

Ce n'était pas qu'il était réticent à l'idée se battre, loin de là. Bien qu'il fût encore jeune, il était déjà un combattant. Pas très grand, né prématuré et sans espoir de survie, assailli par un asthme infantile, manquant d'y passer quand il s'énervait, il devait lutter pour chaque souffle et se ménager depuis ses tout premiers jours. Dès ses 5 ans, il avait travaillé dans les champs, surveillant les légumes que sa famille cultivait sur de riches terres alluviales. Penché vers le sol, arrachant les mauvaises herbes, il avait toujours su que presque rien ne serait facile pour un fils de fermiers nippo-américains en Californie. En grandissant, il se rendit compte que Salinas était un endroit où un garçon devait savoir utiliser ses poings s'il voulait garder la tête haute, tout comme dans le Hillyard de Fred Shiosaki.

À partir de ses 12 ans, Rudy, à l'instar de nombreux jeunes Nippo-Américains de sa génération, avait déjà passé du temps au Japon, vivant auprès de membres de sa famille, apprenant la langue et se familiarisant avec la culture de ses parents. S'il avait accepté d'y aller, c'était seulement parce que ses frères et sœurs aînés avaient à tout crin refusé de le faire, et que son père l'avait convaincu qu'il fallait qu'au moins un des membres de la génération suivante connaisse la langue afin de rester en contact avec les oncles et tantes. De plus, en tant que benjamin, il avait tendance à se retrouver sous la férule de ses frères et sœurs. Il se disait que, peut-être, au Japon, il n'aurait pas à subir cela.

Pourtant, envoyé dans la préfecture ancestrale de sa famille, Kagoshima, au sud du pays, il avait trouvé que la vie au Japon était beaucoup plus difficile qu'il ne l'avait imaginé. Ses enseignants ne souffraient ni discussion ni contestation. Son éducation consistait presque entièrement à apprendre par cœur de nouveaux mots et caractères japonais. Quand il allait à pied à l'école, s'il ne s'inclinait pas et ne présentait pas ses respects aux hommes d'une classe supérieure qu'il lui arrivait de croiser, ceux-ci pouvaient le frapper pour le punir de son insolence. Si l'un d'entre eux lui ordonnait de se mettre à genoux et de cirer ses chaussures, Rudy s'exécutait sans délai, sous peine à nouveau d'être frappé ou de recevoir des coups de pied. Toutefois il détestait s'incliner – telle n'était pas sa nature – et il commença à prendre des cours de judo.

Quand il atteignit l'âge auquel, au Japon, tous les garçons devaient participer à un entraînement militaire, lui et ses camarades de classe pouvaient être brutalement tirés de leur lit à n'importe quelle heure de la nuit au son d'un clairon et envoyés manœuvrer dans la campagne de Kagoshima. Parfois, les exercices duraient plus de quarante-huit heures d'affilée, des garçons de 13 ans trébuchaient en traversant des champs dans l'obscurité nocturne, sous la pluie ou dans le brouillard, titubant sous le poids de lourds sacs à dos.

S'il n'avait pas pensé à préparer de la nourriture à emporter, il lui fallait endurer la faim. S'il se plaignait, il était réprimandé. Après les sorties, il ne rentrait pas à la maison, mais allait directement à l'école, qu'il ait mangé ou pas.

Pendant ses maigres loisirs, Rudy pouvait se rendre compte directement des privations qui marquaient la vie quotidienne au Japon. À la suite de l'embargo américain sur le pétrole – destiné à punir le Japon pour son invasion de la Chine –, les autobus, les voitures et les taxis roulaient au charbon ou à la vapeur plutôt qu'à l'essence ou au gasoil. Quand les autobus avaient du mal à grimper les collines faute de carburant, tout le monde devait sortir et pousser. L'air était sale et saturé de suie de charbon. Soixante-dix pour cent de l'économie japonaise était consacrée aux dépenses militaires et les biens de consommation étaient rares. Les matières premières, dont le riz, étaient rationnées. Les habits typiques de l'Occident – des costumes et des chapeaux mous, des cravates en soie et des chaussures stylées – disparurent de tous les magasins, car ce n'était plus la mode, et il était même considéré comme antipatriotique d'afficher la moindre prospérité en ces temps d'austérité. La vie au Japon était devenue grise et lugubre, et tout le monde s'habillait en conséquence. À mesure que l'humeur nationale se renfrognait sous l'effet de l'embargo pétrolier, l'inéluctabilité de la guerre contre les États-Unis était sur toutes les lèvres. À l'automne 1939, l'oncle de Rudy jugea qu'il était temps de l'emmener à Yokohama pour le mettre dans un bateau, le *Tatsuta Maru*, à destination de San Francisco. En dépit des conditions de vie difficiles, Rudy aurait préféré rester au Japon. Il était enfin parvenu à se faire des amis et à gagner le respect des autres à l'école. Il pouvait parler anglais avec aisance et les autres lycéens avaient commencé à lui demander de leur donner des leçons d'anglais. Le principal de l'école s'était mis à inviter Rudy à se joindre à lui pour l'aider à évaluer les étudiants qui donnaient des discours en anglais. Et à l'école, personne ne l'appelait « le bridé ».

En octobre, Rudy pénétrait dans la baie de San Francisco en passant sous le Golden Gate Bridge et rentrait chez lui en Californie. Svelte, souple et endurci par ses aventures au Japon, il s'inscrivit au lycée de Salinas, qu'avait fréquenté Steinbeck. Il intégra l'équipe de gymnastique, celle d'athlétisme et celle de lutte. Il rejoignit également l'équipe de football des Salinas Cowboys en compagnie de son frère aîné, Duke, qui devint le quarterback star de l'équipe. Sans trop de difficulté, Rudy se réadapta à la vie américaine qu'il avait connue avant son départ. Lui et ses amis, des lycéens blancs pour la plupart, traînaient ensemble

Rudy Tokiwa

en ville devant les bars à soda, ils allaient au cinéma et s'intéressaient aux voitures et à la façon de les réparer, ainsi qu'aux filles.

Pourtant, le point de vue de Rudy n'était plus le même qu'avant son départ, et il était différent de celui de la plupart de ses amis. Malgré les difficultés de la vie au Japon, et en partie à cause d'elles, il sentait qu'il était devenu un homme meilleur, plus dur, plus capable de supporter l'adversité, plus conscient des vertus d'un dur labeur et d'une stricte discipline. Il était revenu du Japon profondément fier de son héritage nippon et conscient du point de vue japonais sur les affaires du monde, il savait à quel point les Japonais se sentaient isolés et assiégés. À partir du moment où il était revenu dans la vallée, il avait compris bien mieux que ses camarades de lycée, ou que la plupart des Américains, à quel point la guerre était imminente, à quel point elle semblait inéluctable du point de vue japonais. Par conséquent, Rudy n'avait pas été surpris quand sa sœur lui avait annoncé ce 7 décembre, dans le champ de laitues, la nouvelle de l'attaque contre Pearl Harbor.

Ce soir-là, la famille Tokiwa fit ce que des milliers de familles japonaises firent à travers les États-Unis. Tout le long de la côte ouest en particulier, ces familles mirent en marche leur poêle à huile ou à bois, celles qui en avaient allumèrent des feux dans leur cheminée. Elles livrèrent aux flammes les photographies de famille, les précieuses poupées Hinamatsuri de leurs filles et des livres en japonais. Elles cassèrent les disques japonais. Elles démontèrent les autels bouddhistes et

81

shintô avant d'en dissimuler les pièces. Elles donnèrent à des voisins abasourdis les élégants kimonos d'époque, les vases anciens et les épées de samouraï dont elles avaient hérité. Elles se débarrassèrent de tout ce qui était *made in Japan* – des appareils photo, des jumelles, de la vaisselle. Puis, fouillant dans une vieille malle de voyage, le père de Rudy, Jisuke – un ancien combattant de la Grande Guerre –, déposa délicatement son uniforme de l'armée américaine en haut de la pile de vêtements qui s'y trouvait, pour être certain que quiconque regarderait dans la malle le verrait en premier.

Le lendemain matin, tandis que Rudy et Duke étaient sur le chemin du lycée, une demi-douzaine de jeunes surgirent devant eux, les désignèrent du doigt et lancèrent d'une voix hargneuse : « Ces sales bridés, on va leur casser la gueule. » Rudy et Duke échangèrent un regard. Puis Duke grommela : « Ce n'est qu'une bande de Okies, on va en faire une bouchée. » Ils s'écartèrent et serrèrent leurs poings, mais avant qu'ils puissent se lancer dans la bagarre, une voix derrière eux s'écria : « Bon, laissez-nous faire, les Tokiwa. On va s'en occuper. » C'était une bonne partie de l'équipe de football des Salinas Cowboys. Les deux frères s'écartèrent, les footballeurs firent quelques pas en avant et les agresseurs détalèrent. Toutefois quand Rudy et Duke entrèrent dans le lycée et empruntèrent les couloirs, d'autres élèves commencèrent à les conspuer : « Encore les bridés ! » C'en était trop pour Rudy. Il se précipita dans le bureau du principal et lança que son frère et lui rentraient chez eux : « Nous n'avons pas à subir ces agressions, explosa Rudy. N'importe qui vient me trouver pour me traiter de bridé, c'est la dernière fois que je le laisse faire ! » Le principal dit à Duke qu'il ne pouvait pas quitter l'établissement. Mais il n'aimait pas l'attitude de Rudy et le renvoya chez lui, insistant bien sur le fait qu'il le considérait comme un fauteur de troubles et que Rudy allait payer les conséquences de son accès de colère.

En rentrant chez lui, d'autres ennuis l'attendaient. Le FBI était arrivé à la ferme des Tokiwa sur River Road au sud-ouest de Salinas dans une grosse berline noire tandis que la famille travaillait aux champs. Le temps que les Tokiwa rentrent chez eux, les fédéraux avaient fracassé la porte d'entrée et perquisitionnaient la maison de fond en comble, renversant les tiroirs pour les vider, fouillant les placards, montant au grenier avec des lampes torches, à la recherche d'articles de contrebande – des radios à ondes courtes, des jumelles, des appareils photo, tout ce qui pourrait être utile à des saboteurs ou qui pourrait prouver leur attachement au Japon. La famille restait assise à les regarder sans rien dire. Quand les agents ouvrirent la malle de voyage et trouvèrent l'uniforme de Jisuke, l'un d'entre eux le tint à bout de bras et demanda :

« C'est quoi, ça ?

– C'est mon uniforme, répondit Jisuke sur un ton égal.

– C'est un uniforme américain.

– Oui, j'ai servi dans l'armée américaine. J'étais en France.

– Mais oui, bien sûr ! Les bridés ne sont pas acceptés dans l'armée américaine. »

Ils jetèrent l'uniforme par terre et le piétinèrent tout en continuant leurs recherches. C'en était trop pour Rudy. Il bondit sur ses pieds et se mit à crier : « Allez vous faire foutre ! Mais allez vous faire foutre ! » Ses parents le retinrent, mais en regardant les agents lever enfin le camp, il se dit, toujours bouillonnant de colère : « Ce pays n'aime pas les Japonais. Il n'aime pas les Asiatiques. Il faudrait mieux que je sois blanc. »

Cela faisait à présent huit semaines que Pearl Harbor avait été attaqué et la colère de Rudy n'en finissait pas de grandir. Peu à peu, on leur interdisait tout, à lui et à sa famille. D'abord on avait dit à ses parents qu'ils ne pouvaient pas se déplacer sans autorisation au-delà d'une zone de 20 kilomètres autour de chez eux, ce qui signifiait qu'ils ne pouvaient plus se rendre au centre-ville de Salinas pour faire leurs courses. Puis, quand sa sœur Fumi était allée acheter des graines, on lui avait discrètement demandé de revenir plus tard quand il y aurait moins de clients blancs dans le magasin. Puis sa famille dut remettre à la police jusqu'à ses lampes torches, ses récepteurs radio, ainsi que ses arcs et ses flèches.

Les rumeurs allaient bon train. On disait que des milliers de familles nippo-américaines – peut-être la sienne parmi celles-ci – pourraient bientôt être expulsées de chez elles et enfermées dans des camps de concentration, comme des criminels. Bien sûr, cela ne pourrait pas se passer comme ça, pensait Rudy. Du moins, pas des familles entières. Après tout, les Nisei comme lui étaient des citoyens américains. Au lycée, il avait étudié la Constitution en cours d'histoire et les citoyens américains avaient des droits. On ne pouvait pas vraiment l'enfermer sans raison. Il le savait. Mais il se demandait ce que deviendraient ses parents.

À Hawaï, Kats Miho ressentait son renvoi de la Garde territoriale comme un coup de poignard et décida de rentrer chez lui à Maui. Il n'avait pas le cœur de rester à l'université, alors que beaucoup de ses camarades se préparaient à partir à la guerre : à quoi bon rester s'il ne pouvait pas se joindre à eux ?

Maui se transformait rapidement en centre d'instruction et de ravitaillement pour les batailles à venir dans le Pacifique. Plus de cinquante installations militaires étaient en cours de construction à travers toute l'île : des camps d'entraînement dans la jungle ou au combat souterrain, des stands de tir pour mitraillettes, une zone de ciblage pour les mortiers et l'artillerie, un champ d'exercice pour lance-roquettes, des batteries de défense côtière, des casernes, des mess et surtout des terrains d'aviation. Sur une île où auparavant se faire employer en dehors des plantations était pratiquement impossible, il y avait à présent du travail à chaque coin de rue. Comme les hommes blancs s'adonnaient rarement au travail manuel, la plupart de ces emplois revenaient à des jeunes hommes d'ascendance japonaise, chinoise, philippine ou hawaïenne. S'il ne pouvait pas s'engager dans l'armée, Kats se disait qu'il pourrait aussi bien se rendre utile à son pays en participant à l'effort de guerre. Il trouva un marteau, une scie et une équerre à l'hôtel Miho. S'autoproclamant apprenti charpentier, il alla donner un coup de main à la construction de bâtiments à la station aérienne de la Navy à Pu'unēnē qui ne cessait de s'étendre sur le grand isthme verdoyant de la vallée centrale de Maui. Il travaillait dix ou douze heures par jour, sept jours par semaine, portant des tuiles sur ses épaules, rampant sous les combles, enfonçant des clous, travaillant torse nu sous le soleil d'Hawaï. Le salaire s'avérait correct – 75 cents de l'heure – et il était content de pouvoir s'occuper.

Bien qu'il se tînt au premier rang pour assister au déploiement de l'effort de guerre du pays, ce qu'il voyait ne faisait que le démoraliser davantage. Quand il s'était rendu sur les plages où lui et ses amis avaient campé enfants, il trouva des jeunes hommes enthousiastes sortant des vagues en tenant au-dessus d'eux leurs fusils à bout de bras, s'entraînant à des débarquements amphibies. Quand il se promenait en voiture sur les collines autour du lycée de Maui, il croisait des vingtaines de jeeps militaires qui descendaient cahin-caha les pistes sucrières. Quand, lors de sa pause déjeuner, il mangeait son sandwich à l'ombre d'un arbre, il regardait silencieusement des troupes chaque jour plus nombreuses sortir des avions de transport militaire, impatient de se mêler à eux. La déception et la honte qu'il avait ressenties tôt en ce matin de janvier, quand lui et les autres Nisei avaient été renvoyés de la Garde territoriale d'Hawaï, continuaient à s'immiscer en lui. Elles lui nouaient l'estomac.

À Hillyard, les parents de Fred Shiosaki étaient rongés par une inquiétude tenace : la perspective qu'à n'importe quel moment des hommes en trench-coat puissent débarquer et emmener Kisaburo les angoissait. Pendant des semaines, des Issei de Spokane avaient purement et simplement disparu les uns après les autres. Beaucoup de familles n'avaient pas de nouvelles. Un jour, les agents du FBI finirent par arriver.

Ils fouillèrent l'appartement au-dessus de la blanchisserie. Ils confisquèrent une radio à ondes courtes, une paire de jumelles, la 22 long rifle de Fred et, le plus dur à supporter pour lui, son appareil photo fétiche. Ils n'embarquèrent pas son père, mais lui ordonnèrent, à lui et à son épouse, Tori, de se rendre immédiatement à leur bureau du centre-ville. Fred et sa sœur, Blanche, conduisirent leurs parents à Spokane dans la vieille Maxwell familiale. Tandis qu'ils attendaient dans la voiture devant le bâtiment, les heures s'étiraient et les enfants Shiosaki s'inquiétaient que leur père disparaisse tout simplement, comme tant d'autres pères avant lui. Quand leurs parents finirent par sortir, ils étaient ensemble. Ils montèrent dans la voiture et annoncèrent calmement qu'ils étaient désormais considérés comme étant ce que l'on appelait des « ennemis étrangers ».

Quelques jours plus tard, Fred fut convoqué dans le bureau du proviseur, où un homme plus âgé portant costume et chapeau l'attendait. L'homme montra un insigne et annonça sur un ton égal : « J'appartiens au FBI. On vous a vu prendre des photos du lycée. Qu'est-ce que vous faisiez ? » Fred se figea, terrifié. Il se mit à balbutier, incapable de prononcer les mots sans trébucher sur chacun d'eux ; rien de cohérent ne pouvait sortir de sa bouche. Il essaya d'expliquer qu'il était chargé des photographies de l'annuaire de fin d'année de l'établissement, qu'il avait emprunté un appareil photo pour prendre les clichés dont il avait besoin, et qu'il n'avait aucune mauvaise intention. En fin de compte, il parvint à se faire comprendre et l'agent se détendit. Apparemment une femme qui passait en voiture devant le lycée avait vu Fred en train de prendre des photos et en avait déduit qu'il était un espion. « Oublie tout ça », conclut l'agent en partant. Mais Fred rentra chez lui sous le choc.

La femme qui avait aperçu Fred et vu un espion n'était que l'une des millions d'Américains qui pensaient que la trahison japonaise était partout cet hiver-là, tapie derrière le comptoir de la blanchisserie, enfouie dans le cœur du jardinier en train de tondre la pelouse, dissimulée derrière le visage souriant du vieillard vendant ses produits sur le marché. Beaucoup tenaient pour acquis que seule une espèce d'espionnage de l'intérieur avait pu permettre une catastrophe aussi soudaine et dévastatrice que l'attaque contre Pearl Harbor. Ce n'était certainement que le début. Dans le Salinas de Rudy Tokiwa, les habitants de la ville forcèrent les prêtres d'un temple bouddhiste à décrocher leur grand gong de bronze parce qu'ils pensaient que les Nippo-Américains pourraient s'en servir pour guider jusqu'à eux une armée japonaise d'invasion depuis le front de mer à Monterey, situé à une vingtaine de kilomètres.

Ce qui avait commencé comme des rumeurs un peu folles de sabotage et de trahison à travers les rues d'Honolulu et tout le long de la côte ouest le 7 décembre était petit à petit légitimé par la parole officielle. À peine une semaine après Pearl Harbor, Frank Knox, le secrétaire à la Marine, publia un communiqué de presse : « Je pense que la plus efficace cinquième colonne de la guerre se trouvait à Hawaï. » Le même jour, John Rankin déclara lors d'une séance de la Chambre des représentants : « Je suis pour l'arrestation immédiate de tous les Japonais se trouvant en Amérique, en Alaska et à Hawaï, et pour leur internement dans des camps de concentration. » D'autres au gouvernement poussaient dans le sens contraire, s'appuyant sur le manque de preuves et le nécessaire respect de la loi. Un débat commença à faire rage en coulisse, tant au sujet des faits (y avait-il eu ou non déloyauté ?) qu'au sujet de la politique (comment s'en garantir à l'avenir ?). D'un côté, le département de la Guerre était en faveur d'internements massifs, de l'autre, le département de la Justice considérait avec fermeté qu'une telle mesure constituerait une violation majeure des droits civiques. Tout au long de la fin de janvier et du début février, les deux camps débattirent du sujet dans une succession de réunions tendues. Pendant tout ce temps, des responsables militaires, des journalistes de la côte ouest et des responsables politiques démocrates comme républicains accentuèrent leurs pressions sur le président Roosevelt. Ils voulaient que ces gens soient déplacés sans tarder. Roosevelt semblait de plus en plus enclin à leur donner raison.

Ce n'était pas le cas de son épouse. Immédiatement après Pearl Harbor, Eleanor Roosevelt s'était envolée pour la côte ouest où, en apprenant que les comptes en banque des fermiers Issei avaient été gelés, elle avait fait pression avec succès sur le département du Trésor pour qu'ils soient autorisés à retirer chaque mois 100 dollars. Lors de sa visite, elle fit en sorte de poser avec un groupe de Nisei et prononça un discours à la radio le 11 janvier dans lequel elle insista sur le fait que les Issei étaient des résidents de longue date dans le pays et qu'on leur avait pourtant toujours dénié le droit d'en demander la citoyenneté. De retour à la Maison Blanche, elle tenta de gagner l'oreille du président.

Finalement, le 19 février 1942, Roosevelt signa l'ordre exécutif 9066 autorisant le secrétaire à la Guerre ou son commandement militaire à désigner les régions desquelles « quiconque p[ouvait] être exclu ». L'ordre ne mentionnait pas les Nippo-Américains, ou quelque autre groupe. Il ne faisait pas de distinction entre les citoyens et les non-citoyens. Il ne précisait pas le sort des personnes qui allaient être expulsées, où elles seraient envoyées, ni ce que l'on ferait d'elles. Tout cela était laissé à l'initiative des autorités militaires. Néanmoins, alors que l'Allemagne continuait à resserrer sa poigne de fer sur l'Europe, en Amérique, la plupart des regards étaient désormais tournés vers le Pacifique, et chacun savait quelle était la cible de cette décision : toute personne portant un patronyme japonais et vivant près de la côte ouest. Le raisonnement qui l'avait emporté au sein du gouvernement était qu'il n'y avait aucun moyen de mesurer rapidement et de manière fiable la loyauté des Nippo-Américains et de leurs parents immigrés : ils représentaient tous une menace pour les bases militaires sur la côte et pour l'industrie de défense, alors en plein essor. La politique en la matière ne s'embarrassait pas de nuances. En mars, un sondage indiquait que 93 % des personnes interrogées étaient favorables au déplacement des Issei de la côte ouest. Seulement 25 % d'entre elles étaient opposées à l'internement des Nisei, y compris leurs enfants américains.

Quand Eleanor Roosevelt eut vent de cet ordre exécutif 9066, elle tenta d'en parler avec son époux. Il refusa d'aborder le sujet.

Les rouages du gouvernement se mirent en branle avec une efficacité froide et toute guerrière. Le lieutenant général John DeWitt proposa la création d'une zone d'exclusion d'où à la fois les Nippo-Américains et leurs parents Issei devaient être éloignés, par la force si nécessaire. Cette zone incluait les régions les plus occidentales des États de Washington, de l'Oregon et de Californie, ainsi que certaines régions de l'Arizona[1]. La grande majorité des Issei et des Nisei amé-

---

1. Pendant une brève période en mars, les Nippo-Américains furent encouragés à s'éloigner « volontairement » de la zone d'exclusion. En pratique, pour la plupart des familles, c'était pratiquement impossible de le faire dans le délai qui leur était imparti. Leur compte en banque étant inaccessible, ils n'avaient nulle part où aller, pas d'argent

ricains vivaient dans ces régions. Le seul autre foyer de peuplement nippo-américain – et il était de taille – se situait à Hawaï. Le gouvernement réalisa qu'il serait impossible d'éloigner autant de personnes de l'archipel sans plonger l'économie de tout le territoire dans une situation proche de la catastrophe. La décision d'éloignement était donc inapplicable, à la fois parce qu'elle serait allée à l'encontre des intérêts des plantations d'ananas et de cannes à sucre et parce que, dans les mois à venir, Hawaï serait une plateforme cruciale pour mener la guerre du Pacifique. Par conséquent, à Hawaï, seuls ceux dont le nom figurait sur la liste du FBI seraient arrêtés et confinés dans des sites de détention fédéraux distincts, pour la plupart sur le continent, loin de leur famille[1].

Le 1er mars, DeWitt établit un couvre-feu de 20 heures à 6 heures pour tous les individus d'ascendance japonaise, qu'ils fussent citoyens américains ou non. Le 18 mars, le président Roosevelt signa un second ordre exécutif, le 9102, fondant une nouvelle agence, la War Relocation Authority (WRA). La mission de la WRA consistait à procéder avec ordre et méthode pour interner les personnes éloignées des zones d'exclusion. Puis, le 27 mars, DeWitt interdit aux Nippo-Américains de déménager « volontairement » à l'est de leur propre chef, ne leur laissant comme autre option que les éloignements forcés et l'internement.

Une onde de choc parcourut les communautés nippo-américaines tout le long de la côte, alimentant l'inquiétude. Les ordres semblaient clairs, précis et diligents du point de vue des militaires et du gouvernement, mais du point de vue de celles et ceux dont la vie en était affectée, ils étaient tout sauf limpides.

Quiconque dont l'ascendance était japonaise pour au moins un seizième – en fait quiconque avait au moins un arrière-arrière-grand-parent japonais – devait désormais s'enregistrer pour être éloigné de la zone d'exclusion. Le ratio en lui-même était absurde et tout théorique. Les Issei étaient nés au Japon et tous étaient presque entièrement japonais par leur ascendance. À peu près tous les Nisei avaient deux parents japonais. Et la plupart des Nisei étaient trop jeunes pour avoir des enfants. Dans les faits, toute personne avec la moindre ascendance

pour déménager, et aucun moyen de subsistance. Par ailleurs, les menaces de violences collectives et les déclarations publiques hostiles des gouverneurs de nombreux États faisaient redouter aux familles les conséquences d'une telle décision.
1. Un nombre relativement réduit de détenus à la fois Issei et Nisei furent internés à Hawaï, d'abord sur Sand Island puis, à partir de 1943, à Honouliuli, un camp particulièrement spartiate situé au fond d'un vallon étouffant et infesté par les moustiques dans les collines au nord-ouest d'Honolulu.

japonaise était susceptible d'être éloignée. Mais il y avait d'autres complications. Des Nisei plus âgés avaient des conjoints d'origine différente. Ces couples devaient décider s'ils devaient se séparer ou être internés ensemble. Il y avait les orphelins japonais, certains dans des orphelinats et d'autres qui avaient été adoptés par des parents d'autres origines. Il y avait aussi les enfants placés. Il convenait de tous les retirer de leur orphelinat ou de leur famille d'accueil. Et que faire des personnes âgées grabataires ? Des femmes enceintes sur le point d'accoucher ? Des malades chroniques ? Des handicapés mentaux ? Des patients qui se remettaient d'une opération à l'hôpital ? Toutes et tous – d'une manière ou d'une autre – devaient être éloignés.

Des dizaines d'autres questions vinrent à l'esprit des mères et des pères, des fils et des filles. Qu'adviendrait-il des étudiants dont l'année universitaire était à moitié écoulée ? Et les lycéens auxquels il restait encore des examens à passer ? À une époque où la polio, la tuberculose et la grippe étaient encore menaçantes, comment ferait-on pour éviter les épidémies dans des camps surpeuplés ?

Alors que l'information se répandait de famille en famille parmi les Nippo-Américains et que les interrogations allaient croissant, la construction de dix-sept « centres de rassemblement » temporaires fut lancée afin d'héberger ceux qui étaient sur le point d'être expulsés de chez eux. On peut difficilement évaluer le nombre exact de personnes qui seraient finalement internées dans ces lieux temporaires et dans les plus pérennes « centres de déplacement » qui les remplaceraient, mais elles devaient être au moins 108 000 personnes et purent être jusqu'à 120 000. Le 24 mars, l'armée publia la première d'une série d'ordres d'« évacuation » de civils spécifiques à certaines zones. Elle concernait les 271 personnes d'ascendance japonaise qui vivaient sur l'île de Bainbridge, dans l'État de Washington. L'armée leur laissait six jours pour se préparer à quitter les lieux, en n'emportant que ce qu'ils pouvaient prendre. Cette semaine-là, des hommes traînèrent sur l'île au volant de leur camion pour profiter de la situation. « Eh toi, le bridé ! On va te foutre à la porte demain. Je te donne dix biftons pour ce réfrigérateur (…). Ta machine à laver, tu me la laisses pour 3 balles ? » lançaient-ils par la fenêtre ouverte de leur véhicule.

À Salinas, Rudy Tokiwa était ulcéré.

6.

« Je ne fais que penser à toi. Quoi que je fasse,
que je sois en train de manger ou même de rire,
c'est comme si je ne pouvais pas m'échapper
et je suis en permanence au bord des larmes.
Le soir, je regarde la lune et je prie
pour ton retour. Quand le vent souffle, je prie le vent.
Regarder les petits oiseaux voler librement me fait
pleurer, et je leur parle pour qu'ils te ramènent. »

Hanaye Matsushita, internée à Minidoka,
à son époux, Iwao, interné à Fort Missoula, Montana.
27 septembre 1942

Le père de Rudy Tokiwa, Jisuke, ne savait pas quoi faire. Ancien combattant, chef de famille, âgé de 62 ans, c'était lui qui prenait les décisions, lui vers lequel tout le monde se tournait pour savoir quoi faire. Au cours des quarante-deux années qui avaient suivi son départ du Japon, quand il n'était qu'un jeune homme sans avenir, il avait été domestique, étudiant, ouvrier, soldat, fermier, mari et père. Désormais, Fusa, son épouse, et lui possédaient un tracteur et une voiture familiale. La maison qu'ils louaient contenait la plupart des équipements de la vie moderne : l'eau courante, un récepteur radio, l'électricité, des lits constitués d'un matelas posé sur un sommier. La terre qu'il cultivait était si fertile, et son ardeur à l'exploiter si grande, que, certaines années, il devait envoyer une partie de sa production par rail vers la côte est. Alors qu'il commençait à s'approcher d'un âge avancé, il en était arrivé à croire que Fusa et lui pourraient vivre une vie raisonnablement confortable, qu'ils allaient pouvoir en profiter un peu et laisser leurs fils s'occuper davantage de la ferme à l'avenir.

Sauf que désormais, il n'avait pas la moindre idée de ce qu'il fallait faire.

Ses fils étaient pris à partie sur le chemin de l'école. On tournait le dos à sa fille à l'épicerie. Les cultures étaient sur le point d'être récoltées, mais à en croire les titres agressifs des journaux, les affiches placardées sur les poteaux téléphoniques et les bulletins d'information débités sur un ton froid à la radio, au plus tard le 30 avril, il aurait à « évacuer », c'est-à-dire à abandonner derrière lui sa terre, laissant ses récoltes pourrir. C'était plus que ce qu'un homme de son âge pouvait supporter.

La famille Tokiwa ne possédait pas la terre qu'elle exploitait. Les immigrés japonais, en vertu d'un ensemble de lois anti-asiatiques dont les racines remontaient à l'arrivée des travailleurs chinois en Californie pendant la ruée vers l'or de 1849, avaient interdiction de posséder quelque terre que ce fût. Dès le début, de nombreux Californiens blancs avaient méprisé les immigrés chinois qui travaillaient souvent plus dur et pour moins cher qu'ils n'étaient eux-mêmes prêts à l'accepter. Des violences sporadiques contre les Chinois éclatèrent bientôt dans les régions aurifères, puis s'étendirent tout le long de la côte avant de gagner l'intérieur des terres.

Les forces hostiles aux Asiatiques tournèrent ensuite leur attention contre les Japonais. En février 1905, le *San Francisco Chronicle* donna le ton d'une avalanche d'éditoriaux férocement anti-japonais : « L'invasion japonaise » ; « Le problème du moment » ; « Les Japonais, une menace pour les Américaines » ; « Le crime et la pauvreté avancent main dans la main avec les travailleurs asiatiques ». En mai 1924, le président Calvin Coolidge signa la loi Johnson-Reed qui ferma pour de bon la porte à toute nouvelle immigration japonaise à compter du 1er juillet de cette année-là.

Aux États-Unis, les Issei en avaient froid dans le dos. Désormais, ils ne pouvaient plus se nourrir d'illusions. Empêchés de devenir citoyens, coupés de leur famille restée au Japon et dans l'impossibilité de les rejoindre, écartelés entre deux pays s'éloignant l'un de l'autre, chacun campé dans une attitude de plus en plus belliqueuse, ils voyaient se rompre le lien avec leur pays natal. Leur avenir reposait entièrement sur les espoirs et les rêves qu'ils nourrissaient pour leurs enfants américains. Eux, au moins, semblaient avoir un avenir aux États-Unis.

Pourtant, au printemps 1942, cet avenir s'était subitement assombri. Ils devaient endurer avec leur famille des déplacements forcés, ils étaient privés de leurs moyens de subsistance, leurs droits étaient limités et ils devaient se préparer à une détention de masse.

Néanmoins, tous les cœurs de leurs compatriotes n'étaient pas endurcis contre eux. Comme la date d'expulsion de la famille Tokiwa approchait, de jeunes amis leur tendirent la main, s'efforçant de les aider, à une époque où aider quiconque portait un nom japonais était franchement mal vu, leur apportant un soulagement soudain et inattendu.

Quelques années auparavant, deux frères qui vivaient un peu plus bas que les Tokiwa sur River Road – Ed et Henry Pozzi – avaient soudainement perdu leurs parents. Les Pozzi étaient eux-mêmes des immigrés, une famille suisse italienne, et comme c'était la tradition dans leur pays d'origine, ils avaient fait de leur propriété une exploitation laitière. Quand ils étaient enfants, et même plus âgés, Rudy, ses frères et sa sœur aimaient traîner avec les Pozzi. Vautrés sur des meules de foin dans leur grange, ils se goinfraient de fromage frais et de sandwichs de charcuterie. Et réciproquement, les jeunes Pozzi étaient proches des Tokiwa, ils allaient souvent chez eux, jouaient avec les enfants, appelaient Fusa et Jisuke « Maman et Papa ». Quand, à peine sortis du lycée, ils s'étaient retrouvés orphelins, les garçons avaient dû s'occuper du jour au lendemain d'une exploitation laitière dont ils ne savaient que faire alors que la Grande Dépression sévissait. En peu de temps, la banque menaça de saisir tout ce qu'ils possédaient.

Abattus, ils demandèrent conseil aux Tokiwa. Jisuke leur fit remarquer qu'ils élevaient des vaches sur l'une des terres les plus fertiles du pays.

« Exploitez-la, leur conseilla-t-il.

– Mais on ne connaît rien à l'agriculture !

– On va vous apprendre comment faire », les rassura Jisuke.

Et il tint sa promesse, leur transmettant tout ce qu'il savait, depuis l'entretien d'un tracteur jusqu'à la sélection des graines. En quelques mois, les garçons étaient devenus des agriculteurs[1].

---

1. Les frères Pozzi deviendraient rapidement des multimillionnaires en cultivant de la salade, prospérant jusqu'au XXI⁰ siècle.

Désormais, les Tokiwa, comme presque toutes les familles nippo-américaines, étaient confrontés à une multitude de dilemmes d'ordre pratique. Le plus immédiat concernait ce qu'ils devaient faire de leurs biens. Comme ils ne possédaient pas la terre qu'ils cultivaient, ils n'avaient aucun moyen de savoir quand ils remettraient jamais les pieds dans la vallée de la Salinas, ni même si cette possibilité existait. L'essentiel de la richesse qu'ils avaient accumulée était immobilisé dans ce qu'ils possédaient : leurs meubles, leur voiture, leurs vêtements, leur équipement agricole. Il semblait n'y avoir d'autre solution que de tout vendre au premier acheteur venu, à n'importe quel prix.

C'est à ce moment-là qu'intervinrent les frères Pozzi, désireux de leur donner un coup de main.

« Vous n'avez qu'à tout entreposer chez nous, proposèrent-ils.

– Vous êtes sûrs que vous voulez faire ça ? Vous pourriez avoir des problèmes.

– Non, non, vous êtes comme de la famille pour nous. Vous n'avez qu'à nous confier votre voiture et tout le reste. On va la soulever avec un cric pour que les pneus ne s'usent pas, et on la fera démarrer de temps en temps. »

Ils acceptèrent même de s'occuper du chien de Fumi.

En cela, les Tokiwa semblaient bénis par leurs voisins. Et il y eut beaucoup d'autres familles qui se proposèrent pour aider leurs amis, leurs voisins et leurs associés sur le départ. Mais il y en eut beaucoup d'autres qui n'en pouvaient plus d'attendre de les voir partir et dont le seul but était de profiter de leur absence : engloutir les hypothèques sur les maisons et les terres agricoles, acheter l'intégralité des entreprises pour une fraction de leur valeur, piller ce qui avait été entreposé, vandaliser les vergers et les serres, s'introduire par effraction dans des entrepôts pleins de marchandises.

Le 30 avril, Rudy regarda avec colère son père abaisser pour la dernière fois le loquet de la porte d'entrée de leur maison désormais vide. Les frères Pozzi les conduisirent en ville, à l'arsenal de la Garde nationale sur Howard Street. À l'extérieur de l'arsenal, ils rejoignirent des centaines d'autres personnes qui piétinaient sur le trottoir. Rudy ne pouvait pas détourner les yeux de la scène. Il n'avait pas vu autant de visages aux traits japonais au même endroit depuis son départ du Japon. Beaucoup d'entre eux étaient venus dans leurs habits du dimanche : les hommes en costume trois pièces avec cravate et chapeau ; les dames avec des gants blancs, des escarpins et un chapeau de mariage ; les fillettes vêtues d'une jupe en tissu écossais avec aux pieds des chaussures brillantes noirs en cuir verni. Tandis que Rudy les regardait, encore plus de gens surgissaient. Ils arrivaient en poussant le fauteuil du grand-père, et en tenant la grand-mère par le bras. Avec à la main des sacs et des bagages, tirant des malles de voyage, des berceaux et des boîtes à bijoux. Une femme, avec plusieurs filles adolescentes derrière elle, avait rempli l'un de ses deux sacs marins uniquement avec des serviettes hygiéniques. Une autre portait sous le bras une grande bassine en étain remplie de vêtements, avec, attaché au sommet, un petit tricycle. Les Tokiwa empilèrent leurs biens sur la montagne de valises et de sacs et de divers objets domestiques qui ne cessait de grossir, puis reculèrent de quelques pas pour les regarder avec mélancolie, se demandant s'ils avaient fait les bons choix.

Des familles avec leurs possessions personnelles empilées devant l'arsenal de Salinas

Des hommes en uniforme militaire attachèrent une étiquette numérotée en papier – semblable à une étiquette à bagage – à chaque objet de l'amoncellement. Puis ils donnèrent les contremarques correspondantes à Rudy, à ses parents, à ses frères et à sa sœur et à tous les autres. D'autres individus en uniforme les dirigèrent vers un auditorium bruyant rempli de femmes et d'hommes ; ils s'assirent sur des chaises pliantes en attendant d'être enregistrés en vue de leur internement. Finalement on appela leur nom. Ils avancèrent vers le devant de la pièce, remplirent des formulaires, puis retournèrent en groupe à l'extérieur et montèrent avec réticence dans un autobus Greyhound. Des camions militaires vert olive arrivèrent pour transporter les bagages.

Rudy regarda à travers les vitres teintées les badauds curieux qui s'étaient regroupés de l'autre côté de la rue. De temps à autre, quelqu'un se forçait à sourire ou agitait un mouchoir par la fenêtre à un visage amical reconnu dans la foule. Quand le bus démarra, les sourires s'évanouirent, et un silence de plomb s'installa parmi les passagers, tandis que la triste réalité de ce qui était en train de se passer s'abattait sur eux.

Le trajet jusqu'au terrain de rodéo de l'autre côté de la ville fut de courte durée. En descendant du bus, Rudy fut choqué. Il s'était efforcé de l'imaginer pour s'y préparer, mais la vue de la clôture de fils barbelés entourant des hectares de baraques faites de planches de pin et de papier goudronné le ramena à la réalité de ce qui l'attendait et renforça son sentiment d'injustice. Les camions militaires arrivèrent, apportant tout ce que les internés avaient laissé sur le trottoir. Les bagages s'amoncelèrent en une imposante montagne aux portes du camp. Les Tokiwa retrouvèrent les leurs et les traînèrent dans la poussière, ils passèrent devant une rangée de grands eucalyptus et un portail hérissé de fils barbelés, et pénétrèrent dans ce qui était désormais dénommé « le centre de rassemblement de Salinas ».

Ils trouvèrent la baraque qui leur était assignée et jetèrent un coup d'œil furtif dans l'unique pièce qu'ils allaient tous occuper. D'environ 6 mètres sur 6, elle était presque vide, mis à part des lits de camp métalliques alignés contre un mur, deux ampoules pendant du plafond et un poêle au kérosène qui trônait au milieu de la pièce. Une fois dans les lieux, les Tokiwa regardèrent autour d'eux pendant quelques minutes, abasourdis, perplexes, hésitants quant à ce qu'ils devaient faire ensuite, incertains de la manière dont ils pouvaient transformer cet endroit en leur chez-eux. La cloison en contreplaqué entre leur chambre et celle d'à côté ne montait même pas jusqu'au plafond, et ils pouvaient entendre chaque mot que la famille voisine prononçait, tandis qu'elle aussi s'installait. Rudy et Duke rentrèrent les bagages puis partirent à la recherche de matériaux pour bricoler des meubles de fortune, tout au moins des étagères sur lesquelles poser ce qu'ils avaient pu emporter, peut-être même des clous pour y accrocher leurs vêtements.

Au cours des jours suivants, Rudy explora le camp, même s'il n'y avait pas grand-chose à explorer à part la poussière et les mauvaises herbes qui poussaient entre des longues rangées de baraques toutes semblables avec leurs murs recouverts de papier goudron. Quand il alla aux latrines des hommes, il se rendit compte qu'il lui faudrait prendre place dans une longue file d'attente et que les toilettes n'étaient rien d'autre que des planches percées d'un trou et placées au-dessus de fosses creusées dans la terre. Il n'y avait pas de séparation entre chaque latrine et, par conséquent, guère d'intimité. Et l'endroit empestait. Les urinoirs étaient de simples abreuvoirs en zinc dont le contenu se déversait directement à l'extérieur du bâtiment, s'étalant en flaques sur le sol dur et compact. Dans les douches des hommes, les robinets avaient été fixés à un peu plus de 2 mètres du sol, trop haut pour que la plupart des garçons et même des adultes ne puissent les atteindre.

Quand il se rendit dans l'un des réfectoires pour prendre son premier repas, Rudy découvrit que, là aussi, il lui fallait faire la queue – parfois pendant 40 ou 45 minutes – et que lorsqu'il obtiendrait enfin sa portion, elle serait au mieux frugale. La War Relocation Authority ne consacrant que 33 cents par jour par interné à l'alimentation, les repas étaient habituellement constitués de riz ou de pommes de terre, mais rarement de viande – au mieux, peut-être un morceau de langue ou de foie – ou de poisson – dont les quantités étaient de toute façon ridicules : ainsi, la « préparation à la morue », selon la terminologie officielle, contenait un peu plus de 5 kilos de poisson pour 600 personnes...

Le plus difficile à supporter pour Rudy, comme pour la plupart de ses congénères, était la présence, âpre et sinistre, des barbelés tout autour du camp, le corps de garde à l'entrée et, par-dessus tout, les miradors où des hommes en uniforme montaient la garde, une arme à la main.

Les conditions étaient à peu près les mêmes dans les seize autre « centres de rassemblement » bâtis à la hâte – ce que les journaux dans tout le pays avaient pris l'habitude d'appeler « les camps de bridés » – dans l'État de Washington, en Oregon, en Californie et en Arizona. À l'hippodrome de Santa Anita à Arcadia, en Californie, comme dans plusieurs autres centres, des dizaines de familles étaient parquées dans des stalles de chevaux qui empestaient toujours le fumier et l'urine. Sur place, les seules douches étaient celles destinées à laver les chevaux, pas des humains. Les femmes âgées se retrouvèrent, nues et humiliées, au milieu d'autres femmes, sous des flots d'eau tombant depuis d'énormes pommeaux de douche dans une pièce ouverte aux quatre vents. Les latrines des femmes étaient constituées de sièges en porcelaine alignés le long d'un mur, mais là non plus il n'y avait pas de

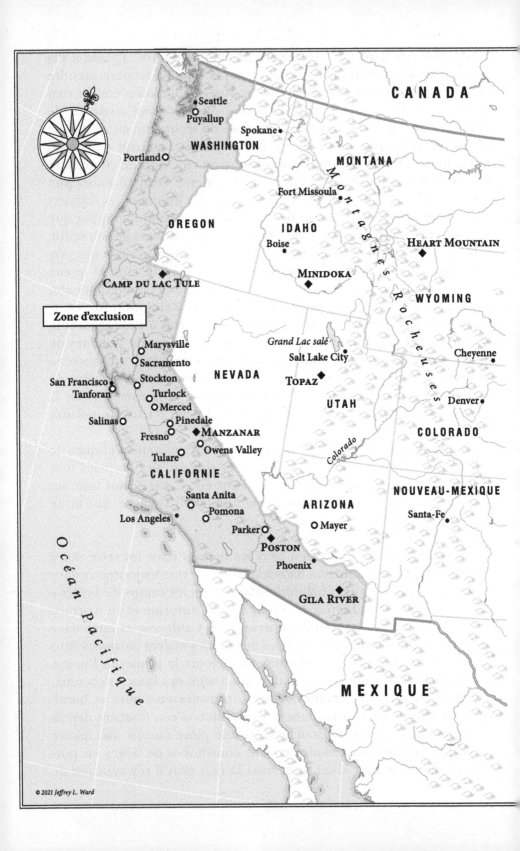

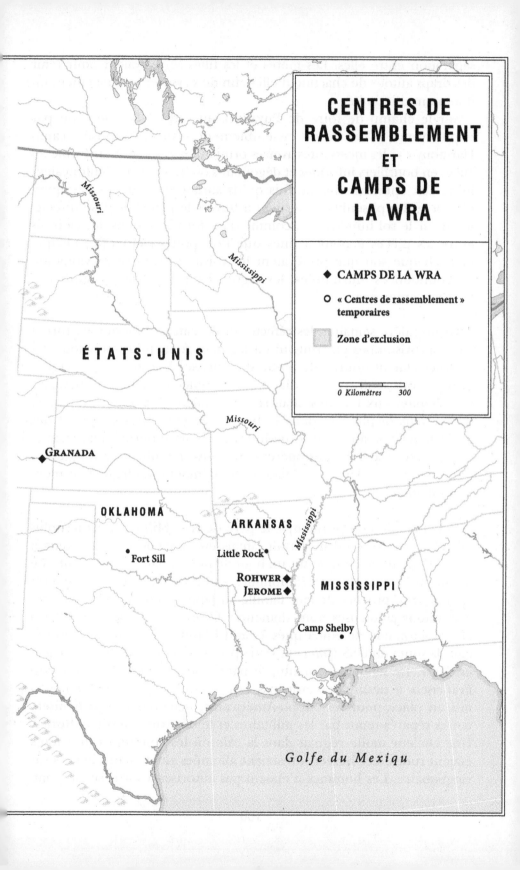

CENTRES DE RASSEMBLEMENT
ET
CAMPS DE LA WRA

◆ CAMPS DE LA WRA

○ « Centres de rassemblement »
temporaires

Zone d'exclusion

0 Kilomètres 300

Missouri

Mississippi

ÉTATS-UNIS

Missouri

◆ GRANADA

OKLAHOMA

ARKANSAS

Mississippi

• Fort Sill

Little Rock •

ROHWER ◆
JEROME ◆

MISSISSIPPI

Camp Shelby
•

Golfe du Mexiqu

séparation entre elles. Les mères et les filles se relayaient pour tenir des draps autour de chacune d'elles afin de s'assurer mutuellement un minimum d'intimité.

Sur le champ de foire de Puyallup, au sud de Seattle – où par euphémisme le centre de rassemblement avait été baptisé « camp Harmony » –, les incessantes averses printanières avaient transformé les allées en bourbiers informes et dégoûtants où les internés s'enfonçaient jusqu'aux chevilles chaque fois qu'ils sortaient. Dans les baraques, l'herbe et les pissenlits poussaient à travers le plancher posé directement sur le sol humide. Ici, comme dans tous les camps, les cloisons entre les pièces étaient si fines que l'on pouvait entendre chaque mot, chaque son que proféraient les voisins : les disputes violentes, les confidences murmurées, les ragots, les bavardages insignifiants, les ébats amoureux.

La première semaine, les réfectoires du camp Harmony ne furent pas approvisionnés en fruits ni en légumes frais. Jour après jour, les internés étaient nourris de boîtes de saucisses à la tomate, et bientôt presque tous souffrirent de diarrhée. Au milieu de la nuit, ils devaient se précipiter aux toilettes, mais se retrouvaient pris dans une longue queue sous la pluie et dans la boue avec des mitrailleuses et des projecteurs qui suivaient le moindre de leurs mouvements, chacun d'entre eux espérant désespérément pouvoir tenir assez longtemps pour accéder aux latrines. C'était profondément humiliant et crûment déshumanisant.

Vers le milieu du printemps, le père de Kats Miho se retrouva plus loin de chez lui qu'il ne l'avait jamais été, relégué en Oklahoma à l'abri d'une tente de toile sur un bout de prairie battu par les vents. Le matin du 17 mars, lui et 175 hommes – tous des Issei, tous considérés comme trop proches de leur famille au Japon ou de la culture et des institutions japonaises pour demeurer libres de leurs mouvements à Hawaï – avaient été embarqués à Sand Island à Honolulu et parqués dans la soute du USS *Grant*, un vieux paquebot construit en Allemagne en 1907. Le lendemain matin, le bateau leva l'ancre direction San Francisco, à destination non pas des « centres de rassemblement » mis en place pour les Nippo-Américains, mais des camps pénitentiaires séparés tenus par les militaires et le département de la Justice. Une chaleur moite régnait dans la cale où les conditions de voyage étaient rudes. Les lumières restaient allumées vingt-quatre heures sur vingt-quatre. Les hommes n'étaient pas autorisés à sortir sur le pont, ils ne pouvaient pas prendre de douche et ne pouvaient se soulager que toutes les trois heures, à condition de faire la queue devant les latrines. Nombre d'entre eux parmi les plus âgés ne pouvaient pas tenir trois heures, et une boîte de conserve passait donc de l'un à l'autre, empuantissant bientôt la cale.

Le voyage semblait interminable, tandis que le bateau faisait des zigzags pour éviter d'être pris pour cible par les sous-marins japonais. Sachant qu'ils pouvaient être attaqués à n'importe quel instant, Katsuichi Miho resta assis pendant des heures, adossé à la coque, revêtu d'un gilet de sauvetage, écoutant les moteurs tourner, le regard perdu dans le vide, s'efforçant de ne pas penser aux sous-marins japonais qui peut-être grouillaient juste en dessous de lui dans les abysses froids et sombres. Quand le *Grant* finit par arriver au ponton 7 du port de San Francisco le 30 mars, les hommes émergèrent de leur cale pour se retrouver sous le soleil californien ébahis et désorientés. Au cours des neuf jours qui suivirent, ils furent retenus sur Angel Island, par où des milliers d'immigrés chinois étaient entrés dans le pays au cours du siècle précédent. Puis des soldats armés les firent monter dans un train à Oakland pour une destination inconnue. Bien que ce fût un train de passagers, les fenêtres étaient grillagées, et Katsuichi se rendit compte que les wagons étaient en fait des cages sur roues. Pendant plusieurs jours, les hommes se tinrent bien droits sur leur siège. Parfois, ils se reposaient les uns sur les autres, essayant de profiter de quelques minutes de sommeil, tandis que le train continuait de s'enfoncer encore plus profondément dans le cœur de l'Amérique, les emportant vers un destin qui leur demeurait toujours complètement mystérieux.

Ils finirent par descendre du train à Fort Sill, dans l'Oklahoma, juste au nord de la frontière avec le Texas. Il n'y avait presque pas d'arbres dans ce paysage plat et venteux qui ne ressemblait à rien de ce que la plupart des Hawaïens avaient jamais vu. Les soldats les bousculèrent pour les faire entrer dans une enceinte cernée de deux rangées de clôtures, celle à l'extérieur étant surmontée de rouleaux de barbelés. Un mirador avec des projecteurs et une mitrailleuse de calibre 30 dominait l'enceinte. Les hommes se traînèrent tant bien que mal jusqu'aux petites tentes pour quatre personnes qu'on leur avait attribuées et s'y écroulèrent de sommeil.

Un jour ou deux plus tard, on leur ordonna de se rassembler à l'extérieur, en plein soleil. La température avoisinait les 35 degrés. Pendant un long moment, il ne se passa rien, si ce n'est que quelques-uns d'entre eux commencèrent à se sentir mal. Finalement, ils furent chacun à leur tour appelés dans une clinique de fortune où ils durent se déshabiller. Katsuichi resta debout, attendant complètement nu qu'un docteur arrive une seringue à la main pour le vacciner, croyait-il. Au lieu de cela, quelqu'un entra dans la pièce et écrivit lentement, sans la moindre gêne, un numéro sur sa poitrine nue avec un stylo rouge. Le numéro, à partir de cet instant, allait lui servir d'identité pour tout ce qui concernait ses relations avec l'administration.

Alors que le printemps 1942 traînait en longueur, la plupart des internés de Fort Sill n'avaient pour seul objet de leurs pensées que le sort de leur épouse et de leurs enfants restés dans l'archipel. Qui payait les factures, s'occupait des récoltes, gérait l'entreprise familiale, entretenait la voiture, tenait le magasin ? Étaient-ils en bonne santé ? Qui s'assurait que la grand-mère prenait bien ses médicaments ? Le bruit courait qu'ils pourraient ne jamais rentrer chez eux, qu'ils seraient peut-être tous renvoyés au Japon après la guerre.

Toutefois, aucun d'entre eux n'était plus préoccupé que Kanesaburo Oshima, 58 ans, père de onze enfants, qui venait de la côte de Kona sur l'île d'Hawaï. Oshima était arrivé sur l'archipel pour travailler dans une plantation de cannes à sucre en 1907, mais après trois ans de dur labeur, il s'était mis à son compte, parvenant à ouvrir un magasin général qui faisait également office de salon de coiffure et d'entreprise de taxis dans la bourgade de Kealakekua. Plus de trente ans après, ses affaires étaient florissantes et ses enfants avaient entre 4 et 36 ans. Toute la famille était occupée à faire tourner ses nombreux commerces.

Depuis son arrivée à Fort Sill en mars, Oshima s'était enfoncé dans une profonde dépression. Dernièrement, son comportement était devenu de plus en plus confus, il marmonnait sans cesse au sujet de sa famille. Aux alentours de 7 h 30 le 12 mai, il commença à demander autour de lui si quelqu'un avait une hachette afin qu'il puisse couper du bois. C'était étrange. Il n'y avait pas le moindre arbre à l'intérieur de l'enceinte, juste une étendue stérile de poussière et d'herbes folles, et, de toute façon, aucun des internés ne possédait la moindre hachette, c'était interdit. Puis, soudainement, il se mit à marcher vers la double clôture qui entourait le terrain, en criant : « Je veux rentrer chez moi ! Je veux rentrer chez moi ! » Il entreprit d'escalader la première clôture haute de 3 mètres. Certains de ses camarades tentèrent de le retenir, mais il grimpait vite. Il parvint à atteindre tant bien que mal le haut et se laissa tomber dans l'étroite bande de terre herbeuse qui séparait les deux clôtures. Un garde le mit en joue et lui ordonna de s'arrêter, puis il tira. Les premiers trois tirs manquèrent leur cible. Oshima commença à courir avant de se mettre à escalader la seconde clôture, criant encore : « Je veux rentrer chez moi ! » Tandis qu'il atteignait les barbelés, il s'immobilisa, apparemment perplexe. Les autres internés hurlaient : « Ne tirez pas ! Il est fou ! » Le garde hésita, mais un second garde sortit un pistolet de son étui et fit feu. Une balle toucha l'arrière du crâne d'Oshima : il s'écroula au sol, sur le dos, mort.

Les autres internés, alarmés par le vacarme, arrivèrent en courant depuis leur tente et s'attroupèrent autour de la scène, fixant du regard le corps étendu de tout son long dans les mauvaises herbes, mais ils durent s'en aller rapidement quand les gardes postés dans le mirador tournèrent leur mitrailleuse vers eux en vociférant : « Dispersez-vous ! Ne vous rassemblez pas ! Retournez dans vos tentes ou on ouvre le feu ! »

Cette nuit-là, le vent souffla fort. Katsuichi Miho était allongé sur son lit de camp dans l'obscurité, les yeux rivés sur la toile au-dessus de lui, alors que les faisceaux des projecteurs passaient d'une tente à l'autre, explorant le moindre recoin du camp. Tandis qu'il était allongé, il écoutait le vent souffler et ses voisins ronfler, en essayant de se rappeler l'hôtel Miho : les orchidées roses et blanches qu'Ayano faisait pousser dans la cour, l'odeur du gingembre et du shōyū qui émanait de la cuisine, la vapeur relaxante de son o-furo chauffé au feu de bois, le rire de ses enfants. Il avait beau essayer, il ne pouvait pas se les représenter. Il ne pouvait pas s'imaginer chez lui. C'était trop dur. Cela ressemblait à une abstraction désormais, quelque chose hors de portée, qui s'effaçait rapidement de sa mémoire, des traces évanescentes qui se dissipaient et disparaissaient dans un passé irrévocable.

Le lendemain, plus de 700 internés étaient alignés en rang d'honneur, tandis qu'un corbillard emmenait la dépouille d'Oshima de l'autre côté des barbelés. Au cours des semaines suivantes, l'humeur parmi les Issei de Fort Sill s'assombrit. Une interrogation flottait dans l'air : lequel d'entre eux serait le prochain à craquer ? à devenir fou ? L'un d'entre eux – Otokichi Ozaki – avait remarqué que ses camarades de détention allaient de plus en plus mal. Écrivant sur un bout de toile le 14 mai, il nota : « Si nous continuons à vivre comme cela pendant deux ou trois ans, nous deviendrons des morts-vivants. Nos yeux commencent à ressembler à ceux des poissons morts. »

7.

> « Le problème, ce n'est pas
> la Constitution (...). Si les protections qu'elle nous
> promet ne se traduisent pas en actes,
> c'est parce que ceux qui ont pour mission de la faire
> respecter ont échoué. En définitive, la responsabilité
> commence aujourd'hui, avec moi ; avec nous,
> les citoyens (...). C'est à nous d'agir. »
>
> Gordon Hirabayashi

Gordon Hirabayashi était à mi-chemin quand il comprit.

Il se dépêchait de rentrer chez lui. Chez lui, pour le moment, c'était une petite pièce dans le sous-sol miteux d'un foyer étudiant en face de l'université de Washington à Seattle, où Gordon entretenait la chaudière et travaillait à la cantine en échange du gîte et du couvert[1]. La pièce n'était pas vraiment confortable ni chaleureuse, absolument pas. Il n'y avait nul endroit où s'asseoir, mis à part un lit, et pas le moindre meuble, excepté un bureau. Gordon se souciait peu des possessions matérielles. Il était bien plus intéressé par la vie

---

1. C'était exactement le même sous-sol que celui où avait vécu quelques années auparavant un rameur de l'équipe américaine d'aviron aux Jeux olympiques de 1936, Joe Rantz, dont j'ai raconté l'histoire dans mon précédent livre, *Ils étaient un seul homme*.

spirituelle et philosophique, tout ce qui concernait l'esprit, le cœur et l'âme.

Quelques minutes plus tôt, il était à la bibliothèque Suzzallo sur le campus de l'université, bûchant avec des camarades, quand ils lui avaient rappelé qu'il ne pourrait pas respecter le couvre-feu de 20 heures imposé aux Nippo-Américains s'il ne se dépêchait pas de rentrer. Il s'excusa et se précipita hors de la bibliothèque. Puis, soudainement, alors qu'il marchait d'un bon pas pour traverser le campus, il s'arrêta net.

Pour la toute première fois, l'illogisme et l'injustice de ce qu'il était obligé de faire lui apparurent. Pourquoi, précisément, était-il obligé d'être rentré chez lui à 20 heures quand aucun de ses camarades ne devait le faire ? Sur quel critère, autre que la couleur de peau, était établie la distinction qui existait entre eux et lui ? Et si c'était seulement en raison de la couleur de sa peau, comment cela pouvait-il être en accord avec la Constitution qu'il avait étudiée au lycée ?

Il fit demi-tour et se dirigea vers la bibliothèque. Ses camarades, étonnés de le voir réapparaître, lui demandèrent :

« Hé ! Qu'est-ce que tu fais là ?

– Je partirai quand vous partirez, les gars. »

Et, sur ce, il s'assit, ouvrit ses livres et reprit son travail.

Gordon Hirabayashi

Par maints aspects, Gordon était un jeune homme singulier, sans le moindre doute un jeune homme déterminé à trouver sa propre voie, même si elle devait le faire largement diverger de celle des autres. Menu et avec un air de hibou, regardant le monde derrière d'épaisses lunettes, il parlait doucement, mais était doté d'une éloquence exceptionnelle. Il choisissait ses mots avec soin et délibérément, les prononçant à une cadence lente et mesurée qui obligeait à porter une attention particulière à chacun d'entre eux. Sa manière d'être témoignait de sa détermination et de son flegme.

Il avait grandi dans la vallée de la White River, au sud de Seattle, où sa famille cultivait des légumes. Ses parents appartenaient au mouvement japonais Mukyōkai. Ce groupe chrétien rejetait les dogmes, la liturgie et les rituels de l'Église, pour se concentrer sur le développement d'une relation personnelle avec Dieu. Les fidèles se consacraient aux bonnes œuvres et vivaient selon leur conscience. Dès lors, Gordon grandit en étant persuadé que rien n'était plus important que de suivre son sens moral, de défendre des principes justes, et de faire correspondre ses actes avec ses convictions. Le principe qui le guidait en tout était de mener une vie courageuse, et l'essence du courage, pour lui, était de ne jamais rien lâcher sur ses principes, quels qu'en soient les inconvénients ou les conséquences douloureuses.

Excellent élève, il avait sauté plusieurs classes à l'école primaire et avait fait son entrée au lycée à l'âge de 12 ans et demi, pour en sortir à tout juste 17 ans. À l'université, il s'était inscrit dans le Corps d'entraînement de la réserve. Mais après avoir participé à un débat sur la conscription lors d'une conférence étudiante, il avait rejoint le Comité de service des amis américains, les quakers.

Le mouvement religieux des quakers est apparu en Angleterre au XVIIᵉ siècle et arriva en Amérique avec les premiers colons. Il repose sur la conviction que la lumière de Dieu est présente en chacun, que les femmes et les hommes sont spirituellement égaux et que les attributs religieux et le clergé interfèrent avec la capacité des fidèles à connaître directement la sagesse divine. Les quakers, qui se désignent entre eux comme des « amis », sont également des pacifistes convaincus et rejettent les conflits armés sous toutes leurs formes. De ce fait, en 1940, bien avant Pearl Harbor, Gordon avait quitté le Corps d'entraînement de la réserve et s'était enregistré auprès du Service de sélection chargé de la conscription comme objecteur de conscience.

Ce jour-là, assis à une table de la bibliothèque, alors que l'horloge sonnait 20 heures, il s'embarquait pour un voyage qui finirait par l'amener dans la cellule d'une prison fédérale.

Vivant sur la rive gauche du fleuve Columbia – et par conséquent à l'extérieur de la partie de l'État de Washington qui se trouvait dans la zone d'exclusion –, Fred Shiosaki et sa famille ne furent pas internés. La guerre occupait pourtant leur esprit. Ils n'avaient pas de nouvelles du frère le plus âgé de Fred, George, étudiant au Japon. Les lettres envoyées par l'intermédiaire de l'ambassade de Suisse étaient restées sans réponse.

Le soir, dans l'appartement au-dessus de la blanchisserie, la famille s'asseyait autour de la table de la cuisine pour dresser des plans d'urgence au cas où. Personne ne pouvait être certain que le père de Fred ne finirait pas par être embarqué, comme tant d'autres hommes Issei l'avaient été. Il n'y avait vraiment rien qui permette de savoir qui serait arrêté ni quand. Si cela devait arriver à Kisaburo, Tori et les enfants devraient faire tourner la blanchisserie tout seuls de manière à garder la famille à flot. Ces conversations troublaient Fred. Les plans ne concordaient pas avec ce qu'il avait en tête. Le frère aîné de Fred, qui tenait une blanchisserie dans le Montana, avait été appelé sous les drapeaux au début de janvier, pendant un bref intervalle entre Pearl Harbor et le moment où le Service de sélection avait arrêté d'incorporer les Nippo-Américains. Fred avait pris la décision de s'engager lui aussi dès qu'il aurait 18 ans. Pour le moment, il n'en avait parlé à personne.

Les choses commençaient néanmoins à s'améliorer à la blanchisserie. À mesure que l'effort de guerre s'intensifiait, des milliers de soldats et des millions de tonnes de matériel de guerre commencèrent à être envoyés depuis les centres industriels de l'Est vers la côte ouest et le Pacifique. L'essentiel de tout cela empruntait le chemin de fer de la Great Northern. À Hillyard, le dépôt, plus sollicité que jamais, produisait un énorme volume de vêtements de travail crasseux de suie et de graisse – le type même de linge sale dans lequel les Shiosaki étaient spécialisés. Les clients revinrent petit à petit dans la blanchisserie, timidement d'abord, puis massivement. Bientôt Kay et Mme Kay avaient plus de travail qu'ils ne pouvaient en accomplir.

Un jour, Will Simpson, l'imprimeur, poussa la porte de la blanchisserie avec, dans les bras, une bassine pleine de chemises de travail blanches. La famille ne l'avait pas vu depuis le lendemain de Pearl Harbor, quand il avait claqué sa porte au nez de Kisaburo. Mais apparemment l'encre d'imprimerie était tout aussi compliquée à faire partir que la graisse industrielle.

« Kay, je ne trouve personne pour faire mes chemises correctement, commença Simpson. Est-ce que tu pourrais t'en occuper ? » Kisaburo ne dit rien pendant un moment, savourant la jubilation qui montait en lui. Puis il prit un air désolé, secoua tristement la tête et lâcha : « Désolé. J'ai vraiment trop de travail. »

Chaque matin, Rudy Tokiwa se collait à la clôture entourant le centre de rassemblement de Salinas pour essayer d'apercevoir de l'autre côté les bus scolaires amenant ses amis au lycée. Le premier jour, presque tout le monde dans le bus vit Rudy, et la plupart des passagers lui firent signe. Ce soir-là, quelques amis vinrent après les cours pour lui parler à travers la clôture. Des membres de son équipe de football passèrent le voir. Les frères Pozzi également. Tout le monde convenait que ce qui arrivait à la famille de Rudy était injuste. Après tout, beaucoup d'entre eux étaient des Italo-Américains. L'Italie était en guerre avec les États-Unis, et eux n'étaient pas internés. La situation dans son ensemble n'avait pas de sens pour les jeunes hommes de quelque côté de la clôture qu'ils se trouvent.

À mesure que les jours passaient, la vie à l'extérieur suivait son cours. Les copains de Rudy étaient prêts à s'engager dans l'armée à leur sortie du lycée en juin. De moins en moins de camarades lui faisaient signe quand le bus passait. Finalement, plus personne ne le salua. Rudy comprit qu'il était en train de devenir invisible pour eux. Pourtant, il regardait le bus chaque jour et imaginait ce que ses anciens amis devaient se dire désormais : « C'est un de ces bridés. On ne peut pas être pote avec quelqu'un comme ça. »

Il se rendit compte qu'il allait devenir fou à force de rester enfermé s'il ne trouvait pas autre chose à faire que de regarder de l'autre côté de la clôture. Un jour au réfectoire, il aborda M. Abe, le chef cuisinier japonais. Abe, un immigré japonais, avait appris à cuisiner pour des grands groupes quand il nourrissait les équipes de travailleurs japonais qui travaillaient à la construction du chemin de fer de l'Union Pacific. Il ne parlait pas vraiment anglais, mais le japonais de Rudy était plutôt bon et ils purent entamer une conversation. Rudy expliqua qu'il s'ennuyait et qu'il aimerait apprendre la cuisine. Abe, impressionné que quelqu'un d'aussi jeune que Rudy soit prêt à passer de longues heures devant les fourneaux, n'hésita guère. « Je vais t'apprendre », lui répondit-il.

Rudy se jeta corps et âme dans le travail. Il travaillait sept jours par semaine, parfois de 4 heures du matin à bien après 20 heures, aidant à nourrir plus d'un millier de personnes à la fois, trois fois par jour. Il préparait d'énormes pots à café, versait des sacs de 20 kilos de riz dans de gigantesques cuves d'eau bouillante, battait simultanément des dizaines d'œufs sur une plaque chauffante. Par moments, quand l'envie de passer du temps avec certains des autres garçons qui traînaient dans le camp toute la journée était plus forte, les horaires de travail lui pesaient. Mais M. Abe avait une manière de lever le regard vers lui par-dessus une cuve de riz et de lui dire en japonais, rapidement, sur un ton empreint d'empathie : « Si tu as du temps libre, ton esprit vagabonde et tu t'attires des ennuis. » Cela rappelait à Rudy la sévérité avec laquelle les professeurs au Japon s'adressaient à lui, et même s'il n'aimait pas vraiment ça à l'époque, il trouvait désormais rassurantes les manières bourrues de Abe. Il y avait une forme de certitude, une assurance qui semblait absente de tout le reste de sa vie. Le travail, la rigueur qu'il exigeait, la discipline qu'il appelait, tout cela semblait l'aider à supporter la situation. Il décida de faire profil bas et de continuer à travailler.

Le départ forcé des Nippo-Américains et de leurs parents de la zone d'exclusion se déroula sur une période de quelques semaines ce printemps-là. Dans chaque lieu, on leur indiquait une date limite à laquelle ils devraient fermer leur commerce, se présenter à des points de rassemblement, et monter à bord d'autocars pour être déplacés. Tandis que l'échéance approchait à Seattle, Gordon Hirabayashi quitta l'université de Washington et se mit au service de la branche locale des quakers, aidant les familles dont le père, un Issei, avait déjà été interné par le département de la Justice. Séparés de leurs père et mari, beaucoup d'épouses Issei et de jeunes Nisei avaient besoin d'un coup de main afin de se préparer en vue de leur propre internement – vendre leurs biens, fermer leur commerce, faire leurs cartons, décider de ce qu'ils pourraient emporter dans les cars. Les personnes âgées qui se déplaçaient difficilement ne pouvaient pas prendre grand-chose. Les mères avec des enfants en bas âge ne pouvaient pas non plus emporter le berceau, les couches ou des vêtements supplémentaires pour le bébé. Les meubles, les voitures, les biens de famille, ne pouvaient pas faire partie du voyage et tout devait être donné, vendu pour une poignée de dollars, ou entreposé pour on ne savait quelle durée ni quel coût.

D'une certaine manière, les biens matériels étaient la dernière de leurs préoccupations. Gordon réalisa que la situation faisait peser sur eux un poids psychologique considérable. L'anxiété, l'angoisse existentielle, la dépression et la peur frappaient des communautés entières. Gordon prêtait main-forte aux parents quand ils devaient expliquer entre quatre yeux aux enfants qu'il leur fallait abandonner leur animal de compagnie tant aimé. Il conseillait des étudiants quand ils se rendaient compte qu'il leur faudrait abandonner leurs cours au milieu du semestre, dire au revoir à leurs amis les plus proches, se priver du bal de fin d'année, peut-être même renoncer au diplôme qu'ils étaient sur le point de décrocher. Il s'adressait à des entrepreneurs chevronnés pour solliciter des conseils à donner aux commerçants angoissés qui avaient porté leur affaire à bout de bras pendant des dizaines d'années et qui devaient désormais baisser le rideau. Il fallait dresser l'inventaire de ce qui devait être liquidé, tirer un trait sur les paiements attendus. Les clients fidèles conquis de haute lutte iraient inévitablement à la concurrence. Les contrats seraient annulés. Des serres pleines d'orchidées, d'azalées et de chrysanthèmes allaient dépérir. Des milliers d'hectares de récoltes devaient être abandonnés. Rien de tout cela ne pourrait-il être récupéré un jour ?

Pendant des semaines, Gordon aida ses semblables à monter dans les autocars et leur faisait signe sobrement tandis qu'ils s'éloignaient. Alors que la date à laquelle lui-même serait obligé de monter dans un de ces cars approchait, il commença à se dire que, le moment venu, il ne le ferait pas, qu'il ne le pourrait pas. Ce n'était pas possible s'il voulait rester fidèle à ses principes. En tant qu'Américain, il ne pouvait tout simplement pas renoncer à ses droits constitutionnels comme s'ils ne signifiaient rien, comme s'ils n'étaient que des mots gribouillés sur un vieux parchemin.

Une fois sa décision prise, sa principale inquiétude portait sur ses coreligionnaires quakers auxquels il ne voulait pas causer de problèmes, pas plus qu'à ses amis du foyer étudiant pour avoir hébergé un fugitif. Il voulait être aussi transparent que possible, pour que cela fût bien clair que lui seul était responsable de ce qu'il était sur le point de faire. Il avait déjà commencé à tenir un journal qui documentait son refus d'obéir au couvre-feu. Il commença dès lors à confier à quelques proches triés sur le volet ce qu'il prévoyait de faire. Puis il téléphona à ses parents pour le leur annoncer. Ce fut une conversation difficile. Ils s'attendaient à ce qu'il les rejoigne chez eux, dans la vallée de la White River, pour se rendre ensemble à leur lieu d'internement. Quand Gordon leur annonça qu'il n'allait pas se laisser faire, sa mère se mit à pleurer. Elle était d'accord avec lui sur le principe, elle respectait sa position, elle l'admirait pour son courage, mais elle avait terriblement peur à l'idée de ce qui pouvait l'attendre. « S'il te plaît, oublie tes principes pour cette fois-ci, rentre à la maison et pars avec nous. Dieu seul sait ce qu'il adviendra de toi si tu t'opposes au gouvernement. (...). Le pire serait que l'on ne se revoie jamais puisque nous serons séparés ! » l'implora-t-elle. Elle redoutait qu'ils ne l'envoient devant un peloton d'exécution, ajouta-t-elle. « J'aimerais bien, répondit Gordon, mais je ne serais plus la même personne si je devais partir maintenant. » Tandis qu'il reposait le combiné ce jour-là, Gordon pleurait lui aussi. Mais il ne changerait pas d'avis. Pas même pour sa mère.

Le 12 mai, le jour même où Kanesaburo Oshima était abattu à Fort Sill, le dernier car transportant les Nippo-Américains de Seattle vers le camp Harmony quittait la ville. Gordon n'était pas à son bord. Il était désormais le dernier Nippo-Américain encore présent à Seattle. Le lendemain, au sous-sol de son foyer pour étudiants, il s'assit devant une machine à écrire et tapa à l'aide d'un doigt une déclaration à l'attention du FBI. Intitulée « Pourquoi je refuse de m'enregistrer pour être évacué », elle commençait par une évocation des droits naturels de tout homme, puis se concentrait sur la situation telle qu'elle se présentait :

> Ces droits moraux fondamentaux et ces libertés civiques figurent dans le Bill of Rights, la Constitution américaine et d'autres textes ayant force de loi. Tous garantissent que nul ne peut être privé de ces droits fondamentaux sans intervention des tribunaux (...). M'enregistrer et apporter mon concours à une telle entreprise reviendrait à consentir malgré moi à la négation de pratiquement tout ce qui donne sens à ma vie. Je dois défendre mes principes chrétiens. Je considère qu'il est de mon devoir de défendre les fondements démocratiques de ce pays. Par conséquent, il me faut désobéir à l'ordre d'évacuation.

Il fit des copies de sa déclaration et en donna des exemplaires aux responsables de son foyer pour étudiants, au directeur du Corps d'entraînement de la réserve, et à plusieurs de ses amis quakers.

Le samedi 16 mai, Gordon se leva tôt. Un ami le conduisit au bureau d'Arthur Barnett, un avocat quaker, dans le centre-ville. Barnett accompagna ensuite Gordon dans les locaux du FBI. L'avocat remit le texte de Gordon à l'agent spécial Francis Manion qui y jeta un œil et dit :

« Oh, on l'a déjà. On vous attendait. » Apparemment quelqu'un au foyer pour étudiants ou au sein du Corps d'entraînement de la réserve avait déjà transmis le document aux agents fédéraux. Barnett prit la parole : « Nous pensons qu'il est de notre devoir de vous remettre cette déclaration. Nous n'essayons pas de cacher quoi que ce soit. » Gordon voulait également qu'il fût bien clair qu'il se livrait volontairement au FBI, pas parce que quelqu'un avait intercepté sa déclaration ou l'avait dénoncé. « Voici l'original, dit-il. J'aimerais vous le remettre.

– OK, répondit Manion, on va le prendre. »

À présent qu'ils avaient mis la main sur Gordon, les agents du FBI se demandaient bien ce qu'ils pourraient en faire. Manion et certains de ses collègues le conduisirent à l'école Maryknoll où les Nippo-Américains devaient s'enregistrer. Quelqu'un fit glisser un document sous les yeux.

« Cela ressemble au même formulaire d'enregistrement que j'ai eu entre les mains il y a quelques jours, constata Gordon. A-t-il été modifié ?

– Eh bien, non.

– Alors, je ne peux pas le signer.

– Mais vous devez le signer. Tout le monde doit le signer », expliqua Manion.

Gordon, toujours imperturbable, répliqua : « Est-ce que vous l'avez signé ? »

Pris de court, Manion répondit :

« Si vous ne le signez pas, vous commettez une infraction et vous vous exposez à une sanction.

– Je ne peux pas le signer. Ce que vous ferez en conséquence de mon refus de le signer, c'est à vous de le déterminer. Je ne prends pas mes décisions sur le fondement de ce que je pense que vous allez faire. »

Manion ouvrit le journal que Gordon avait tenu. Il y avait confessé avec franchise ses violations du couvre-feu.

« Vous étiez dehors après 20 heures hier ? s'enquit Manion.

– Oui, comme vous et d'autres Américains, protesta Gordon.

– Eh bien alors, vous avez violé le couvre-feu, cela constitue une seconde infraction. »

Gordon sourit, le regarda droit dans les yeux, et objecta d'une voix douce :

« Est-ce que vous allez vous-même vous livrer à la police pour avoir violé le couvre-feu puisque vous avez fait exactement la même chose que moi et que nous sommes tous les deux Américains ?

– Ah, mais vous êtes d'ascendance japonaise.

– La Constitution a-t-elle été suspendue ? »

Manion n'avait pas de réponse à cette dernière question. Il ne s'était pas attendu à quoi que ce soit de cet ordre. Certaines personnes qu'il avait arrêtées avaient manifesté de la colère. Certaines s'étaient plaintes. Mais aucune, pour autant qu'il le sût, avait simplement refusé de coopérer. Embarrassé, il passa des coups de fil à San Francisco, en quête d'instructions, puis conduisit Gordon ailleurs, et quelqu'un d'autre remit à ce dernier le même formulaire. Gordon refusa de signer. Manion l'emmena à Fort Lawton, une base de l'armée de terre à Seattle. Gordon refusa de signer. Durant leurs trajets, Gordon eut l'occasion de discuter avec Manion. Il n'y avait pas d'acrimonie entre eux. Ce qu'ils vivaient était nouveau pour eux deux.

Finalement, tard le soir, Manion emmena Gordon à la prison du comté de King, dans le centre-ville de Seattle. Gordon n'avait jamais pénétré dans un lieu de détention auparavant et, pour la première fois de la journée, il était un peu tendu. Certains des hommes au milieu desquels il allait se retrouver étaient des criminels endurcis qui attendaient leur procès pour avoir enfreint des lois fédérales – utilisation des services télégraphiques à des fins frauduleuses, fausse monnaie, braquage de banque, trafics divers, contrebande. D'autres étaient là pour des infractions de moindre importance, comme des violations de la loi sur les narcotiques ou des petits délits. L'endroit retentissait de bruits : des détenus criaient, riaient, faisaient du sport, jouaient aux cartes, tiraient la chasse d'eau et s'injuriaient les uns les autres. Les seuls meubles étaient des tables métalliques et des bancs fixés sur le sol de béton. Les hommes tournaient en rond, tels des animaux en cage.

Gordon finit néanmoins par s'habituer et se mit à discuter avec ses compagnons de détention, ce qui le fit se sentir plus à l'aise. Le lundi matin, un militaire, le capitaine Michael Revisto, se présenta. Revisto était cordial, charmant même, mais il était visiblement contrarié. « J'étais impatient de vous rencontrer, dit-il à Gordon. Vous serez ravi d'apprendre qu'en Californie du Sud, tout le monde a accompli les formalités. Cent pour cent de réussite. En Californie du Nord, notre autre quartier général, tout s'est bien passé. Cent pour cent de réussite. Et une fois que nous aurons terminé cette discussion, nous en serons ici aussi à cent pour cent de réussite. »

Gordon le regarda. Il comprit peu à peu ce que son interlocuteur était en train de lui expliquer. Sa résistance signifiait que le secteur dont Revisto avait la charge était le seul de la côte ouest à ne pas atteindre un taux de réussite de 100 % dans l'application de l'ordre d'« évacuation ». Gordon était stupéfait. Il avait supposé qu'au moins une centaine d'autres Nisei auraient fait ce que lui avait fait. Or il était visiblement le seul[1]. Revisto continua : « Vous savez que vous avez commis pas mal de violations et que si on les additionne, vous allez écoper d'une longue peine de prison. Ils sont néanmoins prêts à effacer l'ardoise. Du moment que vous signez ce formulaire, tout sera réglé. Il y a une voiture dehors pour vous accompagner à Puyallup. »

Gordon comprenait le problème du capitaine. Il était prêt à l'aider, mais pas à signer le formulaire. « Pour tout vous dire, répondit-il, j'ai une suggestion afin de vous permettre d'atteindre un taux de réussite de 100 %. Si votre voiture est dehors et prête à m'emmener là-bas, je ne compte pas opposer de résistance physique. C'est juste que je ne peux pas y consentir, je ne peux pas vous donner mon accord, compte tenu des circonstances (...). Je ne vois pas pourquoi vous ne pouvez pas m'y transporter de force. Et tout ce que vous avez à faire, c'est appeler deux de vos hommes pour qu'ils m'escortent jusqu'à la voiture, me jeter sur le siège arrière et conduire, ouvrir le portail, avancer la voiture jusqu'au bâtiment de l'administration, m'y faire entrer, me laisser là, repartir, refermer le portail. Et ce sera fait. »

Revisto, surpris, s'exclama :

« Mais on ne peut pas faire ça !

– Et pourquoi pas ?

– Ce serait contraire à la loi.

– Vous voulez dire qu'enfreindre la loi, m'enfermer sans mon consentement, est plus grave que de contraindre 120 000 personnes à quitter leur domicile ?

– Eh bien, je ne peux pas le faire », marmonna Revisto. Et sur ce, secouant la tête, il abandonna, tout aussi embarrassé que Manion l'avait été.

Le 1er juin, Gordon comparut devant un tribunal fédéral pour deux chefs d'inculpation : la violation de l'ordre d'exclusion et la violation du couvre-feu de 20 heures à 6 heures. Il plaida « non coupable », au motif qu'à la fois l'ordre d'exclusion et le couvre-feu reposaient sur des fondements raciaux tout en constituant une rupture d'égalité devant la loi et s'avéraient donc inconstitutionnels. On lui proposa une liberté sous caution, mais comme Gordon ne pouvait pas être libéré dans la

---

1. En fait, Gordon n'était pas le seul Nippo-Américain à désobéir délibérément au couvre-feu et à l'ordre d'évacuation. Aussi bien Minoru Yasui dans l'Oregon que Fred Korematsu en Californie firent de même.

115

zone d'exclusion et qu'il refusait toujours de s'enregistrer pour être interné dans l'un des camps, il fut renvoyé à la prison du comté de King dans l'attente de son procès pour des charges susceptibles de lui valoir des années de détention.

8.

> « Le soldat a dit : "Je vais vous aider, donnez-moi
> votre bras."Il s'est mis à tout empiler sur mon bras.
> Et j'ai été épouvantée quand il a déposé mon bébé
> de deux mois au sommet de la pile. Il m'a ensuite poussé
> avec la crosse de son fusil et m'a dit de sortir
> du train ; c'était clair que lorsque je descendrais sur le quai,
> mon bébé tomberait au sol, alors j'ai refusé. Mais il a
> continué à me rudoyer et à exiger que je me lève. »

> Shizuko Tokushige,
> à propos de son arrivé à Poston

À l'été 1942, la plupart des Américains étaient solidaires les uns des autres, se serrant les coudes avec une détermination, une résolution et une cohésion jamais vues depuis des générations, peut-être depuis la Déclaration d'indépendance de 1776. Leur implacable détermination se nourrissait non seulement de leur récente fureur au sujet de ce qui s'était passé à Pearl Harbor, mais aussi de leur sentiment viscéral que quelque chose de profondément mal se déroulait en Europe et en Asie. Ce mal avait pour visage des hommes dénués d'âme qui maniaient la haine raciale, la démagogie, le nationalisme aveugle et la violence brutale comme autant de moyens de s'emparer et de conserver le pouvoir. Confrontés à ces ténèbres de plus en plus menaçantes, les Américains, tout comme leurs alliés, s'ils avaient la conviction d'être du bon côté, forts des valeurs sacrées et inviolables qui les guidaient dans la vie – la liberté, la démocratie et la simple notion que tous les hommes étaient égaux –, pensaient toutefois qu'elles se trouvaient désormais en péril. Pour contrer cette menace, ils étaient résolus à donner le meilleur d'eux-mêmes, à montrer la pleine mesure de leur dévouement aux idéaux les plus hauts qui sous-tendaient leur américanité.

Tout le monde y mettait du sien. Tout le monde pouvait faire quelque chose pour donner un coup de main. Tous faisaient partie de quelque chose de plus grand et de bien plus important qu'eux-mêmes. Mais pour Gordon Hirabayashi qui croupissait dans la prison du comté de King, pour Fred Shiosaki qui se morfondait à Hillyard, pour Rudy Tokiwa qui était bloqué au centre de rassemblement de Salinas, pour Kats Miho qui enfonçait des clous à Maui – et pour des milliers de jeunes Nippo-Américains comme eux –, l'été et l'automne 1942 constituèrent un moment de profond malaise et d'angoisse existentielle. L'hypothèse que leur vie était comme suspendue semblait soudainement occuper leur esprit. Leur estime de soi, leur identité et leur appartenance au monde qui les entourait semblaient soudainement vaciller. Chaque matin, ils se réveillaient, se lavaient le visage, puis se coiffaient devant leur miroir, et ils y voyaient des Américains. Chaque jour, ils étaient toutefois confrontés à de nouveaux signes, parfois formulés dans les termes les plus durs qui soient, indiquant que nombre de leurs compatriotes ne les considéraient pas comme des Américains mais comme des ennemis, des ennemis de tout ce que représentait l'Amérique et de tout ce en quoi ils croyaient eux-mêmes. Et il ne semblait pas y avoir grand-chose qu'ils puissent faire contre cela. Beaucoup d'entre eux, ainsi que leurs parents – plus d'une centaine de milliers de personnes –, vivaient désormais derrière des barbelés sur le sol américain.

Le soir de la fête nationale, le 4 juillet, Rudy Tokiwa et sa famille étaient assis sous bonne escorte dans un train plongé dans l'obscurité en route vers le sud, traversant un pays occupé à célébrer la naissance de la liberté. Tandis que le train descendait la vallée centrale de la Californie, des feux d'artifice explosaient çà et là dans le ciel au-dessus des petites villes. Ils étaient toutefois moins fastueux que les années précédentes, leur production étant grandement limitée en raison des besoins militaires. De toute façon, Rudy et les autres passagers ne pouvaient pas en profiter. On leur avait ordonné de garder les rideaux des wagons baissés de sorte que personne ne puisse les entrapercevoir au passage du train.

Le lendemain matin, arrivés dans le petit hameau de Parker, Arizona, ils se retrouvèrent dès leur descente du train dans une fournaise estivale typique de la région. Le thermomètre, à Blythe, à quelques kilomètres de là, affichait 44 degrés. Aucun d'entre eux n'avait jamais enduré une telle chaleur. Malgré cela, ne voulant pas transiger sur leur dignité, beaucoup de femmes avaient de nouveau revêtu leur tenue du dimanche ; certains hommes portaient des manteaux et des cravates. Suant, les yeux embrumés à cause d'une nuit presque sans sommeil dans le train, ils grimpèrent à l'arrière de camions militaires.

Une demi-heure plus tard, après avoir parcouru une vingtaine de kilomètres en direction du sud, ils arrivèrent à ce qui allait être leur nouvelle demeure, le centre de déplacement du Colorado. Situé à Poston, dans l'Arizona, celui-ci avait été construit sur les terres des tribus Mojave et Chemehuevi (le Colorado, calme et majestueux, coulait à quelques encablures). Le conseil tribal qui administrait la réserve s'était opposé à la construction du camp, car il ne voulait pas se rendre complice d'une décision injuste. Quand le Bureau des affaires indiennes passa outre, un entrepreneur rasa au nord du désert de Sonora près de 7 000 hectares de buissons de sauge, puis entreprit la construction. Désormais, sur cette vaste étendue de sable nu brûlée par le soleil, des rangées de baraques noires tapissées de papier goudron étaient alignées les unes à la suite des autres sur près de 5 kilomètres. Les lieux étaient divisés en trois sous-camps : Poston I, II et III, que les internés finiraient bientôt par appeler « la rôtissoire », « le grilloir » et « le fumoir ».

Rudy et sa famille descendirent des camions à Poston II sous la surveillance de gardes armés de fusils. Des jeunes Mojaves, bottes de cow-boys aux pieds et chapeau assorti sur la tête, commencèrent à décharger les bagages des camions. L'humidité qui montait du fleuve voisin rendait l'air encore plus chaud qu'à Parker. Presque immédiatement, certains commencèrent à s'évanouir. Ceux qui étaient arrivés plus tôt se précipitèrent vers les nouveaux venus, leur remettant des pastilles de sel et de l'eau. Les jeunes femmes Nisei aidèrent les personnes âgées et les handicapés à descendre de l'arrière des camions et les assirent à même le sable dans les maigres zones d'ombre le long des baraques.

Rudy, plissant les yeux dans la lumière éblouissante, regarda autour de lui, incrédule. Des vagues de chaleur faisaient miroiter le toit des bâtiments. L'air brûlant avait le goût minéral des rochers. Une fine poussière grise s'était déposée partout, sur les buissons de sauge qui entouraient le camp, sur les rochers, sur des morceaux de ferraille restés là où les charpentiers qui avaient construit les baraques les avaient abandonnés. De temps à autre, une rafale de vent chaud et sec remuait la poussière, mais le souffle était brûlant et n'apportait aucun soulagement. Au loin, dans la direction des montagnes, des tourbillons de poussière traversaient le sol désertique. Des lézards à cornes grouillaient de-ci de-là. Rudy se dit qu'il serait difficile d'imaginer un endroit aussi perdu que celui-ci.

Même si le camp avait ouvert en mai, les administrateurs de la War Relocation Authority qui en avaient la charge se débattaient toujours avec le flot incessant de familles déversées par les camions militaires. Pour l'essentiel, les nouveaux arrivants devaient se débrouiller seuls ou se reposer sur ceux qui les avaient devancés, certains d'entre eux s'étaient vu attribuer des tâches spécifiques par les administrateurs, mais eux-mêmes essayaient de comprendre comment tout cela fonctionnait. Les nouveaux devaient d'abord fouiller dans des montagnes de bagages jusqu'à dénicher les leurs, puis errer à travers un labyrinthe de bâtiments identiques afin de localiser leurs quartiers, s'aventurer dans des toilettes inachevées pour trouver un endroit où se soulager. Quand les Tokiwa finirent par arriver à la baraque qui leur était assignée dans le bloc 213, quelqu'un leur remit des sacs vides et pointa du doigt des bottes de paille à l'extérieur. « Remplissez-les avec. Ça vous servira de matelas. » Fusa et Fumi s'attelèrent à la tâche. Il faisait plus chaud dans les baraques qu'à l'extérieur. De la poussière s'était amoncelée entre les lattes de pin du plancher dans la seule pièce qui constituerait leur lieu de vie. Fusa emprunta un balai et commença à balayer, mais chaque fois qu'une rafale brûlante de vent s'engouffrait à l'intérieur, davantage de poussière glissait dans la pièce à travers les crevasses du plancher. Comme à Salinas, il n'y avait pas de meubles et de nouveau Rudy et son frère Duke entreprirent de récupérer tout un bric-à-brac avec lequel ils improvisèrent des étagères, des tables ainsi que des sièges.

Alors que la fin de la journée approchait, quelqu'un découvrit que les réfrigérateurs du réfectoire contenaient de la nourriture, mais que personne n'avait été désigné afin de cuisiner pour les nouveaux arrivants de cette partie du camp. Une foule se rassembla devant la cuisine, s'efforçant de décider de ce qu'il fallait faire. Tout le monde commençait à avoir faim. Puisque Rudy avait travaillé comme cuisinier à Salinas, des jeunes l'approchèrent.

« Rudy, ça te dirait de faire la tambouille ? Faut quelqu'un pour préparer les repas. »

Rudy inspecta la cuisine du regard. Le seul poêle était un brûleur à charbon. Il y avait de la poussière et du sable sur le sol et sur tout le matériel. Rudy bouillait intérieurement. Pourquoi ne nettoyaient-ils pas l'endroit et ne cuisinaient-ils pas eux-mêmes ? se dit-il. Pourquoi lui ? Pourquoi un gamin de 16 ans ?

Remplissage de matelas à Poston

« Ah non, morbleu. Pas question que je cuisine avec cette chaleur, grommela-t-il. Jamais ! Vous voulez tous rester coincés dans ce trou à rats ? »

Les jeunes firent demi-tour. Ils connaissaient Rudy, et ils savaient comment le convaincre. Quelques minutes plus tard, un groupe d'hommes plus âgés aux visages impassibles se présenta et aborda de nouveau le sujet avec Rudy en japonais.

« Nous avons besoin de quelqu'un pour préparer les repas, Rudy. Et tu nous connais, nous les vieux : on est trop âgés pour le faire. Il faut que ce soit l'un d'entre vous, les jeunes. S'il te plaît, peux-tu t'occuper de la cuisine ? »

Cette fois-ci, Rudy dit « oui ». Aussi désobéissant et récalcitrant qu'il pouvait parfois l'être, il n'était pas du genre à ignorer les supplications des aînés. Et il était la bonne personne pour se charger de cette mission. Il constitua rapidement une brigade de jeunes hommes et lui demanda de balayer la cuisine dans ses moindres recoins tandis qu'il essayait d'allumer le poêle à charbon. Alors que la température dans la pièce approchait les 43 degrés, il farfouilla dans les celliers et les réfrigérateurs pour dresser la liste de ce qu'ils contenaient. Quand il comprit qu'il n'y avait ni couteaux ni fourchettes dans la cuisine, il envoya des volontaires à l'extérieur pour rassembler du bois de sidéroxylon et de prosopis du désert afin de tailler des baguettes de fortune. Tandis qu'il dressait l'inventaire des denrées mises à sa disposition, son anxiété et sa frustration augmentaient. Comment pourrait-il nourrir des centaines de personnes affamées avec seulement quelques vivres ? Les menus allaient tous être constitués de viande en boîte. Il entendait déjà les plaintes et les récriminations. Il n'en commença pas moins à cuisiner.

Il était près de minuit et tout le monde avait eu à manger. En éteignant le poêle à charbon, Rudy était épuisé et transpirait toujours malgré l'heure tardive. Mais aussi pitoyable qu'avait été le repas, il avait mené sa mission à bien, et alors que les internés étaient allés jusqu'au bout de leur repas, au lieu de se plaindre, ils l'avaient remercié, les plus âgés opinant de la tête en disant « *Dōmo arigatō* » – « Merci beaucoup ».

Rudy sortit dehors dans la nuit. Il était fier de ce qu'il avait fait et fier de son peuple. Ils étaient durs. Ils ne se plaignaient pas. Aussi injuste que soit la situation, il était agréable de sentir qu'il appartenait à une communauté et contribuait à rendre les choses un peu meilleures pour eux tous. La lune ne s'était pas encore levée, et le ciel sombre resplendissait d'étoiles. La température commençait enfin à descendre, mais il faisait toujours trop chaud dans les baraques pour réussir à dormir. Rudy fit donc comme d'autres garçons qui avaient tiré leur matelas de paille à l'extérieur des bâtiments et les avaient déposés sur le sable. Quand la lune se leva un peu après 1 heure, éclairant le sol du désert, l'un d'entre eux appela à l'aide. « Hé, regardez ces machins qui grouillent sous nos lits ! » Rudy se leva pour jeter un œil et c'était vrai, il y en avait partout, des dizaines de scorpions qui couraient en tous sens dans la lumière argentée, attirés par la chaleur des corps. Il ne savait pas grand-chose de ces bestioles si ce n'est que si l'une d'elles vous piquait, ça faisait un mal de chien. Pourtant, il se dit qu'il fallait prendre le risque. Il n'allait pas laisser des petites bêtes répugnantes le contraindre à retourner dans la baraque où il étouffait. Il se roula sur lui-même et s'endormit.

Gordon Hirabayashi passa la fête nationale dans la prison du comté de King à écrire des lettres. Dans les semaines qui suivirent son arrestation, à son grand étonnement, il avait noué des relations de camaraderie aussi chaleureuses qu'inattendues avec les autres détenus pour la plupart plus âgés que lui. « Notre petite compagnie », comme il aimait à les appeler, était de fait une bande de voyous, de ceux qui peuplaient les albums de photographies anthropométriques ayant enfreint la loi pour diverses raisons. Il y avait des dockers du genre dur à cuire et de vieux alcooliques pathétiques ; des souteneurs et des pickpockets ; des petits délinquants et des passeurs d'alcool. Ils étaient originaires du monde entier et parlaient avec une douzaine d'accents différents. Les disputes entre eux étaient fréquentes et dégénéraient souvent en bagarres. Au début de son séjour, un homme noir particulièrement grand déclencha une violente rixe avec un Indien. Les seaux, les manches à balai, les poings et les chaussures furent tous transformés en armes tandis que les deux adversaires tournaient en rond dans la cellule, s'attaquant l'un l'autre, sous les encouragements et les quolibets des autres détenus. À la fin, le détenu indien, accablé et couvert de sang, fut défait et les deux hommes furent traînés à l'extérieur de la cellule collective et enfermés dans des cachots individuels. En d'autres occasions, les détenus se jetaient en groupe sur un des leurs, le déshabillaient et le balançaient sous une douche froide parce qu'il s'était assis sur une chaise qui n'était pas la sienne. L'un des gardiens – un personnage crapuleux dénommé Barney, qui était souvent ivre – semblait prendre plaisir à provoquer des querelles et passait l'essentiel de son temps à traîner devant la cellule, chuchotant des remarques narquoises à travers les barreaux, humiliant et poussant les détenus à bout, voyant s'il pouvait déclencher quelque chose, rien que pour s'amuser. Au début, Gordon, qui détestait à la fois les jurons et la violence, se tenait à l'écart pendant les éruptions de violence. Il passait l'essentiel de son temps à écrire des lettres, à lire *De Profundis* d'Oscar Wilde et *Clarence Darrow for the Defense* d'Irving Stone[1], ou se confiait au journal qu'il tenait dans un carnet à spirales.

À mesure que le temps passait, cependant, Gordon sentait parfois qu'il devait intervenir. L'un des détenus ne s'était ni douché ni rasé depuis des semaines. Ses cheveux étaient crasseux et il dégageait une odeur répugnante. Les autres parlaient de le tabasser. Un jour, Gordon s'adressa précautionneusement à lui pour lui demander s'il avait l'intention de se raser. L'homme le regarda avec défiance.

---

1. Biographie de Clarence Darrow (1857-1938), l'un des plus célèbres avocats de son temps aux États-Unis, engagé notamment dans la défense des libertés individuelles. Il fut, entre autres, l'avocat de l'instituteur John T. Scopes lors du fameux « procès du singe » en 1925. *(NdT)*

« Pourquoi ?

– Il semblerait que tu en aies besoin. Peut-être que tu te sentirais mieux. »

L'homme ne répondit rien, sembla désarçonné l'espace d'un instant, puis se leva et s'éloigna. Quand il passa devant lui la fois suivante, Gordon lui proposa à nouveau sur un ton bienveillant :

« Tu veux un rasoir ?

– Ouais. »

Une fois qu'il se fut rasé, il demanda à Gordon de lui couper les cheveux. Gordon lui suggéra de prendre une douche pour que ce soit plus facile. Ce qu'il fit. Le lendemain matin, il ressemblait à un premier communiant.

Quelques jours plus tard, les autres détenus s'adressèrent à Gordon pour lui faire une proposition. Ils l'avaient observé, avaient vu comment il se comportait avec les autres, à quel point il choisissait ses mots avec précaution, sa détermination quand il s'occupait de quelque chose. Ce jeune homme bizarre qui parlait d'une voix douce n'était pas comme eux et ils le savaient. Ils lui expliquèrent qu'ils voulaient le désigner comme « maire de la cellule » pour résoudre les disputes et être leur porte-parole dans leurs échanges avec les gardiens et l'administration de la prison. Gordon était sur ses gardes. « Eh bien (…), je ne pense pas être celui qu'il vous faut pour ça, leur répondit-il. Il faudrait trouver quelqu'un d'autre. » Ils ne voulaient pas en entendre parler. Il n'y avait que lui pour ça, répliquèrent-ils. En fin de compte, Gordon accepta non sans avoir hésité. « Je vais le faire pendant une semaine. Et à la fin de la semaine, vous verrez s'il faut que je continue ou pas. Je le ferai à ma façon, et beaucoup d'entre vous ne vont pas aimer ça parce que je crois en la non-violence et je crois en la discussion, même si je n'obtiens pas toujours ce que je veux. » Les hommes s'empressèrent d'accepter. « Eh bien, c'est parfait. Tu fais les trucs comme tu le souhaites et nous te soutenons », conclurent-ils.

Il continua. Au cours des semaines qui suivirent, Gordon se consacra à sa mission avec la détermination qui le caractérisait, résolvant les conflits et négociant avec l'administration de la prison pour obtenir de meilleures conditions de détention. Petit à petit, les choses commencèrent à s'améliorer. Les détenus venaient le voir pour se plaindre les uns des autres plutôt que de s'insulter ou de se frapper. Quand Gordon découvrit que beaucoup d'entre eux étaient illettrés et ne comprenaient pas les documents juridiques qui leur étaient remis, il les leur lut à voix haute et leur expliqua ce qu'ils signifiaient. Puis il se mit à rédiger des courriers en leur nom à l'attention de leurs juges, en plus de sa correspondance déjà volumineuse avec ses propres avocats, amis et soutiens. Bientôt, cela devint une occupation à plein temps et il désigna trois autres détenus pour l'aider à gérer la masse de travail.

En ce 4 juillet 1942, Gordon délaissa ses devoirs de maire. Il était d'humeur pensive, persuadé que lorsque son cas serait examiné par le tribunal à l'automne, il serait condamné. Après tout, il avait admis avoir violé le couvre-feu, et ne s'était toujours pas enregistré aux fins d'internement dans un des camps. La loi était clairement anticonstitutionnelle et son cas finirait sans doute devant la Cour suprême. Et là, pensait-il, ses droits en tant que citoyen américain seraient très certainement reconnus. Entre-temps, toutefois, sa famille vivait dans un camp de concentration perdu au milieu de nulle part, et c'est à ses proches qu'il pensait. Ce jour-là en particulier, il lui semblait important de réfléchir à leur sort. Il s'assit, ouvrit le carnet à spirales dans lequel il tenait son journal et écrivit :

> 4 juillet 1942. Prison du comté de King. Il y a cent soixante-six ans aujourd'hui, des individus respectables et prescients se réunirent pour rédiger et apposer leurs signatures au bas d'un document, la Déclaration d'indépendance. Grâce à leur clairvoyance et à leurs convictions, nous, le peuple des États-Unis, avons accompli d'énormes progrès pour libérer l'humanité de l'esclavage politique, social, économique et religieux (…). Mais même si nous sommes toujours en Amérique, ce qui se passe aujourd'hui n'est pas américain. Ce qui se passe aujourd'hui est le résultat d'erreurs d'interprétation, d'outrances au sujet de ce qu'il convient de faire, de frénésie et de courtes vues. C'est à ceux d'entre nous qui sentent que quelque chose d'injuste a été commis, que nous avons échoué, d'apporter leur témoignage. C'est notre devoir d'éclairer le chemin avec notre lanterne pour repousser l'obscurité, ou plutôt, c'est notre honneur de le faire. Le risque est grand, les conséquences peuvent être graves. Mais c'était la vision des combattants pour l'Indépendance. Nous devons relever le flambeau.

Au bas de ces quelques lignes, il gribouilla : « Un propos sans queue ni tête en souvenir du 4 Juillet. L'incarcération de la liberté. »

Peu après avoir confié ces pensées à son journal, Gordon reçut une lettre de sa mère, Mitsu. Bien que plus attaché que jamais à s'en tenir à la ligne d'action qui était la sienne, depuis des semaines et la dernière conversation téléphonique émue qu'il avait eue avec elle, il se sentait coupable de négliger ses supplications de les rejoindre dans le camp. Aller contre la volonté de sa mère contrevenait à tout ce qui avait été enseigné à Gordon au sujet de la piété filiale. Et la contrarier lui faisait horreur. Il décacheta donc l'enveloppe avec inquiétude.

Après avoir été internée pendant près de deux mois dans le centre de rassemblement de Pinedale près de Fresno en Californie, la famille de Gordon venait d'arriver au centre de déplacement du lac Tule. Construit à l'emplacement d'un lac asséché entre affleurements de roches volcaniques et collines couvertes de buissons de sauge typiques de la Californie du Nord, ce camp était l'un des plus lugubres parmi les huit que la WRA gérait à l'été 1942. C'était aussi, après les camps en Arizona, probablement celui où la température était la plus élevée. Quand les Hirabayashi arrivèrent, le mercure frôlait les 46 degrés. La seule manière qu'avait trouvée Mme Hirabayashi pour supporter la chaleur était de s'allonger sous son lit, à même le sol de ciment de la baraque. Elle avait aussi de bonnes nouvelles à annoncer à Gordon. Alors qu'elle était en train de défaire sa valise, on avait frappé à sa porte. Quand elle avait ouvert, elle s'était retrouvée face à deux dames Issei de Los Angeles couvertes de poussière de la tête aux pieds, mais le visage barré d'un grand sourire chaleureux. L'une d'elles s'inclina et expliqua : « Nous avons dû marcher plus de 2 kilomètres, c'est pour ça que nous sommes un peu poussiéreuses. Nous avons appris que la famille (...) dont le garçon à Seattle défend notre cause était arrivée, nous voulions être là afin de vous souhaiter la bienvenue et vous remercier pour ce que fait votre fils. »

Cet échange, écrivit Mme Hirabayashi à Gordon, lui avait remonté le moral et l'avait rendue fière. Ce qu'elle s'abstint de lui dire, c'est que chaque soir elle marchait jusqu'au lac Tule, cherchait du regard l'Étoile polaire et, en la regardant, lui parlait comme si l'étoile était son fils là-bas à Seattle. Pour finir, elle disait une prière pour lui.

À Hawaï, cet été-là, Kats Miho passa ses journées à poser des toits sur les bâtiments de la station aérienne de la Navy à Pu'unēnē et considérait la dissolution soudaine de sa famille et de l'environnement dans lequel il avait grandi. Bien que la population de Maui fût en expansion avec l'arrivée des militaires, il se sentait profondément seul sur l'île. Six mois après Pearl Harbor, lui et sa mère étaient désormais les seuls Miho à demeurer encore sur Maui. Son père, apparemment, était quelque part sur le continent, détenu dans une sorte de prison militaire. Katsuaki, qui avait tout juste trois ans de plus que Kats – et dont, de tous ses frères, il était le plus proche –, se trouvait à Honolulu où il vivait à Atherton House, travaillant comme auxiliaire médical volontaire à l'hôpital tout en se préparant à intégrer une faculté de médecine sur le continent[1]. Leur grand frère, Katsuro, était aussi à Honolulu, où il était avocat. Un autre de leurs frères, Paul, était dans le Connecticut, où il suivait des cours de théologie à Yale. Mais celle qui lui manquait le plus et à laquelle il pensait le plus était sa sœur.

Le soir, après le travail, Kats allait parfois seul sur la plage de Kihei, là où lui et sa troupe de boy-scouts campaient et jouaient dans les vagues quelques années seulement auparavant. Les pieds nus sur le sable de corail, admirant le soleil qui se couchait sur le Pacifique, il regardait vers le Japon où, peu avant le début de la guerre, sa sœur aînée Fumiye avait décidé de s'installer pour ses études et se demandait ce qu'elle pouvait bien faire.

Quand Fred Shiosaki termina son année scolaire au lycée de Spokane ce mois de juin, les derniers de ses camarades – certains d'entre eux déjà en uniforme, d'autres toujours en civil – disparurent presque en une nuit, montant à bord de trains au dépôt de la Great Northern, faisant des signes d'adieu à leurs parents, à leur chère et tendre, ainsi qu'à leurs amis, criant au revoir à ceux qui leur souhaitaient bonne route, pas très vaillants mais heureux de se lancer sur le chemin de la victoire.

Pendant les premiers jours des vacances, Fred se promena, seul, dans les collines rocheuses et arides au-dessus de Hillyard, il prit place, seul, dans des cinémas les week-ends, travailla de longues heures aux côtés de ses parents et de ses jeunes frère et sœur dans la blanchisserie et se jura en son for intérieur de rejoindre l'armée le jour de ses 18 ans. Avant cela, il voulait découvrir d'autres horizons. Il s'engagea comme pompier volontaire et se retrouva dans l'Idaho où, toute la journée, il était ballotté en camion d'un feu de prairie à un autre, creusait des tranchées, coupait les broussailles, arrachait des racines, dégageait des coupe-feu. C'était un labeur abrutissant, mais Fred n'en avait pas grand-chose à faire. Son corps se fortifiait, s'amincissait, il devenait plus souple : une bonne préparation pour l'armée et la guerre, se disait-il.

Quand il eut 18 ans à la fin août, Fred rentra à Hillyard, prit un bus jusqu'au centre-ville de Spokane et s'engouffra dans un bureau

---

1. Comme Kats, Katsuaki était mal à l'aise, bouleversé de ne pas pouvoir contribuer à l'effort de guerre, confiant à son journal le jour de son vingt-troisième anniversaire : « Pourquoi rester ici à pourrir sur place ? Je préférerais moisir sur le front en Europe. »

du Service de sélection, impatient de pouvoir enfin s'engager. Vivant en dehors de la zone d'exclusion dans un quartier où les personnes d'origine asiatique étaient rares, Fred n'avait pas eu vent d'une information essentielle au sujet des Nippo-Américains et des forces armées. En janvier – un mois après Pearl Harbor – le département de la Guerre avait décrété que les Nippo-Américains étaient inaptes au service et qu'ils devaient en fait être classés 4-C, soit « ennemis étrangers », par les bureaux locaux de recrutement. Quand Fred annonça au jeune militaire assis derrière le bureau d'accueil qu'il voulait s'engager, l'homme le regarda simplement, le visage inexpressif, sans rien dire pendant un moment, et il finit par lâcher : « Vous ne pouvez pas être incorporé, vous êtes un ennemi étranger. » Abasourdi, Fred répliqua : « Mais non, je suis né en Amérique. Je suis un citoyen américain. – Eh bien, le département de la Guerre considère que vous êtes un ennemi étranger, donc vous êtes un ennemi étranger. »

Fred sortit du bâtiment choqué et effondré. Il faisait une chaleur de plomb, environ 35 degrés, et les rues de Spokane baignées de soleil étaient presque désertes. Dans le bus qui le ramenait chez lui, il rumina ce qui venait de se passer. Cela défiait le sens commun qu'un Américain de naissance puisse être d'une manière ou d'une autre un étranger ou un ennemi, qu'en ajoutant simplement l'indication « 4-C » à côté de son nom sur une carte de conscription, il fût établi qu'il ne pouvait pas servir son pays. Regardant autour de lui, il se rendit compte que les seuls passagers ayant à peu près son âge étaient des jeunes femmes. Il s'enfonça un peu plus dans son siège, souhaitant que le chauffeur accélère pour le ramener encore plus vite à Hillyard.

La fin de cet été trouva Rudy Tokiwa alité à l'hôpital du camp de Poston tandis que des médecins maniant scalpels et pinces à épiler enlevaient doucement et douloureusement des morceaux de chair morte de son corps gravement brûlé.

L'été avait été long, pénible et caniculaire pour Rudy. La première soirée passée à cuisiner pour les internés s'était vite transformée en un travail à plein temps.

Comme à Salinas, Rudy se retrouva à préparer les repas pour des centaines de personnes presque chaque jour, parfois du lever du soleil à bien après le crépuscule. Avec des températures qui montaient largement au-delà de 38 degrés la plupart du temps. Rudy prit l'habitude de se lever à 3 heures du matin, de nager au clair de lune dans la piscine du camp construite peu de temps auparavant, puis d'allumer le poêle à charbon de la cuisine avant l'aube. Sa première corvée chaque matin était de placer une marmite d'eau de plus de 110 litres à bouillir et d'y déverser un sac de café, le préparant à la bonne franquette, afin qu'il soit prêt pour le rush du matin. Puis, lorsque le soleil se levait, Rudy prenait place à côté du poêle où il allait travailler par intermittence toute la journée. Ce n'était pas facile de déposer de bons plats sur les longues tables des réfectoires. Le ravitaillement était assuré par le gouvernement, mais la WRA n'avait attribué qu'un budget de 50 cents par jour par interné pour la nourriture, seulement une très légère amélioration par rapport au budget de 33 cents qui avait cours dans les centres de rassemblement. Rudy se retrouvait parfois à devoir utiliser des surplus de l'armée, de la viande en conserve bon marché, des boîtes de légumes spongieux, des pommes de terre germées, quelques rares fruits et du lait, mais seulement concentré. Ces aliments n'offraient qu'une maigre valeur nutritionnelle et ce n'était guère mieux en matière de goût. Rudy n'en faisait pas moins ce qu'il pouvait et, aux tablées, on continuait à le remercier pour ses efforts.

Quand il ne travaillait pas en cuisine, Rudy prenait la direction des terrains de sport rocailleux qui avaient été repris au désert. Pour lutter contre l'ennui sans fin, la frustration et la colère qui autrement menaçaient de les consumer, les jeunes du camp avaient arraché les buissons de sauge pour disposer de terrains de base-ball et de football. Ils avaient accroché des paniers de basket aux extrémités des baraques. Ils avaient même arasé des parcelles de sable et y avaient enfoncé des boîtes de conserve pour créer des terrains de golf. Puis, pour chaque sport collectif – le base-ball, le football, le basketball, le volley –, ils avaient mis sur pied tout un ensemble d'équipes, fait de ligues et de divisions en fonction des assignations des uns et des autres à tel ou tel bloc ou camp. Le frère de Rudy, Duke, devint rapidement une superstar, jouant dans l'équipe de basket du bloc 213, les Terrors. Si Rudy était sportif, il n'était pas aussi grand et musculeux que Duke. Néanmoins, il faisait autant d'efforts physiques qu'il le pouvait où que ce fût, même en tant que supporteur en chef des Terrors. Les parties se terminaient parfois brusquement et dans la débandade quand une tempête de poussière se mettait à souffler depuis le désert de Sonora. Aveuglé et suffoquant, tout le monde courait se mettre à l'abri dans les baraques, des vêtements mouillés plaqués sur le visage, alors que dehors, il faisait aussi sombre qu'au cœur de la nuit.

Tandis que les uns et les autres commençaient à s'adapter à cette vie à Poston – s'efforçant de maintenir un semblant de normalité –, les internés firent bien plus que simplement aménager des terrains de sport. Ils se lancèrent dans un programme ambitieux pour construire

Partie de basket à Poston

tout un ensemble d'infrastructures destinées à répondre à leurs besoins. Ils érigèrent des écoles, avec des auditoriums pour pouvoir y donner des spectacles, en utilisant des briques d'adobe qu'ils avaient faites eux-mêmes à partir d'argile et de paille. Ils transformèrent des baraques vides en temples chrétiens ou bouddhistes. Afin d'améliorer les repas, ils bâtirent des poulaillers et des porcheries de manière à disposer d'œufs frais et de viande. Grâce à un système d'irrigation, ils purent cultiver des légumes et disposer de produits frais. Ils organisèrent une police interne et une compagnie de pompiers. Ils mirent sur pied des centres de soins, des instituts de beauté, des salons de coiffure, et publièrent des journaux propres aux camps. Ils organisèrent des troupes de boy-scouts ainsi que des associations de parents d'élèves. Et ils lancèrent tout un ensemble de clubs et d'activités sociales.

Rudy s'efforçait d'en profiter au maximum. Il se surprit à s'inscrire à un cours de danse. Il apprit à valser et à danser le jitterbug, mais aussi à prendre une fille dans ses bras. Il reprit sa scolarité au lycée du camp et on lui demanda même d'enseigner l'agriculture. Il commença à se faire des amis parmi les jeunes hommes avec lesquels il travaillait et s'amusait.

À mesure qu'il apprenait à les connaître, Rudy commença à se rapprocher de quelques-uns des autres garçons. Il y avait le grand Lloyd Onoye, qui venait du même quartier de Salinas que Rudy. Lloyd était un doux colosse, un type au physique si imposant et d'une telle puissance que lorsqu'il empoignait ses adversaires lors des combats de lutte ou les plaquait au sol pendant les matchs de football, il y allait involontairement si fort qu'ils défaillaient. Il lui en fallait beaucoup pour s'énerver, mais lors d'un match de basket auquel il participait dans l'équipe des Terrors, il se déchaîna contre l'arbitre à la suite d'une série de fautes imaginaires et finit par traîner tout autour du terrain six autres joueurs qui tentaient de le retenir d'étrangler le pauvre bougre. Finalement, l'un d'entre eux cria à l'arbitre : « Mec, si tu tiens à la vie, tu ferais mieux de te tirer et vite ! »

Et puis il y avait Harry Madokoro, un autre membre de l'équipe des Terrors du bloc 213. Le père et la sœur d'Harry étaient tous les deux morts avant la guerre, faisant d'Harry le seul enfant de sa mère, Netsu. Pour joindre les deux bouts, il travaillait dans une exploitation maraîchère et aidait sa mère à tenir une petite confiserie à Watsonville, près de Salinas. Désormais, tous deux vivaient dans le même bloc que les Tokiwa.

Harry avait treize ans de plus que Rudy et servait comme chef de la police dans la brigade du camp II. Sérieux et réfléchi mais toujours amical, Harry dégageait une certaine gravité et imposait une forme de respect que Rudy et ses amis aimaient à prendre pour exemple tant elle les rassurait. Au lieu de laisser pendre une cigarette au coin de ses lèvres, comme beaucoup de garçons, Harry fumait la pipe. Les plus jeunes étaient attirés par lui et avaient tendance à le suivre là où il voulait les emmener. Quand ils se chamaillaient, ils allaient consulter Harry dont, presque toujours, les conseils étaient empreints de sagesse.

Vers le milieu de l'été, Rudy se disait qu'il était aussi satisfait qu'il pouvait l'être en étant retenu contre sa volonté derrière des barbelés au fin fond du désert. Puis survint l'accident. Tôt le matin du 8 août, tandis qu'il portait un chaudron en inox rempli de café bouillant depuis le poêle jusqu'au réfectoire, Rudy glissa sur un tuyau en caoutchouc alors que le sol était mouillé. Ses pieds se dérobèrent sous lui. Le café brûlant s'éleva dans les airs, puis retomba exactement sur sa poitrine et son bras droit. Rudy hurla. Un autre garçon, Tom Yamamoto, s'agenouilla près de lui et déchira sa chemise imprégnée de café. La peau en dessous était déjà écarlate et commençait à se couvrir de cloques. Des hommes se précipitèrent et emmenèrent Rudy, gémissant et sous le choc, à l'hôpital du camp.

Près d'un mois plus tard, Rudy était toujours à l'hôpital, regardant patiemment mais non sans tressaillir de temps en temps un docteur lui apprendre comment utiliser une pince à épiler pour détacher des couches de peau brûlée, morceau après morceau, jusqu'à exposer la chair rose brillante et grainée en dessous – sa peau qui, en dépit de tout, se débattait pour cicatriser et revivre.

En octobre, à Seattle, le procès de Gordon Hirabayashi était imminent. Une nuit, un gardien surgit un peu après minuit à l'extérieur de la cellule. La plupart des détenus étaient endormis, et Gordon était lui-même en train de se laisser gagner par le sommeil. Mais l'une de ses missions en tant que « maire de la cellule » était d'accueillir les nouveaux arrivants et de les aider à s'intégrer à la vie de la prison. « Où est-ce que je peux mettre celui-ci ? » demanda le gardien. Gordon se leva et se rapprocha des barreaux. « Pourquoi ne l'amenez-vous pas pendant la journée quand c'est plus simple de s'en occuper ? » râla-t-il. Gordon jeta un œil au nouveau venu, un vieux Japonais de petite taille. Puis il le regarda une seconde fois : « Hé, mais c'est mon père ! » Il était surpris. On lui avait dit que sa mère pourrait être convoquée pour témoigner à son procès, afin de l'identifier formellement, mais il ne s'attendait pas à voir son père.

Shungo Hirabayashi semblait épuisé. Des agents fédéraux l'avaient réveillé lui et son épouse tôt ce matin-là au camp du lac Tule en Californie. Dans la journée, il avait fait le trajet vers le nord assis sur la banquette arrière d'une voiture. Choqué de voir son père si fatigué et hagard, Gordon l'accueillit chaleureusement dans la cellule, eut une courte conversation avec lui, lui attribua un lit, et le coucha. Gordon ne parvint toutefois pas à s'endormir. Il resta éveillé, allongé sur le dos, jusqu'à 4 heures du matin, contrarié que son père soit dans une cellule.

Entre-temps, sa mère était arrivée dans le quartier des femmes à l'étage supérieur. Alors que les grilles se refermaient derrière Mitsu Hirabayashi, elle regarda nerveusement autour d'elle. Tout ce qu'elle savait sur l'univers carcéral était ce qu'elle avait lu dans *Le Comte de Monte-Cristo*. Elle s'était imaginé une sorte de donjon, et elle était soulagée de voir qu'au moins, il n'y avait pas de rats grouillant dans les recoins sombres. En dépit de l'heure tardive, la pièce était largement éclairée. Les détenues étaient assises sur des bancs en métal, certaines lisaient, d'autres étaient regroupées en petit comité, discutant l'air de rien comme si elles venaient de sortir de l'office du dimanche. La plupart d'entre elles étaient détenues pour prostitution, vol à l'étalage ou d'autres petits délits. Mitsu remarqua un vieux piano droit délabré dans un coin de la cellule. Elle s'assit et commença à jouer un morceau. Certaines des touches étaient cassées, mais les autres femmes se rassemblèrent autour de l'instrument. Elles se mirent à chanter. Mitsu, légèrement embarrassée d'avoir attiré l'attention, s'exclama : « Non, non, il faut que quelqu'un d'autre joue. Tout ce que je connais, ce sont de vieilles chansons et des airs religieux, et vous ne voulez sans doute pas entendre des airs religieux. Il faut que ce soit quelqu'un d'autre qui joue. » Les autres répondirent en chœur : « Non, non, personne ne sait jouer du piano ici. Vas-y. » Et elle joua, jusqu'au bout de la nuit, alors que les détenues se tenaient derrière elle et l'accompagnaient de leurs voix.

Le lendemain matin, la surveillante générale de la prison lui apporta un uniforme vert de prisonnière, lui ordonnant de se changer et de l'enfiler. Mitsu le regarda et répliqua, sur un ton de défiance : « Non, je ne suis pas une criminelle. Je suis un témoin. De toute façon, je ne devrais pas être là. » Quand la surveillante générale insista, Mitsu demanda à voir les avocats de Gordon sur-le-champ. La surveillante générale battit rapidement en retraite tandis que les autres détenues regardaient Mitsu avec étonnement et une admiration croissante. Brillante, ne mâchant pas ses mots, et résolue, Mitsu Hirabayashi – comme son fils – ne s'en laissait pas conter.

Jusqu'à présent, Gordon avait rarement mentionné dans son journal ses propres problèmes judiciaires. Pour l'essentiel, il lui avait confié ce qu'il lisait, ses médiations au sujet de questions religieuses et philosophiques, ses inquiétudes quant aux démêlés de ses codétenus avec la justice, et commentait les nouvelles que lui donnaient sa famille ou d'autres personnes internées dans les camps. Mais le 15 octobre, à quelques jours de son procès, il écrivit :

> Mon dossier est clair. J'ai refusé d'être évacué ; j'ai violé le couvre-feu. J'ai fait cela en toute connaissance de cause. Je n'ai pas agi sournoisement, ni pour défier la loi (…). Et ce qu'il faut comprendre, c'est que je suis un honnête citoyen. Par conséquent, les témoins et moi-même n'avons rien à craindre. Il nous faut simplement rétablir la vérité.

Le mardi 20 octobre, le procès de Gordon commença sous la présidence du juge Lloyd Llewellyn Black, une information que le *Seattle*

Times relaya sous le titre : « Début du procès du Japonais pour violation du couvre-feu ». L'affaire était si grotesque qu'on n'en entendit bientôt plus parler. La salle d'audience était une pièce tout en longueur. Sur un mur, des fenêtres hautes de plus de 4 mètres déversaient leur lumière sur des rangées de bancs en noyer noir vernis. Quand Gordon entra, il vit que ses camarades d'université, ses coreligionnaires quakers et des membres des associations de défense des droits civiques étaient venus en très grand nombre. Le père et la mère de Gordon s'assirent discrètement sur un banc des premiers rangs. Peu après, un jury de dix hommes et deux femmes prêta serment, l'avocat général, Allan Pomeroy, se leva et appela le père de Gordon à la barre.

Shungo Hirabayashi était nerveux. Il n'avait jamais mis les pieds dans un tribunal. Son anglais était loin d'être fluide, et ses réponses, presque inaudibles, étaient hésitantes et peu claires. Le juge demanda : « Y a-t-il quelqu'un dans cette salle qui puisse servir d'interprète pour le témoin ? » Personne ne se porta volontaire. Gordon regarda autour de lui. Les seuls autres visages japonais qu'il vit étaient ceux de ses parents. Finalement, il prit la parole : « Eh bien, je peux servir d'interprète, si vous acceptez que le prévenu se porte volontaire. » Le juge hésita, puis finit par accepter. Gordon s'approcha de la barre et se mit à traduire les questions du procureur en japonais et les réponses de son père en anglais.

« Où êtes-vous né ? demanda Gordon à son père.

– Au Japon, répondit Gordon, traduisant la réponse de son père.

– Avez-vous des enfants ici aux États-Unis ?

– Oui.

– L'un d'entre eux est-il ici ?

– Oui.

– Pouvez-vous nous le montrer du doigt ? » demanda Gordon.

Shungo, quelque peu déconcerté, désigna Gordon du doigt. Gordon sourit, se tourna vers le juge et commenta : « Eh bien, pour répondre à la question, il semblerait qu'il confirme que je suis son fils. » Tout l'échange se déroula, comme Gordon le confia plus tard, un peu « comme un petit numéro comique ».

Quand l'accusation en eut terminé, l'avocat de Gordon, Frank Walters, se leva et appela son client à la barre. Gordon retraça d'un ton posé les grandes lignes de son enfance en Amérique. Il était allé à l'école publique, expliqua-t-il. Il avait passé l'essentiel de son adolescence à travailler dans la ferme de ses parents, à conduire des tracteurs et des camions de livraison. Il n'était jamais allé au Japon. Il s'était enrôlé avec enthousiasme dans les boy-scouts, au sein desquels il était devenu chef adjoint. Il était chrétien, et avait rejoint le mouvement quaker peu de temps auparavant. Il avait joué au base-ball au lycée, avait fait partie d'un club lycéen, était le vice-président de la branche de l'université de Washington de la YMCA. À tout prendre, il avait reçu une éducation plutôt typiquement américaine. Quand le juge renvoya Gordon à sa place, des voisins vinrent témoigner à la barre de son bon caractère et de son engagement civique. Puis maître Walters prit de nouveau la parole. Il ne contestait pas que son client n'ait pas respecté le couvre-feu et l'ordre d'exclusion. Il défendait le point de vue que l'ordre exécutif 9066, l'ordre d'exclusion spécifique à la région qui en avait découlé, et le couvre-feu militaire qui s'imposait tant individuellement que collectivement privaient son client de sa liberté en dehors de tout cadre légal et par conséquent violaient les droits constitutionnels figurant dans le cinquième amendement de la Constitution.

Une fois la plaidoirie de la défense achevée, le juge s'apprêta à lire leurs instructions aux membres du jury. Gordon et son avocat savaient ce qui allait se passer. Lors d'une audience préliminaire, le juge Black avait déjà repoussé leurs arguments, estimant que les circonstances de guerre prévalaient sur les droits constitutionnels et qu'il fallait considérer en bloc les ennemis japonais de la nation, tous ceux qu'il appelait « les gens comme eux ». « Ils sont d'habiles maîtres de la dissimulation, aussi perfides les uns que les autres. Par le moindre artifice ou tromperie, ils cherchent à se dissimuler parmi les honnêtes citoyens et, grâce à un étrange talent, découvrent et profitent de la plus infime déloyauté parmi les gens comme eux. »

Il se tourna vers le jury et déclara : « Vous pouvez oublier tous les discours de la défense au sujet de la Constitution. C'est la décision de la zone de défense ouest qui importe ici. Vous devez déterminer ceci : l'accusé est-il d'ascendance japonaise ? Si c'est le cas, il doit se conformer au couvre-feu et aux ordres d'exclusion, qui sont des lois légitimes et exécutoires. C'est votre devoir de vous soumettre à la loi telle qu'elle est appliquée par la cour. »

Dix minutes plus tard, le jury rendait son verdict : coupable des deux chefs d'accusation.

Troisième partie

LES KOTONKS
ET LES TÊTES-DE-BOUDDHA

9.

« Tu seras sans doute extrêmement déçue d'avoir attendu
une année entière dans la solitude sans perdre l'espoir,
mais s'il te plaît, ne pleure pas (...).
Pense plutôt aux familles de soldats qui se battent dans
la chaleur tropicale ou dans le froid et la neige,
et à ce qu'ils ressentent. »

Iwao Matsushita, interné à Fort Missoula, Montana,
à son épouse, Hanaye, 7 décembre 1942

« Ce fut un Noël empreint de solitude. Je l'ai passé
à pleurer. Voir des familles heureuses se rassembler
m'a serré la gorge. J'imagine que toi aussi, tu t'es
senti esseulé pour Noël. Celui de cette année a été
plus triste et plus solitaire que celui de l'année dernière
ou que n'importe lequel auparavant. »

Hanaye Matsushita, internée à Minidoka, Idaho,
à son époux, Iwao, 30 décembre 1942

Dans l'histoire contemporaine, il n'y eut jamais de fêtes de fin
d'année plus poignantes, plus tristes et bouleversantes que celles de
1942. Alors que cela faisait un an que la guerre était véritablement
devenue mondiale, le soleil ne devant plus se coucher sur le théâtre des

opérations pendant encore deux ans et demi, des millions d'hommes et de femmes s'assirent auprès de leur poste de radio en ce mois de décembre, pensant à ceux qui n'étaient plus là, leur écrivant de longues lettres au sujet des petites choses qui se passaient à la maison. Aux États-Unis, 5 millions de militaires étaient loin de chez eux. Avant la fin de la guerre, 16 millions porteraient l'uniforme. Des *service flags*, ces drapeaux avec une étoile bleue, étaient accrochés sous les porches ou aux fenêtres de millions de foyers américains. Chaque semaine, à un rythme toujours croissant, des drapeaux ornés d'une étoile dorée les remplaçaient[1].

La veille de Noël, au camp de concentration de Poston dans l'Arizona, plus de 7 000 enfants nippo-américains se rassemblèrent pour des « fêtes de quartier » au cours desquelles ils reçurent des cadeaux offerts par des églises et déposés au pied de sapins de Noël biscornus et ornés de décorations en papier cartonné qu'ils avaient faites eux-mêmes. Dans les baraques et les réfectoires, ils chantèrent « Douce nuit » et « Vive le vent », jouèrent des saynètes de Noël, et s'amusèrent de l'arrivée de deux pères Noël, l'un venu du pôle Nord, l'autre du pôle Sud. Les plus grands allèrent d'une baraque à une autre en interprétant des chants de Noël au cœur de la nuit d'encre du désert constellée d'étoiles.

Dans le Pacifique sud, alors que des troupes fraîches arrivaient pour les remplacer, des milliers de jeunes Marines assommés de fatigue embarquaient comme ils le pouvaient sur des bateaux à destination de l'Australie après des mois de combats durs et sanglants dans la jungle de Guadalcanal. Ils laissaient derrière eux des milliers de leurs camarades, inhumés dans des tombes creusées à la va-vite sur l'île. Aux Philippines, des prisonniers de guerre américains et philippins étaient exploités et tombaient par milliers, brutalisés, torturés et assassinés dans des camps japonais répugnants et infestés par la malaria. Sur les flots déchaînés de l'Atlantique nord, des milliers de navires marchands progressaient en zigzag à travers des murs d'eau, leurs capitaines s'efforçant tant bien que mal de ne pas être remarqués par les sous-marins allemands tapis sous la surface. En Grande-Bretagne, des dizaines de milliers de militaires américains, canadiens, indiens, néo-zélandais et australiens célébraient Noël aux côtés de leurs alliés britanniques dans

---

1. La tradition de déployer des *service flags* ornés d'étoiles bleues pour indiquer le nombre de membres de la famille servant dans l'armée et d'étoiles dorées pour indiquer le nombre de membres de la famille tombés au combat date de la Première Guerre mondiale.

les pubs, les mess ou dans les familles qui les accueillaient, descendant des pintes de bière tiède, dansant avec les voisins, jouant aux fléchettes et s'essayant à la dégustation de plum-puddings.

La plus grande partie des morts et des souffrances incommensurables de la guerre restait à venir. Mais par maints aspects, le cours des événements était déjà en train de tourner subrepticement en cette fin d'année, sous le brouillard quotidien des récits de bataille, du nombre de victimes et des mouvements de troupes. Une grande force, un effort humain massif, coordonné et unifié, comme jamais le monde n'en avait connu, se déployait, rassemblant, des quatre coins de la planète, des énergies déterminées à abattre les forces sombres et cyniques du despotisme.

Et c'est à ce moment que, soudainement, quelque chose changea pour des milliers de jeunes Nippo-Américains, les Nisei, quelque chose que nul n'aurait pu prévoir. Tandis que le pays tout entier était mobilisé par l'effort de guerre, que les pertes s'accumulaient dans le Pacifique sud, que des dizaines de milliers de femmes devaient remplacer les hommes à l'usine, que la conscription ne concernait plus uniquement les jeunes hommes mais visait aussi des hommes âgés de 37 ans, l'armée américaine peinait à mettre sur pied une force de combat assez vaste et puissante pour mener la guerre de manière efficace dans le Pacifique et en Europe à la fois.

Depuis l'attaque contre Pearl Harbor, des figures de la communauté nippo-américaine à Hawaï et sur le continent faisaient pression sur le gouvernement pour que les Nisei puissent s'engager. Et elles étaient de plus en plus entendues. Cela n'avait tout simplement pas de sens que des dizaines de milliers de garçons en âge et en état de se battre perdent leur temps, désœuvrés, à Hawaï ou soient reclus derrière des barbelés dans l'Ouest américain. À partir du début du mois de janvier 1943, des notes secrètes commencèrent à circuler entre le département de la Guerre, le Service de sélection, le renseignement militaire et le FBI au sujet de la possibilité d'autoriser les hommes Nisei à se porter volontaires pour intégrer une unité ségréguée (c'est-à-dire uniquement composée de Nippo-Américains) de l'armée américaine.

Le 1er février, le président Roosevelt l'officialisa en signant un mémorandum adressé au secrétaire à la Guerre Henry L. Stimson qui indiquait en substance : « L'américanité n'est pas, et n'a jamais été, une question de race ou d'ascendance. Est un bon Américain toute personne fidèle à ce pays ainsi qu'à notre credo de la liberté et de la démocratie. Chaque Américain loyal doit avoir la possibilité de servir son pays[1]. »

Parmi les premiers civils d'Hawaï à apprendre la nouvelle figurait le frère de Kats Miho, Katsuaki, qui vivait toujours à Atherton House à Honolulu, où il continuait à servir comme auxiliaire médical pour la municipalité. Il avait été accepté à la faculté de médecine de Tulane à La Nouvelle-Orléans et économisait pour payer ses frais de scolarité. Son rêve – et il était bien déterminé à le réaliser – était de devenir médecin pour apporter l'assistance médicale dont avaient tellement besoin les plantations de Maui, une île encore très rurale. Cette annonce le galvanisa, et en un instant ses plans furent bouleversés. Le 2 février, il confiait à son journal : « Une fois dans sa vie, chaque homme est contraint de prendre une décision susceptible de déterminer tout son avenir. J'ai fait mon choix. Pendant quelques instants, je dois le confesser, j'étais trop bouleversé pour penser clairement (...). J'avais pris ma décision et j'étais heureux. Et il fallait que je rentre à Maui pour l'annoncer à maman. »

Quand il arriva à l'hôtel Miho pour faire part de sa décision à sa mère, Kats était déjà là, l'attendant avec ses propres plans. Lui aussi avait du mal à contenir son excitation à la perspective de pouvoir s'engager, et il annonça à son frère que c'était plutôt à lui d'y aller. C'était bien la dernière chose que Katsuaki voulait entendre. Non, insista Katsuaki, c'est lui qui rejoindrait l'armée. Ils tentèrent d'en discuter, mais bien souvent les chamailleries prenaient le pas. Le conflit entre eux deux couva pendant plusieurs jours avant de culminer lors d'une longue nuit passée à échanger arguments et contre-arguments. Immergés dans l'eau chaude de l'o-furo, accoudés à la table de la salle à manger, assis sous les étoiles dans le jardin luxuriant de l'hôtel au milieu des orchidées de leur mère, les deux frères essayèrent de se dissuader l'un l'autre de se porter volontaire, chacun voulant être le seul à s'exposer au risque. Ils se disputèrent violemment pendant toute la nuit, mus non pas par la rancœur mais par l'amour fraternel.

Du point de vue de Kats, il fallait que quelqu'un prenne part à l'effort de guerre au nom de la famille. C'était une question d'honneur. L'éthique japonaise que leur père leur avait enseignée le leur imposait, même si l'ennemi était désormais le Japon lui-même. Leur frère aîné, Katsuro, avait un glaucome, et leur autre frère plus âgé, Paul, étudiait à la faculté de théologie. Cela devait donc être l'un

---

1. Bien que parfois attribué à Roosevelt lui-même, le mémorandum fut rédigé par Elmer Davis, qui dirigeait le Bureau d'information de guerre.

d'entre eux deux. Kats en avait vraiment marre d'enfoncer des clous et de regarder les autres partir à la guerre. Il en appela au giri, les obligations sociales, et à son respect par Katsuaki. Celui-ci devait à ses semblables à Maui de leur procurer des soins médicaux, eux qui en avaient tant besoin. « Tu es déjà pris en médecine. Ton avenir est de travailler comme médecin. Je vais me porter volontaire. Je représenterai la famille. »

Katsuaki ne voyait pourtant pas les choses ainsi. Ce n'était pas une question de rêve, d'honneur familial ni même de répondre aux besoins des habitants de Maui. C'était une question de conscience. « Non, non et non, c'est une affaire personnelle », insista-t-il. « Écoute, si toi et moi nous survivons à cette guerre et que se pose la question de ce qu'ont fait les Nisei pendant la guerre, que pourrons-nous dire à nos enfants ? Que je ne me suis pas porté volontaire parce que je faisais médecine ? » À l'aube, ils étaient à court d'argument. Tous deux se porteraient volontaires.

Quelques semaines plus tard, alors qu'ils embarquaient sur un vapeur inter-îles pour O'ahu, ils rejoignirent ce qui s'était déjà transformé en un raz de marée de jeunes Nippo-Américains enthousiastes. Sur chaque île, ceux-ci avaient submergé les bureaux du Service de sélection. Dans certains locaux, il n'y avait pas assez de machines à écrire pour remplir tous les formulaires, et il avait fallu en emprunter à droite et à gauche. L'armée avait tablé sur 1 500 volontaires Nisei d'Hawaï ; près de 10 000 s'étaient présentés.

En Arizona, les grands-pères du camp II de Poston se levaient chaque matin avant l'aube et allumaient des brasiers pour réchauffer leurs vieux os. Les moments qui précédaient l'aurore étaient froids et les aînés aimaient se réunir autour des feux, s'enivrant de l'odeur douce et âcre du prosopis en train de brûler. Ils regardaient les dernières étoiles disparaître et le soleil se lever sur les montagnes pourpres au loin à l'est. Ils écoutaient les colombes de deuil roucouler dans les lueurs blêmes de l'aube. Ils frottaient leurs mains l'une contre l'autre, fumaient des cigarettes et parlaient à voix basse, surtout en japonais, au sujet de la guerre. Certains d'entre eux pensaient que le Japon aller l'emporter. Les autres tentaient de les convaincre du contraire. Ils discutaient mais paisiblement, sans passion. Ils se dévisageaient mutuellement et voyaient des vieillards, relégués en plein désert, loin de tout. Ils ne pouvaient pas faire grand-chose, qu'il s'agisse de la guerre ou de tout autre sujet d'ailleurs. À 7 heures, le gong du petit déjeuner résonnait trois fois, ils jetaient du sable sur les foyers et se dirigeaient comme un seul homme vers le réfectoire pour leur café du matin accompagné de pancakes et d'œufs au plat.

Ce n'était plus Rudy Tokiwa qui préparait le petit déjeuner. À sa sortie de l'hôpital, un laissez-passer de jour lui avait été délivré afin qu'il puisse travailler dans le bourg voisin de Parker, où les fournitures à destination du camp arrivaient par train. Là, il sympathisa avec des employés d'un magasin de spiritueux.

Quand les aînés du camp en eurent vent, ils firent une proposition à Rudy, comme ils s'étaient adressés à lui pour lui proposer de travailler aux cuisines quelques mois plus tôt. Une bonne bière leur ferait du bien, lui dirent-ils, mais l'alcool était interdit à Poston. Ils se demandaient si Rudy pourrait faire entrer en douce des bouteilles dans le camp. Rudy le reconnaissait lui-même, à 17 ans, il était encore trop jeune pour boire, mais il était toujours prêt à rendre service à ses aînés. Et, en son for intérieur, il était un brin canaille. Il collecta donc un peu d'argent parmi les grands-pères et parla à ses amis du magasin de spiritueux. Puis il s'adressa à un autre ami, le chauffeur qui conduisait le gros camion-citerne autour du camp, s'efforçant à coups de jets d'eau de garder au loin la poussière qui n'en finissait pas d'avancer. En peu de temps, ils mirent sur pied une petite entreprise de contrebande d'alcool comme au temps de la prohibition. Une ou deux fois par semaine, Rudy récupérait quelques caisses de bières à l'arrière du magasin de spiritueux, puis il retrouvait le chauffeur du camion dans le désert, déposait les bouteilles dans la citerne remplie d'eau, et le véhicule rentrait dans le camp sans être inspecté. Quand personne ne regardait, les aînés récupéraient les bières que l'eau avait gardées fraîches, et, assis en groupe derrière les baraques, savouraient le breuvage interdit.

Le 9 février, le jour où la Maison Blanche annonça l'éligibilité des Nisei à la conscription, le journal du camp, le *Poston Chronicle*, reproduisit intégralement le mémorandum de Roosevelt en première page. À Poston, comme dans les dix camps de concentration du continent, la nouvelle déclencha à la fois de la joie, de la colère, des doutes, de la peur et des débats acharnés. Personne ne savait vraiment ce qu'il fallait penser de ce soudain changement de politique ni comment y réagir, mais ce qui sautait aux yeux, c'est que la réaction initiale dans les camps était nettement différente de ce qu'elle avait été à Hawaï. Pour ceux qui étaient parqués derrière des barbelés, l'invitation à se battre et à mourir pour l'Amérique n'était guère tentante. Pour certains, elle paraissait même extrêmement insultante.

Ce même après-midi, le lieutenant John Bolton de l'armée de terre tint une séance d'information à Poston III, une première étape pour recruter autant de soldats que possible dans le camp. Près de 2 000 jeunes hommes et leurs familles se massèrent dans l'auditorium de la nouvelle école du camp. Bolton répondit essentiellement à des questions concrètes : quand l'incorporation allait-elle commencer ? Les soldats Nisei seraient-ils envoyés se battre contre les Allemands en Europe ou contre les Japonais dans le Pacifique sud ? Leurs parents pourraient-ils toucher leur solde ? À quels rangs et niveaux de solde pouvaient-ils prétendre ?

Bolton n'avait pas de réponse à apporter aux questions les plus importantes et les plus inquiétantes qui pesaient toujours au-dessus des garçons, tandis qu'ils quittaient l'auditorium cet après-midi-là. Pourquoi risqueraient-ils leur vie pour un pays qui les avait relégués eux et leurs parents dans des camps de concentration lugubres ? Pourquoi, s'ils se battaient pour l'Amérique, celle-ci ne pouvait-elle pas au moins libérer les membres de leur famille, accorder la citoyenneté à leurs parents et rétablir leurs droits civiques ? Et Bolton avait prévenu que l'unité de combat intégralement nippo-américaine ne serait que cela, une unité ségréguée, comme la 92e division réservée aux Noirs. Pourquoi devraient-ils être ségrégués ? S'ils étaient prêts à se battre et à mourir comme des soldats blancs, comment se faisaient-ils qu'ils ne soient pas autorisés à manger dans les mêmes mess, à dormir dans les mêmes baraquements et à se battre, voire mourir, dans les mêmes tranchées que leurs compatriotes blancs ? Il y avait aussi un autre gros point de friction. Bolton avait expliqué qu'eux et leur famille – tous les adultes du camp en fait – devaient désormais signer un serment de loyauté particulier, qu'ils aient prévu de s'engager ou pas. Pourquoi n'était-ce obligatoire que pour eux et pas pour les autres Américains ? Aux yeux de beaucoup de jeunes gens de Poston – et à ceux de leurs sœurs, de leur épouse, de leur mère et de leur père également –, cela ne rimait tout simplement à rien.

Rudy, son frère Duke, leurs amis du bloc 213 et ceux d'autres blocs voisins se rassemblèrent en petit comité après la réunion, discutant et échangeant à propos de ce qu'on leur avait dit, incapables d'arriver à une position commune. Bolton avait annoncé que les inscriptions auraient lieu au réfectoire à la fin de la semaine, à peine quatre jours plus tard. Ils avaient besoin de comprendre. En fin de compte, Lloyd Onoye, le colosse, leur proposa de se retrouver le lendemain. Tous les jeunes hommes âgés de plus de 16 ans devaient être présents.

Le lendemain matin, ils se retrouvèrent dans le désert, au creux du lit d'un ruisseau à sec où quelques prosopis offraient une maigre ombre. Au loin, des troglodytes des cactus chantaient leur drôle de chant sec fait de clics, comme de petits moteurs de voiture essayant de démarrer sans y parvenir. Une quarantaine de jeunes hommes s'étaient présentés. Ils formaient une sorte de cercle, certains assis sur des rochers, d'autres s'appuyant contre les troncs noirs et tordus des prosopis. Ils donnaient des coups de pied nerveux dans les cailloux, ramassaient des bouts de bois et dessinaient des figures au hasard dans le sable, attendant que quelqu'un prenne les choses en main. Harry Madokoro, le chef de la police du camp, s'avança au milieu du cercle et lança la discussion. Pour ce qui le concernait, dit-il, ils devaient tous s'engager et ils devaient le faire sur-le-champ, mais il voulait entendre ce que les plus jeunes pensaient. L'un des garçons demanda d'une voix flûtée : « Mais pourquoi diable devrions-nous aller nous battre pour un foutu pays qui nous garde enfermés ? » Certains hochèrent la tête pour marquer leur accord. L'un d'entre eux se leva et dit : « Que l'on prenne le problème par un bout ou par un autre, cela semble un peu stupide. Nous sommes dans un fichu camp de concentration, et vous voulez vous porter volontaires afin de vous battre pour ce pays ? » De nouveau, des garçons acquiescèrent et murmurèrent leur accord.

Rudy restait assis, calmement, le regard fixé vers le sol. Harry Madokoro se releva et lança qu'il allait se porter volontaire de toute façon. Ce n'était pas un choix, dit-il ; c'était un devoir. Et par ailleurs, c'était aussi une opportunité. Quand la guerre serait terminée, soit ils sortiraient des camps en étant toujours stigmatisés comme des « bridés », soit ils reviendraient comme des Américains qui avaient servi dans l'armée, peut-être même en héros de guerre. Lloyd Onoye se leva à son tour et dit que lui aussi en était. La plupart des plus jeunes garçons restaient sceptiques. Ils se regardaient les uns les autres nerveusement, scrutant le moindre signal, poussant des choses imaginaires sur le sol avec des bâtons. Finalement, Rudy se mit sur ses pieds. Il était le plus jeune de l'assemblée et, par maints aspects, il était plus « japonais » que beaucoup d'entre d'eux, étant bilingue et étant allé à l'école au Japon. Mais au fond, il savait qu'il n'était pas japonais. Il était américain. Un Américain en colère. Et c'est cela qui l'habitait désormais. Il avait toujours pensé qu'il ne fallait pas attendre que le bien advienne, mais qu'il fallait le faire soi-même. Il méritait le respect. Son père et sa mère méritaient le respect chez eux. Sa sœur méritait le respect quand elle allait à l'épicerie. S'il devait se battre pour gagner ce respect, il se battrait.

« OK, argumenta-t-il, mettons que personne ne se porte volontaire dans les camps. Et que dira Roosevelt ? Eh bien, il dira que nous sommes plus loyaux envers le Japon qu'envers les États-Unis, tout simplement. Dites-moi, les gars, vous, vous voulez vivre au Japon ? »

L'un des garçons répondit : « Nan, je ne pourrais pas. Je ne pourrais pas me débrouiller au Japon. Je peux à peine parler la langue. »

Rudy continua : « En tant qu'Américain, cela ne fait aucune différence s'ils vous jettent dans un camp de concentration (…) si vous ne pouvez pas vous retourner sur votre passé et être capables de vous tenir debout plus tard en disant : "J'ai fait ma part." »

Un autre approuva et s'exclama : « Eh bien, si nous prévoyons de nous installer dans ce pays, nous ferions mieux de faire nos preuves. »

À mesure que le temps passait, un consensus se forma lentement et, au moment de se séparer, la quasi-totalité des garçons présents étaient prêts à s'engager d'ici à la fin de la semaine.

Toutefois, tous les jeunes gens de Poston n'étaient pas du même avis. Beaucoup de ceux qui n'avaient pas participé à la réunion étaient en colère contre ceux qui y étaient allés, apprirent Rudy et ses amis cette nuit-là. Ils avaient même pris la direction du bloc 213 pour tabasser Rudy et ceux qui avaient défendu l'idée de s'engager. Ces derniers rassemblèrent des manches de pioche, des battes de base-ball et formèrent une ligne de défense. Quand les autres arrivèrent et les virent bien armés, ils battirent hâtivement en retraite.

Quelques jours plus tard, Rudy et Duke rentraient ensemble du réfectoire transformé à la va-vite en bureau de conscription au bloc 213, se demandant comment leurs parents réagiraient à ce qu'ils venaient de faire. Quand ils entrèrent dans leur baraque, leur père leva les yeux et demanda immédiatement à Duke ce qu'il avait fait. « Oh, je me suis engagé dans l'armée », répondit ce dernier.

Jisuke Tokiwa resta songeur pendant un moment. Il s'était battu pendant la Grande Guerre, mais on ne lui avait jamais accordé la citoyenneté américaine. Depuis, le gouvernement qu'il avait servi lui avait ôté son gagne-pain et avait enfermé sa famille sur un terrain vague au milieu du désert. L'armée tiendrait-elle toutes les belles promesses faites à son fils ? Il opina de la tête d'un air grave. *Shikata ga nai*, pensa-t-il. On ne peut rien faire.

« Eh bien, fais ce que tu penses être ton devoir. Il ne faut pas laisser les autres te dicter ta conduite. »

Rudy ajouta que lui aussi s'était engagé. Son père opina solennellement de nouveau : « Si tu penses que c'est ce que tu dois faire, je suis content que tu sois un de ces hommes qui font ce qu'ils croient être juste. »

Mais sa mère, Fusa, était moins optimiste.

« *Bakatare !* Idiot ! s'exclama-t-elle – puis elle se mit à pleurer. Il n'est encore qu'un enfant ! Comment peuvent-ils me le prendre ?

– Eh bien, je ne peux pas partir avant d'avoir 18 ans, lui expliqua Rudy. Ne t'inquiète pas jusque-là. »

Au cours des quelques jours et semaines qui suivirent, à la fois le sujet du volontariat et, bien plus, les incertitudes concernant le questionnaire de loyauté dont Bolton avait annoncé que tous les adultes des camps devaient le remplir, créèrent des divisions parmi les internés à Poston et dans les neuf autres camps de la WRA. Au cœur de la controverse se trouvaient deux questions du formulaire. La question 27 demandait aux hommes Nisei s'ils étaient prêts à se battre n'importe où et n'importe quand en fonction des ordres qu'ils recevraient. La question 28 demandait à la fois aux Nisei et à leurs parents de prêter une allégeance indiscutable aux États-Unis et d'abjurer toute fidélité à l'empereur du Japon. Sur le principe, de nombreux Nisei, même s'ils étaient désireux de se battre, étaient particulièrement indignés de devoir signer un serment que d'autres citoyens américains n'étaient pas tenus de parapher – uniquement en raison de leurs origines. De la même manière, ils n'acceptaient pas qu'on leur demande de renoncer à une loyauté à laquelle ils n'avaient guère prêté attention. Leurs parents étaient confrontés à un autre problème au sujet de la question 28. Renoncer à la loyauté envers le Japon signifiait qu'ils ne seraient plus des citoyens japonais, alors qu'ils n'étaient pas autorisés à devenir des citoyens américains. Cela en ferait des apatrides, privés de nationalité. En fin de compte, la grande majorité des Nisei comme des Issei – 93,7 % à Poston – répondirent néanmoins positivement aux deux questions. Mais quiconque répondait « non » à l'une des questions, ou refusait de répondre, ou contestait les termes du formulaire, était immédiatement qualifié de « déloyal » par la War Relocation Authority. Une fois étiquetés de la sorte, ils étaient séparés des « loyaux ».

En peu de temps, les internés de Poston et de tous les autres camps virent certains de leurs amis et des membres de leur famille – parmi eux les jeunes gens qui un jour seraient appelés « les no-no boys » – être cérémonieusement embarqués à l'arrière de camions découverts et disparaître par le portail du camp, pour passer le reste de la guerre dans des endroits tenus secrets[1].

À Seattle, Gordon Hirabayashi continuait à mener son combat non violent au nom des principes en lesquels il croyait. Par maints aspects, c'était simplement un autre front de la même bataille. Comme les « no-no boys », qui refusaient de signer un serment les traitant différemment des autres Américains, Gordon continua à refuser de se plier à la fois à l'ordre d'internement et au couvre-feu pour un seul et même motif : parce qu'il s'agissait d'appliquer aux Nippo-Américains des règles distinctes de celles qu'observaient les autres Américains uniquement en raison de leurs origines.

Aux premières heures du matin du 12 février 1943, Gordon fit ses adieux à ses nombreux amis de la prison du comté de King et sortit du bâtiment par la grande porte pour se retrouver sur une avenue bruyante. Les avocats de Gordon dans les associations de défense des droits civiques et au Comité de service des amis américains étaient parvenus à un accord avec le tribunal. Gordon pourrait vivre à Spokane en liberté sous caution le temps que la Cour suprême statue sur son cas. À Spokane, il rejoindrait la branche locale des quakers pour aider les familles nippo-américaines vivant dans les camps ou devant s'installer soit dans l'est de l'État de Washington, soit dans l'Idaho. Gordon était ravi. C'était exactement le genre de travail qu'il souhaitait accomplir.

Quand il arriva à Spokane, Gordon s'installa chez des coreligionnaires quakers, puis alla se présenter à celui qui serait son responsable, Floyd Schmoe. Peu après Pearl Harbor, Schmoe – un alpiniste accompli, un biologiste marin et un quaker engagé – avait démissionné de son poste d'enseignant à l'université de Washington afin de se consacrer pleinement à la défense des droits des Issei et des Nisei internés. Dès les premiers jours, il avait été l'un des défenseurs les plus acharnés de Gordon. Celui-ci était donc impatient de le saluer. Et il était sans doute encore plus impatient de retrouver la fille de Floyd Schmoe.

À 18 ans, Esther Schmoe – étudiante infirmière à l'université de Washington et quaker très engagée, comme son père – était une jeune femme mince pleine de vitalité, à peu près de la même taille que Gordon, avec des boucles blondes, un visage parsemé de taches de rousseur, et des yeux bleus lumineux. Elle était aussi particulièrement

---

1. Environ 12 000 des 78 000 personnes âgées de plus de 17 ans auxquelles le questionnaire fut distribué répondirent soit « non » à l'une des deux questions ou aux deux, soit refusèrent de répondre.

intelligente, extrêmement sociable et débordait de cet idéalisme optimiste qui fait le sel de la jeunesse. Pendant les neuf mois que Gordon avait passés en prison, Esther lui avait rendu visite chaque semaine, d'abord en compagnie de son père, puis, de plus en plus souvent, seule. Elle et Gordon s'asseyaient sur des bancs en métal inconfortables et discutaient à travers les barreaux, partageant leurs points de vue sur la vie et la religion, apprenant à se connaître et commençant à tomber amoureux.

À Spokane, Gordon se joignit à Esther pour aider Floyd Schmoe à mettre sur pied le nouveau bureau du Comité de service des amis américains. Tous trois se retroussèrent les manches et s'attelèrent à la tâche, dans l'attente de la décision de la Cour suprême, certains que les magistrats expérimentés y siégeant confirmeraient bientôt qu'ils avaient eu raison de s'en remettre à la Constitution et rendraient à Gordon sa liberté.

À l'autre bout de la ville, pendant des mois, Fred Shiosaki avait fait de son mieux pour être recalé de l'université Gonzaga. Réservée aux garçons et tenue par les jésuites, l'université avait perdu presque tous ses étudiants au bénéfice de l'armée dans les mois qui avaient suivi Pearl Harbor. Afin de ne pas mettre la clé sous la porte, elle s'était transformée en une sorte de centre d'entraînement pour la Navy. Mis à part quelques étudiants blancs classés 4-F, Fred était le seul jeune homme du campus à ne pas être en tenue militaire. Des groupes de cadets de la Navy en uniforme bleu et casquette blanche faisaient sans cesse des exercices sur la grande pelouse du campus transformée en place d'armes. Des officiers vêtus de blanc arpentaient les couloirs, désormais appelés des « coursives », pour reprendre le jargon de la Navy. Les étages étaient devenus des « ponts », la cafétéria le « mess », les lits dans les dortoirs étaient des « couchettes ». Chaque matin, dès l'aube, des fanfares militaires jouaient des airs martiaux sur la place d'armes. Des garçons se débattaient, haletant et transpirant, le long des 700 mètres d'un parcours du combattant composé de vingt-sept épreuves – le parcours de la Victoire – dont on disait qu'il était le plus dur du pays. Et au fil de ces mois, Fred rasait les murs, s'efforçant d'être aussi discret que possible, tout en sachant que, où qu'il aille, il était aussi visible que le nez au milieu de la figure. Il n'était pas juste un civil, il était aussi un civil qui ressemblait beaucoup à l'ennemi. Semaine après semaine, tout ce qu'il voulait, c'était être ailleurs. N'importe où.

Aussi, quand des rumeurs commencèrent à circuler au sujet d'une unité combattante entièrement constituée de Nippo-Américains, Fred ne perdit pas de temps. Il se leva tôt un matin, prit discrètement un bus pour le centre-ville, et entra dans le bureau du Service de sélection, celui-là même où, en août, on lui avait dit qu'il était un « ennemi étranger ». Cette fois-ci, c'était une femme qui était à l'accueil. « Il y a du nouveau ? » demanda Fred. La préposée sourit et répondit : « Eh bien, tout ce que vous avez à faire est de signer là et vous serez engagé. » Elle tendit un stylo et un papier à Fred. Il y jeta un coup d'œil, signa, remercia la femme et rentra chez lui. Le tout ne lui avait pris que quelques minutes.

Lorsqu'il arriva à la blanchisserie cet après-midi-là, il s'arrêta un moment avant d'ouvrir la porte d'entrée. Ses parents étaient derrière le comptoir, s'échinant au travail, comme d'habitude. Fred savait qu'ils ne réagiraient pas très bien à la nouvelle de son incorporation. Dans la famille Shiosaki, à l'instar de nombreuses familles nippo-américaines, le père n'était pas seulement le chef de famille ; il était celui qui décidait, l'arbitre final sur le moindre sujet, il avait le dernier mot sur tout ce qui nécessitait une opinion ou un choix. C'était lui qui avait décidé que Fred irait à Gonzaga. C'était ce qu'il avait prévu. Il attendait que son fils accepte sa décision ou au moins qu'il le consulte si celle-ci devait être remise en cause, surtout s'il s'agissait d'une décision aussi importante que de partir à la guerre. Il allait se mettre en colère. Fred prit une profonde inspiration, ouvrit la porte, entra dans la moiteur familière de la blanchisserie, salua ses parents d'un signe de tête et ne dit rien.

Le 28 mars, en fin d'après-midi, Kats et Katsuaki Miho, ainsi que 2 600 autres Nisei qui venaient de rejoindre l'armée, étaient rassemblés dans les jardins du palais 'Iolani – la superbe demeure d'où avait régné la famille royale hawaïenne dans le centre d'Honolulu – pour une cérémonie officielle de salutation ou *aloha*. Tandis que les jeunes gens se tenaient au garde-à-vous, vêtus de leur nouvel uniforme kaki impeccable, des étudiantes de l'université d'Hawaï leur passèrent des colliers de fleurs blanches autour du cou, des *leis*. Dans les cieux, des manu-o-Kū, des sternes néréis, tournaient au-dessus du large feuillage des arbres banian en boucles éblouissantes. Une fanfare jouait sur une petite scène. La chorale royale hawaïenne chanta l'ancien hymne officiel d'Hawaï, le magnifique « Hawai'i Pono'ī ? », écrit en 1874 par le roi Kalakaua en honneur du roi Kamehameha.

Hawai'i pono'ī ?
Nana i na ali'i
Na pua muli kou

Vous les vrais fils d'Hawaï,
Regardez vos chefs,
Issus de notre même famille

Depuis le balcon du deuxième étage du palais, les officiels lurent d'interminables discours de remerciements aux nouveaux soldats pour ce qu'ils étaient sur le point d'accomplir. Le maire d'Honolulu, cependant, dit seulement quelques mots : « Je vous connais assez, jeunes gens, pour savoir que vous ne voulez pas qu'on en fasse toute une histoire. » Roy Vitousek, le président de la Chambre des représentants locale, affirma qu'en s'enrôlant dans de telles proportions, les jeunes Hawaïens avaient « donné raison à la politique de tolérance du territoire en matière raciale. Vous avez montré que les habitants de ces îles, bien qu'issus de souches diverses, se sont fondus en une seule. » C'était une belle cérémonie, mais ce dont les frères Miho et la plupart des jeunes gens présents ce jour-là se souviendraient plus tard, ce ne seraient pas des discours. Ce serait de la foule. Près de 20 000 personnes – l'un des plus grands rassemblements qu'Honolulu ait jamais connus – s'étaient amassées autour du palais, grimpant aux banians, montant sur les toits des bâtiments alentour, débordant de King Street toute proche, étirant le cou pour essayer de voir les garçons, appelant par leur prénom ceux qu'ils connaissaient, « *Aloha* », « *Aloha nui lo* », « *Genki de !* », leur souhaitant le meilleur.

Les jours suivants, Kats et son frère, comme tous les autres engagés de fraîche date, contractèrent des assurances-vie, souscrivirent des emprunts de guerre, firent en sorte qu'une part de leur solde soit directement envoyée à leurs parents, et rendirent visite à leur famille et à leurs amis pour leur faire leurs adieux, dont tous, sauf une petite poignée d'entre eux, espéraient qu'ils ne soient pas définitifs. Et quand les fils serraient les mains de leur père, ils entendaient encore et encore la même rengaine : « Sois un bon soldat. Rentre vivant à la maison si tu le peux. Mais quoi que tu fasses, ne te couvre pas de honte, toi, ton pays ou la famille. »

Le 5 avril, ils levèrent le camp. Les détails de leur départ étaient censés demeurer un secret militaire, mais sans que l'on sache vraiment comment l'information avait circulé, et tandis que les soldats marchaient en formant plus ou moins une colonne le long de Queen Street en direction de l'embarcadère 7 du port d'Honolulu, ils virent des milliers d'amis et de membres de leur famille qui, de nouveau, s'étaient déplacés pour les saluer. Les mères et les épouses, les sœurs

La cérémonie
d'adieu des soldats
Nisei au palais 'Iolani

et les tantes avaient apporté des bentō pleins de friandises qu'elles
tentaient de leur donner au moment où ils passaient, chancelant sous
des paquetages remplis à ras bord qu'ils pouvaient à peine hisser sur
leur épaule. Incapable de marcher au pas, souffrant de la chaleur et
épuisés, ils avaient l'air débraillé. Comme l'un d'entre eux s'en souviendrait plus tard. « À ce moment-là, nous n'étions pas encore des
soldats, nous n'avions pas eu d'entraînement. Nos uniformes ne nous
allaient pas et nous portions des ukulélés, des guitares et d'autres trucs
de ce genre qui ne nous donnaient pas du tout l'air de militaires (...).
On ressemblait à des prisonniers. » Une impression que soulignaient
les dizaines de membres de la police militaire alignés le long de la
route, et armés de fusils, qui séparaient les garçons de leurs proches
en criant : « Écartez-vous ! »

Le paquebot de luxe de la Matson, le SS *Lurline*, les attendait au
port. Depuis 1933, l'élégant vaisseau, reconnaissable à sa coque peinte
en blanc brillant, arrivait une semaine sur deux à Honolulu, débar-
quant des légions de touristes bien mis qui descendaient d'un pas
tranquille les passerelles au pied de la tour Aloha, le phare devenu
un symbole de la ville, avant qu'on leur passe un *lei* autour du cou et

qu'ils prennent la direction des grands hôtels le long des plages de Waikiki. Mais le bateau sur lequel les conscrits embarquaient ce jour-là avait été transformé. Le *Lurline* avait été repeint du gris des vaisseaux de guerre pour qu'il soit moins repérable par les sous-marins japonais, et ses portails avaient été obscurcis. Tandis que les garçons prenaient place sur les ponts inférieurs, ils se rendirent compte qu'ils devraient tenir à douze dans des cabines prévues pour deux personnes, des lits superposés ayant été installés jusqu'à deux ou trois contre chaque mur.

Quand le bateau leva l'ancre, un peu après 14 heures, les nouveaux soldats se tenaient sur le pont, regardant la tour Aloha disparaître petit à petit, bien loin d'imaginer à quel point ils se repasseraient la moindre de ces images dans leur tête au cours des mois qui suivraient, ni à quel point l'impatience de les revoir pour de vrai serait doulou-reuse, notamment ces manu-o-Kū qui volaient en cercle au-dessus de la ville, avec, en arrière-plan, les magnifiques montagnes verdoyantes couronnées de nuages blancs.

Au moment où le *Lurline* prenait le large ce jour-là, environ 6 mil-lions d'Américains étaient déjà sous les drapeaux. Des millions d'autres, à l'instar des jeunes gens d'Hawaï, étaient sur le chemin des camps d'entraînement ou sur le point de les quitter pour rejoindre des champs de bataille lointains, déterminés à mettre leurs forces au ser-vice de l'effort de guerre allié. Les combats dans lesquels ils étaient sur le point de s'engager faisaient désormais rage à une échelle que l'humanité n'avait jamais connue auparavant.

Dans le Pacifique sud, la progression des forces navales japonaises avait été ralentie par leur défaite inattendue lors de la bataille de Midway, et les troupes alliées les avaient finalement chassées de Guadalcanal au terme d'une série de batailles particulièrement meur-trières. Néanmoins, le Japon tenait toujours la Birmanie, des parties de la Chine, et un long chapelet d'îles-forteresses qu'il faudrait prendre une par une avant que les Alliés puissent envisager de conquérir l'archipel nippon lui-même.

En Europe, les bombardements menés par l'aviation alliée commen-çaient à ravager les centres industriels allemands, mais Hitler domi-nait toujours le continent d'une poigne de fer. Sur le front de l'Est, l'Armée rouge venait de capturer 91 000 soldats allemands à Stalingrad, cependant il restait encore 500 kilomètres et les deux tiers des troupes de la Wehrmacht entre elle et le territoire du IIIe Reich. Les revers subis par leur armée en Union soviétique n'avaient tou-tefois pas empêché les nazis de mettre en œuvre leur entreprise de mort ce mois-là. En Pologne, ils commencèrent à liquider le ghetto de Cracovie, fusillant des milliers de Juifs dans les rues et en envoyant des milliers d'autres dans les camps de la mort. Dans la charmante cité portuaire de Thessalonique, au nord de la Grèce, ils se mirent à entasser encore plus de Juifs dans des wagons à bestiaux, se préparant à envoyer une moyenne de 2 000 personnes tous les trois jours vers Auschwitz-Birkenau. Les gazages de masse y avaient commencé en janvier 1942 et quatre nouvelles chambres à gaz plus redoutables, chacune permettant d'assassiner 2 000 personnes à la fois, venaient juste d'y être mises en service. Les nazis avaient déjà tué plus d'un million d'innocents.

Il n'y avait qu'en Afrique du Nord que le sort avait tourné de manière décisive en faveur des Alliés – malgré une défaite catastrophique des Américains à Kasserine en février. Les forces américaines et britanniques étaient sur le point d'écraser tout l'effort de guerre allemand et de faire 250 000 prisonniers parmi les soldats de l'Axe. Désormais, leur attention ainsi que celle des Allemands se tournaient en direction du nord, de l'autre côté de la Méditerranée, vers l'Italie.

Dès qu'il fut à bord du *Lurline*, Kats souffrit d'un violent mal de mer. Il ne quitta pas sa couchette dans sa petite cabine plongée dans la pénombre, mais comme il la partageait avec cinq camarades, l'endroit empesta rapidement la transpiration, les relents de gasoil et le vomi, ce qui lui retournait encore davantage l'estomac. Il resta là, gémissant et secoué de haut-le-cœur, pendant l'essentiel des quatre jours et demi de traversée jusqu'à San Francisco. Le paquebot suivait le même itinéraire en zigzag que le bateau ayant transporté le père de Kats l'année précédente vers son internement sur le continent.

Pour ceux des garçons qui n'avaient pas le mal de mer, le voyage fut une partie de plaisir. La plupart d'entre eux n'étaient jamais montés à bord d'un paquebot et n'avaient jamais même quitté Hawaï. Aucun d'entre eux n'avait d'idée claire sur l'endroit où ils allaient ; ils savaient seulement qu'ils se dirigeaient vers le continent, et pour l'essentiel, c'était le cadet de leurs soucis. Ils partaient à l'aventure. Quel changement ! L'opportunité leur était offerte de vivre quelque chose de plus excitant que ce qui les attendait juste quelques mois auparavant, et ils avaient bien l'intention d'en profiter.

La Matson avait maintenu son personnel civil à bord, et la nourriture – tout au moins pour ceux qui pouvaient la garder dans leur estomac – était abondante et relativement bonne. Les garçons sortirent les guitares et les ukulélés de leurs étuis et commencèrent à faire la fête. Ils s'installèrent dans les salons élégants et les fastueuses salles à manger – où les colonnes de marbre se mêlaient aux panneaux d'acajou et aux escaliers tournants –, discutant sans s'arrêter, fumant cigarette sur cigarette, mangeant tout ce qui leur tombait sous la main. D'autres restaient dans leur cabine pour échanger des blagues. Ils s'enroulaient des serviettes autour de la taille à la manière de jupes *'ilihau*, montaient sur les tables et dansaient le hula. Et presque tous jouaient. Beaucoup d'entre eux avaient reçu de l'argent de poche – le *senbetsu* – de la part de leur famille, comme il est de coutume au Japon. D'autres avaient travaillé sur les plantations ou dans des conserveries d'ananas pendant des mois, mettant un peu d'argent de côté. Et ils n'y allaient pas par quatre chemins. Ils se rassemblaient, cigarette aux lèvres, dans des cabines enfumées pour jouer au poker. Ils s'installaient sur les ponts en plein air, assis en cercle, et lançaient frénétiquement les dés jusqu'au bout de la nuit. Au milieu des cris, des jurons et des rires, ils abattaient des billets de 20 dollars comme si ce n'étaient que des centimes, accompagnant chaque lancer de dés de l'exclamation « Go for broke[1] ! » Kats, qui n'avait encore jamais joué et qui considérait que 20 dollars était une petite fortune, faisait parfois une apparition en dehors de sa cabine, regardait les parties de dés endiablées avec étonnement et puis s'en retournait sur sa couchette. Un autre jeune homme, Thomas Tanaka, qui souffrait également du mal de mer, monta sur le pont pour se promener et prendre l'air, mais se retrouva embarqué successivement dans trois parties. Quand il rentra en titubant dans sa cabine quelques heures plus tard, il avait 4 000 dollars en poche – de quoi acheter une maison à Honolulu.

Tandis que le *Lurline* approchait la Californie du Nord, un vent froid se mit à souffler, apportant des nuages gris. Avec la houle qui battait le bateau de plus belle, le mal de mer de Kats Miho ne s'améliora pas. Au moment de passer sous le pont du Golden Gate, il rejoignit toutefois son frère et les autres jeunes gens qui s'étaient rassemblés à l'extérieur pour profiter de la vue, émerveillés, tandis que des lions de mer leur aboyaient dessus depuis les rochers de Fort Point. San Francisco était la plus grande ville dans laquelle la plupart d'entre eux n'avaient jamais mis les pieds, et même s'ils frissonnaient dans le brouillard, ils essayaient d'apercevoir tout ce qu'il y avait à voir : la fameuse prison d'Alcatraz battue par les flots, les élégantes demeures victoriennes le long du front de mer dans le quartier de la Marina, les grands hôtels au sommet de Nob Hill, le Ferry Building. Ce qui

---

1. « Le tout pour le tout ! » *(NdT)*

Des soldats Nisei dans un train pour le camp Shelby

stupéfia le plus Kats fut de voir, une fois le *Lurline* amarré à un quai, les dockers qui entreprirent de décharger sa cargaison. Accoudé au bastingage, l'un des garçons s'écria : « Eh, regardez *da haole, buggah* ! »

Les soldats s'amassèrent sur le pont et fixèrent les hommes en train de travailler en contrebas sur le quai. Kats ne pouvait pas le croire. Il avait passé sa vie à côtoyer des dockers à Kahalu'u, mais il n'avait jamais vu de dockers blancs. Ni lui ni les garçons rassemblés à ses côtés n'avaient d'ailleurs jamais vu un Blanc effectuer quelque travail manuel que ce soit.

Quelques jours plus tard, alors qu'ils traversaient la Californie dans un train de troupes, ils s'amassèrent aux fenêtres, embrassant du regard et commentant une Amérique que la plupart d'entre eux n'avaient jamais vue : le fleuve Sacramento aussi large que boueux ; les vastes champs plats de la vallée centrale, qui commençaient tout juste à se couvrir de vert à l'approche des récoltes du printemps ; la terre rouge, le chaparral avec ses manzanitas, et les grands pins des contreforts de la Sierra Nevada ; puis les montagnes elles-mêmes, leurs cimes granitiques majestueuses sur les flancs desquelles des plaques de neige du printemps étaient encore accrochées.

Alors que le train avançait vers l'est, leurs officiers circulèrent parmi eux afin de les informer pour la première fois de leur destination, un endroit dénommé « le camp Shelby », près d'Hattiesburg, dans le Mississippi. Là, ils feraient tous leurs classes en tant qu'éléments de la 3ᵉ armée, et dans le même temps, ils seraient répartis entre deux bataillons au minimum et assignés à des compagnies spécifiques. Après leurs classes, ils seraient envoyés au combat à l'endroit et au moment où l'armée le jugerait le plus utile. Ils ne devaient pas s'en préoccuper. Et ils devaient dorénavant se considérer eux-mêmes comme des membres du 442ᵉ régiment d'infanterie, une unité combattante entièrement nippo-américaine.

La mention du Mississippi fit courir un frisson d'inquiétude le long du train. La seule et unique chose que la plupart d'entre eux savaient au sujet de cet État, c'était qu'il s'agissait d'un endroit où les Blancs maltraitaient systématiquement, voire assassinaient, les « gens de couleur ». En regardant tout autour d'eux et en se dévisageant, ils se demandaient ce que le Mississippi allait faire d'eux.

Il ne pouvait plus atermoyer. Un courrier venait d'arriver, informant Fred Shiosaki qu'il devait se présenter à Fort Douglas, dans l'Utah, pour son incorporation dans l'armée de terre. Il fallait annoncer à ses parents ce qu'il avait fait.

Fred attendit jusqu'à ce que ses parents soient seuls tous les deux dans la cuisine à l'étage et ne prit pas de pincettes. Il traîna dans la pièce et dit, aussi nonchalamment qu'il le pût : « Je dois me présenter à Fort Douglas pour entrer dans l'armée. » Son père le regarda fixement pendant un moment, s'efforçant de comprendre. Puis il explosa dans un torrent d'imprécations en japonais que Fred ne pouvait pas comprendre. Son monologue n'en finissait pas. Finalement, Fred saisit une phrase familière : « *Nante bakageta koto !* » Ce n'était pas la première fois que Fred l'entendait. « Quelle idée stupide ! » Il avait peur que son père ne le frappe. Il ne l'avait jamais vu autant en colère. Plus son père hurlait, plus Fred se sentait déterminé. En aucun cas il ne continuerait à subir l'humiliation de devoir longer les murs en ville et à l'université dans des vêtements civils. Il avait 18 ans à présent, et il pouvait prendre lui-même les décisions qui le concernaient. Il n'avait besoin de l'approbation de personne, pas même de ses parents, bien qu'il les respectât par-dessus tout. C'était quelque chose qu'il devait faire. Son frère aîné, Roy, était dans l'armée où il servait dans une unité intégrée, la 34ᵉ division

Le soldat de seconde classe Fred
Shiosaki

du 324ᵉ d'infanterie. Maintenant c'était son tour. Quelques jours plus
tard, sa sœur, Blanche, le conduisit en voiture jusqu'au dépôt de la
Great Northern Railway. Son père refusa de l'accompagner, il refusa
même de lui dire au revoir.

Au bout de plusieurs semaines, le soldat de seconde classe Shiosaki
était de retour à Hillyard revêtu d'un uniforme kaki tout neuf. Dans
l'Utah, il avait subi un examen médical, avait été vacciné, avait passé
des tests d'aptitude et on l'avait prévenu que sous peu, il recevrait
l'ordre de se présenter pour faire ses classes dans le Mississippi. En
attendant, Fred reprit le travail à la blanchisserie, se pavana en ville
pour voir s'il pouvait impressionner les filles avec son uniforme et
traîna avec son ami Gordon Yamaura, qui lui aussi avait décidé de
s'engager.

Puis ce fut le jour du vrai départ. Cette fois-ci, son père le conduisit au dépôt de la Great Northern. Là, debout sur le quai dans
l'ombre de la grande tour de l'horloge en grès du dépôt, Fred
retrouva Gordon, qui l'attendait. Quand le train entra en gare,
Kisaburo Shiosaki prit la main de son fils dans la sienne, la serra
fort, le regarda dans les yeux et dit simplement : « Reviens-nous sain
et sauf. » Et sans un mot de plus, il fit demi-tour, remonta le quai
à pied et rentra chez lui en voiture : comme pour des millions de
parents ce printemps-là, une longue attente commençait, au bout

de laquelle il saurait si son fils compterait ou non au nombre de ceux qui rentreraient à la maison. Peu après, un *service flag* avec deux étoiles bleues apparut dans la vitrine du rez-de-chaussée de la blanchisserie de Hillyard.

10.

« Hattiesburg est une ville agréable, pour peu
que l'on n'en connaisse pas de meilleure. »

Hiro Higuchi à son épouse, Hisako,
11 novembre 1943

Le 13 avril 1943, les Nisei d'Hawaï – désormais officiellement
membres du 442e régiment – arrivèrent à la gare d'Hattiesburg,
Mississippi. Au cours de leur voyage de trois jours à travers le pays, ils
n'avaient été autorisés à descendre du train que deux fois, rapidement,
au milieu de la nuit, en rase campagne, là où personne ne pouvait les
voir, pour faire des mouvements de gymnastique et s'étirer. Endoloris
et engourdis, ils se tenaient sur le quai dans leur terne uniforme
de parade vert olive, regardant avec méfiance autour d'eux. Certains
d'entre eux avaient le visage noirci par la suie à force d'être restés
assis près des fenêtres ouvertes du train.
Situé au confluent des rivières Leaf et Bouie, Hattiesburg avait ce
charme des petites villes endormies du Sud, avec ses quartiers bien
entretenus où de vieilles demeures élégantes étaient disséminées le
long de rues plantées d'arbres ; ses deux campus ; un centre-ville animé
fait de bâtiments en brique et un tribunal néoclassique majestueux
gardé par la statue en albâtre blanc d'un soldat confédéré trônant sur

161

un socle en marbre tout aussi blanc. C'était le genre d'endroit où, par les chaudes soirées d'été, des enfants jouaient au football avec des boîtes de conserve vides dans les rues tandis que des hommes blancs âgés assis sous les porches les regardaient en sirotant de la limonade, où des lucioles voletaient au-dessus de grandes pelouses devant les demeures, où l'odeur du magnolia embaumait l'air nocturne et où il était tentant de se laisser aller à somnoler dans une chaise à bascule.

Les pelouses impeccables et les villas imposantes cachaient toutefois une réalité plus sordide. Hattiesburg – et plus généralement tout l'État du Mississippi – pouvait se montrer incroyablement cruel. Depuis la fin de la guerre de Sécession en 1865, plus de 500 Afro-Américains avaient été lynchés dans le Mississippi. Sept de ces meurtres avaient eu lieu à Hattiesburg même, beaucoup d'autres dans la campagne verte et luxuriante alentour. À Laurel, un peu au nord de la ville, une foule, seulement quelques mois avant l'arrivée des Nisei, avait extrait de leur cellule deux garçons de 14 ans, Charlie Lang et Ernest Green, avait noué des cordes autour du cou des gamins terrifiés et les avait jetés vers la mort depuis ce que les habitants du coin avaient coutume d'appeler entre eux « le pont des Pendus ». Le pont qui enjambait la rivière Chickasawhay devait ce nom sinistre à un lynchage de 1918, au cours duquel deux jeunes hommes et deux jeunes femmes – toutes deux enceintes et toutes deux suppliant qu'on les épargne – y avaient été pendus. Cinq jours après le lynchage de Charlie Lang et d'Ernest Green, une autre foule avait extrait un autre jeune homme, Howard Wash, de sa cellule à Laurel et l'avait pendu à un autre pont.

Les lynchages étaient seulement la plus brutale manifestation d'un ordre économique, social et politique que les habitants blancs du Mississippi avaient construit sur fond d'intimidation et de déshumanisation. Contraints à des conditions humiliantes dans les lieux publics, empêchés d'accéder à une éducation décente, exploités sur leur lieu de travail, incapables de voter, injuriés les yeux dans les yeux, rabaissés devant leurs enfants, les Afro-Américains dans le Mississippi et à travers tout le Sud ségrégationniste vivaient et travaillaient dans une oppression de tous les instants. Sous les effluves de magnolia, flottaient toujours l'odeur de la peur et la puanteur de la dégradation.

Quand Kats et Katsuaki entrèrent dans le bâtiment de la gare pour utiliser les sanitaires, ils furent immédiatement confrontés à un dilemme. Sur l'une des portes des toilettes pour hommes, un panneau indiquait « Blancs », quand l'autre porte portait un panneau « Personnes de couleur ». Les fontaines à eau à proximité affichaient les mêmes indications. Les frères Miho se regardèrent, hésitant sur ce qu'ils devaient faire. Kats demanda à un officier blanc quelles installations ils étaient censés utiliser. L'officier se gratta la tête et regarda autour de lui, tout aussi déconcerté. Finalement, il grommela : « Eh ben, z'êtes pas vraiment de couleur. Utilisez celles pour les Blancs. » Ils firent ce qu'on leur avait dit de faire, mais n'étaient pas à l'aise. Comment diable, se demandaient-ils, avaient-ils pu soudainement devenir des haoles ?

À peu près à la même heure ce jour-là – tandis que les garçons hissaient sur leur épaule leur sac trop plein, grimpaient à l'arrière de camions et prenaient la direction du camp Shelby, juste au sud de la ville –, le lieutenant général John DeWitt, à la tête de la zone de défense ouest, témoignait devant des membres d'une sous-commission de la commission de la Chambre sur les affaires navales à San Francisco. Défendant une interdiction du retour des Nippo-Américains sur la côte ouest, DeWitt déclara : « Un bridé est un bridé. Qu'il soit un citoyen américain ou non ne fait pas de différence (…). Je n'en veux pas un seul. »

Au camp Shelby, les garçons Nisei s'installèrent dans des baraquements – des bâtiments longs, étroits, ressemblant à des hangars posés sur des pieux. Avec des écrans en guise de fenêtres, ils ressemblaient aux poulaillers industriels que les garçons avaient vus pendant leur voyage en train. Le temps printanier avait viré au froid pour le Mississippi cette semaine-là, mais il était tout simplement frigorifique pour quiconque venait d'Hawaï. Lors de leur première nuit sur place, les garçons se rassemblèrent à proximité de gros poêles à charbon dans les baraquements et s'allongèrent sur des lits de camp métalliques, grelottant sous des couvertures en laine verte. L'eau des douches n'avait qu'une seule température : froide. Le toit fuyait. Les latrines n'étaient qu'une tranchée en plein air, et il en émanait en permanence des relents nauséabonds. Ceux qui d'habitude ne fumaient pas, se mirent au tabac pour masquer l'odeur. La nourriture du mess – du mouton, toujours accompagné de pommes de terre bouillies, de la purée de pois cassés, du porc avec des haricots et du bœuf effiloché posé sur des toasts, ce que les soldats américains appellent universellement « de la merde sur une tuile » – ne leur était pas familière. La plupart d'entre eux trouvèrent tout cela, ou presque, exécrable. Les jeunes gens d'Hawaï, habitués à manger des fruits, du poisson frais et du riz, repoussaient leur assiette et repartaient l'estomac vide. À la fin de la première semaine, on pouvait trouver certains d'entre eux recroquevillés en pleurs derrière les baraquements, en proie à la nostalgie de leur île.

Tandis qu'ils s'efforçaient de se faire à la vie militaire, le problème le plus difficile auquel les membres du tout nouveau 442e régiment étaient confrontés n'était toutefois pas les conditions de vie, la nourriture ou le mal du pays. C'était eux-mêmes.

Rudy Tokiwa, comme de nombreuses recrues du continent, arriva dans le Mississippi par ses propres moyens. Son voyage jusqu'au camp Shelby avait été long, tortueux et plein d'imprévus. Quand il avait eu 18 ans, il s'était présenté sans attendre à Fort Douglas, dans l'Utah, où il avait prêté serment et reçu un uniforme. Il était tout excité à l'idée de le revêtir, mais dut subir une petite humiliation. Quand un sergent ravitailleur lui demanda quelles étaient ses tailles de chemise et de pantalon, Rudy se rendit compte qu'il n'en avait pas la moindre idée. « Je ne sais pas, balbutia-t-il. D'habitude c'est ma mère qui achète mes vêtements. » Un éclat de rire traversa la pièce et le visage de Rudy s'empourpra.

Après un rapide saut à Poston pour voir une dernière fois sa famille, il monta à bord d'un train en direction de l'est. À sa grande surprise et sans qu'il comprît pourquoi, sa convocation ne l'envoyait pas dans le Sud au camp Shelby, où il savait que ses amis Lloyd Onoye et Harry Madokoro l'attendaient, mais vers l'est et le Fort Savage, dans le Minnesota. Quand il descendit du train, Rudy se retrouva désorienté, ne sachant pas ce qu'il devait faire. Un soldat Nisei s'approcha de lui et entreprit de le faire monter dans une jeep, mais il ne parlait qu'en japonais. Bien que Rudy maîtrisât couramment le japonais, la situation l'agaçait.

« Qu'est-ce que tu as dit ? Parle anglais, bon sang ! Tu es dans l'armée américaine, non ? » lui lança-t-il d'un ton brusque.

Un autre soldat qui était descendu du train avec Rudy, un gamin au visage juvénile originaire de Glendale, en Californie du Sud, Sadao Munemori, commença à échanger avec le soldat en japonais, et tout devint clair. Parce qu'ils avaient vécu un temps au Japon, Munemori et Rudy avaient été assignés non pas à une unité régulière, mais au service de renseignement de l'armée, le Military Intelligence Service (MIS). Sa mission était d'entraîner des soldats Nisei parlant japonais pour collecter des renseignements et ensuite les envoyer sur le théâtre des opérations du Pacifique, essentiellement pour servir d'interprètes, d'interrogateurs, de traducteurs et d'agents de propagande. Rudy était choqué. Il ne voulait pas être mêlé à ça. Il voulait se battre les armes à la main. Et aux côtés de ses amis de Poston qui l'attendaient à Shelby. Il devait trouver un moyen de s'en sortir.

Le soldat de seconde classe Rudy Tokiwa

Il ne lui fallut pas longtemps pour entrevoir la solution : au moment de passer le test de japonais, il le bâcla autant qu'il le put, faisant semblant de ne rien comprendre à la langue. Quelques jours plus tard, il était sur le chemin de Shelby via La Nouvelle-Orléans. En une journée, Rudy explora la ville et découvrit à sa grande joie qu'au regard de la loi locale, il était assez âgé pour consommer de l'alcool. Une seule journée ne serait pas suffisante pour profiter de ce nouveau privilège, jugea-t-il. Et c'est ainsi qu'au cours des quatre jours suivants, au lieu de prendre le train, il ne quitta pas le quartier chaud de la ville.

Finalement, c'est presque avec une semaine de retard qu'il arriva à Shelby, épuisé et avec un sacré mal de crâne. Un caporal l'accompagna jusqu'à son baraquement, lui montra son lit et le laissa ensuite sur le pas de la porte à contempler ses nouveaux quartiers, debout, son sac sur l'épaule. Quatre grosses cantines étaient empilées sur son lit. C'était un dimanche et il n'y avait qu'une poignée de soldats dans le bâtiment – des Nisei d'Hawaï qui jouaient aux cartes, affalés à l'autre extrémité du baraquement, sans lui prêter la moindre attention.

Rudy les interpella : « Hé, est-ce que ces cantines appartiennent à quelqu'un ? » Les garçons d'Hawaï levèrent la tête et lui jetèrent un regard furieux, agacés d'être interrompus. L'un d'entre eux s'exclama : « Hé, vous avez entendu le buggah ? Il veut qu'on lui déplace ces machins : et puis quoi encore ? »

De son côté, Rudy les dévisagea, essayant de comprendre ce qu'ils disaient.

« Eh bien, c'est mon lit et il faut que je le fasse. Si personne ne veut les enlever, j'imagine que je vais devoir le faire à votre place. »

Les garçons affichèrent un petit rictus narquois avant de lancer : « T'es un dur, buggah, hein ? »

Rudy empoigna une des cantines et la tira au bord du lit. Elle tomba en faisant un bruit sourd dans un nuage de poussière rouge du Mississippi.

Pendant un long moment, personne ne bougea. Finalement, l'un des garçons d'Hawaï sourit et dit : « Le buggah a raison, non ? » Lui et les autres se levèrent et déplacèrent les cantines. Rudy ne le savait pas encore, mais il venait de remporter une petite victoire dans une guerre qui faisait rage tout autour de lui.

Le conflit qui couvait à Shelby tournait autour de la langue et de l'identité. Les recrues du 442e n'étaient pas les premières troupes Nisei à s'installer dans les baraquements de Shelby. Immédiatement après l'attaque contre Pearl Harbor, environ 1 400 Nippo-Américains qui avaient servi dans la Garde nationale d'Hawaï furent suspendus et confinés dans la caserne des Schofield Barracks sur O'ahu. À l'inverse de la Garde territoriale dans laquelle Kats avait servi, ces hommes étaient déjà considérés comme appartenant à l'armée américaine, et les lois contre les discriminations interdisaient au gouvernement de se contenter de les rendre à la vie civile. Au lieu de cela, l'armée les cacha donc aux Schofield Barracks, où ils furent relégués dans les limbes, assignés à des tâches subalternes. Puis, en juin 1942, l'armée avait changé son fusil d'épaule, les transportant discrètement au camp McCoy, dans le Wisconsin, où ils devinrent le « 100e bataillon d'infanterie (distinct[1]) ». À McCoy – sous une épaisse couche de secret – ils firent leurs classes. Pour l'essentiel, ils suivirent le même programme qu'un nombre infini d'autres soldats à travers le pays cette année-là. Une vingtaine d'entre eux furent envoyés à la dérobée sur Cat Island, un petit tas de sable, de broussailles, de marécages et d'alligators inhabité à un peu moins de 2 milles de la côte, près de Gulfport dans le Mississippi. Là, ils passèrent trois mois à ramper à travers les ronces et les marais, chassés par des chiens qui avaient été entraînés à détecter ce que quelqu'un dans les hauts rangs de l'armée pensait être

---

1. « Distinct » parce qu'ils constituaient une unité orpheline qui n'était rattachée à aucune division.

l'odeur distinctive des Japonais. Quand un chien croisait la route d'un des Nisei, un garde tirait en l'air, le soldat se jetait au sol et faisait le mort, puis un morceau de viande était jeté sur le sol devant lui. Inévitablement, le chien mangeait la viande, léchait le visage du soldat et remuait la queue avec enthousiasme. Comme l'un des soldats, Yasuo Takata, le raconta plus tard : « On ne sentait pas le Japonais. Nous étions américains. Même les chiens le savaient. » Au mois de janvier suivant, ce qui restait du 100ᵉ fut envoyé au camp Shelby, tandis que le gouvernement s'efforçait de trouver ce qu'il ferait d'eux.

Au moment où les recrues du 442ᵉ en provenance d'Hawaï arrivèrent à Shelby, le 100ᵉ était déjà reparti et avait rejoint les marécages de Louisiane pour des manœuvres de terrain. D'autres soldats nippo-américains – pour l'essentiel des appelés – étaient là et attendaient les nouveaux venus. Eux aussi avaient revêtu l'uniforme avant Pearl Harbor, mais ils venaient du continent. Certains d'entre eux, avant de rejoindre l'armée, étaient étudiants ou sur le point de prendre leur premier travail. Comme ils avaient déjà fait leurs classes ailleurs, ces Nisei du continent occupaient presque tous les rangs de sous-officiers du nouveau 442ᵉ. Ils étaient les caporaux, les sergents et les sergents-chefs. Si bien que lorsque les garçons d'Hawaï arrivèrent, ils se retrou-vèrent à recevoir des ordres de garçons qui leur ressemblaient, qui avaient les mêmes noms de famille qu'eux, dont les origines étaient les mêmes que les leurs, mais qui parlaient et agissaient comme s'ils venaient d'un monde entièrement différent.

Puis davantage de jeunes hommes comme Rudy arrivèrent, venant pour l'essentiel des camps de concentration de tout l'Ouest, et la situa-tion, qui était déjà tendue, dégénéra rapidement. Les continentaux et les insulaires ne pouvaient pas tenir une conversation sans qu'elle tourne au pugilat. Les premiers ne comprenaient tout simplement pas ce que disaient les seconds. Quand l'un des Hawaïens demandait à un garçon du continent de lui passer une clé à molette, utilisant le terme « *kine* », le mot du dialecte hawaïen pour dire « cette chose » – « Donne-moi le *kine* » –, l'autre, déconcerté, demandait : « Un quine ? » Le garçon d'Hawaï lâchait alors abruptement : « Espèce de stupide buggah ! Je t'ai demandé une clé à molette ! » Un autre jeune homme d'Hawaï pouvait dire à un continental « Reste là et vas-y » et s'énervait quand son interlocuteur ne comprenait pas qu'il lui enjoignait de partir en premier et d'avancer.

George Goto, du Colorado, pensait que les garçons d'Hawaï ne parlaient tout simplement pas anglais, ni ne le comprenaient. Chester Tanaka, de Saint-Louis, estimait qu'ils étaient des « sauvages ». Au début, beaucoup de continentaux, prenant à tort le dialecte pour l'expression d'un analphabétisme, manifestèrent leur mépris. Puis ils essayèrent d'en rire. En fait, se moquer était la pire chose qu'ils pouvaient faire, la garantie presque assurée de déclencher une bagarre. Au bout de quelques semaines, les coups de poing volaient dans tout le camp. Les Hawaïens commencèrent à appeler les continentaux des « kotonks » car quand ils les frappaient sur la tête, elle faisait le même bruit que quand on tapait sur une noix de coco : « Kotonk ! » Les kotonks, quant à eux, commencèrent à désigner les Hawaïens comme des « têtes-de-bouddha », bien que nul d'un côté comme de l'autre ne sût ce que cela signifiait exactement.

La langue n'était pas le seul problème. Les continentaux qui s'étaient portés volontaires depuis les camps de concentration étaient arrivés avec l'indignation chevillée au corps, mus par une volonté juste et inflexible de montrer à quel point ils étaient des patriotes. Dans l'ensemble, ils étaient sérieux, réservés, bien mis, honnêtes, obéissants, discrets, économes de leur argent, et enclins à respecter l'autorité, ainsi que leurs parents le leur avaient enseigné. Les têtes-de-bouddha, en revanche, étaient pour la plupart désinvoltes et insouciants. Ils prenaient la vie comme si c'était une aventure, aimaient boire, jouer et dépenser leur argent comme bon leur semblait. Beaucoup d'entre eux avaient toujours un ukulélé ou une guitare à portée de main pour danser et chanter dès qu'ils le pouvaient, ils étaient à tu et à toi les uns avec les autres. La plupart du temps, sur les îles, leurs familles se connaissaient. Leurs parents avaient immigré ensemble, leurs oncles faisaient affaire les uns avec les autres, leurs tantes priaient dans les mêmes églises ou les mêmes temples, leurs cousins et leurs *calabash*[1] avaient grandi avec eux, jouant au football pieds nus, se baignant sur les mêmes plages, disputant des parties de basket ensemble. Ils chantaient les mêmes chansons, savouraient les mêmes plats, se considéraient tous comme faisant partie, en un sens, de la même *'ohana*, la même grande famille. Et ils avaient tendance à estimer que l'autorité – particulièrement une autorité qui leur semblait venir d'en haut – devait être défiée en toute occasion.

L'attitude des têtes-de-bouddha à Shelby avait des racines profondes – des racines qui venaient de leurs expériences et de celles de leurs parents à Hawaï.

---

1. Dans la culture hawaïenne, un *calabash* désigne une personne qui est tellement proche que, bien qu'elle ne soit pas apparentée, elle est considérée comme faisant partie de la famille

Entre 1885 et 1894, fuyant les difficultés économiques et les famines de masse sur leur terre natale, près de 30 000 travailleurs japonais s'amassèrent dans les cales de navires à destination d'Hawaï. Comme ce fut le cas pour des millions d'immigrants européens qui partirent pour l'Amérique à la fin du XIXe siècle, arriver à bon port s'avéra particulièrement difficile. La plupart d'entre eux n'étaient jamais montés à bord d'un bateau auparavant. La plupart d'entre eux, en fait, ne s'étaient jamais éloignés de plus de quelques kilomètres du village dans lequel ils avaient grandi. Presque tous commencèrent à vomir dès que les vaisseaux levèrent l'ancre, et beaucoup furent malades pendant plusieurs jours. Les repas, pour ceux qui pouvaient manger, étaient invariablement les mêmes, jour après jour : des haricots noirs et des navets séchés en morceaux mélangés à quelques cuillères de riz. Les lits étaient infestés de poux et de puces. Des maladies infectieuses se répandirent rapidement parmi eux, parfois avec des conséquences fatales. Les dépouilles de ceux qui mouraient étaient emmenées sans cérémonie pour être conservées dans les chambres froides.

Quand finalement ils arrivaient en vue de l'archipel, ces immigrants qui avaient survécu s'agglutinaient le long du bastingage et leur moral remontait en flèche. La première impression était positive : les lieux semblaient aussi beaux que paisibles. De légers nuages blancs dérivaient au-dessus de montagnes luxuriantes arrosées de cascades. Des cocotiers s'alignaient le long de plages de sable de corail. Alors qu'ils se rapprochaient, des vents chauds et doux leur apportaient des effluves subtils, ceux des frangipaniers, du *ti* et du gingembre sauvage. Hawaï semblait conforme à ce que les agences de recrutement au Japon avaient promis : un véritable paradis.

Quand ils débarquaient sur Sand Island dans le port d'Honolulu, ils découvraient un Hawaï différent. L'endroit était austère et stérile, une étendue plate de corail mort, de coquillages écrasés et de boue draguée des bassins, battue par les vents, presque dénué de toute végétation, consumée par le soleil et écrasée par la chaleur. Tandis qu'ils descendaient à terre, une fumée s'élevait en tourbillons de la cheminée d'un petit bâtiment où les corps de ceux qui étaient morts pendant la traversée étaient incinérés. Ils étaient menés comme du bétail dans un grand bâtiment pour les procédures administratives. Des représentants des compagnies sucrières leur mettaient des contrats sous les yeux en leur disant qu'ils devaient signer immédiatement. Rédigés à la fois en anglais et en japonais, les contrats n'étaient souvent pas les mêmes que ceux qu'ils avaient paraphés au Japon. Ceux-là exigeaient d'eux plus de travail, les engageaient pour des années, menaçaient de poursuite quiconque quittait la plantation, et imposaient des salaires moindres. Quand les immigrants se plaignaient de ces changements, on leur disait qu'ils pouvaient refuser de signer, mais qu'ils devraient repartir immédiatement et payer eux-mêmes la traversée de retour pour le Japon. Aucun d'entre eux n'en avait les moyens, ils signèrent donc, acceptant de travailler pour 9 dollars par mois, en moyenne. En fin de compte, ils embarquèrent sur des bateaux inter-îles et, quelques heures plus tard, ils se retrouvèrent à l'arrière de chariots tirés par des chevaux, cahotant sur des pistes sucrières poussiéreuses, en direction de la plantation à laquelle leur contrat les attachait dorénavant.

Une fois sur place, ils comprirent que travailler dans les champs de canne à sucre était un labeur aussi rude que brutal. Six jours par semaine, les ouvriers étaient réveillés à 4 h 30 du matin par des sirènes stridentes. Ils devaient emmailloter leur tête et leurs bras dans du tissu raide et grossier afin de se protéger du soleil tropical, des extrémités coupantes des feuilles de canne à sucre, des araignées géantes, des mille-pattes venimeux et des guêpes qui infestaient les champs. En dépit du climat tropical, ils revêtaient de longs sous-vêtements, des jambières boutonnées de bas en haut, des chapeaux aux larges bords, des gants épais et des bottes. Armés de houes et de petits couteaux ressemblant à des machettes, ils se hissaient tant bien que mal à l'arrière de chariots pour être transportés le long de chemins de terre dans l'obscurité d'avant l'aurore. Quand le soleil se levait, ils se rassemblaient au bord des champs en équipes qui pouvaient compter jusqu'à 200 personnes et commençaient à sarcler les mauvaises herbes ou à couper les cannes, chaque équipe travaillant méthodiquement et avec acharnement, telle une machine. Des superviseurs, les *lunas*, tenaient à la main de longs fouets à lanières noires et les regardaient faire, surveillant chacun une équipe, lui hurlant dessus, la tourmentant, la fustigeant, la faisant avancer. Pour superviser les opérations, un contremaître, toujours un homme blanc, sur un cheval un peu à l'écart, un fusil ou un fouet en travers de ses genoux, gardait un œil sur ceux qui auraient été tentés de s'enfuir. Les fuyards étaient battus, fouettés ou emprisonnés pour avoir rompu leur contrat.

À mesure que le soleil s'élevait dans le ciel, la chaleur devenait souvent étouffante, presque insupportable, d'autant que les cannes hautes de plus de 3 mètres et demi empêchaient les ouvriers de profiter du moindre souffle d'air frais. Alourdis par leur épaisse tenue de protection, le dos penché vers le sol, ils s'épuisaient, souillés par la transpiration. La poussière s'infiltrait dans leur gorge et leurs narines, les feuilles de canne à sucre coupantes entaillaient chaque parcelle de peau non protégée, les gouttes de sueur les aveuglaient. Les femmes portaient souvent leur bébé sur le dos, emmitouflé dans sa propre protection. De temps en temps, elles se redressaient et faisaient pivoter leur nourrisson vers elles pour l'allaiter rapidement avant de reprendre leur position de travail, coupant ou sarclant ce qui se trouvait à leurs pieds. Çà et là, des enfants de 8 ans à peine trimaient aux côtés des adultes, se frayant un chemin dans les cannes coupées où ils s'enfonçaient jusqu'aux cuisses.

À la fin de la journée de travail de dix heures, ils émergeaient des champs, crachant une substance brunâtre à cause de la poussière qu'ils avaient inhalée. Ils rentraient épuisés au camp et se rassemblaient en silence autour de grandes tables pour manger de chiches bols soit de riz, soit de haricots avec des morceaux de morue séchée ou de crevette. Régulièrement, le riz était infesté de charançons. Puis la majorité d'entre eux, des hommes célibataires, rejoignaient tous ensemble le bâtiment qui leur servait de dortoir où ils allongeaient leur corps las sur des planches de bois rugueuses, larges de 30 à 40 centimètres, et s'efforçaient de dormir.

Les quelques couples mariés parmi eux se retiraient chaque soir dans des bicoques avec des écrans en guise de fenêtres, un toit en métal rouillé, et un évier où coulait de l'eau froide. Les toits fuyaient sous les averses torrentielles d'Hawaï, et l'eau des maisonnettes provenait directement des fossés, aussi les habitants devaient-ils attacher des petits sacs de tabac en toile sur les robinets pour piéger les têtards et les insectes qui arrivaient souvent avec l'eau. Des cabinets extérieurs collectifs étaient dispersés dans les camps, mais les toilettes étaient un simple trou découpé dans une planche placée au-dessus de tranchées en béton dans lesquelles de l'eau coulait constamment pour emporter les excréments vers une destination inconnue.

Aussi dure que pouvait être la vie sur les plantations, quand leurs contrats expiraient – en règle générale au bout de deux ou trois ans –, beaucoup d'entre eux décidaient de rester sur place plutôt que de retourner au Japon où les conditions de vie étaient encore plus éprouvantes. Puis, en 1900, Hawaï devint un territoire américain, et le système des contrats fut aboli au motif qu'il imposait des conditions de servitude involontaire, lesquelles étaient prohibées par la Constitution des États-Unis. Des milliers d'immigrés japonais quittèrent alors les plantations pour trouver d'autres moyens de gagner leur vie sur l'archipel. Des milliers d'autres continuèrent à vivre et à travailler sur les plantations, subissant toujours les sévères discriminations raciales qui gouvernaient la vie dans les champs de canne à sucre, mais au moins libres de partir s'ils trouvaient autre chose.

Une fois la décision prise de rester, les plus jeunes d'entre eux commencèrent à réfléchir à leur avenir, même s'il y avait peu de Japonaises à Hawaï, à peine une femme pour quatre hommes. Alors, les garçons se mirent à écrire à leurs parents au Japon pour leur demander de trouver une jeune fille convenable et d'arranger un mariage. D'après la loi japonaise, le marié n'avait pas besoin d'être physiquement présent lors de la cérémonie. Les parents des potentiels époux se rencontraient ou correspondaient pour négocier les termes de l'union. Ils étudiaient les généalogies et jaugeaient le statut social de l'autre famille. Les jeunes hommes faisaient établir des documents attestant de leur travail à Hawaï afin de permettre une estimation de leurs revenus. Ils envoyaient des photographies d'eux, ou prétendues telles. Les jeunes Japonaises faisaient de même. Les deux parties étudiaient les portraits attentivement avant d'accepter le mariage, bien que les femmes – qui seraient appelées « les mariées sur photo » – aient rarement leur mot à dire en la matière. Finalement, les noces avaient lieu, en l'absence du fiancé, et les jeunes épouses embarquaient sur des paquebots à destination d'Hawaï non sans quelque nervosité. Quand elles descendaient du bateau à O'ahu, hébétées, vêtues de kimonos sombres tout simples, elles passaient en revue les visages des centaines d'hommes amassés derrière des barrières qui poussaient des cris et leur faisaient signe, essayant de trouver le visage qui correspondait à la photographie. Souvent, ce visage n'existait pas. Beaucoup découvraient trop tard que le portrait qu'elles avaient reçu étaient un cliché retouché de leur mari pris des années plus tôt, ou dans certains cas d'un autre homme – un ami plus jeune, en meilleure santé ou plus séduisant. Il n'y avait pas moyen de faire machine arrière, pas moyen de retourner d'où elles venaient, et elles suivaient donc leur nouvel époux pour accomplir les formalités aux guichets de l'immigration puis dans leur vie commune. Pour des dizaines de milliers d'entre elles, ce fut un trajet direct vers les champs de canne. En 1920, environ 80 % des femmes à Hawaï travaillaient dans les exploitations de cannes à sucre.

Peu après l'arrivée des femmes, des enfants – les Nisei d'Hawaï – naquirent. Et c'étaient ces garçons qui constituaient à présent le gros des têtes-de-bouddha du camp Shelby. Ils savaient bien ce que leurs parents avaient subi aux mains des puissants d'Hawaï. Ils se souvenaient de ce qu'ils avaient connu en grandissant dans une société économiquement et racialement stratifiée. Et ils n'allaient pas tolérer qu'une bande de Nippo-Américains de leur âge se mettent parfois à imiter le langage, les manières et les attitudes des patrons haole qu'ils avaient laissés derrière eux.

Mis à part pour des passages irréguliers et sans enthousiasme particulier à l'école nippo-américaine de l'église méthodiste de Spokane quand il était enfant, Fred Shiosaki n'avait jamais vraiment fréquenté d'autres Nippo-Américains en grand nombre avant d'arriver au camp Shelby. Cela constituait une nouveauté et c'était un peu perturbant, alors qu'il s'efforçait de se faire à la vie dans les baraquements. Comme pour les autres continentaux, ce sont les garçons d'Hawaï – les têtes-de-bouddha – qui posèrent à Fred le plus de difficultés dès son arrivée. Il lui fallut moins d'une journée pour décider qu'il n'entendait pas se frotter à eux. Plus tard, il ne pourrait pas se souvenir avec précision de ce qu'il avait dit, mais il n'oublia jamais ce que lui répondit l'un des têtes-de-bouddha lors de ce premier jour : « Hé toi, mec. T'es un de ces crétins kotonk, pas vrai ? »

Ces types lui créaient des problèmes qui n'avaient rien à voir avec ceux qui l'avaient opposé aux garçons contre lesquels Fred s'était bagarré chez lui, à Hillyard. Là, il aurait balancé un coup de poing au premier qui l'aurait qualifié de crétin, comme il avait distribué un certain nombre de coups de poing aux gamins blancs qui l'avaient traité de « bridé ». Mais il en avait déjà vu assez pour savoir que les têtes-de-bouddha ne se battaient presque jamais à un contre un. Ils s'agglutinaient autour de vous, luttant non pas pour eux-mêmes mais les uns pour les autres, comme s'ils étaient tous frères. Pour la première fois de sa vie, Fred apprit à se retirer d'une bagarre. Il restait à l'écart des disputes. Il étouffait ses accès de colère. Et, comme presque tous les continentaux, il se mit à apprendre comment comprendre et parler le langage des Hawaïens pour se fondre dans le paysage et ne pas attirer l'attention sur lui.

Peu après son arrivée à Shelby, Kats Miho fut détaché de l'infanterie et, en raison de ses brillants résultats aux tests d'aptitude passés aux Schofield Barracks, il fut assigné à l'unité d'artillerie du 442ᵉ régiment, le 522ᵉ bataillon d'artillerie de combat. Bien qu'il lui fallût endurer les mêmes classes éreintantes que les soldats d'infanterie comme Fred et Rudy, il passa une grande partie de son temps à Shelby à apprendre la géométrie et les calculs complexes requis pour tirer aussi précisément que possible avec les gros obusiers du 522ᵉ. Cela ne lui permit cependant pas de rester à l'écart de la guerre entre les kotonks et les têtes-de-bouddha.

Sans surprise, Kats se retrouva du côté des Hawaïens et se qualifiait lui-même en riant de tête-de-bouddha. Il connaissait déjà beaucoup de gamins des plantations de Maui, et il était à l'aise aussi bien dans le dialecte d'Hawaï qu'en anglais. Mais Kats était également entre deux feux. Lui et d'autres garçons de l'université d'Hawaï avaient l'habitude de traîner avec d'autres anciens étudiants, qu'ils fussent issus de l'université d'Hawaï ou d'établissements du continent. Et Kats était également un politicien-né, toujours prêt à débattre de tout, bien plus disposé à échanger des arguments forts et logiques que des coups de poing.

L'un des étudiants avec lesquels il se lia d'amitié était un garçon à l'air sérieux de 21 ans originaire du Montana. George Oiye était né le 19 février 1922, dans une cabane au fond des bois, à proximité d'un camp minier à Basin Creek, juste à l'est de la frontière avec l'Idaho, où la température pouvait descendre jusqu'à moins 40 degrés. Le magasin le plus proche était à douze heures de marche en raquettes. George avait toutefois passé l'essentiel de son enfance à Trident, dans la partie aride du Montana. Trident avait été bâti par les propriétaires d'une usine de ciment, où travaillait le père de George, pour loger leurs employés. Comme la plupart des garçons du Montana, il avait grandi avec un fusil de chasse dans une main et une canne à pêche dans l'autre, consacrant presque tout son temps libre à errer dans les collines parsemées de broussailles autour de Trident, chassant avec ses amis ou, de l'eau jusqu'à la poitrine dans les rivières Gallatin ou Madison, tirant des truites arc-en-ciel aux couleurs aussi chatoyantes que brillantes des flots vifs, clairs et froids. À l'instar de Kats, il avait été apprécié de ses camarades de lycée dans la ville voisine de Three Forks, où il était quarterback dans l'équipe de football et frayait sans difficulté avec les autres lycéens, presque tous blancs.

Intelligent et sociable, il était entré à l'université d'État du Montana à Bozeman en 1941 et avait intégré le Corps d'entraînement de la réserve où il s'était rapidement élevé jusqu'à la position de cadet en chef. Ses talents de chasseur lui avaient valu de devenir capitaine de l'équipe de tir sportif. Il avait commencé à étudier l'ingénierie aéronautique, espérant rejoindre l'armée comme pilote. Puis survint Pearl Harbor. Après dix-sept années passées à l'usine de ciment, son père fut renvoyé du jour au lendemain et ne put vivoter qu'en vendant des légumes de son jardin. La propriétaire du logement de George à Bozeman lui fit savoir qu'il n'était plus réellement le bienvenu comme locataire. Sa sœur enceinte et son mari, qui vivaient à Los Angeles, furent incarcérés à Santa Anita puis déplacés dans le camp de concentration de la WRA à Minidoka. Comme presque tous ses amis, George essaya de rejoindre l'armée. Mais de même que Fred Shiosaki, il se vit traité d'« ennemi étranger » et se retrouva bientôt à assister aux cours du Corps d'entraînement de la réserve chaque semaine, amer de l'ironie qu'il y avait à porter l'uniforme d'une armée dont il n'avait pas le droit de faire partie.

George n'en démordit pas, déterminé à rejoindre l'armée et à voler. Il défendit son cas auprès de certains des professeurs qu'il avait impressionnés en cours, et ceux-ci firent pression sur l'adjudant général du Corps d'entraînement de la réserve pour l'État du Montana, plaidant la cause de George. Finalement, un jour du début 1943, sa détermination et sa popularité sur le campus payèrent. L'adjudant général le convoqua dans son bureau pour lui expliquer que s'il pouvait trouver cinq Blancs éminents de la ville de Trident qui se portent garants de sa loyauté, il pourrait s'engager dans l'armée et suivre une formation de pilote. Extrêmement populaire parmi ses concitoyens, George n'eut aucun mal à obtenir rapidement les recommandations. La ville organisa une fête pour son départ et il prit dans la foulée le chemin de Fort Douglas, dans l'Utah, pour son incorporation. Ce n'est qu'après qu'il y avait prêté serment qu'on lui annonça qu'en fait, il n'allait pas piloter le moindre avion. Il devait se présenter à un endroit dénommé « le camp Shelby » pour une formation de fantassin. Choqué, en colère, se sentant trahi, George monta à bord d'un train et prit la direction du Mississippi.

Les choses ne firent que s'aggraver quand il arriva à destination. Il avait rarement fréquenté d'autres Japonais ou Nippo-Américains, mis à part sa propre famille. Il ne parlait pas le japonais et n'éprouvait aucune envie de l'apprendre, à ses yeux il n'était pas japonais. Quand il croisa les autres garçons de Shelby pour la première fois, en particulier les garçons d'Hawaï, sa réaction initiale fut : « Mais qui sont ces types ? Pourquoi sont-ils si petits, ont la peau si mate et parlent de cette drôle de façon ? » Sortant tout juste de l'hiver du Montana, George était pâle, surtout en comparaison des garçons d'Hawaï. Presque immédiatement, ils commencèrent à l'appeler « Whitey », généralement avec un petit sourire entendu sur les lèvres. C'était juste le début de ce que George décrirait plus tard comme ses premières semaines « désastreuses » à Shelby. Dans le Corps d'entraînement de la réserve, il avait appris à être un bon soldat. Il savait quel uniforme revêtir, quand le porter, et comment le porter correctement. Il gardait ses chaussures vernies et ses chemises boutonnées jusqu'au col. Il se mettait immédiatement au garde-à-vous quand des officiers entraient dans une pièce. Il faisait son lit au carré. Il suivait scrupuleusement les règles. Il ne s'adressait jamais à un officier sans l'appeler « monsieur ». Les têtes-de-bouddha – qui généralement avaient du mal à se souvenir de ne pas s'adresser à un officier sans l'appeler par son prénom, qui allaient pieds nus dès qu'ils le pouvaient et qui, les jours de forte chaleur, portaient leur uniforme avec la chemise ouverte – détestaient le côté propre sur lui de George. Plus que quiconque dans le camp, George semblait être le type de personne qui, si on lui en donnait l'opportunité, dirigerait une plantation à Hawaï. Les têtes-de-bouddha se mirent à le tabasser dès qu'ils le pouvaient.

Comme Kats, George fut vite assigné au 522ᵉ bataillon d'artillerie de combat, et là, presque immédiatement, tous deux devinrent amis. George était curieux, un peu philosophe, et, comme Kats, avait un avis sur tout. Les deux garçons aimaient discuter, soupeser la signification profonde des choses, comprendre les implications de ce qu'ils vivaient. Et pour l'heure, une des implications de la nouvelle situation de George était qu'il avait besoin d'amis, de préférence des amis qui parlaient comme les garçons d'Hawaï. Kats l'aimait. Il lui offrit volontiers son amitié et sa protection.

Pendant leurs premiers mois à Shelby, les recrues du 442ᵉ furent maintenues en quarantaine dans leurs quartiers. Les responsables militaires redoutaient la réaction des soldats blancs de Shelby ou des habitants d'Hattiesburg à l'idée que plusieurs milliers de Nippo-Américains fussent soudainement parachutés dans leur voisinage, et ils voulaient leur laisser du temps pour se faire à cette idée. Peu auparavant, de l'autre côté de la rivière dans l'Arkansas, un soldat nippo-américain, le seconde classe Louis Furushiro, s'était arrêté dans un café en allant rendre visite à sa sœur internée dans un nouveau camp de la WRA qui venait juste d'être construit à l'extérieur de la ville voisine de Rohwer. Quand William Wood, un fermier blanc dont deux fils étaient engagés dans l'armée, avait appris qu'un « bridé » était en ville, il s'était rendu dans le café, avait pointé un fusil de chasse sur Furushiro et avait appuyé sur la détente. Sa cible avait esquivé le tir et s'en était sortie avec seulement des brûlures de poudre sur le visage, mais dès le lendemain M. C. Brown, un chasseur de cerfs, tombant nez à nez avec deux Nippo-Américains du camp de Rohwer qui travaillaient dans les bois, jugea qu'il devait s'agir de fugitifs et ouvrit le feu, blessant Shigeru Fukuchi à la hanche.

De toute façon, les soldats Nisei de Shelby n'avaient pas le temps d'aller en ville. Ils furent plongés immédiatement dans le même régime de classes rigoureuses que des dizaines de milliers d'autres jeunes gens enduraient à travers tout le pays ce printemps-là. Alors que le temps se réchauffait et que les cornouillers bourgeonnaient dans les bois alentour, ils apprenaient les rudiments du métier de soldat. Portant des uniformes qui étaient souvent trop grands pour eux et des casques qui parfois leur tombaient derrière les oreilles, ils s'exerçaient pendant des heures et des heures sur la place d'armes. Ils faisaient des courses d'obstacles, creusaient des abris dans le sol, subissaient des inspections matinales de leur lit pour vérifier s'il était fait correctement, démontaient et remontaient leurs armes, nettoyaient les latrines, enchaînaient les corvées de cuisine et devaient éplucher d'énormes quantités de pommes de terre alors qu'ils détestaient les manger. Puis il commença à pleuvoir et la poussière rouge typique du Mississippi se transforma en une bouillasse rougeâtre dans laquelle ils devaient s'enfoncer jusqu'à la taille et se mettre sur le ventre pour ramper, se cramponnant à leur fusil, se tortillant pour passer sous des barbelés lors de l'exercice d'infiltration, tandis que des tirs de mitrailleuse claquaient au-dessus de leur tête.

Le 15 juin, le 100e bataillon d'infanterie – les soldats Nisei d'Hawaï qui s'étaient engagés ou avaient été enrôlés avant le début de la guerre – retourna à Shelby à la fin de ses manœuvres dans les bois. Pour Kats Miho et beaucoup de têtes-de-bouddha du 442e en particulier, ce fut un moment joyeux. Les garçons qui se connaissaient depuis leur enfance sur l'archipel renouèrent de vieilles amitiés, échangèrent des nouvelles de leur famille et se remémorèrent des souvenirs communs. Ils sortirent les ukulélés et prirent place sur les marches de leur baraquement pour chanter des chansons des îles et bavarder à la hawaïenne. Ils s'assirent par terre en cercle, jouant aux dés, empoignant des poignées de billets, jouant le tout pour le tout à chaque lancer de dés, fidèles à leur état d'esprit « Go for Broke ».

Les deux groupes restaient pourtant bien distincts. Les soldats du 100e étaient presque tous plus âgés de quelques années. Ils étaient dans l'armée depuis au moins un an et demi désormais. Après des mois passés sur le terrain, ils s'étaient endurcis et leur corps était devenu svelte et musclé. Ils savaient ce qu'ils avaient à faire. Ils se déplaçaient et parlaient d'un air assuré et confiant. Pour les garçons du 442e, ils étaient comme des grands frères, des modèles qu'ils regardaient avec un mélange de respect et de crainte.

Chaque nouvelle semaine qui passait rendait Gordon Hirabayashi encore plus impatient de voir son cas examiné par la Cour suprême.

Il ne doutait pas de sa victoire finale. Le raisonnement raciste qui motivait le couvre-feu était à ce point indubitable, l'arbitraire des décisions d'internement si flagrant que ni le premier ni les secondes ne pouvaient être reconnus comme conformes à la Constitution.

Quand finalement la cour rendit sa décision *Hirabayashi v. United States* le 21 juin, Gordon ne l'apprit qu'en achetant le journal. Et ce qu'il lut était terrible. Les membres de la Cour suprême avaient unanimement décidé de ne pas examiner du tout la question de l'internement – la raison principale pour laquelle Gordon avait esté en justice. Ils s'étaient contentés d'examiner la question du couvre-feu. Soutenant l'affirmation du gouvernement que les conditions de guerre justifiaient des discriminations raciales, la cour avait estimé, pour reprendre les termes de son président Harlan Stone, qu'« en temps de guerre, les résidents ayant un lien d'affiliation avec un ennemi attaquant pouvaient être une plus grande source de danger que ceux d'une ascendance différente ». Gordon ne pouvait pas le croire. Il écrivit plus tard : « Je pensais que la raison d'être de la Cour suprême était de faire respecter la Constitution. Je n'avais pas mesuré à quel point l'hystérie guerrière s'était généralisée. »

Désormais, tout ce qu'il pouvait faire était d'attendre que quelqu'un vînt pour le reconduire en prison.

Quand les recrues du 442e furent finalement autorisées à s'aventurer en dehors de Shelby et commencèrent à explorer Hattiesburg, certaines d'entre elles mirent peu de temps avant de s'attirer des ennuis. Avec une aussi grande base à proximité, Hattiesburg proposait de longue date aux jeunes militaires un assortiment de tentations et de plaisirs typique des nuits chaudes et étouffantes du Mississippi. Sur Forest Street, le cinéma d'un millier de fauteuils et doté d'un orgue de 778 tuyaux, le Saenger, dont le hall d'entrée était éclairé par des lustres, offrait un luxe moderne encore rare – l'air conditionné – et les derniers films d'Hollywood. Des enseignes au néon flamboyantes le long de Front Street et Pine Street – « Dixie fraîche », « Bière Jax », « Flipper » – faisaient de l'œil aux soldats depuis les bars et les salles de billard. Des portes y donnaient sur les allées de derrière et les chambres à l'étage, des chambres où un garçon pouvait entrer puceau et en ressortir quelques minutes plus tard tout transpirant, après y avoir laissé son innocence. À l'extérieur de la ville, des bouges avec un barbecue, des steak houses, et des cafés servaient de la nourriture bon marché. Un endroit particulièrement populaire était le White Kitchen sur l'autoroute voisine, tenu par Miss Mary White. Là, celui qui en avait marre des rations de l'armée pouvait commander un quart de poulet rôti, des frites et des petits pains beurrés chauds, tout ça pour 30 cents. Pour quelques cents de plus, il pouvait même ajouter une bière glacée et finir avec une part de tarte aux noix de pécan ou une tranche de pastèque. Comme l'endroit n'était pas très grand, les clients devaient se serrer épaule contre épaule, et cela ne se passait pas toujours bien. Miss Mary avait tendance à favoriser les Nisei, en particulier les Hawaïens. Elle aimait bien les avoir autour d'elle, ils buvaient beaucoup de bière et laissaient de gros pourboires, ce qui expliquait pourquoi elle les servait souvent en premier. Presque chaque week-end, des soldats blancs, agacés par ce favoritisme, partaient dans un rire méchant et traitaient l'un des garçons du 442e de « bridé ». Des coups de poing volaient, de la vaisselle aussi, avant l'intervention de la police militaire.

C'était Rudy Tokiwa, toutefois, qui s'attirait le plus d'ennuis. Comme Rudy était naturellement enclin à se mettre dans des situations délicates, avant qu'il ne quittât Poston sa mère avait demandé à Harry Madokoro, qui était plus âgé que Rudy, de garder un œil sur lui à Shelby puis, dans la mesure du possible, une fois qu'ils seraient partis à la guerre. « Je t'en prie, prends soin de lui. Il est notre plus jeune fils », avait-elle imploré Harry avant leur départ de l'Arizona. Et Harry avait fait de son mieux. Il accompagnait souvent Rudy en ville, et si Rudy avait la gueule de bois le lendemain matin, Harry était généralement là pour déposer une poche de glace sur son front, bien que Rudy l'écartât toujours de la main.

« Je suis assez grand pour sortir me saouler et avoir mal à la tête, c'est mon problème.

– Non, non, non, insistait Harry. Ta mère m'a dit de te traiter comme mon propre fils, de prendre soin de toi. Et c'est bien ce que j'ai l'intention de faire. Je le lui ai promis. »

Arriva un samedi soir où Harry n'était pas là. La bande de Rudy s'aventura dans un bar et commanda bière sur bière. La plupart des garçons étaient des têtes-de-bouddha. À l'instant même où Rudy était entré dans son baraquement et avait jeté au sol l'une des cantines des Hawaïens, il avait gagné leur respect. En retour, Rudy – qui avait toujours eu un don pour les langues – avait rapidement appris le dialecte hawaïen et pouvait parler et jurer comme s'il avait grandi sur les îles. Il s'entendait bien avec les garçons d'Hawaï, et c'était réciproque.

Ce soir-là, Rudy remarqua un jeune soldat noir assis seul à une table au fond de la salle. Rudy détestait voir un homme boire en solitaire, et il l'interpella :

« Hé, mon vieux, viens avec nous !

– Oh non, ça va me causer des ennuis. »

Rudy insista et finalement le soldat traversa la salle, prit un tabouret et commença à boire et à discuter avec les Nisei. Assez vite, tout le monde était à l'aise.

Quand arriva le moment de rentrer à la base, ils sortirent du bar et le jeune soldat noir se dirigea vers la porte arrière du bus.

« Hé, tu vas où, vieux ? demanda Rudy.

– C'est que les personnes de couleur doivent monter par l'arrière, répondit-il.

– Mais bordel, tu portes l'uniforme, non ? répliqua Rudy. Si moi je peux monter par l'avant, toi aussi, nom de Dieu.

– Non, non. J'veux pas causer d'ennuis. »

Rudy était piqué au vif, à deux doigts d'exploser. Il se mit à escorter son nouvel ami vers les portes de l'avant. Ses camarades se joignirent à lui. Depuis des semaines, leur révolte n'avait fait que croître devant la manière dont les Noirs étaient traités dans le Mississippi : le regard qu'il devait baisser quand ils croisaient des Blancs dans la rue, les adultes qui étaient appelés « mon garçon », les toilettes séparées qui n'avaient de toilettes que le nom, leur pauvreté, les cabanes branlantes dans lesquelles ils étaient relégués. Tout cela rappelait aux Nisei ce que leurs parents et eux avaient subi. À présent, la coupe était pleine. Comme Rudy et les autres approchaient de la porte, le conducteur du bus les regarda et grommela : « Soit le Noir monte par les portes de l'arrière comme les autres, soit ce bus ne bouge pas. »

Rudy et ses amis se regardèrent, puis ils montèrent dans le véhicule, extirpèrent le conducteur de son siège, le déposèrent brutalement sur le trottoir, firent monter le soldat noir et s'en allèrent avec le bus. Quand ils atteignirent le portail principal de Shelby, des éclairs de gyrophares rouges se reflétaient dans le rétroviseur. Rudy et ses amis passèrent la nuit au poste de police, sans s'excuser ni reconnaître le moindre tort.

11.

« Ils partent passer leur permission dans les camps
de déplacement où ils voient que leurs proches
sont parqués derrière des barbelés et à leur retour,
il se demandent à quoi tout cela rime. »

Hiro Higuchi à son épouse, Hisako,
12 novembre 1943

L'atmosphère lourde et suffocante des étés du Mississippi s'abattit
sur les membres du 442e. Chaque matinée commençait par une ran-
donnée d'un peu plus de 6 kilomètres avec tout leur barda sur le
dos, y compris leur arme. Ils passaient l'essentiel des après-midi à
défiler, faisant des allers-retours en plein cagnard sur la place d'armes
où ils soulevaient des nuages de poussière. Le soir, ils n'étaient plus
que des masses transpirantes quand ils s'allongeaient sur leur lit de
camp en métal dans des baraquements mal aérés, avec les cigales
qui bourdonnaient dans les bois dès le coucher du soleil, tandis que
des papillons de nuit de la taille de petits oiseaux ne cessaient de se
cogner aux fenêtres et que des moustiques invisibles sifflaient tout
autour d'eux.

À mesure que l'été avançait, les recrues se familiarisaient avec des
savoir-faire dont elles n'auraient jamais cru avoir besoin. De jeunes

hommes qui, lorsqu'ils n'étaient encore que des garçons, avaient bricolé de vieilles Ford et d'antiques Chevrolet dans le garage de leur père découvraient à présent comment réparer des chars d'assaut ; ceux qui avaient canardé des boîtes de conserve vides avec des 22 long rifle s'exerçaient à tirer avec des mitrailleuses lourdes ; d'autres qui, quelques mois auparavant, coupaient à la houe des herbes dans les champs d'ananas s'appliquaient à enterrer et à dissimuler des mines terrestres ; d'anciens ouvriers du bâtiment apprenaient à détruire des ponts à l'aide d'explosifs et à les reconstruire en à peine quelques heures ; on leur expliquait comment creuser des pièges fatals pour les chars, comment suspendre des armes antichars de 37 millimètres à des câbles et à les tendre entre les deux berges d'une rivière. Jour après jour, ils se démenaient en suant à grosses gouttes dans la moiteur de ces longs après-midi de Shelby baignés par des effluves de pin. Mais jour après jour également, les insulaires et les continentaux en venaient régulièrement aux mains.

Et les choses ne firent qu'empirer quand ils se rendirent dans les bois. Pendant des semaines d'affilée, ils quittèrent Shelby pour conduire des manœuvres dans les plaines humides du sud du Mississippi et de la Louisiane, là où la mousse espagnole pendait en longues barbes des branches des cyprès et des chênes, là où les alligators somnolaient, la gueule grande ouverte, sur les rives des bayous noirs comme de l'encre et des lacs fétides. Ils avançaient tant bien que mal à travers d'épais fourrés de broussailles et se frayaient un chemin à travers des enchevêtrements verdâtres de kudzu. Encombrés par leur équipement, ils avançaient avec difficulté en enjambant des arbres tombés à terre. Le fusil au-dessus de leur tête, ils barbotaient jusqu'à la poitrine dans de l'eau boueuse. De nouveaux dangers et tourments auxquels ils n'étaient pas habitués se cachaient partout. Des gamins de Los Angeles qui ne savaient rien sur rien s'installaient dans des touffes de lierre vénéneux. Les garçons d'Hawaï, qui n'avaient jamais vu un serpent de leur vie, vérifiaient à chaque pas avec méfiance, et une réelle frayeur, si des serpents corail venimeux, des mocassins d'eau ou des crotales n'étaient pas tapis dans la végétation. Tous découvrirent rapidement à quel point les moustiques étaient impitoyables et les tiques tenaces. « Ne laisse jamais une tique s'approcher de tes parties. Elle ne partira pas sans mal », se mettaient-ils en garde les uns les autres avec un regard entendu. Ils mangeaient à même les boîtes de conserve, se lavaient le visage et se rasaient en puisant l'eau des marais avec leur casque, ils étaient réveillés au milieu de la nuit par des hordes de cochons sauvages en maraude qui saccageaient leur campement et piétinaient leurs petites tentes. Mais le pire du pire – et dont le souvenir serait encore vivace des années plus tard quand ils seraient devenus des vieillards –, c'étaient les puces chiques.

État larvaire des minuscules trombiculés, les chiques sont des créatures si petites que l'on peut à peine les voir sans l'aide d'une loupe. Elles cherchent et s'attaquent aux endroits les plus sensibles du corps humain, ceux où la peau est fine et vulnérable, comme les chevilles, l'arrière des genoux et l'aine. Là, elles s'enfoncent dans l'épiderme et y injectent de la salive contenant des enzymes qui transforment rapidement les cellules exposées en ce qui, pour elles, se révèle une bouillie goûteuse qu'elles peuvent avaler à l'aide de leur trompe. Les chiques se rassemblent en grandes concentrations et mordent généralement par vingtaines ou centaines en même temps. Il en résulte de vilaines masses rouges de tissus douloureux qui enflent et provoquent des démangeaisons. Mis à part des douches chaudes ou un traitement chimique, il n'y a pas de moyens faciles de se débarrasser des chiques et presque rien ne peut soulager la douleur qu'elles infligent.

Et elles étaient partout. Les soldats se grattaient, gémissaient et juraient. Ils essayaient de les brûler en tenant des cigarettes allumées à quelques millimètres de leur peau. Ils se baignaient dans des marécages stagnants, préférant la compagnie des alligators et des mocassins d'eau à celle des chiques, mais cela ne les soulageait pas. Ils frottaient leurs lésions avec du sel pour décourager les bestioles, rendant leurs plaies plus douloureuses. Jusqu'à ce qu'ils prennent des douches à Shelby, rien ne put les apaiser. Ils se contentaient donc de se gratter, de gémir et de jurer.

À ce stade, la plupart d'entre eux s'étaient vus affublés de surnoms militaires. On appelait Fred Shiosaki « Rosie », pour le rosissement qui lui venait aux joues quand il était excité. L'un de ses chefs d'escouade, Harry Kanada, était devenu Chowhound, « le chasseur de bouffe », parce qu'il était toujours le premier dans la queue pour les repas. George Oiye restait Whitey pour les têtes-de-bouddha mais était devenu Montana pour ses amis kotonk. Kats s'en tenait à « Kats », mais parmi ses frères d'armes du 522e bataillon d'artillerie de combat il y avait Bulldog Nishizawa, Rocky Tanna et Biggie Nakakura. Parfois, les surnoms s'imposaient quand un officier blanc ne parvenait pas à prononcer un patronyme japonais. C'est comme cela que l'ami de Rudy, Masao Noborikawa, devint, sans raison, Portagee, d'après un terme d'argot désignant les Portugais et les personnes d'ascendance portugaise vivant aux États-Unis. D'autres fois, ils faisaient allusion à une excentricité de caractère ou à un trait physique, comme pour le tout petit Shortpants, « Culottes courtes », Hirashima, et le quelque peu corpulent Big Target, « Cible inratable », Fujita. Quand ils ressortirent des bois à la fin de leurs premières manœuvres de terrain, la plupart d'entre eux étaient affublés de surnoms qui, dans certains cas, les suivraient toute leur vie.

Les unités d'artillerie donnaient également des noms à leurs armes – les obusiers de 105 millimètres qu'ils utiliseraient lors des batailles. Dans la batterie B, certains des servants du canon numéro 2 – Kats, son ami Ted Tsukiyama de l'université d'Hawaï et leur canonnier Roy Fujii – baptisèrent leur arme *Kuuipo*, le terme hawaïen pour dire « ma chérie ».

Vers le milieu de l'été, certains d'entre eux purent partir en permission. Beaucoup de têtes-de-bouddha avaient reçu de grosses sommes en espèces de leurs parents à Hawaï, désireux que leur fil prenne du bon temps avant d'être envoyé sur le théâtre des opérations. Le moment était venu de dépenser cet argent et ils montaient à bord de trains ou de cars, direction La Nouvelle-Orléans, et même, pour certains, New York, avec un franc sourire sur le visage et des liasses de billets plein les poches. Les kotonks, eux, n'étaient pas aussi bien dotés. La plupart envoyaient une partie de leur solde à leurs parents dans les camps pour qu'ils puissent commander sur les catalogues de vente par correspondance ce dont ils avaient besoin pour vivre normalement. Et quand les kotonks partaient en permission, au lieu d'aller à New York, la plupart d'entre eux prenaient la direction de l'ouest, vers les camps, pour rendre visite à leur famille derrière les barbelés.

Très souvent ils rentraient à Shelby avec une certaine amertume. Dans les camps, tout le monde n'avait pas été heureux de voir un Nisei en uniforme. Certains membres de leur famille – leur père, leurs frères, leurs oncles – prirent les soldats de fraîche date dans un coin et, d'un ton ferme, leur firent valoir qu'ils étaient fous de s'être enrôlés, leur reprochant d'être devenus les complices d'un gouvernement américain qui oppressait les leurs. La plupart des jeunes gens restèrent inébranlables, convaincus d'avoir fait le bon choix. Mais pratiquement tous revinrent dans le Mississippi mal à l'aise et indignés d'avoir vu ce que leur famille endurait.

De retour à Shelby, à la fin de cet été-là, les deux groupes recommencèrent à se battre comme des chiffonniers dans les baraquements, dans le magasin de la base, aux arrêts de bus, au milieu des matchs de base-ball, dans les bars et les restaurants d'Hattiesburg. Les têtes-de-bouddha – revigorés et pleins d'allant à l'issue de leur permission – ne parvenaient pas à comprendre pourquoi les kotonks étaient toujours aussi graves, renfrognés, rétifs à se jeter à corps perdu dans la vie militaire, à jouer le tout pour le tout. Les kotonks pensaient que les garçons d'Hawaï étaient frivoles, indisciplinés et qu'ils n'avaient pas la moindre idée de ce qui se passait dans le pays. Alors que les choses ne faisaient qu'empirer, les officiers supérieurs de Shelby se demandèrent si les Nippo-Américains pourraient jamais servir efficacement au combat et si tout cela n'était pas une erreur. Aussi, la question se posait : devaient-ils dissoudre le régiment ?

Presque tous les officiers du 442e étaient blancs, avec seulement un petit nombre de Nippo-Américains, pour l'essentiel, dans le service de santé ainsi que parmi les aumôniers, et aucun n'avait un grade plus élevé que celui de capitaine. Pour les têtes-de-bouddha, l'organisation hiérarchique de l'armée – les haoles au sommet, tous les autres travaillant pour eux – semblait reproduire la manière paternaliste et raciste dont étaient dirigées les plantations chez eux. Pour les kotonks, ce n'était que le reflet de la façon dont étaient dirigés les camps où leur famille était internée.

Beaucoup d'officiers blancs se montraient perplexes quant à la manière dont les têtes-de-bouddha s'exprimaient. Un officier dans l'unité d'artillerie de Kats Miho, le lieutenant Bert Wydysh, en particulier, perdait souvent patience à force d'essayer de comprendre ce que les Hawaïens disaient. Ce n'est que lorsqu'il fut assigné une nuit à la lecture et à la censure des courriers qu'ils envoyaient à leurs parents, une routine militaire, que Wydysh découvrit à quel point tous pouvaient écrire dans un anglais parfait. Le lendemain, il les supplia de lui expliquer : « Bon Dieu, pourquoi vous autres ne parlez-vous pas comme vous écrivez ? »

En dépit du fossé qui les séparait des Blancs, tandis que les classes se poursuivaient, à la fois les kotonks et les têtes-de-bouddha commencèrent à se rapprocher de leurs officiers. Pour Fred Shiosaki et Rudy Tokiwa, la remise en cause débuta un après-midi lors d'une formation sur l'utilisation de la baïonnette. Le cours était donné par le capitaine Walter Lesinski, réputé être l'un des instructeurs les plus sévères de Shelby. Lesinski leur faisait répéter les mêmes exercices éreintants encore et encore jusqu'à ce qu'il soit sûr que chacun dans la compagnie maîtrise chaque compétence. Chaque fois qu'il le pouvait, il les terrorisait jusqu'à la moelle, semblant prendre du plaisir à décrire le plus crûment possible ce que les armes des Allemands pourraient leur faire subir.

Durant l'entraînement cet après-midi-là, Lesinski glissa et, sans que personne ne comprenne vraiment comment, il se blessa, la lame d'acier s'enfonçant dans sa botte, puis dans son pied. Les Nisei regardaient fixement la scène, incapables de détourner leur regard, s'attendant à un hurlement à leur déchirer les oreilles ou à un déferlement de jurons. Pendant un moment, il ne se passa rien. Alors que du sang commençait à suinter de sa botte, Lesinski, dont le pied était toujours cloué au sol par la baïonnette, leva les yeux, grommela quelque chose contre ceux qui se tenaient là, la bouche grande ouverte, et leur donna l'ordre de poursuivre l'exercice. Il retira la lame sans un bruit, s'en alla en boitillant et ne parla jamais de l'incident. Il était de ceux que l'on avait envie de suivre au combat.

De fait, la plupart des officiers blancs du 442e avaient fait le choix délibéré de rejoindre cette unité. Contrairement à nombre des conscrits d'autres unités à Shelby, leurs officiers entendaient précisément servir à leurs côtés, les mener au combat, vivre à leurs côtés dans la boue et parmi les décombres des villages repris à l'ennemi, se battre et peut-être mourir avec eux. C'était quelque chose d'entièrement nouveau, à la limite de la compréhension pour beaucoup de Nisei, en particulier ceux d'Hawaï. Venant d'un monde où ils avaient rarement vu un homme blanc se baisser pour soulever quoi que ce soit d'un peu lourd, l'éventualité que ces officiers haole s'exposent volontairement aux mêmes risques qu'eux les impressionnait.

Alors que l'été avançait, les relations entre les soldats – qui persistaient à se battre entre eux – et leurs officiers continuèrent à se réchauffer. Et il s'avérait que le respect et la bonne volonté étaient manifestement réciproques. Plusieurs des officiers blancs appréciaient l'exubérance décontractée des garçons des îles en particulier. Quand un journaliste d'Hawaï vint visiter Shelby, le lieutenant Keith Stivers l'interpella et lui confia avec effusion : « Quand cette guerre sera terminée, je vais prendre des vacances à Hawaï. Je vais passer une semaine avec chacun de mes hommes, et je ferai un lū'au chaque dimanche. »

Parmi les officiers que les Nisei en vinrent à admirer et à respecter le plus cet été-là figurait le plus haut gradé, le chef de tout le 442e. De taille moyenne et le visage émoussé, le colonel Charles Wilbur Pence était du genre coriace. À l'université de DePauw, il ne pesait que 63,5 kilos, mais il devint néanmoins le capitaine de l'équipe de football, une star du base-ball et le président du corps étudiant. Quand la Grande Guerre éclata, il quitta l'université avant la fin de son cursus pour s'engager dans l'armée. Bien qu'il eût été blessé au combat, il avait décidé de mener une carrière militaire.

Dès le jour de leur arrivée à Shelby, Pence leur avait clairement expliqué qu'ils n'étaient pas là pour passer du bon temps. « Vous allez en chier dès le matin, et vous continuerez à en chier jusqu'à ce que la dernière cartouche soit tirée », annonça-t-il avant de les remettre aux sergents en charge de leurs classes. Mais ensuite, assis à son bureau, il écrivait à chacune de leur mère une lettre dont les mots lui venaient du fond du cœur : « Vous avez donné un soldat à l'armée américaine. Il est arrivé ici en bonne santé et je suis heureux de l'avoir sous mes ordres (...) nous comptons bien écrire les plus belles pages de l'histoire des Nippo-Américains dans notre pays. »

C'était le « nous » qui comptait, pour les garçons. Il imprégnait tout ce que faisait et disait Pence. Comme la plupart des officiers qui se trouvaient sous ses ordres, il avait clairement indiqué qu'il les mènerait personnellement dans la bataille, s'exposant au danger quand ils seraient en danger, mettant sa vie en jeu avec la leur. Ce n'était pas une posture : il les mettait rarement au pas, il était à leur écoute, il jouait au base-ball avec eux, il aimait discuter avec eux au mess. De fait, il croyait en eux et en ce qu'ils s'efforçaient de faire, alors eux-mêmes commencèrent rapidement à croire en lui.

Vers la fin de l'été, néanmoins, Pence en avait plus qu'assez des chamailleries et des bagarres perpétuelles entre les kotonks et les têtes-de-bouddha. Il décida de recourir à la seule force de la nature dont il savait qu'elle les ferait presque tous penser à autre chose : les filles. Bien que la plupart des camps de concentration placés sous l'autorité de la War Relocation Authority soient dans l'Ouest, deux d'entre eux, les camps de Jerome et de Rohwer, se trouvaient pas très loin de Shelby, en Arkansas. Des centaines de jeunes femmes Nisei y étaient internées. Pence se mit en tête de les inviter pour un bal.

Quelques semaines plus tard, des dizaines de jeunes femmes – en tenue de soirée, jupe longue et chemisier à jabot – descendaient de leurs autobus à Shelby. Les cheveux bouclés et ornés de fleurs, de peignes et de barrettes, légèrement maquillées, avec une touche de rouge à lèvres et un soupçon d'eau de toilette, elles pénétrèrent dans une salle de bal ornée de lanternes japonaises en papier rouges, jaunes et blanches. Pence et son épouse menèrent un défilé de soldats Nisei à l'uniforme impeccable, donnèrent à chacun un *lei* à présenter à sa partenaire de danse, et firent un bref discours pour souhaiter la bienvenue aux dames. On apporta un gâteau colossal orné de deux drapeaux américains, d'un V symbolisant la Victoire et de la devise désormais officielle du 442ᵉ, inspirée par les cris des garçons quand ils jouaient aux dés : « Go for Broke », inscrite en travers de la partie supérieure de la pâtisserie à l'aide d'un glaçage rouge, blanc et bleu. Un orchestre de fortune – Les Hawaïens de Shelby – monta sur scène avec des guitares et des ukulélés pour jouer de la musique hawaïenne. Le seconde classe Harry Hamada les rejoignit et dansa un hula pour le plus grand plaisir, et le plus grand amusement, des visiteuses, en dépit des sifflets, des huées et des cris des autres soldats. Puis un orchestre militaire prit le relais avec des airs pour danser, les garçons et les jeunes femmes se dirigèrent nerveusement les uns vers les autres, s'unirent, puis se lancèrent sur le parquet. Ils valsèrent et dansèrent le swing sous les lanternes en papier, les jeunes hommes étaient hypnotisés par les frisottis, les effluves d'eaux de toilette, la sensation de tenir une main féminine dans la leur. Parfois un garçon et une fille se reconnaissaient du temps où ils habitaient à Los Angeles, Seattle, Honolulu ou Hilo, et ils s'écartaient de la piste de danse. Ils s'asseyaient là où ils le pouvaient et se donnaient des nouvelles de la famille ou se remémoraient les vieilles histoires entre voisins. À minuit, alors que c'était au tour des lucioles de danser dans l'obscurité du parking, les invitées et leurs chaperons remontèrent dans les bus pour rejoindre des dortoirs alors que les soldats, alignés en rang, entonnaient « Goodnight, Ladies ».

Des femmes Nisei de Jerome rejoignent le 442ᵉ pour un bal

Pence était ravi. Il ordonna que d'autres bals aient lieu. Cette fois-ci, davantage de jeunes femmes se présentèrent. C'était compter sans une nouvelle difficulté. D'après les kotonks, les filles avaient un faible pour les têtes-de-bouddha. Elles semblaient naturellement attirées par la spontanéité des garçons des îles, leur affection chaleureuse et ostensible, leur irrésistible impétuosité, leur façon de surgir au milieu d'une danse et d'emmener leur partenaire avec un large sourire, débordant de confiance en eux. Les continentaux sentaient qu'ils allaient se faire damer le pion et les bagarres reprirent de plus belle, les garçons se jetant les uns sur les autres plus furieusement que jamais.

En août, les hommes du 100e bataillon d'infanterie – les « grands frères » du 442e – préparèrent tranquillement leur paquetage, dirent leur aloha et quittèrent Shelby pour l'Afrique du Nord, l'Italie et la guerre.

Ceux du 442e étaient tristes de les voir partir. La plupart des différentes unités du 442e avaient terminé leurs classes et devaient désormais passer des batteries d'évaluations et d'épreuves pratiques pour démontrer toutes leurs aptitudes, depuis l'adresse au tir jusqu'à la force physique. Les Nisei devaient encore et toujours faire leurs preuves : trente-cinq tractions enchaînées rapidement ; parcourir un peu moins de 7 kilomètres en 15 minutes avec leur sac plein et leur arme ; courir près de 300 mètres en 45 secondes, là aussi avec leur équipement au complet. Presque tous, sans exception, excellèrent aux épreuves, 98 % d'entre eux obtenant la note qualificative, la moyenne la plus élevée de toute la 3e armée cet été-là. Un autre ensemble de tests indiqua que le régiment avait aussi le plus haut QI moyen de l'armée. Au début du mois de septembre, certains des plus hauts gradés vinrent à Shelby pour une revue formelle du 442e. Dans leur grand uniforme, sur fond de cymbales et de trompettes, tandis que les officiers étoilés les jaugeaient d'un air sévère, les soldats frais émoulus – des hommes de l'infanterie, des ingénieurs, des troupes de médecine et des artilleurs – déployèrent le drapeau américain, hissèrent les couleurs de leur régiment puis défilèrent au pas le long de la place d'armes, en formations serrées et impeccables. Lorsque la dernière compagnie du 442e, « Go for Broke », quitta le terrain, Pence se tourna vers un reporter du *Honolulu Star-Bulletin* et dit, dans un coup de menton et avec des étoiles dans les yeux : « Je conduirai ces hommes au combat sans hésitation. »

Le fait était que Pence commençait à aimer ces jeunes gens. Si seulement il pouvait les empêcher de se battre les uns contre les autres…

À Spokane, au cours de l'automne, tout en attendant que le FBI vienne le chercher pour le placer de nouveau en détention provisoire, Gordon Hirabayashi continua à travailler avec ses coreligionnaires quakers et à s'éprendre davantage d'Esther Schmoe. Quand Esther devait aller à Seattle pour suivre ses cours à l'université de Washington, tous deux entretenaient une correspondance nourrie. Quand elle rentrait à Spokane, ils jouaient au tennis, faisaient des balades en voiture dans la campagne, pique-niquaient sous des pins ponderosa, s'étendaient au soleil sur la plage de graviers le long des flots blancs et tumultueux de la rivière Spokane et tombaient de plus en plus amoureux l'un de l'autre.

Gordon passa beaucoup de ces après-midi chauds et secs à tondre la pelouse d'une demeure qu'un médecin Issei de Seattle, le docteur Paul Suzuki, et son épouse, Nobu, venaient d'acheter. Un jour de septembre, une voiture s'arrêta au bord du trottoir. C'était une grosse berline noire. Un agent du FBI en descendit, s'approcha de Gordon et lui demanda s'il savait où était Gordon Hirabayashi.

« C'est moi, répondit Gordon. Pourquoi avez-vous mis tant de temps ? »

Quand Gordon arriva dans les locaux de la police fédérale, toutefois, il y eut un petit problème. Lors de l'audience au cours de laquelle avait été fixée sa sanction, il avait accepté de recevoir une peine plus longue – quatre-vingt-dix jours au lieu de soixante – pour pouvoir purger sa condamnation dans un camp de travail fédéral plutôt que de croupir dans une autre cellule surpeuplée. De cette manière, se disait-il, il serait au moins à l'air libre et ferait quelque chose de ses journées. Ce jour-là, les agents du FBI lui dirent que cela n'allait pas être possible. Le camp de la sorte le plus proche se trouvait à Fort Lewis, près de Tacoma, c'est-à-dire en pleine zone d'exclusion, où, légalement, Gordon ne pouvait pas pénétrer. L'autre camp le plus proche était à Tucson, dans l'Arizona, et le gouvernement n'allait pas financer son transfert là-bas, à plus de 2 000 kilomètres[1]. Il devait par conséquent être incarcéré dans la prison du comté de Spokane.

En réponse, sans élever la voix, Gordon déroula un raisonnement aussi imparable que ferme, comme à son habitude. Le gouvernement violait l'accord qu'il avait passé avec lui, signala-t-il. C'était de son fait, pas du sien. Si le gouvernement n'avait pas les moyens de l'envoyer à Tucson,

---

1. En fait, Tucson se trouvait dans la zone d'exclusion sud, bien que ni Gordon, ni le procureur local, ni personne d'autre ne semblent l'avoir réalisé à ce moment-là.

ce n'était pas non plus sa faute. Pourquoi ne pas le laisser aller seul en Arizona ? Supposons qu'il fasse du stop jusqu'à Tucson. L'agent qui lui faisait face, surpris par la proposition, était perplexe, mais Gordon l'eut à l'usure. Confronté à l'évidente bonne volonté de Gordon et à sa manière calme mais implacable d'argumenter, il haussa finalement les épaules et approuva l'idée.

Gordon prit donc la direction de l'Arizona en tendant son pouce. Il passa d'abord par l'Idaho et descendit ensuite en serpentant à travers l'est de l'Oregon, le Nevada et l'Utah, il se traînait sur des kilomètres et des kilomètres le long d'autoroutes isolées où des coupés noirs et des camions le dépassaient à toute allure, la plupart des conducteurs l'ignorant. Des vagues de chaleur faisaient miroiter l'asphalte et des mirages apparaissaient puis disparaissaient sur les vastes massifs de sauge au loin.

Parfois des automobilistes ralentissaient, distinguaient ses traits asiatiques, et s'éloignaient en accélérant. À Mona, dans l'Utah, une voiture s'arrêta et le conducteur demanda à Gordon s'il était japonais. « Non, je suis américain d'origine japonaise. » Le chauffeur fit demi-tour et disparut. De temps en temps, toutefois, quelqu'un l'embarquait pour quelques kilomètres. Toujours dans l'Utah, un agent de la police de la route le prit et lui demanda où il allait. Quand Gordon répondit « Le camp pénitentiaire de Tucson », le policier freina brusquement, la voiture dérapa avant de s'immobiliser au milieu de la route. Gordon lui montra une lettre du bureau du FBI de Spokane qui expliquait la situation et l'agent redémarra.

Parfois, les choses prenaient un tour inattendu. Un fermier le fit monter dans son pick-up, examina Gordon pendant un moment du coin de l'œil tout en conduisant et finit par demander :

« Tu es chinois, c'est ça ?

– Non, je suis américain.

– Je sais bien, mais tu es sino-américain, c'est ça ?

– Mes parents viennent du Japon. »

Son interlocuteur rumina l'information pendant quelques instants, puis lâcha : « Si je l'avais su, je ne t'aurais pas pris. »

Gordon proposa de descendre de la voiture, mais l'homme continua de conduire en renâclant. Après un long silence, ils commencèrent par bavarder puis parlèrent de choses sérieuses. Gordon expliqua les raisons qui l'avaient conduit en prison, quelles étaient ses convictions, à quel point il était fier d'être américain, ce que la Constitution signifiait pour lui. Tandis qu'ils se rapprochaient de l'exploitation du fermier, celui-ci quitta la route pour s'engager dans l'allée menant à sa maison.

Il invita Gordon à y entrer, lui fit couler un bain chaud, lui prépara à dîner, après quoi il le conduisit jusqu'à une route fréquentée non loin de là d'où il pourrait poursuivre son chemin.

Quand Gordon parvint finalement à Tucson, cela faisait deux semaines qu'il était sur la route. C'était un après-midi d'automne caniculaire typique de l'Arizona. Gordon avait chaud, il était en sueur et épuisé, mais il marcha jusqu'au centre-ville et le bureau du marshal fédéral local[1]. Le marshal fut interloqué par l'apparition soudaine de cet étrange jeune homme. Perplexe, il essaya de se débarrasser de lui.

« Quel est votre nom ? Nous n'avons pas reçu de consigne à votre sujet, vous feriez mieux de rentrer chez vous. »

Gordon n'allait pas se laisser faire de la sorte.

« Ça m'a pris quinze jours pour descendre jusqu'ici et je rentrerais volontiers chez moi, mais vous allez bien finir par recevoir ces papiers et je n'aurais plus qu'à refaire le trajet. »

Ils s'empoignèrent pendant un moment. En fin de compte, Gordon suggéra que le marshal passe quelques coups de fil à Spokane et à Seattle.

Prié de revenir le soir même, Gordon s'aventura à l'extérieur dans la chaleur suffocante. Ayant trouvé un cinéma doté de l'air conditionné, il s'installa pour regarder un film et attendre la suite des événements. Une fois la séance terminée, il revint sur ses pas. Le marshal, après avoir passé quelques appels téléphoniques, en avait conclu que Gordon était en effet un hors-la-loi tout ce qu'il y avait de plus officiel et il accepta de l'incarcérer. Un de ses adjoints conduisit Gordon à l'extérieur de la ville et le déposa à la prison fédérale en régime de semi-liberté de Catalina située dans un étroit canyon sur les contreforts des monts Santa Catalina, juste à l'est de Sabino Canyon. Tout de suite après le portail, se tenant debout en silence parmi des pins difformes, des prosopis et des amas de rochers rougeoyant dans le crépuscule de l'Arizona, un petit groupe de détenus qui avaient appris que le célèbre Gordon Hirabayashi était en chemin entendait le recevoir personnellement.

Une fois leurs classes terminées, certains des Nisei de Shelby furent envoyés en Alabama pour garder des prisonniers de guerre allemands, les restes de l'Afrikakorps du général Erwin Rommel, défaits et capturés

---

1. Dans le système judiciaire américain, les marshals sont chargés de la recherche et de l'arrestation des fugitifs. (NdT)

en Tunisie au printemps précédent et désormais détenus dans des camps à travers le sud des États-Unis. En grande partie pour échapper à l'ennui de rester assis dans leurs blocs de détention, des centaines d'entre eux s'étaient portés volontaires avec enthousiasme cet été-là pour récolter des cacahuètes sur des exploitations privées. Comme des milliers d'ouvriers agricoles noirs qui d'ordinaire faisaient les récoltes servaient désormais dans l'armée, les cultivateurs de l'Alabama étaient soulagés de recevoir de l'aide. Et les habitants du coin ne semblaient guère perturbés à l'idée que des soldats allemands se trouvent dans le voisinage. En fait, le rédacteur en chef d'un journal local, le *Geneva County Reaper*, semblait presque enchanté par leur apparence : « Ce sont de jeunes gens de belle prestance, à l'allure soignée d'à peine 20 ans, ils sont blonds et s'avèrent de merveilleux spécimens de virilité. » La plupart des Blancs du comté de Geneva semblaient plus à l'aise avec la présence d'Allemands aux alentours qu'ils ne l'étaient avec des Américains d'origine japonaise, même si peu auparavant ces mêmes Allemands avaient fait de leur mieux pour tuer des Américains en Afrique du Nord.

Et l'indulgence manifestée à l'égard des prisonniers de guerre en Alabama n'était pas propre à cet État. La présence de près de 400 000 prisonniers de guerre allemands aux États-Unis, en fait, mena à des situations d'une stupéfiante ironie à travers le pays. Les camps dans lesquels ils étaient détenus s'avéraient parfois plus confortables et mieux équipés, et de loin, que ceux où la WRA internait les Nippo-Américains. Et dans de nombreuses communautés rurales, particulièrement dans le Sud, les Allemands n'étaient pas seulement tolérés, ils étaient aussi chaleureusement accueillis, allant parfois jusqu'à partager le déjeuner dominical avec les familles ou se restaurant dans des cafés et buvant à des fontaines à eau qui étaient interdits aux Noirs américains.

Pour les Nisei en Alabama, garder les Allemands fut une tâche exceptionnellement facile. Globalement, ils étaient amicaux, faciles à vivre, heureux de ne plus être à la guerre. Ils n'avaient clairement pas la moindre envie de s'échapper et tout cela resta comme une période idyllique aussi bien pour les gardes que pour ceux qui étaient gardés. Les Nisei s'asseyaient à l'ombre des arbres pour regarder les Allemands travailler. Beaucoup d'entre eux ne se souciaient même pas de charger leurs armes. Au moins une fois, un soldat chargea son fusil M1 et le donna à un prisonnier de guerre pour qu'il tire sur des corbeaux qui gobaient les cacahuètes plus vite que lui et les autres prisonniers ne pouvaient les récolter.

Kats était en manœuvre au fond des bois le 17 octobre quand on lui ordonna de rentrer sur-le-champ à Shelby. Il se précipita à la base, étonné et inquiet. Là, il trouva exactement ce qu'il redoutait, un aumônier de l'armée – Eugene West – qui l'attendait. Un frisson parcourut le dos de Kats.

« Mon fils, j'ai une mauvaise nouvelle à t'annoncer. »

L'un des soldats qui gardaient les Allemands en Alabama était le frère de Kats, Katsuaki. À la fin de l'après-midi du 16 septembre, après avoir reconduit les prisonniers dans leurs quartiers, Katsuaki et une vingtaine d'autres gardes Nisei avaient grimpé à l'arrière de leur camion militaire de plus de 2 tonnes et avaient parcouru quelques kilomètres jusqu'au petit bourg de Geneva pour voir un film au cinéma Avon. Quand ils sortirent de la salle ce soir-là, ils étaient tous de bonne humeur, en particulier Katsuaki. Tout se passait mieux qu'il ne l'avait espéré. À Shelby, il avait suivi une formation médicale, mais il venait juste d'apprendre qu'il pourrait finalement s'inscrire à la faculté de médecine de Tulane. L'armée avait besoin de davantage de médecins. Dans à peine une semaine, il serait sur le chemin de l'université.

Katsuaki, Paul et Kats Miho à Shelby

L'air était suave ce soir-là, la température frôlait les 25 degrés. Une lune presque pleine était haute dans le ciel. Ils grimpèrent sur la plateforme découverte du camion et se dirigèrent vers l'extérieur de la ville, mais à sa sortie est, le conducteur prit un tournant vite. Il se jeta sur les freins et les pneus crissèrent, mais il était trop tard. Le camion se renversa et les passagers à l'arrière furent propulsés dans les airs, certains atterrirent dans l'herbe le long de la route et d'autres s'écrasèrent sur l'asphalte. Plus d'une dizaine d'entre eux furent blessés. Deux moururent sur le coup : le soldat de seconde classe Shosei Kutaka, 20 ans, et le caporal Katsuaki Miho.

Kats était effondré. Rien d'autre n'aurait pu l'atteindre plus durement. Il était exceptionnellement proche de Katsuaki et il l'idolâtrait, comme souvent les petits frères avec leur frère aîné. Il l'admirait pour son intelligence et son engagement dans l'armée, sans compter qu'il était extrêmement fier de son admission à la faculté de médecine. Quand ils avaient réciproquement tenté de se dissuader de revêtir l'uniforme, c'était parce que chacun voulait s'assurer de la sécurité de l'autre. Le pire venait d'advenir et Kats était abasourdi. C'était comme s'il avait été vidé de lui-même. Dès qu'il sortit du bureau de l'aumônier quelques minutes après avoir appris la nouvelle, il commença (il s'en rendit compte plus tard) à devenir quelqu'un d'autre, quelqu'un d'impitoyable, de plus dur, un jeune homme campé dans une position plus défensive contre le monde.

Kats profita de sa permission pour se précipiter en Alabama où son frère Paul, qui venait de sortir de la faculté de théologie de Yale, le rejoignit. Quelques jours plus tard, tous deux retournèrent à Shelby avec une urne contenant les cendres de leur frère. Là, le régiment entier garda le silence pendant que Paul dit quelques mots au sujet de son frère. Puis l'orchestre du régiment joua « Plus près de toi, mon Dieu » tandis que les soldats se tenaient en rang, beaucoup avec les larmes aux yeux. Katsuaki et Shosei Kutaka – deux têtes-de-bouddha – étaient les premiers membres du 442ᵉ à mourir, et tous savaient qu'ils ne seraient pas les derniers.

Puis, en une journée sombre et pluvieuse, les deux frères Miho montèrent à bord d'un train, déposèrent l'urne sur le siège entre eux et entamèrent un long et douloureux voyage vers le nord.

Des mois auparavant, leur père avait été déplacé de Fort Sill, dans l'Oklahoma, au camp Livingston, en Louisiane. C'était l'un des nombreux transferts auxquels avaient procédé le département de la Justice et l'armée qui ne cessaient de déplacer leurs prisonniers Issei – ainsi qu'un nombre moins important de nationaux allemands et italiens – de lieu en lieu. Quand les Issei étaient conduits devant des commissions d'évaluation, leur cas était expédié, en fonction de la menace que, aux yeux de la commission, ils représentaient pour la nation. Certains furent autorisés à retourner au Japon. D'autres à rejoindre leur famille dans les camps de la WRA. Les derniers furent déplacés d'un endroit à un autre alors que le gouvernement essayait de déterminer la manière la plus économique de les garder derrière des barbelés – eux ainsi qu'un nombre croissant de prisonniers de guerre.

Quand Katsuaki et Kats s'étaient engagés dans le 442e, le département de la Justice avait suggéré que leur père pourrait être éligible à une libération à condition qu'il soit placé sous la responsabilité de ses fils. Mais, de nouveau, Katsuichi n'entendait obéir qu'à ses principes. Il refusa de quitter le camp pénitentiaire en Louisiane, à moins qu'une vingtaine d'autres Issei de Maui qui avaient été internés avec lui ne soient également libérés.

Par conséquent, au lieu d'être libéré, il fut déplacé à Fort Missoula, dans le Montana. Le fort, un complexe étendu qui comprenait pour l'essentiel des bâtiments blancs sans étage, avait été établi en 1877 pour servir de base à partir de laquelle mener la guerre contre les Indiens locaux. Désormais, il servait de centre de détention pour les étrangers non militaires, surtout des Italiens de la marine marchande qui s'étaient retrouvés coincés en Grande-Bretagne ou aux États-Unis au moment du déclenchement de la guerre en Europe en 1939. Après l'attaque contre Pearl Harbor, il fut également utilisé pour interner des hommes Issei comme Katsuichi Miho.

Il y était arrivé en juin et pensait que ce nouveau camp serait meilleur que les deux précédents. L'air du Montana était frais et vivifiant, embaumé par les douces odeurs du foin fraîchement coupé et du trèfle venant des fermes à proximité. La nuit, des amas d'étoiles brillantes illuminaient les vastes cieux ténébreux. Le jour, de presque n'importe où dans le camp, la vue directe sur les monts Bitterroot et leurs pics déchiquetés était à couper le souffle.

Beaucoup des Issei qu'il rejoignit y étaient internés depuis déjà plus d'un an. Ils avaient forgé une communauté très soudée. Quand il arriva, pratiquement tous étaient touchés par ce qu'ils appelaient en plaisantant « la fièvre des pierres ». Comme il n'y avait pratiquement rien d'autre à faire, ils avaient collectivement développé une obsession pour la collecte et le patient polissage à la main des pierres colorées – surtout des agates, du jaspe et du jade. Ils les trouvaient en creusant dans le sol du camp, qui lors du dernier âge de glace avait été le fond du lac Missoula. Avec ces trésors, ils laissaient libre cours à leur créativité artistique ou forgeaient patiemment des objets artisanaux – qu'il s'agisse de petites figurines, de cendriers, de bijoux ou de porte-savons. Cela permettait de passer le temps et apaisait l'esprit.

L'un d'entre eux, Iwao Matsushita, qui faisait office de porte-parole, était parvenu à négocier avec le directeur du camp pour obtenir de petits privilèges : une nourriture meilleure, des occasions de se distraire et l'organisation d'événements culturels, y compris des représentations d'opéra par les prisonniers italiens. Sans doute le plus appréciable de ces privilèges était-il l'autorisation de s'aventurer le long de la rivière Bitterroot, qui coulait à une extrémité du camp, pour aller pêcher des truites et des corégones qu'ils faisaient frire pour les manger sur place, ou découpaient en tranches pour confectionner des sashimis, quand ils ne les fumaient pas afin de les envoyer à leurs proches à l'extérieur du camp. Et pour accompagner le poisson, ils s'étaient arrangés, en confectionnant leur propre alcool. Katsuichi et quelques amis détournaient régulièrement une partie de la portion de riz destinée aux repas dans une petite pièce discrète où, tandis que les gardes faisaient en sorte de regarder ailleurs, ils distillaient avec amour des seaux d'alcool de riz.

Le père de Kats commençait à se dire que son sort n'était peut-être pas aussi sinistre qu'il l'avait pensé au début de son internement sur Sand Island à Honolulu ou quand Kanesaburo Oshima avait été abattu à Fort Sill. Sa femme et ses enfants lui manquaient terriblement. L'hôtel Miho et sa vie sociale trépidante à Kahului lui manquaient. Il se considérait toujours comme japonais, il était néanmoins extrêmement fier que deux de ses fils se soient portés volontaires dans l'armée américaine. Il n'avait jamais douté qu'ils serviraient leur pays. C'était la manière de penser des samouraïs, après tout : servir avec fidélité ceux auxquels la loyauté était due, même au prix de sa vie. Depuis les montagnes du Montana, il attendrait désormais la fin de la guerre aussi patiemment qu'il le pouvait, il laisserait la jeune génération régler le conflit entre les nations, il ramasserait et polirait des pierres de couleur, comme les autres vieillards, boirait de l'alcool de riz, tout en espérant qu'un jour sa famille serait réunie sur Maui.

Cela fut donc un coup terrible pour lui quand, à la fin septembre, il reçut un télégramme lui annonçant la mort de Katsuaki. Quelques jours plus tard, il fut convoqué à la salle d'accueil de l'entrée principale du camp pour y trouver Kats et Paul, le visage fermé, tenant une urne. Kats portait son uniforme, mais le garde à l'entrée ne voulait pas le laisser pénétrer plus loin dans le camp. Tout ce qu'il put faire fut de remettre l'urne à son père pour qu'il la garde avec lui un moment et se recueille avec ses amis.

Ce fut le lendemain qu'eut lieu le moment le plus dur pour Katsuichi, quand Kats revint pour récupérer l'urne afin qu'elle soit envoyée à sa mère à Hawaï. Cette fois-ci, alors qu'il pleurait toujours un de ses fils aînés, Katsuichi dut dire au revoir à un de ses fils cadets dont il savait pertinemment qu'il pourrait ne jamais revenir de la guerre.

12.

« Un groupe de musiciens professionnels est venu donner un concert
d'une heure et demie de musique hawaïenne. Quand le spectacle s'est terminé avec
"Aloha Oe", "Across the Sea" et "To You Sweetheat, Aloha",
on aurait pu entendre une mouche voler. Je regardais les garçons
qui venaient des îles, et je craignais que la plupart d'entre eux ne s'effondrent
et se mettent à pleurer. »

Hiro Higuchi à son épouse, Hisako,
21 février 1944

Kats retourna à Shelby bouleversé et le cœur gros. Le sentiment de
solitude et d'aliénation qu'il avait ressenti à Maui après son éviction de
la Garde territoriale ressurgit. Sa famille, son foyer, les simples plaisirs
de son adolescence à Hawaï, tout cela lui semblait plus lointain que
jamais. Il n'était plus du tout certain de ce qu'il faisait dans l'armée.
Il ne s'était jamais senti aussi seul.

Il avait toutefois quelqu'un à qui se confier. Deux aumôniers nippo-
américains étaient arrivés à Shelby pour épauler Eugene West. Les révé-
rends Hiro Higuchi et Masao Yamada venaient tous deux d'Hawaï. Tous
deux avaient regardé avec une admiration non dénuée d'inquiétude les
milliers de jeunes gens des îles s'engager dans l'armée. Tous deux en
étaient arrivés à la conclusion qu'il était de leur devoir d'accompagner
ces garçons au combat, de prendre soin d'eux sur le champ de bataille.

Tous deux comptaient parmi les rares officiers du 442ᵉ d'ascendance japonaise. Tous deux étaient protestants, mais accueillaient avec bienveillance quiconque passait la porte de leur bureau ou assistait à leurs offices, y compris de nombreux bouddhistes. Tous deux étaient mariés, avaient une épouse et des enfants à Hawaï, et un âge significativement plus élevé que la plupart des Nisei. Et par-dessus tout, ils étaient profondément attachés aux hommes aux côtés desquels ils priaient, qu'ils consolaient, qu'ils encourageaient, qu'ils conseillaient et qu'ils seraient peut-être amenés, pour certains, à enterrer.

Les deux pasteurs étaient néanmoins différents par maints aspects.

Hiro Higuchi était mince, réservé et réfléchi. Il avait tendance à tout remettre en question, même s'il s'efforçait d'entretenir la foi de ses soldats. Fils d'un prédicateur itinérant qui allait de plantation en plantation, né à Hilo sur l'île d'Hawaï ; tout comme Kats Miho, il était populaire parmi ses camarades du lycée de Hilo qui l'avaient élu pour les représenter. Il s'était installé sur le continent pour suivre les cours de l'université d'Oberlin, avait commencé des études de droit à l'université de Californie du Sud et avait ensuite bifurqué vers la théologie. Là, il était tombé amoureux d'une étudiante en sociologie, Hisako Watanabe. Ils s'étaient mariés et, grâce aux 30 dollars qu'ils étaient parvenus à économiser tous les deux, avaient déménagé à Hawaï, s'étaient installés à Oʻahu et avaient eu un fils, Peter. En cet automne 1943, alors qu'Hiro Higuchi s'installait au camp Shelby, Hisako était chez eux, enceinte de leur second enfant.

Masao Yamada avait grandi pieds nus en parlant le pidgin, il était né sur une plantation de Kauaʻi où son père était charpentier. Il était rondouillard et vraiment pas très grand – une petite boule d'optimisme et de patriotisme chevillés au corps, très « fana-mili ». Myope et un peu distrait, il était en train de se faire arracher les dents cet été-là et son sourire édenté était plutôt amusant. Avant de rejoindre le 442ᵉ, il était allé au lycée à Honolulu, avait étudié la théologie dans le Massachusetts, puis il était retourné à Kauaʻi pour s'installer dans le bourg poussiéreux de Hanapēpē sur la côte ouest de l'île, la moins humide. Avant le déclenchement de la guerre, il se contentait d'élever ses enfants, de se consacrer à l'hybridation des orchidées avec son épouse, Ai, et de présider une petite congrégation. Quand quelque chose semblait injuste à Masao Yamada, son instinct était de s'impliquer pour le combattre, parfois avec une virulente ténacité. Peu après Pearl Harbor, voyant que les Nippo-Américains de Kauaʻi étaient stigmatisés par certains des militaires qui venaient d'arriver du continent, il fit face au commandant d'une unité de combat tout juste débarquée à ce sujet. Le commandant lui lança un regard furieux et grommela : « Je ne vous crois pas. »

Cela lui valut une réplique typique du ton souvent brutal de Yamada : « Si vous ne pouvez pas croire un pasteur chrétien, je me demande qui vous pouvez croire. Je n'ai pas honte de vous dire que je suis japonais. Je suis né sur Kaua'i, j'ai fréquenté des écoles américaines, et je ne connais rien d'autre que la vie en Amérique (…). Si vous ne me croyez pas, monsieur, et si vous êtes un homme, fusillez-moi ! »

Comme Higuchi, quand Yamada avait appris que des Nippo-Américains d'Hawaï allaient être envoyés au combat, avec pour seuls guides spirituels des aumôniers blancs du continent, il en avait été profondément préoccupé. Le fossé culturel, pensait-il, serait trop grand. Au moment où ils auraient le plus besoin d'un appui moral, dans des moments où se jouaient la vie et la mort, il n'y aurait personne avec qui les garçons venus des îles seraient assez à l'aise pour se confier, personne qui sache comment les assister ou les réconforter. Il avait donc directement sollicité les hauts gradés pour insister sur le fait que le tout récent 442e régiment devait inclure des aumôniers nippo-américains. Il obtint gain de cause et proposa sa candidature.

Le colonel Pence et Masao Yamada à Shelby

À quelques reprises, Kats avait pris le temps de discuter avec Yamada avant même le décès de son frère, surtout pour échanger des nouvelles des familles qu'ils connaissaient tous les deux dans l'archipel. Ils pouvaient passer une demi-heure à se raconter des histoires. Désormais Kats allait voir Yamada plus souvent, il était ostensiblement angoissé et essayait de donner un sens à la mort de son frère. Suivant l'exemple de son père, Kats avait consacré toute son existence à servir ses semblables, s'arc-boutant sur ses principes, remplissant ses obligations civiques et morales, s'acquittant de son devoir. Désormais, lui dit Yamada, la disparition de son frère lui imposait une nouvelle charge : renouveler cet engagement, le revigorer et se consacrer à une cause plus éminente. Dans un sens, suggéra-t-il, la mort de Katsuaki avait ouvert une porte par laquelle Kats devait à présent passer. D'un côté, il y avait le désespoir et la désolation ; de l'autre, une opportunité. En menant sa vie du mieux qu'il le pouvait – en ravivant son sens du devoir, son enthousiasme à s'impliquer dans des actions, et les qualités de meneur dont il avait fait preuve au lycée de Maui, en devenant le meilleur soldat possible –, il pourrait contribuer à combler le vide que son frère avait laissé, non seulement dans sa propre vie, mais dans le monde lui-même. Il ne tenait qu'à lui de mobiliser son énergie et sa force, de mettre sa volonté au service du bien, en étant à la hauteur de l'héritage de son frère. Kats écouta ce que lui disait Yamada et le garda en tête. Petit à petit, il commença à aller mieux, à sortir de sa coquille, à se tourner de nouveau vers les autres, comme avant. Toutefois il savait qu'il ne serait plus jamais le gamin totalement insouciant de Kahului. Ce gamin-là était mort avec Katsuaki sur une route éclairée par la lune en Alabama.

Quand les aumôniers Higuchi et Yamada arrivèrent à Shelby, le commandant du 442ᵉ, le colonel Pence, leur confia une tâche urgente. Les bagarres entre les têtes-de-bouddha et les kotonks continuaient de plus belle. Maintes et maintes fois, Pence avait réuni l'ensemble du régiment, afin de lui passer un savon à ce sujet. Il avait rétrogradé des hommes pour s'être battus. Il avait infligé des corvées supplémentaires de pommes de terre et de latrines aux meneurs. Il en avait jeté quelques-uns en cellule. Il avait menacé de démanteler toute la formation. En vain.

C'est Hiro Higuchi qui trouva une issue. En parlant avec les hommes, il lui avait sauté aux yeux que ceux qui venaient des camps de concentration étaient hantés par le spectre de ce qu'ils y avaient vécu. Les garçons d'Hawaï, les têtes-de-bouddha, étaient toujours à parler de ce qui se passerait à leur retour chez eux après la guerre : les défilés, les *lūʻau*, les *leis* passés autour de leur cou par de jolies filles reconnaissantes, des bons petits plats maison, s'endormir dans leur lit au son du ressac de la mer et du bruissement du vent dans les palmiers. La plupart des garçons du continent n'avaient rien de tout cela en tête. Comme l'un d'entre eux le confia à Higuchi avec des larmes dans les yeux : « Je ne crois pas qu'aucun d'entre nous s'imagine rentrer à la maison. » Pour beaucoup d'entre eux, il n'y aurait d'ailleurs probablement plus de maison. Dans le meilleur des cas, il y aurait une famille rafistolée, se débattant pour trouver une terre à louer, à la recherche d'une nouvelle maison dans un quartier ségrégué, s'efforçant d'aider leurs parents à lancer un nouveau commerce, tout cela en subissant le sempiternel mépris de nombre de leurs voisins. Au pire, il y aurait encore des barbelés et d'autres baraques.

Higuchi comprit que les Hawaïens n'avaient pratiquement pas idée de ce que les continentaux avaient en tête quand ils pensaient à leur foyer, à leur famille et à leur avenir. Certains des têtes-de-bouddha n'avaient même jamais entendu parler des camps de concentration. D'autres en avaient plaisanté ou avaient refusé de croire que de tels endroits puissent exister. Depuis juillet, certains des garçons du continent s'étaient rendus non sans mal dans les camps de Jerome et de Rohwer, en Arkansas, pour passer du temps avec les membres de leur famille qui y étaient internés. Il y avait même un centre spécialement dédié à l'accueil des soldats en visite à Jerome. Higuchi se disait que si les têtes-de-bouddha y allaient eux aussi et voyaient les camps de leurs propres yeux, ils pourraient commencer à comprendre les continentaux et changeraient de comportement à leur égard. Higuchi proposa à Pence d'organiser plusieurs déplacements dans les deux camps en Arkansas. Pence accepta immédiatement. Envoyez autant d'Hawaïens que vous le pouvez, répondit-il, en particulier les sous-officiers, les leaders, les plus charismatiques.

Depuis le tout début, Kats Miho suscitait une admiration générale à Shelby, comme cela avait été le cas au lycée de Maui, il fut donc sélectionné pour participer à l'un des premiers voyages. Ce fut aussi le cas du caporal Daniel Inouye. Ils partirent aux premières lueurs de l'aube. Vers le milieu de la matinée, alors qu'ils venaient de dépasser Jackson et Vicksburg, avaient franchi le Mississippi et commençaient à se diriger vers le nord à travers les vastes et riches plaines alluviales, s'enfonçant dans une mer blanche de coton qui s'étirait à perte de vue, ils sortirent les ukulélés et les guitares de leurs étuis. Les garçons commencèrent à chanter et à chahuter, ils jouaient aux cartes tout en se moquant les uns des autres. Kats trouvait le paysage particulièrement intéressant : de vieilles plantations décrépites datant d'avant la guerre de Sécession, des hommes noirs marchant pieds nus derrière des mulets dans les champs, des alligators se prélassant au soleil sur les berges boueuses. Tous étaient de bonne humeur, bien qu'ils n'aient eu aucune idée de l'endroit où on les emmenait, ni de la raison pour laquelle on les y emmenait.

Finalement, à la sortie d'un dernier virage, ils virent ce qui leur apparut d'abord comme une sorte de camp militaire. À la surprise de ses passagers, le car s'arrêta devant un portail qui s'ouvrit. Kats descendit avec les autres et se mit à regarder à travers une haute clôture des rangées interminables de baraques branlantes faites de planches de pin recouvertes de papier goudron. Des miradors surplombaient l'entrée et les quatre coins de l'enceinte. Les personnes qu'ils voyaient derrière la clôture avaient des traits asiatiques, et d'un coup, la réalité les rattrapa. Kats était choqué. Ils étaient tous choqués. Dans les miradors, les fusils étaient tournés vers l'intérieur, vers celles et ceux qui vaquaient à leurs occupations au sein du périmètre. Bien qu'il vînt juste de rendre visite à son père, interné à Fort Missoula, Kats ne pouvait pas croire ce qu'il voyait. Ce n'étaient pas des Issei – des sujets japonais – derrière la clôture. C'étaient des Américains. Comme lui. Un groupe de petites filles jouait à la marelle. Un garçonnet lançait une balle en caoutchouc contre un mur. Une femme enceinte portait un panier de linge. Des hommes entre deux âges étaient assis, désœuvrés, sur les marches d'une baraque, fumant des cigarettes, et les regardaient d'un air absent. Tandis que les soldats Nisei, tous en uniforme, pénétraient dans le camp, ils furent fouillés par des soldats blancs à la recherche d'objets interdits, et leur gêne tourna vite à l'indignation.

Ils étaient arrivés au centre de déplacement de Jerome. C'est de là que venaient leurs partenaires de danse. Le camp avait été construit sur 200 hectares de terres marécageuses attenantes au bayou Boggy, à seulement 5 kilomètres à l'ouest du Mississippi. Le bayou portait bien son nom[1]. Quand il pleuvait, le camp était inondé. Quand le soleil perçait de nouveau et que l'eau se retirait, de la vapeur s'élevait du sol. La boue était partout. C'était aussi le cas des serpents, des chiques, des moustiques et des épidémies. La malaria et la fièvre

---

1. Le mot anglais *boggy* signifie « marécageux ». *(NdT)*

204

typhoïde avaient déjà fait des ravages. La grippe était en train de se répandre. L'infirmerie était pleine, et le moral au plus bas. Kats pouvait le voir dans les yeux de celles et ceux qu'il croisait. L'expression qu'il y décelait ne témoignait ni effroi, ni colère, ni impatience mais plutôt morosité et résignation, comme si l'âme derrière ces regards avait renoncé, comme si elle n'avait plus rien à attendre de l'avenir. Masao Yamada, qui, d'ordinaire, ne pouvait s'empêcher de manifester sa bonne humeur, était choqué. Ce soir-là, il écrivit tristement à son épouse : « Ils sont perdus. Ils sont plongés dans l'incertitude au sujet de leur avenir (...), beaucoup de jeunes gens sont devenus négligents et pessimistes (...). La vie dans un centre de déplacement n'est pas une vie vraiment libre. »

Néanmoins, la plupart des familles de Jerome firent de leur mieux pour accueillir les soldats Nisei. Elles avaient mis de côté leurs rations de nourriture et utilisé les cuisines communes pour préparer de modestes agapes en l'honneur de leurs visiteurs. Les internés offrirent aux garçons de petits cadeaux, surtout des *kobu*, des sculptures traditionnelles en bois qu'ils avaient confectionnées en utilisant les racines tordues, ainsi que les nœuds des chênes et des cyprès des marécages abattus pour la construction du camp. Un nouveau bal fut organisé avec les filles Nisei. Les familles proposèrent de dormir à la belle étoile afin que les soldats puissent passer la nuit dans les baraques, mais ces derniers expliquèrent que l'autocar ou le réfectoire leur conviendraient tout à fait. Kats tomba sur son professeur à l'école de langue japonaise de Kahului. Comme le père de Kats, il avait été arrêté le 7 décembre 1941 et interné dans un camp du département de la Justice mais avait ensuite été autorisé à rejoindre sa famille à Jerome. Kats et son professeur passèrent l'essentiel du week-end à se rappeler la vie sur Maui.

Lors du trajet de retour vers le Mississippi, personne dans le car ne sortit les instruments de musique. Un silence de mort régna pendant la plus grande partie du trajet. Tous avaient besoin de temps pour réfléchir à ce qu'ils avaient vu. Kats et les autres garçons d'Hawaï ne pouvaient pas s'empêcher de se demander s'ils auraient été engagés dans l'armée s'ils s'étaient retrouvés dans un tel endroit.

Daniel Inouye rentra dans son baraquement ce soir-là et lança : « Il faut que je vous dise, les gars, au sujet des continentaux. Vous n'allez pas en croire vos oreilles. » Kats dit en substance la même chose. Tous ceux qui y étaient allés racontaient des histoires similaires. Ils conseillèrent aux autres d'aller voir les camps par eux-mêmes. D'autres cars conduisirent d'autres Hawaïens à Jerome et à Rohwer.

À chaque fournée qui revenait, davantage de têtes-de-bouddha se montaient plus compréhensifs vis-à-vis des kotonks.

Après avoir visité un des camps, un tête-de-bouddha aborda Rudy Tokiwa, désireux de lui parler de ce qu'il avait vu.

« Hé, Rudy, les mecs comme toi, ta famille ils sont dans des endroits comme ça ?

– Ben, la plupart, oui.

– Waouh, ils touchent combien pour rester là ?

– *Nada*, ils ne sont pas payés.

– Mais vous, les kotonks, vous êtes sacrément sympas. C'était un super accueil ! Vous êtes potes avec tout le monde. »

La guerre entre les kotonks et les têtes-de-bouddha trouvait enfin une issue.

En Arizona, Gordon Hirabayashi, ou plutôt le détenu fédéral matricule 3751, passait ses journées à travailler sous un soleil brûlant sur un chantier de voirie, brisant des rochers avec une masse, et chargeant à la pelle des pierres dans des bennes. C'était un rude labeur. Mais là encore Gordon se fit rapidement des amis parmi ses nouveaux compagnons. C'était un groupe éclectique : il y avait des Afro-Américains ; des Mexicains qui avaient franchi la frontière illégalement ; des Témoins de Jéhovah ; des pacifistes blancs, notamment des étudiants de Los Angeles ; des mennonites ; des Navajo et des Hopi opposés à la conscription, ainsi que quelques braqueurs, escrocs et faussaires ordinaires. Travaillant et transpirant à leurs côtés, s'asseyant à l'ombre des peupliers pour manger des sandwichs au jambon avec eux, il leur posait des questions sur leur vie, écoutait leur histoire et, dès qu'on lui en donnait la possibilité, leur expliquait sa philosophie de la non-violence. Les autres l'écoutaient avec attention, et comme dans la prison du comté de King, il eut bientôt un groupe de fervents adeptes dans le camp. Cela n'échappa pas au FBI qui commença à intercepter son courrier et à faire des copies des lettres qu'il écrivait à ses amis et à ses connaissances.

Il commença aussi, calmement mais non sans insistance, à remettre en question les principes et les règles en vigueur dans le camp, dont la ségrégation au moment de répartir les détenus dans les baraques en bois : les citoyens américains blancs étaient logés dans l'une, les ressortissants mexicains dans une autre, les citoyens américains considérés comme « de couleur » (les Afro-Américains, les Latino-Américains, et les Indiens) dans une troisième. Gordon fut placé avec les Blancs. Il se dit que cela devait être considéré comme une sorte de privilège, mais il voulut savoir pourquoi. Jour après jour, il aborda différents administrateurs du camp et des gardiens pour les interroger, et trouvait des failles non seulement dans la politique de la ségrégation en elle-même, mais dans la logique qu'ils appliquaient. Si lui-même était soumis à un couvre-feu et détenu parce qu'il n'était pas blanc, pourquoi était-il blanc quand il s'agissait d'être assigné dans une baraque ? « Pourquoi ai-je été mis dans la baraque des Blancs quand les Mexicains qui ressemblent à des Espagnols ont été placés dans la baraque des "personnes de couleur"? Sur quoi vous fondez-vous pour mettre en œuvre cette ségrégation entre les baraques ? Pourquoi ségréguer d'ailleurs ? » Embarrassé par le barrage de questions, un des administrateurs bafouilla que, oui, cela semblait plutôt idiot, mais que l'on avait toujours procédé ainsi et que c'était donc ce qu'on continuerait à faire. Bientôt, la plupart des détenus « blancs » suivirent l'exemple de Gordon, demandant à être assignés dans les baraques pour les « personnes de couleur » en guise de protestation.

Parmi les autres détenus de Catalina se trouvait un groupe de jeunes hommes Hopi et Navajo qui avaient refusé la conscription, certains pour des choix religieux, d'autres parce qu'ils considéraient ne pas avoir à servir dans une armée qui, au XIXᵉ siècle, les avait systématiquement privés, eux et d'autres Indiens, de leurs droits et de leurs terres. Ils invitèrent Gordon dans les petites huttes qu'ils avaient construites à flanc de colline au-dessus des baraques. Ils versèrent de l'eau sur des roches chaudes pour donner à Gordon un bain de vapeur purifiant, puis lavèrent ses cheveux avec du savon qu'ils avaient confectionné à partir d'herbes sauvages. Ils parlèrent à Gordon de leur spiritualité. Gordon leur parla du quakerisme. Bientôt, ils se joignirent à la fronde de Gordon pour remettre en question avec virulence les règles et les principes de l'administration du camp. Finalement, l'un des gardiens, exaspéré par l'agitation des détenus, s'approcha de Gordon et lui confia avec lassitude : « Je veux que cette guerre se termine pour qu'on [puisse] revenir aux bons vieux meurtriers et aux kidnappeurs (...). Eux au moins n'essaient pas de changer le système. »

Alors que l'automne 1943 glissait vers l'hiver et que, de nouveau, l'air se rafraîchissait dans le Mississippi, les hommes du 442ᵉ régiment quittèrent le camp Shelby. La plupart du temps, ils étaient dehors dans les bois, dormant sous des petites tentes, à la belle étoile ou sur des lits faits de branches de pin, parfois même dans des abris froids et humides creusés à même le sol, des cagnas, dans le jargon militaire. Effectuant désormais des manœuvres à grande échelle, ils parcouraient toute la Louisiane et le Mississippi. Kats, George Oiye et le 522ᵉ bataillon d'artillerie de combat allèrent jusqu'à la rivière Sabine au Texas, tractant des obusiers derrière leurs camions 6x6, empilant des sacs de sable autour des pièces d'artillerie, étirant des filets de camouflage par-dessus les canons pour les rendre invisibles depuis les cieux. Les unités d'infanterie comme celles de Fred Shiosaki et de Rudy Tokiwa marchaient en colonne en suivant des chemins de terre rouge ou le long d'autoroutes bitumées, portant des lance-roquettes, des mortiers et des fusils M1. Les pieds de Fred lui faisaient mal presque à chaque pas, mais désormais il était tellement musclé qu'il pouvait marcher toute la journée avec une vingtaine de kilos d'équipement sur le dos sans presque suer une goutte, même lorsque son sergent, Joe Hayashi, ordonnait à ses gars de le faire au pas redoublé. Rudy avançait lui aussi avec difficulté, sans se plaindre, courbé, souple et plus endurci que jamais, louant les marches comme celles-ci qu'il avait faites quand il était plus jeune au Japon.

Jour et nuit, les soldats Nisei s'entraînaient en équipe à se dominer réciproquement en déjouant leurs manœuvres, une équipe glissant en silence autour des flancs d'une autre, une troisième menant une charge de baïonnettes surprise à travers les bois pour capturer deux autres équipes adverses qui s'étaient assises pour se restaurer. La nuit, ils rampaient à travers des marécages ténébreux sous la pluie, avançant sur le ventre dans de la boue rouge, essayant d'échapper aux patrouilles « ennemies ». Ils tendaient des fils de téléphone à travers les bois pour communiquer entre eux. Des tireurs grimpaient en haut des chênes couverts de mousse espagnole. Ils lançaient en chandelle de fausses grenades dans les nids de mitrailleuse fictifs des autres. Ils réparaient les jeeps qui étaient tombées en panne. C'était éreintant, incessant, salissant et épuisant. Mais ils se sentaient de plus en plus à l'aise et compétents pour effectuer leurs tâches individuelles. Et de plus en plus souvent, ils travaillaient ensemble sans peine, se déplaçant à travers les bois non pas en tant qu'individus mais en escouades et en sections, comme des parties de quelque chose de plus grand qu'eux-mêmes. Bien qu'ils n'en eussent pas encore totalement conscience, ils étaient en train de devenir l'une des forces combattantes de la 3ᵉ armée les plus aguerries, l'une des plus meurtrières également.

John Terry, un journaliste envoyé par le *Honolulu Star-Bulletin* pour faire un reportage sur le 442ᵉ, les observa, fasciné, pendant des manœuvres de nuit. « La lumière de la pleine lune inondait les prairies dans une lueur pâle et projetait des ombres sombres à travers la forêt de pins. Il y avait des soldats partout (...). Les bois en étaient littéralement pleins. Mais on pouvait à peine les voir (...). Leurs treillis semblaient se confondre avec l'herbe, les arbres et les arbustes. Le seul son que l'on pouvait entendre était les stridulations des sauterelles au sommet des arbres (...). Nous avons remarqué un groupe d'hommes (...) marchant en file indienne. Ils sortaient d'un bosquet de pins, avançaient à travers la prairie et disparurent lentement dans les bois sombres qui s'étendaient au loin (...). Sous la lueur de la pleine lune, leurs mouvements sans bruit les faisaient ressembler à des fantômes. »

Et pour la première fois, ils commencèrent à s'amuser dans les bois. Pendant leur temps libre, ils cueillaient des kakis sauvages adoucis par les premières nuits de gel et remplissaient des sacs de noix de pécan avant de s'asseoir autour de feux de camp pour les ouvrir avec leurs pelles et leurs pioches, d'ordinaires destinées à creuser des tranchées. Ils s'allongeaient sur le dos et fumaient des cigarettes en regardant les étoiles. Ils se racontaient des histoires, évoquaient les endroits qui leur étaient chers, les plats de leur mère et les filles qu'ils avaient laissées derrière eux. Ils inventaient quantité de blagues, en particulier pour leurs officiers, enroulant un mocassin d'eau mort dans le sac de couchage d'un sergent ou nouant une tarentule à un fil qu'ils laissaient pendre au-dessus de la tête d'un capitaine assoupi. Les garçons qui avaient grandi dans l'Ouest entourés de massifs de sauge – comme George Oiye, du Montana, ou Fred Shiosaki, de Spokane – donnaient à présent l'impression d'avoir grandi sur Hilo ou Lahaina au milieu des champs de canne à sucre. Le pidgin hawaïen qui, au début, les avait divisés de manière si aiguë commençait maintenant à unir le 442e d'un seul bloc, il définissait leur identité si particulière. Comme toujours, presque chaque nuit, les Hawaïens prenaient les ukulélés et les guitares et chantaient de leurs voix douces, leurs mots flottant de manière insolite dans l'air nocturne par-dessus les bayous éclairés par la lune. Désormais, les kotonks se joignaient à eux.

L'apogée de cette période fut toutefois la « pluie de cochons ». Cela commença un après-midi quand quelqu'un dans l'unité d'artillerie de Kats – la batterie B du 522e – remarqua un cochon fouillant de son groin autour de chênes nains. L'un des Hawaïens, supposant qu'il s'agissait d'un cochon sauvage, bien qu'il semblât résolument grassouillet et bien rose, saisit son M1 et l'abattit. Excités à la perspective du plaisir d'un *lū'au* traditionnel, les garçons décidèrent de préparer un cochon *kālua*. Ils essayèrent de creuser un *imu* – un puits dans lequel cuire le cochon avec des pierres chaudes – mais la nappe phréatique en Louisiane était bien trop haute. Le puits ne cessait de se remplir d'eau. Alors, ils le cuisinèrent à la *huli huli*, le rôtissant en entier au-dessus de braises ardentes sur une broche rotative improvisée. En peu de temps, l'odeur du porc rôti embaumait les bois, et les garçons se penchaient sur le foyer, découpant goulûment des tranches de viande douce et moelleuse des flancs de l'animal avec leurs couteaux de combat. Les insulaires et les continentaux se régalèrent de concert.

Le lendemain et les jours qui suivirent, ils tombèrent sur d'autres cochons, de plus en plus de cochons, et ils comprirent que l'endroit où ils se trouvaient fourmillait de ces animaux. Ils durent toutefois se rendre rapidement à l'évidence qu'il ne s'agissait pas de cochons sauvages. Ils constituaient le cheptel d'un éleveur du coin. Pourtant les garçons avaient le goût du cochon rôti en bouche et ils n'étaient pas prêts à y renoncer. Ils apprirent à imiter les appels des éleveurs voisins pour rassembler leurs bêtes, et bientôt ils virent les cochons trotter vers eux et leur mort. Il fallut peu de temps pour que Pence, à Shelby, reçoive des factures pour les bêtes de remplacement. Le colonel choisit de ne pas faire de difficultés. Quelques cochons étaient un prix modique à payer pour la cohésion croissante et l'efficacité du 442ᵉ régiment.

Vers la fin du mois de novembre, une couche de givre recouvrait le sol presque chaque matin. Quand ils s'asseyaient autour des feux de camp les soirs ou les matins de plus en plus frais, ils discutaient de presque tout, « du sublime au ridicule, en finissant généralement par les filles », écrivit Masao Yamada à sa famille. Ils commencèrent aussi à parler, non sans réticence, de ce qui était sur le point d'advenir, de ce que serait la guerre une fois qu'ils y seraient. Ils se demandaient ce que cela faisait d'être blessé, ou de mourir sur le champ de bataille, quelles seraient leurs souffrances ou quelles seraient les souffrances de leurs proches. En même temps, ils s'inquiétaient que la guerre ne se termine avant même qu'ils puissent y participer. Ils tombèrent d'accord pour dire que ce serait la pire chose qui leur arriverait. Pire que la mort. Ils perdraient pour toujours la possibilité de prouver leur loyauté et de gagner pour les Nippo-Américains la place qui leur revenait dans la société américaine. « Si nous devons simplement devenir une partie d'une armée d'occupation, tout ce truc n'aura servi à rien, expliqua un garçon à un journaliste de passage. Il nous faut à tout prix nous jeter dans la bataille. » Ils parlaient de leurs croyances et de leurs valeurs, de ce qui se passait en Europe à cause d'Hitler et de Mussolini, et des raisons pour lesquelles cela importait à l'Amérique. Ils revenaient sans cesse à ce qu'ils avaient appris au lycée au sujet de la Constitution américaine, sur les principes fondamentaux de la démocratie : la liberté individuelle, l'égalité, la liberté d'expression. Ils débattaient pour savoir si ces idées valaient réellement quelque chose dans un pays qui internait leur famille. Ils discutaient aussi de ce que leurs parents japonais leur avaient appris. Fred Shiosaki évoqua la piété filiale, le principe familial qui lui imposait, ainsi qu'à ses frères et à sa sœur, de toujours respecter l'autorité de leurs parents et d'entretenir l'honneur de la lignée. Kats Miho mentionna les films de samouraïs qu'il regardait dans les champs de canne de Maui et ce qu'il y avait appris sur les bases du code du guerrier, les huit vertus du *Bushido* : la rectitude, le courage, la bienveillance, la politesse, l'honnêteté, l'honneur, la loyauté et la maîtrise de soi. Il décrivit l'insistance de son père sur le giri, l'obligation sociale, et la nécessité de le mettre en balance avec le ninjō, la chaleur humaine et la compassion. Rudy Tokiwa se remémora la rigueur des entraînements militaires de sa jeunesse au Japon, la notion de *gaman* – supporter ce qui était apparemment insupportable avec calme et patience – et, au sujet de l'esprit du *Yamato damashii*, la vertu de rester solidaire quoi qu'il arrive, de se battre pour son groupe plutôt que pour soi-même. Ils citèrent les derniers mots de leur père quand ils avaient quitté la maison familiale. Presque toujours cela avait été une version du même message : « Quoi que tu fasses, n'attire pas la honte sur la famille. » Dans le cas de Rudy, le message avait été explicite : « Tu as choisi ton camp. Maintenant, fais ce que tu as à faire. S'ils te disent d'y aller et de te faire tirer dessus, vas-y et fais-toi tirer dessus. »

Tandis qu'ils discutaient entre eux et se confiaient les uns aux autres, quelque chose de solide et de durable commença à prendre forme : une identité commune qui était à la fois américaine et japonaise, mais également unique, quelque chose d'impressionnant et d'indéfectible, quelque chose de chaleureux, qui les embrassait tous, un pouvoir aussi silencieux que puissant, un état d'esprit qui les réunissait. Tout ce qui, dans le futur proche, les aiderait à traverser les difficultés et les horreurs.

Alors que la fin de l'année 1943 approchait, les températures continuèrent à baisser, tandis qu'une vague de froid inhabituellement

Un hula à Shelby

intense touchait le delta du Mississippi. La glace s'incrusta dans la boue habituellement rouge et forma des marges blanches autour des flaques noires d'eau stagnante. Les branches de pin penchaient vers le sol, alourdies par la glace. Quand ils se levaient le matin et passaient un peigne dans leurs cheveux, les soldats du 442e s'apercevaient qu'eux aussi étaient couverts de cristaux de glace. Leurs chaussettes étaient aussi rigides que du cuir, et ils pouvaient faire tenir droites leurs serviettes gelées. La nuit, ils se blottissaient les uns contre les autres dans des petites tentes. Masao Yamada se glissa à l'arrière d'un camion une nuit, en espérant qu'il y ferait plus chaud que sous une tente. Le lendemain matin, il écrivit à son épouse : « Je ne m'étais même pas endormi qu'un garçon de l'Idaho potelé avait surgi, senti mon ventre et y plaçait sa tête avant de ronfler du sommeil du juste. Une heure plus tard, un autre arriva, tira ma jambe, s'allongea à côté et se blottit contre elle. Quelle nuit ! »

Quand ils n'étaient pas à l'extérieur pour des manœuvres, les garçons passaient presque tout leur temps dans leur baraquement à lire les lettres et les cartes de vœux de leurs parents, de leurs frères et sœurs ou de leur petite amie restés à Hawaï ou internés dans des camps. Hiro Higuchi dévora avec enthousiasme une lettre d'Hisako dans laquelle elle décrivait leur première fille tout juste née, Jane. D'autres lettres arrivaient du sud de l'Italie, écrites par des garçons avec lesquels ils avaient grandi à Hawaï ou qu'ils avaient rencontrés au camp Shelby et qui à présent combattaient au sein du 100e bataillon d'infanterie. Et il n'y avait rien de joyeux dans leurs lettres. Ils passaient un sale moment. C'était l'enfer là-bas.

Après un arrêt rapide en Afrique du Nord, le 100e était arrivé à Salerne le 22 septembre et avait été rattaché à la 34e division « Red Bull » de la 5e armée du général Mark Clark afin de participer à l'invasion alliée de l'Italie. La 5e armée devait combattre en remontant la péninsule italienne par l'ouest, tandis que la 8e armée britannique, dirigée par le maréchal Bernard Montgomery, ferait de même à l'est. On espérait que la conquête de l'Italie ouvrirait la Méditerranée aux bateaux alliés, tout en attirant simultanément des ressources allemandes vers le sud, loin du site de l'éventuel débarquement des Alliés sur le littoral de la Manche ou de la mer du Nord.

Dès le début, le 100e avait rencontré une résistance acharnée des Allemands, bien installés dans des positions lourdement fortifiées, et il avait commencé à subir de lourdes pertes. Pendant des semaines cet automne-là et au début de l'hiver, les garçons du 442e à Shelby avaient dévoré les journaux et passé en revue les listes de victimes avec un mélange d'effroi et d'admiration. Les premiers Nippo-Américains envoyés au front se distinguaient par leur grand mérite, mais ils payaient un lourd tribut – particulièrement les Hawaïens – bien trop intime. À Noël, presque tous connaissaient quelqu'un du 100e qui était tombé en Italie.

Alors que les listes de victimes s'allongeaient, il revenait souvent aux aumôniers de Shelby d'annoncer les mauvaises nouvelles aux amis et aux membres des familles du 442e. Hiro Higuchi passa une longue nuit dans les bois à consoler deux jeunes hommes effondrés : tous deux avaient chacun perdu un frère le même jour en Italie. L'un d'entre eux – ils étaient trois garçons dans sa famille à s'être engagés dans l'armée – lut à Higuchi la lettre qu'il avait reçue de son frère survivant en Italie : « Tu sais quoi ? Il n'y a plus que toi et moi désormais. Toi et moi devons traverser cette épreuve et rentrer à Hawaï (…). Je prie seulement pour que ton équipement ne nous soit pas renvoyé. La guerre, ce n'est pas comme dans les livres. C'est horrible. »

Loin de chercher à se dérober à ce qui les attendait, les soldats du 442e aspiraient de plus en plus à « y aller », comme ils disaient. Plus ils voyaient d'actualités filmées, plus ils entendaient de nouvelles, plus ils lisaient de lettres en provenance d'Italie, plus ils voulaient prendre leur part, partager avec leurs frères du 100ᵉ les affres de la guerre.

Vers la mi-février 1944, il était évident qu'au moins une partie d'entre eux étaient sur le point de voir leur vœu se réaliser. Plusieurs centaines de recrues furent brusquement sélectionnées et disparurent en une nuit, détachées du 442ᵉ et envoyées sans délai par-delà les mers comme troupes de remplacement pour reconstituer le 100ᵉ en lambeaux.

Désormais, la tension ambiante était montée d'un cran à Shelby. Tout le monde attendait. Personne n'était sûr du moment où ceux qui restaient seraient appelés ni où ils iraient, mais tout le monde avait un pressentiment. Hiro Higuchi écrivit à Hisako, restée à Pearl City : « Je me dis qu'il faudrait que j'apprenne à aimer les spaghettis. » Puis, le 5 mars, le chef d'état-major de l'armée de terre, George C. Marshall, arriva à Shelby, passa en revue le 442ᵉ dont les soldats se tenaient en rangs serrés et repartit une poignée d'heures plus tard sans avoir fait le moindre commentaire public, si ce n'est quelques mots indiquant que c'était « un ensemble bien au point ». Ils savaient tous ce que sa visite présageait.

D'autres semaines s'écoulèrent, tandis que l'armée réglait les derniers détails logistiques pour envoyer les hommes et leur matériel de Shelby vers la côte est. Les soldats du rang comme les officiers se mirent tous à écrire des lettres à leurs proches, et pour la première fois, ces lettres faisaient allusion à l'éventualité qu'ils ne reviennent pas. Les lettres aux jeunes épouses leur rappelaient de conserver avec soin le contrat d'assurance-vie. Les lettres aux frères et sœurs internés dans les camps leur enjoignaient de prendre soin des parents, coûte que coûte. Les lettres aux parents promettaient que leurs fils n'attireraient pas la honte sur la famille, quel qu'en soit le coût. Hiro Higuchi écrivit à Hisako, d'abord pour l'assurer qu'il reviendrait indemne de la guerre tout en lui donnant, au cas où, des consignes dans le paragraphe suivant sur la manière dont il voulait que son fils, Peter, soit élevé : « J'aimerais qu'il grandisse en étant fier de lui et de sa famille. Qu'il soit gentil et compréhensif vis-à-vis des problèmes des autres et qu'il apprenne à faire preuve d'empathie avec ceux qui sont dans le besoin. » Et il écrivit séparément à Peter, 7 ans, pour que son fils ait quelque chose de tangible auquel se raccrocher si le pire devait survenir. « Papa ne sait pas combien de temps il va rester ici, et tôt ou tard, il devra aller au front quelque part (...). Tu dois toujours être un gentleman, comme les enfants de nos amis, tu dois rester très courtois envers autrui et très désintéressé dans tes besoins. Tu ne dois haïr personne, car la haine a causé cette guerre et toutes les mauvaises choses qui y sont liées. Tu dois être gentil avec tout le monde. Souviens-toi de cela et papa se sentira bien mieux quand il partira. »

Finalement, le 22 avril, l'ordre arriva. Ils firent leur sac et, à Hattiesburg, montèrent à bord de trains à destination du nord, prenant la direction de leur centre de rassemblement à Fort Patrick Henry, en Virginie. Ils devraient rester là quelques jours, le temps d'être vaccinés, de recevoir leurs nouveaux équipements, de griffonner à la dernière minute d'ultimes missives d'adieu. Ils se débrouillèrent toutefois pour être de nouveau impliqués dans une ultime bagarre. Et, sans surprise, Rudy Tokiwa était au cœur de l'action.

Une association locale avait organisé un bal de départ pour le 442ᵉ, acheminant par autocars des jeunes femmes des environs afin que les soldats puissent avoir des partenaires de danse. Alors que le bal battait son plein, des pilotes de l'armée se rendirent compte de ce qui était en train de se passer et décidèrent qu'ils n'allaient pas laisser des Asiatiques danser avec des femmes blanches. Ils se faufilèrent jusqu'à Rudy et ses amis pour demander si quelques-uns d'entre eux pourraient se mêler à la fête. Les Nisei se regardèrent les uns les autres. Ils étaient sur leurs gardes, mais se dirent que deux ou trois garçons haole ne poseraient pas de problème. Après tout, ils appartenaient tous à la même armée, ils allaient tous combattre dans la même guerre, ils feraient mieux d'apprendre à se côtoyer, et donc Rudy répondit : « Bien sûr, pourquoi pas ? » Toutefois, quand l'orchestre se mit à jouer et que les couples se dirigèrent vers la piste de danse, les choses tournèrent vite à l'aigre. « Quelques-uns » devinrent vite une dizaine, puis plusieurs dizaines. Les pilotes commencèrent à s'interposer entre les couples. En un rien de temps, les Nisei étaient presque tous appuyés contre le mur en train de regarder les garçons blancs danser avec les jolies filles. Tandis que Rudy et ses amis contemplaient le spectacle qui se déroulait sur la piste de danse, l'un des amis de Rudy, un tête-de-bouddha que tout le monde appelait « Bolo », s'approcha discrètement de lui.

« Je vais aller danser avec la vahiné haole. Si le mec me tape sur l'épaule (…), je continuerai à danser. Et s'il dit quoi que ce soit, je lui colle un bourre-pif. »

Rudy commença à faire le tour de la salle, chuchotant aux autres Nisei la consigne de garder un œil sur Bolo et de se tenir prêts au cas où. Quelques minutes plus tard, un des pilotes tapota sur l'épaule de Bolo pendant qu'il était en train de danser. Bolo se retourna brusquement, les poings serrés, et à partir de là tout partit en vrille. Les

Nisei chargèrent la piste de danse, balançant des coups de poing. Au début les Nisei, dépassés en nombre par des hommes bien plus grands qu'eux, étaient sur le point d'être mis à la porte du local. Alors que la nouvelle de ce qui était en train de se passer se répandait alentour, tous les jeunes hommes avec un emblème du 442e sur leur épaule – et il y en avait un bon paquet – convergèrent en courant vers le bâtiment, dépassant en nombre les soldats blancs. Beaucoup d'entre eux – tel Rudy – avaient appris le judo, le kendō ou le karaté quand ils étaient étudiants au Japon ou dans les écoles de langue japonaise qu'ils fréquentaient chez eux. Désormais, ils faisaient basculer les pilotes par-dessus leur épaule, les bourraient de coups douloureux dans le ventre, visaient la carotide avec leur main, et finissaient par jeter leurs adversaires au sol comme des poupées de chiffon. En peu de temps, les soldats blancs battirent en retraite, essayant avec l'énergie du désespoir d'atteindre la porte de sortie et d'échapper au chaos.

Le temps que tout cela se termine, un véhicule blindé surmonté d'une mitrailleuse avait été positionné à l'extérieur du local, une demi-douzaine de soldats blancs étaient en chemin vers l'hôpital de la base, et des dizaines d'autres étaient salement amochés, voire en morceaux. Au sein du 442e il y avait des lèvres fendues et des yeux pochés, mais également une fierté nouvelle, aussi paisible qu'inébranlable. Désormais, plus personne ne parlerait de têtes-de-bouddha ou de kotonks, ou alors uniquement pour rire, et ils le savaient tous. Les événements de cette nuit-là, plus que tout ce qu'ils avaient traversé jusqu'à présent, les unirent comme un seul homme. Ils étaient tous solidaires désormais, quoi qu'ils aient à affronter.

Le matin du 1er mai, une journée chaude et venteuse sur la baie de Chesapeake, habillés dans leur uniforme de combat en grosse toile vert olive, les quelque 4 100 hommes et officiers du 442e régiment arrivèrent à leur port d'embarquement, dix longs quais parallèles à Hampton Roads et à Newport News, en Virginie. Tandis qu'une fanfare jouait « Over There », des jeunes filles en uniforme de la Croix-Rouge leur tendaient des beignets et une lettre type du président Roosevelt leur expliquant qu'ils emportaient avec eux « l'espoir, la gratitude, la confiance et les prières de [leur] famille, de [leurs] concitoyens et de [leur] président ». Puis, serrant la lettre dans leur poing et balançant leur sac sur une épaule, ils quittèrent le sol américain, montèrent par les passerelles les uns derrière les autres et se frayèrent un chemin jusque dans les cales des liberty-ships gris qui les attendaient. Les bateaux avaient été grossièrement aménagés pour accueillir des passagers en tendant des hamacs en tissu les uns au-dessus des autres jusqu'à cinq niveaux. Les soldats rangèrent leurs affaires et choisirent un hamac, les plus sages d'entre eux privilégiant ceux qui étaient tout en haut, là où personne ne pourrait leur vomir dessus. Puis ils s'installèrent pour ce qui leur avait été annoncé comme une longue traversée à bord d'un navire lent et plein à craquer.

Tandis que les premiers bâtiments sortaient dans la baie cet après-midi-là pour jeter l'ancre et que d'autres vaisseaux embarquaient leurs passagers, les soldats qui étaient avec l'aumônier Masao Yamada réalisèrent que chez eux, c'était le jour des Lei. À Hawaï, depuis 1927, on célébrait le 1er mai en confectionnant et en partageant des *leis*. Les écoles organisaient des concours de *leis*, des festivals avaient lieu dans les villes, des jurys sélectionnaient les rois et les reines des *leis*, des danseurs donnaient des représentations de hula et on se rassemblait dans les parcs et les jardins pour des *lū'au*.

Ne disposant pas de la moindre fleur à bord, les garçons d'Hawaï s'en tirèrent avec des cageots d'oranges de la coquerie, ils prirent des couteaux pour éplucher avec soin les fruits en formant de longues spirales ininterrompues, et se les passèrent non seulement autour de leur cou, mais également autour de celui des continentaux, se souhaitant à chacun beaucoup de aloha et se régalant avec les oranges. Masao Yamada, qui les avait regardés faire non sans fierté, écrivit à son épouse cette nuit-là : « Maintenant nous savons que nous ne pouvons pas nous en sortir les uns sans les autres (…), nous formons une seule famille, grande et heureuse. »

À peu près au même moment, à plus de 7 000 kilomètres à l'est de la baie de Chesapeake, le soleil était en train de se coucher sur la mer Tyrrhénienne près du petit port italien d'Anzio, jadis ravissant. Alors que la lueur du jour déclinait, les soldats Nisei commencèrent à ramper en dehors de leurs abris et de leurs tranchées pour improviser des bunkers dans les ruines de ce qui avait été, jusqu'à peu de temps auparavant, des habitations.

Des mois plus tôt, en janvier, combattant parfois dans la neige et le vent tout en subissant à nouveau de lourdes pertes, le 100e avait pris plusieurs forteresses au sommet de montagnes en s'approchant de la ville de Cassino, dans le centre de l'Italie. Juste à l'ouest de la ville, au sommet d'un éperon rocheux haut de 500 mètres appelé Monte Cassino, se trouvait un très ancien monastère bénédictin. Les Allemands avaient utilisé le mont comme poste d'observation et, après la destruction du monastère par les bombardements alliés, avaient fait des ruines du bâtiment une forteresse presque imprenable, un verrou qui tenait un plus grand nombre de fortifications formant ce qu'ils avaient baptisé « la ligne Gustave ». Le 100ᵉ s'était joint à une série de violents assauts des Alliés contre le mont et ses alentours. Pendant plusieurs semaines, ils barbotèrent dans des champs inondés où les Allemands avaient immergé des milliers de mines terrestres. Ils furent envoyés ramper en zigzag pour sonder l'eau et la boue avec leurs mains nues à la recherche des mines. À la merci du feu ennemi, ils coururent pour traverser la rivière Rapido sous une pluie incessante et implacable d'obus d'artillerie, de mortiers, de balles de mitrailleuse et de roquettes terrifiantes qu'ils appelaient « les Minnie hurlantes ». Ils escaladèrent une main après l'autre des pentes abruptes et rocheuses, devant subir toujours plus de tirs de mitrailleuses, parvenant finalement à prendre du terrain à mi-hauteur, le tenant désespérément jusqu'à ce qu'ils ne soient plus assez nombreux à être encore en vie ou indemnes pour poursuivre l'attaque, puis se retirant et recommençant quelques jours plus tard. Une section de Nisei fut envoyée au feu avec quarante hommes pour battre en retraite assez rapidement, seulement cinq d'entre eux n'étant pas blessés. Au moment où le 100ᵉ finit par être retiré du front, seuls 521 des 1 300 Nisei qui avaient débarqué à Salerne étaient en vie et suffisamment valides pour continuer le combat.

Leur sacrifice ne passa pas inaperçu au pays. Leurs actes courageux furent évoqués dans des journaux locaux de grandes et de petites villes, dans des magazines, et même dans les actualités filmées à travers tous les États-Unis. Des articles de presse, soulignant qu'ils avaient presque tous été blessés au cours de leurs premiers mois en Italie, commencèrent à appeler le 100ᵉ « le Bataillon des médaillés ». C'était même la première fois qu'une majorité d'Américains non asiatiques se rendaient compte que des combattants Nisei avaient été envoyés sur le champ de bataille. Et les Allemands, eux aussi, avaient pris bonne note de leur courage et de leur bravoure. Ils leur avaient d'ailleurs donné un surnom bien à eux : « les petits hommes de fer ».

Puis, à la fin du mois de mars, même si la bataille de Monte Cassino continuait à faire rage, le général Clark avait envoyé par la mer les survivants du 100ᵉ bataillon exsangue vers le nord, de l'autre côté de l'extrémité ouest de la ligne Gustave. Ils avaient débarqué sur les étroites plages d'Anzio, à seulement une cinquantaine de kilomètres au sud de Rome, où ils rejoignirent d'autres forces britanniques et américaines qui se cramponnaient obstinément à une petite tête de pont qu'ils avaient conquise en janvier.

Comprenant que le rassemblement de leurs forces à Anzio ouvrirait aux Alliés une route directe et largement dégagée vers Rome, les Allemands réagirent rapidement et sans la moindre retenue. Ils creusèrent des tranchées et détruisirent des stations de pompage pour inonder les marécages environnants et rendre la moindre avancée des Alliés plus difficile. Puis, encerclant la zone avec des forces d'artillerie colossale – y compris deux énormes canons montés sur des wagons que les Allemands avaient baptisés Robert et Leopold[1] –, ils commencèrent à déverser un torrent incessant d'acier et d'explosifs sur la ville et ses environs, même si les Alliés continuaient à débarquer encore plus de troupes sur les plages. Tandis que les habitants fuyaient et que leurs maisons étaient réduites à l'état de cendres et de vieilles pierres, les Nisei récemment déployés firent ce que les troupes alliées présentes depuis des mois avaient déjà fait : s'enterrer, creuser dans la boue, la terre et le sable comme des taupes, s'accroupir, s'efforcer de survivre aux attaques quotidiennes afin de pouvoir ressortir chaque nuit pour reconstruire leurs fortifications. Pendant des semaines cela n'arrêta pas, la mort leur tombait dessus comme la pluie, dans un hasard terrifiant.

En cet après-midi particulier du 1er mai 1944, les Nisei du 100e bataillon d'infanterie avaient autre chose en tête que les obus allemands. Ils n'avaient pas oublié ce jour particulier. Précautionneusement ils sortirent de leur cagna et commencèrent à chercher des fleurs, marchant entre les carcasses des chevaux morts dans les champs, escaladant des murs effondrés, contournant les cratères d'obus, essayant d'ignorer la puanteur des cadavres ensevelis sous les ruines, ramassant des petits coquelicots rouges comme le sang, typiques du printemps italien.

Le lendemain, dans la baie de Chesapeake, les bateaux levèrent l'ancre, virèrent vers l'Atlantique et prirent la direction de l'est, emmenant les Nippo-Américains du 442e régiment vers l'Italie, Naples et ensuite Anzio.

---

1. Les troupes alliées, quant à elles, appelaient ces deux canons capables de tirer des obus de 200 kilos à 30 kilomètres de distance Anzio Express et Anzio Annie.

Quatrième partie

DES CICATRICES INNOMBRABLES

13.

« Je t'en prie, n'oublie pas que quoi que tu fasses,
où que tu sois, nous sommes avec toi
– et attendons avec espoir le jour où nous pourrons
tous être de nouveau paisiblement ensemble. »

Hisako Higuchi à son époux, Hiro,
6 juin 1944

Alors que le 442e traversait l'Atlantique, Gordon Hirabayashi était de retour à Spokane, et encore une fois il attendait d'être arrêté.

En décembre 1943, après avoir purgé sa peine de quatre-vingt-dix jours, il avait été libéré de la prison de Catalina à Tucson, non sans avoir défié une dernière fois les autorités. Juste avant sa levée d'écrou, certains des détenus objecteurs de conscience lui avaient demandé de dissimuler sur lui une déclaration dans laquelle ils se plaignaient de leur traitement à Catalina. Gordon avait hésité. Il n'était pas entièrement d'accord avec le texte qu'ils avaient rédigé, car, pour lui, il n'était pas digne de foi. Mais, en fin de compte, il estima que leur point de vue devait au moins être entendu. Il était trop tard pour coudre le document dans ses vêtements, il se contenta donc de le scotcher à la semelle de sa chaussure gauche. Il fut pris tandis qu'il sortait du centre de détention.

Il passa les neuf nuits suivantes dans un cachot répugnant aux murs suintant l'humidité de Tucson. La nourriture était exécrable et ses seuls compagnons étaient des hordes de gros cafards noirs – certains ayant la taille de petites souris – typiques de l'Arizona qui couraient bruyamment à travers sa cellule la nuit. Comme à son habitude, il trouva un certain réconfort à leur compagnie, confiant à son journal : « Où que ce soit dans le pays, les cafards ajoutent un cachet aux geôles locales et me font me sentir chez moi. » Le 7 décembre, deux ans jour pour jour après l'attaque contre Pearl Harbor, il fut libéré et se mit immédiatement à réécrire de mémoire le courrier qui avait été fixé à sa chaussure, pour le faire parvenir à ses destinataires sans tarder.

Les documents que les autorités lui avaient remis lors de sa libération lui donnaient pour consigne de se présenter à l'attorney[1] de Spokane dès son arrivée. Sur le chemin du retour, assis dans un car, regardant défiler le désert de Sonora, il décida d'ignorer l'injonction. Pour autant qu'il le sût, aucun autre prisonnier n'avait eu pour instruction de se présenter à un attorney une fois sa peine fédérale purgée. De nouveau, cette obligation semblait lui être imposée uniquement en raison de ses origines. À la place, il décida que dès qu'il serait rentré, il irait saluer l'attorney adjoint en charge du comté de Spokane, Max Etter, qui était devenu comme un ami.

La loi n'en avait pas encore fini avec Gordon, ni Gordon avec la loi. Une fois à Spokane, il reprit immédiatement le travail avec Esther et Floyd Schmoe au bureau du Comité de service des amis américains pour aider des familles nippo-américaines déplacées et internées. En février 1944, il reçut un avis du centre de conscription à Seattle. Bien que Gordon, en tant que quaker, fût considéré comme objecteur de conscience, comme tous les autres Nisei de son âge, il avait reçu le formulaire 304A. Intitulé « Déclaration des citoyens des États-Unis d'origine japonaise », celui-ci obligeait Gordon, sous peine d'être accusé de parjure, de déclarer, entre autres, les langues étrangères qu'il parlait, les clubs et associations auxquels il appartenait, sa religion et tout magazine auquel il était abonné. Il devait fournir cinq références de personnes n'ayant aucun lien de parenté avec lui. Enfin, il lui fallait également répondre aux deux questions de loyauté – les points 27 et 28 – que certains Nisei avaient déjà récusées au motif que, étant de nationalité américaine, ils n'auraient pas dû être dans l'obligation de prêter des serments qui n'étaient pas requis de leurs concitoyens.

---

1. Dans le système judiciaire américain, l'attorney occupe une fonction équivalente à celle du procureur. (NdT)

Gordon sentait bien que, lui aussi, n'avait pas d'autre choix que de refuser de remplir ou de signer le formulaire. Il le renvoya vierge au conseil d'incorporation, avec une lettre indiquant que l'intitulé même du formulaire était discriminatoire. « Ce questionnaire que je vous retourne sans l'avoir rempli, précisait-il, constitue une violation flagrante à la fois des valeurs chrétiennes et des principes américains de justice et de démocratie (…). Le formulaire repose entièrement sur une logique raciale (…). De mon point de vue, remplir ce formulaire reviendrait à coopérer avec une politique de discrimination raciale. » Gordon était en terrain familier et il savait très bien où cela le mènerait. Pour faire gagner du temps à tout le monde, il envoya une copie du formulaire vierge accompagnée de sa lettre de protestation directement au secrétaire à la Justice, J. Charles Dennis, en indiquant son adresse à Spokane pour qu'ils sachent où le trouver quand viendrait le moment de l'arrêter.

Entre-temps, Esther et lui se mirent à parler sérieusement d'un autre sujet qui était dans l'air depuis des mois à présent : l'opportunité pour eux de se marier. La décision n'était pas facile à prendre. Ils ne doutaient pas un instant de leurs sentiments réciproques, mais en 1944, pour une personne blanche, épouser une personne d'origine asiatique était un geste radical. Ni Gordon ni Esther ne nourrissaient le moindre scrupule à ce sujet. Toutefois, Gordon commençant à être connu dans tout le pays, il savait que leur union déchaînerait un torrent d'indignation générale et de haine et que l'essentiel de cette fureur viserait Esther et ses parents plutôt que lui. Esther prétendait s'en moquer. Ses parents adoraient Gordon, mais ils n'étaient pas sûrs que le jeune couple fût prêt à affronter ce qui lui tomberait dessus au lendemain du mariage. Un ami fit remarquer à Gordon que leurs enfants pourraient eux aussi être ostracisés. Et puis tenaient-ils à ce que Gordon passe les premières années de leur mariage en prison ? La peine encourue pour ne pas avoir rempli correctement le formulaire 304A était une amende de 10 000 dollars ou une incarcération de dix ans dans un centre de détention fédéral, voire les deux. Gordon pouvait facilement imaginer à quelle peine il s'était exposé en remettant aux autorités un formulaire vierge.

Gordon était loin d'être le seul Nisei pour lequel la reprise de la conscription et les serments d'allégeance qui l'accompagnaient obligatoirement provoquèrent une nouvelle crise de conscience ce printemps-là. Pour des centaines d'entre eux, en particulier ceux qui étaient internés dans les camps de la WRA, la question se posa de nouveau : pourquoi devraient-ils se battre pour une nation qui les avait arrachés à leur famille et leur déniait les droits et les libertés qui étaient pourtant ceux des autres citoyens ? Pourquoi, s'ils devaient servir, devraient-ils être relégués dans une unité ségréguée ? Pourquoi n'avaient-ils pas du tout le droit de s'engager dans la Navy ? Au sein des camps, un débat féroce surgit, à l'instar de celui qui avait fait rage l'année précédente, quand les Nisei avaient eu le droit de rejoindre pour la première fois les rangs du 442e. Dans certains camps, les discussions étaient cantonnées à la sphère privée, elles faisaient l'objet d'échanges dans le cadre des familles ou des cercles d'amis. Ailleurs, les disputes prirent une dimension plus publique, elles s'étalèrent dans le journal du camp, éclatèrent au cours des repas au réfectoire et lors des réunions organisées dans l'auditorium du lycée. Pour l'essentiel, les questions étaient les mêmes que celles qu'avait soulevées l'enrôlement au sein du 442e, mais il n'était désormais plus possible de se tenir simplement à l'écart et d'ignorer le sujet. Alors que les convocations aux visites médicales préalables à l'incorporation commençaient à parvenir dans les camps, il était impossible d'écarter d'un revers de la main les conséquences du refus de s'y présenter : amende et peine de prison, puisque c'était un crime fédéral.

La résistance à la conscription ne fut nulle part plus forte qu'au camp de Heart Mountain, dans le Wyoming. L'indiscipline y était vivace depuis les premiers jours de l'existence du camp, en partie à cause d'une série d'affrontements avec la WRA, parmi lesquels un incident qui avait vu l'arrestation de trente-deux enfants dont le tort était d'avoir fait de la luge en dehors des limites du camp. Alors que les premiers avis de conscription commençaient à arriver par courrier, un groupe avait convoqué une réunion publique au réfectoire du camp. Soixante jeunes hommes se rassemblèrent et s'accordèrent sur les buts de leur groupe et les critères pour y appartenir. En plus de payer une cotisation de 2 dollars, les membres devaient être des citoyens américains, affirmer leur loyauté aux États-Unis et souhaiter servir dans l'armée américaine pour peu que leurs droits soient d'abord restaurés. Dans le cas contraire, toutefois, ils étaient résolus à refuser de se plier aux visites médicales préalables à l'incorporation.

Alors que le printemps 1944 avançait, la plupart des jeunes hommes dans presque tous les camps répondirent aux convocations. Mais des dizaines d'autres – tels les membres du groupe de Heart Mountain – décidèrent qu'ils refuseraient de servir dans l'armée aussi longtemps que leurs familles seraient internées. Quand ils reçurent les convocations, ils les ignorèrent simplement. Ce fut le cas de 32 garçons de Minidoka, de 31 d'Amache, de 5 de Topaz, de 106 de Poston, de 85 de

Heart Mountain et de 27 du camp du lac Tule. Les marshals firent des descentes dans les camps, arrêtèrent les réfractaires pour violation de la loi sur la conscription et les mirent en cellule dans l'attente de leur procès.

Accoudé au garde-corps de son liberty-ship, regardant tout autour de lui, Fred Shiosaki se dit que ce qu'il embrassait du regard ressemblait à une ville flottant sur l'eau. Les cargos transportant le 442ᵉ avaient rejoint un convoi plus important et désormais au moins quatre-vingt-dix autres vaisseaux entouraient le sien, pullulant dans toutes les directions jusqu'à l'horizon. Les navires de transport des troupes étaient regroupés au centre du convoi. Des contre-torpilleurs et des croiseurs de la Navy protégeaient leurs flancs, ils les escortaient à travers l'Atlantique pour les protéger des meutes de sous-marins allemands dont ils savaient tous qu'ils pouvaient rôder n'importe où en dessous. Des ballons de barrage étaient accrochés à de nombreux bâtiments, les câbles en acier qui les attachaient aux ponts étaient destinés à cisailler les ailes de tout avion allemand qui aurait essayé de bombarder en piqué le convoi ou de le mitrailler. Le jour, des marsouins nageaient devant l'étrave des coques, surfant sur les vagues de la proue. De temps en temps, des baleines affleuraient au milieu de la flottille, expirant des panaches d'embruns aussi longs que sonores. Des méduses énormes, toutes de rose et de blanc, ondulaient à la surface. Cependant c'était la nuit que Fred préférait s'accouder au bastingage. Là, sous les vastes cieux noirs, la mer elle-même s'allumait par en dessous alors qu'ils glissaient sur l'eau, des millions d'organismes verts phosphorescents luisaient à la proue du bateau, chacun d'entre eux laissant derrière lui une légère traînée lumineuse à travers les flots. Fred se dit que c'était l'une des plus belles choses qu'il ait jamais vues.

Au fil des jours, toujours plus de jeunes gens rejoignaient Fred sur le pont, faisant de la gymnastique, organisant des matchs de boxe, jouant aux dés, fumant des cigarettes, s'appuyant contre les cloisons grises de la passerelle pour discuter des romans policiers à deux sous que la Croix-Rouge leur avait distribués. Ils essayaient de deviner où ils allaient. La manière dont les bateaux n'arrêtaient pas de changer de direction sur une mer sans repères ne permettait pas d'avoir le moindre indice quant à leur destination. La plupart des soldats pensaient qu'ils allaient en Europe, peut-être même en France, pour ce débarquement dont on parlait depuis si longtemps, plus probablement en Italie. Avec tous ces incessants changements de direction, certains imaginaient qu'ils pourraient se diriger vers le Japon, pourquoi pas ?

Sur le SS *Johns Hopkins,* Kats Miho et les artilleurs du 522ᵉ passèrent l'essentiel de leur temps à apprendre à maîtriser les complexités de la nouvelle lunette panoramique dont leurs obusiers seraient équipés lors des combats. Embarqué sur un autre bateau, Rudy Tokiwa avait trouvé des gants de boxe et s'occupait en s'entraînant avec quiconque se montrait intéressé. À peine avaient-ils atteint le milieu de l'Atlantique que Rudy avait été passé à tabac à de si nombreuses reprises qu'il en avait gagné un nouveau surnom : Punch Drunk, « Ivre de coups ». Il s'attira ensuite d'autres ennuis. Sur le pont, une nuit, il alluma une cigarette sans prendre la précaution de protéger la flamme de ses mains, un bref flash de lumière qui aurait pu attirer l'attention de sous-mariniers allemands derrière leur périscope. Mais il attira surtout l'attention d'un officier et Rudy se fit promptement « choper », comme il le dit lui-même plus tard, condamné à gratter la peinture grise écaillée de la superstructure en acier du navire pendant le reste du voyage.

Les trois aumôniers – Masao Yamada, Hiro Higuchi et Eugene West – étaient à bord du même bâtiment, en compagnie d'un important contingent de garçons d'Hawaï. De nouveau, les têtes-de-bouddha sortirent leurs ukulélés et remplirent chaque recoin du navire avec de la musique des îles. Après avoir répété pendant des jours, l'unité de mortiers du 442ᵉ organisa une représentation pour tout le bateau. En guise d'ouverture, les hommes de l'unité se levèrent et chantèrent avec solennité l'hymne doux et mélodique d'Hawaï, « Hawai'i Pono'ī ». Mais ensuite la fête tourna rapidement au tapage à mesure qu'ils montaient à tour de rôle sur la scène improvisée pour jouer des pantomimes, gratter leur guitare, chanter des airs populaires ou raconter des blagues grivoises. En guise de final, un jeune homme corpulent avec du rouge à lèvres, une perruque argentée, un soutien-gorge en noix de coco et un pagne traditionnel confectionné à partir de lanières déchirées dans du papier kraft sauta sur la scène et commença à danser un hula sur le dernier air à la mode dans l'archipel, « Princess Pupule », qui décrivait les innombrables charmes physiques d'une imaginaire princesse des îles. Les garçons d'Hawaï se joignirent à lui pour chanter à tue-tête les paroles finales :

Oh me-ya oh my-ya tu devrais vraiment goûter
Un petit morceau de la papaye de la princesse Pupulé

Après quoi, le danseur virevolta, se pencha, écarta les lanières de son pagne et dévoila son postérieur aussi grassouillet qu'entièrement nu.

Les garçons explosèrent de rire et applaudirent à tout rompre. Même les aumôniers Higuchi et Yamada se retrouvèrent debout à l'acclamer.

Avant de quitter Shelby, les soldats du 442ᵉ régiment avaient été assignés aux bataillons et aux compagnies dans lesquels ils combattraient en Europe. Fred Shiosaki et Rudy Tokiwa atterrirent tous deux dans le 3ᵉ bataillon de la compagnie K. Fred n'appréciait pas particulièrement Rudy. Il préférait garder le regard baissé, rester discret, ne se mêler que de ses affaires, se battre uniquement quand il le fallait, aussi s'irritait-il que Rudy soit toujours sur le point d'ouvrir sa grande gueule et de s'attirer des problèmes. Mais il était ravi que son ami Gordon Yamaura, qui s'était porté volontaire avec lui à Spokane, soit affecté à la compagnie K. Et Rudy était aux anges qu'Harry Madokoro, l'un de ses meilleurs amis de Poston, soit avec eux. Pour Rudy, la perspective d'avoir l'aîné des Madokoro à ses côtés le rassurait. Peut-être Harry pourrait-il continuer à préserver Rudy des ennuis, comme il l'avait promis à sa mère à Poston. Ou au moins faire en sorte de le garder en vie. Son autre meilleur ami de Poston, le colosse Lloyd Onoye, était dans la compagnie I, ainsi, il ne serait pas loin de lui dans le 3ᵉ bataillon.

Au sein du 522ᵉ bataillon d'artillerie de combat, Kats Miho et George Oiye se retrouvèrent avec un autre jeune homme qui était, par maints aspects, une âme sœur. Comme Kats et George, Susumu « Sus » Ito était introverti et s'exprimait bien. Âgé de 24 ans, il était un peu plus vieux que Kats et George et ne se départait pas d'un certain flegme. Il portait des lunettes, parlait d'une voix douce et aimait bien prendre le temps de la réflexion. Il semblait à la fois chaleureux et affûté, bien que ses débuts dans la vie n'aient pas été des plus faciles. Ses parents étaient des fermiers pauvres immigrés qui louaient leurs terres dans la vallée centrale de la Californie, déménageant constamment de ferme en ferme, pratiquant le métayage, et vivant à la dure dans une succession de cabanes sordides en bois brut au milieu des champs, sans eau courante, ni toilette, ni chauffage. Quand le travail à la ferme le lui permettait, Sus allait à l'école primaire. Mais même là, bien avant la guerre, des barbelés séparaient la classe entre les élèves blancs et les élèves asiatiques, et l'éducation donnée à ces derniers était superficielle. Il s'en fallut de peu qu'il ne redouble sa troisième année d'école. Quand ses parents eurent mis assez d'argent de côté pour s'installer dans la ville de Stockton et acheter un petit établissement de bains publics, il avait un tel retard scolaire qu'à nouveau, il fut à deux doigts de se faire renvoyer du collège. Au moment d'entrer au lycée, toutefois, il avait commencé non seulement à survivre, mais à très bien s'en sortir. En 1940, dès la fin de sa scolarité, il avait été enrôlé dans l'armée. Ensuite, après Pearl Harbor, on lui avait brusquement repris ses armes et il avait été envoyé à Fort Sill, dans l'Oklahoma – où le père de Kats était alors interné –, et relégué à des tâches subalternes dans le garage du fort. Ce n'est que lorsque le 442ᵉ régiment fut formé que l'armée lui accorda finalement un peu plus d'attention. Ses capacités inhabituelles en calcul mental, entre autres dons, une qualité précieuse pour les artilleurs, attirèrent alors l'attention. Avant qu'il ait eu le temps de s'en rendre compte, il était promu au grade de sergent et affecté à Shelby, où il se retrouva parmi les premiers cadres envoyés dans le Mississippi pour entraîner les artilleurs Nisei tout juste incorporés, tels Kats et George Oiye. Entre-temps, sa famille avait été expulsée de son domicile à Stockton et internée dans le camp de Rohwer, en Arkansas.

Ce qui attirait à la fois Kats et George vers Sus Ito, toutefois, ce qui permit de tisser un lien entre eux, ce n'était pas seulement le respect pour ses dispositions intellectuelles, c'était également son attitude. Partout où il allait, Sus portait sur le monde un regard ardemment optimiste. Dans les baraquements de Shelby, en manœuvres à l'extérieur, et désormais assis dans la cale d'un liberty-ship qui l'emmenait vers la guerre, Sus Ito n'était qu'entrain et optimisme, encourageant constamment ses semblables à garder un état d'esprit positif. « Pour moi, aimait-il à dire, où que vous alliez, quel que soit le nombre de personnes que vous rencontrez, il y a forcément quelque chose de plaisant à faire ou quelque chose de bien dans la situation (…), cherchez les aspects positifs, pas les côtés négatifs. » Cela cadrait parfaitement avec la propension de Kats à rassembler les gens et à œuvrer pour que les choses adviennent. Ainsi qu'avec la détermination franche de George Oiye à donner le meilleur de lui-même dans tout ce qu'il entreprenait. Ils passaient la plupart de leur temps ensemble, faisant ce qu'ils préféraient le plus : discuter de là où ils venaient, de ce en quoi ils croyaient, de ce qu'ils prévoyaient de réaliser dans leur vie s'ils se sortaient de cette guerre.

Au cours de ces tout premiers jours à bord des liberty-ships, les garçons du 442ᵉ régiment étaient donc plutôt de bonne humeur, à l'aise, contents d'être enfin en route, profitant des amitiés qui avaient été forgées dans les cagnas du Mississippi, lorsqu'ils se brûlaient les chiques sur le dos, partageant leurs tentes, portant ensemble leur équipement lors des longues marches sur les sentiers boueux.

Alors qu'ils approchaient de l'Europe, alors que l'Amérique, leur bercail et leur famille s'évanouissaient derrière l'horizon et que le vide obscur de l'incertitude qui les attendait se faisait plus distinct, l'ambiance à bord des bateaux commença à changer. La musique hawaïenne faiblissait. Les farces cessèrent. Il y avait moins de parties de dés sur les ponts, plus de garçons appuyés sur le garde-corps, observant fixement la mer, le regard tourné vers l'est, songeurs. Globalement, ils n'avaient pas peur. Ils n'en savaient pas encore assez pour avoir peur. Cela faisait un moment à présent qu'ils étaient loin de chez eux. Leurs parents, leurs frères et sœurs et les amis qu'ils avaient laissés derrière eux leur manquaient. Alors, appuyés contre une cloison ou assis à une table du mess, ils écrivaient des lettres à ceux qui comptaient pour eux.

Et la nuit, dans l'obscurité, allongés sur leur couchette, ils sortaient discrètement de leur sac des objets qu'ils avaient glissés parmi leurs affaires pour les caresser, des souvenirs de chez eux, des fétiches dont ils espéraient qu'ils les protégeraient au cours des batailles à venir. Certains sortaient un crucifix, d'autres des statuettes de Bouddha. D'autres avaient glissé une bible dans leur paquetage, des lettres d'amour qu'une fille de chez eux leur avait écrites. D'autres encore gardaient des pattes de lapin comme porte-bonheur, quand certains leur préféraient des médailles de saint Christophe. Hiro Higuchi avait un nouveau portefeuille en cuir avec des photos d'Hisako, son épouse, de son fils de 7 ans, Peter, et de Jane, sa dernière-née qu'il n'avait pas encore vue. Roy Fujii – l'un des canonniers de la batterie d'artillerie de Kats et l'un de ses plus proches amis – portait un jeton de bus d'Honolulu accroché à une chaîne autour de son cou. Il avait l'intention de l'utiliser pour rentrer du port à la maison de ses parents une fois arrivé à Hawaï après la guerre.

Sus Ito, quant à lui, avait trois gris-gris. Le premier était une petite bible de poche que sa sœur lui avait donnée. Le deuxième, un appareil photo Argus bon marché. L'armée interdisait aux soldats de porter sur eux un appareil photo, mais, avec sa fougue incorrigible, Sus prenait parfois un malin plaisir à ne pas respecter les règles, et l'appareil était assez petit pour qu'il puisse bien le dissimuler la plupart du temps. Enfin, son troisième trésor, celui qui avait le plus de valeur à ses yeux, était un cadeau de sa mère internée à Rohwer : un *senninbari* blanc. Une écharpe traditionnelle de combattant japonais sur laquelle était brodé un tigre – le symbole du retour à la maison sain et sauf – en points français, près d'un millier. Chaque point avait été fait avec une soie rouge filée par une femme différente pour conférer la chance, la protection et le courage. Le *senninbari* devait être porté autour de la taille lors des batailles. En fait, Sus ne le porterait jamais ni ne le montrerait jamais aux autres soldats de son unité, mais quand ils monteraient au front, il le garderait plié dans sa poche de poitrine, tout près de son cœur.

Rudy avait également pris avec lui quelque chose qu'il préférait garder dissimulé sous ses vêtements. À Poston, sa mère avait recueilli un unique grain de riz brun dans un sac de 45 kilos de riz blanc. Par on ne sait quel mystère, il avait échappé à la polisseuse. Fusa Tokiwa l'avait cousu dans une bourse que Rudy portait à présent autour de son cou. Quand elle le lui avait envoyé, elle avait précisé : « Ce grain de riz a vraiment eu de la chance (…). C'est le seul qui ait survécu et qui ait été capable de garder son enveloppe. Je te l'envoie donc pour que tu nous reviennes. »

À Poston, où la mère de Rudy, son père et sa sœur étaient toujours cantonnés au bloc 213 du camp III, un nouvel été interminable typique de l'Arizona approchait, une saison de tempêtes de poussière, de chaleur de plomb et de scorpions. Depuis un an désormais, depuis le début des internements – pas seulement à Poston mais à Manzanar et à Heart Mountain, à Minidoka et à Rohwer, dans tous les centres de déplacement du pays –, les tensions engendrées par le confinement et la militarisation des camps avaient mis à mal la vie de famille. Les normes, valeurs et modes de vie ancestraux avaient soudainement été renversés. Des familles qui se réunissaient toujours le soir autour de la table du dîner ne le faisaient plus car les jeunes gens allaient au réfectoire pour partager leur repas avec leur groupe d'amis. Des enfants qui avaient grandi sur des fermes isolées, dans le respect des valeurs traditionnelles, se mêlaient à d'autres qui avaient grandi dans des endroits comme Los Angeles, qui portaient des vêtements à la mode, qui écoutaient les derniers succès musicaux, qui allaient à des bals, qui conduisaient des voitures, qui traînaient en bande à toute heure. Les mères s'inquiétaient pour leurs filles qui se mettaient soudainement à commander du maquillage ou des soutiens-gorge sur les catalogues de vente par correspondance et réclamaient de pouvoir rester dehors le soir avec les autres jeunes, assis dans le désert sous les étoiles jusqu'au bout de la nuit. Des pères se tracassaient plus que de raison pour leurs fils qui erraient dans les camps avec des garçons parfois sans foi ni loi et qui semblaient de moins en moins désireux de faire leurs la soumission et la piété filiale qu'ils devaient à leurs parents.

Beaucoup de jeunes adultes travaillaient à présent pour la War Relocation Authority, aidant à faire fonctionner les camps. Certains, comme l'avait été Rudy, étaient cuisiniers. D'autres étaient infirmiers dans les hôpitaux, maîtres-nageurs dans les piscines, policiers, pompiers, enseignants, coiffeurs, mécaniciens ou travailleurs agricoles dans les champs entourant les camps. D'autres encore participaient à l'effort de guerre. À Poston, des douzaines de Nisei – en particulier des jeunes femmes – fabriquaient des filets de camouflage pour couvrir les pièces d'artillerie comme celles que le 522ᵉ utiliserait en Italie.

Pour les Issei, toutefois, les opportunités étaient moins nombreuses. Les hommes qui auparavant faisaient vivre leur famille passaient l'essentiel de leur temps assis, immobiles, seuls et découragés. Ils se sentaient inutiles. Le père de Rudy avait réussi à obtenir un travail à temps partiel comme concierge du lycée du camp. Cela lui donnait quelque chose à faire, plutôt que d'être assis sur les marches de sa baraque, à fumer des cigarettes et à fixer les buissons de sauge. Mais c'était mal payé et, même en voyant les choses du bon côté, ce n'était jamais qu'un travail de domestique. Pour un homme qui était dans sa soixante-troisième année – un homme qui s'était battu dans l'armée américaine, avait dirigé une grande ferme, fondé une famille, acheté une automobile et s'était hissé dans la classe moyenne –, c'était humiliant de se retrouver à balayer les couloirs d'un lycée tard le soir, à récurer les toilettes, à ramasser les déchets que les adolescents avaient jetés par terre, à détacher leurs chewing-gums de sous les tables. Comme beaucoup d'Issei dans les camps, tout cela le rendait de plus en plus amer.

Des femmes Nisei confectionnant des filets de camouflage au camp de Manzanar

Les femmes Nisei qui tressaient les filets de camouflage à Poston étaient loin d'être les seules Nippo-Américaines à contribuer à l'effort de guerre, certaines d'entre elles le faisaient très directement, en servant dans l'armée. En février 1943, peu après que les hommes Nisei eurent été les premiers à pouvoir s'enrôler, le corps des infirmières militaires avait commencé à accepter des Nippo-Américaines. Puis en septembre, la branche féminine de l'armée, le Women's Army Corps (WAC), se mit à enrôler des Nippo-Américaines. Beaucoup de celles qui espéraient servir leur pays, de même que celles qui voulaient s'engager, en particulier dans le WAC, étaient confrontées à la forte opposition de leurs amis et des membres de leur famille. La simple idée de femmes portant l'uniforme bravait les normes traditionnelles de ce que l'on attendait des Nippo-Américaines. Celles qui persistaient et qui s'engageaient malgré tout étaient largement motivées par les mêmes exigences que leurs semblables masculins. Certaines avaient des frères dans l'armée et entendaient les soutenir. D'autres voulaient simplement sortir de la clôture de barbelés qui entourait les camps. Quelques-unes y voyaient une opportunité pour acquérir des compétences professionnelles qui pourraient leur servir après la guerre. Presque toutes voulaient simplement montrer leur loyauté envers leur pays, faire ce qu'elles pouvaient pour le servir et mettre un terme à la guerre le plus vite possible, afin que toutes et tous puissent rentrer chez eux.

Après qu'elles eurent fait leurs classes pendant cinq semaines, 142 femmes Nisei furent assignées au service actif. La plupart d'entre elles se retrouvèrent à accomplir des tâches de bureau comme dactylos, sténographes ou employées aux subsistances. Quarante-huit d'entre elles qui avaient un bon niveau de japonais furent assignées à l'école de langue du Military Intelligence Service (MIS), où elles furent formées pour traduire les communications japonaises interceptées. Trois cent cinquante autres rejoignirent un programme civil destiné à remplacer rapidement les milliers d'infirmières américaines qui avaient quitté les hôpitaux du pays afin de servir à l'étranger. Le programme attribuait des bourses pour trente mois de formation rigoureuse dans des écoles d'infirmières accréditées partout dans le pays. En échange, les cadettes avaient l'obligation de travailler dans des hôpitaux fédéraux ou civils jusqu'à la fin de la guerre. Aux yeux des jeunes femmes dans les camps, le programme offrait une rare opportunité de poursuivre une vraie carrière en dehors du foyer familial. Pour beaucoup d'entre elles, toutefois, le rêve fut de courte durée quand elles se rendirent compte que les programmes de formation accrédités refusaient la plupart du temps d'admettre des étudiantes nippo-américaines en raison de la couleur de leur peau.

Alors que la flottille de liberty-ships transportant les jeunes hommes du 442ᵉ vers la guerre approchait la Méditerranée, la météo se fit plus clémente.

Le 28 mai, le SS *Johns Hopkins* qui transportait Kats Miho, George Oiye, Sus Ito et d'autres soldats du 522ᵉ bataillon d'artillerie de combat s'amarra dans le port de Brindisi sur le talon de la botte italienne. De là, et du port de Bari plus au nord sur la côte, où le reste du 522ᵉ débarqua, ils traverseraient l'Italie par train dans des wagons à bestiaux bringuebalants, afin de rejoindre les unités d'infanterie du 442ᵉ dont la plupart venaient juste de débarquer à Naples. Le trajet parcouru à petite vitesse fut long et cahotant. Les wagons sentaient le fumier. Parfois, on avait l'impression que les roues étaient carrées plutôt que rondes. En dépit de l'inconfort général, Kats était fasciné par son premier aperçu de l'Europe. Il s'efforçait de tout absorber : les oliveraies vert-gris qui parsemaient les plaines côtières avec leurs arbres aux troncs noirs et noueux, certaines d'entre elles vieilles de plusieurs siècles ; des averses de printemps qui s'abattaient sur des collines couleur sépia ; des maisons en pierre qui semblaient empilées les unes sur les autres dans d'anciens bourgs accrochés au sommet des plus hautes falaises et le soleil qui perçait, illuminant les villages, éclairant les toits humides en tuile rouge, enveloppant les clochers des églises d'une aura dorée. Au premier regard, c'était beau et enchanteur. Il semblait difficile de croire que ce pays était en guerre.

Au bout de quelques heures de voyage, le train s'arrêta brusquement dans l'une des plus grandes gares du trajet. Dans cette partie de l'Italie libérée, les chemins de fer étaient contrôlés par les Britanniques et c'était l'heure du thé. Quand Kats descendit de son wagon de marchandises pour se dégourdir les jambes et jeter un œil aux environs, il découvrit rapidement que, avec la chute de Mussolini et la fin de l'occupation allemande, les villes italiennes étaient en réalité bien moins attirantes que vues de loin. Comme ils le faisaient au Moyen Âge, les habitants jetaient par leurs fenêtres des seaux de déchets dans les rues transformées en égouts à ciel ouvert. Des quartiers avaient été frappés par les tirs d'artillerie, balafrés par les combats de rue et rasés par les chars ; des bulldozers de l'armée étaient en train de rassembler les décombres en tas. Des myriades de désespérés – parmi eux des personnes âgées, mais aussi des enfants – abordaient Kats de partout, les mains tendues vers lui, pour lui demander de quoi manger, du chocolat, des cigarettes, de l'aide.

Parfois les vêtements qu'ils portaient donnaient une impression trompeuse de leur situation. Des hommes vêtus de costumes en soie coûteux et des femmes chaussées à la dernière mode fouillaient des tas d'ordures, à la recherche de n'importe quoi qui fût de comestible, et se battaient pour ramasser les mégots de cigarettes que les soldats jetaient au sol. Mais le pire, c'étaient les enfants. Il semblait toujours y en avoir de nouveaux. Ils erraient dans les rues en petits groupes et, eux, étaient couverts de haillons. Certains portaient des vestes issues des surplus de l'armée allemande ; d'autres des pantalons de laine mangés par les mites. La plupart n'avaient pas de chaussures, ou, quand ils en portaient, elles étaient dans un sale état. Quand ils voyaient l'uniforme américain de Kats, ils couraient dans sa direction et s'amassaient autour de lui, visages sales, cheveux emmêlés, yeux creux. Ils le suppliaient, l'appelaient Joe, comme ils le faisaient avec chaque militaire américain. Il ne pouvait pas tourner à un coin de rue sans tomber sur encore plus de gosses – « Joe, Joe, Joe, cigarettes ? Cigarettes ? Chocolat ? Pas de chocolat ? (…) *Signorina, signorina*, ma sœur, jeune, belle. » La vue de ces garçons à peine moins âgés que lui, apparemment à moitié affamés, essayant de vendre leur sœur, fendait le cœur de Kats. Il fouillait dans son paquetage, en sortait les rations de chocolat et de barres aux figues, des cigarettes, et tendait le tout aux gamins. Mais au coin de rue suivant, il y en avait toujours plus : « Joe, Joe… »

Le 25 mai, par un de ces matins italiens bleu vif, le bateau de Fred Shiosaki approchait Naples. Comme Kats, il fut impressionné par sa première vision de l'Italie. La baie de Naples était placide, la mer turquoise. Tandis que son liberty-ship accostait le quai, des dizaines de garçons manœuvrant dans de petites embarcations s'en approchèrent, le sourire aux lèvres, souhaitant la bienvenue aux soldats, leur lançant des oranges sanguines en demandant des cigarettes en échange. Avec le Vésuve relâchant des panaches de fumée blanche qui se dessinait à l'arrière-plan, la ville sembla charmante à Fred, comme si elle avait été blanchie à la chaux, ses bâtiments luisant sous le soleil matinal.

Comme pour Kats, toutefois, la première impression de Fred s'assombrit à mesure qu'il traversait Naples à bord d'un camion. La plus grande partie du front de mer était à l'état de ruines. Les murs des immeubles donnant sur la Méditerranée, autrefois élégants, s'étaient effondrés, dévoilant les chambres à coucher, les cuisines et les salons, avec l'essentiel des meubles encore plus ou moins en place, les crucifix toujours accrochés aux murs, les lits bien faits. Là aussi, des meutes d'enfants grouillaient autour des Nisei qui venaient d'arriver, offrant leurs services ou quémandant des faveurs. Les jeunes femmes les interpellaient : « Joe, tu veux prendre une douche ? Tu as de la lessive à faire, Joe ? » Les enfants tentaient d'attirer leur attention : « Hé, Joe, t'aurais pas un bonbon ? » Un garçon s'approcha de Masao Yamada, le dévisagea de bas en haut, jaugeant son tour de taille considérable et lui dit ensuite dans un mauvais anglais, sur un ton fielleux : « Italie, pas de pain, l'Amérique plein de pain. Tu es gros du ventre. »

Le 442ᵉ régiment établit son bivouac cet après-midi-là près de Bagnoli, au nord de la baie. Les hommes s'installèrent dans de grandes tentes pyramidales montées au milieu des arbres fruitiers et des oliviers. Le 2ᵉ bataillon n'était pas encore arrivé, mais dans le secteur du 3ᵉ bataillon, les soldats de la compagnie K commençaient à déballer leur barda. Fred se joignit à eux, déclouant les grandes caisses de transport, essuyant la Cosmoline des gros Browning automatiques que les soldats appelaient les BAR (pour Browning Automatic Rifle), assemblant les mitrailleuses lourdes. Les membres des équipes médicales s'assirent au sol pour peindre un cercle blanc avec une croix rouge sur leur casque. Les mécaniciens soudaient des barres d'acier verticales à l'avant des jeeps. La rumeur courait que les Allemands tendaient des cordes de piano en travers des routes étroites de manière à décapiter les conducteurs américains trop distraits et leurs passagers. C'était le genre de choses qui vous trottaient dans la tête au moment de se faufiler dans sa tente à la fin de la journée. À présent qu'ils étaient arrivés, presque tout le monde dans le régiment était fébrile, impatient d'y aller, de se frotter aux Allemands. Mais des cordes invisibles, tendues en travers de la route... une tête qui soudain tombait sur le bas-côté... Aussi endurci que vous puissiez être, cette simple pensée, l'image qui surgissait dans votre esprit, vous remuait les tripes.

Le temps était chaud, presque caniculaire. Les vergers étaient secs et une fine couche de poussière se déposait en permanence sur tout et tout le monde. La poussière irritait constamment la peau des jeunes Nippo-Américains d'Hawaï, habitués à prendre fréquemment des bains dans leur o-furo, jusqu'à ce que Kats déniche une source d'eau sulfureuse utilisée depuis l'Antiquité qui leur permit de renouer avec les longues et voluptueuses baignades à la japonaise.

Masao Yamada et Hiro Higuchi, les aumôniers, s'aventurèrent de nouveau dans Naples et virent pour la première fois à quel point la guerre pouvait être capricieuse. Ils dénichèrent des quartiers charmants laissés quasiment intacts par les tirs et les bombardements. De majestueuses villas aux teintes pastel, avec des balcons en métal ouvragés et de hautes fenêtres étroites encadrées par des volets en bois vert sapin, se tenaient derrière des tonnelles de bougainvillées rose vif et orange. De grandes pelouses, des massifs de rosiers en fleur et des rangées de palmiers ornaient des parcs verdoyants. Mais il n'y avait pas d'enfants qui jouaient dans les parcs, pas de chiens qui s'ébattaient, pas de parents qui marchaient derrière des poussettes, pas de vieillards assis sur les bancs à lire paresseusement les journaux. Au lieu de cela, des civils jetaient des coups d'œil de derrière leurs volets, regardant les soldats passer, certains se demandant comment leurs alliés, les Japonais portant l'uniforme américain avaient pu envahir l'Italie.

La plus grande partie de Naples, toutefois, était dévastée et ses habitants éplorés. Quand ils rentraient à leur campement à la fin de la journée, les vêtements des soldats qui s'étaient aventurés en ville étaient imprégnés du DDT utilisé pour tuer les poux dont presque tout le monde était infesté. Et quand ils s'installaient pour manger leur pitance du soir, de longues files d'hommes, de femmes et d'enfants émaciés, la mine sombre, beaucoup portant des vestes ou des manteaux trop grands pour eux laissés derrière elles par les armées italienne et allemande, patientaient stoïquement un peu à l'écart, des seaux à la main, avant de pouvoir s'emparer des restes.

Quelques jours plus tard, le 6 juin, Fred Shiosaki était allongé sur le dos dans une barge de débarquement, les yeux fixés sur le ciel bleu pâle, à nouveau pris de vomissements à mesure que l'embarcation était ballottée par la houle, serrant la côte en se dirigeant vers le nord depuis Naples. Presque tout le monde dans le bateau était malade, à l'instar des nombreux autres soldats transportés par la flottille d'esquifs qui dansaient sur l'eau tout autour de celui de Fred. Il avait beau être dans un état lamentable, Fred éprouvait une joie mauvaise, mais dissimulée, à voir l'un de ses camarades, un des cuisiniers de la compagnie K, être lui aussi pris de haut-le-cœur. Lors de la longue traversée depuis Hampton Roads, alors que Fred était allongé, gémissant, sur sa couchette aux premiers jours en mer, le cuisinier – un pêcheur en haute mer de Los Angeles – s'était moqué de lui, se vantant sans cesse d'être un parfait marin, du nombre de célébrités d'Hollywood qu'il avait emmenées pêcher autour de l'île de Catalina et à quel point elles avaient toutes été malades. Ce jour-là, c'était lui le plus mal en point de tous, et Fred n'y trouvait rien à redire. Il n'aimait pas trop les fanfarons.

Depuis l'Antiquité, quand l'endroit s'appelait Antium, Anzio et la ville voisine de Nettuno avaient été des lieux de villégiature balnéaire pour les Romains les plus riches. L'un des empereurs le plus tristement célèbre, Néron, était né là. Goûtant son air maritime frais ainsi que l'abondance de poissons et de fruits de mer de qualité, il fit bâtir une gigantesque villa impériale sur la plage, un palais en terrasses si opulent que les empereurs suivants continuèrent à l'occuper pendant un siècle, jusqu'à l'époque d'Hadrien. Bien plus récemment – aux XIXe et XXe siècles – l'endroit plaisait toujours autant aux Romains, qui descendaient en voiture depuis la Cité éternelle pour profiter des hôtels de luxe, des belles plages et des fruits de mer, qui restaient excellents presque deux mille ans après la mort de Néron.

Mais il n'y avait plus rien de plaisant quand Fred Shiosaki – après vingt-quatre heures à subir le roulis du vaisseau – rejoignit la tête de pont alliée. Dévasté d'abord par les Alliés puis par les tirs de barrage de l'artillerie allemande et les bombardements de la Luftwaffe, Anzio ressemblait à un champ de bataille de la Grande Guerre – un paysage cauchemardesque de ruines, des tranchées partout, des guérites, des barbelés et des fortifications improvisées construites par les 150 000 soldats alliés qui avaient débarqué depuis janvier sous le feu presque continu des Allemands. Menés en partie par les « grands frères » du 442e, le 100e bataillon d'infanterie, les Alliés étaient sortis de leur tête de pont seulement quelques jours avant l'arrivée de Fred. Se déversant vers le nord, ils avaient rapidement avancé vers Rome, tandis que les troupes allemandes en retraite déferlaient à travers la ville, volant des voitures, marchant avec peine, réquisitionnant des ambulances, chevauchant des motos, conduisant des chariots à cheval, ignorant les supplications des fascistes en chemise noire réduits à faire du stop. Le 4 juin les troupes alliées franchissaient les limites de la ville. Ce soir-là, des milliers de Romains se précipitaient dans les rues pour saluer les soldats américains qui entraient dans le centre historique, les serraient dans leurs bras, leur offraient du vin, embrassaient leur ennemis de la veille sur les deux joues.

Fred, pas totalement débarrassé de son mal de mer, descendit précautionneusement la rampe de sa barge de débarquement. Il regarda autour de lui avec méfiance, hissa son sac sur l'épaule et commença à marcher avec le reste de la compagnie L à travers les débris des bâtiments du front de mer d'Anzio. Ils progressaient tant bien que mal entre les chars et les half-tracks carbonisés. Des poutres métalliques tordues gisaient au sol dans les rues criblées d'impacts d'obus et bordées de palmiers déracinés. Ils passèrent devant des carcasses disloquées de chevaux et de vaches tués lors des bombardements. À l'extérieur de la ville, ils cheminèrent à travers des champs ouverts dans lesquels les Alliés avaient construit d'énormes dépôts de munitions entourés de talus en terre. Ils virent des hôpitaux de campagne américain et anglais s'étendant à perte de vue avec des salles d'opération excavées sous les tentes, où des centaines de médecins militaires et d'infirmières s'affairaient, « les anges d'Anzio », comme les soldats les appelaient.

Suivant un chemin de plus en plus pentu pendant 8 kilomètres, la compagnie L arriva finalement au campement qui lui était assigné sur un coteau de pâture parsemé de fleurs sauvages à l'est d'Anzio. Épuisés, perclus de douleurs après presque un mois passé à bord des liberty-ships, ils jetèrent leur barda dans un champ envahi par les mauvaises herbes, s'assirent par terre et se mirent à détailler le contenu de leur ration dans l'espoir d'y trouver quelque chose de comestible en guise de déjeuner. En marchant, certains avaient approché les habitants du coin, troquant des cigarettes contre des douceurs, des oignons blancs, des petites carottes et des sacs de haricots verts, ceux-là à présent allumaient leurs petits réchauds Coleman et cuisinaient les légumes pour agrémenter leur ration. Alors qu'ils prenaient place au soleil de l'après-midi pour manger, entourés d'hélianthèmes violet pâle, de lupins jaunes et de coquelicots écarlates, tout en profitant de la vue sur Anzio et la mer turquoise au-delà, des rumeurs commencèrent à circuler. Le bruit courait que les chars américains avaient déferlé dans les rues de Rome. Et autre bonne nouvelle : au moment même où ils embarquaient sur leurs barges la veille au matin, des dizaines de milliers de leurs semblables avaient débarqué eux aussi, sautant dans les eaux froides de la Manche, pataugeant jusqu'au rivage sous les rafales de mitrailleuses et les tirs d'artillerie, prenant d'assaut les plages de Normandie. Aucune de ces annonces n'était vraiment surprenante ou inattendue ; cela faisait des jours que ces avancées semblaient inévitables. C'était en tout cas réconfortant d'entendre ces nouvelles. Peut-être que leur participation à ce moment d'histoire serait héroïque, rapide et relativement simple.

Dans un champ voisin, Kats discutait avec George Oiye et Sus Ito quand un de leurs officiers se précipita vers eux et leur ordonna de commencer à creuser des cagnas. Ils comprirent rapidement pourquoi. Bien que les Allemands fussent en train de se retirer vers le nord, ils avaient apparemment toujours des canons assez gros pour atteindre Anzio. Des obus leur arrivèrent soudainement dessus dans un grondement perçant. Aux yeux de Kats, ils étaient aussi gros que des machines à laver fendant les airs. Son estomac se noua et il plongea dans son abri. Tous firent de même. Mais les obus n'étaient pas pour eux. Ils leur passèrent au-dessus et explosèrent bien plus bas sur le coteau, vers le front de mer, à côté des dépôts de munitions. Quand les tirs cessèrent, Kats se redressa, et il sentit ses jambes flageoler. Les garçons s'époussetèrent en rigolant. Cela avait été effrayant, mais au moins ils avaient désormais connu l'épreuve du feu – en quelque sorte. Ils recommencèrent à creuser des cagnas, un peu plus profondément cette fois-ci. L'un des têtes-de-bouddha s'exclama : « Hé, j'ai creusé tellement profond que j'entends de la musique hawaïenne ! »

Alors que le crépuscule jetait ses derniers feux et que la pleine lune se levait au-dessus des collines enténébrées derrière le campement du 442ᵉ, les ombres noires de bombardiers allemands apparurent dans le ciel. Depuis le début du débarquement allié à Anzio, la Luftwaffe avait régulièrement bombardé de nuit la tête de pont. Pour leur dernière sortie, les aviateurs étaient déterminés à détruire les importants dépôts de munitions en contrebas près de la plage. Tandis que les soldats s'accroupissaient de nouveau dans leurs abris et les tranchées étroites, les canons de DCA autour d'Anzio se mirent à rugir et à cracher des flammes. Les balles traçantes décrivirent des arcs de cercle incandescents à travers le ciel. Les obus de la DCA explosaient au-dessus d'eux, déclenchant des éclairs blancs suivis de panaches de fumée noire qui dérivaient sous la pleine lune. Le sol dans lequel les garçons s'étaient enterrés tremblait sous le choc des bombes allemandes. La nuit grondait. De temps à autre, le rugissement était plus profond et le tremblement plus intense quand des flammes et de la fumée s'élevaient de la zone des dépôts de munitions qui avait été touchée.

Quand ils comprirent que, de nouveau, ils n'étaient pas la cible des bombardiers, les garçons regardèrent par-dessus le rebord de leur cagna, comme hypnotisés par le spectacle, aussi terrifiés qu'exaltés. Alors que les avions allemands finirent par s'éloigner par-delà l'horizon et que les tirs au sol se calmèrent, la lune s'éleva encore plus haut au-dessus d'Anzio et ils sortirent en rampant des tranchées, parlant fiévreusement, le cœur battant à tout rompre. Si c'était vraiment ça, la guerre, ils étaient impatients d'en découvrir davantage.

Le lendemain après-midi, après s'être frayé un chemin dans un énorme embouteillage de véhicules militaires alliés à Rome, ils arrivèrent à un nouveau campement en plein champ, juste au nord-ouest de la cité portuaire de Civitavecchia. Ils y retrouvèrent de vieilles connaissances. Les têtes-de-bouddha en particulier étaient heureux de rejoindre le 100ᵉ bataillon d'infanterie. Alors qu'ils sautaient de l'arrière de leur camion, les Hawaïens se précipitèrent pour retrouver les amis avec lesquels ils avaient grandi. Ils s'assirent en cercle sur l'herbe afin d'échanger des nouvelles, se raconter ce qu'ils avaient vécu, se montrer les uns aux autres des photographies et des lettres reçues de leurs proches. Il ne fallut guère de temps aux garçons du 442ᵉ pour se rendre compte que leurs camarades n'étaient plus les mêmes que ceux qu'ils avaient connus sur l'archipel, ni les fanfarons avec lesquels ils avaient été brièvement réunis à Shelby. Ces soldats avaient survécu à Monte Cassino, et à bien pire ; ils avaient payé un lourd tribut. Parfois, ils se refermaient sur eux-mêmes soudainement, au milieu d'une conversation. Ou alors ils regardaient droit vers vous, les yeux perdus dans le vide ou bien se levaient et s'éloignaient pendant que vous leur parliez. Ce n'était pas qu'ils étaient distants, mais on pouvait voir en un clin d'œil qu'il y avait quelque chose de nouveau en eux, quelque chose de dur, de secret, et qu'ils préféraient que cela reste ainsi.

Le lendemain, le 100ᵉ fut formellement rattaché au 442ᵉ régiment d'infanterie. D'ordinaire, ils auraient dû être renommés le 1ᵉʳ bataillon du 442ᵉ, mais en reconnaissance de la vaillance hors du commun dont ils avaient fait preuve dans le sud de l'Italie, ils furent autorisés à garder leur dénomination originale : le 100ᵉ bataillon d'infanterie (séparé). Quelques jours plus tard, le 2ᵉ bataillon finit par arriver et rejoignit le reste du régiment. Les soldats Nisei de tout le 442ᵉ régiment d'infanterie étaient enfin réunis, une seule force de combat entièrement nippo-américaine.

Au cours des deux semaines suivantes, rattachés à la 34ᵉ division de la 5ᵉ armée, ils prirent la direction du nord à nouveau en camion, avançant dans l'ouest de la Toscane, campant d'abord près de la cité fortifiée de Grosseto et ensuite à Gavorrano. À mesure qu'ils progressaient vers le nord, leurs conditions de vie devenaient plus spartiates. Désormais ils n'avaient plus de grandes tentes pyramidales pour les abriter – d'ailleurs ils n'avaient plus de tentes du tout. Alors qu'ils se rapprochaient de la ligne de front, ils dormaient au creux du foin dans des granges, à l'abri de tonnelles de raisin, ou sous les étoiles de Toscane, dans des fosses creusées à même le sol.

Les habitants qu'ils croisaient étaient encore plus pauvres et désespérés que ceux de Naples et d'Anzio. Les visages de certains étaient noirs de suie à force de vivre dans des grottes, de cuisiner au-dessus de feux de charbon et de manger ce qu'ils trouvaient dans les poubelles. Et pourtant, quand ils passaient devant des fermes – celles qui étaient

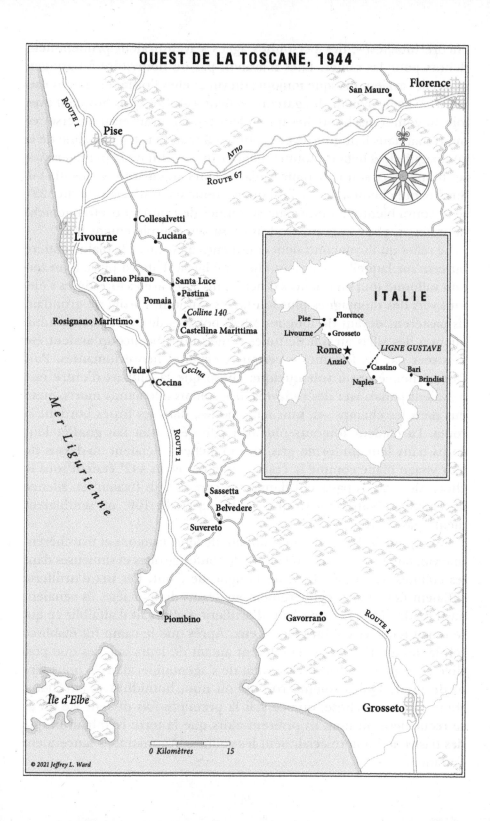

OUEST DE LA TOSCANE, 1944

Florence
San Mauro

ROUTE 1
Pise
Arno
ROUTE 67

Collesalvetti
Livourne
Luciana

Orciano Pisano
Santa Luce
Pastina
Pomaia
Rosignano Marittimo ● ▲ Colline 140
Castellina Marittima

Vada ● Cecina
Cecina

Mer Ligurienne

ROUTE 1

Sassetta
Belvedere
Suvereto

Piombino
Gavorrano
ROUTE 1

Île d'Elbe

Grosseto

ITALIE

Pise → Florence
Livourne ● Grosseto

Rome ★
Anzio
LIGNE GUSTAVE
Cassino Bari
Naples Brindisi

0 Kilomètres 15

© 2021 Jeffrey L. Ward

encore intactes –, des personnes âgées s'aventuraient prudemment dehors pour les saluer. Elles n'avaient pas de nourriture à partager, mais elles avaient presque toujours du vin et elles l'offraient généreusement. Avec la chaleur, les garçons étaient assoiffés et ils buvaient avec joie au goulot des bouteilles qu'on leur tendait pour ensuite verser ce qui restait dans leur gourde et continuer à marcher. Un capitaine de la compagnie L acheta un tonneau entier de vin afin de le partager avec ses hommes ce soir-là, « pour soulager leurs angoisses », se justifia-t-il. Sus Ito, qui cheminait avec l'infanterie pour servir d'éclaireur au 522ᵉ, se retrouva bientôt à tituber sur un sentier de campagne, étrangement heureux et, pour la première fois de sa vie, complètement ivre.

Le relief qu'ils rencontraient commença à évoluer ; la plaine côtière ouverte sur laquelle ils avaient cheminé laissa d'abord place à un terrain vallonné tout en nuances d'ocre, puis à des arêtes forestières s'élevant vers des montagnes plus lointaines. Au loin, l'artillerie grondait. Ils passèrent devant de longues allées bordées de cyprès qui conduisaient à des villas au toit de tuiles rouges dont beaucoup avaient été dévorées par les flammes – certaines étaient encore fumantes. Puis ils commencèrent à voir quelque chose que la plupart d'entre eux n'avaient jamais vu : des cadavres, des soldats allemands morts, étendus dans les champs ou, sans leurs bottes, dans les fossés bordant la route. La chaleur toujours plus forte de l'été avait fait gonfler leur corps dans leur uniforme gris, des mouches voletaient au-dessus de leur visage blanc comme la craie. Les garçons du 442ᵉ étaient sous le choc. Alors qu'ils passaient dans leurs camions, ils fixaient en silence les cadavres. Kats observa que les hommes du 100ᵉ ne semblaient même pas les remarquer.

Le 25 juin, ils descendirent d'un saut de leurs camions et marchèrent une vingtaine de kilomètres le long de routes étroites et sinueuses dans les collines, se rapprochant de la ligne de front. Les tirs d'artillerie sifflaient désormais régulièrement au-dessus de leur tête, ils venaient aussi de derrière. Leur division d'artillerie s'efforçait d'affaiblir ce qui se tenait dans les collines face à eux. Après que le camp fut établi ce soir-là, les aumôniers rassemblèrent autant de leurs ouailles que possible et formèrent des cercles avant de s'agenouiller dans la poussière et de prier. Qu'ils soient croyants ou non, bouddhistes, chrétiens, shintō ou autre chose, que ce soit la première fois de leur vie qu'ils se recueillent ou non, ils prièrent alors que la terre tremblait et que des flashs de lumière éclairaient les collines. Au matin, ils lanceraient l'attaque.

Peu d'entre eux trouvèrent le sommeil cette nuit-là en dépit de la longue marche qu'ils avaient effectuée. Pour la plupart, ils s'étendirent sur le sol froid en regardant les étoiles et en se demandant à quoi une attaque pouvait ressembler. La question était vaine. Ils ne pouvaient pas savoir que ce qu'ils étaient sur le point de voir et de faire les changerait à jamais, qu'ils en regretteraient une part, qu'ils en ressortiraient marqués au fer rouge, mais aussi qu'ils en chériraient certains aspects au-delà de toute attente. Ils ne pouvaient pas encore comprendre qu'ils étaient sur le point de se jeter du bord du monde.

14.

« Ce n'est pas beau à voir, ces gamins ayant à peine
vécu, qui ont été abattus ou déchiquetés par des shrapnels.
Ils sont là, allongés par terre, et on se dit qu'on
ne les entendra plus jamais parler ou rire.
Je souhaite juste que tous les fanatiques, les marchands de
haine, les soi-disant patriotes soient là pour les voir. Ici, au
front, nous sommes respectés comme des AMÉRICAINS
comme les autres, qui nous battons pour la même cause. Nous
sommes vraiment fiers d'être là, de tenir le poste,
de faire notre part du travail. »

Harry Madokoro, à sa mère internée à Poston,
25 juillet 1944

À 6 h 22 le matin du 26 juin, tandis que le soleil se levait tout juste
sur la Toscane, le canonnier Roy Fujii de la batterie B du 522ᵉ prit
un obus et essaya de le charger dans la culasse du canon numéro 2,
baptisé *Kuuipo*. Kats Miho s'accroupit à côté de lui, les index dans
les oreilles, juste après avoir procédé au réglage de la déviation de
ce qui serait le premier tir en combat du 522ᵉ. Leur cible était une
formation de véhicules allemands prêts à se mettre en route à environ
3 kilomètres au sud. Alors que Fujii enfonçait difficilement l'obus dans
la culasse, celui-ci se coinça. Fujii lutta avec l'engin d'une douzaine

de kilos pendant quelques instants. Lança une poignée de jurons. S'agita encore davantage. Les véhicules ennemis pouvant démarrer à chaque instant, il n'y avait pas de temps à perdre. Fujii se saisit d'un maillet et, faisant peu de cas de la possibilité réelle de déclencher une détonation et de tous les tuer, tapa frénétiquement sur l'obus jusqu'à ce qu'il finisse par entrer dans la culasse. Un des autres servants tira le cordon, et le tir partit. Le 442ᵉ régiment était désormais officiellement en guerre.

Un peu plus au nord, Rudy Tokiwa et Fred Shiosaki venaient de lever le camp avec la compagnie K. Vers l'est, le ciel commençait à s'éclairer par-dessus les montagnes. Rudy tenait son fusil M1 à la main. Fred traînait derrière lui un tube de mortier et portait une carabine légère à l'épaule. Harry Madokoro et certains des autres hommes de la compagnie L autour de lui avaient des fusils automatiques BAR.

Ils s'écartèrent les uns des autres, marchant à quelques mètres de distance à travers des champs et des oliveraies des deux côtés d'une route étroite et sinueuse menant vers le nord. Ils ne savaient pas trop où ils allaient, ils savaient juste que c'était quelque part dans les collines devant eux et qu'ils devaient s'attendre à rencontrer la résistance des Allemands vers le milieu de la matinée. L'air était chaud, sec et poussiéreux. Les oliveraies étaient parsemées de rochers. De temps en temps, l'un des garçons trébuchait, tombait, pestait à voix basse, se relevait et continuait à avancer. D'énormes vaches chianina gris-blanc – la race bovine la plus grande du monde – se tenaient dans un champ, muettes et donnant l'impression étrange d'être des spectres. Elles les fixaient du regard alors qu'ils passaient dans la faible lueur de l'aube. De temps à autre, on pouvait entendre le cri aigu et perçant d'un coq monter depuis l'arrière d'une villa ou le roucoulement doux et cadencé de palombes dissimulées dans les taillis obscurs des chênes-lièges. Parfois, un coucou chantait depuis les buissons, rappelant à Fred l'horloge de la maison de ses parents. Mais pour l'essentiel, le monde était silencieux et tranquille, mis à part le bruit de leurs bottes et le cliquetis de l'équipement qu'ils portaient. Fred pouvait entendre son pouls dans ses oreilles et même sentir son cœur battre dans sa poitrine tellement le calme régnait.

Tandis qu'ils marchaient, Fred comprit à sa grande surprise qu'il n'avait pas particulièrement peur. Il était plus impatient qu'effrayé. Il avait envie que l'action débute, car il voulait être sûr qu'il ne fuirait pas au moment décisif. Comme les autres soldats de la compagnie, il se sentait rassuré, dans une certaine mesure, par le fait que l'officier qui les avait entraînés à Shelby, le capitaine Walter Lesinski, celui qui s'était enfoncé une baïonnette dans le pied sans lâcher un mot, dirigeait la compagnie ce matin-là. Il était, de loin, le soldat le plus dur qu'aucun d'entre eux ait jamais rencontré.

Droit devant eux se trouvait la ville de Suvereto, une ancienne colonie étrusque en Toscane, avant que les empereurs n'exercent leur pouvoir sur les collines depuis Rome, même si son architecture était plus moderne, c'est-à-dire médiévale, vieille d'à peu près mille ans. La ville – un charmant mélange de bâtiments aux tons sépia sous des toits de tuiles rouges – était bâtie sur une butte juste en face des champs plats et des vergers où les soldats américains se frayaient un chemin. Derrière la ville s'élevaient des collines plus pentues recouvertes d'oliveraies et de vignes sur leurs parties basses et de forêts mixtes à feuilles caduques au-dessus. Et au sommet se trouvait un minuscule hameau dénommé Belvedere que les Allemands utilisaient comme poste d'observation d'où ils dirigeaient leurs tirs d'artillerie sur une grande part de la campagne environnante. L'objectif que les commandants du 442ᵉ avaient fixé ce jour-là, c'était ce petit hameau avec ces collines, plus que la ville de Suvereto elle-même. S'ils réussissaient, ils pourraient ouvrir la voie à la 5ᵉ armée afin de déplacer des hommes et des fournitures plus au nord à travers ce secteur de l'Italie. Pour cela, toutefois, il faudrait prendre Suvereto.

La mission immédiate de la compagnie K – la mission de tout le 3ᵉ bataillon – était de mener une attaque frontale sur la ville, d'en chasser l'ennemi et ensuite d'avancer vers le haut de la colline. Quelque part à leur droite, le 2ᵉ bataillon approchait de la ville selon un angle légèrement différent avec la même mission. Pour lors, les commandants du 442ᵉ gardaient en réserve le 100ᵉ, plus expérimenté. Ce serait aux nouveaux du 442ᵉ de mener à bien cette opération.

Alors qu'ils étaient en lisière de Suvereto, le capitaine Lesinski leur ordonna de faire une pause. Se rendant compte qu'ils avaient traversé le même ruisseau à trois reprises, il n'était pas vraiment sûr de l'endroit où ils se trouvaient par rapport au reste du bataillon. Pour aggraver les choses, le radio, Calvin Saito, ne parvenait pas à se connecter au poste de commandement du bataillon à l'arrière. Alors qu'ils se tapissaient au sol, Lesinski sortit des cartes routières de l'Italie – les seules cartes que les planificateurs avaient pu leur procurer pour mener à bien l'assaut – pour les étudier. Toujours désorienté, il envoya des éclaireurs à l'avant. Rampant aussi prudemment que possible devant leurs camarades, progressant dans les fossés d'irrigation le long de la route le dos courbé, les éclaireurs avançaient, s'efforçant de rester invisibles aux yeux de l'ennemi.

Du côté du quartier général du régiment, le colonel Pence et le major général Charles Ryder étaient de plus en plus inquiets de ne pas pouvoir entrer en contact avec certaines des compagnies à la fois du 2ᵉ et du 3ᵉ bataillon. Ils n'étaient pas vraiment sûrs de l'endroit où certains d'entre eux se trouvaient et, à part les mêmes cartes routières italiennes que Lesinski, ils ne disposaient d'aucun autre moyen de connaître la réalité du terrain autour de Suvereto. Résolus à en savoir plus, ils montèrent à bord d'une jeep et d'un véhicule blindé pour se rendre compte par eux-mêmes de la disposition de leurs troupes et de celles de l'ennemi autour de la ville.

Ensuite, tout vira au cauchemar.

À mesure que le soleil s'élevait dans le ciel, l'aube laissait place à une journée aussi belle que claire, une de ces journées où l'on peut voir à des kilomètres si l'on dispose d'une position avantageuse. Et c'était exactement le cas des Allemands, retranchés dans les hauteurs au nord et à l'est. Pendant toute la matinée, ils avaient attendu patiemment, observant les Nisei avancer vers Suvereto. Alors que les deux bataillons continuaient de progresser à travers les vallons en dessous du bourg, les Allemands déversèrent soudainement sur eux un déluge d'acier dans un fracas assourdissant.

Ce fut la compagnie F du 2ᵉ bataillon, à la droite de l'endroit où se trouvait la compagnie K, qui en reçut la plus grande part. La compagnie F s'était retrouvée en tête du reste du bataillon et elle fut rapidement isolée. Les obus de mortier commencèrent à tomber, occasionnant d'énormes dégâts ; les hommes étaient littéralement soulevés de terre par les détonations. Puis des chars Tigre dotés de canons de 88 millimètres sortirent des bois voisins où ils étaient restés à couvert et ouvrirent le feu, plus ou moins à bout portant. Le 88 – une pièce d'artillerie particulièrement terrifiante – était à l'origine destiné à servir à la défense antiaérienne mais les Allemands s'étaient résolus à l'utiliser comme arme antichar et antipersonnel. Avec une vitesse initiale comparable à celle d'une cartouche de fusil, ses munitions – fendant l'air à 800 mètres par seconde, parfois à seulement quelques dizaines de centimètres du sol, comme une balle, mais avec une trajectoire parfaitement horizontale – produisaient un son strident aussi lugubre que troublant. Seuls les plus chanceux pouvaient percevoir leur bruit. Les projectiles arrivaient si vite qu'il n'était même pas possible d'entendre celui qui allait vous tuer.

Étendus face contre terre, serrant leur casque sur leur crâne, les hommes de la compagnie F qui étaient toujours capables de le faire tâchèrent tant bien que mal, parfois en rampant, de se mettre à couvert où ils purent : un arbre, un fossé, un muret de pierre, une ondulation du terrain. Chaque fois qu'un nouvel obus se fracassait au sol, de la terre et des fragments de rocher leur retombaient dessus. Au milieu du chaos, un jeune homme se leva pour avancer. Le soldat de seconde classe Kiyoshi Muranaga, 22 ans, bien qu'il ne fût pas un artilleur, laissa tomber son fusil, prit des obus dans son paquetage, saisit un tube de mortier et parvint à une position au milieu du champ. De là, ayant une vue dégagée sur l'un des chars monté avec un 88, il commença à lancer des obus de mortier en chandelle dans sa direction. Le troisième atterrit juste devant le blindé, mais un peu trop loin. Avant qu'il puisse ajuster ses réglages et faire feu à nouveau, l'équipage du char allemand vira dans sa direction, tira, et le tua sur le coup. Mais ensuite, apparemment déconcertés par la résistance qu'ils rencontraient, les chars se retirèrent dans les bois, et l'équipe de Muranaga put finalement atteindre un terrain plus sûr.

Dans la confusion, trois membres de la compagnie F furent séparés du reste du groupe. Tapis dans un fossé, ils entendirent des voix parler en allemand à proximité. Quand deux Allemands s'approchèrent, l'un des garçons se leva brusquement, une grenade à la main, prêt à la dégoupiller, et leur ordonna de se rendre. Les autres jetèrent leurs armes au moment où un nouveau tir de barrage s'abattit sur eux. Les cinq hommes – les Allemands comme les Nisei – sautèrent dans le fossé et s'y blottirent, tandis que la terre tout autour tremblait. Quand ce fut terminé, un sentiment de camaraderie gênée les traversa. Mais il ne dura pas. Désespérément assoiffés, les Nisei arrachèrent les gourdes de leurs prisonniers et sifflèrent leur eau sur-le-champ.

Désormais, c'était au tour de la compagnie K d'être en difficulté. Lesinski ne savait toujours pas où ils se trouvaient, mais à en juger par le crépitement des mitrailleuses derrière lui, il était clair qu'ils avaient trop avancé par rapport au reste du 3ᵉ bataillon. Éloignés de leur position, bloqués sur un coteau exposé, ils se retrouvèrent sous le feu des mitrailleuses lourdes situées plus haut sur la pente devant eux, ainsi que des pièces d'artillerie disposées dans les collines en surplomb. Ils se jetèrent au sol et essayèrent de s'enterrer, grattant comme des forcenés la terre caillouteuse et sèche avec leur pelle, leur baïonnette et même leur casque.

Étendu sur le ventre dans un creux qu'il avait dégagé, Fred Shiosaki vit, sans bien comprendre ce qui se passait, une pluie de feuilles et de brindilles se détacher d'un olivier qui le surplombait, puis il réalisa que l'arbre se faisait pulvériser par de puissants tirs de mitrailleuses à un mètre environ au-dessus de sa tête. Des obus tombèrent en sifflant. Cela commençait par un gémissement strident au loin dont l'intensité augmentait jusqu'à percer les oreilles, donnant l'impression à Fred que l'obus se dirigeait droit vers le trou où il se trouvait. Il toucha finalement le sol à proximité dans un fracas assourdissant, créant des panaches de terre, de pierre et de métal qui volèrent en tous sens. L'onde de choc transperça les tympans de Fred et, pendant une fraction de seconde, il ressentit une douleur aiguë.

Quelques soldats paniquèrent et détalèrent vers l'arrière, à la recherche d'une meilleure couverture. L'un d'eux ne s'arrêta pas de courir avant d'avoir atteint le poste de commandement du bataillon où Masao Yamada le découvrit tremblant de manière incontrôlable, incapable de s'exprimer. Yamada lui donna de l'eau, le calma suffisamment pour qu'il puisse parler et le renvoya vers le front. Mais son apparition soudaine au poste de commandement alarma tous ceux qui s'y trouvaient. À ce moment-là, les communications avec de nombreuses unités sur le terrain avaient été entièrement coupées. En explosant, les obus avaient sectionné les fils téléphoniques que les éclaireurs avaient posés. Pour compliquer les choses, le terrain vallonné rendait difficiles les communications radio et par talkie-walkie. Les officiers à la manœuvre avaient une impression générale de la manière dont les deux bataillons étaient déployés l'un par rapport à l'autre, mais peu d'informations sur l'endroit où se trouvait chaque compagnie, ni sur les obstacles précis auxquels elles étaient confrontées. Manifestement, l'assaut ne se passait pas comme prévu et le malaise menaçait de laisser place à la panique.

À ce moment-là, le major général Ryder et le colonel Pence réapparurent soudainement au poste de commandement du régiment. Une demi-heure plus tôt, pendant qu'ils étaient en reconnaissance en avant des lignes, ils s'étaient retrouvés sous le feu d'un des canons de 88 allemands. Les deux officiers avaient dû abandonner leur véhicule et fuir pendant que les membres de leur escorte tiraient pour les couvrir. Au moment où ils arrivèrent à pied au poste de commandement, Ryder avait perdu son casque et il était particulièrement mécontent des résultats obtenus jusqu'alors par le 442e. Avec deux bataillons entiers lancés à l'attaque de Suvereto, les Nisei auraient déjà dû traverser la ville et progresser dans les collines qui se trouvaient derrière. Ryder et Pence se penchèrent de nouveau sur les cartes, essayant de comprendre ce qui pouvait bien se passer et ce qu'il convenait de décider.

À la fin de la matinée, cela faisait des heures que les deux bataillons étaient cloués sur place, déplorant régulièrement des blessés, incapables à la fois d'avancer vers la ville ou de se retirer en terrain sûr. Le gros du 2ᵉ bataillon était désormais à environ 800 mètres à l'est du 3ᵉ, mais avec la fumée des tirs incessants de l'artillerie et la poussière soulevée par les impacts qui flottait sur le champ de bataille, aucun des deux ne pouvait maintenir un contact visuel avec l'autre. Certains des hommes étaient prisonniers de leur cagna depuis si longtemps qu'ils durent uriner sur place, tout en restant allongés, souillant leurs vêtements. Un soldat se soulagea dans un préservatif qu'il avait avec lui et dont il noua l'extrémité une fois qu'il l'eut rempli. Mais alors qu'il essayait de jeter ce ballon en dehors de son trou, il se prit dans une racine, éclata et l'éclaboussa copieusement.

Toujours à plat ventre dans son propre abri creusé à la hâte, attendant les ordres pour avancer ou se retirer au milieu du fracas et des explosions des obus qui tombaient sur son unité, Fred Shiosaki s'efforça de lutter contre la peur plutôt que contre les Allemands. Il s'accrochait avec l'énergie du désespoir à la seule chose dont il était certain : il ne pouvait pas se permettre d'avoir peur. Avoir peur l'empêcherait de rester en vie. Mais il y avait une autre pensée qui continuait à lui occuper l'esprit. Elle semblait l'aider à tenir le coup, alors il se concentra dessus et ne pensa à rien d'autre, essayant de la garder en tête même si les obus n'arrêtaient pas d'exploser autour de lui, se la répétant à voix basse, la murmurant au sol rocailleux : « Je vais leur casser la gueule à ces connards. »

Alors que les tirs de barrage continuaient, Fred prit lentement conscience de quelque chose. Tous les obus allaient dans une seule direction : vers lui. Aucun tir ne semblait être dirigé contre les Allemands. Où diable était leur artillerie ? Où était le 522ᵉ ? Pourquoi ne ripostaient-ils pas, débarrassant les collines de ces fichues mitrailleuses ?

En fait, les hommes des trois batteries du 522ᵉ étaient assis dans leurs camions 6x6 à des kilomètres de là, montant lentement le long de routes de campagne étroites, tractant leurs canons derrière eux, largement inconscients du désastre en cours à Suvereto.

Ce n'était pas vraiment leur faute. Après qu'ils avaient lâché leurs premiers tirs sur le regroupement de véhicules allemands aux alentours de Grosseto, on leur avait ordonné de faire mouvement vers le nord pour se rapprocher de Suvereto, où ils pourraient apporter un soutien à l'infanterie assiégée. Tandis qu'ils étaient sur la route, la 34ᵉ division d'artillerie était supposée prendre leur place. L'information n'était toutefois pas remontée jusqu'au quartier général de la division. Ce n'était qu'une partie d'un dysfonctionnement plus large des communications ce matin-là, mais cela signifiait que les hommes de l'infanterie bloqués dans les champs devaient se débrouiller par eux-mêmes pour le moment.

Walter Lesinski, de la compagnie K, était furieux que ces hommes soient toujours retranchés et exposés à un feu nourri sur le coteau menant à Suvereto. Personne ne semblait savoir ce qu'ils étaient censés faire, et il ne parvenait toujours pas à obtenir d'instructions de la part des commandants du bataillon. Il rejoignit non sans mal l'endroit où Rudy Tokiwa était accroupi dans un abri. En plus d'être un fusilier, Rudy était l'une des estafettes du 3e bataillon. Sa mission principale était donc de servir de messager entre les quartiers généraux et les commandants des compagnies sur place quand les ordres ne pouvaient pas être transmis par la radio ou les téléphones de terrain. Tout le monde savait que c'était une mission dangereuse car elle impliquait de traverser des champs de bataille entièrement à découvert, parfois sur des kilomètres, sans la protection de tirs de couverture ni le moindre soutien. Par maints aspects, c'était pourtant ce qui convenait parfaitement à Rudy : il était petit, souple, athlétique, et surtout, il n'avait pas froid aux yeux. Il aimait faire les choses à sa manière et avait un talent particulier pour la dissimulation. Sans compter qu'il avait une mémoire d'éléphant. L'un des aspects des missions des estafettes était de mémoriser – mot pour mot – le moindre message qu'elles avaient à délivrer, afin d'éviter, en cas de capture, que les ordres écrits ne tombent entre les mains de l'ennemi.

À présent, Lesinski lui beuglait dessus dans le vacarme de la bataille : « Retourne au bataillon et ramène-nous de l'aide ! » Rudy partit ventre à terre, plié en deux, esquivant les obus, se dirigeant droit vers le bas de la colline. Pendant la demi-heure suivante, il avança aussi discrètement que possible, coupant à travers champs quand c'était nécessaire, mais essayant au maximum de rester dans les buissons ou dissimulé par des arbres. De temps à autre, il devait se jeter dans un fossé le long d'une route quand un obus lui tombait dessus en sifflant. Des salves de tirs retentissaient dans les prés voisins. De quelque part dans une oliveraie vers sa gauche, il entendit quelqu'un hurler de douleur, un son guttural si indistinct qu'il n'y avait pas moyen de savoir si c'était un hurlement en allemand ou en anglais. À aucun prix il ne pouvait s'arrêter pour en voir le cœur net. Il devait continuer à avancer.

Puis, dans un virage, il s'immobilisa. En une poignée de secondes, il comprit qu'il lui fallait rapidement prendre une décision lourde de conséquences. Un groupe du 442ᵉ était en train de se démener pour monter dans sa direction. Entre eux et lui, un soldat allemand solitaire était agenouillé derrière un muret de pierre formant un arrondi, une mitraillette à la main, attendant en embuscade que les Nisei soient assez proches de lui pour les arroser. Rudy hésita seulement un court instant. L'Allemand lui tournait le dos, mais il fallait le faire. Il visa soigneusement avec son fusil et tira un seul coup. Le corps de l'homme s'affaissa au sol.

Voulant s'assurer qu'il était bien mort, Rudy, le cœur battant à tout rompre, s'approcha de lui avec précaution et retourna le corps du soldat. C'était la première fois qu'il regardait un cadavre en face. Ses yeux bleus étaient ouverts, le fixant d'un air ébahi. Rudy évita son regard, se concentrant sur l'uniforme vert-de-gris ensanglanté. Puis il commit une erreur. Il sortit le portefeuille de l'Allemand de sa poche et commença à le fouiller. À l'intérieur, il y avait trois photographies : un petit garçon et deux petites filles, d'environ 2 à 7 ans. En voyant les sourires qu'ils avaient esquissés devant l'objectif, Rudy sentit son cœur se serrer. Ce n'était pas seulement un soldat qu'il avait tué ; c'était un père. Lors de ses classes, on lui avait conseillé de ne jamais regarder les effets personnels d'un ennemi mort. Il en comprit la raison à cet instant. Et cela le secoua. Dans les jours et les semaines qui suivirent, il tuerait d'autres hommes. Pour la plupart d'entre eux, il ne ferait guère attention à qui ils étaient, à quoi ils ressemblaient. Une dureté finirait par s'installer en lui, comme en chacun de ses camarades. Mais il ne serait jamais capable d'effacer de son esprit le souvenir de son premier mort.

Rudy reprit sa course en contrebas de la colline et finit par se rapprocher du poste de commandement du 3ᵉ bataillon. Un officier – le major Emmet O'Connor, officier supérieur de tout le bataillon –, le voyant s'approcher, cria dans sa direction. Puis, soudainement, il prit un M1 et se mit à tirer au-dessus de la tête de Rudy qui se jeta au sol, se rendant compte que le major lui demandait le mot de passe du jour. Rudy, absolument incapable de s'en souvenir, commença à crier : « Yon yon ni, yon yon ni » – le chiffre « 442 » en japonais. Les hommes de troupe l'utilisaient comme une sorte de mot de passe par défaut depuis des semaines. O'Connor n'avait bien sûr aucune idée de ce que cela signifiait. Il continua à demander le mot de passe et à l'empêcher d'approcher en lui tirant dessus. Finalement, Rudy s'agenouilla, tira un seul coup par-dessus la tête de O'Connor et cria : « La prochaine pourrait bien vous passer à travers ! » O'Connor, se rendant compte que Rudy était un Américain et non pas un Allemand parlant japonais, abaissa son fusil et lui fit signe d'avancer.

Quand Rudy fit part du message du capitaine Lesinski à O'Connor, il n'obtint pas la réponse qu'il attendait, mais celle-ci : « Eh bien, fais demi-tour et dis au capitaine de ta compagnie K qu'il va devoir se tirer de là tout seul. » Rudy lui jeta un regard noir puis tourna les talons. Il courut tout le long du chemin de retour vers le champ de bataille, sans cesser d'imaginer comment il allait pouvoir annoncer la chose à Lesinski.

À midi, le colonel Pence, le major général Ryder et le lieutenant-colonel Gordon Singles, commandant du 100ᵉ, avaient rassemblé assez d'informations reçues d'estafettes comme Rudy pour dresser un plan. De ce qu'ils pouvaient tirer des rapports de terrain et des cartes dont ils disposaient, il semblait y avoir un espace entre le 3ᵉ bataillon, blo-qué dans un champ de blé sur la gauche, et le 2ᵉ bataillon, immobilisé dans une oliveraie sur la droite. Ce n'était qu'une pente rocailleuse couverte d'oliviers et de vigne, large d'un peu moins de 200 mètres, mais elle présentait une voie possible vers le terrain qui surplombait Suvereto. Ils décidèrent de faire monter certains des hommes les plus expérimentés du 100ᵉ jusqu'au front et de leur faire traverser la brèche le plus vite possible tandis que les Allemands étaient occupés avec les deux bataillons sur les flancs.

Des ordres furent donnés et, en une heure, les compagnies A et B du 100ᵉ se précipitèrent vers le haut de la colline à travers la brèche et commencèrent à encercler les Allemands par l'arrière. Coupant les lignes téléphoniques que les Allemands avaient posées, ils mon-tèrent rapidement dans les hauteurs derrière Suvereto avant que les Allemands ne comprennent ce qui se passait. Depuis l'éminence dont ils se rendirent maîtres, ils pouvaient voir les forces allemandes concentrées dans Belvedere et tout autour. Profitant de l'effet de sur-prise, ils attaquèrent Belvedere immédiatement, certains d'entre eux chargeant les Allemands depuis les côtés, d'autres se dirigeant sur le village directement depuis l'arrière. Une autre heure s'écoula avant qu'ils ne fassent taire l'essentiel de l'artillerie allemande, détruisent les postes d'observation ennemis, envahissent Belvedere maison par maison et mettent en déroute des Allemands qui se replièrent vers Sassetta, la ville suivante en direction du nord. Mais les Nisei avaient également anticipé ce mouvement et envoyé des hommes vers le nord pour ensuite les faire pivoter vers l'ouest afin de couper le chemin des Allemands en fuite.

La route vers Sassetta serpentait comme un spaghetti de pavés, sinueuse et étroite, sur 8 kilomètres le long d'une arête à travers une végétation touffue. Elle était fatigante à parcourir, mais le paysage était magnifique. Elle rappelait aux garçons originaires de Maui une célèbre voie panoramique de leur île, la route Hana. Ils étaient désormais dissimulés à plat ventre sous le feuillage dense le long de la chaussée, leur arme à la main, attendant que les Allemands en fuite tombent dans leur piège.

Maintenant que l'artillerie des Allemands était réduite au silence et que leur infanterie était en train de se replier vers le nord dans les collines au-dessus d'eux, les hommes des 2e et 3e bataillons du 442e allaient pouvoir s'extraire de leur abri pour reprendre leur marche vers le sommet et Suvereto. Tandis que Lesinski ouvrait la voie, Fred, Rudy et le reste de la compagnie K se débrouillèrent pour se faufiler autour des nids de mitrailleuse allemands sur le coteau au-dessus d'eux et les pilonner avec leurs fusils et leurs mortiers, repoussant peu à peu l'ennemi du flanc de la colline. Puis ils reprirent leur attaque frontale, surgissant finalement dans Suvereto même à la fin de la matinée. Vers le milieu de l'après-midi, ils avaient vidé le bourg et commencèrent à gravir les escarpements derrière lui pour rejoindre le reste de leur bataillon et le 100e. À mesure qu'ils progressaient, ils poussaient davantage d'Allemands vers le sommet boisé et dans les bras du 100e ainsi que vers le piège qui leur était tendu sur la route de Sassetta.

Les premiers des Allemands en retraite à approcher de l'embuscade arrivèrent dans un convoi de dix-sept véhicules. Les soldats Nisei, tapis dans les fourrés le long de la route, se retinrent de tirer jusqu'à ce qu'ils soient presque tous à leur niveau, puis ils ouvrirent le feu comme jamais, déclenchant un tonnerre de détonations. Ce fut un massacre. Les quelques Allemands qui survécurent au barrage initial se bousculèrent pour se précipiter dans les fourrés. Quelques minutes plus tard, des poids lourds apparurent dans un vacarme épouvantable, leur plateforme arrière chargée d'encore plus de soldats. Quand leurs conducteurs se rendirent compte qu'ils avançaient droit dans une embuscade, ils accélérèrent en faisant des embardées pour se frayer un chemin entre les véhicules abandonnés au beau milieu de la chaussée. Les Nisei firent de nouveau feu. Les hommes en uniforme vert-de-gris bondirent de l'arrière des camions et essayèrent de courir ou de ramper pour s'éloigner. Et ce fut une nouvelle hécatombe.

À la tombée de la nuit, les combats étaient quasiment terminés, les Nisei avaient complètement verrouillé la route et la crête le long de laquelle elle se trouvait, juste au sud de Sassetta. Ce qui avait débuté comme une débâcle massive des Américains s'était transformé en une déroute des troupes allemandes, lesquelles étaient pourtant bien plus chevronnées.

Ce premier jour au feu des hommes du 442e avait été violent et leur réussite inégale. Ils avaient vu des choses qu'ils ne pensaient jamais voir. Rudy Tokiwa trouva un bout de terrain où s'allonger et réalisa qu'en dépit de la fraîcheur du soir, il transpirait. Il se sentait mal. Jamais il ne s'était senti aussi mal. Un Hiro Higuchi secoué, après avoir passé cinq heures serré dans un petit ponceau tandis que les obus pleuvaient autour de lui, se mit à l'écart pour écrire à son épouse au sujet de sa première expérience de la guerre : « C'est l'enfer, tout simplement – un cauchemar de sang et de mort (…). Je ne peux pas te décrire à quel point ces obus stridents qui tombent en nous arrachant les oreilles sont effrayants, c'est insoutenable (…). J'ai eu peur de craquer après avoir vu arriver le corps d'un vieil ami que j'avais rencontré à Los Angeles. Je n'ai pu que m'asseoir et pleurer comme un bébé. Un jour, je te raconterai tout, mais maintenant je ne veux plus y penser. »

Ce premier jour, toutefois, n'était qu'un avant-goût de ce qui attendait le 442e.

Au cours de la nuit, sans presque le moindre répit, Fred Shiosaki se surprit à devoir se mettre de nouveau en mouvement, traînant son tube de mortier sur un sentier de montagne escarpé au cœur de bois sombres et silencieux. Souhaitant tirer profit de l'avantage pris dans l'après-midi, Pence avait déployé le 3e bataillon dans un mouvement de contournement nocturne, l'envoyant décrire une grande boucle vers l'ouest autour de Sassetta pour s'emparer des hauteurs au nord de la ville. Le terrain était raide, entrelacé de ravins et recouvert d'une épaisse végétation inextricable. Un peu après minuit, un croissant de lune se leva au-dessus de la mer à l'ouest et les bois déjà plongés dans la pénombre s'assombrirent encore plus. Fred avait du mal à voir plus loin que quelques mètres devant lui. Tout autour, des hommes gémissaient et haletaient, mais ne disaient rien, s'efforçant de rester aussi furtifs que possible.

Puis un son terrifiant déchira l'obscurité – un grondement grave et puissant qui se dirigeait vers eux par à-coups, de plusieurs directions à la fois. Fred comprit immédiatement de quoi il s'agissait, car, s'il n'y avait jamais encore été confronté, on le lui avait décrit. C'était le bruit de ce que les Américains appelaient « la scie circulaire d'Hitler », la mitrailleuse allemande MG 42. Elle crachait de longues et redoutables salves, tirant pas moins de 1 200 projectiles par minute. Même les meilleures armes automatiques américaines (les pistolets-mitrailleurs Thompson) faisaient feu à un rythme beaucoup plus lent, leur barillet se vidant avec un son discret et saccadé : *pop, pop, pop, pop, pop.* La MG 42 émettait un bruit fracassant qui déchirait l'air en continu et, d'après ce que Fred avait entendu, elle pouvait couper un homme en deux.

Fred plongea au sol. Ils le firent tous. Et à cet instant précis, alors qu'une demi-douzaine d'armes déversaient de nouveau leurs munitions sur lui dans un grondement assourdissant, Fred, pour la première fois, ne parvint pas à contenir sa peur intense. Il y avait quelque chose de si angoissant dans ce bruit qu'il en était comme transpercé. D'une manière ou d'une autre, cela semblait plus dirigé contre lui personnellement que les tirs d'artillerie à longue distance de la veille. Tandis qu'il était allongé dans l'obscurité, à plat ventre contre les rochers et la végétation, pour la première fois, il vint à l'esprit de Fred avec une grande clarté que quelqu'un là-bas, un soldat allemand parmi tous les autres, n'essayait pas juste de gagner la guerre. En fait, il essayait de le tuer lui, le soldat de seconde classe Fred Shiosaki venu de Hillyard, dans l'État de Washington, ancien vice-président du club de photographie du lycée de la ville, connu pour jouer au base-ball sur les terrains vagues, fils du patron d'une blanchisserie, que tout le monde s'accordait à décrire comme un gentil garçon. Et avec la même clarté, Fred se rendit compte que s'il survivait à cette nuit-là, à un moment ou à un autre, il devrait lui aussi très probablement tuer quelqu'un.

Au bout de quelques minutes, les armes se turent après que les Nisei eurent retourné les tirs et que la patrouille allemande contre laquelle ils s'étaient engagés sans le vouloir s'échappait en se faufilant dans les taillis, choisissant sagement d'éviter d'affronter tout un bataillon américain. Fred et le reste de la compagnie K se remirent debout et reprirent leur marche. La forêt s'éclaircissait à mesure qu'ils gagnaient en altitude et que le soleil pointait. Vers le milieu de la matinée, ils arrivèrent à leur objectif du jour, une arête surplombant Sassetta depuis le nord. De là, Fred pouvait distinguer les troupes allemandes rassemblées en contrebas. Plusieurs chars Tigre rugissaient dans les rues étroites de Sassetta, se préparant à défendre l'entrée sud du bourg. À quelques kilomètres plus au sud, loin de son champ de vision, Fred savait que le 100e était également en train de se masser, prêt à emprunter la route qui montait directement jusqu'au village. Si les Nisei prenaient

Sassetta, les Alliés contrôleraient près de 7 kilomètres de la ligne de crête surplombant les plaines côtières et les routes en contrebas.

Les Allemands ne semblaient pas avoir conscience de la présence menaçante du 3ᵉ bataillon au-dessus de leurs arrières, comme regardant par-dessus leur épaule. Le chef d'escadron de Fred, Harry Kanada, dénicha une position idéale avec une ligne de tir dégagée et mit Fred ainsi que le reste de son équipe de cinq hommes au travail pour qu'ils installent leurs mortiers et empilent des obus. Sus Ito, qui servait d'éclaireur au 522ᵉ bataillon d'artillerie de combat, observa les Allemands à l'aide de ses jumelles et commença à sélectionner les meilleures cibles parmi toutes celles qui s'offraient à lui. Il transmit la localisation précise des points d'impact, un par un, au poste de direction de tir à l'arrière. Dans le corps de ferme abandonné qui abritait celui-ci, des hommes penchés sur des tables où ils avaient étalé des cartes et des tables de référence firent, à l'aide de rapporteurs et de règles, les calculs complexes requis pour produire des instructions de tirs pertinentes afin de toucher les Allemands et non leurs propres troupes.

À 2 ou 3 kilomètres de là, cachés derrière une autre colline, Kats Miho tapis à côté de *Kuuipo*, le canon numéro 2 de la batterie B, attendait de recevoir les instructions du poste de direction de tir pour procéder au réglage de ses tirs. Les trois batteries du 522ᵉ, chacune dotée de quatre obusiers de 105 millimètres, étaient désormais en position et prêtes à ouvrir le feu quand leurs servants en recevraient l'ordre.

Juste avant midi, quelques-uns des officiers du 442ᵉ – parmi lesquels le capitaine de la compagnie K, Walter Lesinski – se rassemblèrent à un nouveau poste de commandement du régiment qu'ils avaient établi dans une maison de la route de Sassetta, à 5 kilomètres au sud de la ville, se préparant à superviser l'attaque imminente. Rudy Tokiwa était là, lui aussi, prêt à transmettre des messages sur le champ de bataille si nécessaire.

Tirer à l'artillerie sur des cibles positionnées juste devant votre infanterie elle-même en mouvement est quelque chose de particulièrement délicat. Cela demande une grande précision et des réactions rapides face aux situations changeantes, le champ de bataille ne cessant d'évoluer. Vos propres troupes peuvent désormais se retrouver à l'endroit même où l'ennemi était cinq minutes plus tôt. Mais, comme les Allemands étaient sur le point de l'apprendre, dans la 5ᵉ armée américaine, nul n'était meilleur pour lancer des obus là et quand ils le voulaient que les artilleurs du 522ᵉ bataillon d'artillerie. À Shelby, ils s'étaient distingués par leur vitesse, leur précision et leur adaptabilité.

Ils avaient à présent pour la première fois l'opportunité de prouver qu'ils pouvaient faire aussi bien dans des conditions de combat. Tandis que le 100ᵉ se rapprochait en rampant du village, les obusiers du 522ᵉ ouvrirent le feu sur les positions défensives allemandes dans et autour de Sassetta.

Les coordonnées des cibles arrivaient les unes après les autres par le téléphone de campagne et Kats ainsi que toute l'équipe de *Kuuipo* agissaient sur-le-champ. Il ne fallait pas moins de sept hommes, chacun avec une tâche spécifique à remplir, pour actionner un seul canon de la batterie dans une coordination parfaite, gage d'efficacité. Tentant de couvrir le rugissement des autres canons, un homme criait les instructions concernant la cible telles qu'il les recevait du poste de direction de tir, un deuxième ajustait la hauteur du canon, un troisième réglait la déviation, un quatrième chargeait le nombre exact de sacs de poudre, un cinquième faisait glisser l'obus dans la gueule du canon, et un sixième tirait le cordon pour le mettre à feu. Lors de chaque tir, chacun d'entre eux devait effectuer sa tâche vite et bien, de sorte que l'obus qu'ils étaient sur le point de tirer tue des Allemands et non des Américains. La mission de Kats, comme caporal canonnier, était de régler la déviation – dans quelle mesure faire pivoter le canon de l'obusier vers la droite ou vers la gauche afin de correspondre aux coordonnées qu'on lui indiquait.

Flint Yonashiro criant des coordonnées

Tandis que les artilleurs du 522ᵉ déclenchaient toute la puissance de leurs premiers tirs de barrage, le 100ᵉ accéléra en parcourant à pied la route qui montait de Suvereto à Sassetta, progressant par à-coups au début, s'arrêtant entre les tirs de barrage, puis se déployant dans le bourg, ses membres tirant avec leurs M1 et leurs BAR. Au même moment, le 3ᵉ bataillon descendait tranquillement depuis la ligne de crête qui surplombait le village, avançant derrière un rideau d'obus tirés par Fred Shiosaki et d'autres servants de mortier. L'attaque était précise, bien coordonnée, et imparable. Vers le milieu de l'après-midi, les Allemands battaient de nouveau en retraite, cette fois sur la route menant en dehors du village en direction du nord.

Mais ils ne se retirèrent pas sans envoyer au 442ᵉ un cadeau de départ. La maison dans laquelle le régiment avait installé son quartier général au sud de Sassetta était un endroit singulier, situé à un tournant de la route, avec un vaste terrain dégagé devant elle. C'était le genre de lieu que les observateurs allemands postés dans les collines avaient soigneusement repéré et dont ils avaient relevé les coordonnées depuis un bon moment, au cas où elle deviendrait une cible opportune pour leur artillerie.

Des soldats et des officiers allaient et venaient devant le bâtiment tout au long de la bataille. Maintenant que Sassetta était tombé, la compagnie K était en train de s'y regrouper. Fred Shiosaki s'en approchait quand un unique obus allemand arriva en émettant un bruit strident, frappant la maison en plein cœur. Les vitres se brisèrent, des flammes surgirent du toit, les hommes qui se trouvaient à l'extérieur furent projetés dans les airs. Des blessés s'extirpèrent de ce qui restait de l'habitation dans un voile de fumée et de poussière, toussant, le visage recouvert de plâtre, certains en sang. Une Italienne de 16 ans courut dans une autre bâtisse à proximité, en arracha des rideaux et se mit à les déchirer afin d'en faire des bandages. Indemne, Fred était néanmoins choqué. Tandis que les hommes faisaient des allers-retours en courant entre l'extérieur et l'intérieur, quelqu'un cria que le lieutenant de la compagnie K, Howard Burt, avait été tué. Mais ce qui frappa le plus Fred fut de voir Walter Lesinski sortir du bâtiment. Deux hommes le soutenaient, un de chaque côté. Lesinki était visiblement sain et sauf, mais son visage était totalement blême, ses yeux sans vie. Quand ses deux soutiens le lâchèrent et s'écartèrent, ses bras restèrent tendus de chaque côté, comme s'ils étaient toujours là. Lesinki semblait collé au sol, incapable de faire un pas tout seul. Quelques secondes auparavant, il était en train de parler avec un sergent-chef. Au moment de l'impact, ce dernier s'était tout simplement disloqué, démembré en un éclair – un instant, il était un visage, une paire d'yeux intelligents qui le regardait, une voix, un être humain ; l'instant suivant, il n'était plus qu'un corps déchiqueté, éparpillé parmi les ruines. C'est à ce moment-là, apparemment, que Lesinski avait craqué.

Fred ne lui en voulait pas. Aucun des hommes de la compagnie K ne lui en voulait. La plupart d'entre eux craignaient, davantage encore que d'être tués, que la même chose ne leur arrive. Après seulement un jour et demi de combat, ils savaient déjà à quel point leur propre équilibre mental était devenu fragile. Au cours de ce bref intervalle, presque tous avaient déjà vu quelqu'un qu'ils connaissaient être tué ou mutilé devant eux, et tous en avaient été personnellement affectés. Plus tôt dans la journée, en approchant d'un char allemand carbo-nisé, Kats Miho avait trouvé les corps de deux Nisei étendus sous des couvertures. À en juger par la scène, ces deux soldats avaient coura-geusement attaqué le char, courant dans sa direction jusqu'à en être à quelques mètres, et lui avaient ensuite tiré dessus au lance-roquettes. Visiblement, ils s'étaient trop approchés de leur cible. L'explosion avait certes détruit le blindé, mais elle les avait aussi tués. Quand quelqu'un souleva une des couvertures, le cœur de Kats se serra. L'un des garçons morts était Grover Nagaji, son voisin de dortoir à Atherton House. C'était déjà dur. Mais il y avait quelque chose d'autre. À peine un jour ou deux plus tôt, Kats avait appris que Grover avait reçu une lettre de rupture de sa petite amie restée à Hawaï.

Fred reçut un autre coup à l'estomac dans l'après-midi. Parmi les cadavres qui furent dégagés des décombres de la maison se trouvait celui du garçon avec lequel il avait pris le train et quitté Spokane pour rejoindre l'armée, Gordon Yamaura. Gordon était un lien avec chez lui, il lui rappelait que quelque part à Spokane, la vie se déroulait normalement, que ses parents buvaient du thé, entretenaient le linge des clients, alimentaient la chaudière. Désormais, pour Fred, le corps pâle et désarticulé de Gordon couvert de poussière blanche et de taches de sang noir, semblait d'une manière ou d'une autre remettre en question l'existence même de cet autre monde.

Avec seulement de brefs répits, le 442ᵉ combattit presque sans désem-parer – jour et nuit – au cours des derniers jours de juin et de juillet. En compagnie d'autres éléments de la 5ᵉ armée qui se trouvaient plus à l'est, ils avançaient pas à pas à travers l'ouest de la Toscane, progressant avec obstination kilomètre après kilomètre, parfois cen-taine de mètres par centaine de mètres, rencontrant une résistance féroce de la part d'Allemands fermement retranchés derrière leurs lignes. De chaque colline, de chaque village dont ils s'approchaient, des tirs nourris de barrage se déversaient sur eux. Une carte récupérée sur le cadavre d'un soldat ennemi leur indiqua que bien avant leur arrivée, les Allemands avaient soigneusement relevé les coordonnées d'artillerie de chaque croisement de route, corps de ferme et ravin où les Américains pouvaient potentiellement se rassembler. Avec les Allemands toujours postés sur les hauteurs, aucun endroit n'était entièrement sûr, et par conséquent les Nisei entreprirent de se déplacer essentiellement de nuit, quand ils ne pouvaient pas être vus, tout en coupant à travers les champs de blé et se frayant un chemin dans les oliveraies, ainsi que dans les vallées entre les collines. Cheminer ainsi de nuit, toutefois, augmentait grandement le risque de tomber sur un champ de mines. Quand c'était possible, ils se laissaient guider par des partisans italiens qui leur évitaient les dangers.

Alors que le terrain était de plus en plus vallonné, ils recoururent à des mulets pour porter leurs affaires le long des sentiers sinueux et poussiéreux que les partisans leur indiquaient. Ils devaient gravir les collines à pied, grimpant à travers des forêts sèches de chênes-lièges et de châtaigniers sur des pentes si raides qu'ils devaient parfois se mettre à quatre pattes pour faire de l'escalade en s'agrippant aux racines et aux rochers. C'était éreintant, même si personne ne leur tirait dessus. D'habitude, justement, on leur tirait dessus et ils continuaient à subir de lourdes pertes. Début juillet, environ 400 des près de 4 000 Nisei qui étaient arrivés à Anzio en mai avaient été tués ou blessés, alors qu'ils progressaient à travers la Toscane, venant s'ajouter au nombre disproportionné de victimes que le 100e avait déjà accumulées au cours de l'invasion du sud de l'Italie.

Chaque fois que l'un d'entre eux tombait, les autres apprenaient comment survivre. Ne jamais s'attarder à un croisement, une cible facile pour l'artillerie allemande. Pour la même raison, ne jamais faire de pause à l'ombre d'un arbre isolé au milieu d'un champ. Ne jamais s'aventurer dans les taillis pour se soulager, sans avoir vérifié auparavant que ne s'y trouvait pas de fil de détente ou d'objet piégé. Ne jamais utiliser de latrines creusées par l'ennemi. Elles risquaient elles aussi d'être piégées, comme pouvaient l'être les « souvenirs » tentants laissés derrière eux par les Allemands, des casques par exemple. Et ne jamais, absolument jamais, donner un coup de pied dans une boîte de conserve sur la route. Ce que les Allemands avaient compris au sujet des jeunes Américains, c'était que, s'ils voyaient une boîte de conserve vide au sol, ils allaient presque toujours shooter dedans, rien que pour s'amuser. Mais comme les garçons du 442ᵉ l'avaient vite découvert, en Italie, il était probable que la boîte fût posée sur une mine.

Rudy devait être particulièrement attentif. En tant qu'estafette, il passait l'essentiel de son temps seul, se déplaçant entre les compagnies, portant des messages depuis et vers les lignes de front, se démenant d'un endroit à un autre, sans bénéficier du moindre soutien, d'une seconde paire d'yeux ou d'une reconnaissance avancée. Il faisait extrêmement chaud désormais, les collines de Toscane apparaissaient brunes et desséchées, les rivières dans les vallées qui les séparaient étaient réduites à des flaques de mousse verdâtre déposées çà et là sur leur lit de pierres blanches brûlées par le soleil. Avec la chaleur, les champs de blé mûr et de seigle reflétaient la lumière. Rudy était épuisé et crasseux. Ses pieds lui faisaient mal. Son visage n'était pas rasé, il était en permanence baigné de transpiration à laquelle se mêlait la poussière. L'uniforme qu'il portait était déjà en lambeaux et il puait. La nuit, il devait parfois se glisser dans des ponceaux ou dans des taillis le long de rivières asséchées, seul et le ventre vide, pour essayer de dormir un peu.

Comme Rudy était Rudy, il saisissait sa chance là où il passait en vagabondant dans la campagne italienne. Quand il traversait des villages que la Wehrmacht avait abandonnés, il sautait par-dessus les barrières pour passer d'un jardin à un autre plutôt que d'emprunter les rues. Car c'était dans les potagers et les arrière-cours qu'on pouvait trouver ce qu'il y avait de meilleur : une tête de chou-fleur, une poignée d'oignons verts, un bon gros chou, quelques petites carottes, une demi-douzaine d'œufs ou mieux encore la poule qui couvait les œufs. Quand il le pouvait, il laissait au propriétaire une barre de chocolat ou un paquet de cigarettes en contrepartie de tout ce qu'il prenait. Quand ce n'était pas possible, il déclarait son butin une prise de guerre, et faisait des poulets des prisonniers de guerre. Il fourrait le tout dans son sac et poursuivait sa route. Il furetait également dans la campagne entre les villages. Là, il ramassait des figues douces et charnues qui poussaient sur des arbres sauvages dans les bois et arrachait le cresson qui prospérait au bord des mares. Il croisait aussi des lapins, presque chaque fois qu'il partait en mission, mais il les laissait toujours tranquilles. Enfant, à Salinas, il avait eu un petit lapin comme animal de compagnie qui le suivait partout sur la ferme et se blottissait contre lui la nuit pour dormir. Il n'aurait pas pu se résoudre à en tuer un.

Toutefois, il rentrait rarement sans avoir gardé des vivres pour ses compères de la compagnie K, ce qui lui permit de se faire beaucoup d'amis. Les têtes-de-bouddha étaient particulièrement reconnaissants du butin que Rudy leur rapportait. Parfois, ils préparaient des *okazu*, des petits plats de légumes pour accompagner leur ration K ou leur ration C. Mais quand ils avaient assez de nourriture, ils préparaient un *hekka* au poulet, une sorte de ragoût hawaïen à base de morceaux de poulet, de gingembre, de shoyu, d'oignons de Maui, de carottes, de champignons et éventuellement de cresson. Avec les combats qui faisaient rage autour d'eux de jour comme de nuit, ils devaient improviser. Accroupis autour d'un feu de camp, grâce à de petits réchauds Coleman et des boîtes d'alcool à brûler, utilisant n'importe quel récipient en métal sur lequel ils mettaient la main, même leur casque si nécessaire, ils cuisinaient un *hekka*. Remplaçant le shoyu par les cubes de bouillon de leur ration et évitant les champignons sauvages de peur des espèces vénéneuses, ils remplissaient la marmite ou leur casque avec du poulet découpé en morceaux, des carottes, des oignons, des haricots verts, des pois, du cresson – tous les légumes dont ils disposaient – et mettaient le tout à mijoter. Et quand ils goûtaient leur *hekka*, en y plongeant des petites cuillères, même quand l'artillerie tonnait et que les tirs de mitrailleuses faisaient rage dans les collines autour d'eux, ils souriaient, parfois pour la première fois depuis des jours, savourant le goût de chez eux.

Au cours des premiers jours de juillet, le 442ᵉ traversa le fleuve Cecina et avança vers une ligne de défense que les Allemands avaient établie à environ 10 kilomètres vers le nord sur les hauteurs séparant deux villes, Castellina Marittima à l'est et Rosignano Marittimo à l'ouest. Là, ils rencontreraient la résistance la plus acharnée qu'ils eussent jamais affrontée.

15.

« J'ai vu des officiers et des hommes craquer sous le
pilonnage intensif, devenir fous au sens propre,
à un point tel que nous avons dû les attacher,
et il y a eu un moment où, hélas, moi aussi
j'ai craqué après avoir vu le corps d'un vieil ami (…).
Je me suis assis et j'ai pleuré comme un bébé. »

Hiro Higuchi à son épouse, Hisako,
8 juillet 1944

À 7 h 30 le 4 juillet, jour de la fête nationale américaine, tandis qu'une fanfare d'Afro-Américains entonnait au clairon l'hymne national, une grande bannière étoilée était lentement hissée le long d'un mât pour être déployée au-dessus de la Piazza Venezia à Rome, là où Mussolini avait déclaré la guerre à la France et à la Grande-Bretagne en 1940. C'était le drapeau qui flottait au-dessus du Capitole à Washington le 11 décembre 1941, le jour où le Congrès avait déclaré la guerre aux puissances de l'Axe. Alors que la cérémonie à Rome touchait à sa fin, le major général Henry Johnson annonça que, le moment venu, ce même drapeau serait descendu pour être ensuite envoyé par avion à Berlin et à Tokyo. Quelques heures plus tard, à midi précis, des centaines de pièces d'artillerie américaines tout le long du front de Normandie tirèrent chacune un unique coup simultanément sur la première cible allemande se trouvant à portée de canon. Quelques minutes plus tard, beaucoup d'entre elles tirèrent d'autres d'obus, ceux-là contenant des tracts informant les Allemands que c'était la manière dont les Américains célébraient leur fête nationale et leur demandant s'ils aimaient cela.

Par maints aspects, la guerre se passait finalement plutôt bien pour les Alliés en ce 4 juillet. En France, malgré une météo épouvantable et des routes boueuses, les Américains avançaient le long d'un front large de 65 kilomètres, achevant de reconquérir la presqu'île du Cotentin. À l'est, l'Armée rouge entrait dans Minsk, la dernière ville occupée par les Allemands en territoire soviétique, mettant les troupes de Staline à seulement 225 kilomètres de la Pologne. Dans le Pacifique sud, les soldats américains célébrèrent la fête nationale en bombardant les forces japonaises sur Iwo Jima, coulant trois destroyers, et occupant le peu qu'il restait de Garapan, la plus importante cité de l'île de Saipan, la première ville japonaise à tomber aux mains des Américains. En Italie, les Nisei du 442ᵉ firent des paris sur la date à laquelle le conflit s'achèverait. Certains optimistes pensaient que ce serait pour la fin de l'été, d'autres pensaient à fin novembre, quand les plus pessimistes parlaient de la fin d'année.

Les familles nippo-américaines internées dans les camps de la WRA firent un effort pour célébrer ce jour particulier. À Poston, il y eut des matchs de base-ball, des compétitions de natation et des concours de plongeon. Plus de deux ans après son ouverture, le camp disposait de davantage d'équipements collectifs que lorsque la famille Tokiwa y était arrivée. En l'honneur de la fête nationale, les réfectoires proposèrent du poulet grillé au barbecue, des hot-dogs et, pour imiter le granité d'Hawaï, de la glace pilée. Les administrateurs du camp profitèrent de l'occasion pour inaugurer un lieu d'accueil réservé aux soldats Nisei de passage. Une cérémonie du thé fut organisée en l'honneur des mères et des sœurs de ceux qui servaient en Italie. Ce soir-là dans le nouvel amphithéâtre du camp de Poston II, le Cottonwood Bowl, il y eut un spectacle sur le thème d'Hawaï et un autre programme en japonais pour les Issei. Les soldats en permission purent accéder gratuitement au bal du lycée. Sous la photographie d'un aigle majestueux, le directeur de Poston, Duncan Mills, consacra son éditorial en une du *Poston Chronicle* à la bravoure des Nisei se battant outre-mer, tout en demandant aux résidents du camp de contribuer à l'effort de guerre : « Ils rentreront à la maison dans un futur qui n'est pas si éloigné. Que pourrons-nous leur dire au sujet de ce que NOUS avons fait quand ils reviendront ? »

Ce fut une belle fête, et presque tout le monde à Poston profita de cette parenthèse dans la vie monotone du camp. Mais deux ans et demi après le début de la guerre, Poston était profondément divisé, traversé par une fracture portant sur la loyauté et l'identité, un conflit couvait au sujet du devoir à accomplir et des principes auxquels obéir. En page 6 du même numéro du 4 juillet du *Poston Chronicle*, les rédacteurs en chef publièrent une lettre amère qu'ils avaient reçue d'un Nisei servant en Italie, furieux d'avoir appris que certains des jeunes hommes du camp avaient refusé leur enrôlement dans l'armée : « Ces types devraient être fusillés pour ne pas s'être présentés. » Sur la même page, les rédacteurs en chef imprimèrent également l'identité de ceux qui n'avaient pas répondu à l'ordre d'incorporation et annoncèrent que si leurs noms figuraient sur la liste des employés du camp, ils perdraient leur travail.

Les tensions couvaient à Poston depuis le début des internements, ainsi que dans tous les camps. Avant même que Rudy ne parte, à l'automne 1942, une grève générale paralysa le camp I de Poston pendant dix jours après que deux hommes avaient été arrêtés pour en avoir attaqué un troisième dont ils estimaient qu'il avait partagé trop d'informations avec les administrateurs du camp. Pendant une semaine, les employés Nisei et Issei travaillant pour la WRA ne fournirent que les services de première nécessité, tels que la préparation des repas et les soins médicaux. Certaines des tensions étaient générationnelles : entre les parents Issei, d'un côté, ayant perdu aussi bien leur maison que leur travail et dont l'attachement au Japon était encore fort, et, de l'autre côté, leur descendance Nisei, dont la plupart ne ressentaient qu'un faible attachement pour le Japon et voulaient simplement être acceptés comme Américains à part entière. Mais il y avait des schismes entre les Nisei dans les camps aussi, tout au moins un large éventail d'attitudes et d'opinions.

C'était le rétablissement de la conscription qui continuait à cliver les camps. À la fin du printemps 1944, rien qu'à Poston, des douzaines de jeunes garçons Nisei avaient refusé par principe de s'enregistrer auprès du Service de sélection ou, s'ils s'étaient enregistrés, de se présenter pour être incorporés tant que leur famille serait internée[1]. Cela les mit en porte à faux avec la loi mais aussi avec les familles dont les garçons s'étaient engagés et qui, à ce moment-là, étaient en train de se battre et de mourir en Italie. Beaucoup de récalcitrants avaient désormais été

---

1. Poston en fait finirait par abriter le plus grand nombre de résistants parmi les dix camps de la WRA, plus d'un tiers du total.

libérés de prison sous caution et, dans l'attente de leur procès ainsi que d'une éventuelle incarcération, étaient de retour dans les camps, ce qui accentuait les tensions. Pendant ce temps, les « no-no boys » qui avaient refusé de répondre positivement aux questions 27 et 28 du questionnaire de loyauté avaient été envoyés *manu militari* au camp du lac Tule en Californie du Nord où ils avaient rejoint des milliers de « déloyaux » comme eux, venus d'autres camps.

Depuis que les parents de Gordon Hirabayashi avaient été envoyés au lac Tule en 1942, le camp avait connu de profonds changements. À la fin de 1943, des protestations de masse et des grèves avaient éclaté pour dénoncer les querelles à l'intérieur du camp, la pénurie de nourriture et les conditions d'internement particulièrement dures. Entre novembre 1943 et janvier 1944, la situation s'était tellement détériorée que les autorités avaient imposé la loi martiale. Puis, alors qu'elles se préparaient à transformer le camp pour y interner ceux qui étaient jugés déloyaux, elles avaient ajouté une clôture supplémentaire de barbelés, augmenté le nombre de miradors de six à vingt-huit et fait venir un millier de policiers militaires équipés de véhicules blindés pour contrôler les nouveaux venus, qui bientôt représentèrent la majeure partie de la population du camp. Maintes familles qui avaient été internées au camp du lac Tule dans les premiers temps avaient été transférées dans d'autres camps pour faire de la place aux nouveaux, mais environ 40 % des occupants d'origine étaient encore présents. Nombre d'entre eux, comme beaucoup d'internés de Poston, n'étaient pas forcément d'accord avec la position des « no-no boys », et par la suite, cela ne fit qu'accroître les tensions derrière les barbelés. Au printemps 1944, dans les faits, le camp du lac Tule avait été transformé en prison militaire.

Fred Shiosaki et Rudy Tokiwa étaient allongés sur le ventre, rampant à travers un paysage de cauchemar en Toscane. Pendant deux jours et deux nuits, depuis les alentours de midi le 4 juillet, quand il s'était mis en route pour relever le 100e, le 3e bataillon avait subi un bombardement presque continu depuis les positions défensives allemandes qui s'étendaient entre Castellina Marittima et Rosignano Marittimo. Ne pouvant avancer que de quelques mètres à la fois, ils avaient été pilonnés par les canons de 88 millimètres allemands, l'artillerie classique et des tirs incessants de mitrailleuses. Ils avaient essayé d'attendre la nuit pour avancer, mais avec une lune presque pleine qui se levait chaque soir peu après le coucher du soleil, ils auraient très bien pu avoir un projecteur braqué sur eux tandis qu'ils se frayaient un chemin à travers de vastes champs où le blé et le seigle leur arrivaient à la taille.

Le problème auquel ils étaient confrontés était une ligne de crête que leur carte désignait sous le nom de « colline 140 ». Comme cela avait été le cas avec de nombreuses collines dont ils s'étaient approchés, les Allemands stationnés au sommet pouvaient cibler et déclencher un déluge de feu sur quiconque se déplaçait dans la plaine en contrebas. Alors qu'ils s'en rapprochaient, les Nisei se trouvèrent à portée de douzaines de mitrailleuses disposées de manière à produire des tirs croisés – la trajectoire des balles tirées depuis chaque position coupant celle des balles tirées depuis une autre. Ce qui fait que dès qu'ils essayaient d'avancer en direction d'un nid de mitrailleuse, ils exposaient leur flanc au tir d'au moins une autre.

S'efforçant de réduire la pression sur l'infanterie qui avançait lentement, en seulement vingt-quatre heures, le 522ᵉ avait tiré 4 544 balles, déversant un déluge de feu sur les positions allemandes. Les membres de l'équipe de Kats Miho à la batterie B se relayaient : cinq heures de service, cinq heures de repos, les hommes épuisés dormaient à côté des armes malgré le vacarme. Ils ciblaient, chargeaient et tiraient si rapidement et avec une telle efficacité que leur canon était parfois en surchauffe. Ils devaient alors s'arrêter, verser de l'eau dessus et le laisser refroidir tandis que d'autres batteries prenaient le relais. Mais ils ne cessaient de progresser, et ils étaient devenus si bons qu'une seule équipe pouvait lancer jusqu'à trois obus en même temps. Pour leurs ennemis qui étaient retranchés près du sommet de la colline, les tirs d'artillerie arrivaient si rapidement et avec une telle intensité qu'ils étaient convaincus que les Américains avaient mis au point de nouvelles armes automatiques. Les Allemands avaient toutefois disposé de plusieurs mois pour s'enterrer en préparation de cet affrontement, et en dépit des tirs de barrage incessants, leur position au sommet de la colline resta presque intacte et entièrement fonctionnelle.

Au matin du 6 juillet, le 3ᵉ bataillon avait perdu des dizaines d'hommes en traversant les plaines, mais il avait fini par atteindre le pied du flanc ouest de la colline 140. Là, alors que les soldats américains s'étaient regroupés à l'abri de la colline, il était moins aisé pour les observateurs allemands postés au sommet de les voir et plus difficile pour les canons de l'artillerie de les viser. Mais le 3ᵉ bataillon était désormais face à un nouveau problème. En plus du maelstrom des tirs de mitrailleuses de tous côtés, une pluie incessante d'obus de mortier commença à leur tomber dessus depuis les versants qui les surplombaient. Il était clair qu'ils ne pouvaient pas s'attarder, mais avancer semblait suicidaire. Néanmoins, un ordre sec et sans équivoque leur arriva à travers les grésillements de la radio. La compagnie K devait immédiatement mener un assaut frontal sur le flanc ouest de la colline, prendre une arête qui montait vers le sommet et détruire les bastions allemands qui s'y trouvaient.

Alors que la compagnie K entamait son ascension, une escouade de fusiliers conduite par Harry Madokoro se plaça en avant. Rudy, suivant l'exemple donné par son aîné, courut sur quelques mètres. Des balles sifflaient au-dessus de sa tête et sur les côtés, se fichant dans les arbres, ricochant sur les rochers, soulevant de petits nuages de poussière devant lui. Il se jeta de nouveau au sol. C'était de loin le feu le plus nourri auquel il avait jamais été confronté – lui, comme tous les autres. Alors qu'il se tenait allongé entre les rochers, prostré, la seule pensée de Rudy était : « Oh mon Dieu, ne laissez pas une seule de ces balles me toucher. »

Légèrement derrière lui, Fred Shiosaki et son unité de mortiers commencèrent à tirer en chandelle des obus par-dessus la ligne de crête, essayant d'atteindre les nids de mitrailleuse allemands situés plus haut sur le versant. Les nids étaient bien dissimulés et les artilleurs ne pouvaient pas réellement voir sur quoi ils tiraient à travers la poussière et la fumée. Et quand ils faisaient feu, ils étaient la cible d'autant de salves qu'ils en déclenchaient. Avec des balles qui sifflaient tout autour d'eux, ils devaient constamment se démener pour se couvrir entre les tirs. Parfois, il n'y avait juste pas de couverture disponible. Au milieu d'un tir, Fred vit avec horreur un obus allemand tomber juste à côté de son ami Johnny Matsudaira de Seattle. Quand la poussière retomba, il distingua que Matsudaira s'était mis en boule au sol, son corps était en sang et mutilé. James Okubo, le brancardier de la compagnie K, avança en rampant, se pencha sur Matsudaira pendant un moment, scruta son visage, puis commença à le traîner vers l'arrière en descendant la colline. Fred se dit qu'au moins cela signifiait que Johnny était toujours en vie. Okubo était rapidement en train de devenir une sorte de héros pour Fred, et pour tout le monde dans la compagnie K en fait. Le brancardier semblait être partout sur le champ de bataille, avançant après chaque tir de l'artillerie, n'ayant pour seule arme qu'un kit de secours, essayant d'atteindre les blessés, comme insouciant des conséquences pour lui-même.

L'un de ceux qui avaient le plus avancé était Calvin Saito, le radio de la compagnie K, un gamin calme et de bonne composition, originaire de Los Angeles. Ses deux frères étaient également sous les drapeaux. Son frère aîné Shozo avait été appelé avant Pearl Harbor, mais Calvin et son frère George s'étaient portés volontaires alors qu'ils étaient internés à Amache, un camp de la WRA dans le Colorado. Désormais,

Calvin portait une radio d'une quinzaine de kilos attachée dans le dos. Cet encombrant paquetage le ralentissait à mesure qu'il tentait de progresser à travers les rochers et les monticules de la colline. Il parvint à atteindre une position d'où il put voir pour la première fois un réseau de tranchées et d'abris souterrains que les Allemands avaient creusé profondément dans la crête rocheuse située au-dessus des Nisei. Il put également se rendre compte que les Allemands sortaient en masse de ces fortifications, apparemment pour se préparer à une sorte de contre-attaque vers le pied de la colline. Comme, par endroits, à peine une vingtaine de mètres séparaient les Nisei des Allemands, c'était particulièrement risqué de demander un tir d'artillerie. En temps ordinaire, cela aurait dû être de la responsabilité d'un officier ou d'un observateur avancé de prendre une telle décision. Mais Calvin, mesurant que la compagnie K pourrait aisément être dépassée s'il n'agissait pas rapidement, saisit sa radio et appela le poste de direction de tir pour demander une frappe d'artillerie contre le flanc de la colline juste au-dessus de lui. Quelques minutes plus tard, des obus du 522e commencèrent à tomber sur les Allemands qui se débandèrent en courant vers leurs tranchées et leurs abris.

Pendant le reste de la journée et jusque tard dans la nuit suivante, sous un feu violent, la compagnie K avança tant bien que mal en gravissant la colline, mètre par mètre, à travers de hautes herbes rendues grises par la pleine lune. Parfois, sans l'avoir voulu, ils se retrouvaient face à des Allemands, tout surpris par la présence si proche de leurs adversaires, les uns tirant à bout portant sur les autres à moins de 5 mètres de distance, puis se retirant hâtivement. Au milieu de la nuit, les Allemands lancèrent finalement une violente contre-attaque. Les Nisei la repoussèrent, mais seulement après avoir été en partie repoussés au pied de la colline. Quand l'aube se leva au matin du 7 juillet, peu de choses avaient changé, mis à part que davantage d'entre eux étaient étendus morts sur le coteau.

Pour l'heure, les défunts ne faisaient pas l'objet d'une grande attention. Au mieux, quelqu'un relevait leur veste sur leur visage, plantait leur arme dans le sol, et déposait leur casque dessus pour marquer leur position, avant de continuer à avancer. Ils n'avaient pas de temps pour s'arrêter et pleurer. C'était le rôle de Masao Yamada, l'aumônier, des brancardiers et des membres du service des tombes, qui travaillaient en avançant entre les échanges de tirs et traînaient les corps laissés derrière elles par les troupes vers le bas de la colline quand le reste des hommes poursuivait l'ascension. Étendu sur le ventre derrière un affleurement rocheux, Rudy Tokiwa se rendit compte que c'était son dix-neuvième anniversaire. Il se demanda s'il vivrait jusqu'au prochain. Compte tenu des circonstances, cela semblait improbable.

Vers le milieu de la matinée, tous avaient pris conscience que la seule manière de s'en sortir était d'atteindre le sommet de cette fichue colline. Ils finirent donc par se relever et se mettre en marche. Un par un, puis tous ensemble, ils cessèrent de réfléchir, calmèrent leur anxiété, leur espoir et leur compassion. Avançant par à-coups, le dos plié comme ils en avaient l'habitude à présent, esquivant les tirs de mortiers, scrutant le sol devant eux, cherchant des positions d'où ils pourraient tirer, ils déferlèrent en haut de la colline dans un déluge de feu.

De nouveau, Harry Madokoro mena l'attaque, ouvrant la voie, avec Rudy juste derrière lui qui s'efforçait de rester à sa hauteur. Même avec son pistolet-mitrailleur Thompson à la main, Madokoro distança rapidement tous les autres et escalada une saillie rocheuse d'où il put détailler le terrain qui s'offrait à lui. Là où il se trouvait, il était en partie exposé au tir ennemi, mais prenant conscience qu'il avait débordé un nid de mitrailleuse, il se retourna et l'arrosa copieusement. Des hommes en uniforme vert-de-gris en sortirent avec difficulté, détalant en direction d'un abri, abandonnant leurs armes. Quelques instants plus tard, Madokoro se retrouva sous le feu d'une autre mitrailleuse, disposée encore plus haut sur la colline. Des balles ricochaient sur les rochers tout autour de lui, il s'accroupit et se mit à répliquer, s'engageant dans une longue fusillade avec les Allemands, mais procurant au reste de la compagnie K une couverture pour avancer.

Le chef d'escouade de Fred Shiosaki, Big John Oroku, criait des ordres à l'attention de l'unité de mortiers pour qu'elle se déplace vers le sommet de la colline en suivant la percée qu'avait ouverte Madokoro. Fred se leva et commença à avancer, sans trop savoir où il mettait les pieds. Dans la confusion de la bataille, tout ce qu'il pouvait tenir pour absolument certain était ce que le type à sa droite et celui à sa gauche faisaient. À cette hauteur de la colline, il n'y avait nul endroit où se cacher, seulement de l'herbe sèche et des rochers. Une chaleur de plomb régnait et Fred avait terriblement soif. Mais, à nouveau, quelque chose en lui avait changé. Au cours des dernières vingt-quatre heures, il avait vu trop de ses compagnons être ramenés vers le bas de cette saleté de colline, criant de douleur, ou simplement traînés par les jambes, morts. Désormais, cela ne lui faisait plus peur mais le rendait fou. Il avança comme il le put vers le sommet avec des balles qui sifflaient autour de lui, content de pouvoir enfin mener l'assaut directement contre l'ennemi, concentré sur une seule chose : les empêcher d'en tuer un seul de plus, au diable tout le reste.

Droit devant lui, le sergent Ted Tanouye avait remarqué cinq fantassins allemands qui essayaient d'installer une mitrailleuse vers la gauche. Courant plié en deux, son pistolet-mitrailleur Thompson serré contre lui, il se rapprocha d'eux. Avant même que leur arme soit en état de marche, Tanouye ouvrit le feu et tua ou blessa trois d'entre eux, tandis que les autres fuyaient. Mais il avait attiré l'attention de l'ennemi sur lui. Immédiatement les Allemands lui tirèrent dessus avec leurs pistolets-mitrailleurs qui crachaient 500 balles par minute. Tanouye – désormais complètement à découvert sur le flanc de la colline – se jeta au sol derrière des rochers. Une grenade explosa à proximité, et des éclats de métal brûlants se fichèrent dans son bras gauche. À court de munitions, il rampa en diagonale vers sa gauche sur une vingtaine de mètres, traînant son bras ensanglanté à travers les herbes sèches, récupéra un nouveau chargeur auprès de l'un de ses hommes, l'enclencha dans son pistolet-mitrailleur, puis refit, non sans mal, le chemin en sens inverse jusqu'au flanc de la colline exposé au feu adverse. Désormais, il surplombait par l'arrière certaines des positions ennemies. En dessous de lui, un autre Allemand avait bloqué l'avancée des Nisei en leur tirant dessus. Cette fois-ci, Tanouye jeta une grenade à main grâce à son bras encore valide et tua le tireur. L'essentiel des Allemands se trouvant soudainement neutralisés, le reste de la compagnie K surgit au sommet de la colline où Tanouye était désormais affalé sur une arête, se vidant de son sang dans les herbes sèches.

L'équipée de Tanouye avait augmenté la distance qui séparait les Nisei des Allemands et il était désormais possible de demander davantage de soutien de l'artillerie du 522e en envoyant un message radio. Mais ils avaient beau chercher, personne ne voyait Calvin Saito et sa radio. Puis quelqu'un le repéra : il était à plat ventre en contrebas au milieu du flanc de la colline. Vacillant sous le poids de sa radio, alors qu'il tentait de gravir la colline, il avait été touché par un obus de mortier allemand et tué sur le coup.

À l'arrière, au poste de direction de tir du 522e, le lieutenant-colonel Baya Harrison était confronté à un dilemme. Tandis que le 3e bataillon faisait l'ascension de la colline 140 par le flanc ouest les armes à la main, le 2e bataillon faisait de même par le flanc est. Comme le 3e, le 522e avait subi de lourdes pertes. Et voilà qu'on lui demandait du jamais-vu. Le lieutenant Edgar Langsdorf voulait que ses hommes déversent un barrage de « tir minuté » sur les positions allemandes au sommet de la colline. Ce serait une manœuvre extrêmement risquée. Le 522e n'avait encore jamais recouru à un « tir minuté » auparavant. Cela demandait de placer des détonateurs à minuterie sur les obus de sorte qu'ils explosent non pas au moment de l'impact mais, s'ils étaient réglés correctement, à une vingtaine de mètres au-dessus des positions ennemies. Si les obus explosaient au bon moment, ils lâcheraient une pluie mortelle d'éclats de métal brûlants sur les Allemands, les décimant même s'ils étaient accroupis dans leur tranchée et leur cagna. C'était toutefois une arme à manier avec précaution. Il suffisait que le détonateur soit mal réglé d'une ou deux secondes, et tous les obus exploseraient trop tôt, décimant leurs propres hommes.

Harrison appela Langsdorf pour être sûr qu'il avait bien compris sa demande. Langsdorf était catégorique : ses hommes étaient en train de se faire massacrer sur la colline, expliqua-t-il. Pourtant Harrison hésitait. Après un temps de réflexion, il finit par donner son approbation et le poste de direction de tir se mit à l'œuvre : les hommes, à l'aide des règles à calcul et des tables de référence, établirent soigneusement mais aussi vite qu'ils le purent les distances, les coordonnées et le réglage de la minuterie des détonateurs. Sur le terrain, Kats Miho et les autres artilleurs servant les obusiers reçurent les ordres, saisirent leurs clés à molette et, fébrilement, réglèrent les minuteries des détonateurs selon les indications qui leur avaient été transmises. Puis ils chargèrent les obus, tirèrent les cordons, et les énormes canons se mirent à hurler. Pendant plusieurs longues minutes après le début du tir, Harrison n'eut aucune nouvelle du 2ᵉ bataillon. En fin de compte, convaincu qu'il avait tué ses propres hommes, il demanda un rapport par radio à l'éclaireur. Celui-ci s'excusa de ne pas s'être manifesté plus rapidement : ils avaient tout simplement été rendus muets de stupéfaction par la dévastation absolue qui s'était abattue sur leurs ennemis. Au moins une compagnie entière d'Allemands avait été anéantie. Sur une crête à proximité, les éclaireurs virent le commandant du 2ᵉ bataillon, le lieutenant-colonel James Hanley, et certains de ses officiers supérieurs sauter de joie. Sur le flanc ouest de la colline, personne n'eut besoin d'annoncer à Fred et Rudy ainsi qu'au reste du 3ᵉ bataillon à quel point la frappe avait été dévastatrice. Même à travers les détonations assourdissantes des obus, ils avaient tous entendu les hurlements des Allemands au sommet de la colline.

À la fin de la journée, les derniers survivants s'étaient retirés, et le 442ᵉ avait l'entier contrôle de la colline 140. Tandis que le 3ᵉ et le 2ᵉ bataillon opéraient leur jonction sur les hauteurs de la colline, Rudy et certains des autres membres de la compagnie K voulurent grimper jusqu'aux fortifications adverses pour voir par eux-mêmes le résultat du tir de l'artillerie. Sur le chemin, ils croisèrent des soldats qui descendaient de là où ils voulaient aller. Ils arrêtèrent les hommes de la compagnie K, les regardèrent dans les yeux en secouant la tête et leur dirent sobrement et le plus sérieusement du monde de ne pas monter là-haut. Ils le regretteraient.

L'un des prodiges de l'opération massive de logistique qui soutenait la libération de l'Europe par les Alliés était la vitesse et la fiabilité avec lesquelles les troupes sur le terrain pouvaient rester en contact avec leurs proches en Amérique. Le V-mail[1] facilitait la correspondance dans un sens comme dans l'autre sur de petites feuilles bleues standardisées. La censure militaire examinait les lettres écrites dans les zones de combat, les photographiait, enregistrait les images sur des rouleaux de microfilm qui étaient expédiés de l'autre côté de l'Atlantique où les lettres étaient imprimées sur du papier et distribuées, laissant ainsi davantage d'espace pour le fret dans les bateaux. Le résultat était qu'une lettre écrite depuis un champ de bataille en Italie ou en France pouvait arriver – plus ou moins miraculeusement – dans une boîte aux lettres de l'Iowa en un laps de temps aussi court qu'une semaine ou deux.

À la fin de cette journée du 7 juillet, le jour où le radio de la compagnie K, Calvin Saito, était tombé au combat pour prendre la colline 140, son frère George, de la compagnie H, qui ignorait encore la mort de son cadet, s'isola quelque part sur la même colline pour écrire un V-mail à son père, Kiichi.

7 juillet 1944

> Cher papa,
> Nous venons de venir à bout d'une autre bataille (...). À en croire le nombre de victimes qui sont tombées de notre côté, je dois certainement remercier mille fois le bon Dieu d'être encore en vie. Mon seul vœu désormais, c'est que Calvin ait eu la même chance – d'ailleurs, je l'ai vraiment vu il y a quelques jours. Il avançait à la tête de sa compagnie tandis que son bataillon se mettait en position pour attaquer. Il avait sa carabine en bandoulière, sa radio sur l'autre épaule, et envoyait un rapport au commandant de sa compagnie. Le vieux s'en sort vraiment bien.
>
> George

---

1. Pour Victory Mail : le courrier de la Victoire. (NdT)

En ce même après-midi, Kiichi prit place à la table de la cuisine de la dame pour laquelle il travaillait comme domestique à Belmont, dans le Massachusetts, pour écrire à Calvin.

Le 7 juillet 1944

Cher Calvin,
Comment t'en sors-tu ? En dépit de la météo de ces derniers jours, tout le monde va bien. Mary, son ami et moi sommes allés (…) visiter un site historique où Longfellow résidait et écrivit un poème célèbre – puis avons admiré l'endroit où George Washington s'arrêta sur le chemin de Cambridge[1] – et le paysage, les environs étaient magnifiques (…). J'aurais aimé que tu sois avec nous – peut-être bientôt. Mes pensées t'accompagnent.
Avec toute mon affection,

Ton père

Le lendemain, le 8 juillet, le 442e reprit sa marche vers le nord, cherchant à tirer profit de la confusion et du désordre qu'il avait provoqués dans les rangs allemands sur la colline 140. Toute la 34e division, en fait, continua à avancer vers le nord, commençant à se rapprocher de l'objectif suivant de la 5e armée dans l'ouest de l'Italie : le port stratégique de Livourne. Alors que le reste de sa compagnie avançait avec le 3e bataillon, Rudy fut envoyé vers l'arrière pour aller chercher un nouveau commandant : le lieutenant-colonel Alfred A. Pursall.

Quand Rudy arriva au quartier général du bataillon pour escorter Pursall jusqu'au front, il jugea rapidement son nouveau chef. Il ne lui fit pas une bonne impression. Mesurant 1,98 mètre et pesant dans les 115 kilos, Pursall dépassait d'une tête Rudy et les autres Nisei rassemblés autour de lui. Aussi grand que fût son nouveau commandant, Rudy n'était pas convaincu. Le type ne ressemblait pas du tout à un meneur d'hommes. Bien qu'il n'eût que 39 ans, pour Rudy et ses 19 ans, Pursall avait l'air carrément vieux. Ses cheveux étaient clairsemés sur ses tempes, il avait un peu de ventre, son regard perdu derrière des lunettes épaisses

---

1. Pendant la guerre d'Indépendance, après avoir été désigné chef de l'armée continentale par le Congrès réuni à Philadelphie, George Washington prit le commandement effectif de ses troupes le 2 juillet 1775 à Cambridge, près de Boston. (NdT)

cerclées de métal tentait de discerner les traits de Rudy, et son visage aussi rond que plaisant semblait témoigner d'une douce affabilité, pas de la résolution ni de la force d'âme que l'on pouvait attendre de lui. Rudy se demanda s'il était suffisamment en forme pour se mouvoir sur un champ de bataille et assez bon meneur d'hommes pour leur faire risquer leur vie. « Mais qui est-ce qu'ils nous ont foutu comme remplaçant ? se demanda-t-il. Bon Dieu, comment va-t-il s'y prendre ? »

En marchant vers le front, Pursall s'adressa à Rudy :

« On m'a dit qu'ils t'appellent "Punch Drunk".

– Ouais, à ce qu'il paraît.

– Et on m'a dit aussi que tu étais le mec le plus intelligent du groupe.

– Non, je suis le plus con. Je ne serais pas là si j'étais intelligent.

– Eh bien, tu vas me montrer comment faire pour être con (…). J'ai entendu dire qu'au combat, ton équipe était l'une des meilleures. Tu crois qu'ils vont m'écouter ?

– Bien sûr qu'ils vont vous écouter, mais vous devez le leur demander. Les gars là-bas savent qui ils ont en face d'eux. Ils savent ce qu'il faut faire. Parlez-en-leur. »

Pursall opina. Rudy n'en revenait pas qu'un lieutenant-colonel s'adressât à lui de cette manière, en sollicitant les conseils d'un simple soldat. Il décida d'emmener d'abord Pursall à la compagnie K pour que ses compagnons puissent jauger leur nouveau commandant puis comparer leurs premières impressions. Alors qu'ils approchaient du front, un obus allemand leur tomba dessus avec ce son strident caractéristique. Rudy courut vers une tranchée à proximité et s'y jeta. Il atterrit exactement sur Pursall. Horrifié, Rudy s'écarta, redoutant de se faire engueuler par l'homme au sommet de la hiérarchie de ce foutu bataillon. Au lieu de cela, Pursall gloussa et lança : « Tu vois, soldat, tu pensais que je n'étais qu'un vioque. Mais j'ai eu une sacrée trouille et je bougerai toujours plus vite que toi. »

Tandis que Rudy s'extirpait de la tranchée, il se dit : « J'aime ce type. Je pense que ça va être bien avec lui. »

Au cours des quelques jours suivants, les Nisei, face à la résistance sporadique des Allemands qui battaient lentement en retraite et qui, semblait-il, se frayaient un chemin à travers les coteaux, prirent une série de villages perchés au sommet de collines – Pomaia, Pastina et le hameau de Santa Luce – tandis que la 34e division avançait vers Livourne. Avec son port en eau profonde, une raffinerie de pétrole, des chantiers navals et un immense dépôt ferroviaire, Livourne était de loin la plus importante ville de Toscane encore aux mains de la Wehrmacht.

Alors qu'ils se rapprochaient de cette ville, la résistance allemande redevenait opiniâtre, mais les hommes du 442ᵉ continuaient de se battre pour avancer, nuit et jour[1]. Ils se battaient allongés derrière des murets de pierre. Ils se battaient en grimpant sur des flancs de collines broussailleux. Ils se battaient en courant à travers des champs de seigle et en se faufilant le long de rues étroites. Et, tandis qu'ils avançaient à travers la campagne italienne, Rudy remarqua que quelque chose de surprenant commençait à se mettre en place. Au bout d'un moment, presque chaque jour, d'habitude tôt le matin, le colonel Pursall le cherchait et annonçait :

« OK, Punch Drunk, allons-y.

– Où allons-nous, monsieur ?

– Allons voir ce qui se passe. »

Et tous deux partaient en patrouille. Pursall savait vraiment comment s'y prendre et, tout en explorant les défenses ennemies, il apprit à Rudy à porter attention aux petites choses, des choses qui sortaient de l'ordinaire, des choses à côté desquelles il serait autrement passé mais qui pouvait avoir une signification importante : de l'herbe piétinée, des mégots de cigarette jetés sur le bord de la route, une odeur d'essence flottant dans l'air du matin. Même une pile d'excréments humains était quelque chose sur lequel il fallait s'arrêter pour la regarder, l'examiner, la retourner avec un bâton et la détailler. Est-ce que c'était frais ? Depuis combien de temps était-ce là ? Est-ce qu'un seul d'entre eux pouvait être passé par là ? Cela signifiait-il que des Allemands étaient à proximité ? Et à plusieurs reprises, Pursall ne se contentait pas d'exposer à Rudy ce qu'il pensait au sujet de telle ou telle chose. À la place, il lui demandait : « OK, Punch Drunk, qu'est-ce que cela signifie ? » Ce qui forçait Rudy à penser d'une manière dont il n'avait pas l'habitude. Aussi autonome et parfois effronté que Rudy fût généralement, il comprit que Pursall pouvait lui apprendre de nouveaux trucs, de nouvelles manières de penser hors des sentiers battus, d'agir par lui-même, d'aller là où il n'était pas censé être et d'en tirer avantage.

Alors que la 34ᵉ division se rapprochait de Livourne, le 442ᵉ vira vers le nord-ouest et entra dans une région de petites collines dorées

---

1. Au cours de la bataille pour la colline 140, des Allemands que le 442ᵉ avait faits prisonniers expliquèrent que leurs ordres étaient de se battre comme arrière-garde, pour ralentir l'avancée alliée aussi longtemps que possible, tandis que d'autres soldats au nord renforçaient leurs positions défensives le long de l'Arno entre Pise et Florence.

couvertes des chaumes d'un blé récemment moissonné et de seigle tout autour du village d'Orciano Pisano. Juste au nord se trouvait la dernière éminence depuis laquelle les Allemands s'efforçaient de défendre Livourne. Avant de s'y attaquer, Pence, Pursall et les autres officiers supérieurs du 442e voulaient déterminer les endroits exacts où les troupes ennemies étaient enterrées et de quel armement elles disposaient. La manière la plus rapide de le savoir serait de capturer des officiers allemands et de les interroger. Pursall s'adressa directement à Rudy Tokiwa. Pensait-il pouvoir s'infiltrer derrière les lignes ennemies et capturer des officiers ? Rudy n'hésita pas une seconde ; c'était l'occasion de montrer à Pursall ce qu'il savait faire.

Cette nuit-là, il rafla quelques rations de combat, une paire de jumelles, une gourde et un fusil M1 avant de se glisser en dehors du camp au-delà de la ligne de front, dans les collines herbeuses encore plongées dans l'obscurité. Pendant les quelques jours suivants, se déplaçant principalement la nuit, il rampa dans l'herbe, se cacha derrière des buissons, s'enfonça au creux de meules de foin pour dormir, et avança petit à petit jusqu'à se retrouver à portée de voix des positions des Allemands, même si eux-mêmes battaient lentement en retraite vers le nord. C'était une mission particulièrement ingrate. Le jour, la température dépassait largement les 32 degrés, le soleil était implacable, la chaleur faisait vibrer l'air au-dessus de la terre craquelée et des champs moissonnés. Quand sa gourde était vide, il la remplissait avec de l'eau souillée des fossés et y plongeait un comprimé d'Halazone en espérant qu'il tuerait tous les microbes avant qu'ils n'entrent dans son organisme. Les coteaux des collines n'offrant pratiquement pas de couverture, il devait passer l'essentiel de son temps à plat ventre, à ramper. Et comme il était tout seul en territoire ennemi, il savait que s'il était pris, il serait considéré comme un espion et abattu.

Après trois jours et trois nuits passés ainsi, il remarqua qu'un groupe de quatre officiers allemands accompagnaient rituellement une petite escouade de conscrits à l'écart dans un champ bien précis à un moment particulier le matin, pour ce qui semblait être une sorte d'entraînement. Le lendemain, il était dissimulé en position allongée dans des buissons broussailleux pour les attendre. Au moment où ils passaient, il se contenta de sortir de sa cachette et de frapper d'un grand coup de crosse derrière la tête l'homme qui fermait la marche, le faisant tomber à genoux. Au moment où les autres se retournaient pour voir ce qui se passait, Rudy avait déjà pointé son arme vers eux. Il avait huit balles dans son chargeur, tout juste la quantité dont il avait besoin, se dit-il. Alors que les Allemands jetaient leurs armes et levaient les mains, Rudy éructa le seul mot d'allemand qu'il connaissait « *Raus* » et indiqua de la pointe de canon de son M1 la direction des lignes américaines. Quand une sentinelle signala que Rudy ramenait des Allemands au camp, le lieutenant Richard Hayashi donna l'ordre à ses hommes de ne pas tirer et envoya un photographe immortaliser cet instant.

Le lendemain, mettant en application les renseignements obtenus des Allemands faits prisonniers, le 3ᵉ bataillon se concentra sur un autre village au sommet d'une colline, Luciana. Ondulant le long d'une ligne de crête sinueuse, le village construit tout en longueur surplombait un réseau de routes desservant Livourne. Comme cela s'avéra vite évident, les Allemands étaient bien déterminés à tenir la place. Là encore, ils avaient creusé des tranchées le long de la crête rocheuse. Ils avaient également positionné leurs canons de 88 millimètres tant redoutés et des chars Tigre à toutes les entrées du village et avaient enfoui des mines « Bouncing Betty[1] » – réglées pour jaillir du sol jusqu'à la hauteur de la poitrine et projeter des billes de métal tout autour d'elles en explosant – sur les voies d'accès, dressé des barricades en travers des rues étroites, piégé les portes des maisons, installé des mitrailleuses aux fenêtres et déployé des tireurs dans les clochers des églises. Bref, Luciana avait été transformé en forteresse.

Tandis que les hommes du génie du 442ᵉ se mettaient au travail avec des torpilles Bangalore remplies de TNT pour ouvrir un chemin à coup d'explosions à travers le champ de mines, ils se retrouvèrent sous un feu nourri d'artillerie et de tireurs isolés. Quand ils furent au pied de la colline, l'unité de mortiers de Fred installa ses tubes sous une tonnelle de raisin dans un jardin, mais avant même qu'ils puissent tirer, eux aussi se retrouvèrent dans le viseur d'un tireur dissimulé au sommet du clocher d'une église. Le chef de l'escouade de Fred, Harry Kanada, prit la radio pour demander que le clocher soit ciblé par l'artillerie. Ne voulant pas donner ses instructions en anglais sur les ondes, il recourut à ce que les hommes du 442ᵉ pratiquaient de plus en plus souvent : du pidgin hawaïen, une forme élémentaire de japonais, voire un mélange des deux, pour dérouter les Allemands qui auraient pu l'écouter. Sur l'instant, il ne pouvait pas se rappeler le fichu mot japonais pour « église ». Il finit par mettre bout à bout les mots dont il se souvenait : « *O-inori suru toko* » – plus ou moins,

---

1. « Betty la bondissante », surnom donné par les soldats américains à la Mine-S utilisée par la Wehrmacht. (*NdT*)

« endroit où l'on prie ». Cela sembla marcher. Quelques minutes plus tard, Fred pouvait entendre des projectiles résonner sur les cloches de l'église et les tirs s'arrêtèrent brusquement.

Il revenait à la compagnie K de mener l'assaut sur le village. Comme il l'avait fait à la colline 140, Harry Madokoro se retrouva rapidement en tête du reste de la compagnie alors qu'elle commençait à avancer avec précaution à travers les champs de mines et à escalader la colline, essayant de rester dans des ravines et dans des recoins à l'abri. De nouveau, les Allemands avaient installé des nids de mitrailleuse de manière à produire des tirs croisés. Et à présent ils faisaient feu de toutes les armes dont ils disposaient : des mitrailleuses, des mortiers et, les armes que les Nisei redoutaient le plus, des canons de 88 qui projetaient des obus d'artillerie à la vitesse des balles. Un cocktail de métal et de feu s'abattit sur la compagnie L. Alors que Rudy suivait Harry au sommet de la colline, les hommes se mirent à tomber tout autour de lui – celui-là avec une jambe arrachée, celui-ci à plat ventre dans l'herbe, décapité par l'un des obus de 88. Des rafales de mitrailleuses fauchaient ceux qui couraient droit dans leur direction. L'air était saturé par la poussière, la terre et la fumée. Le bruit strident des obus qui tombaient se mélangeait aux cris des hommes, aux cliquetis des armes et à l'odeur du sang. Fred Shiosaki se jeta la tête la première dans un fossé pour découvrir, l'horreur se mêlant au dégoût, que c'était un égout à ciel ouvert. Il rampa en dehors du fossé nauséabond, mais resta face contre terre, s'agrippant au sol. La compagnie en entier allait tout simplement être balayée si elle continuait à avancer de la sorte. Devant eux, un officier leur fit signe de rebrousser chemin. Madokoro, toujours bien en avant des autres, un genou à terre, déchargeait des salves ininterrompues avec son Browning automatique, pivotant sur lui-même pour tirer sur les positions allemandes les unes après les autres, couvrant ses camarades, tandis qu'ils se retiraient lentement vers un endroit plus sûr.

La compagnie K ne revint toutefois pas sur ses positions initiales. Alors que la nuit tombait, ses membres consolidèrent leurs forces et reprirent leur marche vers l'avant, bataillant pour revenir sur leurs pas vers le haut de la colline en direction des premières maisons du village. Dans l'obscurité, les partisans italiens, qui, au cours des jours précédents, avaient observé les Allemands déposer les mines et autres engins explosifs, guidaient les Nisei le long de ravins, sur des sentiers et des routes qu'ils savaient être relativement sûrs. Au matin, la compagnie K avait plus ou moins pris pied à une extrémité du village. Mais elle avait payé un lourd tribut. Une bonne partie des officiers de la compagnie étaient morts ou n'étaient plus en état de combattre, laissant le lieutenant Hayashi aux commandes. Et ils devaient dorénavant faire face à un type de combat auquel ils n'étaient pas habitués – le visage le plus horrible de la guerre : le combat de rue, maison par maison, parfois au corps à corps.

Alors qu'ils avançaient le long de vieilles rues pavées et sinueuses, la mort rôdait dans la pénombre, à chaque fenêtre, sur chaque pas de porte. Les balles ricochaient sur les murs de pierre. Sans qu'on les ait entendus venir et sans qu'on s'y attende, des obus de mortier tombaient soudainement depuis les cieux, explosant sur les toits, sur les piazzas et les ruelles, exposant les hommes à une pluie de morceaux de métal brûlants et de pierre froids. Des tirs de mitrailleuses éclataient depuis des caves. Les portes d'absolument chaque maison et chaque boutique devaient être défoncées, et dès que la voie était libre, il fallait décider de jeter une grenade et peut-être tuer des civils ou d'entrer avec les armes pointées en avant, dans l'ignorance de ce qu'on allait trouver à l'intérieur.

Le lieutenant Hayashi installa un poste de commandement dans une villa à la lisière du village, mais l'endroit se retrouva vite sous de tels tirs d'artillerie qu'il dut être abandonné presque immédiatement. Quelques minutes après son évacuation, un obus tomba sur la bâtisse et la détruisit intégralement. Plusieurs centaines de mètres en avant de la compagnie K, un char Tigre était tapi à côté d'une maison, bloquant la principale voie d'accès au village. Jusqu'alors, Hayashi s'était retenu de demander un tir d'artillerie du 522e, se disant qu'il devait y avoir de nombreux civils à l'intérieur. Le char commença à bouger, et par conséquent Hayashi donna en japonais ses coordonnées par radio au poste de direction de tir. Quelques minutes plus tard, un unique obus tomba sur la maison, explosa et fit s'écrouler un coin du bâtiment, enterrant le char sous des tonnes de gravats.

Alors qu'ils progressaient dans le bourg, Harry Madokoro se détacha en avant du reste du groupe, une fois de plus, lançant des grenades à travers les fenêtres du premier étage des immeubles, essayant d'atteindre les mitrailleuses allemandes qui leur tiraient dessus. Pendant qu'il suivait Madokoro à pas de loup le long de rues jonchées de décombres, étreignant son BAR, Rudy remarqua qu'il ne semblait pas y avoir de civils, morts ou vivants, dans les bâtiments où ils entraient.

Lentement, maison par maison, la compagnie K entreprit de reprendre le village à l'ennemi. L'escouade de Fred Shiosaki se précipitait dans les escaliers et s'emparait des toits où ses membres installaient des tubes de mortier et des mitrailleuses afin de contrôler les rues avoisinantes. À la fin de l'après-midi, la plupart des derniers tirs allemands semblaient venir d'un bâtiment en particulier. Hayashi donna l'ordre à des hommes équipés d'un lance-roquettes d'y aller. Alors qu'ils faisaient exploser les fenêtres des étages supérieurs, d'autres soldats se glissèrent jusqu'au bâtiment pour jeter des grenades à travers les fenêtres du rez-de-chaussée. En quelques minutes, un drapeau blanc apparut à l'une des fenêtres. Hayashi ordonna à ses hommes de cesser le feu et vingt-deux soldats allemands portant des treillis de camouflage sortirent, les mains en l'air. À proximité, quelqu'un défonça une porte et trouva presque tous les habitants du village rassemblés dans une vaste cave mal éclairée où les Allemands les avaient forcés à entrer en les menaçant avec leurs armes dans l'intention de les retenir en otages si nécessaire.

Les Nisei rassemblèrent leurs prisonniers allemands en une colonne, les mains derrière la tête, et les firent avancer d'un pas soutenu pour sortir du village. Quand ils arrivèrent au quartier général du bataillon, Masao Yamada, d'un naturel toujours curieux, commença à les questionner sur leurs origines et leurs opinions. Certains d'entre eux semblaient avoir à peine 17 ans. Pour la plupart grands, sveltes et jolis garçons, ils frappèrent Yamada par leur insoumission farouche. Ils étaient, disaient-ils, issus de la XVIᵉ division SS « Reichsführer SS ». Et même défaits, ils se cramponnaient avec ténacité à leurs illusions sur leur place dans le monde. Quand un soldat de seconde classe Nisei ordonna à un sergent allemand de continuer à avancer, le poussant avec son arme, l'Allemand se retourna et lui lança en anglais sur un ton hargneux : « Nous sommes une race supérieure ! » Le garde, esquissant un sourire, jeta un œil à ses amis et lança : « T'es un dur, buggah, hein ? »

Quand le 442ᵉ quitta Luciana tôt le lendemain, le village qu'il laissait derrière lui avait été largement réduit à un amoncellement de débris dans lequel reposaient les restes de dizaines d'Allemands semblables à ceux qu'ils avaient faits prisonniers. Alors que les garçons s'éloignaient, une petite chienne blanche dépenaillée mais pleine d'entrain qu'ils avaient adoptée et baptisée Lucy, d'après le nom du village, courut derrière leurs jeeps jusqu'à ce que l'un d'entre eux s'arrête et la fasse monter avec lui.

Cet après-midi-là, ils se précipitèrent vers le nord, reprenant rapidement à l'ennemi le dernier promontoire avant l'Arno à Collesalvetti, tout à fait à l'est de Livourne. Le même jour, avec le 442ᵉ protégeant leur flanc droit, des éléments de la 5ᵉ armée, y compris le 100ᵉ, entrèrent au pas de charge dans Livourne et s'en emparèrent. Tout en se dirigeant droit vers le port en eau profonde, le troisième plus grand d'Italie, ils se rendirent compte que les Allemands s'étaient esquivés pendant la nuit. Avant de partir, ils avaient toutefois détruit à l'explosif la plupart des installations du port, coulé des bateaux pour bloquer l'entrée de la rade et avaient déposé des milliers de mines et d'engins explosifs à travers toute la ville pour mutiler et tuer les soldats alliés tout juste arrivés.

Au cours des quelques jours suivants, le 442e se déploya du côté sud de la route allant de l'est vers l'ouest, en suivant plus ou moins l'Arno entre Pise et Florence. Puis, après un mois d'opérations quasiment ininterrompues, ils finirent par être mis au repos. Alors que le vacarme des combats dans leur secteur se calmait, Fred Shiosaki et Rudy Tokiwa, aussi épuisés l'un que l'autre, s'établirent avec le reste de la compagnie K et attendirent de voir ce qui allait se passer. George Oiye et Sus Ito montèrent au sommet des collines surplombant le fleuve, y aménageant des postes d'observation pour l'artillerie. Avec leurs jumelles, ils pouvaient discerner au nord la tour penchée de Pise et la cathédrale voisine de Santa Maria Assunta, toutes deux blanches et brillantes au-dessus d'une mer de toits de tuiles rouges. De temps en temps, ils communiquaient des coordonnées pour que Kats Miho et son équipe de la batterie B du 522e lancent en chandelle quelques obus sur les défenses allemandes autour de Pise. Mais les tirs étaient irréguliers et sporadiques.

Masao Yamada et Hiro Higuchi, les deux aumôniers, descendirent en jeep vers le sud, traversant de nouveau les champs de bataille qu'ils avaient laissés derrière eux, explorant les bois ténébreux, descendant de leur véhicule pour fouiller les fossés d'irrigation, jetant des coups d'œil dans les caniveaux, à la recherche des corps des Nisei afin de vérifier qu'ils avaient été enterrés comme il le fallait. Quand ils eurent terminé cette sinistre tâche, ils entreprirent de faire de même pour les corps des Allemands abandonnés au cours de la retraite de la Wehrmacht, beaucoup d'entre eux étant à présent dans un état de décomposition avancée après avoir reposé pendant des semaines sous un soleil ardent. Ils trouvaient souvent des photographies et d'autres effets personnels éparpillés autour des corps. Les photographies, en particulier, émouvaient profondément Hiro Higuchi.

Celui-ci avait récemment commencé à entendre parler des atrocités commises par les Allemands dans certains des villages qu'ils avaient traversés – des rumeurs d'hommes, de femmes et même d'enfants fusillés de sang-froid. À un moment, en regardant un paquet de photographies qu'il avait retrouvées dans une poche de la veste de treillis d'un soldat allemand, il sentit monter en lui une colère légitime. Le 25 juillet, il écrivit à Hisako à Honolulu une lettre qu'il avait imaginé envoyer à une mère allemande :

Chère Mère d'un soldat allemand,
J'ai trouvé le corps de votre fils aujourd'hui. Il était étendu sous un soleil brûlant, le visage noir et guère reconnaissable, mis à part la mèche dorée qui avait dû être arrachée de son crâne. Il y avait des photos de lui en uniforme, d'une dame souriante assise près d'une fenêtre, dont je présume que c'est vous, et plusieurs d'un bambin blond semblable à mon garçon – tout aussi blond et au visage ravi – qui doit être son frère. Les gars m'ont dit que quand il est tombé, il a crié « Maman », comme le font tous les soldats allemands. Je m'attendais à ce qu'ils crient « Heil Hitler » mais, non, ils appellent toujours leur maman. C'était l'un de ces garçons d'à peine plus de 15 ans qui ont dû rassembler une soixantaine de civils italiens et les fusiller – des adultes et des enfants, un meurtre de sang-froid – et les abandonner, gémissants, dans l'un des villages que nous avons traversés. C'est peut-être votre garçon dont une paysanne m'a dit qu'il avait violé sa fille et assassiné son mari. Et pourtant, votre fils semblait si jeune et si doux. Au lieu de l'élever vous-même, vous l'avez donné à Hitler. Il est devenu un monstre – et pourtant quand il est mort, il n'a pas crié « Hitler », il a crié « Maman ». Il ne voulait pas réellement Hitler ; il voulait la maman de son enfance. Mais non, vous l'avez envoyé dans la SS et en avez été fière. Il a appelé sa mère[1].

---

1. Les troupes allemandes, pour l'essentiel des SS, et les forces fascistes italiennes commirent une série d'atrocités pendant l'été 1944 alors que les forces alliées les repoussaient inexorablement vers le nord. Au cours de dizaines d'incidents distincts les uns des autres, ils assassinèrent approximativement 7 500 civils, dont des centaines d'enfants.

16.

« Je m'imagine rentrant à la maison et vous retrouvant Peter, Jane et toi. Je parie que tu pleureras, non ? Je me demande si je pleurerai de mon côté. Peter fera sans doute comme si de rien n'était et dira simplement "Salut, pa'" comme il le fait toujours, mais je sais que son petit cœur battra à tout rompre. Jane va probablement hurler de terreur en voyant ma tête. Au revoir, ma chérie – l'air est à l'optimisme aujourd'hui –, peut-être que demain je serai parti *ad patres* et je ferais mieux de terminer cette lettre avant d'en arriver là. Embrasse les enfants pour moi et cette nuit, quand Janie sera endormie, donne-lui un petit bisou sur son front pour moi et demande à Peter de m'inclure dans ses prières. »

Hiro Higuchi à son épouse, Hisako, 27 août 1944

Attendre.

Pour des dizaines de millions d'Américains et leurs alliés dans le monde en 1944, il semblait que l'attente ne finirait jamais. Ils attendaient toujours quelque chose. Des lettres, des cartes de vœux, des photographies, un coup de fil. Ils attendaient le moindre signe leur disant qu'un proche de l'autre côté de l'océan était toujours en vie. Ils attendaient qu'un petit ami revienne avec une bague de fiançailles dans sa poche. Ils attendaient qu'un mari rentre à la maison et voie son fils ou sa fille pour la première fois. Ils attendaient avec effroi l'arrivée soudaine d'un télégramme porteur d'une terrible nouvelle. De derrière les rideaux, ils regardaient deux militaires descendre la rue à pied, espérant qu'ils s'arrêteraient devant une autre porte.

À Belmont, dans le Massachusetts, le père de Calvin Saito n'en pouvait plus d'attendre. Le 22 juillet, il s'assit de nouveau à la table de la cuisine de l'imposante demeure de son employeuse et écrivit à son plus jeune fils :

Cher Calvin,
Je n'ai pas eu de tes nouvelles depuis plus d'un mois. Comment t'en sors-tu ? (…) Je sais que tu vas bien, mais peut-être n'as-tu pas eu le temps d'écrire. Je suis inquiet et je prie pour ta sécurité – s'il te plaît, écris-moi même quelques lignes. J'attends de tes nouvelles chaque jour (…). Prends soin de toi. Fais-moi signe.

Ton père qui t'aime.

Mais deux jours plus tard, le préposé des télégrammes sonnait à la porte.

LE SECRÉTAIRE À LA GUERRE ME PRIE DE VOUS FAIRE PART DE SES SINCÈRES CONDOLÉANCES POUR LA MORT AU COMBAT DE VOTRE FILS, LE SOLDAT DE PREMIÈRE CLASSE CALVIN T. SAITO LE 7 JUILLET EN ITALIE. COURRIER SUIT.

Quelques jours plus tard, il reçut une lettre que le frère de Calvin, George, avait écrite sur le champ de bataille le 11 juillet :

Cher papa,
Je pense que le département de la Guerre t'a informé de la disparition de Calvin. Je viens d'apprendre sa mort (…). Papa, ce n'est pas le moment pour te sermonner mais j'ai quelque chose sur le cœur que je voudrais que tu entendes. En dépit du sacrifice ultime de Cal, ne laisse personne te dire que c'était un idiot ou qu'il a commis une erreur en se portant volontaire. De ce que j'ai vu au cours de notre mission, je suis plus que convaincu que nous avons fait ce que nous devions faire en dépit de ce que nous avons subi dans le passé. L'Amérique est un sacré bon pays et ne laisse

personne prétendre le contraire. Bon, papa, les Allemands commencent à nous balancer quelques obus, je ferais sans doute mieux de retourner dans mon cagna (…). Courage, papa, et prends soin de toi. Je vous embrasse tous.

Ton fils qui t'aime, George.

À Hawaï, Ayano Miho attendait elle aussi. Comme il ne lui restait plus de famille à Maui pour l'aider, elle avait vendu l'hôtel Miho et emménagé chez son fils aîné, Katsuro, avocat à Honolulu. Avec presque rien d'autre à faire, à part porter le deuil de Katsuaki, elle attendait chaque jour des lettres de Kats, de son mari interné sur le continent et de ses filles restées au Japon, Fumiye et Tsukie. Quand les lettres de Kats et de ses filles finissaient par arriver, c'était généralement des semaines après avoir été postées et elles étaient en grande partie censurées. Ce n'était pas facile d'en savoir plus à leur sujet, au-delà du fait que tous trois étaient toujours en vie – du moins était-ce le cas à la fin de l'été. De cela, bien sûr, elle ne pouvait que se réjouir.

Son mari lui aussi attendait. Tandis que le gouvernement fédéral continuait à passer en revue les cas des Issei qui avaient été arrêtés après Pearl Harbor, libérant certains d'entre eux dans les camps de la WRA, en envoyant d'autres au Japon, transformant les installations provisoires destinées aux premiers en constructions plus pérennes, Katsuichi Miho avait été déplacé dans un autre centre de détention du département de la Justice. Celui-ci était installé sur une trentaine d'hectares de broussailles et de pins à une poignée de kilomètres à l'ouest de Santa Fe au Nouveau-Mexique. Aux yeux de Katsuichi, le camp était un cran en dessous de Fort Missoula. Celui-ci ressemblait davantage à une prison militaire, avec des clôtures hautes de plus de 3 mètres et onze miradors équipés de mitrailleuses lourdes. Peu auparavant, le camp du lac Tule avait connu des éclats de violence sporadique, et certains des « fauteurs de troubles » avaient été transférés à Santa Fe, faisant naître des conflits politiques, personnels et idéologiques entre les occupants des baraques. Pourtant, Katsuichi était déterminé à tirer le meilleur parti de cette situation. La fièvre des pierres s'était répandue au Nouveau-Mexique depuis le camp du Montana et, comme les autres anciens, il passait l'essentiel de son temps à chercher patiemment des pierres de couleur et à les polir laborieusement pour les transformer en objets d'art. Inspiré par la bienveillance des bénévoles de la Croix-Rouge et du Comité de service des amis américains qui avaient visité le camp et distribué des paquets de denrées japonaises comme du shôyû et du miso, Katsuichi s'était également porté volontaire à l'hôpital du camp. Il participait avec enthousiasme aux expositions d'art. Et jour après jour, quand il se réveillait, il se promettait d'utiliser cette expérience comme une opportunité pour se concentrer sur un élément essentiel de sa philosophie, le *gaman*, vivre patiemment à travers des temps difficiles, attendant le moment où il pourrait rentrer chez lui et retrouver son épouse.

Katsuichi Miho à Santa Fe, le quatrième à droite au second rang

Tori et Kisaburo Shiosaki attendaient eux aussi à Spokane, faisant ce qu'ils avaient toujours fait, se levant avant l'aube, lavant, séchant, repassant et pliant des montagnes de linge ; cuisinant des repas modestes dans l'appartement au-dessus de la blanchisserie ; et priant pour qu'aucune des deux étoiles bleues de leur vitrine ne soit jamais remplacée par une étoile dorée.

À Poston, les femmes Nisei accrochaient des photographies de leurs frères et de leur fiancé sur les murs de leur baraque et attendaient. Dans les temples bouddhistes et les églises chrétiennes faits de planches de pin et de papier goudronné, leurs parents Issei priaient afin que leurs fils servant à l'étranger leur reviennent sains et saufs. Pour certains d'entre eux, toutefois, l'attente était terminée. Des officiers militaires étaient déjà apparus un certain nombre de fois aux portes du camp le visage grave et empreint de tristesse, demandant qu'un couple de parents soit convoqué dans le bâtiment de l'administration du camp pour des nouvelles de la première importance. Dans la pièce 13-G du bloc 213, Netsu, la mère d'Harry Madokoro, une veuve âgée de 66 ans, attendait seule.

À Spokane, Gordon Hirabayashi attendait encore une fois d'être placé en détention provisoire. Sauf qu'Esther et lui décidèrent de ne pas laisser passer plus de temps et de se marier. Pendant des mois, Gordon avait tergiversé pour décider s'il devait mêler Esther et leurs futurs enfants à ce qui était sur le point de se passer. Même si l'État de Washington n'interdisait pas les mariages entre deux personnes de « races différentes », Gordon savait qu'ils auraient à supporter le mépris et les moqueries durant des années. Mais ils manquaient de temps s'ils voulaient se marier avant que Gordon ne disparaisse de nouveau.

Et ce fut donc le samedi 29 juillet qu'Esther – dans une simple robe blanche et portant un petit bouquet d'orchidées – et Gordon – dans un costume gris, œillet blanc à la boutonnière – pénétrèrent dans une église de briques rouges à Spokane. Près de 200 de leurs amis, de membres de leur famille et d'autres quakers les y attendaient.

Alors qu'ils sortaient de l'édifice à l'issue de la cérémonie afin de poser pour le photographe, un journaliste les aborda. Gordon redoutait ce moment. Il avait espéré pouvoir garder la cérémonie aussi discrète que possible et qu'il n'en fût pas question dans les journaux. Pour l'heure, acculés, Esther et Gordon n'avaient d'autre choix que de répondre aux questions du reporter. Esther affirma, comme elle l'avait déjà fait à de nombreuses reprises, que la couleur de peau de Gordon n'était pas un sujet : « Je l'aime (…). C'est un garçon doux et aimant (…). Gordon est tout aussi américain que moi. » Au sujet de l'arrestation de Gordon et de sa prochaine incarcération, elle déclara : « Il a simplement refusé de remplir le formulaire parce que celui-ci a été envoyé uniquement aux Nippo-Américains et qu'il est discriminatoire. » Le journaliste semblait bien disposé et la brève qu'il rédigea présentait le mariage sous un jour favorable : « La barrière de la couleur de peau, de l'hostilité entre les nations, et les charges criminelles se sont effacées devant l'amour et la fraternité entre quakers avec le mariage d'une belle jeune femme blanche et d'un Nippo-Américain. » L'information fut également reprise par l'Associated Press, et un compte rendu plus court et plus sobre soulignant qu'Esther était une « belle jeune femme blanche » se répandit rapidement à travers le pays et le monde.

En quelques jours, la haine commença à se déverser dans la boîte aux lettres des jeunes mariés. La majorité des courriers étaient anonymes, et la plus grande partie du fiel était dirigée contre Esther, que les épistoliers décrivaient de manière répétée comme une « traître à sa race ». Il y avait des dessins grossiers représentant Gordon avec des yeux exagérément bridés, accompagnés d'insultes haineuses. Il y avait, découpées dans des magazines, des publicités aux couleurs vives vantant des articles ménagers où des couples blancs admiraient leur nouveau-né, avec un message griffonné en dessous : « Vous ne figurerez jamais sur une image comme celle-ci. » Il y avait des appels téléphoniques, anonymes également, toujours à l'attention d'Esther, au cours desquels des voix lui crachaient des insanités dans l'obscurité. Quelquefois elle tentait de discuter avec ceux qui appelaient. De temps à autre, à l'issue de la discussion, ils s'étaient calmés ou voyaient les choses sous un nouvel angle, mais la plupart du temps elle ne pouvait que raccrocher, s'asseoir et se remettre de ce qu'elle venait d'entendre.

Une lettre d'une tout autre nature arriva un jour dans leur boîte aux lettres. Celle-ci était adressée à eux deux et elle était signée par son expéditeur, un soldat américain se battant contre les Japonais dans la jungle des Philippines. « Je risque ma vie ici pour nos droits – les valeurs liées à notre citoyenneté américaine et à notre façon de vivre. Et cela inclut notre sûreté et notre plaisir. Et je voudrais contribuer à votre avenir. » L'enveloppe contenait également un billet de 50 dollars.

Les hommes du 442ᵉ patientaient eux aussi. L'été passa, les armées allemande et américaine s'observaient de part et autre de l'Arno, les officiers du 442ᵉ voulaient savoir exactement à quoi ils seraient confrontés s'ils recevaient l'ordre de traverser le fleuve. Sus Ito, George Oiye et les autres observateurs placés sur les collines derrière eux pouvaient voir les manœuvres des forces allemandes sur les plaines devant Pise, mais il était difficile de discerner précisément leur nombre, quelles étaient leurs armes, et où elles se trouvaient. Quelqu'un devait se rendre dans la ville elle-même, prendre contact avec les partisans italiens et faire un rapport sur les effectifs et la disposition des défenses allemandes. Le lieutenant-colonel Pursall demanda des volontaires. De toute évidence, c'était une mission très dangereuse, mais Rudy Tokiwa se proposa naturellement. C'était le genre de choses dans lesquelles il excellait.

Une patrouille de douze hommes, composée essentiellement de soldats de la compagnie L, se mit en route un peu avant minuit le 20 juillet, lourdement armée de grenades, de fusils automatiques Browning et de M1. C'était une nuit sans lune et ils avançaient aussi silencieusement que possible, s'efforçant de rester à l'écart des routes, traversant des champs de céréales récemment moissonnés, barbotant dans des ruisseaux, se débattant dans des enchevêtrements de broussailles. C'était pénible et laborieux. Ils parvenaient à peine à se distinguer les uns les autres, sans parler de ce qui pouvait se tapir derrière un muret de pierre ou dans la grange à côté. Alors qu'ils s'approchaient des confins sud de la ville, ils furent contraints d'avancer le long de rues étroites entre des bâtiments sombres. Parfois surgissait un véhicule bruyant et ils devaient se précipiter dans les fossés ou se recroqueviller derrière les murs des jardins pour éviter d'être pris dans ses phares. Quand le soleil commença à se lever, ils purent discerner les fortifications allemandes installées aux principales intersections routières, et virent que beaucoup d'entre elles semblaient ne pas être gardées. Ils firent une pause et se reposèrent dans un caniveau, consultant des cartes pour tenter de localiser la maison où ils étaient censés retrouver les partisans. La ville, ou du moins cette partie, avait l'air déserte, la plupart des civils ayant fui dans les collines au sud du fleuve. Ils avançaient précautionneusement de rue en rue. Par moments, ils passaient la tête à un coin de mur et voyaient un char allemand ou un groupe d'hommes en uniforme vert-de-gris accroupis sur une piazza en train de fumer des cigarettes.

Ils finirent par trouver la maison. Une fois qu'ils furent en sécurité à l'intérieur, les partisans leur remirent exactement ce que leurs commandants attendaient : un croquis détaillé des défenses allemandes autour de Pise, indiquant la localisation des principaux champs de mines, l'emplacement des canons et l'endroit où traverser le fleuve. Désormais, ils n'avaient qu'à rapporter la carte au poste de commandement du régiment.

Ils patientèrent toute la journée, jusqu'à ce que la nuit soit bien avancée, pour entamer leur retour le long des rues sombres, prêts à dégainer leurs armes. Ils étaient presque sortis de la ville quand ils tombèrent nez à nez avec une patrouille allemande, bien plus importante que la leur. Des deux côtés des hommes crièrent pour donner l'alarme, tous se jetèrent au sol, rampèrent afin de se mettre à l'abri et commencèrent à tirer et à se jeter des grenades les uns sur les autres. Tout ce que Rudy pouvait discerner dans ce chaos, c'étaient des ombres qui bougeaient dans un sens ou l'autre, des éclairs qui signalaient les canons des armes à feu venant de tirer, et les éclats orangés des explosions de grenade. Il était impossible ou presque de dire qui était qui. Rudy s'élança à travers une rue pour disposer d'une meilleure couverture dans l'embrasure d'une porte, mais quelque chose, une balle ou un fragment de grenade, lui entailla le talon, et il se cogna maladroitement contre une lourde porte en bois, avant de s'effondrer au sol le pied en sang et le dos en compote. Quelques instants plus tard, la porte s'ouvrit et une paire de bras le tira à l'intérieur. Une femme se pencha sur lui et se mit à parler très vite en italien ; puis quelqu'un d'autre le remit sur ses pieds et le poussa dans une volée d'escaliers jusqu'à un grenier. Dans un premier temps il ne savait pas très bien s'il était prisonnier ou si ces gens l'aidaient, puis il comprit qu'ils essayaient de le cacher. Rudy rampa dans un coin sombre où il resta assis, son M1 pointé sur la porte, attendant de voir ce qui allait se passer.

En bas, des Allemands étaient entrés dans la maison. Rudy sentit son estomac se nouer. Une conversation à voix haute s'engagea, les Allemands parlaient un mauvais italien saupoudré de mots allemands et anglais, toute la maisonnée ne parlait qu'italien à bride abattue. Rudy ne comprenait rien de ce qui se disait, mais les Allemands finirent par quitter les lieux. Une heure plus tard, quand la famille lui fit enfin signe de descendre, ils l'étudièrent de près tout en parlant entre eux à voix basse sur un ton animé. Ils semblaient soudainement plus que prudents et ne pouvaient pas détacher leurs regards du fusil de Rudy et du nom qui était cousu sur son uniforme : TOKIWA. Finalement, Rudy se rendit compte qu'ils ne comprenaient pas pourquoi un soldat en apparence japonais portait un uniforme américain. Ils avaient l'air de penser que, par inadvertance, ils étaient intervenus d'une manière ou d'une autre dans une sorte de dispute entre des troupes de l'Axe, que Rudy était japonais, peut-être une espèce d'espion, et qu'il pourrait les trahir auprès des Allemands. Rudy tenta de leur expliquer qu'il était américain, mais sans succès. « Non, non, non, non, Hitler et Japon même côté », lui opposaient-ils. En fin de compte, ils semblèrent se détendre et une fois qu'il n'y eut plus un seul Allemand dans les rues, ils laissèrent Rudy sortir. Au lever du soleil, il avait localisé et rejoint sa patrouille en dehors de la ville, et, à midi, ils avaient tous atteint sains et saufs le poste de commandement, emportant avec eux le précieux croquis des défenses allemandes.

Deux jours plus tard, au lieu de traverser l'Arno et de faire mouvement vers Pise comme ils s'y attendaient, les Nisei grimpèrent à bord de camions et prirent la direction du sud pour quelques jours de repos bien mérités, tandis que d'autres éléments de la 5ᵉ armée de Mark Clark venaient les relever.

Ils campèrent dans le village côtier de Vada et aux alentours, juste au sud de Rosignano Solvay. S'il y avait un endroit en Italie ressemblant à Hawaï, c'était bien la longue plage de sable blanc qui, sur plus d'un kilomètre et demi, s'étendait entre les deux villes. Il y avait même des palmiers entre les pins parasols éparpillés le long du rivage. Les têtes-de-bouddha ne perdirent pas de temps pour bricoler des panneaux WAIKIKI BEACH et les accrocher aux palmiers, avant de se mettre en slip et de barboter avec enthousiasme dans l'eau bleu-vert agréablement tiède. La mer grouillait de vie sous-marine. Fred Shiosaki et certains des garçons de la compagnie K réquisitionnèrent une yole, s'écartèrent à bonne distance des nageurs en pagayant, puis jetèrent des grenades dans la mer. Des gerbes blanches d'eau surgirent d'abord des flots, puis une grande quantité de poissons et de mollusques venue des profondeurs apparut, flottant à la surface – des bars, que les Italiens appelaient *branzinos*, des poulpes, des dorades, des calmars, des poissons rose-gris avec de grands yeux jaunes dénommés pageots –, tout étourdis par les explosions, prêts à être ramassés, puis grillés sur la plage ou coupés en tranches pour faire des sashimis.

Kats Miho se dirigea droit vers les tentes des douches. Chaque homme avait droit à cinq minutes d'eau chaude pour se savonner, cinq minutes pour se rincer, après quoi il pouvait enfin revêtir un uniforme propre et repassé. Quel luxe, pour Kats et pour la plupart des Hawaïens, de se laver avec autre chose que l'eau froide et fétide qu'ils avaient puisée pendant des semaines dans les ruisseaux à l'aide de leur casque !

Pour la première fois depuis longtemps, il y avait des repas chauds au mess, mais comme tout le monde dans la compagnie K, Rudy Tokiwa en avait marre des rations de l'armée. Il se remit en quête de nourriture et il n'était pas le seul. Les Nisei se déployèrent dans toute la campagne toscane à la recherche de vivres. Ils se rendirent compte qu'en battant en retraite, les Allemands avaient pillé presque tous les villages et les fermes sur leur chemin, s'emparant de ce qui avait de la valeur, des bijoux des femmes jusqu'aux bœufs dont ils avaient besoin pour tirer leurs canons. Villa après villa, les Nisei trouvaient des familles qui subsistaient grâce à ce qu'elles cultivaient dans leur jardin, mais elles étaient tellement en colère et écœurées après ce que leurs anciens alliés leur avaient fait subir qu'elles partageaient volontiers ce qu'il leur restait avec les soldats américains.

Et à présent que la fin de l'été approchait, les fruits et les légumes étaient, au moins, toujours abondants. Presque chaque maison avait une tonnelle de raisin chargée de grappes goûteuses, ou un figuier, ou des plants de tomates. Les ménagères étaient très heureuses d'échanger un poulet ou quelques œufs contre une barre de chocolat ou un peu de café moulu, et les pêcheurs troquaient volontiers des homards et des seaux de sardines fraîches contre des paquets de cigarettes américaines. Sus Ito ouvrit non sans mal une caisse en bois que son père lui avait envoyée de Californie et la trouva remplie de tout un ensemble d'objets du quotidien japonais et de mets délicats : de l'ormeau en boîte, du riz, des calmars et du shōyū. De temps à autre, un cochon qui avait échappé aux Allemands passait à quelque distance d'un garçon, pile au moment où le fusil de celui-ci se déchargeait accidentellement.

Le soir, Rudy, Fred, Kats, Sus Ito et George Oiye – comme tous les Nisei, allant et venant d'un groupe à l'autre – passaient la soirée pieds nus à traîner sur la plage, ils mettaient un *hekka* de poulet à mijoter, se régalaient d'un cochon *kālua*, lisaient des romans de cow-boy à deux sous, jouaient de la guitare et de l'ukulélé, se racontaient des histoires au coin du feu, tous ensemble – kotonks et têtes-de-bouddha de conserve, échangeant presque toujours en pidgin hawaïen désormais –, fumant des cigarettes, jouant aux dés, essayant désespérément d'effacer de leur esprit ce qu'ils venaient de vivre. Quand il n'y avait rien d'autre à faire, ils dénichaient une radio et écoutaient la propagande que déversait « Axis Sally » sur les ondes depuis Berlin, riant à ses tentatives rudimentaires d'influencer leur loyauté, mais heureux d'écouter la musique américaine dont elle se servait pour les appâter[1]. La nuit, étendu sur la plage, écoutant la musique et le bruit des vagues, le regard perdu dans les cieux obscurs parsemés d'étoiles, Kats avait parfois l'impression d'être sur la plage de Kihei avec ses amis boy-scouts.

Beaucoup d'officiers prirent leurs quartiers dans des foyers italiens, partageant les repas des familles, apprenant à les connaître tout en buvant pas mal de bon vin. Masao Yamada fut accueilli par une famille de saltimbanques. Quand ils découvrirent qu'il venait d'Hawaï, ils sortirent des pagnes à franges en plastique d'une malle et interprétèrent un de leurs sketchs favoris, se lançant dans un shimmy endiablé, imitation approximative d'un hula, au grand plaisir de Yamada qui riait

---

1. Deux Américaines – Mildred Gillars à Berlin et Rita Zucca à Milan – diffusaient de la propagande fasciste en direction des troupes américaines, qui avaient surnommé les deux femmes Axis Sally. En Italie du Nord, le 442ᵉ écoutait plus probablement Zucca, qui parfois s'adressait directement aux troupes Nisei, les appelant « vous autres les petits hommes de fer » et « l'arme secrète de l'Amérique ».

à gorge déployée. Pendant la journée, Yamada et Higuchi passaient l'essentiel de leur temps ensemble, assis dans leur meule de foin favorite, et rédigeaient des lettres tout en regardant les fermiers italiens battre le blé. Avec des machines à écrire posées en équilibre sur leurs genoux, les deux aumôniers s'efforçaient de trouver les mots justes pour les mots de condoléances destinées aux familles des garçons qui étaient morts au cours des quelques semaines précédentes.

À présent que les hommes du 442e n'étaient plus sur le champ de bataille, les courriers de leur famille avaient plus de chances de leur arriver. La moindre information était précieuse, que ce fût une question à laquelle réfléchir ou une nouvelle dont on pouvait s'émerveiller, être reconnaissant ou inquiet. Chaque fois qu'Hiro Higuchi recevait un mot d'Hisako, elle l'informait en bonne et due forme de la taille de Peter et de sa progression depuis la lettre précédente. Higuchi, extrêmement fier de chaque nouveau centimètre gagné par son fils, s'était taillé une canne dans une branche afin d'y mesurer avec soin la taille indiquée par son épouse et faire une nouvelle encoche à la hauteur correspondante. Où qu'il aille, il gardait ainsi avec lui une trace du petit garçon qui attendait son retour à la maison.

Quand ils n'écrivaient pas à des parents en deuil ou à leur propre famille, les deux aumôniers passaient l'essentiel de leur temps à rendre visite aux Nisei dans les hôpitaux de campagne, à officier lors de cérémonies à la mémoire de ceux qui étaient tombés et à mener leurs ouailles s'incliner par groupe sur les tombes tout juste creusées dans l'un de ces nombreux cimetières militaires américains sur le sol italien pour qu'ils puissent au moins honorer la mémoire des amis qu'ils avaient perdus au champ d'honneur, ceux auxquels ils n'avaient pas eu l'opportunité de faire leurs adieux. C'est comme cela que George Saito put s'agenouiller sur la tombe de son frère Calvin, ou que Kats put dire au revoir à son vieux camarade de dortoir d'Atherton House, Grover Nagaji. Le 14 août, après avoir mené un jeune Hawaïen sur la tombe de son meilleur ami, Hiro Higuchi écrivit à son épouse : « [Il] avait amené avec lui une fleur en pot – une jolie petite chose qu'il avait trouvée quelque part et qu'il avait portée précautionneusement jusqu'au cimetière. Il planta la fleur avec soin sur le monticule et ensuite vint me demander de lire un passage des Écritures et dire une prière sur la tombe de son copain. C'était si touchant, si triste (…). Je m'arrête ici avec la gorge serrée, car beaucoup de ces garçons ont grandi avec moi. »

Pendant leur séjour à Vada, les Nisei reçurent des permissions généreuses et beaucoup d'entre eux en profitèrent pour aller

« en touristes » jusqu'à Rome et à Naples, plus au sud. Comme les Allemands avaient déclaré Rome ville ouverte et l'avaient abandonnée sans combattre, il n'y avait guère de dommages apparents et peu de signes extérieurs de la guerre, si ce n'était le nombre très important de troupes alliées qui s'agitaient en tous sens à travers les rues pavées. Les garçons se joignirent à la foule qui se réunissait chaque semaine sur la place Saint-Pierre et entendirent le pape Pie XII, ils achetèrent des souvenirs pour leur épouse, leur petite amie et leurs sœurs, visitèrent le Colisée, se baladèrent au milieu des ruines du Forum, montèrent sur le mont Palatin afin d'admirer la vue, et s'assirent à des terrasses de café par des soirées chaudes et lourdes pour y déguster des cafés dans des tasses minuscules. Tandis qu'ils regardaient les Romains aller et venir dans les ruelles animées, beaucoup d'entre eux furent confrontés pour la première fois à une sensation nouvelle et dérangeante, un décalage inattendu qui les rongeait. Ils essayaient de comprendre ce qui se déroulait sous leurs yeux. Ils luttaient intérieurement avec l'absurdité apparente entre la vie ici et la vie sur le front, s'efforçant de comprendre comment cette femme avec une poussette, de l'autre côté de la rue, pouvait marcher d'une manière si décontractée, comment un jeune couple pouvait regarder une vitrine main dans la main comme s'il prévoyait un achat, comment l'odeur du pain en train de cuire accompagnée par le chant du boulanger pouvait monter depuis le sous-sol de son échoppe, comment la vie ici pouvait simplement continuer à aller de soi. Comme si, au même moment, un peu plus au nord, des vies n'étaient pas fauchées dans le vacarme des obus et les hurlements des soldats. Ils étaient profondément reconnaissants de s'en être sortis, tout en ignorant pourquoi la normalité de tout cela les irritait, les rendait maussades, les mettait à cran, pile au moment où ce qu'ils souhaitaient le plusardemment, c'était se détendre.

L'absurdité fut sans doute la plus frappante quand Hiro Higuchi se retrouva un soir, non pas à Rome mais à Naples, assis au fond d'un somptueux siège de velours rouge, écoutant religieusement les voix de certains des meilleurs chanteurs d'opéra au monde entonner des arias s'élançant vers les cieux dans la salle richement ornée de dorures du Teatro di San Carlo, cet impressionnant opéra du XVIIIe siècle. Aux yeux d'Higuchi qui, au cours des semaines précédentes, avait rédigé tant de lettres douloureuses à des parents en deuil ; qui avait enterré les corps déchiquetés de tant de braves jeunes hommes, il était invraisemblable qu'une beauté aussi extraordinaire et une telle horreur puissent coexister. Pour la première fois, sa foi en fut ébranlée.

Quand ils quittèrent leur villégiature de Vada et se dirigèrent à nouveau vers le nord pour prendre position le long de l'Arno à l'ouest de Florence, les soldats du 442ᵉ n'étaient plus les mêmes que ceux qui avaient posé le pied en Italie quatre mois auparavant. Ayant eu leur baptême du feu, ayant vu leurs amis tomber, ayant senti l'odeur de la mort, ayant été à la fois plus effrayés et bien plus courageux qu'ils ne pensaient pouvoir l'être, ils remontaient au front transformés. Ils étaient venus en Italie déterminés à prouver leur loyauté, à ne pas attirer la honte sur eux-mêmes ou leur famille, à vaincre pour le bien de leur pays et les idéaux qu'ils défendaient. Et ils étaient arrivés unis par leur identité partagée, leur camaraderie et leur amitié qui s'étaient nouées sur les plages d'Hawaï ou dans la boue du camp Shelby. Dorénavant il y avait quelque chose en plus. Dorénavant, ils étaient liés par quelque chose d'intangible, une solidarité née des combats au coude à coude, par la certitude qu'avant la fin de cette guerre, il y aurait d'autres morts parmi eux, que c'était à chacun désormais de s'occuper des autres, de prendre des risques, de porter les fardeaux les uns des autres. Par maints aspects, c'était quelque chose d'irrationnel. Certains le paieraient de leur vie. Mais cela relevait du sacré, et durerait jusqu'à la fin de leurs jours.

Au nord de l'Arno, les Apennins, la colonne vertébrale de la péninsule italienne, tournant vers le nord-ouest, entamaient une longue courbe vers la côte ligure, formant une barrière naturelle qui depuis des siècles protégeait la fertile vallée du Pô et la ville industrielle de Milan des envahisseurs venus du sud. Dans les vallées surplombées par ces montagnes, et au cœur des montagnes elles-mêmes, les Allemands avaient bâti, grâce au travail forcé, une autre ligne de positions défensives, la plus redoutable en Italie, qu'ils avaient dénommée la ligne Gothique[1].

Depuis leurs postes d'observation dans les collines sur la rive gauche de l'Arno, George Oiye et Sus Ito scrutèrent de nouveau les mouvements des troupes allemandes le long de cette ligne de l'autre côté du fleuve. Kats Miho et les artilleurs du 522ᵉ montèrent des murs de sacs de sable autour de leurs obusiers, tendirent des filets de camouflage – certains d'entre eux probablement tissés par des internées de Poston – par-dessus les canons, et se préparèrent à déverser des

---

1. Qui serait plus tard rebaptisée la ligne Verte.

tonnes d'acier et d'explosifs sur les cibles désignées par le poste de direction de tir.

Au poste, les hommes qui travaillaient avec les règles à calcul, les cartes et les rapporteurs devaient relever un nouveau défi. De plus en plus, les différentes unités d'artillerie de la 5ᵉ armée avaient commencé à travailler de concert puisqu'elles étaient confrontées à davantage de cibles allemandes concentrées le long de lignes de défense enterrées. La tactique était appelée « tirs synchronisés », et les artilleurs Nisei du 522ᵉ s'avérèrent de vrais experts en la matière. Plutôt que de faire tirer les canons des batteries individuelles sur une seule cible, ils concentreraient le tir de plusieurs batteries – pas seulement celles du 522ᵉ mais celles d'autres batteries de la 5ᵉ armée – sur la même cible au même moment. Les obus tirés depuis une batterie devaient par conséquent atteindre la cible à la même seconde que les obus tirés depuis d'autres batteries éparpillées sur des kilomètres. Cela demandait des calculs extrêmement complexes au poste de direction de tir et une exécution tout aussi précise de la part des servants de chaque canon. Mais si c'était fait correctement, l'impact sur l'ennemi serait des plus dévastateur. Quand tout se passait comme prévu, une position allemande pouvait être entièrement anéantie par un déluge d'obus.

Tandis que le 522ᵉ mettait peu à peu en œuvre cette nouvelle tactique, l'infanterie du 442ᵉ lança une autre série de patrouilles nocturnes et de raids sur la rive opposée du fleuve, sondant les défenses ennemies et essayant de capturer des Allemands dont ils pouvaient tirer des renseignements sur ce qui les attendait le long de la ligne Gothique au-delà de Pise. Au cours des premières incursions, ils tombaient de manière répétée sur des patrouilles allemandes, se retrouvaient engagés dans des échanges de tirs sporadiques, et subissaient des tirs de barrage de l'artillerie. La plupart de leurs pertes étaient dues aux mines. Les Allemands en avaient déposé des milliers le long des deux rives du fleuve, et elles étaient presque impossibles à détecter, à moins de se mettre à genou et de ramper, mais même en procédant ainsi, il était possible de les manquer.

Le 24 août, Pursall se rendit dans la compagnie K pour demander des volontaires afin de patrouiller le long du fleuve et d'évaluer la possibilité de construire des ponts flottants en vue, le moment venu, de lancer un assaut de grande envergure d'une rive à l'autre. Il ne fut guère surpris que parmi les premiers à se porter volontaires figurent de nouveau Rudy Tokiwa et Harry Madokoro. Cette nuit-là, peu après qu'un fin croissant de lune se fut levé à 22 h 53, ils avancèrent jusqu'au fleuve à pas de loup dans l'obscurité, une couverture parfaite. Comme lorsque Rudy avait rejoint la patrouille dans les rues de Pise un mois plus tôt, c'était une de ces missions qui mettaient les nerfs à rude épreuve. De nouveau, ils pouvaient à peine se voir les uns les autres, sans parler de discerner ce qui se tapissait dans les hautes herbes poussant sur la rive ou ce qui pouvait être enterré dans la boue. Chaque pas était un danger auquel il fallait survivre.

Ils ne rencontrèrent aucune patrouille allemande cette nuit-là, mais rôdant dans les enchevêtrements sombres de la végétation et sondant chaque appentis ou caniveau qu'ils trouvaient sur leur chemin, ils repérèrent le terrain de manière efficace et rassemblèrent des informations qui seraient utiles pour les ingénieurs du 442ᵉ. Au moment où ils rentraient à pied au poste de commandement dans les premières heures du 25 août, ils étaient épuisés, presque à bout de nerfs, leur capacité d'attention s'en trouvant amoindrie.

Ce fut à cet instant qu'Harry Madokoro, 32 ans, de Watsonville, Californie – Harry qui avait été le chef de la police au camp de concentration, qui avait encouragé Rudy et une dizaine d'autres jeunes hommes à s'engager, qui avait promis à la mère de Rudy de prendre soin de lui, qui l'avait soigné quand il avait eu la gueule de bois, qui avait toujours marché en tête de la compagnie K quand le danger rôdait, qui était le seul fils et même le seul parent encore en vie de l'occupante de la pièce 13-G du bloc 213 à Poston, Arizona –, marcha sur une mine et se volatilisa dans un nuage de boue, de métal, de sang et d'os. Rudy ne put rien faire, aucun d'entre eux ne put rien faire, si ce n'est regarder abasourdis la forme chiffonnée qui se tenait dans le vide obscur où Harry se trouvait juste auparavant.

La nuit du 30 août, les forces américaines disposées tout le long de l'Arno purent entendre les explosions déclenchées par les équipes de démolition allemandes pour détruire les ponts flottants. Selon quatre Allemands faits prisonniers par une patrouille de la compagnie K, les troupes ennemies se préparaient à se retirer derrière la ligne Gothique. Deux jours plus tard, la 5ᵉ armée se projeta de l'autre côté de l'Arno et commença à avancer. Dans son secteur, le 442ᵉ avançait sur un front large d'une dizaine de kilomètres. Presque immédiatement, il fut confronté à des menaces dissimulées un peu partout : des fils déclencheurs, des mines antipersonnel cachées dans des arbres, de grosses mines antichars Teller enterrées sur les routes et dans des champs, des « Bouncing Betty », des maisons piégées, des cordes de piano tendues à travers les routes à hauteur d'homme.

À la fin de la journée du 1er septembre, la compagnie K avait avancé d'à peine plus d'un kilomètre au-delà du fleuve, jusqu'au petit village de San Mauro et les champs qui l'entouraient. Pendant l'essentiel de cette journée, tandis que les obus sifflaient au-dessus de lui, Fred Shiosaki se retrouva de nouveau sur le ventre, marchant autant qu'il rampait, sondant le sol devant lui avec sa baïonnette, espérant éviter de toucher la plaque de pression d'une mine, avant d'avancer de quelques mètres.

Ils avaient beau veiller à sonder précautionneusement le terrain et à marcher le plus délicatement possible, aucun d'entre eux ne pouvait être sûr que son prochain pas ne serait pas le dernier. Et les blessures déjà reçues au combat ou les actes héroïques commis précédemment ne garantissaient pas la moindre immunité. Quelques jours après être sorti de l'hôpital pour les blessures qu'il avait reçues lors de l'assaut contre la colline 140 – où il avait chargé un nid de mitrailleuse après l'autre, malgré un bras en charpie –, Ted Tanouye, de la compagnie K, marcha sur une mine et fut mortellement blessé.

Hiro Higuchi et Masao Yamada étaient toujours aux côtés des soldats, rampant à travers les champs de mines pour ramener à l'arrière les corps déchiquetés, tapis dans des caniveaux et des fossés, s'abritant brièvement dans des granges en pierre, célébrant des services de cinq minutes au cours desquels les hommes se mettaient à genoux, priaient rapidement, puis se levaient et retournaient au combat, criant aux aumôniers par-dessus leur épaule de s'abriter, pour l'amour de Dieu, dans des endroits plus sûrs. Mais plus souvent qu'à leur tour, ils n'en faisaient rien. Le 1er septembre, après avoir écrit des lettres de condoléances, Yamada accompagna le lieutenant Clarence Lang et le brancardier Takezo Kanda pour une mission dangereuse bien au-delà de la ligne de front. Il s'agissait de ramener un corps. Un conscrit de la compagnie K, Wendell Fujioka, au volant de leur jeep, manœuvrait pour se mettre à l'abri après qu'ils avaient récupéré la dépouille, quand il roula sur une mine Teller. En un instant l'arrière du véhicule fut pulvérisé dans un mélange de flammes, de fumée, de ferraille et d'effroi. Lang et Kanda furent projetés à une dizaine de mètres et moururent sur le coup. Fujioka fut mortellement blessé. Yamada atterrit à une vingtaine de mètres de la jeep, avec neuf morceaux de shrapnel fichés dans son bras gauche, sa poitrine, son abdomen et ses fesses. Hébété et ensanglanté, il tituba à travers le champ de mines en direction des lignes américaines. Ayant trouvé un vélo, Yamada grimpa dessus, et en dépit des blessures reçues à son postérieur, il pédala en tremblotant sur un peu moins de 200 mètres jusqu'à un centre de secours de la compagnie K. Une fois arrivé, il refusa d'être soigné, insistant plutôt pour que Rudy et quelques autres de la compagnie K le reconduisent, avec des brancardiers, sur le champ de mines pour voir si les autres pouvaient encore être sauvés. Fujioka s'était déjà éteint, tandis que Lang et Kanda ne pouvaient plus être secourus. Quelques heures plus tard, Yamada était sain et sauf dans un hôpital de campagne, sur le point de rejoindre l'hôpital de Naples.

Au cours des quelques jours suivants, confrontée à une résistance redoutable, la 5ᵉ armée se jeta à corps perdu contre les défenses situées le plus au sud de la ligne Gothique. Puis, soudainement, presque aussitôt après le lancement de l'offensive, le 442ᵉ en fut extrait, rappelé brusquement à l'arrière. Le 6 septembre, ses membres montaient à bord de camions et commençaient à descendre vers le sud et le port de Piombino. De là, ils naviguèrent jusqu'à Naples.

Au cours de l'été, la réputation du 442ᵉ avait franchi les frontières. Ses états de service étaient exceptionnels. Les Allemands en étaient venus à respecter et à craindre ceux qu'ils continuaient à appeler « les petits hommes de fer ». Aux États-Unis, les informations filmées avaient diffusé leurs exploits dans les cinémas depuis le Maine jusqu'à Honolulu. Des comptes rendus enthousiastes de leurs exploits avaient paru dans le journal de l'armée, attirant l'attention de tous les militaires, du simple seconde classe aux officiers généraux. Soudainement, les Nisei furent très demandés. Mark Clark aurait aimé les garder en Italie avec sa 5ᵉ armée afin de donner l'assaut contre la ligne Gothique. Mais le général Alexander Patch les voulait dans sa 7ᵉ armée en France, pour remonter la vallée du Rhône, et sa demande était appuyée par les généraux Patton et Eisenhower. Par conséquent, à midi le 27 septembre, le 442ᵉ embarqua de nouveau sur des liberty-ships, cette fois-ci en direction de Marseille, ses effectifs augmentés de 672 autres Nisei, tout juste arrivés des États-Unis.

Fred, Rudy et Kats étaient contents de quitter l'Italie. Ils en avaient assez. Ils avaient vu trop de leurs frères d'armes tués ou mutilés par les Allemands. Ils avaient entendu plus de récits d'atrocités commises par la Wehrmacht qu'ils ne pouvaient le supporter. Désormais, il semblait possible que Berlin tombe avant Noël, et ils voulaient y prendre part, avoir leur revanche sur les Allemands eux-mêmes, face à face, sur leur territoire. Ils rêvaient de lacérer les drapeaux nazis ornant les bâtiments publics, de défiler à travers les rues de la capitale allemande, de voir Hitler enchaîné et, par-dessus tout, de rentrer chez eux victorieux. Et ils se prenaient à penser que cela arriverait plus vite qu'ils ne l'imaginaient. George Saito, qui portait toujours le deuil de Calvin, pouvait le sentir dans l'air. Il écrivit à son ami Miyoko Hayashi à New York : « Je suis vraiment impatient de rentrer à la maison. De me préparer pour les grandes retrouvailles. Quand je vais rentrer, je vais faire une de ces fêtes... »

Las, tout n'allait pas se passer aussi facilement. Ils n'avaient pas encore vu l'ampleur du mal qui les attendait sur leur chemin. Pas plus qu'ils n'avaient encore découvert la vraie étendue de leur résolution et de leur courage.

Cinquième partie

AUX PORTES DE L'ENFER

17.

« Mon Dieu, quand toute cette horreur prendra-t-elle
fin ? Chaque fois que je passe devant l'un de nos
garçons figé sur le bord de la route, le corps couvert
d'un drap, je pense à sa famille sur les îles, je pense
à l'avenir brillant qui attendait ce jeune homme...
Tout cela parce qu'une poignée de fous de par le monde
ont voulu tout s'accaparer. »

Hiro Higuchi à son épouse, Hisako,
20 octobre 1944

Le 29 septembre 1944 – un jour frais et venteux dans le golfe du
Lion – trois liberty-ships transportant le 442ᵉ régiment arrivèrent au
large du port de Marseille. La ville était triste à voir. Juste un mois
plus tôt, les Alliés l'avaient libérée après une insurrection déclenchée
par les Forces françaises de l'intérieur. Mais le port et la cité avaient
été ravagés lors des combats. Dans leur retraite, les Allemands avaient
dynamité des bâtiments, coulé des embarcations à l'entrée du port et
posé des milliers de mines à la fois tout autour de la ville et dans les
eaux du port elles-mêmes.

Compte tenu de l'ampleur des dégâts, le simple fait de déposer des
soldats et leur équipement sur la terre ferme depuis les navires de
transport des troupes représentait un défi logistique. Tandis que les

bateaux étaient ballottés par les flots en pleine mer à un peu moins d'un mille du rivage, les hommes devaient enjamber le bastingage, et descendre tant bien que mal par des échelles de corde, puis se laisser tomber pour les derniers 2 mètres dans des barges de débarquement secouées par la houle le long des coques des vaisseaux. Débarquer les canons et les véhicules du 522ᵉ s'avéra encore plus compliqué. Dans la cale de l'un des bateaux, George Oiye remplit une jeep avec des radios et du matériel de combat, puis s'assit sur le siège du passager. À l'aide de câbles d'acier, un grutier français souleva le véhicule depuis la cale, l'amena en pivotant par-dessus les flots et entreprit de le descendre dans l'une des barges de débarquement qui dansaient sur l'eau. En pleine manœuvre, un fort mouvement de houle déstabilisa le cargo, l'un des câbles rompit, et la jeep se retrouva à osciller dangereusement en plein ciel, laissant tomber l'essentiel de son contenu dans la mer, avec George s'accrochant au volant du véhicule qui pendait dans le vide par un côté, hurlant de tout son souffle des obscénités. Le grutier ramena rapidement la jeep au-dessus du bateau, la plaça au niveau d'une écoutille ouverte et avec précaution la redescendit dans la cale.

Au soir, tous les effectifs du 442ᵉ avaient été débarqués sur la terre ferme, et Kats se débattait pour planter une petite tente sur un champ de pins chétifs et fouettés par le vent à la sortie de Septèmes-les-Vallons, dans la banlieue de Marseille. Le mistral soufflait depuis le début de la journée et menaçait d'emporter la tente de Kats réduit à empiler des pierres de calcaire à ses quatre coins. Puis il commença à pleuvoir, des trombes d'eau qui suivaient le vent et tombaient obliquement depuis un ciel de plomb. Kats se faufila dans la tente avec son uniforme trempé, s'enroula dans ce qui serait bientôt une couverture mouillée et s'efforça de trouver le sommeil, mais sans y parvenir. À proximité, Masao Yamada – qui était sorti de l'hôpital à Naples juste à temps pour embarquer sur un bateau vers la France avec ses ouailles – était lui aussi étendu, frissonnant, sous une seule couverture. Il ne fallut pas longtemps pour que des soldats s'accroupissent à l'entrée de sa tente afin de lui proposer leur propre couverture. Depuis que Yamada avait été blessé, les garçons du 3ᵉ bataillon se montraient chaque jour plus prévenants avec leur aumônier, déterminés qu'ils étaient à épargner le petit homme replet de toute douleur supplémentaire, l'appréciant plus que jamais pour le rôle qu'il jouait aussi bien sur le champ de bataille qu'à l'arrière, soulageant les blessures de leur âme, les consolant quand ils étaient en deuil, leur offrant de l'espoir ou, tout au moins, de la compréhension alors que les pertes douloureuses se multipliaient.

Le 5 octobre, Esther Schmoe Hirabayashi entra dans le bâtiment qui abritait les services du gouvernement à Spokane, ouvrit son sac à main, en sortit deux billets de 1 000 dollars et un autre de 500, les déposa sur le bureau d'un employé, et annonça qu'elle souhaitait régler la caution de Gordon. Deux jours plus tôt, il avait finalement été arrêté. Désormais, il attendait son audition devant un jury fédéral, prévue en décembre. La caution devait permettre aux jeunes mariés de passer quelques précieuses semaines ensemble avant qu'ils ne soient séparés peut-être pendant des années si jamais Gordon était condamné.

Le même soir, à Poston, alors que les dernières lueurs du crépuscule s'éteignaient dans le désert et que quelques chauves-souris voltigeaient dans un ciel pourpre, quelqu'un aida Netsu, la mère d'Harry Madokoro, âgée de 66 ans, à monter sur la scène du Cottonwood Bowl. À l'origine un simple cercle de poussière dessiné dans la sauge, le Cottonwood Bowl était devenu l'un des endroits les plus agréables du camp. Avec son estrade faite de bois de construction et de stuc dans le style d'un théâtre japonais et son parterre situé sous l'ombre rafraîchissante de plusieurs grands peupliers, ce lieu permettait aux internés de se rassembler pour des activités. Il avait des loges, un grand rideau qui se levait, et des projecteurs rudimentaires pour éclairer la scène. Ne manquaient que des sièges. S'ils ne voulaient pas rester debout, les spectateurs devaient apporter des chaises, des tabourets ou des bancs qu'ils avaient bricolés à partir de chutes de bois. Au cours des deux années précédentes, le Cottonwood Bowl avait vu se dérouler des représentations théâtrales japonaises – des *shibai* –, des cérémonies de remise de diplômes, des concours de beauté en fin d'année, des concerts, des spectacles de music-hall – les *engei-kai* – et divers autres rassemblements. Plus récemment, il avait toutefois commencé à être de plus en plus fréquemment utilisé pour des services à la mémoire des soldats tombés au combat.

Une fois que Mme Madokoro fut assise, le regard sombre, la garde au drapeau fit son entrée au son du clairon. Les boy-scouts du camp conduisirent le salut aux couleurs. Des prêtres des trois églises du camp citèrent des textes bouddhistes et chrétiens. Des amis s'approchèrent de Mme Madokoro et déposèrent des fleurs à ses pieds avant de lire des télégrammes envoyés par des camarades d'Harry, parmi lesquels certains des garçons qui étaient à présent en France. Un chœur chanta. Les membres de la police du camp tirèrent une salve d'honneur avec leur fusil. Puis, finalement, le clairon entonna la sonnerie aux morts, et alors que les ultimes notes, d'une tristesse majestueuse, allaient se perdre au cœur de l'obscurité absolue d'une nuit dans le désert, ses proches aidèrent Mme Madokoro à rentrer dans ses quartiers où personne ne viendrait jamais la rejoindre, pièce 13-G du bloc 213.

Le 10 octobre, Fred Shiosaki et le reste de la compagnie K jetèrent leurs affaires dans des wagons datant de la Grande Guerre, puis y grimpèrent et commencèrent ainsi leur voyage en train depuis Marseille le long de la vallée du Rhône. Au même moment, Kats et les artilleurs du 522ᵉ montèrent à bord de camions et entamèrent leur route le long d'un itinéraire parallèle, tractant leur obusier derrière eux.

Leur destination se trouvait à 800 kilomètres au nord. Depuis qu'ils avaient débarqué sur les plages de Normandie en juin, plus de 2 millions de soldats alliés s'étaient frayé un chemin à travers le nord de la France et la Belgique, traversant rapidement les anciens champs de bataille des alentours de Verdun, se rapprochant d'endroits dont le nom entrerait bientôt dans l'histoire : Bastogne et Aix-la-Chapelle ainsi que la forêt de Hürtgen. En septembre, ils se tenaient devant la frontière avec l'Allemagne. Au-delà il y avait le Rhin et encore au-delà la Ruhr, le cœur industriel de l'Allemagne. Désormais de grandes armées, menées par des hommes de la trempe du général Omar Bradley, du maréchal Bernard Montgomery et du général George Patton, étaient terrées face à la bête, se préparant à donner l'assaut sur la dernière et la meilleure ligne de défense de l'Allemagne : la ligne Siegfried, ou *Westwall*, un long réseau de blockhaus, de bunkers, de pièges à chars, de barbelés et de fortifications s'étendant sur plus de 600 kilomètres depuis la frontière avec les Pays-Bas jusqu'à la frontière avec la Suisse. À proximité de l'extrémité méridionale de la ligne alliée, la 7ᵉ armée du général Patch, après avoir remonté la vallée du Rhône depuis la Méditerranée, avait obliqué vers l'est pour faire face à l'Allemagne au sud-est de Strasbourg, et c'était vers elle que se dirigeait à présent le 442ᵉ.

Fred, encombré de tout son équipement de combat, entassé avec une vingtaine d'autres soldats dans un wagon de marchandises, ignorait tout cela. Tout ce qu'il savait, c'était que le voyage se passait mal. Son uniforme était toujours humide et boueux du campement marécageux de Septèmes-les-Vallons. Il n'y avait pas assez de place pour s'allonger, et il passait donc l'essentiel de chaque journée debout, ballotté d'avant en arrière par les cahots du train, regardant par une porte ouverte la campagne française qui défilait alors que les cieux sombres déversaient un crachin ininterrompu. Par maints aspects, le spectacle était magnifique en dépit du mauvais temps ; c'était la période des vendanges dans la vallée du Rhône et les hommes étaient au travail au milieu des vignes, récoltant le raisin, jetant les grappes dans des paniers qu'ils déchargeaient ensuite dans des charrettes en bois tirées par des ânes. Le paysage était parsemé de villages de pierre pittoresques, de petits châteaux à tourelles perchés sur des collines et d'autres plus majestueux avec des toits en ardoise. Les feuilles des marronniers, des sycomores et des peupliers avaient commencé à changer de couleur. Beaucoup de ceux qui venaient d'Hawaï voyaient pour la première fois la splendeur jaune orangé du feuillage d'automne.

Le voyage était interminable. En raison du danger que représentaient les mines allemandes, et parce que des sections de la voie ferrée avaient été endommagées lors de récents combats, le convoi ne pouvait circuler que de jour mais très lentement, les mécaniciens français scrutant la voie à la recherche d'anomalies sur les rails en avant de la locomotive. Chaque nuit, les hommes devaient planter leur tente dans des champs et des forêts détrempés, puis recharger tout leur équipement dans le train le lendemain matin. Et plus ils avançaient vers le nord, plus la campagne devenait grise et désolée. Sur tout le trajet entre Lyon et Dijon, des traces sinistres témoignaient du déluge de feu qui venait de s'abattre sur ces lieux. Des usines et des fermes avaient été réduites à l'état de ruines. Les cratères de bombes étaient comme des cicatrices de variole sur les routes principales. Des multitudes de chars allemands, d'half-tracks et de camions complètement brûlés s'alignaient le long de la route parallèle à la voie ferrée – des épaves grises avec des croix gammées noires peintes sur leurs flancs. À force de voir ces tas de ferraille, Fred se demandait s'il resterait même une armée allemande prête à combattre au moment où ils arriveraient à destination, quelle qu'elle fût.

Comme ils voyageaient avec leurs propres camions, les soldats du 522ᵉ suivirent un itinéraire différent et leur voyage fut plus agréable. Ils s'arrêtaient de temps en temps pour se dégourdir les jambes, visitaient les lieux emblématiques du coin, rencontraient des habitants et discutaient avec eux. Kats, Sus et George traînaient ensemble la plupart du temps, s'aventurant dans des cafés et des restaurants pour y déguster la cuisine locale.

Toujours aussi curieux, Kats profita du voyage pour en apprendre autant qu'il le pouvait au sujet de la vie en France. À Dijon, il décida de s'aventurer dans un cirque local. Le train transportant l'infanterie du 442ᵉ était arrivé en ville le jour même, et ce soir-là, le chapiteau du cirque était bondé d'Américains en uniforme. Alors que Kats était assis le sourire aux lèvres, savourant les sifflements d'un vieil orgue à vapeur et les bouffonneries de clowns maquillés de blanc sous leur chapeau pointu et dans leur tenue d'arlequin, il se retrouva plongé dans son adolescence. Se frayant un chemin à travers la foule, interpellant Kats, l'un de ses amis de Maui, Dan « Balloon » Aoki, apparut soudainement à ses côtés. Aoki le prit par les épaules, cria pour couvrir le vacarme ambiant : « Hé, Kats, viens, je veux te présenter quelqu'un », puis le tira par le bras à travers la foule. Dan Aoki l'amena jusqu'à un soldat qu'il connaissait déjà de réputation. Tout le monde dans le 442ᵉ avait entendu parler de Daniel Inouye. Il s'était forgé une solide réputation au sein du régiment pour son courage hors du commun, son intelligence, sa voix de baryton et sa maîtrise d'à peu près toute situation dans laquelle il se trouvait. Kats était heureux de pouvoir le rencontrer. Comme Sus Ito et George Oiye, Inouye semblait être quelqu'un qui prenait plaisir à discuter. Il était particulièrement éloquent. Et, comme Kats, il était à la fois diplomate et aimait à être entouré, c'était un politicien-né. Tous deux s'entendirent bien au premier coup d'œil : une amitié qui durerait jusqu'à la fin de leur vie débuta ce soir-là.

Le 13 octobre, les trois bataillons du 442ᵉ arrivèrent à un point de rassemblement près de Charmois-devant-Bruyères, un village à une centaine de kilomètres de la frontière avec l'Allemagne. Là, ils furent formellement rattachés à la 36ᵉ division d'infanterie de la 7ᵉ armée et placés sous le commandement direct du général John E. Dahlquist. La 36ᵉ division – que l'on appelait parfois « l'armée du Texas » – avait été bâtie à partir d'un noyau constitué des gardes nationales du Texas et de l'Oklahoma et était composée, pour l'essentiel, mais pas uniquement, de jeunes Texans. Qui désormais se tenaient devant les Vosges avec les Nisei.

Les Vosges étaient sombres et inhospitalières – des armées s'étaient affrontées et des hommes étaient morts au cœur de ce repaire de loups lors de batailles depuis bien avant l'époque romaine. Parsemés de châteaux médiévaux, leurs monts boisés avaient pendant longtemps commandé l'accès à la vallée du Rhin qui se trouvait au-delà. En 1944, Hitler était déterminé à tenir cette ligne de défense et l'est du Reich tout en essayant désespérément de gagner du temps afin de préparer l'affrontement titanesque qui, quelques semaines plus tard, aurait lieu dans les Ardennes.

Tandis que les Nisei s'imaginaient les horreurs qui pouvaient les y attendre, leurs estomacs se nouèrent. Après des semaines de relative détente au cours desquelles ils n'avaient plus été confrontés quotidiennement au danger, leur humeur sombra rapidement. Ils redevinrent silencieux et graves. Ils savaient désormais à quoi ressemblaient les combats et ils avaient appris à les redouter. Cette fois-ci, leur inquiétude revêtait une dimension supplémentaire. La contrée dont ils s'approchaient semblait franchement inhospitalière. Des nuages lourds et maussades flottaient au-dessus de montagnes sinistres. Des brumes spectrales nappaient les plus hauts pics. Des torrents d'eau boueuse tombaient en cascade depuis des hauteurs que l'on ne pouvait distinguer. Daniel Inouye embrassa du regard les Vosges, il y vit un cauchemar.

L'un des jeunes gens qui avait le plus de mal à maîtriser ses émotions en se préparant à retourner au combat était George Saito, de la compagnie H. Pendant des semaines, à la suite de la mort de Calvin sur la colline 140, dans les lettres à son père, il n'avait cessé de faire preuve d'un optimisme enjoué, espérant soulager le chagrin de Kiichi. Mais alors qu'ils s'approchaient des Vosges sous une pluie incessante, George devint silencieux, il semblait de plus en plus abattu. Le 14 octobre, il trouva finalement assez de force pour gribouiller un mot rapide à l'attention de son père :

Cher papa,
Je sais bien que cela fait un moment que je ne t'ai pas écrit, je te prie de m'en excuser. Nous sommes au « front » désormais quelque part en France et jusqu'à présent la météo a vraiment été affreuse – pour te dire, je n'ai presque pas vu le soleil au cours des dix derniers jours. Tous ces déplacements, notre enthousiasme qui a molli et le fait que le courrier ne nous arrive plus, ne m'ont pas mis d'humeur à écrire.

Ce même après-midi, dans le Massachusetts, son père, encouragé par les précédents courriers plus joyeux de George, et tout aussi désireux que lui de garder le moral de son correspondant, lui écrivait :

Je suis content d'apprendre que tu as repris du poil de la bête.

À 15 h 15 toujours en ce même après-midi, Kats Miho et les autres servants de *Kuuipo* – désormais installés près du village de Viménil – glissèrent un obus dans la culasse de leur obusier et tirèrent le premier coup de la nouvelle campagne, marquant le début de la bataille des Vosges. Ils tirèrent ensuite presque sans désemparer pendant toute la nuit, se relayant auprès du canon, et commencèrent à affaiblir les

315

défenses allemandes, pilonnant les montagnes ténébreuses qui s'élevaient à quelques kilomètres vers l'est.

Kats Miho à côté d'un obusier tirant selon un angle important

Tandis que les canons du 522ᵉ grondaient derrière lui et que les nuages gris devant lui étaient éclairés par des flashs de lumière blanche, le 442ᵉ entreprit sa progression vers le front, peinant à travers des champs de blé boueux et le long de chemins détrempés.

À l'aube le lendemain matin, le dimanche 15 octobre, le 100ᵉ et le 2ᵉ bataillon se jetèrent dans le combat, les armes à la main.

Leur premier objectif était de sécuriser les hauteurs autour de la petite ville de Bruyères à l'entrée des Vosges, où plusieurs routes et une voie ferrée convergeaient. Quatre collines boisées et en forme de ballons – que les planificateurs militaires désignèrent sous le nom de collines A, B, C et D – entouraient le bourg. Le 442ᵉ allait devoir prendre chacune d'elles pour libérer Bruyères et grimper dans les montagnes qui se trouvaient juste derrière.

Tandis que les Nisei avançaient à travers une forêt épaisse et se battaient pour gravir la première des collines ce matin-là, les Allemands tinrent bon et se battirent comme ils ne l'avaient jamais fait en Italie, en tout cas pas depuis la bataille de Monte Cassino. Ils déversaient toutes leurs munitions sur le régiment, contrant chaque avancée que tentaient les Américains, défendant pied à pied chaque mètre carré de terrain, recourant aux tirs de barrage de mortiers et à l'artillerie lourde, dirigeant le flot de leurs mitrailleuses vers les lignes adverses, tirant depuis les sommets des collines voisines et les clochers des églises, déclenchant leurs effroyables canons de 88 millimètres dont les obus fracassaient les troncs des arbres presque aussi facilement que les hommes.

Dans la pénombre des futaies de sapins, les bruits de la bataille – le sifflement des obus, les hurlements des hommes, le fracas du métal – étaient encore plus terrifiants qu'ils ne l'avaient été dans la chaleur des paysages vallonnés de l'Italie. Et, au cœur de la forêt vosgienne, une nouvelle épouvante leur tombait dessus : les « explosions d'arbres ». Comme la canopée était très touffue, les obus de l'artillerie allemande explosaient presque toujours au moment où ils touchaient la cime des conifères, déversant une volée létale d'éclats de métal et de bois sur les hommes qui se trouvaient en dessous. Il n'y avait aucun moyen de s'en abriter. Tout ce qu'ils pouvaient faire était de s'accroupir et de croiser les doigts ou d'avancer à travers un rideau de shrapnels, toujours en comptant sur leur bonne étoile. Dans un cas comme dans l'autre, survivre revenait à jouer aux dés.

Pendant ce temps, derrière les lignes, Kats Miho et les artilleurs du 522e faisaient de leur mieux pour infliger le même degré de souffrance aux Allemands, continuant à tirer pendant toute la journée, appliquant de nouveau la technique qu'ils avaient mise au point en Italie, leurs « tirs minutés » dévastateurs, couvrant les sommets des quatre collines et les arêtes surplombant la ville avec leur tonnerre de salves d'obus, fracassant des forêts entières, arasant les sommets des collines.

Au cours des trois jours suivants, tandis que la pluie continuait de tomber et que les 4 000 habitants de Bruyères restaient blottis dans les caves, les deux bataillons de Nisei se battirent comme des forcenés pour arracher mètre après mètre aux Allemands. Alors qu'ils se rapprochaient de la ville, le terrain s'ouvrit devant eux, mais ils devaient toujours prendre les collines avant de pouvoir se déplacer à travers les plateaux. De temps à autre, des chasseurs américains P-47 Thunderbolt rugissaient au-dessus de leur tête, visant les positions allemandes au sol avec leurs mitrailleuses de calibre 50, mais la couverture nuageuse était si basse et les terrains aux alentours si accidentés, que les avions pouvaient à peine intervenir dans la zone.

L'artillerie allemande avait depuis longtemps pris pour cible chaque croisement de route dans et autour de Bruyères, et ses obus tombaient fréquemment sur ces points de jonction apparemment au hasard. Quiconque se trouvait à un carrefour au mauvais moment s'exposait à la probabilité d'être touché. Ce fut le cas d'un soldat de la compagnie H qui arriva à une intersection au même moment qu'un obus de 88 millimètres. Quand une équipe du service des tombes ramena son corps, Hiro Higuchi, l'estomac retourné, dut regarder le nom inscrit sur sa plaque d'identification pour savoir de qui il s'agissait. Écrasé par le chagrin, il écrivit à son épouse cette nuit-là : « Un garçon a été ramené sans visage. C'est épouvantable – ça m'a devasté. » Il connaissait ce garçon depuis l'époque où Hisako et lui étaient étudiants à Los Angeles. Ce garçon était George Saito.

Quelques jours plus tard, la dernière lettre de George à son père arriva dans le Massachusetts. Kiichi fut réconforté de la recevoir. Puis, comme des parents le faisaient dans toute l'Amérique, il se mit à attendre la suivante. Qui n'arriva jamais. Quand il ne put plus supporter ce silence, il écrivit de nouveau :

Mon cher George,
Cela fait trois semaines que je n'ai pas de tes nouvelles. Je suis un peu inquiet de ne pas te lire aussi souvent qu'auparavant. J'imagine que tu dois être très occupé (...) s'il te plaît, écris-moi. Ici, tout va bien, donc ne t'inquiète pas. Donne-moi de tes nouvelles.

Ton père qui t'aime.

Deux jours plus tard, un autre porteur de télégramme se présenta à la porte de la maison du Massachusetts, messager de sinistres nouvelles de la part du secrétaire à la Guerre. Et peu après, la dernière lettre de Kiichi à George fut déposée dans sa boîte aux lettres avec la mention « Décédé » griffonné en travers de l'enveloppe. Deux des fils de Kiichi Saito étaient désormais tombés dans les rangs du 442ᵉ.

Juste avant l'aube du 18 octobre, Fred Shiosaki s'extirpa de sa petite tente qui n'abritait ni du froid ni de l'humidité, attacha un tube de mortier sur son dos, saisit son fusil et entreprit de marcher vers la bataille. Comme les deux autres bataillons ferraillaient toujours pour contrôler les collines autour de la ville, le colonel Pence avait ordonné au 3ᵉ bataillon de mener une attaque frontale sur les forces allemandes à Bruyères, de libérer la ville et d'avancer ensuite vers le village de

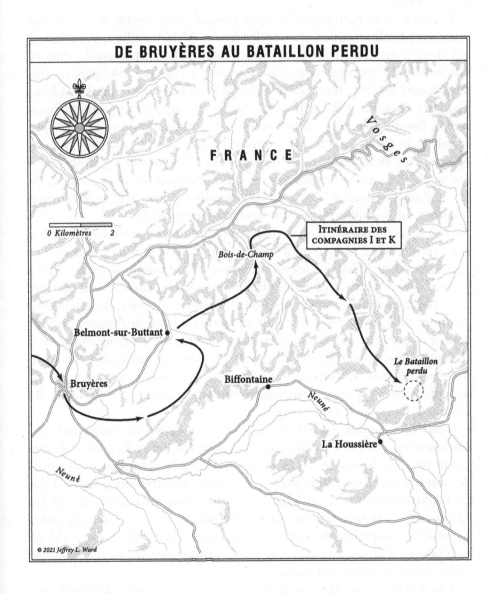

DE BRUYÈRES AU BATAILLON PERDU

FRANCE

Vosges

0 Kilomètres 2

ITINÉRAIRE DES
COMPAGNIES I ET K

Bois-de-Champ

Belmont-sur-Buttant

Le Bataillon
perdu

Bruyères

Biffontaine

Neuné

La Houssière

Neuné

© 2021 Jeffrey L. Ward

Belmont-sur-Buttant, au nord-est. George « Montana » Oiye prit une carabine et s'aligna aux côtés de Fred. Il avait été temporairement assigné à la compagnie K pour leur servir d'éclaireur au cas où ils auraient eu besoin d'un soutien de l'artillerie de la part du 522e lors de l'attaque.

Tandis que la compagnie K se déployait, progressant à travers des sapinières touffues, étrangement les bruits de la bataille qui se déroulait devant elle lui arrivaient comme assourdis. Une grisaille épaisse empêchait de distinguer quoi que ce soit à plus de quelques mètres dans toutes les directions. Le souffle de Fred formait de petites volutes blanches en sortant de sa bouche. Ses pas étaient pratiquement inaudibles, étouffés par une épaisse couche de mousse humide qui tapissait le sol de la forêt. La mousse inquiétait Fred. On lui avait dit que les Allemands y avaient dissimulé des centaines de « Bouncing Betty » et il redoutait ces mines presque autant qu'il craignait les obus mortels de 88 millimètres dont il savait qu'ils pouvaient surgir à n'importe quel moment du brouillard dans un vacarme assourdissant.

Quand la compagnie K sortit finalement des bois et entra dans la plaine juste avant la ville, tout ce qu'il y avait autour d'eux sembla exploser. Les rugissements de la bataille les submergèrent. Fred trébucha sur les sillons boueux d'un champ. Des balles sifflaient à sa droite comme à sa gauche. Des obus tirés dans leur direction bourdonnaient au-dessus de sa tête. Des colonnes de terre noire mêlée à de la pierraille jaune surgissaient du sol devant et derrière lui. Prisonniers dans une grange à quelques pas, des chevaux blessés hennissaient aussi fort qu'ils le pouvaient. Des éclats de shrapnel ardents volaient dans toutes les directions, émettant un bruit irrégulier assez étrange. L'air était rempli de l'odeur des explosifs, de l'essence, de la boue et du sang.

Fred et les hommes derrière lui se jetèrent au sol et commencèrent à avancer en rampant tandis que des rafales de mitrailleuses se déversaient sur eux depuis les fenêtres des fermes aux alentours et des nids de mitrailleuse dissimulés derrière les murs de pierre des jardins. Tout en retournant les tirs, en lançant des mortiers en chandelle sur les bâtiments, en faisant feu au lance-roquettes et en jetant des grenades à main, la compagnie K continua à avancer, assaillant chaque nid de mitrailleuse l'un après l'autre, se concentrant sur l'un jusqu'à le faire taire, avant de passer au suivant.

À la lisière de la ville, ils arrivèrent à une route qui décrivait une large courbe. Le sergent George Iwamoto, le chef de l'escouade et l'un des plus proches amis de Fred – son quasi-double, un kotonk jusqu'au bout des ongles, originaire lui aussi de l'est de l'État de

Washington – leva la main pour stopper ses hommes et obtenir leur attention. Il n'aimait pas cet endroit. Il aurait voulu qu'ils en repartent le plus vite possible. Il commença à leur faire signe en criant « Allez les gars, on y va ! », les pressant de traverser la route rapidement. Fred courba le dos et courut pour la traverser. Ce qu'il fit. Ils la traversèrent tous, sauf un. Pile au moment où Iwamoto emboîtait le pas du dernier de ses hommes, un obus tomba derrière lui, le projetant violemment vers l'avant de plusieurs mètres, fracassant sa colonne vertébrale, paralysant ses membres inférieurs. Voyant son ami dans cette situation, étendu sur la route sous la pluie, en sang, qui essayait désespérément de ramper pour avancer, ses jambes ne lui obéissant plus, sans défense, Fred fut pris d'une violente nausée. Pendant un instant, il ferma les yeux et dut s'adosser contre un muret en pierre. Comme tous les autres, il voulait se détourner et partir en courant de cet endroit, fuir cette horreur. Comme tous les autres, il n'en fit rien. Un brancardier tira Iwamoto hors de la route. Les hommes qui restaient se levèrent et reprirent leur marche.

À l'entrée de la ville elle-même, ils se heurtèrent à une barricade – un barrage fait d'énormes troncs d'arbres et de roches que les Allemands avaient enchaînés ensemble et entre lesquels ils avaient disposé des mines et des explosifs afin de bloquer l'une des rues principales de Bruyères. George Oiye saisit un téléphone de campagne et appela le poste de direction de tir. Quelques minutes plus tard, le 522ᵉ, qui se trouvait toujours à plusieurs kilomètres à l'est, lança un obus précisément sur la barricade. Des graviers et de la terre volèrent dans toutes les directions, reformant l'enchevêtrement d'obstacles en un entrelacement encore plus imposant de bois, de pierres et d'explosifs. En fin de compte, sous les balles des Allemands qui leur tiraient dessus depuis les maisons du voisinage, les hommes du génie se glissèrent jusqu'à la barricade, enveloppèrent les plus gros obstacles d'explosifs Primacord et en firent exploser suffisamment pour permettre aux hommes, aux jeeps et aux half-tracks de slalomer jusqu'au centre-ville.

Fred avança précautionneusement, plus ou moins plié en deux, courant d'une embrasure de porte à une autre alors que la compagnie K se frayait un chemin le long d'une rue étroite. Jetant des grenades en chandelle, frappant aux portes, courant jusqu'aux toits, « nettoyant » chaque maison, les Nisei repoussèrent petit à petit les Allemands en dehors de la ville. En début de soirée, ils contrôlaient la plus grande partie de Bruyères, même si quelques rares projectiles allemands continuaient à tomber, indiquant qu'une violente bataille pour les hauteurs faisait rage plus à l'est. Les rues étaient jonchées de carcasses de véhicules carbonisés et de gravats où se mêlaient des tuiles en ardoise, des briques, des pierres et du mortier. Par endroits, on pouvait voir le cadavre d'un Allemand dans son uniforme ensanglanté étendu sur la chaussée ou ce que l'on devinait avoir été un homme, contorsionné en position assise dans un half-track calciné. L'odeur de la poudre flottait dans l'air, mélangée à des relents de chair brûlée et de mort.

Ensuite, un par un, Fred vit des drapeaux sortir des fenêtres – des drapeaux français et d'autres avec la croix de Lorraine. Les habitants de Bruyères, jetant un œil à l'extérieur de leur cachette, à la vue des jeeps et des chars américains dans le bourg, commencèrent à sortir en dépit de la pluie et des gravats. D'abord déconcertés en voyant les traits asiatiques de leurs libérateurs, ils s'exclamèrent : « Des Chinois ! Des Chinois ! » Les Nisei, désignant du doigt leur uniforme, essayèrent d'expliquer : « *No, no, Americans. Japanese Americans !* » « Des Japonais ! » Les Français se regardaient, clairement déroutés, mais personne n'y prêta attention. Les jeunes femmes, les vieillards, les enfants, tous coururent vers les soldats, les prirent dans leurs bras, les embrassèrent sur les deux joues. De vieux messieurs offrirent des bouteilles de vin et du saucisson aux Américains en leur donnant des tapes dans le dos. Les enfants affluaient autour d'eux en les acclamant, criant des choses en français qu'ils pouvaient à peine comprendre, mis à part un mot, répété encore et encore : « Merci, merci, merci ! » Fred sortit une barre au chocolat de sa ration, la brisa en morceaux et en régala les bambins.

Puis il avança, se dirigeant tant bien que mal vers le sud-ouest de la ville, des balles tirées par un Allemand caché dans les collines lui sifflaient de temps en temps aux oreilles, ricochant sur des murs de pierre. Mais les habitants continuaient de sortir de leur abri. À un coin de rue, Fred tomba sur une vieille dame debout sur un amas de gravats à côté d'un entrepôt détruit et tendant, tout sourire, des bouteilles d'eau gazeuse aux Américains qui passaient devant elle, sans même avoir le temps de s'arrêter. À un autre coin de rue, une femme entre deux âges leur fit signe et commença à balayer vigoureusement les débris de la bataille dans la rue, même si des obus d'artillerie continuaient à passer au-dessus d'elle. Elle balayait avec un enthousiasme si joyeux qu'il sembla à George Oiye qu'elle tentait de balayer la guerre elle-même.

Alors que le soir tombait et que la ville s'enfonçait dans l'obscurité, les Nisei consolidèrent leur contrôle des lieux, et l'humeur des Bruyérois sembla évoluer. Fred entendit des cris et des hurlements.

Certaines personnes étaient extirpées de chez elles et tirées dans les rues, surtout des femmes qui avaient fréquenté les soldats allemands, mais il y avait aussi des hommes – tous ceux qui étaient soupçonnés d'avoir collaboré. Des foules se rassemblaient autour d'eux. Elles frappaient les hommes, les rouaient de coups avec leurs poings et des manches à balai. Les femmes furent déshabillées, leurs cheveux rasés, et elles durent ensuite courir dans les rues sous la pluie et les crachats, huées, injuriées, recevant des jets d'ordures – des épluchures de pommes de terre, des légumes pourris et des abats – qu'elles essayaient d'esquiver, tout en tentant désespérément de dissimuler leur nudité. Fred regarda ces scènes d'un air impassible. Ce n'était pas à lui de juger, se disait-il.

18.

« Pour une fois, je me sens spirituellement désarmé (…).
Quand nous aurons terminé cette mission (…),
nous aurons écrit avec notre sang un nouveau
chapitre de l'histoire de nos aventures pour la
défense de la démocratie. »

Masao Yamada au colonel Sherwood Dixon,
30 octobre 1944

Au soir du 24 octobre 1944, le 442ᵉ avait pris le contrôle des villages de Belmont et de Biffontaine et avait encore repoussé les Allemands encore plus profondément dans les Vosges. Cela faisait à présent sept jours et sept nuits que la compagnie K était sur le champ de bataille. Voire huit jours pour certaines unités. Puis dans l'après-midi, alors que le soleil trouait les nuages, deux unités texanes – les 141ᵉ et 143ᵉ régiments d'infanterie – entamèrent leur montée vers les lignes du 442ᵉ pour la relève.

Fred, Rudy et le reste de la compagnie K, leur uniforme raidi par la boue séchée, le visage blême, les traits tirés, le regard vide et dénué d'expression, s'extirpèrent de leurs tranchées, tentèrent de former un semblant de colonne, et entreprirent de redescendre cahin-caha jusqu'aux ruines de ce qui avait été le village de Belmont. Une fois sur

Le 442ᵉ montant au front dans les Vosges

place, ils s'effondrèrent dans le premier abri qu'ils trouvèrent – une vieille grange en pierre, une maison à moitié détruite, une échoppe incendiée, des écuries, le moindre endroit où ils pouvaient dénicher un recoin sec, un tas de foin, des sacs de grain ou seulement un sol glacial en ardoise sur lequel s'étendre – et s'abandonnèrent au sommeil. Quelques-uns d'entre eux, toujours sous l'effet de l'adrénaline, de la peur et de la colère, ne purent pas fermer l'œil. Ils voulaient manger quelque chose de chaud d'abord. Leurs officiers leur dirent de commencer par se détendre. De la nourriture chaude était en chemin, et après ce qu'ils avaient traversé, ils auraient prochainement beaucoup de temps pour se reposer.

Mais un peu plus de quarante-huit heures plus tard, à 3 heures du matin le 27 octobre, tandis que Fred dormait à poings fermés à même le sol d'une ancienne auberge, Rudy Tokiwa le réveilla en le secouant. Fred ne comprenait pas ce qui se passait. Il tâtonna pour trouver ses lunettes. Autour de lui, d'autres hommes de la compagnie K grognaient dans l'obscurité.

« Hum. Mais qu'est-ce qui se passe, bon sang ? Pourquoi tu me réveilles ?

– Discute pas ! Prends tes affaires, on remonte au front...

– Nom de Dieu ! »

Jurant contre la terre entière, peinant à maîtriser leur colère, n'y croyant qu'à moitié, ils se mirent tous à ramper pour saisir leur arme et leur casque, puis enfilèrent leurs bottes toujours humides et remplirent à la hâte leurs sacs. Une heure plus tard, Fred et Rudy sortaient dans une rue de Belmont la tête rentrée dans leurs épaules et se mirent en marche. À mesure que la compagnie K passait devant d'autres bâtiments, d'autres hommes venaient grossir ses rangs. George Oiye, qui était toujours assigné à la compagnie K comme éclaireur, les rejoignit. Juste à côté de lui se trouvait son ami et, désormais, son supérieur, le lieutenant Sus Ito, tout juste promu sous-officier.

Une colonne informe d'hommes prit la direction de l'est en traînant les pieds à travers des rues dont les pavés étaient rendus luisants par l'humidité. De ce qu'il pouvait discerner grâce aux lumières allumées ici et là, il semblait à Fred que c'était comme si le 3e bataillon et le 100e étaient rassemblés, les compagnies K et I étant placées en tête des opérations. À la sortie du village, ne sachant toujours pas où ils allaient ni pourquoi, ils s'engagèrent dans une route étroite semblant mener vers le nord-est et le sommet des collines. Derrière eux, Fred pouvait entendre les chars s'ébranler et d'autres hommes se mettre en mouvement – ils étaient une multitude. Quoi qu'il se passât, c'était important.

Devant eux, là-haut dans les montagnes, la pluie tombait de nouveau dru sur des enchevêtrements de pin et de broussailles. Sur l'une des plus hautes arêtes, à une altitude où la pluie menaçait de se transformer en neige, plus de 200 soldats, pour l'essentiel des Texans, essayaient désespérément de rester en vie.

Le général John E. Dahlquist était physiquement courageux. Personne ne le contestait. Ce n'était pas le problème et ce n'était pas pour cette raison que les Nisei qu'il commandait en vinrent à le détester.

Ce que l'on remarquait chez lui en premier, c'était sa taille imposante et sa mâchoire très carrée qui semblait signer sa résolution, sa détermination, sa franchise. Quand il parlait, c'était la même chose. Il s'exprimait brusquement, d'un ton cassant, avec autorité – exactement comme on pouvait s'y attendre de la part d'un général au physique massif avec une mâchoire carrée. L'ensemble en imposait.

Né en 1896 de parents immigrés suédois, Dahlquist avait grandi dans le Minnesota, avait rejoint l'armée en 1917, avait servi comme lieutenant dans l'Allemagne occupée après la Grande Guerre et avait ensuite rapidement pris du galon, servant aux Philippines et occupant une série de fonctions administratives, s'élevant au rang de brigadier général en 1942, puis de major général en 1943 ; il avait été nommé adjoint au chef d'état-major de Dwight Eisenhower peu de temps auparavant. Tout au long de sa carrière, il s'était forgé une réputation d'expert des tactiques d'infanterie, avait suivi des cours sur le sujet et rédigé un manuel sur l'usage des mitrailleuses. En fait, jusqu'à l'été 1944, il n'avait jamais mené d'hommes au combat et, en pleine campagne des Vosges, ses lacunes étaient devenues bien trop évidentes pour ceux qui servaient sous ses ordres comme pour ceux auxquels il obéissait.

Plus tôt pendant l'été, au cours de la libération du sud de la France par les Alliés, Dahlquist avait été mis à l'amende et quasiment relevé de son commandement quand sa division avait échoué à prendre Montélimar. Peut-être à cause de cela, quand le 442e avait commencé à donner l'assaut sur Bruyères et les environs, il prenait plaisir à parcourir le champ de bataille à grandes enjambées, toujours à fulminer, l'air maussade, réprimandant ceux qu'il percevait comme des tire-au-flanc, prenant personnellement le commandement de petites unités, lâchant des instructions péremptoires, en particulier à des fantassins, annulant les ordres d'officiers se trouvant sur le terrain, ne tenant aucun compte des renseignements qu'ils avaient recueillis et exigeant d'avancer en zone incertaine en faisant fi des plans dressés par ses officiers. Il finit par s'aliéner beaucoup de ceux qui servaient sous ses ordres – à la fois les officiers et les soldats. À tel point que durant la bataille autour de Bruyères, l'avisé capitaine américano-coréen du 100e Young Oak Kim avait arraché le fil de son téléphone de terrain quand il avait appris que Dahlquist s'apprêtait à prendre la ligne. De cette manière, ses camarades n'auraient pas à suivre des ordres dont il savait qu'ils seraient absurdes et possiblement suicidaires.

C'était le comportement de Dahlquist à la suite de la libération de Bruyères que les Nisei se battant sous ses ordres ne pardonneraient jamais. Le 23 octobre, en dépit des mises en garde au sujet de grosses concentrations de troupes allemandes devant eux, il donna l'ordre au 141e régiment d'infanterie de sa division texane d'avancer aussi rapidement que possible le long d'une série d'arêtes au nord du village de Biffontaine. Le lendemain soir, les compagnies A, B et C du 1er bataillon du régiment avaient tracé leur chemin le long d'une route forestière boueuse quasiment jusqu'à l'extrémité d'une étroite arête qui surplombait La Houssière, un hameau à un croisement de routes toujours aux mains des Allemands. Ils n'avaient rencontré qu'une légère résistance et, alors que la soirée approchait, tout était étonnamment calme. Puis, soudainement, trouant l'obscurité, des coups de feu jaillirent de la forêt derrière eux. Les forces allemandes s'étaient tapies dans les bois et les avaient intentionnellement laissés passer sans encombre. À présent, elles ouvraient le feu sur leurs proies.

Les Texans formèrent un périmètre et s'enterrèrent à la va-vite pour la nuit, ignorant tout du guêpier dans lequel ils s'étaient fourrés mais regrettant déjà de n'avoir emporté chacun qu'une seule ration quotidienne. Le lendemain matin, quand certains d'entre eux tentèrent de revenir sur leurs pas, ils furent confrontés à un feu nourri et subirent de lourdes pertes. Ceux qui survécurent rentrèrent comme ils purent au bivouac pour signaler que durant la nuit les Allemands avaient abattu des sapins et barré la route forestière avec une barricade fortifiée. Il n'y avait plus de doute possible : le bataillon était tombé dans un piège et celui-ci venait de se refermer. Coincés sur un mamelon à proximité du bord de l'arête, ils étaient devenus une cible immobile à 6 kilomètres derrière les lignes ennemies. Sans la moindre échappatoire, ils se retrouvèrent sous des tirs d'artillerie pratiquement continus et dans la ligne de mire de l'infanterie allemande désormais déployée tout autour d'eux.

Au cours des jours suivants, communiquant avec eux à l'aide de leur unique radio encore en état, Dahlquist ne cessa d'ordonner aux assiégés de se dégager par les armes de cette situation difficile. Quand ces tentatives échouèrent, il ordonna à d'autres éléments du 141e de faire une percée et de les relever, tout cela en vain. Au sommet de la colline, le lieutenant-chef Marty Higgins se retrouva à la tête de plus de 200 hommes dont la situation se détériorait de plus en plus rapidement. Coincés à l'intérieur d'un périmètre de défense plus ou moins circulaire, dans un froid mordant et sous une pluie incessante, quasiment sans nourriture ni matériel médical, les hommes, tapis dans des cagnas inondés, étaient affamés, sales, fatigués et démoralisés. Une demi-douzaine d'entre eux étaient grièvement blessés, et Higgins ne savait pas comment les soigner. Plusieurs avaient déjà succombé à des hémorragies ou à la gangrène, et leurs corps désarticulés étaient à présent abandonnés à eux-mêmes dans la boue près de son abri. D'autres semblaient être sur le point de mourir.

Dahlquist, dont l'inquiétude allait grandissant, donna l'ordre de réveiller les hommes du 442e et de les envoyer là-haut en dépit de leur épuisement. Si aucun de ses soldats de métier ne pouvait sortir les Texans de leur trou, peut-être les Nisei y parviendraient-ils. Il commença avec le 2e bataillon du 442e, lui intimant l'ordre de se lancer dans l'ascension au cours de la nuit du 26 octobre. Comme le

2ᵉ bataillon s'était embourbé à plusieurs kilomètres de la position des Texans, Dahlquist avait décidé de jeter le reste du 442ᵉ dans l'effort.

Fred Shiosaki, dont les doigts étaient déjà en train de s'engourdir, empoigna le sac à dos de la silhouette marchant devant lui, il ne pouvait pas vraiment voir de qui il s'agissait. L'obscurité autour de lui était si profonde que c'était comme s'il avait eu un foulard noué sur les yeux et qu'il essayait de se mouvoir dans une pièce non éclairée. À proximité, Sus Ito s'arrêta pour attacher un mouchoir blanc à son sac à dos, de manière à guider celui qui le suivait.

Ils marchèrent ainsi en accordéon pendant quelques kilomètres dans l'obscurité et sous la pluie battante, à bonne distance les uns des autres à un moment, manquant de se rentrer dedans l'instant suivant, cheminant sur la route forestière que les ingénieurs avaient aménagée en chemin de rondins. Puis des membres de la Résistance les firent sortir de la route pour emprunter un sentier de terre défoncé menant à une pente abrupte dans une forêt baignée par la brume que, dans la région, on appelait Bois-de-Champ. Tandis que le sentier se faisait de plus en plus raide, leurs bottes s'enfonçaient dans la boue jusqu'aux chevilles, et ils commencèrent à glisser et à tomber en arrière, se raccrochant les uns aux autres, s'efforçant de rester sur leurs pieds, faisant tout pour continuer à avancer.

Au début, tout ce qui parvenait aux oreilles de Fred était le bruit humide de succion des bottes sortant de la boue, le chuintement de la pluie sur la cime des arbres, les jurons assourdis des hommes autour de lui. À mesure que l'aube approchait et que des morceaux de ciel passant du noir absolu au gris ardoise se dévoilaient par les trouées entre les cimes des arbres, il entendait des échanges de tirs plus haut devant lui. Puis un camion du service des tombes surgit dans un fracas infernal en venant dans leur direction. À l'arrière se trouvaient des corps – une demi-douzaine de cadavres contorsionnés, leur uniforme américain ensanglanté, leur visage sans vie aussi gris que l'aube.

Une demi-heure plus tard, tandis qu'ils avançaient à travers un épais brouillard et une forêt dense, le tumulte de la bataille – le crépite-ment des mitrailleuses, les détonations des fusils, les explosions de grenades, le grondement des chars – commença à les envelopper. Fred ne pouvait toujours pas voir plus loin qu'à une dizaine de mètres dans toutes les directions à travers les arbres et le brouillard. Il conti-nuait d'ignorer vers quel endroit ils se dirigeaient, leur objectif et même ce qu'ils devaient affronter. Personne ne lui avait rien dit à lui comme à quiconque dans son escouade au sujet de Texans pris dans un guet-apens. Tout ce qu'il savait, c'était qu'ils avaient dû s'arrêter soudainement et que leurs officiers leur criaient à présent de se disperser et de se mettre à couvert.

À genoux derrière un arbre avec un M1 entre les mains et un tube de mortier accroché dans le dos, il essayait de comprendre ce qui se passait. La clameur des combats lui arrivait à la fois par la gauche et par la droite. À travers la forêt clairsemée qui s'offrait à sa vue, il pouvait distinguer ce qui lui semblait être deux Nisei tombés dans des tranchées, morts. Fred ne les reconnaissait pas, ce devait être des soldats du 2ᵉ bataillon. Au-delà, il était impossible de voir quoi que ce fût à travers les arbres. À en juger par la quantité de tirs dirigés vers eux, une force ennemie conséquente était terrée quelque part dans l'obscurité grise et humide qui lui faisait face.

La compagnie K entama sa progression. Fred essayait d'avancer, tronc par tronc, vers les Allemands toujours invisibles devant lui alors que des rafales intermittentes de mitrailleuses déchiquetaient les bois. De la terre, des pierres et des morceaux d'écorce volaient en tous sens. Puis des obus de 105 millimètres commencèrent à siffler au-dessus de lui.

George Oiye et Sus Ito avaient rampé avec leur équipe d'éclaireurs jusqu'à se trouver largement en avant du front. Dissimulés dans un ravin boisé, ils avaient remarqué des chars allemands à une centaine de mètres de la compagnie K et avaient transmis leurs coordonnées. Avec leurs canons désormais installés au pied des montagnes, à Bruyères, Kats Miho et les autres artilleurs du 522ᵉ tiraient sur les positions des chars, mais il leur était difficile d'être précis. Le relief devant eux était si raide qu'ils devaient orienter les fûts des obusiers selon un angle inhabituel, supérieur à 45 degrés. Cela signifiait que les obus suivraient forcément une trajectoire en cloche, montant à une altitude élevée et restant en l'air plus longtemps que d'habitude, par conséquent le moindre souffle de vent pouvait les détourner de leur cible. De fait, les tirs eurent peu d'effet sur les chars.

Au début de l'après-midi, les compagnies K et I, qui se trouvaient toujours devant le reste du 3ᵉ bataillon, n'avaient avancé que de quelques mètres, soumises qu'elles étaient aux tirs croisés incessants des mitrailleuses et aux implacables obus de 88 millimètres tirés par les chars dans un rugissement continu. Juste derrière la ligne de front, James Okubo de la compagnie K et d'autres brancardiers avaient creusé une large tranchée entre les racines de certains arbres et l'avaient couverte avec des troncs abattus, des pierres et de la terre pour servir de centre de secours d'urgence. Ils étaient déjà débordés avec tous les combattants mutilés qu'il fallait évacuer de la montagne.

À peu près à 5 kilomètres vers le sud-est, au sommet de l'arête surplombant La Houssière, entre deux attaques des Allemands, les Texans encerclés essayaient d'enterrer leurs morts. La situation continuait à se détériorer au sein de leur périmètre. Ils étaient presque à court de vivres et avaient épuisé leur ration de survie. L'espoir déclinait lui aussi à grande vitesse. Leurs seules sources d'eau potable étaient la pluie qu'ils pouvaient récupérer avec leur casque, ainsi qu'une mare peu profonde et boueuse qui se trouvait en contrebas dans un no man's land marécageux juste à la limite du périmètre. Les Allemands, eux aussi, s'y approvisionnaient, aussi chaque incursion s'accompagnait-elle du risque de se retrouver engagé dans un face-à-face meurtrier. De toute façon, les Texans avaient également épuisé leur stock de cachets d'Halazone pour purifier le liquide putride.

Recroquevillé dans un abri qu'il avait recouvert de branches, ses pieds gonflés et nécrosés, l'opérateur radio Erwin Blonder, un gamin juif dégingandé de 23 ans originaire de Cleveland, alluma son poste. Il détestait le faire. Il savait que la batterie de la radio serait bientôt à plat et qu'alors ils n'auraient plus de moyens pour communiquer avec l'extérieur. Mais le lieutenant Higgins et lui redoutaient que les hurlements des blessés parmi eux ne signalent aux éclaireurs de l'artillerie allemande leur emplacement au sein du périmètre. Il était donc urgent de disposer de morphine. À plusieurs reprises, Blonder avait demandé un parachutage d'aide d'urgence, mais jusqu'alors le brouillard épais qui entourait le sommet de la montagne avait empêché les pilotes de seulement localiser les hommes, sans parler de s'approcher suffisamment pour procéder à un largage précis. Pour l'heure, Blonder demanda de nouveau quand l'aide dont ils avaient si désespérément besoin arriverait. La réponse qui avait grésillé dans son écouteur était courte, simple et démoralisante : « Pas dans l'immédiat. »

À environ 15 h 30, les Allemands lancèrent une contre-attaque de grande envergure sur le 3e bataillon, et le plus gros du choc s'abattit sur les compagnies K et I. Tandis que Fred et son escouade se terraient frénétiquement là où ils se trouvaient, quelqu'un cria : « Des chars ! Des chars ! » Un Panzer IV gronda en sortant du bois brumeux juste devant eux, tirant à bout portant sur les positions de la compagnie K. Des obus faisaient voler en éclats les troncs des plus gros arbres, les renversant sur les Américains au sol. De chaque côté du char et derrière lui, des fantassins allemands avançaient

Des brancardiers s'occupant de blessés dans un centre de secours des Vosges

au même rythme, tirant à la mitraillette. En quelques minutes, ils s'étaient approchés à une cinquantaine de mètres de l'endroit où Fred était allongé au fond du cagna peu profond qu'il avait creusé à la hâte dans le sol détrempé de la forêt. Tout en se rapprochant, les Allemands commencèrent à lancer des grenades. Les Nisei répliquaient en faisant de même dans leur direction. Mais les autres continuaient d'avancer. Ainsi que le char. L'ennemi était clairement sur le point de les écraser. Fred se débarrassa de son tube de mortier, saisit son M1 et se mit à tirer sur tout ce qui bougeait devant lui, comme un réflexe, à l'instinct. Il ne s'agissait plus de réfléchir à présent, une seule pensée le submergeait, une conviction absolue : il devait tuer ces salopards avant qu'ils ne le tuent lui. Rien d'autre ne comptait. Tout était soudainement devenu extraordinairement net, chaque caillou qui volait à proximité, chaque branche de sapin qui se cassait au-dessus de lui, chaque cri au loin, chaque petit frottement de son uniforme maculé de boue. Il percevait tout instantanément, comprenait tout ce qui se passait, sans s'arrêter de tirer, saisissant chargeur après chargeur, les faisant claquer en les insérant dans son fusil, et reprenant ses tirs.

Du coin de l'œil, il vit Matsuichi Yogi se lever. C'était l'un des têtes-de-bouddha qui avaient donné du fil à retordre à Fred quand il était arrivé à Shelby, ils étaient pourtant devenus amis. À l'origine, Fred était un tireur de lance-roquettes, mais quand il était passé dans une unité de mortiers, c'était Yogi qui l'avait remplacé au sein de l'équipe de lance-roquettes de la compagnie K. Yogi avait déjà positionné l'arme sur son épaule, et il courait de toutes ses forces vers le char. Fred inspira de l'air froid et humide et retint son souffle. Totalement à découvert désormais, exactement devant le char, Yogi s'arrêta et mit un genou à terre. Malgré les balles qui se fichaient dans les troncs des arbres tout autour de lui, il tira et le toucha en plein dans le mille. Des flammes surgirent de dessous l'engin, de la fumée noire s'échappa de son écoutille et il se figea sur place. Comme aucun Allemand n'en sortait, Yogi pivota, vit un tireur de lance-roquettes allemand, le visa et fit feu, l'anéantissant sur-le-champ. Alors qu'un second Allemand avançait vers lui à travers les bois avec un autre lance-roquettes, Yogi détacha sa carabine et faucha l'homme en plein mouvement. Au moment où Yogi revint aux positions de la compagnie K, les Allemands se repliaient, c'était le crépuscule et, dans leur uniforme vert-de-gris, les ennemis s'en retournaient hanter les bois embrumés.

Une série d'explosions et le bruit des branches d'arbre s'écrasant au-dessus de lui réveillèrent Rudy en fanfare le lendemain matin, le 28 octobre. L'artillerie allemande avait ouvert le feu sur la compagnie K depuis des positions au sud et à l'est de La Houssière. Des éclats de métal brûlants et du bois déchiqueté arraché au sommet des sapins leur tombaient dessus, tuant ou mutilant instantanément quiconque n'était pas à couvert. Rudy, comme la plupart des autres soldats, avait tapissé son abri de branches et de terre la nuit précédente précisément pour cette raison. Mais certains n'avaient pas été aussi prudents et, au bout de quelques minutes, des hommes gémissaient sous la pluie glaciale du matin. Quelqu'un vociférait pour que les brancardiers interviennent. James Okubo accourut à travers les bois, insouciant de la grêle mortelle, évacuant dans des abris les blessés qui se tordaient de douleur en jurant, se penchant sur eux, essayant de remettre sur pied ceux qui avaient toujours un pouls, se tenant au-dessus de leur visage livide tourné vers le ciel et battu par la pluie, nettoyant leurs yeux, s'efforçant d'empêcher la vie de quitter leur corps.

George Oiye et Sus Ito passaient tant bien que mal d'un abri à un autre, essayant de trouver quelqu'un avec une radio de manière à demander des tirs de riposte au 522e. Pelotonné dans sa tranchée, Fred

Shiosaki observait le grabuge à travers ses lunettes maculées de traces de boue, alors que la terre autour de lui ne cessait de vibrer. À chaque nouvelle explosion d'arbre, une vague d'air brûlant s'abattait sur lui. Des fragments de bois et des shrapnels tranchants volaient de toutes parts. L'air empestait le soufre et le bois brûlé.

À présent que leur position avait été visiblement repérée avec précision par les éclaireurs allemands, les compagnies K et I devaient sortir de là, rapidement, et ce ne serait pas simple. Le simple fait de ramper en dehors de leur cagna serait compliqué. Pendant la nuit, la température avait continué à baisser ; la pluie intermittente tournait de nouveau à la neige. Leurs mains les faisaient souffrir, leurs doigts étaient engourdis, leurs uniformes étaient gorgés d'eau, tout ce qu'ils touchaient était froid et humide. Beaucoup d'entre eux avaient des douleurs aux pieds qui, à force d'être immergés dans des tranchées inondées, tournaient au violet, puis au bleu et enfin au noir et gonflaient dans les bottes. Pour Fred, par exemple, marcher était douloureux.

Le principal problème, toutefois, était la résistance aussi farouche que soutenue des forces allemandes qui leur faisaient face. Quand les tirs d'artillerie finirent par arriver, les hommes rampèrent en dehors de leurs fortifications improvisées, se saisirent de leurs armes et avancèrent, le dos courbé, courant quand ils le pouvaient, sinon rampant d'arbre en arbre sous des tirs presque continus de fusiliers et de mitrailleurs qu'ils ne pouvaient même pas voir, tellement les bois devant eux étaient denses. Mais malgré tout, ils continuaient à aller de l'avant.

Puis, au milieu de la matinée, ils rencontrèrent un obstacle qui était simplement infranchissable. Dans une clairière vers laquelle convergeaient plusieurs routes forestières, les Allemands avaient abattu des douzaines d'arbres et, de nouveau, avaient érigé une énorme barricade, disposé des mines tout autour et y avaient installé une mitrailleuse lourde qu'ils avaient prise aux Texans. Dans les bois alentour, étaient disposés des tireurs dont la ligne de visée était dégagée sur quiconque approchait de la barricade. La compagnie K stoppa net au moment où la mitrailleuse commença à balayer ses rangs.

Au sommet de la colline surplombant La Houssière, Marty Higgins ordonna à ses hommes de ramasser tout ce qu'ils pouvaient trouver de blanc ou d'une couleur claire dans leur sac à dos et de s'en servir pour tracer au sol une flèche longue d'à peu près 8 mètres, pointant vers une clairière où il pensait – si le temps s'éclaircissait – que les

Thunderbolt pourraient enfin larguer les munitions et le matériel médical qu'il demandait à Dahlquist depuis des jours.

Un peu après 9 heures, les Texans entendirent le ronflement tant attendu des avions s'approchant et le sinistre bruit de la DCA allemande leur tirant dessus depuis La Houssière. Puis, soudainement, des réservoirs d'essence auxiliaires de 2 mètres remplis de nourriture, d'eau, de matériel médical et de batteries pour les radios commencèrent à s'écraser sur les plus hautes branches de la forêt de sapins, traînant des parachutes à moitié ouverts. Les Thunderbolt étaient arrivés à basse altitude, en dessous des nuages, esquivant les tirs allemands et virant au-dessus des arêtes les plus hautes. Higgins et ses hommes se levèrent et applaudirent.

Mais les acclamations moururent dans leur gorge. La plupart des réservoirs étaient tombés trop violemment vers le rebord de l'arête, avaient rebondi et roulé directement vers les lignes ennemies. Au bout de quelques minutes, les Texans purent voir les soldats allemands sur le versant en dessous d'eux s'emparer en jubilant des biscuits, des rations C, des conserves de viande, des barres de friandises, des bidons d'eau fraîche, des cartons de cigarettes, des nécessaires de premier secours. Tout ce qu'un homme ayant faim et soif, qu'il soit souffrant ou non, pouvait désirer. Furieux, les Texans ouvrirent le feu sur les Allemands, qui détalèrent avec l'essentiel de leur butin.

À la fin de l'après-midi, après avoir surmonté la difficulté d'orienter les tirs selon une inclinaison aussi importante, Kats et les autres artilleurs du 522e avaient presque entièrement anéanti la barricade et le champ de mines qui bloquaient les compagnies K et I. Celles-ci reprirent leur marche silencieuse en avant, forçant leur passage à travers la brèche, s'enfonçant dans les bois obscurs au-delà de la clairière. Avançant précautionneusement d'arbre en arbre, Fred était satisfait de voir des Allemands gisant sur leurs armes dans des abris et des nids de mitrailleuse. Apparemment les tirs du 522e avaient fait un peu plus que simplement dégager le passage.

Rudy avait pris une radio sur son dos afin de rester en contact avec Pursall, et cela le ralentissait. Tandis qu'il approchait d'une ravine dans les bois, à ses pieds, il vit un Allemand allongé sur le dos qui le regardait. Sans hésiter ou même réfléchir, Rudy leva son arme et lui tira dessus quatre ou cinq fois dans la poitrine, à bout portant. Du sang apparut sur la veste de son uniforme. L'autre fixa Rudy avec étonnement, prit une inspiration rapide, expira et mourut les yeux grands ouverts. Tandis que Rudy se tenait debout en regardant le cadavre, une pointe de doute glacée le traversa. Il lui sembla soudainement que l'homme avait peut-être simplement essayé de se rendre. Cette pensée inopportune surgit spontanément dans l'esprit de Rudy. Elle ne dura qu'un moment. Il haussa les épaules et continua à marcher. Il n'était pas d'humeur à entretenir des scrupules.

À Bruyères, alors que le jour se fanait, Kats Miho et son canonnier, Roy Fujii, remplacèrent les explosifs dans les obus d'artillerie de 105 millimètres par des barres de chocolat, des rations et des médicaments, puis les lancèrent vers la zone où les Texans étaient assiégés. Presque tous les obus, toutefois, ne firent que taper dans le flanc de la montagne et disparurent purement et simplement dans la boue.

L'obscurité tomba sur la compagnie K comme un cauchemar. Il recommença à pleuvoir à flots. Les hommes s'accroupirent dans des tranchées étroites où ils avaient de l'eau froide et boueuse jusqu'aux genoux, leurs dents claquaient et leurs pieds les faisaient souffrir. La pluie battait leur visage, gouttait de leur casque, imbibait leurs uniformes en haillons, les pénétrait jusqu'aux os. Vers minuit, elle se transforma en de la neige fondue cinglante.

Le pire, c'était la boue. Elle collait à leur visage et à leurs mains. Elle restait dans leurs cheveux. Ils l'avaient en bouche, grumeleuse et infecte. Elle s'infiltrait sous leur chemise et remontait sous leur pantalon, une fange froide, poissante, implacable. Les pieds de Fred Shiosaki étaient à présent si enflés dans ce qu'il restait de ses bottes qu'il redoutait qu'elles ne se fendent en deux. La dernière fois qu'il avait vu ses pieds, plusieurs jours auparavant, ils étaient violacés et sentaient la charogne, comme un cerf mort qu'il avait trouvé un jour dans les bois, à Spokane. Il n'était pas certain de pouvoir se tenir debout et marcher, sans parler de courir, quand au matin tomberait l'ordre d'avancer.

Rudy s'accroupit dans une tranchée, aux prises avec lui-même, s'efforçant de ne pas penser à certaines choses : l'Allemand, tout juste sorti de l'enfance, qu'il avait abattu plus tôt dans la journée, les amis qu'il avait perdus au cours des jours précédents. Ils essayaient tous de ne pas penser aux garçons avec lesquels, quelques jours plus tôt, ils étaient assis autour de feux de camp ou affalés dans les greniers à foin des granges, discutant, jouant de l'ukulélé, fumant des cigarettes, partageant les lettres qu'ils avaient reçues de leur famille, essayant d'ignorer le vacarme incessant de l'artillerie dans les collines.

Maintenant, tellement d'entre eux étaient morts.

Il était impossible de voir plus loin que quelques mètres dans n'importe quelle direction. Ici et là, une allumette brillait dans la pluie et une cigarette luisait brièvement avant que le fumeur se baisse vivement dans son cagna. Quelque part dans l'obscurité, George Oiye et Sus Ito étaient de nouveau à plat ventre dans la boue, essayant de se glisser assez près des positions allemandes afin de pouvoir transmettre à Kats Miho et aux autres artilleurs des coordonnées plus précises pour leurs tirs du matin.

Épuisés comme ils l'étaient tous, aucun ne dormit vraiment cette nuit-là. Personne ne dit rien de particulier non plus. Ce n'était pas une bonne idée de parler trop fort, avec les Allemands si proches. Et il n'y avait pas grand-chose à ajouter de toute façon. Quand le soleil finit par se lever, ils savaient que certains ne verraient probablement pas la fin de la journée. Non, il fallait regarder la réalité en face. Certains allaient *évidemment* mourir et ils le savaient tous. Alors, ils essayaient d'imaginer qu'ils étaient ailleurs. Ils fermèrent leurs yeux pour ne plus voir l'horreur qui rôdait et essayèrent de conjurer le moment présent. Ils étaient chez eux. Dans leur lit bien chaud. Les rires de leur famille montaient du rez-de-chaussée. Des casseroles tintaient dans la cuisine. L'odeur du gingembre que l'on râpe, le thé en train d'infuser, le pain grillé prêt à être tartiné. N'importe où mais pas là, n'importe quand mais pas en ce moment.

Pourtant, la réalité, c'était l'instant présent. Ils pouvaient entendre là-haut, au-dessus d'eux, le fracas métallique et le cliquetis des chars allemands en train de manœuvrer dans l'obscurité froide et humide. Et ensuite, vers l'aube, quelque chose de pire, un gars quelque part tapi dans les bois, l'un des leurs que les brancardiers n'avaient pu récupérer, en train de mourir, appelant plaintivement sa mère en japonais : « *Okaasan, okaasan, okaasan.* »

Cantonnés dans une ferme à proximité de Biffontaine, se levant dans la grisaille du matin pour aider à décharger les corps déchiquetés chaque jour plus nombreux de l'arrière des camions qui dévalaient des montagnes, les aumôniers Masao Yamada et Hiro Higuchi étaient choqués et horrifiés par ce qui arrivait à leurs garçons. Yamada, pourtant d'un naturel optimiste, était devenu maussade et avait le moral en berne. Mais c'était pour Higuchi que l'horreur sans fin tournait à la crise de conscience. Peu auparavant, il avait écrit à son épouse pour lui confier qu'après avoir vu ce qu'il avait vu, il pourrait abandonner son ministère : « Remonter en chaire pour parler d'amour et d'espoir tout en vivant une vie tranquille de pasteur va [être] une adaptation difficile. »

Puis, durant la bataille de Bruyères, l'un des jeunes hommes du 2ᵉ bataillon était venu le voir, troublé d'avoir tué des Allemands. Que devait-il faire du commandement « Tu ne tueras point » ? Devait-il être puni par Dieu ? Higuchi l'avait rassuré : « C'est soit tu tues, soit tu es tué. Ta cause est juste. Dieu ne te punira point. » Mais sa propre réponse ne satisfaisait pas Higuchi. Il la trouvait insipide et faible. Et juste avant qu'ils ne commencent à gravir de nouveau la montagne, un second jeune homme était venu le voir et avait posé à Higuchi d'autres questions : est-ce que Dieu ne tient compte que des causes ? Se soucie-t-il vraiment des individus, des hommes comme lui ? Après avoir vu tant de ses amis se faire tuer, il pensait que cela n'avait pas de sens. « Qu'est-ce Dieu pour moi ? Qu'est-ce que je suis pour Dieu ? » avait demandé le soldat sur un ton plaintif. À cela, Higuchi n'avait rien à dire, il pouvait juste répondre par un silence stupéfait, et le soldat était reparti au combat mal à l'aise.

Higuchi venait d'apprendre que ce garçon avait été tué et il ne pouvait pas s'empêcher de penser à lui, il ne pouvait pas oublier qu'il n'avait pu lui apporter ni réponse ni réconfort. Et plus il soupesait la question, plus il ressentait la fragilité de sa propre foi.

À l'aube du 29 octobre, le 3ᵉ bataillon continuait à avancer en direction du sud-est, à travers les montagnes, vers les Texans pris au piège. Le 100ᵉ bataillon restait à la droite et légèrement derrière le 3ᵉ. La seule option réaliste pour atteindre les assiégés, toutefois, nécessitait de recourir au 3ᵉ et plus particulièrement aux compagnies K et I, toutes deux restant en tête, cheminant le long de l'étroite arête qui menait directement vers la colline où se trouvaient les Texans.

L'étroitesse de l'arête posait à Pursall un problème presque insoluble. Elle fournissait une position défensive presque parfaite pour les Allemands. Le terrain était si raide de part et d'autre qu'il serait impossible de déborder l'ennemi. Les Nisei auraient à avancer tout droit au milieu de l'arête, à travers une succession de positions lourdement fortifiées sous le feu constant des positions en surplomb à proximité de son extrémité. Tout cela ressemblait à un étau mortel.

Tandis que Pursall échangeait avec Pence, essayant d'établir un plan d'attaque, tous deux bataillaient ferme, jusqu'à la désobéissance, avec leur commandant. Ce matin-là, Dahlquist leur avait aboyé dessus à plusieurs reprises par la radio, il voulait savoir pourquoi les progrès étaient si lents : qu'est-ce qui pouvait bien empêcher leur régiment de faire une percée pour rejoindre les Texans ? Pence décida finalement de monter au front pour juger de la situation par lui-même. Presque immédiatement après son arrivée, toutefois, sa jeep se retrouva sous un feu nourri, il fut grièvement blessé aux jambes et dut être rapidement évacué du champ de bataille. Pour les garçons de la compagnie K qui avaient assisté à l'incident, c'était quelque chose de voir Pence-le-dur-à-cuire à terre. Il les avait aidés à mettre fin à la guerre entre les kotonks et les têtes-de-bouddha. Il avait joué au base-ball avec eux dans les tourbillons de poussière rouge du Mississippi. Il les avait aidés à s'endurcir, leur avait appris à être des soldats, et ensuite leur avait amené des jeunes filles avec lesquelles danser.

Maintenant il n'était plus là et il revenait donc à Pursall seul de faire comprendre à Dahlquist que ce qu'il demandait était de l'ordre de l'impossible. De nouveau, il essaya d'expliquer que le relief complexe et son contrôle par l'ennemi imposaient la prudence. La seule chose intelligente à faire était d'attendre que davantage de moyens soient acheminés jusqu'au front et que la météo s'améliore pour permettre un soutien aérien. Le général était plus inflexible que jamais : « Qu'ils continuent à avancer. Même si l'ennemi résiste. Faites-leur passer le message. » À chaque heure qui passait, semblait-il à Pursall, Dahlquist basculait davantage dans la panique devant l'ampleur de la situation, ce qui n'était guère surprenant. C'était lui qui avait ordonné aux Texans d'avancer trop rapidement sur un terrain qui n'avait pas fait auparavant l'objet d'une reconnaissance en bonne et due forme. Qu'ils soient tous tués, ou capturés, et les Allemands remporteraient un énorme succès en matière de propagande. La carrière militaire de Dahlquist s'en trouverait certainement stoppée net dans le déshonneur, ici, au cœur des Vosges.

S'il devait résister à Dahlquist, Pursall jugea que, comme Pence, il avait besoin d'évaluer la situation par lui-même. De nouveau, il se tourna vers Rudy et lui dit très exactement ce qu'il lui disait toujours : « OK, Punch Drunk, allons-y. » Et, tandis que des tirs d'armes automatiques fendaient les arbres au-dessus d'eux, Pursall et Rudy progressèrent sur quelques dizaines de mètres, dépassant la ligne de front, traversant des étendues de mousse humide, de boue et de feuilles pourries en rampant, reconnaissant le terrain afin de mieux distinguer ceux qui les ensevelissaient sous les balles. Ce qu'ils virent leur fit froid dans le dos. Tout le flanc de la colline au-dessus d'eux était hérissé de nids de mitrailleuse allemands et de postes d'infanterie lourde à moitié enfouis. Plus haut, ils pouvaient entendre des chars et des half-tracks en train de manœuvrer. Pursall demanda à Rudy ce qu'il pensait de l'idée de prendre la colline. Rudy voulut esquiver la question – il ne souhaitait pas porter ce poids sur ses épaules – mais il répondit honnêtement et sans ménagement : ce serait une folie. Ils devaient attendre, ils devaient faire venir plus de puissance de feu d'abord. Pursall opina.

Le temps de redescendre de la colline, Dahlquist en personne était arrivé juste derrière la ligne de front à bord d'une jeep. L'aide de camp personnel de Dahlquist, Wells Lewis, était au volant. Ce dernier, fils du prix Nobel de littérature Sinclair Lewis, était par maints aspects un jeune homme extraordinaire. Ce grand et beau garçon aux cheveux blonds ondulés s'était essayé à l'écriture et avait publié un roman qui avait été bien accueilli, avait décroché un diplôme de Harvard avec mention très bien, et ensuite, ignorant les nombreuses voies privilégiées qui s'offraient à lui, s'était engagé dans l'armée en tant que soldat de seconde classe un an avant Pearl Harbor. Depuis lors, il avait pris part à de violents combats en Afrique du Nord, en Italie et en France, avait reçu plusieurs décorations, s'était élevé jusqu'au grade de lieutenant-chef, puis était devenu le bras droit de Dahlquist. C'était un boulot en or pour lui et un réel honneur pour Dahlquist d'avoir à ses côtés ce fringant jeune homme extrêmement populaire aux États-Unis.

Dahlquist et lui descendirent de la jeep. Le général jeta un coup d'œil circulaire et vit précisément ce qu'il ne voulait pas voir : des hommes au sol, terrés tout autour de l'endroit où il se trouvait. Immédiatement, il prit à partie Pursall en criant : « Je veux que vous donniez l'assaut, les gars ! À l'attaque ! À l'attaque ! À l'attaque ! » Pursall se planta juste devant le général, se tenant plus proche de lui que les convenances ne l'y autorisaient. Parlant lentement mais fermement, avec des mots pesés au trébuchet, il essaya d'expliquer la situation, il lui dit qu'il avait parlé à ses hommes, qu'un assaut à présent serait suicidaire, qu'ils avaient besoin de faire venir d'autres unités d'abord. « Écoutez, si mes hommes disent que c'est le seul moyen pour eux de le faire, cela veut dire que c'est le seul moyen. »

Dahlquist, le visage maintenant écarlate, ne l'entendait pas de cette oreille. Ils se disputèrent encore un moment. Dahlquist ne changeait pas d'avis. En fin de compte, Pursall se retourna, vit Rudy et lança de nouveau : « OK, Punch Drunk, allons-y. »

Cette fois-ci, Rudy hésita. Se lancer dans une nouvelle ascension de cette colline était bien la dernière chose qu'il voulait faire.

« Où allons-nous, monsieur ?

– Nous devons amener le général là-haut, pour lui montrer ce que nous avons en face de nous. »

Rudy et Pursall commencèrent à guider Dahlquist et Lewis vers le haut de la colline alors qu'une pluie de balles se remettait à tomber sur les arbres tout autour d'eux. Pursall se pencha en avant et chuchota à Rudy, « OK, Punch Drunk, je ne veux pas te voir à terre (…). Si, du haut de mes 2 mètres, je reste debout, tu en fais de même. On va lui montrer… »

Rudy était horrifié. C'était de la folie pure. Mais il ne serait pas le premier à se jeter au sol pour éviter les balles, et il continua par conséquent à avancer au milieu des tirs. Quand ils furent à portée de vue de l'ennemi, Pursall commença à indiquer les positions allemandes en haut de la colline par rapport à l'endroit où ils se trouvaient : là le nid d'une mitrailleuse, ici ce qui ressemblait à l'essentiel d'une compagnie de chasseurs à pied enterrée, vers la droite d'autres mitrailleuses, encore au-dessus ces chars, tout cela formant un mur inexpugnable. Dahlquist ne semblait pas impressionné. Pursall était inflexible. Rudy se glissa derrière un arbre. Il ne pouvait pas croire ce qu'il voyait : deux officiers supérieurs corpulents haole et un aide de camp debout en plein dans la ligne de mire des Allemands, en train d'argumenter pied à pied alors que les balles sifflaient autour d'eux. Dahlquist dit à Lewis de lui amener une carte, mais au moment où le jeune homme la dépliait, une balle l'atteint à l'arrière du crâne. Lewis s'écroula dans les bras de Dahlquist, mort. Ébahi, son uniforme taché de sang, Dahlquist s'affaissa par terre en serrant le corps de Lewis. Il regarda le visage du jeune homme, ne cessant de répéter à voix basse : « Lewis est mort. » Puis il leva les yeux et dit sans s'adresser à personne en particulier : « Ils me tiraient dessus et ils ont tué ce merveilleux garçon. »

Dès que Dahlquist se fut relevé, le visage livide, il se mit à courir vers le bas de la colline en direction de sa jeep. Sa colère n'avait fait que croître, il hurlait sur les soldats qu'il croisait et s'arrêtait de temps à autre pour leur donner des coups de pied quand ils étaient tapis au sol, leur ordonnant de se lever, de fixer leur baïonnette sur leur fusil et de charger. Pursall suivit le général jusqu'au bas de la colline, avec Rudy sur ses traces. Pursall était lui-même en colère, furieux que Dahlquist donne désormais des ordres directement à ses hommes. Les deux hommes se retrouvèrent à quelques centimètres l'un de l'autre sous une pluie battante.

« Je vous ordonne d'attaquer ! Je veux que vous mettiez les baïonnettes sur vos fusils et attaquiez. C'est un ordre ! » hurla Dahlquist à Pursall. Ce dernier, au risque d'être traduit devant une cour martiale, saisit Dahlquist par les revers de son uniforme ensanglanté, s'approcha à le toucher et répliqua : « Ce sont mes gars que vous essayez de tuer. Personne ne tue mes gars comme ça. Personne. »

Les deux hommes se jaugèrent, bouillant de colère l'un contre l'autre silencieusement pendant un long moment. Finalement, Dahlquist se retourna et s'en alla, criant de nouveau, par-dessus son épaule : « C'est un ordre !! »

Au bout de quelques minutes, Rudy et Pursall étaient de retour sur la ligne de front, allongés derrière des troncs d'arbres en haut de la colline. Le plus âgé semblait particulièrement hésitant. Il se tourna vers Rudy et lui demanda : « Qu'est-ce que tu en penses, Punch Drunk ? »

Rudy hésita. Il n'y avait pas de bonne réponse à cette question. « Je ne sais pas. Je ne suis pas le patron. C'est vous le patron. C'est vous qui portez ce fardeau sur vos épaules », répondit-il.

Pursall opina silencieusement. Il fixait avec détermination le sommet de la colline devant lui. Puis, brusquement, il sortit un revolver à crosse de nacre de l'étui qu'il portait à la hanche, se leva, et cria de nouveau : « Allez les gars ! On y va ! On y va ! »

Pour Rudy, pour tous ceux qui le regardaient, le temps se mit à ralentir. Pursall grimpa sur un tronc et entreprit l'ascension de la colline, tirant avec son pistolet et continuant à crier : « On y va ! L'artillerie aussi ! À l'attaque ! »

Le sergent de la compagnie K Chester Tanaka leva les yeux, le vit et se dit : « Mon Dieu ! Si ce connard de fils de pute se met à monter vers l'ennemi, j'imagine qu'on ferait mieux de l'imiter. » Il se leva et fit signe à ses hommes de le suivre. Pendant un moment, Fred Shiosaki ne put pas détourner le regard de Pursall, il n'en croyait pas ses yeux. Il eut la même réaction que Tanaka. « Il est complètement malade, pensa-t-il. Il va se faire descendre ! » Mais comme Tanaka, il se leva et clopina pour le suivre, son pied enflé pulsant de douleur. George Oiye entendit quelqu'un près de lui qui fixait sa baïonnette sur son fusil. George redoutait surtout d'être empalé par une baïonnette. Il hésita, se demanda si quelqu'un le remarquerait au cas où il ramperait derrière ce rocher à côté de lui. Mais, juste à sa droite, son radio, Yuki Minaga, se leva et fit quelques pas en avant. Pursall, regardant de nouveau derrière lui, le vit, pointa du doigt dans sa direction et cria : « En voilà un ! » Mort de peur, armé d'un seul pistolet, George se leva et commença à monter la colline en courant lui aussi, sur les pas de Minaga. Sus Ito fit de même. Et Rudy également. Ils le firent tous. Avec les mots de leur père résonnant dans leur tête, avec l'amour de leur mère qui faisait battre leur cœur, les soldats de la compagnie K, un par un, puis tous en masse, se levèrent et chargèrent vers le haut de la colline, réagissant d'instinct, tirant à l'aveugle à travers l'enchevêtrement des arbres qui se dressaient devant eux.

À l'assaut de la colline sous le feu ennemi

En contrebas du front, dans la compagnie I, le soldat Barney Hajiro vit la compagnie K se mettre en branle. Sans un mot, il se leva lui aussi et avança d'un pas ferme vers le haut de la colline, portant son BAR à la hanche dans une bretelle, balayant le terrain devant lui à grandes rafales. Le reste de la compagnie I se mit debout et le suivit. Certains des hommes criaient des obscénités en direction des Allemands. Le sergent Joe Shimamura se mit à crier en hawaïen : « *Make ! Make ! Make !* » – « Mort ». D'autres hurlaient des insultes en japonais ou en pidgin. La plupart, toutefois, ne firent que serrer les dents et coururent silencieusement, glissant dans la boue, trébuchant sur des racines, piquant du nez, se relevant pour repartir, s'attendant à mourir à chaque instant. Un torrent de métal et de plomb déferlait sur eux. Des obus de mortier semblaient leur tomber dessus au hasard, ce qui les rendait encore plus terrifiants. Les rafales de mitrailleuses les fauchaient en pleine course. Matsuichi Yogi, le tireur de lance-roquettes qui avait neutralisé seul un char deux jours plus tôt, s'écroula au sol, mortellement blessé. Une balle se ficha dans le crâne de l'homme qui était à côté de Fred, et il s'effondra dans la boue, mort sur le coup. Dans un bruit perçant, des obus de 88 millimètres s'écrasaient contre les arbres qui se fracassaient avant de basculer sur les soldats. À nouveau, les obus de l'artillerie ennemie explosaient au niveau de la cime des sapins. Un obus de 155 millimètres s'abattit quelques mètres devant George Oiye. Le souffle le renvoya à une trentaine de mètres en arrière. Lorsqu'il se remit sur pied, tout était devenu silencieux autour de lui. Il était complètement assourdi. Il recommença à courir vers le haut de la colline. Un autre obus, un de ceux qui étaient capables de percer le blindage d'un char, ricocha sur un tronc près de lui et tomba à ses pieds, tournoyant comme une toupie dans la boue, mais sans détoner. George l'enjamba et continua à avancer. Un autre obus frappa de plein fouet un arbre juste devant Fred et explosa. Quelque chose de dur et de chaud pénétra dans le flanc de Fred. « Bon Dieu, je suis touché », murmura-t-il en s'effondrant au sol. Il roula sur le dos, remonta sa chemise et trouva un éclat de shrapnel enfoncé dans son ventre. Cela ne saignait pas trop. James Okubo rampa jusqu'à lui, extirpa le morceau de métal, banda à la hâte la blessure et dit à Fred qu'il était OK, qu'il pouvait se lever et repartir. Ce qu'il fit.

À mesure qu'ils montaient, la pente devenait plus raide. S'accrochant aux racines des arbres et aux rochers, se hissant de plus en plus haut, ils se rapprochèrent des chars allemands, dont les canons étaient directement pointés vers le bas de la colline, et qui désormais les mitraillaient à bout portant. Les tireurs de lance-roquettes s'accroupirent et visèrent à leur tour les chenilles des engins, s'efforçant de les détruire, mais les chars continuaient à pivoter et à manœuvrer, leurs canons mugissaient et les obus traversaient les bois dans un bruit infernal, fracassant les arbres et démembrant les hommes dans leur course. Le flanc de la colline lui-même semblait exploser : des colonnes de terre et de cailloux s'élevaient dans les airs, les hommes criaient, les mitrailleuses crépitaient. De la poussière et de la fumée se mélangeaient au brouillard en une purée de pois qui rendait difficile la distinction entre amis et ennemis. Les hommes rampaient sur des troncs d'arbres, marchaient sur des cadavres, lançaient des grenades en direction du haut de la colline. Et malgré tout, ils continuaient à avancer.

Alors que Fred s'approchait de la crête, il entendit quelqu'un sangloter. Dans un fossé, un très jeune soldat allemand s'était enroulé sur lui-même. Il semblait appeler sa mère. Fred leva son fusil et pensa : « Eh bien, tu peux dire adieu à ta mère. » Mais il hésita. Le gamin avait à peu près l'âge de son petit frère, Floyd. Il baissa son arme. « OK, tu as de la chance aujourd'hui, mon salaud », soupira-t-il, et il reprit son ascension de la colline. Quelques minutes plus tard, juste derrière lui, il entendit un unique coup de fusil. Puis, au moment même où il atteignit le sommet, les bruits de la bataille cessèrent presque instantanément. Un instant avant, c'était encore une cacophonie d'explosions, de hurlements, de gémissements et de hurlements, maintenant un silence presque absolu régnait. Rien d'autre que de rares coups de fusil, les énormes détonations de l'artillerie au loin et les plaintes des blessés. Dans les bois devant lui, Fred vit quelque chose qu'il n'avait jamais vu auparavant, des Allemands prenant leurs jambes à leur cou pour s'enfuir. « Mon Dieu, se dit-il dans un murmure, c'est fait. » Puis il regarda autour de lui et se rendit compte : « Il ne reste presque plus personne. »

Tandis que les Allemands se retiraient derrière un large barrage à plusieurs centaines de mètres de distance sur une route forestière, les survivants de la compagnie K s'enterrèrent pour la nuit. Pursall, comme souvent après une bataille, alla voir Rudy et fut soulagé de le trouver en sécurité dans un cagna. Rudy leva les yeux vers lui et dit :
« Hé, colonel, vous auriez pu vous faire descendre en courant comme ça !
– Eh bien, je continue à bouger. Tu vas bien ?
– Ouais, ça va.
– OK, très bien. »
Jamais Alfred Pursall n'avait été aussi malheureux au cours de sa vie. Les ténèbres enveloppaient de nouveau les Vosges. Sur le versant en dessous de lui, plus d'une centaine d'Allemands étaient morts, étendus dans la boue. Les Nisei n'étaient à présent séparés des Texans que par un peu moins de 500 mètres et une dernière barricade. Mais le prix de cette victoire était très élevé. Les compagnies K et I avaient toutes deux été anéanties. Sur les centaines d'hommes qui avaient pénétré dans les Vosges avec les deux compagnies trois jours auparavant, moins d'une vingtaine de la compagnie K étaient toujours en vie et capables de sortir des bois sur leurs deux jambes ; dans la compagnie I, c'était peut-être même moins.

À l'aube du 30 octobre, ce qui restait de la compagnie K se remit en route. Tous les officiers de la compagnie étaient à présent morts ou blessés, et le commandement revint donc au sergent Chester Tanaka. Pendant la nuit, les artilleurs du 522e avaient pilonné la dernière barricade qui séparait les Nisei et les Texans, la réduisant largement à un amas de débris, mais il s'avéra assez vite que les Allemands s'étaient retirés dans le bosquet qui s'étendait au-delà. Les tirs de l'artillerie et les obus de mortier ennemis recommencèrent à les pilonner. Rudy n'avait guère avancé, quand un obus frappa un arbre devant lui. Des éclats de shrapnel coupants pénétrèrent dans sa main et lui mutilèrent deux doigts. Il allait devoir faire demi-tour et prendre la direction d'un poste de secours à l'arrière pour un bandage. Il trouva l'un des soldats qui avaient été envoyés en renfort et lui dit qu'il servirait d'estafette au bataillon jusqu'à ce qu'il puisse revenir. Le gamin était totalement inexpérimenté. Il avait grandi au Japon, parlait à peine anglais et la plupart du temps ne comprenait pas vraiment les ordres. Mais Rudy se dit que ça irait. Sa blessure n'était pas si sérieuse ; il ne resterait pas longtemps au poste de secours.

Quand Rudy rejoignit le front une heure plus tard, la compagnie K avait monté et s'était enterrée à environ 300 mètres du monticule situé à l'extrémité de l'arête où les Texans étaient piégés. Rudy demanda à Tanaka où le gamin à qui il avait confié le soin de le remplacer se trouvait. Tanaka fit un geste du pouce par-dessus son épaule : « Ah oui. Regarde dans l'abri juste derrière. » Rudy y alla et regarda à l'intérieur. Le gamin était mort, une bouillie sanglante à la place de la tête.

À l'extrémité de l'arête, Marty Higgins et ses hommes étaient de nouveau confrontés à un assaut massif. Tandis que les Nisei s'approchaient lentement du monticule par le nord-ouest, les Allemands chargèrent les Texans depuis toutes les directions, se rapprochant jusqu'à se trouver à une trentaine de mètres d'eux en quelques minutes, noyant leurs positions sous les tirs. Pour Higgins, il était évident qu'ils avaient l'intention de les tuer tous avant que les Nisei ne puissent les atteindre. Ses hommes, se battant depuis leur cagna et leur tranchée, jetaient leurs dernières forces sur l'ennemi, ils lançaient des grenades et tiraient frénétiquement des rafales d'armes automatiques avec leur BAR et leur M1. Tous savaient qu'ils ne pourraient pas tenir comme ça longtemps. Si les Allemands continuaient à s'approcher de cette manière, les Texans seraient rapidement à court de munitions et se retrouveraient à leur merci. Et il n'y avait aucune raison de penser que les Allemands feraient preuve de la moindre pitié.

Alors qu'un désastre semblait sur le point de se produire, le général Dahlquist donna un nouvel ordre déconcertant. Bien que très éloigné du théâtre des opérations, et contournant à nouveau la chaîne de commandement, il prit sur lui de demander un tir d'artillerie selon des coordonnées précises. Le poste de direction de tir relaya les coordonnées sur le terrain, et Kats Miho commença à régler *Kuuipo* en conséquence. Presque immédiatement, le poste de direction de tir rappela le commandant de la batterie B, le capitaine Billy Taylor. Ils venaient de se rendre compte que les coordonnées que Dahlquist entendait viser correspondaient précisément à la position où les Texans se trouvaient et que la zone visée était bien trop proche de l'endroit où ils pensaient que les compagnies K et I devaient être à ce moment-là. S'ils suivaient les ordres, ils anéantiraient probablement l'essentiel de l'unité texane et peut-être certains de leurs compagnons d'armes également. Sous les balles des tireurs et le feu des mortiers, Taylor coupa à travers les bois jusqu'au quartier général du 3ᵉ bataillon, où il put trouver des cartes, déterminer la position réelle des Allemands, ajuster les coordonnées et demander un tir exact. Personne ne reporta toutefois à Dahlquist ce qui s'était passé.

Pendant l'heure suivante, se frayant un passage vers le sud-est le long de la ligne de crête sur laquelle les Texans étaient cernés, les compagnies K et I rampèrent lentement vers eux, tandis que les Texans se battaient furieusement pour repousser les Allemands qui les assaillaient de toutes parts. Il était impossible de déterminer qui, des Allemands ou des Nisei, atteindrait les Texans en premier. Ensuite, au milieu du chaos – où se mêlaient l'odeur des explosifs brisants, du bois carbonisé et de la boue –, à la fois les Nisei et les Texans commencèrent soudainement à sentir la fumée. Quelques minutes plus tard, ils la virent – des panaches blancs s'élevant depuis la vallée tenue par les Allemands en contrebas de l'extrémité sud de l'arête. Tandis que la fumée gagnait les bois, les Allemands se retirèrent lentement. Petit à petit, ils étaient comme aspirés par la fumée blanche qui enveloppait également arbre après arbre.

Depuis tôt ce matin-là, une petite patrouille de la compagnie I avançait précautionneusement en tête de la force principale. Progressant à quatre pattes la plupart du temps, les hommes suivaient un mince fil noir de téléphone à travers les bois, un fil dont ils pensaient qu'il pourrait les mener directement aux Texans.

Aux alentours de 14 heures, alors que l'écran de fumée des Allemands se répandait à travers les bois, l'un d'entre eux, Mutt Sakumoto, regardant attentivement le terrain devant lui, vit un visage blanc dépasser d'un tronc. Le visage disparut, puis réapparut, puis disparut de nouveau. Finalement, une silhouette sortit avec précaution de derrière l'arbre, tenant un fusil à la main et fixant le Nisei qui approchait.

Le sergent Edward Guy, 21 ans, n'était pas vraiment sûr de ce qu'il voyait, ni de l'identité de celui qui approchait à travers la fumée. Il attendit avec méfiance tandis que Sakamoto s'avançait. Puis, finalement, il comprit. Le bleu et le rouge éclatants sur l'épaule de la silhouette qui venait dans sa direction lui étaient familiers : l'insigne du 442ᵉ. Il jeta son arme et courut en direction de Sakamoto, poussant des exclamations, criant de joie et riant tout à la fois. Quand les deux se retrouvèrent face à face, Guy serra Sakamoto dans ses bras aussi fort qu'il le put. Sakamoto ne sut pas vraiment quoi dire. Il hésita, puis sourit et dit simplement : « Tu veux une cigarette ? »

À peu près au même moment, Rudy Tokiwa et Chester Tanaka arrivèrent depuis une autre direction, ils virent une tête coiffée d'un casque se déplacer dans un abri. Ils s'immobilisèrent. Tanaka leva son arme, visant la tête, se préparant à tirer, mais il se ravisa. Même à travers la fumée, il en était sûr : c'était un casque américain. Tanaka abaissa son arme, et le sergent Bill Hull se précipita en dehors de son cagna. Quelqu'un dans les bois cria : « Hé !! Les gars du 442e sont là ! » D'autres Texans commencèrent à sortir de terre, émergeant de tranchées camouflées tout autour des soldats Nisei comme des marmottes, leur visage hâve, noirci, et couvert d'une barbe de trois jours, les yeux creux. Ils regardèrent autour d'eux avec méfiance. Puis, comprenant que c'en était terminé, ils se serrèrent dans les bras les uns des autres, certains d'entre eux riant, d'autres essuyant leurs larmes. Alors que les hommes de la compagnie K se rapprochaient, l'un des Texans dit d'une voix rauque : « Bon Dieu, merci, merci, merci. » Erwin Blonder saisit le combiné de sa radio et envoya un dernier message, celui-ci pour le poste de commandement du 442e : « Dites-leur qu'on les aime. »

Regardant les Nisei approcher, Marty Higgins sentit un frisson lui parcourir le dos. Ces gars étaient presque aussi sales et crasseux et avaient l'air aussi harassés que ses hommes. Ils étaient pour la plupart d'entre eux pas très grands et portaient des uniformes confectionnés pour des hommes bien plus corpulents. Le bas de leur pantalon était retroussé autour de leurs chevilles, leur casque leur tombait derrière les oreilles. Mais, ainsi qu'il le dit, plus tard, « franchement, pour nous, ils étaient comme des géants ».

Tandis que les Texans commençaient à émerger des bois en empruntant une route forestière boueuse à travers les lignes du 442e, un cameraman des actualités filmées arriva en jeep et se mit à filmer la scène. Les soldats secourus serraient les mains des Nisei et leur donnaient des tapes dans le dos. Les Nisei leur proposaient des cigarettes, des barres de friandises et des bidons d'eau. Presque tous les Texans souriaient avec lassitude et les remerciaient. Ils prenaient des lampées d'eau et allumaient les cigarettes, mais ensuite ils s'éloignaient rapidement en marchant. Aucun d'entre eux ne voulait s'attarder. Ils voulaient descendre de cette fichue montagne. En passant devant Rudy et certains des gars de la compagnie K, l'un d'eux opina de la tête et, une cigarette pendant à ses lèvres, lâcha simplement : « Vous êtes drôlement gonflés, les petits gars, on a bien cru qu'on allait tous y rester ! »

19.

« Je te souhaite un excellent Noël. Je t'aime
tant et j'ai tant besoin de toi. Aujourd'hui,
quand les garçons ont entonné des chants de Noël,
une pensée m'est venue : "Hisako elle aussi joue du
piano et elle en joue merveilleusement bien",
et j'ai ressenti une grande envie de t'entendre
à nouveau jouer des airs de Noël et les chanter
comme lorsque nous étions heureux à la maison (…).
Cette nuit, plus que toute autre, tu me manques. »

Hiro Higuchi à son épouse, Hisako,
24 décembre 1944

Le 9 novembre, à Parker, Arizona, la petite ville ferroviaire juste
au nord du camp de concentration de Poston, un soldat Nisei – le
seconde classe Raymond Matsuda – entra dans un salon de coiffure
pour se faire couper les cheveux. Il se déplaçait à l'aide de béquilles.
Le 22 juillet, tandis que le 442e approchait l'Arno, il avait été touché au
genou. Tout juste sorti d'un hôpital en Californie, il allait rendre visite
à des amis internés à Poston. Il voulait se faire beau avant d'arriver
au camp. Et donc, revêtu d'un uniforme orné de l'insigne du 442e et
de six ou sept autres rubans ou décorations militaires parmi les plus
prestigieuses, il pénétra en boitillant dans le salon de coiffure par les

deux portes battantes. Il ne vit pas, ou fit mine d'ignorer, un panneau accroché sur l'une des portes : « Interdit aux bridés, sales rats ». Le propriétaire, Andy Hale, jeta un œil à Matsuda, s'avança vers lui à grands pas, en jurant, et lui montra la porte pour qu'il ressorte tout de suite dans l'unique rue poussiéreuse de Parker, avec ses béquilles. Interrogé plus tard à ce sujet, Hale ne s'excusa pas le moins du monde. « Je ne veux pas avoir affaire à eux (…). Je ne vais certainement pas faire une coupe à un bridé. » Quand quelqu'un fit remarquer que Matsuda était à la fois un citoyen américain et un blessé de guerre, Hale lâcha d'un ton hargneux : « Pour moi, ils se ressemblent tous. »

Toujours à Poston, deux jours plus tard, le 11 novembre, la mère de Rudy Tokiwa se leva tôt, avant que l'aube commence à poindre dans le ciel du désert, avant que les tourterelles se mettent à roucouler dans les prosopis sur les berges de la rivière. Elle enfila une robe et une paire de pantoufles, vérifiant attentivement dans chacune d'elles qu'aucun scorpion ne s'y était installé pendant la nuit. Aussi discrètement qu'elle le put, elle sortit de sa pièce dans l'air frais du désert et marcha à pas de loup à travers une étendue de sable froid jusqu'aux douches des femmes. Là, elle alluma une ampoule électrique nue qui pendait du plafond, ôta ses vêtements, et ouvrit le robinet d'eau froide. Quand elle entra sous le filet d'eau glaciale, elle eut le souffle coupé et ferma fort ses yeux, luttant pour endurer la douleur sans crier. Comme elle l'avait fait chaque matin depuis que Rudy était parti à l'armée, elle se tenait immobile sous le filet expiatoire, priant silencieusement pour son fils, implorant Dieu de la laisser souffrir suffisamment, que ce fût assez, assez pour qu'il l'autorisât à rentrer à la maison.

Un peu plus tard ce jour-là, le *Poston Chronicle* reproduisit des extraits d'une dépêche de l'Associated Press, un premier bref récit de ce qui s'était passé dans les Vosges. L'article – « Une unité du 442ᵉ sauve le "Bataillon perdu" » – citait l'un des Texans secourus, le seconde classe Walter Yattaw, qui exprimait sa gratitude : « Il y avait une vraie ironie à ce que nous ayons été si heureux de voir les Japonais, mais enfin, ce sont de vrais Américains. » L'article ne contenait toutefois que peu de précisions sur le sujet qui intéressait le plus Fusa Tokiwa et tout le monde dans le camp : le nombre et les noms des victimes. Ces informations arriveraient bientôt au compte-gouttes, relayées par des télégrammes lapidaires ou par des officiers se présentant inopinément en grand uniforme.

Le 12 novembre, après une autre semaine de combat dans les Vosges et quelques jours de repos, les survivants du 442ᵉ se rassemblèrent dans un champ enneigé près de Bruyères afin que le général Dahlquist puisse formellement reconnaître leur rôle dans le sauvetage de ce que désormais tout le monde appelait « le Bataillon perdu ».

Les Nisei rescapés venaient juste de descendre des montagnes. À l'issue de l'opération de sauvetage, le général Dahlquist leur avait ordonné de rester dans les Vosges et de s'enfoncer dans la forêt, en dépit de leurs effectifs nettement réduits. Pendant sept jours supplémentaires, les survivants s'étaient encore battus, boitant, les pieds enflés, dormant de nouveau dans des abris inondés, endurant des tirs incessants d'artillerie, et subissant toujours plus de pertes au cœur de massifs touffus de sapins à présent alourdis par la neige. Au moment où elle fut finalement relevée, la compagnie K, des quelque 180 hommes qui la composaient initialement, ne comptait plus que dix-sept fusiliers en vie et capables de se battre. La compagnie I, qui avait approximativement le même effectif, avait été réduite à seulement quatre fusiliers et une poignée de mitrailleurs.

Ce jour-là, Fred Shiosaki, l'un des dix-sept de la compagnie K, se tenait plus ou moins au garde-à-vous sur un champ de terre noire gelée avec ce qui lui restait de camarades, son fusil sur l'épaule, le regard dans le vide, tandis que Dahlquist et un petit groupe d'officiers approchaient dans une jeep. Fred, comme tous ceux qui l'entouraient, était fatigué jusqu'aux os et avait la tête vide. Ses traits étaient tirés et son visage pâle, ses joues n'avaient plus leur roseur habituelle, ses yeux baissés étaient aussi froids que vides, son regard était noir. Comme les autres, il portait de nouvelles bottes de combat et un manteau d'hiver trop grand. Une fine couche de neige recouvrait ses épaules et ses bras, tandis que ses pieds continuaient de le faire souffrir. Dans un autre champ à proximité, des corbeaux noirs s'étaient rassemblés, formant leurs propres rangs. Au moment où les officiers remontaient la rangée en voiture, les oiseaux croassèrent bruyamment. Quelques flocons de neige qui tombaient d'un ciel de plomb étaient emportés par le vent. À proximité, des cameramen des actualités filmées étaient en train d'installer leurs caméras sur des trépieds. Masao Yamada et Hiro Higuchi, les deux aumôniers, discutaient en battant la semelle pour se réchauffer. Finalement la cérémonie commença. Une garde de couleur parada devant les Nisei, menée par l'orchestre du 442[1]. Dahlquist et le lieutenant-colonel Virgil Miller descendirent de leur jeep et se mirent au garde-à-vous. Originaire de Porto Rico, Miller, 44 ans, avait pris le commandement du 442ᵉ quand Pence avait été

---

1. Les musiciens des orchestres servaient parfois de brancardiers quand le 442ᵉ était au combat.

blessé. Stationné aux Schofield Barracks à Hawaï avant Pearl Harbor, il avait été avec le 442ᵉ depuis le début. Accommodant, jovial, généreux, toujours attentif au plus humble de ses hommes, il était largement apprécié et respecté dans tout le régiment – en particulier par les têtes-de-bouddha, qui le connaissaient depuis longtemps. Dahlquist et lui firent quelques pas. Mais au lieu de s'adresser aux hommes, Dahlquist marqua un temps d'arrêt, regarda le nombre dérisoire de soldats disposés devant lui et se renfrogna. Il se tourna vers Miller et, particulièrement crispé, il le réprimanda d'un ton hargneux en haussant la voix, devant ses hommes :

« Colonel, je vous ai demandé de rassembler le régiment en entier. Quand je donne l'ordre d'un passage des troupes en revue, je veux qu'absolument tout le monde, jusqu'aux cuisiniers, soit présent ! »

Yamada, qui se tenait à proximité, vit le visage de Miller se tendre, ses mâchoires se serrer. Dahlquist lui lançait des regards mauvais. Un long silence gêné s'ensuivit. Finalement, Miller, droit comme un piquet, se retourna lentement, regarda le général dans les yeux et, d'une voix mal assurée, maugréa : « Mon général, c'est l'intégralité du régiment. C'est tout ce qu'il en reste. »

Yamada, cloué sur place, détailla le visage de Miller. Ses yeux s'étaient remplis de larmes. Dahlquist se tut. Apparemment, c'était la première fois qu'il mesurait l'ampleur des sacrifices que les Nisei avaient faits pour secourir les Texans. Il bégaya quelques mots de félicitations, puis descendit silencieusement la rangée de soldats, épinglant sur la poitrine de chacun d'eux une décoration. Tandis qu'il passait et leur serrait la main, les hommes détournaient simplement le regard, regardant par-dessus ses épaules vers les montagnes derrière lui.

Alors que les fêtes de 1944 approchaient à Poston, des listes de victimes et des récits des batailles menées par les Nisei en France commencèrent à remplacer les événements locaux et les résultats sportifs dans le *Poston Chronicle*. À la mi-décembre 1944, presque 900 jeunes gens de Poston étaient dans les forces armées et alors même que la liste des victimes tombées en France ne cessait de s'allonger, de plus en plus d'hommes s'engageaient. Presque chaque semaine désormais, des amis et des soutiens se rassemblaient pour des cérémonies d'hommage au cours desquelles les gardes de couleur défilaient derrière le drapeau américain, un orchestre jouait l'hymne national, et des administrateurs du camp prononçaient des discours patriotiques, tandis que davantage de jeunes gens montaient dans des cars en direction de Fort Douglas pour faire leurs classes.

Les sauveteurs du Bataillon perdu sur le point d'être passés
en revue par le général Dahlquist

Et chaque semaine, la scène du Cottonwood Bowl abritait des cérémonies du souvenir.

Beaucoup de nouvelles recrues partaient avec une réelle fierté chevillée au corps. Elles avaient une conscience aiguë de leur mission – de celles et ceux qu'ils laissaient derrière eux – et de sa raison d'être. Après trois années d'internement, en dépit de la rigueur du climat, de la chaleur, des tempêtes de poussière, des serpents à sonnette, des douches communes, de la monotonie des repas pris au réfectoire et du caractère dégradant de la privation de liberté, les personnes internées à Poston, comme celles qui l'étaient dans les autres camps, avaient tissé entre elles des liens forts tout en endurant des conditions éprouvantes, et elles s'en glorifiaient à juste titre. À l'automne 1944, les internés avaient creusé des canaux d'irrigation depuis le fleuve Colorado jusqu'au camp. Le terrain qui auparavant n'était que sauge et sable était devenu vert. Des carrés de potagers prospéraient ; des jardins de thé entouraient des mares peuplées de poissons rouges. Des peupliers transplantés avec soin dispensaient au moins un peu d'ombre sur les baraques et les allées du camp.

Des milliers de personnes qui avaient perdu leur foyer, leur travail, leur entreprise et le contrôle de leur propre vie, trouvaient du réconfort dans leur créativité : écrire des haïku, pratiquer la calligraphie, sculpter du sidéroxylon et du prosopis, ou polir des pierres ramassées et les assembler minutieusement pour en faire de précieux objets. À partir de morceaux de bois de récupération, ils ciselaient de charmants petits badges en forme d'oiseau peints à la main, trouvant dans d'anciens numéros du *National Geographic* des photographies qui leur servaient de modèles. Ils peignaient des paysages évocateurs à l'aquarelle, souvent – à Poston et dans presque tous les camps – des montagnes qui s'élevaient au loin, pourpres, sereines et éternelles, au-delà des barbelés, au-delà de la réalité maussade de l'instant présent. Les femmes découpaient les pages colorées des catalogues de vente par correspondance et mettaient de côté les étoffes chamarrées des papiers de soie des cageots de pommes et d'oranges pour façonner des chrysanthèmes, des iris et des gardénias artificiels. D'autres démêlaient les fibres de la toile des sacs de jute et s'en servaient pour tisser des sets de table et des petits tapis. Quelques-uns cherchaient des baies, des lianes et des brindilles dans le désert et les utilisaient avec les fleurs de papier pour créer des arrangements d'ikebana. Des artistes *bon-kei* rassemblaient du sable, des galets et des morceaux de bois pour créer des paysages miniatures sur des plateaux. Quand des cérémonies du souvenir n'y étaient pas organisées, le Cottonwood Bowl accueillait presque quotidiennement des divertissements, des spectacles de Noël du jardin d'enfants aux productions de kabuki en bonne et due forme. Des jeunes femmes – souvent pour la première fois – commencèrent à travailler contre un salaire à peu près partout, depuis des postes d'infirmières jusqu'à la fabrication de filets de camouflage pour les soldats qui se battaient à l'étranger. Des prêtres bouddhistes et des pasteurs s'occupaient de leurs ouailles. Des docteurs, des avocats, des architectes, des fermiers, des charpentiers, des chauffeurs de camion, des fleuristes et des électriciens mirent leurs compétences au service de l'amélioration de la qualité de vie dans le camp. Et leur expérience commune les rendait de plus en plus fiers. Confrontées à une injustice inhumaine et à une profonde humiliation, ils se tenaient debout. Ils avaient maintenu leur vie spirituelle, éduqué leurs enfants, trouvé un refuge dans la créativité et le travail.

Puis, le 17 décembre, un article de la une du *Poston Chronicle* déclencha une onde de choc à travers le camp. Depuis des mois, le gouvernement s'interrogeait sur la nécessité d'abolir la zone d'exclusion et de mettre un terme aux internements. Le secrétaire à l'Intérieur Harold

Ickes – sous l'autorité duquel la WRA avait été placée – et la *First Lady*, Eleanor Roosevelt, faisaient pression sur le président afin qu'il donne son accord à un plan destiné à renvoyer les « évacués » vers la côte ouest. Même l'armée avait conclu qu'il n'y avait plus aucune nécessité militaire à garder une partie de la population dans des camps. Mais au cours de l'été et au début de l'automne, alors qu'il faisait campagne pour être réélu, Roosevelt ne souhaitait pas donner l'impression qu'il « dorlotait » les Nisei et leurs parents. Trois jours après sa victoire aux élections présidentielles du 7 novembre 1944, toutefois, il s'était laissé fléchir. Et la nouvelle était désormais officielle : le gouvernement mettait un terme à la fois à la zone d'exclusion obligatoire et aux ordres d'« évacuation ». Les internements devaient prendre fin. Les camps fermeraient en temps voulu. D'ici quelques semaines, la vaste majorité des personnes d'ascendance japonaise seraient soudainement autorisées à voyager et à vivre n'importe où sur le territoire des États-Unis, y compris sur la côte pacifique. Seul un nombre relativement restreint d'individus, de la loyauté desquels le gouvernement doutait encore, continueraient à se voir refuser le droit de retourner là où ils habitaient auparavant.

À Poston, comme dans tous les camps, la nouvelle fut accueillie avec un profond soulagement mais aussi avec une réelle inquiétude. Au cours des semaines précédentes, quelques individus et familles sélectionnés avaient déjà été autorisés à rentrer chez eux. Certains furent accueillis avec chaleur et traités correctement, mais ce ne fut pas le cas de tous. Beaucoup, en fait, furent reçus avec animosité et des insultes. Pendant des semaines cet automne-là, une nouvelle série d'éditoriaux violemment racistes avaient paru dans les journaux de la côte ouest, contestant avec véhémence l'autorisation donnée aux Nippo-Américains de revenir, qu'ils fussent citoyens ou non.

Comme dans les autres camps, la configuration de la population de Poston avait évolué au fil des années. Tandis que davantage de jeunes hommes avaient rejoint l'armée ou obtenu l'autorisation de la WRA pour suivre des cours dans des universités de l'Est, voire travailler en dehors de la zone d'exclusion, le camp s'était retrouvé peuplé surtout de personnes âgées, de jeunes mères et d'enfants. À mesure que les comportements de rejet sur la côte ouest leur arrivaient aux oreilles, l'inquiétude de ceux-ci croissait quant à ce qui pourrait leur arriver s'ils essayaient de rentrer chez eux pour de bon. Et pour beaucoup d'entre eux, se posait même un problème plus complexe, une question qui leur obstruait l'horizon : où aller quand ils n'avaient nulle part où rentrer ?

Au moment où ils finirent par descendre des Vosges, beaucoup de soldats Nisei étaient brisés comme seule une guerre peut briser des jeunes hommes. La bataille pour Bruyères et le sauvetage du Bataillon perdu puis, immédiatement après, les manœuvres afin de chasser les Allemands du secteur s'étaient avérés à chaque instant le cauchemar auquel Daniel Inouye s'attendait quand il avait vu les Vosges au loin pour la première fois, le 13 octobre. Rien qu'à la fin du mois, les rangs des Nisei comptaient 790 victimes, dont la vaste majorité d'entre elles étaient tombées lors de l'opération de sauvetage de seulement 200 membres de l'unité texane. Des centaines de Nisei étaient désormais dans des hôpitaux partout en France, beaucoup grièvement mutilés. Nombre de ceux qui étaient encore en état de marcher et de parler étaient en état de choc. Ils avaient besoin qu'on les épaule et de se reposer. Ils avaient besoin de se laisser aller, d'enfoncer leur visage dans un oreiller et de pleurer, de boire, de fumer des cigarettes, de fulminer et de laisser vagabonder leur regard, de poursuivre leur lutte intérieure avec ce qui venait de se passer. Ou, si possible, d'oublier.

Le 19 novembre, les hommes du 442ᵉ montèrent à bord de camions et prirent la direction du sud, en dépit d'une tempête de neige qui entravait leur déplacement. Ils partaient pour les environs de Nice où ils devaient tenir des positions défensives le long d'un front montagneux d'une trentaine de kilomètres à la frontière entre la France et l'Italie, juste au-dessus de la Côte d'Azur dont peu d'entre eux pouvaient imaginer l'opulence qui y régnait. Officiellement, leur mission était de bloquer tout éventuel mouvement des troupes allemandes depuis le nord de l'Italie vers la France, mais personne ne s'attendait vraiment à une telle éventualité, et ils avaient donc peu de risques de se retrouver engagés de nouveau dans des combats. L'idée générale était de laisser les Nisei se reposer un moment, et pour beaucoup d'entre eux, cette pause arrivait juste à temps pour maintenir leur raison intacte.

Pour Kats Miho, à première vue, cela ne ressemblait pas vraiment à une période de répit. La dernière semaine de novembre le trouva lui et les autres artilleurs à tracter leur obusier derrière leur camion, tentant tant bien que mal de progresser le long de routes sinueuses au cœur des montagnes pour atteindre le village de Sospel, à une quinzaine de kilomètres au-dessus de Menton. Les virages de la route étaient si serrés qu'avant chacun d'entre eux à peu près, ils devaient descendre de leur camion, détacher le canon et, avec force grognements et halètements, pousser celui-ci à la force de leurs bras pour qu'il gravisse la pente. Passer une succession de tournants en épingle sur près de 300 mètres leur prit une demi-journée. Arrivés enfin à Sospel, ils découvrirent un charmant village niché dans une vallée toute verte traversée par un torrent, la Bévéra. Kats et son équipe positionnèrent *Kuuipo* à un endroit stratégique à proximité du bourg, étendirent un filet de camouflage par-dessus, empilèrent des sacs de sable tout autour et s'installèrent afin d'attendre la suite.

Pour George Oiye, Sus Ito et les autres équipes d'éclaireurs, le voyage n'était pas terminé. Ils chargèrent des mulets avec des vivres, se préparant à monter encore plus haut dans les montagnes, où ils devaient occuper des fortifications et des tunnels qui constituaient l'extension alpine de la ligne Maginot, et établir des postes d'observation surplombant la Méditerranée. Le dressage de mulets, découvrirent-ils rapidement, n'entrait pas dans leurs compétences. Une fois chargés, les animaux lançaient des ruades, poussaient des braiements et refusaient de bouger. Les soldats leur crièrent dessus en anglais, puis essayèrent en japonais et ensuite, par frustration, avec quelques mots de pidgin. Cela ne marcha pas. Se disant qu'il s'agissait de mulets français, ils tentèrent leur chance avec quelques bribes de cette langue, sans parvenir pour autant à leurs fins. Ils se mirent derrière les animaux pour les pousser et découvrirent aussitôt que les mulets savaient comment se défendre. Ils les frappèrent sur leur arrière-train mais les mulets ne faisaient alors que coucher leurs oreilles et les regarder. Ils leur passèrent des colliers auxquels ils nouèrent des cordes afin d'essayer de les tirer. Les animaux se dressèrent sur leurs fers et recommencèrent à pousser des braiements sonores. Finalement, Sus Ito fit une découverte plus ou moins miraculeuse. Chuchotant aux oreilles des mulets, les apaisant, leur offrant avec précaution des friandises tirées de ses affaires, il découvrit, à son grand étonnement, qu'ils appréciaient particulièrement les biscuits de la ration C. En un rien de temps, Sus les avait calmés et ils le suivaient partout où il voulait qu'ils aillent.

Au moment où ils approchaient des positions qui leur avaient été assignées au milieu de sommets escarpés et dénués de végétation, il commença à neiger. Plusieurs des mulets glissèrent sur des sentiers verglacés et tombèrent en s'époumonant avec leurs précieuses provisions du haut de falaises abruptes. Tandis que les Nisei déchargeaient les mulets qui avaient survécu, le temps s'éclaircit et, depuis leur poste d'observation, une vue stupéfiante sur une mer bleu azur et un rivage d'une incroyable beauté s'offrait à eux. Au coucher du soleil, ils s'assirent pour fumer des cigarettes, regardant les flots virer au violet et le ciel se parer d'un mélange d'orange et de pourpre. Ils allumèrent des feux de camp pour réchauffer les boîtes de haricots et de viande hachée qui constitueraient leur dîner, puis ils attachèrent les boîtes en fer-blanc vides à des fils qu'ils tendirent tout autour de leur position afin de servir de système d'alarme au cas où le moindre Allemand essaierait de se glisser jusqu'à eux à la faveur de la nuit. À l'intérieur des fortifications massives en béton, ils se sentaient plus en sécurité qu'ils ne l'avaient été depuis longtemps et, cette nuit-là, ils dormirent comme ils n'avaient pas dormi au cours des mois précédents.

« C'est le genre de guerre dont nous rêvons », écrivit Hiro Higuchi à sa femme le 12 décembre.

Tandis que les trois bataillons du 442e s'installaient dans leurs nouveaux quartiers, ils se rendirent compte que, au moins en partie, tout cela avait des airs de vacances. Parfois, leurs hébergements étaient de simples tranchées primitives sur des sommets enneigés, mais à d'autres moments, il s'agissait de magnifiques villas ou d'hôtels de standing sur la côte. Avec les généreuses soldes de permission qui leur avaient été attribuées, ils passaient leur temps libre à parcourir le littoral baigné par le soleil. À Cannes, ils descendirent la Croisette en jeep. Ils prirent place à des terrasses de café, comme ils l'avaient fait en Italie, mais c'était désormais pour boire du cognac plutôt que du vin. Ils mangeaient dans des restaurants où les nappes blanches étaient en tissu. Ils sirotaient du champagne dans les parcs ensoleillés des hôtels. À Menton, ils flânèrent dans les jardins Biovès pour admirer les parterres de fleurs – des chrysanthèmes blancs, des zinnias orange, des roses rouges qui bourgeonnaient toutes les unes à côté des autres, même en hiver. Ils cueillirent des oranges charnues et mûres sur des arbres surplombant des sentiers ombrés. Saisis par ce qu'ils appelèrent la fièvre des fragrances, ils achetèrent des quantités de flacons pour leur petite amie ou leur épouse restée au pays et visitèrent des usines de parfum, en ressortant ivres des effluves de lavande, de rose et de jasmin. À Nice, ils s'installèrent dans les somptueux hôtels de la promenade des Anglais où, quelques mois plus tôt, des officiers SS avaient fait la fête. En explorant leurs chambres, ils écarquillèrent les yeux devant les bidets, ne comprenant pas leur fonction, se disant qu'ils devaient servir à se laver les pieds, et se mirent à les utiliser à cette seule fin. La nuit, ils se laissaient aller, dormant sur de vrais lits, dans des draps en soie et sous des couettes douillettes.

Kats s'aventura dans un studio photo de Nice pour avoir un cliché à envoyer à sa mère, sans savoir que le studio travaillait surtout pour les stars de cinéma. Et son portrait, en fait, lui donnait un air de star de cinéma, comme celles auxquelles les filles de l'université d'Hawaï le comparaient. Une fois qu'il l'eut montré aux autres artilleurs, tous prirent la direction du studio Erpé. Rudy fit de même. Quand il comprit que « bar » se disait de la même manière en français et en anglais et qu'aucune équipe de la police militaire ne patrouillait dans les rues de Nice, Rudy se jeta également la tête la première dans la vie nocturne de la ville, dansant avec des vendeuses françaises, mais aussi des infirmières britanniques et américaines, essayant plusieurs façons de se saouler – au champagne, au vin rouge, au cognac bon marché –, restant assis dans les troquets enfumés jusque tard dans la nuit, discutant parfois avec des individus parlant allemand qui prétendaient être suisses, mais qu'il suspectait à moitié d'être en fait des soldats de la Wehrmacht qui, comme lui, ne faisaient que profiter de leur permission. Bien qu'il fût officiellement interdit aux militaires, certains des têtes-de-bouddha s'aventurèrent dans le casino Belle Époque de Monte-Carlo, où des croupiers vêtus de costumes noirs impeccablement taillés et au visage impassible leur firent vite comprendre que les mises aux tables de jeu étaient bien trop élevées pour des soldats, fussent-ils les Go for Broke d'Hawaï.

Les Français qu'ils rencontraient dans les rues étaient aussi chaleureux qu'affables et, comme toujours, impeccablement habillés. Mais sous les paillettes et le glamour de la Côte d'Azur, en dépit des tenues à la mode, des restaurants chics et des hôtels somptueux, les Nisei ne tardèrent pas à se rendre compte que la réalité de la vie quotidienne pour la plupart des Français était bien plus compliquée que ne le laissaient croire les apparences. Les familles françaises invitaient avec empressement les soldats américains à dîner mais, d'un air contrit, leur demandaient de venir avec de quoi préparer le repas. Ici, comme en Italie au printemps précédent, et même dans l'ombre des grands hôtels et des casinos, de longues files se formaient chaque jour près des tentes servant de mess aux membres de l'armée américaine. Les Français bien habillés serraient entre leurs mains des seaux en étain, attendant que les militaires y jettent les restes de leurs repas. Avec quelques cigarettes, une tasse de café américain moulu ou une barre de chocolat, un soldat était en mesure de s'acheter à peu près n'importe quoi. Un morceau de viande fraîche pouvait payer une nuit d'hôtel dans un palace. Des maisons closes qui avaient récemment accueilli des Allemands prospéraient toujours grâce à des filles qui n'avaient pas d'autre choix pour nourrir leur famille.

Quand les Nisei se rendaient au cinéma, ils regardaient des films américains sous-titrés en français. Et une fois, à leur grande surprise, ils se virent sur le grand écran. Dans les semaines qui avaient suivi leur arrivée sur la Côte d'Azur, les cinémas français avaient commencé à projeter des actualités filmées relatant le sauvetage du Bataillon perdu. En regardant le reportage, Hiro Higuchi se dit qu'il accordait presque davantage de crédit aux Texans pour s'être perdus qu'au 442e pour les avoir secourus. À chaque projection, les spectateurs applaudissaient et, en sortant du cinéma, donnaient des tapes dans le dos des soldats et leur serraient la main. Les Nisei étaient en train de devenir des célébrités en France.

Et il n'y avait pas qu'en France que les actualités filmées mettant en vedette le 442e faisaient forte impression. Un après-midi, tandis que Fred Shiosaki patrouillait dans les hauteurs de Sospel, une estafette le trouva et lui lança : « Hé, Rosie, le capitaine veut te voir. »

La première pensée de Fred fut : « Oh, mon Dieu, qu'est-ce que j'ai bien pu faire ? » Il trouva le capitaine – l'un des nombreux officiers tout juste arrivés pour remplacer ceux qui avaient été tués dans les Vosges – l'air irrité et tenant à la main une lettre qui lui avait été transmise par la Croix-Rouge américaine.

« Votre sœur dit qu'elle n'a pas eu de vos nouvelles depuis je ne sais combien de mois et elle aimerait savoir ce que vous devenez, grogna le capitaine. Alors, vous rentrez et vous écrivez une lettre à votre sœur ! »

Contrarié, Fred retourna à son casernement pour lire la lettre. La peur et la douleur de Blanche étaient palpables à chaque ligne. À Spokane, elle avait vu le reportage sur le Bataillon perdu et avait lu des articles dans les journaux au sujet du nombre astronomique de victimes. Le *Hillyard News* avait même publié un article sur Fred qui donnait l'impression qu'il était le bras droit du général Eisenhower, expliquait Blanche, comme s'il était en train de gagner la guerre presque à lui tout seul, mais l'article ne précisait pas s'il était encore en vie. Fred se sentit honteux. Il voulait écrire à sa famille depuis qu'il était arrivé à Marseille à la fin de septembre, mais entre les horreurs de la bataille des Vosges et la lutte de chaque instant pour survivre, sa famille était devenue un concept si abstrait et invraisemblable qu'elle avait presque disparu de ses préoccupations. En lisant les mots de Blanche, toutefois, tout lui revint d'un coup. Ce soir-là, il emprunta une machine à écrire et commença à rédiger une longue lettre rassurante aux siens.

Décembre apporta de nouveau de la neige, par intermittence, sur les postes d'observation là-haut dans les montagnes et occasionnellement à Sospel. Les soldats – en particulier les Hawaïens – se réjouissaient à l'avance à l'idée de passer Noël sous les flocons, une première pour la plupart d'entre eux. Alors que l'impatience grandissait, ils se lancèrent dans d'épiques batailles de boules de neige et passèrent des heures à sculpter avec tendresse de voluptueuses pin-up en guise de bonhommes de neige. Ils hantaient les forêts à la recherche de châtaignes et ensuite s'asseyaient autour de feux de bois pour les faire griller dans les cendres. Ils se lisaient les uns aux autres des cartes de vœux, des cartes qui étaient parties de Waikiki, Hilo, San Francisco ou Los Angeles pour arriver jusqu'à leurs sommets enneigés.

Maso Yamada et Hiro Higuchi s'attelèrent à la préparation des festivités de fin d'année. Ils recrutèrent des soldats pour descendre un grand sapin du haut des montagnes, l'installer devant la mairie de Sospel et aider les habitants à le décorer à l'aide de guirlandes artisanales et de décorations découpées dans des boîtes de conserve et autres objets de récupération. Tout en organisant la succession de célébrations, les aumôniers réalisèrent que le meilleur cadeau qu'ils pourraient faire à leurs hommes serait peut-être, simplement, de leur permettre d'avoir à leurs côtés des jeunes femmes, et ils se mirent par conséquent à recruter des Françaises pour interpréter des chants de Noël devant la troupe. Les femmes célibataires de Sospel, désireuses de rencontrer des soldats américains, de s'amuser, et peut-être avant toute autre chose de profiter d'un vrai repas à cette occasion, affluèrent dans les tentes des aumôniers pour se porter volontaires. Avant d'avoir eu le temps de s'en rendre compte, Higuchi et Yamada eurent bientôt un groupe de quatre-vingts jeunes femmes enthousiastes prêtes à participer aux répétitions – reprenant en rythme des mélodies françaises, s'efforçant de chanter la version en anglais de « Douce nuit » en gardant leur sérieux et sans écorcher les mots.

Les festivités s'ouvrirent toutefois sans la participation des Françaises. Elles commencèrent par un spectacle de Noël que les Nisei eux-mêmes avaient monté pour les enfants de Sospel. Le 18 décembre, 200 enfants et leurs parents se rassemblèrent dans la mairie. Les soldats leur distribuèrent des friandises qu'ils avaient tirées de leur ration et mises de côté. Les cuisiniers du régiment servirent du chocolat chaud, des gâteaux et des sandwichs à la viande et au fromage. Les enfants, les yeux écarquillés, et leurs parents se jetèrent sur les tables, incapables d'attendre pour avoir leur part du banquet. Le maire et le curé sans âge du village se levèrent et firent des discours cérémonieux dans un anglais haché. Un quartette de soldats entonna de très vieux chants de Noël, accompagnés par des guitares et des ukulélés. Quelques enfants se rassemblèrent à une extrémité de la pièce et entonnèrent timidement des chansons populaires. La soirée se termina avec une *Marseillaise* interprétée par les villageois.

Le 23 décembre, les jeunes femmes de Sospel connaissaient suffisamment les chants pour que Yamada et Higuchi les amènent au quartier général du 3ᵉ bataillon où les soldats Nisei avaient décoré les tentes du mess à leur intention. Préparant leur arrivée, les hommes de la compagnie K avaient dressé de jolies tables, chacune avec une nappe et quatre sièges, de quoi permettre à deux couples de se côtoyer. Ils s'étaient coiffés et rasés, avaient repassé leur uniforme et s'étaient mutuellement entraînés à parler un peu français. Quand les invitées arrivèrent dans des autocars de la Croix-Rouge, Yamada les fit entrer dans la tente et les disposa en rangées de huit pour le tour de chant qu'on leur avait enseigné. Les airs, hésitants et approximatifs, ne sonnaient pas très juste, mais il y avait une vraie volonté de bien faire, et à la fin les Nisei se levèrent pour les acclamer et les siffler en applaudissant frénétiquement. De fait, les jeunes filles auraient pu braire comme des ânes, les garçons auraient de toute façon applaudi à tout rompre. C'étaient les premières femmes que certains d'entre eux fréquentaient à l'occasion d'un moment convivial depuis les bals organisés au camp Shelby.

Quand le tour de chant fut terminé, chaque soldat s'approcha d'une Française et lui offrit un paquet de Noël que les intendants de l'armée avaient préparé : deux barres de chocolat, un savon Lux, une brosse à dents, un tube de dentifrice Colgate et un paquet de cigarettes – des trésors inestimables dans une France ravagée par l'Occupation et les combats. Les femmes ouvrirent leur cadeau avec impatience et dévoraient des yeux le contenu sans y croire. Puis les garçons apportèrent des steaks grillés, ouvrirent des bouteilles de vin et les invitèrent à s'asseoir. Les femmes les remercièrent de nouveau chaleureusement, s'assirent et attaquèrent la viande « comme des loups », ainsi que le nota Hiro Higuchi.

Au fur et à mesure que le vin coulait, les conversations gagnaient en intensité – un mélange saccadé de pidgin, d'anglais et de français ponctué de regards interrogateurs, de grands sourires et de rires embarrassés. Les jeunes gens parlaient de la guerre, de leurs parents, d'où ils venaient, des Allemands, de la nourriture, des stars de cinéma américaines, d'Hawaï, de ce qu'ils feraient après. Certains des garçons, grisés par l'alcool, enivrés par le parfum des demoiselles, annoncèrent solennellement que très probablement la toute première chose qu'ils feraient serait de revenir à Sospel pour épouser la belle avec laquelle ils étaient en train de discuter. Les Françaises riaient et repoussaient les garçons tout en lorgnant les restes de leurs steaks.

La veille de Noël, à bord d'une jeep, Hiro Higuchi fit le tour des postes d'observation là-haut dans les montagnes où les températures étaient descendues bien en dessous de zéro. Dans un vieux cellier en pierre, sur un flanc de montagne battu par les vents, il rassembla autant de soldats qu'il le put et célébra un service à la lumière de bougies. Quelqu'un joua des airs de Noël sur un piano droit délabré tandis que les autres, vêtus d'épais manteaux d'hiver en laine, leur souffle formant des volutes blanches, se rassemblèrent autour d'un feu crépitant et chantèrent. Quand ils entamèrent « Douce nuit », Higuchi commença à pleurer en silence. Regardant autour de la pièce, il vit que c'était le cas de beaucoup d'hommes. Ils avaient traversé tant de choses coude à coude, et tant d'inconnues les attendaient encore. Mais à cet endroit, au moins à ce moment-là, ils étaient en sûreté, en paix et ensemble.

20.

« On se demande parfois pourquoi tout cela devait
arriver à des gaillards aussi jeunes. Des millions de vies
ont été perdues dans cette guerre et à moins que nous
bâtissions un monde meilleur après tout cela,
leur sacrifice aura été inutile. »

Hiro Higuchi à son épouse, Hisako,
14 février 1945

Deux jours après avoir fêté Noël avec Esther – tout juste enceinte
de jumelles –, Gordon Hirabayashi se retrouva dans un car avec une
vingtaine d'autres détenus pour être convoyé de l'autre côté des montagnes Cascades à la prison fédérale de l'île McNeil, un bout de terre
battu par les vents à l'extrémité sud du bras de mer que l'on appelle le
Puget Sound. Là, les gardiens le firent se déshabiller, lui donnèrent un
uniforme de détenu en denim rêche, et le placèrent dans une cellule
d'attente jusqu'à ce qu'il soit assigné à l'un des trois dortoirs de la
ferme de la prison. Remarquant que deux des dortoirs étaient réservés
aux détenus « blancs » et qu'un troisième accueillait tous les autres,
ceux que la direction de la prison dénommait les détenus « mixtes »,
Gordon se hérissa. Avec sa petite famille qui l'attendait à l'extérieur,
et sachant qu'il pourrait obtenir une libération anticipée pour bonne

conduite, Gordon décida néanmoins qu'il n'était pas là pour réformer le système pénitentiaire. Il était là pour défendre d'autres principes : en tant que quaker, son opposition religieuse à la conscription et, en tant qu'Américain, son objection à la conscription des hommes dont la famille avait été déplacée et internée. Il décida de purger sa peine sans faire de vagues et de rester calme. Il s'avéra que Gordon ne put pas respecter longtemps cette résolution.

Gordon n'était pas le seul Nisei à être confiné sur l'île McNeil en ce mois de décembre. Pendant le printemps, l'été et l'automne de cette année-là, à peu près 300 opposants à la conscription venus des camps de la WRA avaient été jugés par divers tribunaux fédéraux pour violation de la loi sur la conscription. Chacun de leur procès se déroula d'une manière différente, mais ils se conclurent presque tous par des condamnations. Soixante-trois Nisei de Heart Mountain furent jugés ensemble à Cheyenne, dans le Wyoming. Après s'être adressé à eux d'un ton dédaigneux dès l'ouverture du procès en leur disant « Vous les bridés » et avoir sommairement rejeté leur recours à la Constitution, le juge Thomas Blake Kennedy ne tarda pas à les reconnaître coupables et à tous les condamner à des peines de trois ans à purger soit sur l'île McNeil, soit au pénitencier fédéral de Leavenworth, dans le Kansas. À Boise, dans l'Idaho, le juge Chase Clark – ancien gouverneur de l'État – présida le procès des réfractaires de Minidoka. Ce même Chase Clark en 1942 s'était opposé au déplacement des Nippo-Américains en Idaho, défendant plutôt l'idée que les États-Unis devaient « les renvoyer tous au Japon et ensuite couler l'île » et comparant les Japonais à des rats. Après avoir refusé de se récuser en raison de ces propos, il mit sur pied une justice à la chaîne pour régler rapidement les dossiers, dressant lui-même la liste des jurés et enrôlant parfois des avocats locaux réticents pour représenter les accusés, présidant jusqu'à quatre audiences par jour, et déclarant coupables trente-trois Nisei en onze jours – tous ceux qui étaient passés devant lui, mis à part ceux qui avaient plaidé coupables et un prévenu qui fut acquitté pour une raison technique, mais qui fut ensuite reconnu coupable lors d'un autre procès.

Des procès dans l'Arkansas, le Colorado et l'Utah aboutirent à des sentences similaires, les peines de prison allant de six mois à trois ans et trois mois. Et pourtant, l'argument que ces jeunes accusés essayaient de défendre – l'injustice fondamentale de leur situation – ne fut pas entièrement ignoré. Beaucoup de procès se tenaient dans des localités où l'ensemble des citoyens se montraient extrêmement hostiles à toute personne d'ascendance japonaise. L'une d'entre elles était la ville forestière d'Eureka, dans les forêts brumeuses de séquoias du nord de la Californie, où la xénophobie envers les Asiatiques était une longue tradition. En juillet, le juge Louis E. Goodman y présida le procès de vingt-sept réfractaires Nisei à la conscription du camp du lac Tule. Pour six des accusés qui, à l'ouverture du procès, furent escortés de la prison du comté au tribunal au milieu d'une foule agressive de curieux, tout s'annonçait mal. Mais le juge Goodman était un homme très différent de Chase Clark de l'Idaho ou de T. Blake Kennedy du Wyoming. Avant même le début des audiences, Goodman fut troublé par le fait que les avocats commis à la défense des Nisei ne semblaient guère intéressés par une éventuelle victoire. Il fut encore plus troublé par l'idée même de juger de jeunes citoyens américains qui avaient été amenés devant son tribunal depuis ce qu'il appela un « centre de concentration ». Comment, se demandait-il, pourraient-ils être considérés comme des individus libres de leurs actes quand leurs droits fondamentaux en tant que citoyens avaient été niés ? Comment pourrait-il affirmer que la loi avait été appliquée par son tribunal si la loi avait été bafouée par l'internement des accusés au camp du lac Tule ? Goodman attendit le dernier moment du procès pour donner son point de vue, mais quand il le fit, ce fut un cuisant reproche adressé à l'accusation : « Il est choquant qu'un citoyen américain soit confiné pour des raisons de déloyauté, et ensuite, sous coercition et contrainte, qu'il soit tenu de servir dans les forces armées, ou soit poursuivi pour ne pas s'être soumis à une telle contrainte. » Et sur ce, devant un tribunal ébahi, il rejeta les charges pesant contre les réfractaires Nisei qui se tenaient devant lui. Ils étaient libres, mais libres seulement de retourner à leur confinement derrière les barbelés du camp du lac Tule, en attendant son évacuation.

En décembre, la fermeture de certains des camps de la WRA était imminente. Dans ces camps, la peur, l'espoir et l'indécision continuaient à croître alors que les familles internées envisageaient la possibilité de retourner sur la côte ouest. Un débat enflammé, parfois brutal, au sujet de leur retour faisait toujours rage le long de la côte, on en parlait dans les journaux des petites villes, dans les salons de coiffure, dans les bars et à la sortie des églises. L'essentiel de la discussion publique concernait un incident qui avait eu lieu à Hood River, dans l'Oregon. Comme dans beaucoup de villes américaines, la section locale de l'American Legion, une association d'anciens combattants, avait érigé un monument à côté du tribunal du comté pour rendre hommage aux enfants de la cité qui servaient à l'étranger. La nuit du 29 novembre, les légionnaires avaient effacé seize noms du monument : ceux de tous les Nippo-Américains de Hood River dans le service actif. Craignant que la signification de ce geste soit mal comprise, le commandant de la section locale, Jess Edington, déclara sans ambages : « Nous voulons simplement leur faire savoir que nous ne voulons pas qu'ils reviennent. » Huit autres sections de l'American Legion suivirent aussitôt l'exemple de celle de Hood River et enlevèrent les noms des soldats nippo-américains de leur liste d'honneur au seul motif de leur ascendance.

Bientôt la nouvelle de l'incident de Hood River se répandit à travers le pays, provoquant un sursaut d'indignation. Le *New York Times* parla de « La méprise de Hood River ». Le magazine *Collier's* éreinta « le sale boulot à Hood River ». Le *Chicago Sun-Times* qualifia l'American Legion de Hood River de « pas si américaine ». Une section de l'American Legion de New York proposa même à seize soldats Nisei de les faire membres. En Oregon et dans presque tout l'Ouest, la réaction fut très différente. En dépit des exploits du 442ᵉ en Europe qui étaient de plus en plus médiatisés, des millions d'Américains bouillaient toujours de colère quand ils entendaient un nom à consonance japonaise ou voyaient un visage dont les traits semblaient japonais. Un sénateur de l'État de l'Oregon éructa : « Ayons notre cœur en Amérique et que les bridés s'en aillent ! »

Puis une information parvint à Hood River au sujet d'un autre soldat Nisei de la région. Celui-ci n'appartenait pas au 442ᵉ. En même temps que le 442ᵉ se battait en Europe, près de 6 000 autres Nisei avaient rejoint le MIS (Military Intelligence Service), la plupart d'entre eux dans le Pacifique, pour combattre les forces impériales japonaises. Formés comme traducteurs, interrogateurs, rédacteurs de propagande ou opérateurs radio, beaucoup servaient à l'arrière, à bord de bateaux relativement sûrs ou dans des postes d'écoute. D'autres, toutefois, avaient été incorporés dans des unités de combat actives au cœur de la jungle et sur les plages des Philippines, de Birmanie, de Nouvelle-Guinée et de toutes les autres zones où les troupes américaines se battaient dans le Pacifique. En raison de leurs origines, ils se retrouvaient confrontés à des risques particuliers, notamment celui d'être capturés par les forces japonaises, qualifiés de traîtres et soumis à des tortures barbares puis exécutés. Un autre risque était tout simplement d'être pris pour l'ennemi.

Cet hiver-là, tandis que sa famille était internée dans le froid mordant du camp de concentration de Minidoka, Frank Hachiya, 24 ans, servait dans le MIS aux côtés d'autres forces américaines au cœur de la jungle, sur l'île de Leyte, dans les Philippines. Pendant des semaines, il avait rampé derrière les lignes japonaises afin de reconnaître et de cartographier les positions de l'adversaire. Le 30 décembre, quand des éléments avancés de la force d'invasion capturèrent un des ennemis, Hachiya se porta volontaire pour traverser une vallée afin d'interroger le prisonnier. Tandis qu'il retraversait la vallée au retour de sa mission, il fut abattu par une rafale de tirs. Il fut impossible de déterminer s'il avait été abattu par des tireurs japonais dissimulés ou par des forces américaines qui l'avaient pris par mégarde pour un ennemi, mais quel que fût celui qui avait appuyé sur la détente, Hachiya fut mortellement blessé. Il mourut dans un hôpital de campagne le 3 janvier 1945.

Comme il s'était engagé en donnant une adresse à Portland, le nom d'Hachiya n'avait jamais figuré sur la liste d'honneur de Hood River, et il n'en avait donc pas été rayé. C'était toutefois là que se trouvaient ses véritables racines, et quand la nouvelle de sa mort traversa le Pacifique, puis remonta le fleuve Columbia jusqu'à Hood River, elle fit l'effet d'une déflagration. La colère au sujet de la suppression des noms de la liste d'honneur ressurgit mais la contre-attaque locale fut encore plus virulente.

En France, alors que l'hiver laissait place au printemps, la neige restait accrochée aux plus hauts pics de l'arrière-pays niçois, mais un peu plus bas dans les montagnes, les crocus violets et blancs pailletaient les prairies déjà vertes. En contrebas, le long de la côte, les bougainvillées, les roses et les chrysanthèmes fleurissaient. De plus en plus de Nisei blessés commencèrent à revenir des hôpitaux plus au nord, et des centaines de nouvelles troupes – pour beaucoup d'entre elles des conscrits issus des camps – arrivèrent pour remplacer ceux qui ne reviendraient jamais.

Dans le 442ᵉ, les anciens comme les nouveaux venus continuaient à alterner les séjours dans les conditions extrêmes des postes d'observation isolés et ceux dans les villas et les hôtels sur la côte. Même quand ils étaient là-haut dans les montagnes, ils trouvaient moyen de s'adonner à des plaisirs simples, se lançant dans d'épiques batailles de boules de neige et grattant leurs ukulélés autour d'un feu de camp. Kats découpa un bidon d'essence en deux, le remplit de l'eau qu'il avait fait bouillir au-dessus d'un feu et s'en servit comme d'un o-furo, restant assis pendant des heures dans sa baignoire improvisée, complètement nu, se laissant tremper avec bonheur tout en admirant la mer bleue qui s'étendait à ses pieds.

Sur la Côte d'Azur, toutefois, la guerre se poursuivait. Les Nisei passaient le plus clair de leur temps à effectuer des patrouilles de reconnaissance, grimpant au sommet de monts rocheux avant d'en redescendre ou s'abritant avec radios et jumelles, soit dans des grottes naturelles, soit dans des fortifications en béton, afin d'étudier les mouvements des troupes allemandes de l'autre côté de la frontière. De temps à autre, les Nisei qui portaient des parkas blanches tombaient nez à nez avec des Allemands vêtus de la même manière, et des échanges de tirs féroces résonnaient sur les flancs neigeux battus par les vents. Parfois, des duels d'artillerie éclataient, et des centaines d'obus volaient en tous sens. Rien qu'en janvier, six soldats Nisei furent tués et vingt-quatre blessés.

George Oiye accomplit alors l'acte dont il serait le plus fier après la guerre. Un matin, par un temps à la fois dégagé et froid, il remarqua au loin, sur un flanc de montagne côté italien, un canon géant de 320 millimètres de l'artillerie ennemie monté sur un wagon. Les Allemands l'utilisaient depuis des semaines pour tirer au hasard sur Nice, terrorisant la population. Comme après chaque tir ses servants le rentraient précipitamment dans un tunnel avant que quiconque ne puisse le localiser, les forces américaines n'étaient pas parvenues à le neutraliser en dépit de leurs efforts. George avait remarqué un halo brillant de fumée blanche quelques instants après que le canon avait tiré et avant qu'il soit rentré dans le tunnel. Il remarqua aussi ce matin-là que deux croiseurs de la marine américaine faisaient des ronds dans l'eau au large de la côte juste en dessous de l'entrée dudit tunnel. Sans perdre une minute, il indiqua par radio la localisation du canon au poste de direction de tir de la division, qui la relaya aux deux navires. En quelques instants, les deux bateaux virèrent de bord et lâchèrent des bordées avec leurs canons de 20 centimètres. À sa grande satisfaction, et non sans fierté, George regarda, fasciné, l'énorme canon dégringoler en faisant des tonneaux le long de la falaise avant de plonger dans la Méditerranée.

Vers la fin février, « la campagne du champagne », ainsi que les Nisei avaient commencé à l'appeler, était clairement sur le point de s'achever. En dépit de l'optimisme qui avait régné lors de l'automne précédent – et alors même que les Alliés se rapprochaient lentement de la frontière avec l'Allemagne à l'ouest et que l'Armée rouge progressait à l'est –, les Allemands continuaient à faire preuve d'une ténacité inébranlable. Dans le nord de l'Italie, des dizaines de milliers de soldats de la Wehrmacht opiniâtres tenaient toujours l'inexpugnable ligne Gothique. En Allemagne même, un plus grand nombre encore de soldats était massé entre les Alliés et le Rhin. Le voyage retour vers la maison n'était pas pour tout de suite. Tôt ou tard, les soldats Nisei auraient de nouveau à aller au feu quelque part, ils le redoutaient encore plus que lorsqu'ils avaient quitté la zone de repos de Vada en août. Un an plus tôt, ils étaient impatients de combattre. Désormais, ils voulaient juste en finir et rentrer chez eux.

Début mars, les artilleurs du 522ᵉ apprirent qu'ils allaient être détachés du 442ᵉ et renvoyés dans l'est de la France pour rejoindre la 7ᵉ armée sur le point de donner l'assaut contre le territoire allemand. Kats, comme Sus, George et la plupart de ses amis artilleurs, répugnait à quitter la relative sérénité où il se trouvait et ses nombreux amis de l'infanterie. Les nouvelles consignes n'étaient pas vraiment pour lui déplaire. Encore plus qu'au moment de son incorporation, il était attaché à son éthique personnelle et entendait faire ce qui devait être fait pour le plus grand bien. Pour lui, il s'agissait toujours de garder un équilibre délicat entre le giri et le ninjō, entre ses obligations formelles et ses sentiments personnels. La façon convenable de le faire était de recourir au *gaman*, c'est-à-dire supporter ce qui devait l'être. Il n'avait pas de nouvelles de son père, toujours interné à Santa Fe, depuis un bon moment, mais il savait qu'en dépit de la condition qui était la sienne, il lui dirait la même chose. Et il y avait ce que l'aumônier avait dit à Kats quand Katsuaki était mort en Alabama, que désormais sa mission dans la vie était d'honorer l'héritage de son frère en étant le meilleur soldat possible. Si combattre en Allemagne pouvait hâter l'effondrement du régime nazi qui lui avait pris tant de ses amis et en empêcher davantage de mourir, Kats voulait toujours en être.

Avec les autres servants de *Kuuipo*, ils commencèrent à rassembler leurs affaires. Le 9 mars, ils campèrent à Antibes, puis formèrent un convoi et entreprirent de remonter vers le nord par la route, parcourant en sens inverse le chemin qu'ils avaient suivi en novembre, se mettant à imaginer à quoi Berlin ressemblerait quand ils y entreraient.

Une étrange atmosphère de secret semblait flotter autour du sort de l'infanterie, même quand on leur disait de se préparer à lever le camp. Les officiers supérieurs semblaient tout aussi incertains que les hommes du rang quant à ce qui les attendait, et où on les enverrait ensuite. Certains craignaient qu'ils ne soient sur le chemin du Pacifique sud pour prendre part à une possible invasion du Japon. Quelques-uns osaient penser qu'ils pourraient rentrer chez eux. La plupart étaient résignés à endurer un nouveau cycle d'incertitude, typique de la vie militaire.

Le 17 mars, ils grimpèrent dans des camions à destination de Marseille. En ce beau matin de printemps, ils étaient déterminés à profiter des derniers plaisirs de leur séjour sur la Côte d'Azur. Ils montèrent à plusieurs sur le toit des cabines jusqu'à ce qu'il n'y ait plus de place, et ils traversèrent la vieille ville jambes pendantes dans le vide, grattant leur guitare et leur ukulélé, lançant des citrons aux enfants qui couraient à côté des camions, interpellant en anglais et en mauvais français ou en japonais chaque jeune fille qu'ils croisaient. Les Françaises, comprenant ce qu'ils voulaient dire à défaut des mots qu'ils prononçaient, leur faisaient signe en retour et souriaient en leur criant : « Bon voyage ! Bonne chance ! »

L'ambiance changea du tout au tout quand les camions s'arrêtèrent brusquement dans une zone du front de mer où d'énormes barges de débarquement grises les attendaient, rampes abaissées et portes d'étrave grandes ouvertes. Des événements étranges s'ensuivirent. On leur demanda d'ôter toutes les marques d'identification de leur unité sur leur uniforme, ainsi que de masquer les indications sur leur équipement : les insignes d'épaules du 442e et du 100e, celle sur leur casque, les inscriptions peintes sur leurs camions et leurs jeeps. Quelque chose se préparait et ils ne comprenaient pas de quoi il s'agissait. Quelle que soit leur mission, l'armée ne voulait apparemment pas que le monde l'apprenne. Où qu'ils aillent, ce serait incognito.

21.

« Nos garçons ont accompli ce qui était considéré
comme un exploit impossible. »

Masao Yamada à son épouse, Ai,
10 avril 1945

À Poston ce printemps-là, la mère de Rudy Tokiwa continuait de se lever chaque matin avant l'aube et de prendre une douche d'eau glacée, priant pour le retour de son fils, sain et sauf. À Spokane, Kisaburo et Tori Shiosaki se levaient eux aussi aux aurores, buvaient du thé et mangeaient quelques toasts avant de descendre au rez-de-chaussée allumer les chaudières de la blanchisserie et lever les rideaux de la vitrine où les deux étoiles bleues étaient toujours accrochées. Au camp pénitentiaire de Santa Fe, Katsuichi Miho était assis sur les marches de sa baraque presque chaque matin pour regarder le soleil se lever au-dessus des montagnes, sirotant du café dans une tasse métallique, essayant de se réchauffer, avant de se préparer pour rejoindre l'infirmerie où il donnait un coup de main.

Au même moment, à la prison fédérale de l'île McNeil, Gordon Hirabayashi était déjà vêtu de son uniforme de prisonnier et avait pris place dans un bus pour rejoindre les champs détrempés de la ferme pénitentiaire où il travaillait. Gordon s'appliquait avec zèle quelle que soit la tâche qu'on lui assignait. Il avait pris la décision de ne pas faire de vagues, de purger sa peine sans créer d'incident pour rejoindre aussi rapidement que possible Esther et ses jumelles nouveau-nées. Mais quand vint le moment pour Gordon de quitter le bâtiment de la détention générale et de rejoindre un dortoir de la ferme, il sentit que ses principes lui intimaient une nouvelle fois d'agir. À la prison de Catalina, Gordon avait lancé un mouvement de protestation parmi les détenus quand il avait été affecté à un dortoir « réservé aux Blancs ». Sur l'île McNeil, on lui attribua une place dans une des baraques qui n'hébergeaient que des détenus non blancs. La logique était l'exact inverse de celle qui avait prévalu à Tucson, mais pour Gordon le problème restait le même : la direction de la prison pratiquait la discrimination raciale. Ayant reçu l'ordre de rassembler ses affaires et de se présenter à la baraque des non-Blancs, Gordon se contenta de rester là où il était, refusant de bouger. Un garde de nuit, le visage rougi par la colère, lui hurla :

« Prends tes affaires et vas-y !

– Il n'en est pas question. J'irai là-bas quand j'aurai obtenu une clarification.

– Tu y vas maintenant. C'est un ordre ! »

Gordon regarda son interlocuteur, il était à la fois indifférent et inflexible, son visage avait repris cette expression implacable.

« Écoutez, vous avez fait votre travail, vous m'avez donné l'ordre de déplacer mes affaires, par conséquent ce que je fais désormais ne relève plus que de ma responsabilité. Si vous voulez me punir pour quelque chose que j'ai fait, allez-y. Mais ne vous énervez pas. Vous avez fait votre part du travail. »

Le garde, les yeux écarquillés, incrédule, bafouilla : « Tu vas refuser de m'obéir ? »

Gordon, redoutant un accès de violence, se leva et se dirigea non pas dans la direction indiquée par le garde mais simplement vers une autre pièce. Il s'attendait vraiment à être jeté dans ce que les détenus de McNeil appelaient « le trou noir » et mis au pain et à l'eau. Si cela devait arriver, se dit-il, il jeûnerait, il boirait l'eau, mais ne mangerait pas. Ce serait un bon moyen de défendre son point de vue sans recourir à la moindre forme de résistance physique, cela pouvait aussi toutefois signifier qu'il devrait encore attendre davantage avant de pouvoir rejoindre son épouse et ses filles.

À la grande surprise de Gordon, toutefois, le garde s'en alla et il ne se passa rien. Au bout de deux semaines, le directeur de la prison le convoqua dans son bureau. Gordon expliqua ce qu'il avait fait et pourquoi. Le directeur lui répondit avec insistance que la prison ne pratiquait pas la discrimination, mais finit par lui dire : « Laissez-moi étudier la question. Je vous ferai appeler plus tard. » Il ne reconvoqua jamais Gordon dans son bureau, mais à peu près une semaine plus tard, la prison commença lentement à déségréguer les baraques et Gordon ne vit jamais à quoi ressemblait « le trou noir ».

Aux alentours de minuit dans la nuit aussi froide que pluvieuse du 12 mars, le 522ᵉ bataillon d'artillerie de combat traversa la Sarre et pénétra sur le territoire allemand près de la ville de Kleinbliederstroff, juste au sud de Sarrebruck. Désormais rattachés à la 63ᵉ division d'infanterie de la 7ᵉ armée du général Alexander Patch, les artilleurs Nisei ne rencontrèrent aucune opposition. Vers 11 h 30 le lendemain matin, ils s'étaient retranchés dans la terre allemande pour la première fois et se mirent à tirer sur des cibles le long de la ligne Siegfried depuis laquelle les Allemands espéraient lutter afin d'empêcher les Alliés de traverser le Rhin et de se diriger vers des villes importantes comme Mannheim, Francfort et, plus au sud, Munich.

Cette nuit-là, tandis que les Nisei continuaient à tirer des obus en chandelle par-dessus leurs tranchées, le 63ᵉ d'infanterie pénétra plus avant en Allemagne. Avec lui se trouvaient des éclaireurs du 522ᵉ, parmi lesquels Sus Ito et George Oiye. C'était une nuit complètement noire. Quelque part au-dessus d'une épaisse couverture nuageuse, une nouvelle lune était suspendue, sombre et inutile, dans le ciel. Les hommes ne pouvaient pas voir ce qui se trouvait sur le sol devant eux, même à quelques mètres, et ils durent d'abord traverser des champs que les Allemands avaient truffés de centaines de mines Schü, de simples boîtes en bois dotées d'un système rudimentaire pour se déclencher à la moindre pression, chacune remplie de 200 grammes de TNT, juste assez pour arracher la jambe d'un homme jusqu'à la hanche.

Alors qu'il se mettait en route pour traverser ce qui lui semblait être un champ d'herbe fraîchement coupée ras d'après ce qu'il ressentait sous ses bottes, George Oiye n'aimait pas du tout la situation dans laquelle il se trouvait. Dans l'obscurité, rien d'autre que la chance ne semblait le séparer de la perte de ses jambes, voire de celle de sa vie. Quand, soudainement, un bourdonnement bizarre se déclencha derrière lui, et tout devint nettement plus clair. Les hommes des transmissions avaient allumé d'énormes projecteurs de 75 centimètres de diamètre, les avaient tournés vers le ciel afin que la lumière se reflète sur les nuages pour créer une lueur verdâtre vacillante semblable à celle de la lune au-dessus des champs. Ce n'était pas grand-chose, mais cela permettait au moins de voir où votre prochain pas allait vous amener et c'était déjà en soi un énorme soulagement pour George.

Tout en avançant, celui-ci se retrouva peut-être à 3 mètres derrière un grand fantassin blond. Il se dit que s'il restait dans ses pas, cela réduirait la probabilité de marcher sur une mine. Juste après que cette pensée eut traversé l'esprit de George, son compagnon déclencha une mine. Tous deux furent soulevés de terre au milieu d'une pluie de mottes de gazon, de terre et de pierres. George se remit sur pied indemne, mais le fantassin était allongé sur le sol, le corps en sang à partir de sa poitrine. Après un moment de stupéfaction, il commença à crier. George appela un brancardier mais personne ne vint, il se pencha alors sur le blessé, essayant de le réconforter. Ses yeux grands ouverts empreints de panique restaient fixés sur ceux de George qu'il suppliait de l'achever. Il n'était pas très cohérent mais semblait absolument convaincu que ses parties génitales avaient été touchées. « Descends-moi ! Descends-moi, bon Dieu ! hurlait-il. – Je ne peux pas », répondait George doucement. Il évalua la situation rapidement. L'aine semblait intacte, mais l'un des pieds était presque entièrement arraché et ne tenait plus à la jambe que par un seul tendon. George sortit son couteau, coupa le tendon et le pied tomba au sol. L'autre ne sembla même pas s'en rendre compte. George appela de nouveau un brancardier, ou un porteur de civière, mais là encore personne ne vint. Se rendant compte que le blessé entrait en état de choc, George se glissa sous lui et réussit tant bien que mal à se mettre sur ses pieds avec le corps inerte sur ses épaules. Le fantassin était au moins 15 centimètres plus grand que lui et pesait peut-être une vingtaine de kilos de plus, mais George commença à avancer en chancelant à travers le champ, sans se soucier des mines qui pouvaient se trouver sur son chemin. Quand il ne put plus porter le blessé, il l'allongea sur l'herbe, le prit par les deux bras et le tira jusqu'à ce qu'il trouve enfin de l'aide. Puis, son uniforme maculé de sang, il se retourna et reprit sa marche là où il l'avait arrêtée.

À partir du moment où il entra en Allemagne, ce qu'il vit déconcerta Kats Miho. Tandis que les hommes du 522e avançaient vers l'est dans leurs camions, approchant de la ligne Siegfried et, au-delà, de la Rhénanie, s'arrêtant de temps à autre pour régler leur canon et tirer sur des cibles devant eux, Kats ne pouvait pas s'empêcher de scruter le paysage. N'importe quel jour de mars quelques années plus tôt, les lieux lui auraient semblé charmants. L'Allemagne, au sujet de laquelle il avait lu tant de choses depuis l'enfance, était un pays de contes de fées, de villages bien agencés, de petites maisons aux murs blanchis à la chaux, de panneaux indicateurs où de grosses lettres gothiques donnaient la direction d'endroits au nom imprononçable : Bliesransbach, Neumuhlerhof, Oberscheckenbach. C'était un pays où des flèches élégantes s'élevaient au-dessus de simples temples luthériens, où des châteaux médiévaux en ruine étaient perchés sur des collines surplombant des vallées fluviales couvertes de forêts. Entre les villages, des collines peu élevées ondulaient sur des kilomètres, leur vert émeraude moucheté de grappes de boutons d'or jaune vif.

Mais, en ce mois de mars 1945, il était difficile de déceler la moindre beauté dans la campagne allemande. Le paysage, aussi brillant de vert et de bleu qu'il pouvait paraître aux yeux d'un innocent, semblait pour les troupes américaines qui le foulaient couvert d'un voile lugubre. Ce n'étaient pas uniquement les bâtiments réduits à l'état de ruines par les bombardements alliés, les épaves complètement carbonisées des chars et des half-tracks allemands le long des routes, les colonnes de fumée noire qui s'élevaient de ce qui restait des usines et des dépôts ferroviaires. C'était plus diffus que cela : une sensation générale que quelque chose de redoutable était tapi dans le passé immédiat ou le futur proche de cette terre, nul ne pouvait savoir. Kats le devinait dans les yeux des Allemands, ceux qui se tenaient devant les portes des granges, ceux qui regardaient à l'abri de leurs volets les camions transportant les soldats américains à travers les villages. Kats avait déjà vu des civils choqués par la guerre en Italie et en France mais, là, c'était différent. Les regards qu'il croisait à présent semblaient suggérer que quelque chose de pire que l'horreur, quelque chose d'une noirceur indicible, les attendait derrière l'horizon.

Le 25 mars, Fred Shiosaki, apparemment condamné à souffrir du mal de mer chaque fois que l'armée le mettait sur un bateau, se retrouva de nouveau pris de haut-le-cœur dans sa bannette d'un bâtiment de débarquement secoué par la houle alors qu'il approchait le port de Livourne ravagé par les combats.

Quand l'embarcation s'immobilisa enfin et que les énormes portes de l'étrave s'ouvrirent, Fred se rendit compte que les rumeurs qu'il avait entendues à bord étaient fondées. Lui et le reste du 442ᵉ se retrouvaient dans le nord-ouest de l'Italie, exactement là d'où ils étaient partis pour la France sept mois plus tôt.

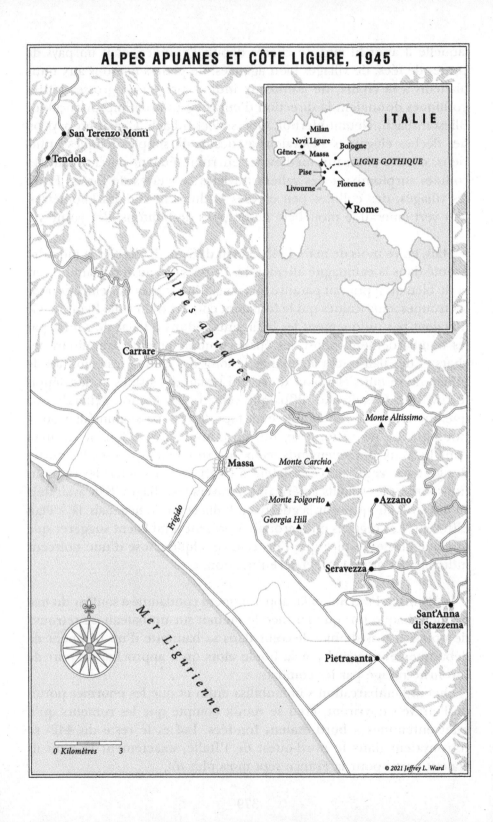

ALPES APUANES ET CÔTE LIGURE, 1945

San Terenzo Monti

Tendola

Alpes apuanes

Carrare

Monte Altissimo ▲

Massa

Monte Carchio ▲

Frigido

Monte Folgorito ▲

Azzano

Georgia Hill

Seravezza

Sant'Anna
di Stazzema

Mer Ligurienne

Pietrasanta

0 Kilomètres 3

ITALIE

Milan
Novi Ligure
Gênes ● Massa Bologne
LIGNE GOTHIQUE
Pise
Livourne Florence
★ Rome

© 2021 Jeffrey L. Ward

Avec Rudy et toute la compagnie K, il grimpa à bord de camions qui les transportèrent jusqu'à une zone de rassemblement à l'extérieur de Pise, où ils s'installèrent à l'intérieur de grandes tentes. Là, on leur distribua de nouveaux équipements et on leur donna pour consigne de ne jamais quitter la base. Les gradés, semblait-il, ne voulaient pas que quiconque – et certainement pas les espions qui s'étaient mêlés aux habitants de Pise – sache que les Nisei étaient revenus en Italie.

Le général Mark Clark avait été vivement impressionné quand le 442e avait combattu sous ses ordres lors du printemps et de l'été précédents. Il avait alors dit à Pence : « Le courage et la détermination dont ont fait preuve les hommes du 442e régiment pendant leur courte participation aux combats sont source d'inspiration pour nous tous. » Au cours des sept mois qui suivirent, après avoir eu vent de leurs exploits dans les Vosges, Clark avait fait tout son possible, de la manière la plus insistante qui soit, pour que les Nisei soient renvoyés en Italie. À présent qu'ils étaient de nouveau sous son commandement, il avait un plan pour eux.

Tout au long de l'automne et de l'hiver précédents, les armées alliées s'étaient jetées à plusieurs reprises sur la ligne Gothique, les redoutables fortifications allemandes qui s'étendaient en travers de la péninsule italienne, depuis les Alpes apuanes au nord de Pise à l'ouest jusqu'à la mer Adriatique à l'est. Mais elles n'avaient guère avancé et une grande partie de la 5e armée était embourbée sur la rive droite de l'Arno, non loin de là où elle se trouvait quand le 442e avait quitté le front pour rejoindre les Vosges. Tant que les Allemands restaient retranchés dans les grottes et les bunkers surplombant la route qui longeait la côte ligurienne, la 5e armée ne pouvait pas remonter vers le nord, s'emparer de Gênes, pivoter vers le nord-est et entrer dans la vallée du Pô afin d'avancer vers Milan.

Clark entendait envoyer les Nisei contre la ligne Gothique. Et il voulait que leur présence en Italie soit une surprise pour les Allemands, dont il savait qu'ils les redoutaient. Il ne s'attendait pas nécessairement à ce que le 442e soit capable de faire une percée à travers le terrain accidenté de l'extrémité occidentale de la ligne ; personne n'en avait été capable. Mais s'ils mettaient suffisamment de pression sur les fortifications et combattaient comme ils l'avaient fait dans les Vosges, les Allemands auraient à faire venir des troupes depuis l'est de la ligne, ce qui soulagerait l'effort des Alliés pour percer sur la côte orientale de la péninsule, puis prendre Bologne et Milan et mettre un terme à la guerre en Italie.

Ni Fred, ni Rudy, ni aucun des soldats du 442e n'avaient la moindre idée de tout cela. Tout ce qu'ils savaient, tout ce qu'on leur avait dit, c'était qu'ils étaient de retour en Italie, de retour dans la 5e armée, rattachés à la 92e division – la division noire « Buffalo » – et sur le point de retourner au combat dans un nouveau labyrinthe de montagnes escarpées qui se déployait devant eux.

Au cours des jours et des nuits qui suivirent, caché dans des granges le jour, et transporté à l'arrière de camions tous feux éteints la nuit, Rudy s'efforça de déterminer s'il était heureux de retrouver l'Italie. Il redoutait ce qui allait arriver, mais il ressentait une forme de familiarité avec ces lieux. Il y avait des choses qui lui avaient manqué sans qu'il le sache, quand ils étaient en France : le son d'un phonographe jouant une aria éraillée qui s'échappait d'une fenêtre aux volets clos, l'odeur de moisi des caves à vin, le fumet du poisson en train de frire dans de l'huile d'olive, le claquement des talons de bois dans les rues pavées, les vieilles femmes réprimandant leur époux.

Arrivés dans la jolie petite ville de Pietrasanta, nichée dans les contreforts des Alpes apuanes, ils descendirent de leurs camions. Fred regarda autour de lui. Il ne pouvait presque rien voir dans l'obscurité, mais c'était une nuit claire et il distinguait tout de même la masse noire des montagnes qui se dessinait au-dessus de lui, leur silhouette se découpant sur le ciel étoilé. Il ne le savait probablement pas, mais plusieurs mois auparavant, dans ces mêmes montagnes, à un peu plus d'un kilomètre et demi de l'endroit où il se trouvait, dans le village de Sant'Anna di Stazzema, les nazis avaient massacré près de 560 Italiens, dont des douzaines d'enfants et huit femmes enceintes.

Fred hissa son équipement sur son dos et prit place dans une colonne d'hommes de la compagnie K montant à petite allure le long d'une autre route étroite en direction du nord-est. Ceux du 100e, remarqua Fred, prenaient une autre direction et disparaissaient dans l'obscurité vers le nord-ouest. Quelqu'un chuchota que la route était peut-être minée et qu'il fallait rester sur les bas-côtés. Quand ils parvinrent à Seravezza, un village plongé dans l'obscurité, la route devint nettement plus raide et se mit à serpenter en une succession d'épingles à cheveux. Fred avait de plus en plus de mal à avancer, il était à bout de souffle, ses jambes le faisaient souffrir. Il y avait des mois qu'il n'avait pas eu à marcher de la sorte. De temps à autre, un officier leur demandait de la fermer, de se faire aussi discrets que possible, de ne pas allumer de cigarettes. La route était de plus en plus étroite. Un peu avant 4 heures, après avoir passé cinq heures à monter péniblement sur plus de 10 kilomètres, ils arrivèrent à Azzano, un autre village accroché au flanc d'une arête où, là aussi, aucune lumière n'était allumée. Tandis que les hommes, épuisés, s'accroupissaient au sol dans l'unique rue du village, leur officiers commencèrent à frapper doucement aux portes, réveillant les habitants, leur intimant de garder leurs lumières éteintes, leur annonçant l'arrivée inopinée d'invités. Puis, en petits groupes, les Nisei se levèrent et se glissèrent furtivement jusqu'aux celliers, aux granges et aux cuisines en pierre, là où nul ne pourrait les voir.

Dans la lumière grise d'avant l'aube, Fred pouvait distinguer un autre sommet, bien plus haut, qui s'élevait juste de l'autre côté de la vallée encaissée à leurs pieds. Et quelque chose qu'il ne pouvait pas s'expliquer. La rivière au fond de la vallée donnait l'impression d'être blanche. Ce n'était pas la couleur de l'eau, mais celle des pierres le long du rivage et dans le lit du cours d'eau, elles étaient si blanches que c'était comme si elles luisaient dans la lumière pâle. Plus tard dans la journée, il apprendrait que le cœur des montagnes où ils avaient randonné cette nuit-là était blanc, renfermant le marbre le plus pur du monde : le marbre de Carrare. Depuis l'Antiquité, des hommes étaient montés dans ces montagnes pour l'extraire. Pietrasanta, la charmante cité toscane où ils étaient descendus de leurs camions la nuit précédente, avait, pendant un temps, accueilli Michel-Ange qui avait voulu habiter à proximité des carrières de marbre, afin de sélectionner les pierres de la meilleure qualité pour ses sculptures. Depuis, l'extraction du marbre était devenue une industrie. Et, plus récemment, les Allemands avaient transformé certains des énormes pics blanchâtres des montagnes en de redoutables réduits.

Quand l'aube se leva, les Nisei étaient dissimulés derrière les volets clos et les lourdes portes des maisons et des cabanons à travers Azzano, hors de la vue des observateurs et des tireurs allemands postés dans la montagne de l'autre côté de la vallée. Étendus dans le foin ou à même le sol de terre, ils essayaient de trouver le sommeil. Mais alors que de plus en plus de villageois se réveillaient et découvraient ces visiteurs inattendus, ils restèrent fidèles à leur tradition d'hospitalité et se mirent à piocher dans leurs maigres réserves pour leur apporter sans cesse de quoi manger : des œufs, du fromage, des olives et quelque chose dont les Américains se souviendraient pour le reste de leurs vies, des crêpes faites d'une farine de châtaigne fraîchement moulue sur lesquels ils versaient un filet de miel des montagnes.

Les 2ᵉ et 3ᵉ bataillons passèrent le reste de cette journée dans leurs cachettes à Azzano. À la nuit tombante, les soldats nettoyèrent leurs armes une fois de plus, nouèrent leurs plaques d'identification ensemble pour qu'elles ne tintent pas, et appliquèrent de la suie sur leur visage pour l'obscurcir.

Un peu avant minuit, les compagnies I et L se glissèrent discrètement dans la rue principale et suivirent un sentier ténébreux à travers une forêt de châtaigniers dans l'étroite vallée en contrebas. Quand ils traversèrent la rivière de pierres blanches au pied de la montagne, deux tireurs ennemis les remarquèrent et un bref échange de tirs éclata, mais les Allemands furent rapidement abattus. Puis, marchant en file indienne, chaque homme tenant le sac à dos de celui qui le précédait comme ils l'avaient fait dans les Vosges, les Nisei suivirent un partisan italien qui les guida le long d'un sentier rocheux et sinueux de l'autre côté de la vallée. Virage après virage, ils grimpèrent un pic escarpé, le Monte Folgorito, qui les dominait de toute sa masse. Leur mission était audacieuse : entreprendre une impossible ascension de l'arrière du Monte Folgorito, prendre les Allemands à revers et s'emparer des hauteurs entre les sommets du Monte Folgorito et du Monte Carchio tout proche avant que l'aurore ne révèle leur présence aux observateurs ennemis postés sur les pics alentour.

Tandis que les Nisei entamaient l'ascension de la montagne, le colonel Pursall chuchota un ordre de mauvais augure dans l'obscurité : « Si vous tombez, surtout ne criez pas. » Le chemin devint rapidement aussi étroit qu'un sentier de gibier, et la pente s'accentua brusquement jusqu'à au moins 60 degrés par endroits. Ployant sous leur lourd équipement de combat, les soldats n'eurent bientôt plus le moindre sentier à suivre. À quatre pattes, s'aidant de leurs mains pour se hisser sur les roches meubles de schiste argileux, s'agrippant à des racines et des arbrisseaux ainsi que les uns aux autres, faisant de leur mieux pour ne pas glisser dans le canyon en dessous d'eux. Malgré tout, certains tombèrent. L'un d'entre eux, Mamoru Shirota, fut assommé par un rocher délogé par l'un des hommes qui le précédaient. Il dégringola sur une vingtaine de mètres avant qu'une souche d'arbre n'arrête sa chute. Masao Yamada se laissa glisser le long de la pente pour l'aider. Personne ne fit le moindre bruit. Pas un seul juron, aucun cri ne franchit leurs lèvres. Ils continuaient juste à grimper en silence, les pieds de travers, haletant.

Bien avant l'aube, après avoir gravi au moins 900 mètres, les premiers d'entre eux se hissèrent au-dessus d'une dernière saillie rocheuse et rampèrent sur un étroit col de terre s'étendant entre les sommets du Monte Folgorito, juste à leur gauche, et du Monte Carchio, tout à fait à leur droite. La nuit était froide et claire, une demi-lune brillant haut dans le ciel, mais pas le moindre Allemand ne se distinguait sous sa lumière argentée. La compagnie L obliqua vers la gauche et avança avec difficulté sur une dizaine de mètres vers le sommet du Monte Folgorito. La compagnie I tourna vers la droite et se dirigea vers le pic plus distant du Monte Carchio. Les deux groupes tombèrent rapidement sur des sentinelles allemandes assoupies qu'ils firent prisonnières. Lors de son ascension d'une protubérance rocheuse au sommet du Monte Folgorito, se frayant un chemin à travers des buissons de genêt épineux, la compagnie L passa devant une grotte où se trouvaient des mitrailleuses pointées vers le col qu'elle venait de franchir, mais il n'y avait pas de soldats pour les actionner, ceux-ci étant vraisemblablement endormis. Le soldat Arthur Yamashita tira un coup de BAR depuis l'entrée ; au bout de quelques minutes d'attente tendue, sept Allemands à moitié réveillés sortirent en rampant, des morceaux de tissu blanc à la main.

Les ennemis positionnés dans des postes d'observation avancés sur le Monte Altissimo voisin étaient désormais alertés de ce qui était en cours. Les artilleries allemande et italienne ouvrirent le feu sur l'arête. L'artillerie américaine riposta sans délai, et bientôt les montagnes résonnaient de coups de tonnerre. Masao Yamada, qui était retourné à Azzano, se tenait dans une embrasure de porte, s'émerveillant devant ce qui se déroulait là-haut dans les montagnes de marbre. Plus tard dans la journée, il écrivit à son épouse : « À 4 h 50 les canons, les plus gros comme les plus petits, ont ouvert le feu. C'était magnifique à voir. Il y avait tellement de tirs que tout le flanc de la montagne rougeoyait de lumière et d'explosions d'obus. »

Les Nisei s'accroupirent en position défensive. Lorsque le soleil se leva à 8 heures, la bataille pour les hauteurs était déjà remportée, et le 442e était parvenu à ouvrir une brèche dans la ligne Gothique.

Puis ce fut au tour de la compagnie K de donner l'assaut. Pour Fred et Rudy, les flammes et la fumée qui s'élevaient des rochers au-dessus d'eux ne revêtaient pas la moindre beauté. Mais marchant dans les pas des compagnies I et L – avec une unité de mortiers de la compagnie M –, ils se frayèrent un chemin jusqu'à la rivière aux pierres blanches. À présent que le soleil était assez haut dans le ciel, les Allemands pouvaient voir le moindre de leurs mouvements. Tandis qu'ils atteignaient le torrent, dissimulés dans une carrière de marbre à proximité, les mortiers de la Wehrmacht se déchaînèrent contre eux. Des obus tirés depuis un flanc de coteau à proximité sifflèrent également à leurs oreilles. Piégés au bas de la vallée, Fred et Rudy plongèrent au sol pour se couvrir, mais les projectiles ne cessaient de tomber, les pilonnant comme de la grêle lors d'un orage. Il n'y avait pas d'endroit où se cacher ni d'abri jusqu'auquel courir. Tout ce qu'ils pouvaient faire, c'était se retrancher, s'accroupir, et demander des tirs d'artillerie sur la carrière de marbre et les canons ennemis. Certaines des nouvelles recrues essayèrent toutefois de s'échapper, sautant sur leurs pieds et piquant des sprints vers l'aval ou l'amont de la rivière. Fred leur cria : « Couchez-vous ! Couchez-vous ! » mais la panique s'était emparée d'eux, et plusieurs se précipitèrent directement vers un tourbillon de shrapnels et d'éclats de pierres blanches. En quelques minutes, trois hommes furent tués et vingt-trois autres blessés. En dépit des obus qui continuaient de pleuvoir, des brancardiers commencèrent à remonter les morts et les blessés vers Azzano. Fred, Rudy et les survivants de la compagnie K savaient qu'ils devaient se sortir de là d'une manière ou d'une autre. La retraite n'était pas une option. La seule véritable issue se trouvait directement devant eux. Sans perdre une minute, ils s'élancèrent dans l'ascension du Monte Folgorito. Et furent immédiatement suivis par des vagues de Nisei – tout le 3ᵉ bataillon – déterminés à déferler par la brèche ouverte lors de l'assaut initial.

À peu près au moment où les Nisei atteignaient le sommet du Monte Folgorito depuis l'est, le 100ᵉ bataillon l'attaquait par le sud-ouest. Leur premier objectif d'importance était une arête rocheuse hérissée de batteries de canons allemands que les planificateurs militaires avaient surnommée « Georgia Hill ». Pendant plus de cinq mois, les unités alliées l'avaient soumise à plusieurs reprises à des bombardements d'artillerie et avaient lancé des assauts sur les positions ennemies, mais chaque fois, elles avaient échoué à les réduire. En dépit de l'obscurité, les hommes du 100ᵉ entreprirent l'ascension de Georgia Hill. Tandis qu'ils approchaient du périmètre allemand, n'y voyant goutte et trébuchant sur les irrégularités du terrain, la compagnie A se retrouva par erreur dans un champ de mines. Quand la première mine explosa, les hommes – pour beaucoup de nouvelles recrues – s'éparpillèrent dans toutes les directions, déclenchant l'explosion de sept autres mines qui tuèrent nombre d'entre eux. Les Allemands, alertés par les explosions et les cris, commencèrent à faucher les hommes qui s'agitaient en tous sens sous leurs pieds à coups de rafales de mitrailleuses et à l'aide de grappes de grenades qu'ils avaient liées entre elles pour constituer des gerbes particulièrement meurtrières. Mesurant le désastre qui s'annonçait, certains des soldats les plus expérimentés de la compagnie A s'échappèrent comme ils le purent, plongeant dans l'obscurité.

L'un de ceux qui détalèrent était Sadao Munemori, 22 ans, le gamin au visage poupin originaire de Glendale que Rudy avait rencontré à Fort Savage quand tous deux avaient été assignés aux renseignements militaires. Comme Rudy, Munemori avait été interné dans l'un des camps de concentration, Manzanar, en Californie. Comme Rudy il avait refusé de servir dans le renseignement, lui préférant l'infanterie, et il avait rejoint le 100ᵉ lors de la relève à Anzio l'année précédente. Depuis lors, Rudy et lui étaient devenus inséparables. Tous deux pratiquaient couramment le japonais, tous deux venaient de Californie, et tous deux passaient beaucoup de temps à parler de leur famille restée dans les camps.

En voyant son chef d'escouade au tapis, Munemori se rendit compte qu'il avait désormais la charge de son unité. Avec ses hommes en déroute, et malgré les balles qui lui sifflaient aux oreilles de part et d'autre dans le noir, il se lança le premier, ralliant ses troupes et les menant à travers le champ de mines jusqu'à se retrouver rapidement à une trentaine de mètres de plusieurs nids de mitrailleuse fortifiés. Alors qu'ils se rapprochaient des tireurs ennemis, ses hommes se jetèrent dans des cratères d'obus peu profonds pour se couvrir, mais Munemori chargea directement les Allemands en lançant grenade sur grenade et en avançant jusqu'à n'en être séparés que d'une quinzaine de mètres. Après avoir pris deux nids, il revint en arrière sous des tirs nourris. Il était presque arrivé à un cratère où deux de ses hommes – Akira Shishido et Jimi Oda – étaient abrités, quand une grenade qui n'avait pas explosé rebondit sur son casque et roula vers le cratère. Sans hésiter, Munemori se jeta sur la grenade, se replia sur elle et étouffa son explosion. Il mourut sur le coup en sauvant la vie de Shishido et d'Oda.

La bataille fut féroce mais brève. Tandis que davantage de Nisei se déversaient sur la montagne par vagues successives, ils débordèrent rapidement les positions allemandes et, trente-deux minutes plus tard, atteignaient, triomphants, le sommet de Georgia Hill. Ils reprirent ensuite leur chemin. Quatre avions d'assaut américains se joignirent à eux, mitraillant et bombardant les positions allemandes. Au cours des quarante heures qui suivirent, le 100ᵉ, se battant nuit et jour, progressa de plus en plus haut sur la ligne de crête orientée vers le nord-est jusqu'au Monte Folgorito. À son tour, il prit une série de pics plus élevés avant de rejoindre enfin les éléments du 3ᵉ bataillon à 19 heures le 6 avril.

L'opération avait coûté la vie à trente-deux Nisei. Des dizaines d'autres avaient été blessés. Mais en un peu moins de deux jours, le 442ᵉ avait de nouveau accompli ce qu'aucune autre unité n'avait pu faire, et ce que personne n'avait cru possible. Il avait ouvert une large brèche à l'extrémité ouest de la ligne Gothique, contournant efficacement les dernières positions défensives des Allemands en Italie occidentale. Ce que Mark Clark avait conçu à l'origine comme une diversion s'était révélé une percée capitale, et si les combats dans les Alpes apuanes étaient loin d'être terminés, les forces alliées pouvaient désormais envoyer des hommes et du matériel le long de la côte ligurienne vers Gênes, ses énormes chantiers navals et son accès direct à la vallée du Pô. Dès lors, la Wehrmacht en Italie était condamnée à battre en retraite.

Cela ne l'empêcha pas d'essayer de tuer autant d'Américains que possible. Tout en refluant vers le nord, les soldats allemands continuèrent à défendre une série de positions dans les sommets, déversant une pluie de tirs sur les Américains en mouvement tandis que la 92ᵉ division d'artillerie les pilonnait en retour. Sur le terrain, quelque part entre les deux adversaires – plus tard, il ne fut pas capable de dire précisément où –, Rudy Tokiwa fut pris dans un tir croisé. Que ce fût un obus allemand ou un projectile américain qui manqua sa cible, il ne le sut jamais, mais Rudy était trop près quand il toucha le sol. Environ une douzaine d'éclats de shrapnel lardèrent la partie inférieure de son corps. Les blessures n'étaient pas mortelles, au moins pas dans l'immédiat, mais pour Rudy, la guerre était terminée.

22.

« Si nos hommes peuvent être acclamés comme
de bons combattants, c'est parce qu'ils croient en
ce qu'ils font. Ils sont pleins de compassion et ont cette
volonté de faire leurs preuves, galvanisés par les
longues nuits qu'ils ont dû affronter après
le 7 décembre. »

Masao Yamada à son épouse, Ai,
11 avril 1945

Le 27 mars, le 522ᵉ avait pénétré à plus de 250 kilomètres à l'intérieur de l'Allemagne, dépassant la ligne Siegfried et traversant le Rhin sur un pont provisoire juste au sud de Worms. Les défenses allemandes commençaient à s'effriter sous l'assaut foudroyant des Alliés qui s'étendait de la mer du Nord jusqu'à la frontière avec la Suisse, avançant inexorablement vers l'est. Désormais, les artilleurs Nisei intervenaient en soutien à différentes divisions presque chaque jour – parfois plus d'une division en une seule journée – alors qu'une quantité indénombrable de nouvelles cibles s'offrait à eux. Ils tombèrent rapidement dans une véritable routine, réglant leurs canons, tirant pendant quelques heures, puis se déplaçant jusqu'à un autre endroit encore plus riche en objectifs de toutes sortes. Ils se retrouvaient parfois largement en avant des principales forces alliées. Ils étaient toujours formellement rattachés à la 7ᵉ armée d'Alexander Patch, mais avançaient fréquemment sur les talons des unités blindées de la 3ᵉ armée de George Patton, comme s'ils étaient le fer de lance des manœuvres dans leur secteur. Quand les blindés trouvaient des poches de résistance, le 522ᵉ intervenait pour les bombarder et les soumettre, puis les chars de Patton avançaient et l'infanterie passait derrière pour nettoyer le terrain. Tout cela fonctionnait comme une machine de guerre efficace, imparable et impitoyable, qui commençait à venir à bout de la résistance allemande.

À l'ouest de Nuremberg, le 522ᵉ obliqua vers le sud et avança vers Munich, empruntant parfois des infrastructures qui n'existaient nulle part ailleurs dans le monde : des autoroutes, qui étaient même dotées d'échangeurs. Les *Autobahn* – la fierté de l'ingénierie allemande – s'avéraient désormais d'une grande commodité pour les envahisseurs alliés.

Vers la mi-avril, parfois à bord de chars, parfois à pied, parfois au volant de leurs camions ou de leurs jeeps, ils poursuivaient une armée allemande en pleine déroute. Dès qu'ils pouvaient faire une pause, Kats et Flint Yonashiro partaient à la recherche de nourriture, fouillant la campagne, comme ils l'avaient fait en Italie et en France, pour trouver des poulets et des légumes afin d'avoir un peu plus que leur ration K et leur ration C. Une fois, ils revinrent avec plus de vingt poulets piaillant dans des sacs et en firent un barbecue pour toute l'équipe de la batterie B. Mais ils touchèrent le gros lot le jour où ils découvrirent un entrepôt abandonné rempli de denrées de luxe, visiblement destinées aux officiers allemands. Toutes sortes de délices y avaient été entreposées jusqu'au toit : d'énormes roues de fromage de Hollande, des cageots de sardines en conserve du Portugal, des caisses de schnaps et de cognac, des cartons de cigarettes, des boîtes de cigares. Il y avait même des accordéons Hohner tout neufs encore dans leur emballage. Cette nuit-là et au cours des jours qui suivirent – dès qu'ils avaient du temps pour se reposer et que leurs fusils étaient rangés –, les hommes profitaient de ce don tombé du ciel, se passant des bouteilles de schnaps, découpant de gros morceaux de fromage, cuisinant une concoction huileuse qu'ils appelaient « soupe à la sardine », se fourrant des cigares dans la bouche au point de s'étouffer, se tordant de rire à force d'essayer de jouer de la musique hawaïenne avec les accordéons, revêtant les hauts-de-forme et les queues-de-pie qu'ils avaient trouvés dans une maison à proximité.

S'extraire de la guerre était toujours fugace, la réalité implacable vous attendait souvent au prochain tournant sur la route. Et cette réalité était de plus en plus difficile à saisir. Alors qu'ils avançaient vers le sud de la Bavière, Kats continuait de s'efforcer de donner du sens à tout ce qu'il voyait. Il y avait des choses qui étaient difficiles à comprendre : une ville entière avait été réduite en cendres par les bombardements alliés, mais la flèche élégante de l'église s'élevait toujours au-dessus des gravats ; les corps de jeunes soldats allemands dans leur uniforme vert-de-gris étaient toujours accrochés aux lampadaires où des SS plus âgés les avaient pendus pour désertion ou lâcheté ; des chevaux morts affalés devant les pièces d'artillerie qu'ils avaient tirées, comme s'il s'agissait d'une guerre du siècle précédent ; une usine entière remplie d'ouvriers à la tête rasée, travaillant alors même que la guerre faisait rage autour d'eux, portant des sortes d'uniformes en grosse toile, affairés à leurs machines, ne levant pas les yeux ni ne cherchant le regard des Nisei qui passaient ; des avions tout juste sortis des usines abandonnés dans des champs, certains d'entre eux sans hélices, mais avec à la place quelque chose que les Américains n'avaient jamais vu et dont ils ne pouvaient pas comprendre le fonctionnement, des moteurs à réaction ; dans une ferme, une vingtaine de soldats allemands pris au dépourvu, avec deux jeunes femmes nues ; dans la cave d'une autre maison, une autre paire de jeunes filles, celles-ci avec des étoiles jaunes en tissu cousues sur leurs vêtements.

En Italie, Rudy Tokiwa fut envoyé dans un centre de repos de l'armée à Empoli, à l'ouest de Florence, pour sa convalescence. Là, il se retrouva seul dans une grande tente pyramidale conçue pour une douzaine d'hommes. Alors que les jours passaient et que ses blessures commençaient à cicatriser, il se sentit de plus en plus solitaire, submergé par l'ennui et la frustration. En fin de compte, il fit ce qu'il avait fait quand il en avait eu assez de la monotonie du quotidien dans le centre de rassemblement de Salinas. Il clopina jusqu'à la tente du mess et donna un coup de main aux cuisines.

Pendant ce temps, sur la ligne de front, le 442e, qui subissait toujours des pertes, apprit la nouvelle de la mort du président Roosevelt alors qu'il continuait les combats contre les Allemands battant en retraite. Beaucoup de ses hommes portèrent le deuil, certains avec une profonde affliction. D'autres, se souvenant de l'ordre exécutif qui les avait privés, eux et leur famille, de leur maison, avaient davantage de difficulté à ressentir de la tristesse, mais ils savaient tous que ce décès était un coup dur pour les États-Unis. Alors qu'ils remontaient la côte, franchissaient le fleuve Frigido au-dessus de Massa, traversaient la ville marbrière de Carrare, et avançaient ensuite laborieusement dans les montagnes – se battant de nouveau pour prendre les pics les uns après les autres –, Fred Shiosaki pensait surtout à ses jambes et à quel point elles le faisaient souffrir. Il était fatigué de monter et descendre des montagnes, à l'instar des mulets qui portaient leurs provisions.

Le 20 avril, le 442ᵉ se rapprocha précautionneusement de Tendola, un autre village tout en longueur – vieux de 1 000 ans – accroché comme en équilibre au flanc d'une montagne au-dessus d'une profonde vallée forestière. Les rues pavées du village étaient si étroites que l'on pouvait toucher les bâtiments qui les bordaient des deux côtés rien qu'en étendant les bras. La fierté du bourg était la flèche jaune qui surmontait le clocher de son église et s'élevait élégamment dans les cieux au-dessus des toits de tuiles rouges. Elle était la première à accrocher la lumière des aubes toscanes, et la dernière à pouvoir profiter des ultimes rayons de soleil le soir. C'était également la planque parfaite pour les tireurs allemands.

Les Nisei se battirent férocement pendant toute la journée et la nuit suivante, essayant, au prix de lourdes pertes, d'arracher aux Allemands le contrôle du terrain accidenté autour de Tendola. Ce fut une bataille qui, en fin de compte, causerait à Rudy Tokiwa plus de chagrin que nulle autre, même s'il se trouvait loin du front, en train de se rétablir à Empoli.

Le pire survint quand un obus de l'artillerie allemande tomba directement dans un puits de mine où la compagnie I avait établi son poste de commandement. Cinq hommes furent tués instantanément et sept furent grièvement blessés. Parmi les morts que l'on retira de la mine sur des civières, se trouvait le grand ami de Rudy, l'indestructible Lloyd Onoye, le gars que personne ne pouvait battre sur les terrains de sport de Poston[1].

À l'aube, alors que les premiers rayons de soleil effleuraient la flèche de l'église, les Allemands tenaient toujours le bourg, et les combats faisaient rage dans les montagnes alentour. À 14 heures cet après-midi-là, les patrouilles de la compagnie K avaient manœuvré pour se positionner aussi bien au nord qu'au sud. Elles jetèrent toutes leurs forces dans un assaut qui se transforma bientôt en une bataille particulièrement

---

1. En raison de l'orientation de l'ouverture du puits de mine, il n'est pas impossible qu'Onoye et les autres aient été tués par un obus américain, mais les faits n'ont jamais été établis.

âpre. Le cœur de l'opposition à laquelle les Nisei étaient confrontés était constitué de troupes endurcies issues de la division Kesselring, et elles semblaient déterminées à périr plutôt entre les vieilles pierres de Tendola que de devoir rentrer comme prisonniers de guerre dans une Allemagne défaite.

Tandis que Fred Shiosaki tirait des obus de mortier contre les positions allemandes, l'artillerie américaine sur des collines proches pilonnait les bâtiments les plus importants où les Allemands étaient terrés en grand nombre. Désormais toute la compagnie K était impliquée dans la bataille et ses hommes commencèrent à avancer en direction du village dans un mouvement en tenaille, à la fois depuis le nord et depuis le sud. Au même moment, Joe Hayashi, qui avait été l'un des sergents instructeurs de Rudy et de Fred au camp Shelby, mena une escouade d'hommes vers le sommet d'un escarpement en terrasses à l'est de Tendola. Grimpant de terrasse en terrasse, tandis que les rafales déchiquetaient les oliviers au-dessus d'eux, Hayashi et ses hommes attaquèrent successivement trois nids de mitrailleuse à la grenade à main, tuant peut-être une demi-douzaine d'Allemands et en mettant en fuite davantage. Mais alors que Hayashi poursuivait le dernier d'entre eux, une salve de pistolet automatique le brisa dans son élan, et il succomba, se vidant de son sang sur les rochers au milieu des oliviers.

Fred regarda avec horreur l'un des brancardiers de la compagnie K, Hiroshi Sugiyama, s'élancer sur le coteau où Hayashi était tombé. Désarmé et clairement identifié, Sugiyama se pencha sur Hayashi pendant un moment, puis se glissa jusqu'à un autre homme, comptant sur son brassard à croix rouge pour le protéger. Cela ne fut pas le cas. Un tireur, caché quelque part dans le village, lui tira dans le dos, l'abattant sur le coup.

Alors que l'assaut atteignait son apogée, les habitants de Tendola, entassés dans les caves des bâtiments dont les explosions faisaient trembler les murs, entrouvraient de temps à autre leurs énormes portes en bois pour contempler la conflagration sanglante qui se déroulait dans les rues. Un garçon de 7 ans ne put résister à l'envie de voir le spectacle de plus près. Mario Pomini se faufila à l'extérieur d'une cave où sa famille mais aussi beaucoup de ses voisins étaient blottis les uns contre les autres, à genoux, en prière. Il jeta un œil à l'angle de deux ruelles, juste à temps pour voir un Nisei émerger des oliveraies en terrasse qui surplombaient la ville et enjamber avec difficulté un muret. Le soldat commença à remonter la ruelle, rasant un des murets de pierre. Levant le regard, Mario vit une demi-douzaine d'Allemands qui attendaient derrière des volets verts au premier étage directement au-dessus du soldat. Mario accrocha le regard du Nisei en lui faisant signe. Tous deux se regardèrent dans les yeux pendant un bref instant ; puis Mario fit un geste, un rapide mouvement de la main, pointant vers le haut et la fenêtre. Le soldat se colla au mur, hésitant, incertain d'avoir bien compris le message. Puis il saisit une grenade, la dégoupilla, fit quelques pas pour s'écarter et lança la grenade bien au-dessus de lui en direction des Allemands. La pièce s'embrasa tandis qu'un mélange de flammes et de fumée s'échappait par la fenêtre. Des débris volèrent à travers la rue, heurtant le bâtiment en face dont ils brisèrent les vitres. Puis tout redevint calme. Le soldat attendit quelques instants avant de reprendre sa marche, mais un Allemand se pencha par la fenêtre où le soldat avait jeté la grenade, leva un pistolet automatique dans son dos et le tua d'une détonation[1].

La bataille se prolongea dans la nuit, tournant au combat de rues et parfois à l'affrontement au corps à corps. Fred Shiosaki et son unité de mortiers passèrent la nuit à défoncer les portes, à monter les escaliers en pierre, plongés dans l'obscurité pour trouver des positions de tir, ne sachant pas ce qui pouvait les attendre dans les étages. Pendant toute la bataille, toutefois, Fred avait l'esprit ailleurs, préoccupé par une colère qui allait croissant. Il ne pouvait effacer de son cerveau la vue du brancardier Sugiyama abattu dans le dos, s'effondrant sur un soldat blessé.

Au matin du 23 avril, le bourg semblait finalement avoir été pris. Les seuls Allemands qui restaient étaient morts, avachis sur leur mitrailleuse ou étendus sur les pavés rouges de sang. Juste au nord du village, Tadao « Beanie » Hayashi de la compagnie I se lança avec son lieutenant, Sadaichi Kubota, dans une dernière patrouille pour être certains qu'il n'y avait plus de troupes ennemies aux environs. Beanie et Rudy se connaissaient depuis Salinas, mais ils étaient vraiment devenus amis à Poston, où Beanie avait été assigné au bloc 213, le même que celui où avait atterri la famille Tokiwa. Il avait été l'un des garçons qui s'étaient assis sous les prosopis au printemps 1943 pour écouter Harry Madokoro et Lloyd Onoye exposer les raisons pour lesquelles ils devaient tous s'engager.

Kubota avait dit à Beanie plus tôt ce matin-là qu'il n'avait pas besoin de l'accompagner pour cette patrouille, mais Beanie avait insisté. Alors

---

1. Mario Pomini, alors âgé de 81 ans, raconta son histoire – reconstituant la scène de manière spectaculaire dans la rue même où les événements s'étaient produits – pour un groupe de membres des familles du 442ᵉ que j'ai accompagné lors d'une visite de Tendola en avril 2019.

qu'ils montaient un tertre rocheux, Kubota s'écarta pour regarder quelque chose au loin. Quand il se retourna, Beanie était déjà en train de tomber. Une petite seconde plus tard, Kubota entendit la détonation. À environ 300 mètres de distance, une fumée blanche s'éleva de la flèche dorée de l'église du village. Beanie était le seizième et le dernier des jeunes hommes de Poston à mourir au feu.

Plus tard, cet après-midi-là, tandis que la compagnie K finissait de nettoyer Tendola, le capitaine de Fred vint le trouver pour lui demander d'escorter le frère du brancardier abattu la veille. Pete Sugiyama venait d'apprendre la mort de son frère et il n'allait pas très bien. Le capitaine voulait l'éloigner du front pendant quelques jours, pour lui donner la possibilité d'encaisser le choc et de faire son deuil.

« Fred, tu ramènes Pete au quartier général du régiment.

– OK, bien sûr, pas de problème. »

Tous deux se mirent en route. Peu après, ils tombèrent sur un sous-officier. Il avait son arme pointée sur un prisonnier.

« Hé, Fred, nous avons capturé cet Allemand. Pourquoi ne le prendrais-tu pas avec toi, lui aussi ? »

Fred accepta, mais alors que tous trois marchaient, une idée lui traversa l'esprit. Il étudia le dos de l'Allemand. C'était un petit homme, bien plus âgé que Fred. Il semblait effrayé, docile, et plus que disposé à faire ce que Fred lui ordonnerait de faire.

Le quartier général du régiment se trouvait à environ 3 kilomètres et alors qu'ils descendaient la route sinueuse, Fred se rendit compte qu'ils étaient hors de vue de qui que ce fût, également presque hors de portée d'oreille. Et personne ne ferait attention à une détonation supplémentaire. Il avait son arme braquée dans le dos de l'Allemand, et ne pouvait s'empêcher de penser au frère de Pete et à la manière dont il avait été abattu. Il luttait contre lui-même, se disant : « Pete, si tu me demandes de tuer ce fils de pute, je le descendrai. » Fred regarda Pete, mais il ne dit pas à voix haute ce qu'il avait en tête, et Pete ne lui retourna pas son regard, ni ne dit quoi que ce fût. Il marchait seulement en traînant les pieds, la tête penchée en avant. Fred recula de quelques pas, espérant peut-être que l'Allemand en profiterait pour tenter de s'échapper. Lui aussi continuait à marcher en traînant les pieds, la tête penchée en avant, comme Pete. De nouveau, Fred se dit : « Bon Dieu, Pete, tu es sûr que tu ne veux pas que je le fasse ? »

Ils finirent par arriver au quartier général avec leur prisonnier toujours en vie. Alors qu'il reprenait la route à pied pour rejoindre la compagnie K, Fred y repensa. Il était content de ne pas avoir exécuté l'Allemand, mais il était troublé d'avoir eu une si forte envie de le faire, et d'en avoir été à deux doigts. Ce fut pour Fred un moment de lucidité. Il était toujours Fred Shiosaki, mais il n'était pas certain d'être le même garçon parti de Spokane à bord d'un train deux années plus tôt.

Pendant ce temps-là, au quartier général qu'il venait de quitter, des rapports commencèrent à arriver des avions de reconnaissance américains qui surveillaient la zone située juste au nord de là où ils se trouvaient. D'importants mouvements de troupes allemandes et italiennes étaient observés ; elles semblaient battre en retraite dans le désordre le plus complet, abandonnant en chemin leur équipement.

23.

> « Avant toute chose, je me sens coupable
> d'avoir fait le mal sous le regard du Seigneur. »
>
> George Oiye

À environ 9 h 30 le 25 avril, Kats Miho traversa le Danube avec le 522e dans la coquette ville de Dilligen-sur-le-Danube en Bavière, à une centaine de kilomètres au nord-ouest de Munich. Désormais rattaché à la 4e division d'infanterie, le bataillon filait à travers la campagne, ne faisant des pauses qu'occasionnellement pour régler ses canons et tirer sur les derniers éléments désespérés d'une Wehrmacht en pleine débâcle. Ils avançaient si rapidement que les éclaireurs avaient du mal à savoir exactement où ils se trouvaient. Ils étaient parfois à une cinquantaine de kilomètres en avant du reste du bataillon et devaient s'arrêter à presque chaque croisement de routes pour se jeter sur leurs cartes ou essayer de déchiffrer la signification des inscriptions en caractères gothiques des panneaux indicateurs. Au cours des jours suivants, toutefois, en progressant vers le sud, ils se retrouvèrent dans ce qu'ils devaient appeler plus tard « le corridor de la mort », une étendue d'une soixantaine de kilomètres dans la campagne bavaroise, un endroit ravissant si ce n'avait été le réseau tentaculaire de camps de travail où plus de 67 000 prisonniers étaient sur le point de mourir et un nombre plus important avaient déjà péri.

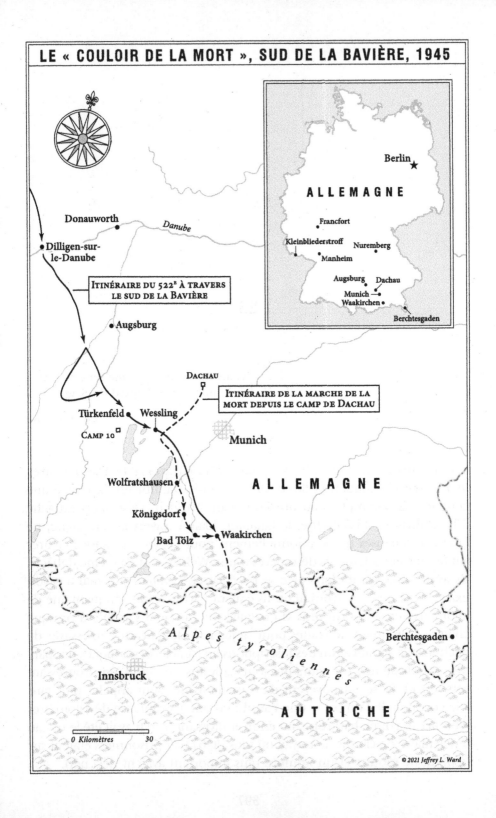

LE « COULOIR DE LA MORT », SUD DE LA BAVIÈRE, 1945

Donauworth

Danube

Dilligen-sur-
le-Danube

ITINÉRAIRE DU 522ᴱ À TRAVERS
LE SUD DE LA BAVIÈRE

Augsburg

DACHAU

Türkenfeld

Wessling

ITINÉRAIRE DE LA MARCHE DE LA
MORT DEPUIS LE CAMP DE DACHAU

CAMP 10

Munich

ALLEMAGNE

Wolfratshausen

Königsdorf

Bad Tölz

Waakirchen

A l p e s   t y r o l i e n n e s

Berchtesgaden

Innsbruck

AUTRICHE

Berlin

ALLEMAGNE

Francfort

Kleinbliederstroff

Nuremberg

Manheim

Augsburg

Dachau

Munich

Waakirchen

Berchtesgaden

0 Kilomètres   30

© 2021 Jeffrey L. Ward

Dans le nord de l'Italie, les hommes du 442ᵉ avançaient eux aussi rapidement, remontant la côte ligurienne, parfois à pied, d'autres fois assis à l'arrière de camions ou perchés au sommet de chars, n'ayant à faire face qu'à des poches de résistance éparpillées. Seuls les ponts détruits, les routes minées et la nécessité de transporter leur ravitaillement les retenaient d'avancer encore plus vite. Dans chaque ville et village désormais, des foules se pressaient autour d'eux, les acclamaient, leur jetaient des fleurs, les embrassaient, les prenaient dans leurs bras, leur fourraient des bouteilles de vin dans les mains. Gênes avait déjà été libéré par les partisans italiens lorsqu'ils firent leur entrée et ils n'eurent donc qu'à grimper dans les tramways, monter à l'arrière des camions agricoles réquisitionnés et s'entasser dans les taxis pour s'aventurer jusqu'au centre-ville, agitant des drapeaux américains et italiens sous les acclamations de milliers de civils et de centaines de partisans disposés en haie d'honneur le long des rues, des foulards rouge vif noués autour du cou.

Toutefois ils ne s'attardèrent pas dans Gênes. Afin de profiter du retrait chaotique des Allemands, ordre fut donné à la compagnie K de prendre la direction du nord-est et d'avancer à travers une chaîne de collines peu élevées séparant la plaine côtière de la vaste étendue de la vallée du Pô. Là, des régiments entiers d'Allemands commençaient à se rendre en masse, et Benito Mussolini était sur le point d'être exécuté.

L'après-midi du 29 avril, Kats Miho et d'autres éléments du 522ᵉ, à bord de camions, tirant leur obusier derrière eux, arrivèrent au village de Türkenfeld, à une quarantaine de kilomètres à l'ouest de Munich. Depuis qu'ils étaient entrés en Allemagne, ils avaient cheminé sur près de 800 kilomètres et tiré plus de 15 000 obus. Ils avaient désormais l'impression qu'il ne restait plus rien sur quoi faire feu. Les défenses allemandes s'étaient complètement évaporées.

Les troupes américaines avançaient si rapidement, et dans tellement de directions à la fois, que plusieurs des éclaireurs du 522ᵉ se retrouvèrent à guider non seulement le 522ᵉ mais également d'autres unités d'infanterie et d'unités blindées qui progressaient à travers la Bavière. Ils étaient à présent étendus le long d'une bande d'une cinquantaine de kilomètres. Et, petit à petit, ils découvrirent que plus d'une douzaine de camps de concentration – des sous-camps de ce qui était le complexe de Dachau – se trouvaient dans un rayon de quelques kilomètres autour de leur poste de commandement à Türkenfeld.

Il n'y a pas de preuve indubitable que quiconque du 522ᵉ ait fait partie des premiers libérateurs du camp de Dachau, mais au moins quelques Nisei semblent être entrés dans le camp à la fin de cet après-midi-là. Toshio Nishizawa se rappela avoir franchi le portail avec sa jeep et avoir été choqué par ce qu'il avait vu : des centaines de corps encore vivants allongés sur le sol ou appuyés contre des murs, incapables de se relever, les yeux semblables à ceux d'animaux tenus en captivité, suivant intensément le moindre mouvement des Nisei partout où ils allaient. Josef Erbs, un Juif roumain de 18 ans, pesait seulement 34,5 kilos. Alors qu'il était étendu au sol, un soldat américain aux traits asiatiques se pencha vers lui, l'aida à se lever et le porta jusqu'à un poste de secours. Son visage fit forte impression à Erbs. C'était la première fois qu'il voyait un Asiatique. Et il remarqua aussi l'insigne sur l'épaule de l'uniforme du soldat : une main blanche tenant une torche sur fond bleu, l'insigne du 442e régiment.

À quelque distance de Dachau, Tadashi Tojo et Robert Sugai avançaient en éclaireurs pour le compte d'une unité blindée mécanisée quand ils arrivèrent à une enceinte délimitée par une haute clôture de barbelés. De l'autre côté de la barrière se trouvaient des baraques. Un chasseur de chars enfonça le portail et des dizaines de prisonniers émaciés vêtus d'uniformes rayés sortirent en claudiquant des bâtiments, jetant un regard vide sur leurs libérateurs et errant sans but. Il n'y eut pas d'acclamation. Les prisonniers se comportaient comme des « zombies », décrivit plus tard Tojo. Quelqu'un tendit une barre de chocolat à l'un d'entre eux, qui en croqua un morceau, avant de le recracher rapidement.

Dans un autre sous-camp, Ichiro Imamura regarda deux autres éclaireurs du 522e tirer sur un cadenas qui maintenait fermé le portail d'une autre enceinte de barbelés. Environ une cinquantaine d'hommes dans leur uniforme à rayures se relevèrent du sol gelé sur lequel ils étaient étendus et s'aventurèrent dans un champ, de l'autre côté de la route, où se trouvaient deux vaches mortes. En quelques minutes, ils avaient découpé des morceaux de chair des carcasses et préparé un feu pour rôtir la viande. Certains d'entre eux n'attendirent même pas que le feu soit allumé et entreprirent de dévorer la viande crue.

Le lendemain, le 30 avril, tandis qu'Adolf Hitler se donnait lâchement la mort dans un bunker de Berlin, la principale colonne du 522e prit de nouveau la direction du sud. Près du village de Weßling, ils croisèrent l'itinéraire emprunté seulement quelques heures plus tôt, à pied, par 6 000 prisonniers sous la menace de gardes SS qui avaient fui Dachau. Là, les Nisei commencèrent à trouver des cadavres, une vingtaine, toujours dans cet uniforme rayé, dispersés dans des champs boueux, des fossés ou des bois de sapins, beaucoup d'entre eux présentant des impacts de balles, quelques-uns ayant la gorge tranchée.

Au matin du 2 mai, tandis que Kats Miho, George Oiye et Sus Ito approchaient de la ville de Waakirchen, nichée dans les contreforts des Alpes, ils virent des protubérances dans la neige sur les côtés de la route. S'arrêtant pour tâcher de voir de quoi il s'agissait, ils dégagèrent la couche de neige qui recouvrait les bosses et découvrirent exactement ce qu'ils redoutaient : d'autres corps encore vêtus d'uniformes rayés, comme sur la route la veille. Dans les bois juste à l'extérieur de Waakirchen, ils en trouvèrent d'autres. Certains avaient été abattus ; certains avaient été tabassés ; d'autres apparemment étaient morts d'hypothermie.

Sixième partie

À LA MAISON

24.

« Est-ce que cela te dérangerait vraiment
si je te rejoignais – par exemple fin novembre –
et qu'on reste ensemble jusqu'à la fin de nos jours ? »

Hiro Higuchi à son épouse, Hisako

À 2 h 41 le matin du 7 mai, le général d'armée Alfred Jodl rencontra Walter Bedell Smith dans une petite école en brique à Reims et annonça la capitulation des forces armées allemandes devant les forces expéditionnaires alliées. Même si les documents officiels de la capitulation ne furent signés et ratifiés qu'un peu avant 1 heure du matin le 9 mai, le IIIe Reich avait cessé d'exister.

La nouvelle de la capitulation parvint juste à temps aux États-Unis pour être annoncée dans les éditions du soir des quotidiens sous la forme d'une dépêche de l'Associated Press : « La plus grande guerre de l'histoire se termine aujourd'hui par la capitulation inconditionnelle de l'Allemagne. » Ce soir-là, près d'un demi-million de personnes s'entassèrent, jubilantes, sur Times Square à New York, chantant, dansant, brandissant des exemplaires des journaux bien au-dessus de leur tête. Une tempête de serpentins et de confettis déferla depuis les gratte-ciel du Rockefeller Center et sur Wall Street, où davantage de fêtards se déversèrent dans les rues. Manquant de papier, les ouvrières

405

du quartier de la confection déchirèrent des balles et jetèrent des milliers de mètres de rayonne, de soie et de tissu en laine des fenêtres, drapant les voitures qui passaient en dessous d'étoffes colorées.

Dans la plus grande partie du pays, toutefois, la réaction des habitants fut plus mesurée. Çà et là, les cloches des églises sonnèrent dans des petites villes. Les fidèles se retrouvèrent dans les lieux de culte pour offrir des prières d'action de grâce. Comme ils l'avaient fait le 7 décembre 1941, les Américains allumèrent leur radio et prirent ensuite le temps de passer des coups de fil à leurs proches pour commenter les nouvelles. Ils se rassemblèrent dans la douceur du soir sur les pelouses devant les maisons et discutèrent des événements alors que les papillons de nuit voletaient dans l'obscurité. Ils se rassemblèrent sous les lampadaires bourdonnants aux coins des rues. Ils s'assirent dans des tavernes enfumées pour s'offrir des tournées et partager leur joie de voir bientôt les premiers *boys* revenir à la maison. Mais tous savaient que le moment qu'ils attendaient depuis Pearl Harbor n'était pas encore venu.

Le 442ᵉ était à Novi Ligure à l'extrémité sud-est de la vallée du Pô, quand tomba l'annonce de la fin de la guerre en Europe. Hiro Higuchi se trouvait dans la tente des communications tard ce soir-là et il fut donc le premier soldat du 2ᵉ bataillon à apprendre la nouvelle. Il demanda à son officier supérieur la permission de s'adresser aux hommes, une fois que ce serait officiel, pour la partager avec eux.

Le lendemain matin, quand la capitulation fut confirmée, Higuchi monta sur une estrade pour haranguer le bataillon. Les soldats étaient perplexes. C'était étrange que l'aumônier s'adresse à eux pour autre chose que les offices du dimanche. Higuchi commença par leur demander de chanter « America », les menant pour les paroles d'ouverture qu'ils connaissaient bien :

> *Mon pays, c'est toi,*
> *Douce terre de liberté,*
> *C'est toi que je chante.*

Puis il leur dit : « Mes garçons, la guerre au cours de laquelle tant de nos amis qui ont dormi à nos côtés, qui ont mangé avec nous et qui rêvaient de voir ce jour sont morts (…), cette guerre est terminée. » Il n'y eut pas la moindre manifestation de joie. Un doux soupir – un long murmure de soulagement collectif – traversa les rangs. Mais rien d'autre. Higuchi regarda les visages tournés vers lui et il vit des larmes couler lentement le long de leurs joues. Il reconnaissait ce qu'il avait sous les yeux. Il le ressentait lui-même. Il les invita à prier silencieusement afin de remercier Dieu de leur délivrance et, au-delà, penser à ceux qui n'étaient plus là, ceux qui étaient tombés pour rendre ce jour possible, mais également aux familles qui ne verraient pas revenir leur fils. Quand il en eut fini, une poignée d'entre eux crièrent et lancèrent leur chapeau en l'air, mais ce n'étaient que les quelques troupes de remplacement, ceux qui n'avaient pas participé au moindre combat, qui n'avaient pas perdu d'amis, qui n'avaient pas vu les corps de jeunes hommes sectionnés en deux. Les autres retournèrent à ce qu'ils faisaient, heureux que ce soit terminé, mais le visage sombre. Personne ne sortit les ukulélés ; personne ne dansa de hula.

Fred Shiosaki était au bivouac du 3ᵉ bataillon quand il apprit la nouvelle. Comme les hommes du 2ᵉ bataillon, il ne parvenait pas à ressentir la moindre excitation. Trop de choses s'étaient produites. Trop d'amis étaient partis. Trop de cauchemars sanglants le hantaient la nuit. Il pensait : « Grands dieux, eh bien, je l'ai fait. J'y suis arrivé. » Puis il rentra dans le vieux bâtiment qui servait d'école où il était cantonné et il fit une sieste.

Pour Fred, comme pour la plupart des soldats Nisei stationnés sur le Vieux Continent, la nouvelle de la fin de la guerre en Europe était assombrie non seulement par leur deuil et leur complet épuisement, mais aussi par la prise de conscience – comme pour leurs semblables restés au pays – que le moment tant attendu n'était pas encore venu. Personne ne pouvait dire combien de temps cela allait encore durer. C'était une question qui se déciderait dans le Pacifique. La même dépêche de l'Associated Press qui annonçait la capitulation allemande l'avait formulé sèchement d'une seule ligne imprimée en caractères gras : « La guerre contre les Japonais continue ».

En Allemagne, Kats et les artilleurs du 522ᵉ réagirent à la capitulation allemande de la même manière que les hommes de l'infanterie en Italie l'avaient fait. Non pas avec indifférence, mais avec un soupir las et une forme de gratitude pour être malgré tout parvenus à survivre aux horreurs qu'ils avaient traversées. Kats remarqua toutefois un changement soudain dans le comportement de ses camarades quand ils montèrent à l'arrière d'un camion pour la première fois après l'annonce de la capitulation. Jusqu'à présent, les chauffeurs du 522ᵉ avaient typiquement conduit leurs énormes engins avec une forme d'exubérance sauvage, roulant à vive allure sur les autoroutes, prenant les virages au plus serré dans les rues étroites des villages, faisant de brusques embardées pour contourner les obstacles sur les routes sinueuses en montagne. Kats remarqua que les hommes à l'arrière des camions ne se retenaient pas pour taper sur le toit de la cabine en criant : « Hé ! Va moins vite ! On veut rentrer chez nous. » Beaucoup de Nisei – en particulier les têtes-de-bouddha – étaient partis à la guerre en ayant à l'esprit l'attitude et les croyances que leur avaient inculquées leur père japonais et les films de samouraïs qu'ils avaient vus quand ils étaient plus jeunes. La plupart d'entre eux, selon la tradition de ces combattants, ne s'attendaient pas vraiment à rentrer en vie. Mais à présent, ils en avaient la possibilité. Ils voulaient revoir leur maison, manger les plats concoctés par leur mère, embrasser leur petite amie et marcher de nouveau sur les plages où ils avaient joué enfants. Et ils ne voulaient pas que des conducteurs inconscients rentrent dans le décor et les arrachent à la vie.

À Poston également, comme dans tous les camps de concentration de la WRA, la nouvelle de la capitulation de l'Allemagne fut reçue avec soulagement, mais aussi avec une certaine retenue, particulièrement par les parents Issei des garçons qui servaient dans le 442e. Pendant des semaines suivant la capitulation, le *Poston Chronicle* et les journaux d'autres camps continuèrent à publier des listes toujours plus longues d'hommes qui étaient morts ou avaient été blessés en Europe au cours des mois précédents. Même si tout le monde était heureux de savoir que les survivants seraient bientôt de retour chez eux, la crainte qu'il n'y eût plus de « chez-soi » où rentrer ne cessait de croître.

En 1942, la chambre de commerce de Salinas, la ville natale de Rudy Tokiwa, avait mené une enquête et signalé que seulement « un sur approximativement 10 000 » habitants de Salinas approuvait le retour des Nippo-Américains dans la région de Monterey et de Salinas. Une personne interrogée écrivit : « Il n'y a jamais eu et il n'y aura jamais un bridé qui ait été ou sera loyal aux États-Unis. » En février 1945, une association fut créée spécialement « pour décourager le retour sur la côte pacifique de toute personne d'ascendance japonaise ». Et tandis que les premières familles commençaient à revenir dans la région en avril 1945, des messages menaçants apparurent dans le *Monterey Peninsula Herald*. Les annonces étaient anonymes, mais elles sollicitaient des fonds et invitaient d'autres personnes à rejoindre « l'organisation pour décourager le retour des Japonais sur la côte pacifique » qui promettait non seulement de s'opposer à l'autorisation de retour, mais également de mener des enquêtes sur les antécédents des familles japonaises qui revenaient, de travailler en vue de la déportation de tout Japonais dont la loyauté pourrait être suspecte, d'insister sur la supervision par les forces de l'ordre des écoles de langue japonaise ainsi que des associations, et de faire en sorte de supprimer la double citoyenneté.

En réponse, plusieurs responsables locaux consternés lancèrent une pétition. Le 11 mai, le *Herald*, sous le titre « La vie en démocratie pour tous », imprima sur une pleine page une lettre ouverte condamnant les sentiments qui s'exprimaient dans l'annonce et critiquait le *Herald* pour l'avoir initialement publiée. Pointant spécifiquement les faits d'armes du 442ᵉ, le texte affirmait : « Ces familles ont bâti leur foyer ici depuis de nombreuses années et ont été partie prenante de la vie de la communauté. Leurs fils font les mêmes sacrifices que les nôtres. » Parmi les 440 signataires figuraient John Steinbeck et son ami proche depuis l'époque où ils se côtoyaient dans le quartier des conserveries de Monterey, le biologiste marin Ed Ricketts, le photographe Edward Weston, ainsi que le poète Robinson Jeffers.

Des exemplaires du *Herald* avec l'annonce incriminée étaient déjà parvenus à Poston, où des familles comme les Tokiwa l'avaient lue et en avaient frémi. Elles étaient désormais terrifiées à l'idée de ne jamais pouvoir rentrer tranquillement pour récupérer leurs effets personnels et renouer le fil de leur ancienne vie.

La fin de la guerre en Europe ne signifiait pas un retour rapide à la maison pour les soldats Nisei. Un système de points – fondé sur la durée du service, le nombre de personnes à charge, et les honneurs reçus sur le champ de bataille – déterminait l'ordre dans lequel les hommes seraient renvoyés chez eux et démobilisés. Pour certains, la croisière retour pour les États-Unis n'aurait lieu qu'un an et demi plus tard.

En gagnant la guerre, les Alliés avaient hérité des conséquences de ce que les nazis avaient provoqué : une crise humanitaire massive. La plus grande partie de l'Europe était en ruine. Des centaines de milliers de civils étaient indigents et sans foyer, errant plus ou moins sans but dans la campagne et s'efforçant de trouver un moyen pour rentrer dans leur pays et, de manière plus urgente, pour se nourrir. Les prisonniers de guerre allemands, là aussi des centaines de milliers d'individus, étaient désormais incarcérés dans des camps et devaient être nourris, surveillés, et interrogés, tandis que les Alliés tentaient d'identifier ceux qui, parmi eux, étaient coupables des atrocités que les nazis avaient fait subir à des millions de personnes.

Le 442ᵉ fut transporté dans un convoi de camions de Novi Ligure au gigantesque champ de terre de la base aérienne de Ghedi, à l'est de

Milan, où on lui fit traiter plus de 85 000 prisonniers de guerre allemands à mesure qu'ils étaient acheminés de toute l'Italie. Beaucoup d'Allemands se trouvaient dans un sale état : crasseux, affamés, souffrant de différents problèmes de santé. Fred Shiosaki passa de longues journées caniculaires à fouiller les prisonniers de guerre et à leur confisquer ce qu'ils avaient pillé, les épouillant en les saupoudrant de la tête aux pieds avec du DDT, et les envoyant dans un grand bloc d'où ils seraient ensuite disséminés dans de plus petits camps pour des interrogatoires complémentaires et un éventuel rapatriement.

En Allemagne, les artilleurs du 522ᵉ se rendirent dans la ville de Donauworth, au nord-ouest de Munich, et furent assignés à la garde d'un pont provisoire sur le Danube, ainsi qu'à l'identification des SS qui se cachaient parmi les milliers de déplacés arrivant sur les rives du fleuve, à la recherche d'un moyen pour rentrer chez eux. C'était une tâche fastidieuse, mais il y avait des compensations. Ils pouvaient fréquemment aller passer trois jours dans un centre de repos et de divertissement sur le Königssee, un lac d'une rare beauté entouré de pics de granite déchiquetés dans le Tyrol, où les dignitaires nazis aimaient à se retirer. De là, une route sinueuse d'un peu plus d'un kilomètre et demi les menait jusqu'à Berchtesgaden, où ils pouvaient poser pour des photographies et s'aventurer dans ce qu'il restait du repaire privé d'Hitler, le « Nid d'aigle ». Et, plus proche de leur base à Donauworth, se trouvait l'une des meilleures brasseries d'Allemagne, où ils remplissaient des sacs de toile caoutchoutée d'une centaine de litres avec de la bière, avant de les accrocher à des endroits stratégiques dans leur casernement de sorte que, quelle que soit l'heure, de jour comme de nuit, ils puissent remplir leur bidon ou leur tasse en étain avec la meilleure bière d'Allemagne.

Alors que l'été traînait en longueur, les soldats se mirent finalement à lever le camp, laissant place à la relève et prenant la direction des États-Unis. Parmi les premiers à partir figuraient ceux qui s'étaient portés volontaires pour servir immédiatement dans le Pacifique. Ils rentraient pour suivre un entraînement supplémentaire avant d'être redéployés. Au même moment, les jeunes hommes du 100ᵉ, ceux qui s'étaient battus tout le long de la remontée de la péninsule italienne à partir de l'automne 1943, commencèrent à rentrer chez eux.

Puis les premiers soldats du 442ᵉ durent rassembler leurs affaires. Les au revoir furent difficiles. Plus difficiles qu'aucun d'entre eux ne l'avait imaginé. S'ils étaient heureux de rentrer chez eux, ils savaient tous que, quoi que la vie leur réservât à l'avenir, rien n'égalerait l'intensité de ce qu'ils avaient traversé ensemble, et que, quelle que

soit la personne qu'ils pourraient aimer, ils n'aimeraient probablement plus de la même manière qu'ils s'étaient aimés les uns les autres
durant ces épreuves.

Au matin du 9 août, dans l'obscurité d'avant l'aube, le SS *Waterbury
Victory* – avec les mots « Go for Broke » peints sur son flanc tribord –
aborda le ponton 40 du port d'Honolulu, transportant les premiers
241 soldats et officiers du 442ᵉ régiment à rentrer à Hawaï. Tandis
que le soleil se levait au-dessus d'O'ahu, le système de haut-parleurs
du bateau se mit à diffuser de la musique hawaïenne. Des jeunes filles
montèrent à bord pour offrir des beignets et du jus d'ananas aux passagers. Mais ce furent les femmes qui les suivaient sur la passerelle qui
causèrent le plus d'émoi chez les militaires démobilisés – un essaim
de créatures vêtues de pagnes traditionnels et de hauts de maillots
de bain, des fleurs d'hibiscus et de frangipanier dans les cheveux, les
bras chargés de *leis*. Elles passèrent les colliers de fleurs autour du cou
de garçons souriants vêtus d'uniformes kaki impeccables, la poitrine
bardée de médailles et de décorations. Puis elles dansèrent des hulas,
ondulant sur le pont avant, tandis que leurs compagnons d'un jour
sortaient leurs guitares et leurs ukulélés et montaient sur des écoutilles,
se trémoussant avec elles, entonnant des chansons du pays.

Après avoir subi les discours des officiels, Alfred Pursall les mena
jusqu'à un cortège de véhicules qui les conduisirent au palais 'Iolani,
où des milliers de personnes les attendaient – leurs parents, leurs frères
et sœurs, leurs amis, leur fiancée, qui les ensevelirent sous encore plus
de *leis*, de baisers et d'embrassades. Puis ils s'assirent sur l'herbe verte
à l'ombre des arbres banian pour se régaler de porc *kālua* et de *laulau*,
tandis que, dans le ciel bleu d'Hawaï, les manu-o-Kū dessinaient de
nouveau des cercles au-dessus d'eux en de gracieuses boucles blanches.

Le 14 août – le 15 en Asie –, la nouvelle de la capitulation du Japon
se répandit dans le monde. Dès lors, les Américains purent enfin laisser
exploser leur joie, comme jamais ils ne l'avaient fait dans leur histoire.
À New York, la plus grande foule que la ville ait jamais vue se déversa
sur Times Square. Des hommes montèrent aux lampadaires en agitant
des drapeaux américains. Des filles embrassèrent des soldats qu'elles
ne connaissaient même pas. À San Francisco, deux jeunes femmes
déchirèrent leurs vêtements et se jetèrent dans une fontaine, complètement nues, pour le plus grand plaisir des matelots qui passaient par
là. À Seattle, le ciel s'était paré d'un bleu éclatant. Les sirènes reten-
tirent et les automobilistes klaxonnèrent sans discontinuer, tandis que

les fêtards se précipitaient en dehors de leur bureau et des magasins pour se retrouver dans les rues. Des civils et des jeunes gens en uniforme défilèrent à travers la foule en chantant. Une super-forteresse volante B-29 rugit au-dessus d'eux. À La Nouvelle-Orléans, à Boston, à Chicago et à Los Angeles, dans chaque ville, village et hameau, le même spectacle se déroulait – un épanchement aussi massif qu'irrépressible de soulagement et de joie effrénée.

À Hawaï ce soir-là, Hisako, l'épouse d'Hiro Higuchi, courut à la fenêtre de son appartement de Pearl City. Regardant dans la direction de Pearl Harbor, elle se rendit compte avec délice et stupéfaction que, dans le port, d'énormes faisceaux lumineux balayaient le ciel depuis les vaisseaux de guerre. Les sirènes hurlaient, et les cornes de brume faisaient entendre leur lamentation profonde et sonore. Le ciel bourgeonnait de feux d'artifice et de fusées éclairantes. Les marins de la Navy s'amassaient dans les rues sous sa fenêtre en criant, lançant des acclamations, s'exclamant : « Ça y est, on peut rentrer ! Californie, me voilà ! Mets la table, maman ! » Les cloches des églises sonnaient à toute volée. Les voisins frappaient à sa porte pour partager leur joie – les Sato, les Tatekawa, les Yoshida. Le fils des Higuchi, Peter, leva les yeux vers sa mère et murmura joyeusement : « Maintenant, maman, je pourrais avoir des jouets en vrai métal ? »

Bien plus tard ce soir-là, alors que le calme revenait, Hisako écrivit à son époux : « Je ne pouvais penser à rien d'autre qu'à toi quand la nouvelle est tombée, je me demandais où tu étais et j'espérais que tu ressentais la même chose que moi. J'avais envie de te tenir de nouveau dans mes bras et de t'avoir près de moi. »

Fred Shiosaki obtint le feu vert pour rentrer chez lui à la fin du mois d'octobre. À Livourne cet automne-là, ils étaient tellement nombreux à vouloir traverser l'Atlantique que l'armée les faisait embarquer sur à peu près n'importe quoi du moment que ça flottait. Après avoir attendu pendant des semaines, Fred se retrouva sur un vieux liberty-ship particulièrement lent. Les quartiers destinés aux troupes étaient si minuscules qu'il atterrit sur un lit superposé dans la chambrée de l'équipage et partagea avec ses membres leur pitance, qui consistait largement en de la viande rance et des biscuits rassis grouillant de charançons noirs. La traversée se fit en décembre et le bateau dut affronter les flots monstrueux de l'Atlantique nord pendant plus de vingt jours. Fred avait à présent le pied marin et il ne ressentit pas le moindre commencement de mal de mer. Il arriva à Newport News, en Virginie, la veille de Noël. De là, il prit le train pour la capitale.

À la gare de Washington, un soldat portant l'emblème de la division du Texas l'aborda, pointa l'emblème du 442e sur l'épaule de Fred et s'exclama :

« Hé, tu es du 442e !

– Ouais.

– Tu étais là, avec le Bataillon perdu ?

– Oui, j'y étais, j'étais là. »

Le soldat lui tendit la main en lui expliquant qu'il avait été un de ces Texans coincés dans la montagne. Fred fixa la main et balbutia :

« Tu sais combien d'hommes nous avons perdus en vous sortant de là ? Tu sais combien de mes amis sont morts là-bas ?

– Eh bien, je tiens à te remercier. »

Fred se détourna et regarda par une fenêtre. Il n'était pas près de serrer la main de l'autre. Plus tard, il dirait qu'il n'était pas fier de lui et qu'il regrettait la manière dont il s'était comporté, mais dans la gare à ce moment-là, il n'était simplement pas prêt.

Le 4 janvier, il monta à bord d'un avion de transport militaire à destination de Fort Lewis, au sud de Seattle. Sur le chemin, l'avion fit escale à Spokane, à un peu moins de 7 kilomètres de la blanchisserie de Hillyard. Fred sortit en courant de l'avion et passa un rapide coup de téléphone chez lui. Au bout du fil, il put entendre sa mère et sa sœur crier de joie. « Je monte dans la voiture et j'arrive tout de suite ! » s'exclama Blanche. Mais Fred devait réembarquer sans attendre et poursuivre le vol par-dessus les montagnes Cascades jusqu'à Fort Lewis pour être démobilisé.

Deux jours plus tard, il était de retour à Spokane. Quand il ouvrit la porte et fit quelques pas dans la vapeur chaude et familière de la blanchisserie, toute la famille était là. Son frère aîné Roy venait lui aussi de rentrer d'Europe. Sa mère et sa sœur, rayonnantes, l'embrassèrent. Son père lui serra la main, le regarda dans les yeux et lâcha simplement : « Tu t'en es bien sorti. » Puis il alla dans la vitrine de la blanchisserie et décrocha les deux étoiles bleues qui y étaient suspendues.

Quand Rudy quitta l'Italie pour rentrer chez lui, il se remettait toujours de ses blessures. Et comme bien d'autres soldats revenus au bercail, il se rendit compte que ses blessures n'étaient pas que physiques. Tandis qu'il s'était arrêté à Chicago sur le chemin de l'Ouest, une voiture pétarada. Il se jeta au sol au même moment qu'un autre soldat démobilisé qui se trouvait à proximité. En se relevant, il épousseta ses vêtements et comprit, pour la première fois, qu'oublier la guerre, à la fois physiquement et mentalement, pourrait lui prendre un certain temps.

Quand il arriva à Fort Douglas, dans l'Utah, il apprit que le camp de Poston avait été fermé. Tout le monde avait été évacué et nul ne pouvait lui donner le moindre renseignement sur les personnes qui y avaient été internées. Elles semblaient avoir disparu. Il entreprit de passer des coups de fil à des amis à Salinas, mais personne ne savait où ses parents se trouvaient. Déconcerté, préoccupé et contrarié, Rudy décida de prendre la direction de la ville dont son père avait toujours dit qu'ils pourraient un jour s'y installer, San José.

À la gare routière de San José, il remarqua un stand de la Croix-Rouge destiné à aider les soldats de retour tenu par une jeune fille. Alors qu'il s'approchait, elle lui tournait le dos, mais il commença à lui parler.

« Mademoiselle, j'ai besoin d'aide.

– Que puis-je faire pour vous ?

– Eh bien, je rentre juste d'Europe et mes parents étaient dans un camp. Comme les camps sont fermés maintenant, j'essaie de les retrouver. Je me demandais s'il y a un endroit ou quelque chose à faire (…) pour que je puisse en savoir plus ? »

La femme finit par se retourner et le regarda pour la première fois. Elle le détailla pendant un moment.

« Il y a un endroit sur la Cinquième Rue. Une bande de bridés habite là. »

Un matelot qui attendait derrière Rudy s'avança vers elle.

« Vous traitez cet homme de "bridé" ? Vous avez vu toutes ses décorations ? Il s'est battu en Europe ! Pour qui vous prenez-vous ? »

Et, sur ce, il se pencha par-dessus le comptoir et gifla la femme. Rudy attrapa son bras et lui lança : « Non ! Je ne veux pas d'ennuis. Tout ce que je veux, c'est retrouver mes parents. »

Le matelot mit Rudy dans un taxi qui l'emmena au temple bouddhiste de la Cinquième Rue. Et là, comme prévu, quand il entra en boitillant dans une petite chambre à l'étage, Rudy aperçut ses parents. Son père resta assis, le regardant les yeux levés vers lui, et dit simplement : « Je suis très heureux de te voir à la maison. Est-ce que tes blessures sont graves ? » Rudy lui assura qu'il allait bien. Sa mère, elle, bondit sur ses pieds et le prit dans ses bras, ne pleurant pas comme Rudy s'y était attendu, mais murmurant à la place : « Kamisama m'a remerciée de ce que j'ai fait pour te ramener[1]. »

---

1. Kamisama renvoie à une divinité ou à plusieurs divinités en japonais.

Comme Rudy n'avait pas la moindre idée de ce qu'elle voulait dire, elle lui décrivit ses pénibles rituels à l'eau froide du petit matin à Poston. « Si tu es la mère d'un soldat, tu fais tout ce que tu peux faire. Même si ça a l'air stupide ou te fait passer pour un *bakatare*, tu le fais pour essayer de le ramener à la maison. »

Rudy n'en parla pas ce jour-là, mais alors qu'il était assis à discuter avec sa famille, épinglée sur sa poitrine, à côté d'autres médailles, il y avait une Bronze Star. Avant de quitter l'Italie, l'armée lui avait décerné cette décoration au cours d'une grande cérémonie à Empoli, devant 15 000 soldats et un bon nombre de colonels et de généraux. Cela avait un peu embarrassé Rudy d'être placé sur une estrade pendant que ses semblables défilaient devant lui pour le saluer. Tandis qu'il se tenait là, les regardant, quelque chose avait surgi en lui qu'il n'avait pas connu quand il avait quitté Poston trois ans auparavant. Il était en colère. En colère contre le pays qui avait interné sa famille, qui avait humilié ses parents, qui leur avait pris leur ferme et leur gagne-pain, qui l'avait traité comme un citoyen de seconde zone. Par maints aspects, il était encore en colère et le resterait pendant un long moment. Mais ce jour-là, avec la médaille épinglée sur sa poitrine et une fanfare jouant derrière lui, avec les couleurs du 442ᵉ et le drapeau américain qui flottaient au vent, il avait connu un moment de paix et de fierté qui l'avait surpris et dont il se souviendrait longtemps. « Bah, se dit-il, au fond, peu importe à quoi tu ressembles. C'est ce que tu fais et ce que tu as fait pour ton pays qui compte. »

Il fallut attendre décembre 1945 pour que Kats et la plupart des artilleurs de la batterie B puissent entamer leur voyage de retour. Ils quittèrent Marseille à bord d'un paquebot suédois, le MS *John Ericsson*, avec 6 000 autres soldats, puis ils prirent un DC-3 pour rallier la Californie depuis la côte est. Une fois arrivés, un soir, ils furent invités à entrer dans un auditorium plongé dans l'obscurité. Quand les projecteurs s'allumèrent, ils eurent la bonne surprise de se retrouver dans un studio radio de la CBS avec Frank Sinatra qui les présenta à ses auditeurs, en compagnie d'une chanteuse dont la carrière avait décollé pendant qu'ils étaient en Europe, Peggy Lee. Au moment de repartir, Kats avait en poche à la fois l'autographe de Sinatra et celui de Lee gribouillés au dos d'un ticket de rationnement.

Puis, deux ans et neuf mois après avoir quitté Honolulu, ils embarquèrent pour Hawaï. Tandis que le bateau approchait Oʻahu et faisait le tour de Diamond Head à 3 heures le 15 janvier 1946, Kats et presque tous les 232 autres conscrits à bord se rassemblèrent sur les coursives.

Aucun d'entre eux ne pouvait dormir. Une lune presque pleine semblait toucher les flots à l'ouest, et tous voulaient apercevoir la silhouette de la tour Aloha et de la ville se dessiner au-dessus du sable blanc de Waikiki dans la lumière sélène. À 8 heures, Kats descendait la passerelle, son sac sur l'épaule. Il n'y avait pas de danseuse de hula pour saluer les hommes cette fois-ci. Cela faisait tellement longtemps que les soldats démobilisés rentraient à Hawaï qu'à présent, seule une poignée de photographes de presse se donnaient la peine de se déplacer pour couvrir l'arrivée d'un nouveau navire de conscrits. Roy Fujii détacha le jeton de bus d'Honolulu de la chaîne à laquelle il l'avait porté pendant toute la guerre, fit un signe à Kats, monta dans un autocar, et prit la direction de la maison de ses parents dans les collines.

Kats regarda autour de lui, à la recherche de ses propres parents. Et ils étaient là tous les deux, qui attendaient et lui faisaient signe. Kats savait que les années de guerre avaient été difficiles pour sa famille. Son père venait d'être libéré du camp de Santa Fe. Sa mère n'avait pas eu d'autre choix que de vendre l'hôtel Miho. Dorénavant, tous deux vivotaient en ramassant des noix de macadamia pour une exploitation d'O'ahu, exactement comme Katsuichi l'avait fait des décennies plus tôt à son arrivée à Hawaï. Katsuaki était mort. Recoller les morceaux de leur vie allait leur prendre du temps. Mais Kats savourait l'instant présent. Profiter de ses parents, s'abandonner avec délice à la chaude brise tropicale, sentir l'odeur de la mer, voir la brume du matin s'élever jusqu'aux vallons verdoyants qui surplombaient la ville, lui suffisait. C'était un moment de joie absolue, et il ne l'oublierait jamais.

Trois jours plus tard, Kats marchait dans les allées du campus de l'université d'Hawaï, de l'autre côté d'University Avenue par rapport à Atherton House. Il entra dans une salle de cours et essaya de reprendre les choses là où il les avait laissées ce matin de décembre 1941, quand le monde s'était soudainement retiré sous ses pieds.

Épilogue

« Naturellement, la gratitude et la reconnaissance
emplissaient nos cœurs. Nous ressentions également
de la vénération et un aloha spécial pour les
camarades que nous avions laissés derrière nous,
leur dernière demeure sur une terre étrangère
marquée par une croix blanche. »

Conrad Tsukayama

Pour autant que l'on puisse en juger, le 442ᵉ régiment, compte tenu
de sa durée de service, est l'unité militaire de sa taille la plus déco-
rée de l'histoire américaine. L'étendue véritable de sa contribution
à l'effort de guerre demeura toutefois dans l'ombre pendant plus
d'un demi-siècle. Le seul membre du régiment à avoir été décoré
de la Medal of Honor, la plus haute distinction accordée à des soldats américains, dans l'immédiat après-guerre fut Sadao Munemori,
qui s'était jeté sur une grenade à main près de Pietrasanta lors de
l'assaut contre la ligne Gothique. La médaille fut remise à sa mère
le 13 mars 1946. Cela exigea plus d'un demi-siècle et une campagne
soutenue de pression auprès du Congrès pour que le président
Clinton, le 21 juin 2000, finisse par attribuer la Medal of Honor à
vingt autre membres du régiment – pour certains d'entre eux à titre

posthume –, déclarant : « Une nation a rarement été si bien servie par des personnes qu'elle avait si mal traitées. » Parmi ceux qui reçurent la Medal of Honor ce jour-là figuraient Daniel Inouye ; le brancardier James Okubo ; deux membres de la compagnie K, Ted Tanouye et Joe Hayashi, l'ami de Rudy à Salinas ; et William Nakamura, dont le tribunal fédéral devant lequel Gordon Hirabayashi avait été condamné prendrait le nom l'année suivante.

Quand elles finirent par arriver, ces décorations soulignèrent de manière spectaculaire l'incommensurable valeur des soldats Nisei pendant la guerre. Sur environ 16 millions d'Américains qui servirent pendant le second conflit mondial, seulement 473 reçurent la Medal of Honor. Mais vingt et un de ces récipiendaires étaient issus des 18 000 hommes qui en fin de compte servirent dans le 442e. En définitive, le 442e, ne représentant qu'à peine 0,11 % des forces armées américaines, se vit décerner 4,4 % des Medals of Honor.

Pourtant, cela n'eut guère d'impact sur la dure réalité que la plupart des anciens combattants Nisei eurent à affronter une fois rentrés chez eux, en particulier ceux qui revinrent sur le continent. Cela leur prendrait des décennies pour regagner toute leur place et celle de leur famille dans la vie américaine. Des millions d'employeurs refusaient toujours de les embaucher. Les postes qui leur étaient proposés étaient pour la plupart mal payés et ingrats. Ils devaient toujours subir les insultes et les affronts partout où ils allaient. Et, au bout du compte, ils étaient toujours des « bridés » pour la grande majorité de leurs concitoyens.

Toutes les médailles, toutes les décorations rapportées par leurs fils ne firent pas grand-chose pour soulager le traumatisme que des milliers de familles avaient vécu dans les camps ou atténuer le choc qu'elles ressentirent quand, elles aussi, essayèrent de rentrer chez elles. Tout le long de la côte ouest, des voleurs avaient pillé les biens déposés dans les entrepôts. Des vandales avaient brisé les serres des pépinières, détruit les stocks et peint à la bombe des menaces sur leurs propriétés : « Les bridés dehors ! » Des squatteurs s'étaient installés dans les maisons et refusaient d'en partir. Des opportunistes avaient acheté à un prix dérisoire des entreprises prospères et avaient garanti des prêts sur des milliers d'hectares de terres agricoles fertiles qui avaient d'abord été valorisées par des immigrants. Les quartiers dont ils avaient été exclus en vertu de dispositions locales avant la guerre leur étaient toujours légalement interdits et, en leur absence, leurs anciens quartiers avaient été occupés par d'autres minorités, ne laissant plus que peu d'habitations disponibles pour eux. Beaucoup de propriétaires, même dans ces secteurs, refusaient à présent de leur louer des maisons ou des appartements ; les familles devaient vivre dans les greniers des amis, dans des temples bouddhistes, des églises chrétiennes ou des écoles. Au fil des mois, une vague de suicides commença à décimer les rangs des déplacés, en particulier parmi les Issei.

Il faudrait des décennies aux dirigeants du pays pour reconnaître pleinement les torts qui leur avaient été faits et les traiter officiellement. Il y eut au moins l'amorce d'un changement d'attitude parmi certains au plus haut niveau de l'État, particulièrement parmi ceux qui savaient ce que les soldats Nisei avaient accompli. L'administration du président Harry Truman, le successeur de Franklin Roosevelt, contribua à la restauration des droits civils et de propriété des Nippo-Américains. Choqué par les rapports indiquant que des groupes d'autodéfense avaient attaqué des familles revenant s'installer chez elles, Truman écrivit à la veuve du président : « Ces actes honteux nous font presque croire que nombre de nos Américains nourrissent des penchants nazis. » En 1948, Truman encouragea l'adoption d'une loi de réparation, bien qu'une réglementation lourde et une bureaucratie tatillonne empêchent la juste compensation des pertes subies par les Nippo-Américains. Truman essaya également d'obtenir une meilleure reconnaissance publique pour les actes de bravoure du 442e. En un jour gris et venteux de juillet 1946, dans le parc devant la Maison Blanche, après avoir passé en revue le 442e avec Pursall, Truman confia aux soldats Nisei : « Vous ne vous êtes pas battus seulement contre l'ennemi, vous vous êtes battus contre les préjugés. Et vous avez gagné. Continuez ce combat, et nous gagnerons. » C'étaient de beaux mots, sans le moindre doute bien intentionnés et sincères, mais dans les villages, les petites villes, et sur les fermes américaines, les sentiments étaient toujours acrimonieux, le racisme n'en finissait pas, et le destin de la plupart des Nippo-Américains, civils comme anciens combattants, s'annonçait encore semé d'autant d'embûches.

Parallèlement à son effort pour restaurer les droits civils de ceux qui avaient été internés dans les camps et valoriser les soldats Nisei, Truman révisa la position du gouvernement envers les Nisei qui avaient été emprisonnés pour avoir refusé la conscription. Reconnaissant en fin de compte l'injustice fondamentale des circonstances entourant leur condamnation et agissant sur la recommandation d'une commission spéciale, en décembre 1947, Truman pardonna tous les réfractaires Nisei à la conscription. Le pardon, le respect et la compréhension au sein même de la communauté nippo-américaine se firent toutefois attendre plus longtemps, puisque beaucoup de familles dont les fils avaient servi dans le 442e ainsi que des organisations comme le Japanese

American Citizens League (JACL), qui avait fermement condamné les réfractaires pendant la guerre, ne commencèrent que graduellement à reconnaître leur rôle en tant que défenseurs des droits civils des Nisei. En mai 2002, lors d'une cérémonie à San Francisco, le JACL présenta ses excuses à ceux qui avaient refusé la conscription.

Le président Truman et le lieutenant-colonel Pursall passant en revue le 442ᵉ

Fred Shiosaki revint s'installer dans l'appartement au-dessus de la blanchisserie de Hillyard avec ses parents et reprit ses études à Gonzaga University. Dès le début, il dut lutter pour trouver sa place. Souvent, la nuit, il se réveillait, et trouvait sa mère penchée à son chevet, lui chuchotant : « Tu étais encore en train de hurler. » Dans les salles de cours à l'université, il ne pouvait pas se concentrer. Son esprit continuait à dériver vers des épisodes de la guerre, des moments dont il ne parvenait pas à se détacher. L'un de ses professeurs, un prêtre jésuite, fit un commentaire un jour au sujet d'« une bande de bridés » et Fred se rencogna dans son siège, essayant de nouveau de devenir invisible, comme lorsque le campus était rempli des cadets de la Navy. Un ami, Bill Nishimura, lui présenta une jeune femme sémillante dénommée Lily Nakai qui venait juste de sortir du lycée avec les honneurs. Mais quand Fred l'emmena pour leur premier rendez-vous à la patinoire, quelqu'un fit un commentaire au sujet des « sales bridés ». Des amis durent s'y mettre à plusieurs pour séparer Fred de celui qui avait proféré l'insulte.

Au bout d'un an, toutefois, les cauchemars disparurent peu à peu et ses notes à l'université commencèrent à s'améliorer. Avec Lily, cela devenait plus sérieux. Fred obtint un diplôme de chimie en 1949, mais comme il avait du mal à trouver un emploi, il se sépara de Lily, inquiet de ne pas pouvoir entretenir une famille, et reprit le travail à la blanchisserie. Finalement, il décrocha un poste dans une entreprise pharmaceutique de Spokane et renoua avec Lily. Ils se marièrent et Fred se fit embaucher chez Kaiser Aluminium avant finalement de devenir chimiste pour la ville de Spokane.

En 1952, quand une nouvelle loi autorisa les immigrés japonais à demander la citoyenneté américaine, Fred, avec ses frères et sa sœur, aidèrent leurs parents en leur faisant réviser des notions d'instruction civique et d'histoire américaine en vue des examens. Quand tous deux obtinrent la citoyenneté, ce fut un moment de grande fierté pour Fred. Il savait bien que ce qu'avait accompli le 442ᵉ avait ouvert la voie à cette reconnaissance. En regardant ses parents lever leur main droite lors de la cérémonie de prestation de serment en mai 1953, il se dit : « Nom de Dieu, tu y es un peu pour quelque chose. »

Kisaburo mourut d'un cancer en 1958. Tori lui survécut pendant près de vingt ans, s'éteignant en 1977. Dans l'intervalle, Lily et Fred eurent deux enfants, Nancy et Michael, et la carrière de Fred dans le service public se poursuivit. Dans les années 1980, Lily et lui prirent l'habitude de se rendre chaque hiver à Hawaï, où il renoua avec beaucoup de ses camarades de la compagnie K, et ce n'est que là, après des décennies d'oubli du sujet au sein de sa famille, qu'il commença à parler de ce qu'il avait fait et de ce qu'il avait vu pendant la guerre.

À la mort de leur père, le frère de Fred, Roy, se chargea de la blanchisserie de Hillyard. La famille continua à la diriger jusqu'à finalement la vendre à une autre compagnie de blanchisseries dans les années 1990. En 2011, Fred et plusieurs de ses camarades survivants se rendirent à Washington où les soldats Nisei de la Seconde Guerre mondiale se virent décerner des décorations par le Congrès. Lily s'éteignit le 4 juillet 2016. Fred vit désormais dans une maison de retraite de Seattle, où il demeure spirituel, entier, chaleureux et, comme il se décrivit lui-même une fois, « un bûcheron de 2 mètres dans un corps de 1,70 mètre ».

Rudy, comme presque tous ceux qui combattirent dans la guerre, revint changé. Sa sœur Fumi fut choquée, au début, de voir à quel point son langage était devenu grossier, en particulier quand il se retrouvait avec d'autres anciens combattants. Son humeur, toujours brusque, était désormais un petit détonateur sur un gros bâton de dynamite. Comme beaucoup d'autres anciens combattants, il faisait des cauchemars. Dans son cas, c'était presque toujours le même. Nuit après nuit, il se retrouvait sur la colline 140, fuyant en courant quelque chose d'horrible qu'il ne connaissait pas et dont il ne pouvait rien dire.

Pendant les années qui suivirent, il s'essaya à diverses professions, il se maria, eut quatre enfants – Roy, Robin, Russell et Rochelle –, finit par divorcer, s'engagea dans un éphémère second mariage, et dans les années 1980 s'installa avec celle qui serait sa compagne pour le reste de ses jours, Judy Niizawa, née dans le camp Amache, dans le Colorado.

Tout au long de sa vie, toutefois, Rudy eut à supporter un fardeau écrasant. Au fil des années, le shrapnel entré dans son corps changeait périodiquement de position et lui infligeait de longues et atroces douleurs qui le minaient et parfois même le paralysaient. Cela devint si douloureux qu'à un moment, il se retrouva dans un poumon d'acier, puis dans un corset, et dut finalement s'en remettre à des béquilles pour se déplacer. Neuf morceaux du shrapnel furent enlevés de son corps lors d'opérations chirurgicales, mais la douleur l'accompagna toute sa vie.

Rudy était un dur à cuire. Il s'obstina et défendit la cause des Nippo-Américains, occupant le poste de président fondateur de la National Japanese American Historical Society de San Francisco et se battant pour qu'un monument soit érigé à Washington afin de commémorer le sacrifice des Nisei. Son grand œuvre d'après-guerre, toutefois, fut le mouvement de réparation dans les années 1980.

À partir de l'immédiat après-guerre, il y eut de nombreuses tentatives afin de persuader le gouvernement américain de s'excuser formellement pour les internements et de verser des compensations directes aux familles concernées. En 1980, ces initiatives avaient finalement abouti à la création d'une commission fédérale. En 1983, elle recommanda que le Congrès et le président des États-Unis présentent des excuses formelles, mettent sur pied une fondation chargée de sensibiliser le peuple américain sur cette partie oubliée de son histoire, et versent à chaque interné survivant la somme de 20 000 dollars en guise de compensation partielle. Mais cela devait être transposé dans une loi, ce qui supposait un énorme travail de persuasion des parlementaires.

En 1987, 120 activistes commencèrent à rencontrer les élus pour soutenir ces revendications. Parmi eux figuraient de nombreux anciens combattants du 442e. Sur l'insistance de Judy, sa compagne, Rudy se joignit au mouvement et se retrouva bientôt à arpenter les couloirs du Capitole avec ses béquilles, retrouvant nombre de ses vieux camarades. Ils décidèrent d'aborder cette mission comme ils avaient abordé tellement de missions pendant la guerre, avec un état d'esprit « Go for Broke ». « Nous allons prendre cette colline d'une manière ou d'une autre », annonça Rudy au journal de sa ville en faisant allusion à la colline au sommet de laquelle est bâti le Capitole, qui abrite la Chambre des représentants et le Sénat, à Washington. Ils pourchassèrent sans relâche les parlementaires indécis, n'hésitant pas à pousser les lourdes portes de bois de leurs bureaux lambrissés, demandant fermement mais poliment à être entendus.

Alors que le jour du vote approchait en 1987, Rudy et un groupe d'anciens combattants Nisei s'invitèrent dans le bureau de l'élu de Floride Charles Edward Bennett. Celui-ci avait combattu avec mérite les Japonais dans la brume des jungles meurtrières de Nouvelle-Guinée. Il avait contracté la polio pendant son déploiement et il avait à présent besoin d'appareils orthopédiques ainsi que de béquilles pour se déplacer. Quand il arriva ce jour-là, il jeta un regard à Rudy et à ses amis puis grommela : « Mais bon Dieu, qu'est-ce que vous foutez là, bande d'enfoirés ? »

Les anciens combattants Nisei commencèrent à expliquer les raisons de leur présence, mais Bennett les coupa net : « Mon putain de gouvernement n'a pas à s'excuser auprès du moindre connard. Vous comprenez ce que je vous dis ? »

Les autres se mirent à sortir, mais Rudy resta en retrait. Bennett lui fit signe de partir. Au lieu de cela, Rudy s'approcha de lui avec ses béquilles. Il s'était renseigné. Il savait que sous son pantalon, Bennett portait des attelles aux jambes.

« Monsieur, je tenais à vous remercier, commença Rudy en lui tendant la main.

– Me remercier pour quoi ? Je ne vais rien faire pour vous, les mecs.

– Non, monsieur (…), je voulais vous remercier parce que vous avez été élu juste après la fin de la guerre (…). Et je sais ce que c'est (…) quand on se lève chaque fichu matin et que ça fait un mal de chien. Monsieur, malgré tout, vous avez surmonté votre douleur et le reste pour participer à la vie de notre pays. C'est bien sûr pour cela que je tiens à vous remercier, vous êtes quelqu'un de bien (…). Je voulais vous le dire en face et vous serrer la main. »

Rudy lui serra la main et sortit.

Quand vint le moment du vote, Rudy était assis à la tribune des spectateurs, dans la partie réservée aux personnes handicapées. Au moment où Bennett entra dans l'hémicycle, Rudy attrapa son regard. Bennett était un élu influent du fait de son ancienneté. Voyant Rudy, il hésita pendant un moment. Il était prévu qu'il fasse un discours de trois minutes pour exprimer son opposition à la loi de réparation. À la place, il marcha jusqu'au pied de la tribune, traîna là pendant un moment, puis sortit par une porte latérale. Alors que le décompte du scrutin commençait à s'afficher sur un écran, Rudy vit que Bennett avait voté en faveur de l'adoption de la loi. Quelques instants plus tard, encore davantage de votes « pour » s'affichèrent sur l'écran. La loi était adoptée.

Rudy alla voir Bennett dans son bureau après la séance et le remercia :

« Monsieur, je tiens à vous remercier personnellement du fond du cœur. Je ne sais pas ce qui vous a fait changer d'avis, mais bon sang, je suis content que vous l'ayez fait.

– Eh, mon salaud, qu'est-ce que je pouvais faire d'autre ? J'ai levé le regard et je vous ai vu avec ces saletés de béquilles. »

Le 10 août 1988, après s'y être initialement opposé, le président Reagan signa la loi reconnaissant que l'internement des Nippo-Américains fut « mise en œuvre sans des motifs adéquats de sécurité et sans que le moindre acte d'espionnage ou de sabotage fût avéré, et fut motivée en grande partie par des préjugés racistes, l'hystérie guerrière et un échec des dirigeants politiques ». Il fallut encore trois à cinq ans pour que la plupart des 82 219 personnes alors éligibles reçoivent chacune l'indemnité de réparation de 20 000 dollars.

Pendant le reste de ses jours, Rudy ne cessa jamais de prendre la parole pour décrire son expérience de la guerre et défendre une meilleure reconnaissance de ce que le 442ᵉ avait fait. Peu avant sa mort, on lui demanda lors d'une interview quel héritage il pensait que lui et le 442ᵉ avaient laissé aux générations suivantes. Il répondit simplement : « Je pense avoir fait mon boulot. Je pense que maintenant, je n'ai rien d'autre à faire. Je pense que nous, pas seulement moi mais nous tous, avons fait nos preuves. » Il s'en alla le 4 décembre 2004.

Comme Fred, Kats Miho eut du mal à se faire de nouveau à la vie estudiantine quand il retourna à l'université. Il ne parvenait pas à se concentrer sur son travail. Il vivait avec son frère Katsuro, mais passait l'essentiel de son temps libre à traîner avec des anciens combattants du 522ᵉ, discutant tout en jouant au billard à l'arrière du Owl Café, au centre-ville d'Honolulu, ou se saoulant à la bière avec eux sur Sandy Beach, à l'extrême est de Koko Head. Lors des examens de la fin du premier semestre, il échoua à quatre épreuves sur cinq. Il lui semblait juste plus important de passer du temps en compagnie de ses amis qu'avec des livres.

Au cours du second semestre, toutefois, sa vieille habitude de s'impliquer, d'organiser les bonnes volontés, de prendre la parole, de faire avancer les choses, lui revint peu à peu. Il se remit au travail, participa à l'organisation d'une association de vétérans du 442e, s'installa dans un dortoir d'anciens combattants dont il devint le superviseur. Il aida à organiser un carnaval dans toute l'université. Et, lors de sa dernière année, il fut de nouveau président du corps étudiant.

Au moment où il décrocha son diplôme, il était également en train de s'investir dans quelque chose de bien plus grand, quelque chose qui, le moment venu, aiderait à forger le futur d'Hawaï. Ayant grandi à l'époque du système des exploitations puis s'étant battus et sacrifiés pour leur pays, beaucoup des meilleurs et des plus brillants parmi les anciens combattants du 442e retournèrent dans l'archipel déterminés à changer fondamentalement la structure politique du territoire. Ils commencèrent par suivre des études de droit. Daniel Inouye, Spark Matsunaga, John Ushijima et Kats n'étaient que quelques-uns des Nisei hawaïens à profiter de la possibilité offerte par la loi sur les anciens combattants de bénéficier d'une bourse et à s'inscrire dans les facultés de droit de la côte est. Kats et Inouye se retrouvèrent à l'université George-Washington, où ils dînaient ensemble au moins une fois par semaine. Au même moment, il n'y avait rien moins que vingt-cinq autres anciens combattants Nisei qui étudiaient le droit dans d'autres établissements de la capitale. Quand ils rentrèrent à Hawaï, les juristes Nisei fraîchement diplômés se mirent à occuper des positions de pouvoir dans les affaires, l'administration et le droit, et ce faisant, ils commencèrent à poser les fondements d'un Hawaï très différent de celui dans lequel ils avaient grandi.

Après avoir réussi l'examen d'entrée au barreau, Kats travailla pour le cabinet de son frère Katsuro. En 1956, il rencontra Laura Iida, la fille d'un homme d'affaires et banquier influent d'O'ahu. Kats posa pour la première fois ses yeux sur elle lors du gala d'inauguration de la Central Pacific Bank, dont M. Iida était le président. Pour l'occasion, M. Iida avait aligné ses filles à ses côtés, toutes habillées du même sublime kimono pour un effet visuel garanti. C'est lorsque Laura travailla pour le Bureau des anciens combattants à Honolulu que Kats apprit à mieux la connaître et se mit en tête de l'épouser. M. Iida avait été interné avec le père de Kats sur le continent, les deux hommes se connaissaient donc et s'admiraient réciproquement, ce qui facilita le mariage. La cérémonie fut somptueuse : des homards du Maine avaient été livrés par avion depuis la côte est et on comptait plus d'un millier d'invités. Avec le succès croissant des frères Miho, l'union fut communément vue comme la fusion de deux des plus éminentes familles d'Oʻahu.

Le 21 août 1959, Kats fut élu pour le premier de ses cinq mandats à la Chambre des représentants d'Hawaï. Le matin du 31 août 1959, un énorme *lei* rouge autour du cou, il monta sur une estrade devant le palais ʻIolani, où le Parlement local devait tenir sa première session depuis l'accession au statut d'État de l'archipel. Sur une autre estrade moins élevée devant lui, des danseurs hawaïens et tahitiens se balançaient au rythme des tambours. La chorale de la police d'Honolulu entonna des chansons traditionnelles. Sur les pelouses au-delà des estrades, des familles étaient assises sur des couvertures à l'ombre des banians, alors que des femmes couvertes de fleurs passaient entre eux en distribuant des *leis* et en agitant des feuilles de *ti* et d'hibiscus sur une longue tringle pour former un *kāhili*, un ancien emblème cérémonial d'Hawaï. Kats, se rappelant le jour où il s'était tenu sur cette même pelouse dans un uniforme kaki plus d'une décennie plus tôt, attendant d'être envoyé par bateau à l'étranger, profita autant qu'il le put de ce moment.

Tandis que Kats poursuivait sa carrière au service du public qu'il avait entamé comme lycéen au lycée de Maui, Laura et lui eurent quatre enfants : Carolyn Mariko, Arthur Kengo, Celia Yukiko et Ann Takako. En parallèle, Kats travaillait sans relâche pour mettre sur pied et développer l'association des vétérans du 442ᵉ à Honolulu et consacrait l'essentiel de son temps libre à promouvoir le sumo à Hawaï. Le père de Kats décéda en juillet 1968. Ayano emporta les cendres de son époux chez eux à Hiroshima pour les déposer dans le caveau familial, mais elle mourut pendant son séjour de ce que les docteurs appelèrent une « défaillance cardiaque », et que ses enfants décrivirent comme un cœur brisé. Leurs cendres furent enterrées ensemble.

Kats s'éteignit le 11 septembre 2011 et fut inhumé au National Memorial Cemetery of the Pacific, le « Punchbowl », comme l'appellent les locaux, non loin de là où son frère Katsuaki, Hiro Higuchi, Masao Yamada et tant de ses amis et camarades du 442ᵉ régiment reposent désormais. Parmi eux se trouvent également les restes de douzaines de militaires qui moururent lors de l'attaque de Pearl Harbor. Le 29 septembre 2011, le gouverneur Niel Abercrombie ordonna que les drapeaux américain et hawaïen soient mis en berne dans tout l'archipel pour honorer la mémoire de Kats. Laura Miho vit toujours dans la demeure familiale de la vallée Mānoa au cœur des collines entourant Honolulu et participe régulièrement à des déjeuners et des réunions avec les quelques membres encore vivants de la batterie B et leurs familles.

Après la guerre, secoué par les horreurs dont il avait été le témoin pendant qu'il avait servi dans le 442ᵉ et ayant perdu toutes ses illusions, Hiro Higuchi envisagea sérieusement de quitter son ministère. En 1950, des collègues le persuadèrent de changer d'avis, et il entreprit de nouvelles études de théologie à Oberlin avant de rentrer à Kaua'i, où il présida dans la joie et avec un sens renouvelé de son engagement une petite congrégation à Waimea. De là, il fut le fer de lance du développement de cinq autres églises sur l'archipel, tout en servant comme aumônier dans la réserve de l'armée de terre, dévoué jusqu'à la fin aux jeunes hommes dont il avait été le ministre pendant la guerre. Il s'éteignit le 10 novembre 1981.

Quand Masao Yamada rentra à Hawaï, il demanda un congé de six mois pour pouvoir s'occuper des besoins des soldats Nisei de retour qui avaient du mal à se faire à la vie civile. Il s'installa ensuite sur l'île d'Hawaï, où il présida une congrégation de l'église de la Sainte-Croix à Hilo, entrant ensuite à l'hôpital de l'État d'Hawaï sur O'ahu, où il servit comme aumônier pour les patients atteints de troubles mentaux. Son épouse, Ai, et lui devinrent des passionnés d'orchidées, développant de nombreuses variétés nouvelles et enseignant aux patients de l'hôpital comment cultiver et hybrider des orchidées comme forme de thérapie. Il mourut le 7 mai 1984.

George Oiye, comme Fred, Kats, Rudy et beaucoup d'autres anciens du 442ᵉ, lutta pour s'adapter à son nouveau quotidien. Quand il rentra chez lui dans le Montana, il constata que ses parents parvenaient à peine à survivre en vendant les légumes qu'ils cultivaient dans leur jardin. Il était toujours difficile de trouver du travail pour quiconque portait un nom japonais. Quand il tenta de livrer des légumes ailleurs dans l'État, la plupart des clients ne voulaient même pas lui parler. Il s'inscrivit donc de nouveau à l'université d'État du Montana. C'est à ce moment-là que les cauchemars commencèrent. Nuit après nuit, il se réveillait en hurlant, s'efforçant ne pas être éventré par une baïonnette, ou entendant les hurlements de ses camarades, tandis que des obus explosaient dans l'obscurité de sa chambre. Il ne pouvait pas étudier et, pour couronner le tout, ses oreilles étaient constamment envahies d'acouphènes, résultat du temps passé au plus près des obusiers du 522ᵉ. En fin de compte, au milieu de son second semestre à l'université, il souffrit d'une dépression nerveuse et dut abandonner ses études.

Au cours des quelques années suivantes, il erra dans l'Ouest américain, travaillant un temps au développement de terres vierges à Tucson, puis déménageant en Californie du Sud, où il renoua avec son amour de jeunesse pour l'aéronautique. Entre-temps, il obtint un diplôme du California Aero Tech Institute de Glendale et commença à occuper des postes d'ingénieur dans l'industrie aérospatiale naissante de l'État. En 1951, il épousa Mary Toyoda, et le couple eut deux enfants, Tom et Nancy. Après avoir survécu à un cancer de l'estomac dans les années 1970, George s'éteignit le 28 février 2006, non sans être retourné presque chaque année dans les forêts et les ruisseaux du Montana pour chasser, pêcher et rendre visite à de vieux amis.

Quand Sus Ito se maria en 1952, George Oiye fut son témoin. Après la guerre, Sus travailla comme mécanicien à Cleveland, mais ce travail ne lui procurant aucune satisfaction, il décida de profiter de la loi sur les anciens combattants afin de s'inscrire à l'université pour étudier la biologie. Dès lors, il connut un parcours météorique. Il obtint un doctorat en biologie et embryologie de ce qui était alors l'université Western Reserve, fit un post-doctorat à Cornell en 1955, et rejoignit la faculté de médecine de Harvard en 1960. Trente ans plus tard, il prit sa retraite de la chaire James Stillman de Harvard où il était professeur d'anatomie comparée, mais bien que retraité, il continua à mener des recherches pionnières dans les laboratoires de Harvard jusqu'en 2014. Il mourut le 29 septembre 2015 à l'âge de 96 ans. Le *senninbari* que sa mère avait confectionné pour lui et qu'il portait lors des combats, avec son millier de mailles en soie rouge, est désormais exposé au Japanese American National Museum à Los Angeles.

Aujourd'hui, les centaines d'escaladeurs, de campeurs, de randonneurs et d'ornithologues en herbe qui chaque année empruntent la Prison Camp Road à la sortie de Tucson ne trouvent plus la prison fédérale en régime de semi-liberté de Catalina, où Gordon Hirabayashi fut incarcéré en 1943. À la place, entre les fondations en pierre de l'ancienne prison, ils trouvent un panneau du US Forest Service indiquant : « Aire de repos Gordon-Hirabayashi » et plusieurs tableaux explicatifs leur présentant l'histoire des Nippo-Américains pendant la Seconde Guerre mondiale. L'un de ces tableaux cite Gordon, résumant l'effort de sa vie : « J'ai toujours gardé la tête haute parce que je ne désobéissais pas seulement en disant "non", mais en disant "oui" à un principe supérieur, le plus grand des principes. »

Gordon fut libéré de la prison fédérale peu après la fin de la guerre. Il retourna à l'université de Washington où, en six ans, il étudia la sociologie jusqu'au doctorat. Ses premiers postes d'enseignement l'envoyèrent avec Esther à Beyrouth et au Caire où Gordon fut surpris de se rendre compte que, pour la première fois, ses collègues et étudiants le voyaient simplement comme un Américain, plutôt que comme un Nippo-Américain. En 1959, les Hirabayashi déménagèrent au Canada où Gordon rejoignit l'université d'Alberta, occupant finalement la chaire de sociologie. Esther et lui élevèrent leurs jumelles, Marion et Sharon, et un fils, Jay, mais finirent par se séparer, divorçant à l'amiable dans les années 1970. En 1986, Gordon épousa Susan Carnahan, une journaliste et photographe indépendante rencontrée à une réunion de quakers à Edmonton. L'année suivante, la cour d'appel pour le neuvième circuit annula sa condamnation quand ses avocats prouvèrent que le gouvernement avait supprimé, altéré et détruit des preuves lors de son premier procès.

Après avoir pris sa retraite de l'enseignement, Gordon continua à défendre les droits civils pendant le restant de ses jours. Il mourut à Edmonton, dans l'Alberta, le 2 janvier 2012. Dix heures plus tard, dans un hôpital à quelques immeubles de là, Esther Schmoe s'éteignait elle aussi.

Le 29 mai 2012, Barack Obama – se tenant devant un rideau brodé d'or dans l'East Room de la Maison Blanche, sous les regards de Susan Carnahan et d'autres membres de la famille Hirabayashi – remit à titre posthume à Gordon la médaille présidentielle de la Liberté, la plus haute décoration civile de la nation. Lors de son allocution, le président Obama cita Gordon lui-même : « À moins que les citoyens ne soient prêts à se lever pour défendre la Constitution, elle ne vaut pas le papier sur lequel elle est écrite. »

Remerciements

Comme c'est le cas pour beaucoup de livres, de nombreuses fées se sont penchées sur le berceau de celui-ci. J'ignore par quelle chance j'ai pu toutes les avoir à mes côtés quand j'ai entrepris de raconter cette histoire, mais je leur voue une infinie gratitude.

Avant toute chose, je veux remercier Tom Ikeda du projet Densho à Seattle. C'est en grande partie à la faveur de mes premières conversations avec Tom que j'en suis venu à me rendre compte combien il était important pour nous tous – en particulier par les temps que nous traversons – de mieux comprendre ce qu'ont vécu les Nippo-Américains avant et pendant la Seconde Guerre mondiale. Alors que je me plongeais la tête la première dans la stupéfiante collection de témoignages, de correspondances, de journaux, de photographies et autres archives que Tom a rendus accessibles au monde entier sur le site web de Densho, il m'a guidé et conseillé d'une manière inestimable. Il m'a également ouvert de nombreuses portes et m'a présenté à un grand nombre d'interlocuteurs – les noms de beaucoup d'entre eux apparaissent dans les lignes qui suivent – qui ont grandement facilité mon travail. Je souhaite également remercier l'équipe de Densho – en particulier son remarquable historien, Brian Niiya, et le directeur des opérations, Dana Hoshide – pour toute l'aide qu'ils m'ont apportée afin de faire bon usage des ressources qu'ils collectent et conservent sans relâche.

Je suis particulièrement redevable à Fred Shiosaki, l'un des derniers membres du 442ᵉ qui soit encore parmi nous et l'incarnation même de cet état esprit « Go for Broke », ainsi qu'aux proches amis et parents de certains des autres jeunes hommes dont je raconte les existences dans le livre – en particulier Michael Shiosaki, Mariko Miho, Judy Niizawa et Robin Tokiwa. Merci à toutes et tous d'avoir passé tant de temps avec moi, de m'avoir raconté ces histoires, d'avoir partagé toutes ces lettres, ces souvenirs et ces photographies, de m'avoir laissé entrer dans vos demeures et vos vies, et par-dessus tout de m'avoir raconté les parcours étonnants de vos proches. J'espère juste leur avoir rendu justice comme il se devait.

Parmi les nombreuses personnes à Hawaï qui m'ont épaulé de diverses manières, mes plus vifs remerciements vont à Leilani Dawson de l'université d'Hawaï à Mānoa ; Warren et Michiko Kodama-Nishimoto ; Gwen Fujie ; Shari Y. Tamashiro et deux hommes remarquables, Flint Yonashiro et Roy Fujii, tous deux des anciens combattants de la batterie B du 522ᵉ.

Sur le continent, un merci particulier à Janet et Jim Ohta ; David Takami ; John C. Hughes ; L. Stuart Hirai ; Jamie Henricks ; Kristen Hayashi ; Anne Burroughs ; Judy Rantz Willman et Kiyomi Hayashi pour tout ce qui concerne le quakerisme et pour m'avoir toujours indiqué la bonne voie.

Dans le domaine académique, mes remerciements sincères vont à Erin Aoyama de l'université Brown, Tara Fickle à l'université de l'Oregon et Megan Asaka à l'université de Californie à Riverside pour leur relecture attentive du manuscrit et leurs nombreuses et précieuses observations, propositions et corrections. Comme toujours, toute omission ou erreur qui demeurerait est entièrement de mon fait.

Dans le monde de l'édition, je ne pourrai jamais trouver de superlatifs suffisants pour exprimer de nouveau ma profonde et sincère gratitude à deux femmes aussi déterminées que chaleureuses et terriblement brillantes : mon agente, Dorian Karchmar, et mon éditrice, Wendy Wolf. Par conséquent je me contenterai de leur dire encore merci à toutes deux pour être ce qu'elles sont. Je dois également beaucoup à Louise Braverman, Terezia Cicel et le reste de l'équipe exceptionnelle de mon éditeur américain, Viking Press. Et à Londres, un grand merci à Daniel Crewe pour sa relecture délicieusement britannique mais rigoureuse du texte et les idées excellentes qui en ont résulté.

Pour finir, je veux remercier, pour son amour et son encouragement, ma famille : mes filles, Emily et Robin, ainsi que mon épouse,

Sharon. Pour ce voyage particulier, Sharon a été avec moi à chaque pas, ne m'offrant pas seulement sa tolérance habituelle pour le bazar que je crée en laissant des piles de livres et des tas de papiers partout dans la maison, mais de manière plus importante en partageant avec moi ses idées enthousiastes et son instinct extraordinaire pour raconter des histoires. Elle a voyagé à mes côtés jusque sur les champs de bataille en Italie, a pris des notes pendant que j'interviewais des anciens combattants, a passé de nombreuses heures à trier et à scanner des documents dans des universités poussiéreuses, a rangé des boîtes pleines de photocopies, a habilement édité les versions successives du manuscrit, a organisé les photographies et a annoté et indexé de précieuses sources primaires, en particulier les correspondances volumineuses de Masao Yamada et d'Hiro Higuchi. Plus que jamais, sans elle, ce livre n'existerait pas.

Ressources

Pour en savoir plus

Le lecteur désireux de consulter des documents relatifs aux personnes, aux endroits et aux événements dont il est question dans ce livre, en particulier les interviews filmées de Rudy Tokiwa, Fred Shiosaki, Gordon Hirabayashi et Kats Miho, pourra se rendre dans la section « Beyond the Book » du site web danieljamesbrown.com.

Au sujet de Densho

Densho est une organisation à but non lucratif fondée en 1996 dans l'intention initiale de collecter des témoignages de Nippo-Américains ayant été incarcérés pendant la Seconde Guerre mondiale au seul motif de leurs origines. Cette mission s'est enrichie d'actions liées à l'éducation, la préservation, la coopération et l'instigation d'initiatives en faveur de l'égalité des droits. Densho a recours à la technologie numérique pour préserver et rendre accessibles des sources primaires traitant de l'incarcération des Nippo-Américains pendant la Seconde Guerre mondiale. Densho a mis gratuitement en ligne ces documents et des ressources complémentaires en raison de leur valeur historique et pour apporter un éclairage sur les questions relatives à la démocratie, à l'intolérance, au chauvinisme par temps de guerre, aux droits civils et à la citoyenneté dans une société de plus en plus mondialisée. Densho est un terme japonais signifiant « transmettre à la génération suivante » ou « laisser un héritage ».

Le lecteur désireux de consulter la large collection de photographies, de documents, de correspondances, de journaux et d'interviews filmées ou soucieux de participer aux efforts de Densho pour préserver l'histoire des Nippo-Américains pourra se rendre sur le site web densho.org. Une partie des droits d'auteurs générés par la vente de ce livre sera reversée à Densho pour soutenir son travail.

Notes

Dans un souci de concision, j'ai recours aux abréviations suivantes pour indiquer les organisations qui ont mené les interviews ou qui en détiennent désormais les enregistrements : Densho (les archives de Densho sont disponibles à l'adresse densho.org/archives/), Go for Broke (les archives du Go for Broke National Education Center sont disponibles à l'adresse www.goforbroke.org), et le musée de l'Holocauste (United States Holocaust Memorial Museum : www.ushmm.org). L'origine et l'emplacement des autres interviews sont indiqués à chaque fois.

Avant-propos, note de l'auteur et prologue

La citation de Rudy Tokiwa est extraite de son interview Go for Broke du 24 mars 2002. La citation de George Orwell est extraite de « Politics and the English Language » qui fut initialement publié dans *Horizon* en avril 1946[1]. L'épigraphe du prologue est extraite de l'interview Densho de Fred Shiosaki menée les 26 et 27 avril 2006.

Chapitre 1

L'épigraphe du chapitre est extraite de l'interview Densho de Ted Tsukiyama menée le 5 janvier 2001. Ma description de la personnalité de Kats Miho dans

---

1. En français « Politique et langage », trad. de Marc Chénetier, dans George Orwell, *Œuvres*, Gallimard, « Bibliothèque de la Pléiade », 2020, p. 1321. *(NdT)*

ces pages et dans le reste de l'ouvrage s'appuie sur de nombreuses sources, dont plusieurs témoignages, qu'il a laissées derrière lui et qui sont citées ci-dessous, mais plus particulièrement sur l'interview de Mariko Miho menée par mes soins le 19 janvier 2018. Les détails de ce qu'il faisait le 7 décembre 1941 sont en grande partie extraits de son interview Go for Broke du 20 janvier 2002, de son interview menée par Michi Kodama-Nishimoto et Warren Nishimoto le 16 novembre 1989, et de son récit sur le site web Hawai'i Nisei Story.

Les détails au sujet de l'attaque japonaise contre O'ahu proviennent d'une grande diversité de sources. Parmi lesquelles figurent Gordon W. Prange, Donald M. Goldstein et Katherine V. Dillon, *December 7, 1941 : The Day the Japanese Attacked Pearl Harbor*, New York, Open Road Media, 2014, ainsi que Steven M. Gillon, *Pearl Harbor : FDR Leads the Nation into War*, New York, Basic Books, 2011. Une chronologie des événements qui se sont déroulés sur le site du radar mobile d'Opana peut être consultée sur la partie du site web du National Park Service consacrée à Pearl Harbor. La remarque du lieutenant Kermit Tyler « Ne t'inquiète pas, c'est OK » figure dans l'interview de Tyler menée par John Martini du 8 décembre 1991 sur le même site web. Beaucoup d'autres détails sur l'attaque contre la base de la Navy de Kane'ohe ont été mentionnés dans l'émission de Michael Wegner sur C-SPAN le 5 décembre 2011. La citation « Raid aérien sur Pearl Harbor. Ce n'est pas un exercice. » est extraite de Steven M. Gillon, *op. cit.*, de même que la citation « C'est pour de vrai ce coup-là ! » « Priez le Seigneur et passez les munitions !! » est tirée de Gordon W. Prange *et al.*, *op. cit.* La périlleuse arrivée des B-17 est racontée de manière extrêmement vivante dans l'article de Fred Swegles « B-17 Pilot Flew Unexpectedly into the Middle of Japanese Attack on Pearl Harbor », *Orange County Register*, 6 décembre 2017. Les chiffres du bilan humain peuvent être consultés sur la partie du site web du National Park Service consacrée à Pearl Harbor. Wayne Yoshioka évoqua le drame de l'école de langue japonaise sur la radio publique d'Hawaï le 3 décembre 2016 dans un documentaire intitulé « A Pearl Harbor 75th Anniversary Story ». Gordon W. Prange *et al.*, *op. cit.*, et Steven M. Gillon, *op. cit.*, évoquent avec davantage de détails les victimes à bord de chaque bateau. D'autres éléments sur les dégâts subis et la réaction à bord des différents navires sont extraits de « Proceedings of the Hewitt Inquiry – Congressional Investigation Pearl Harbor Attack : Hewitt Inquiry Exhibit No. 73 ». La citation d'Akiji Yoshimura est tirée du livre de James M. McCaffrey, *Going for Broke : Japanese American Soldiers in the War Against Nazi Germany*, Norman, University of Oklahoma Press, 2013. La citation « Ces mecs ont des nerfs d'acier ! » est extraite du récit de Ronald Oba sur le site Hawai'i Nisei Story. On peut retrouver la citation « Ce n'est pas un exercice ! » dans Lyn Crost, *Honor by Fire : Japanese Americans at War in Europe and the Pacific*, Novato (Californie), Presidio Press, 1994, ainsi que dans l'émission de C-SPAN du 5 décembre 2011. D'autres informations sur l'état d'esprit et les faits et gestes de Daniel Inouye ce jour-là figurent dans Lyn Crost, *op. cit.*, ainsi que dans John Tsukano, *Bridge of Love*, Honolulu, Hawai'i Hosts, 1985. Flint Yonashiro m'a décrit son état d'esprit ainsi que ses faits et gestes pendant l'attaque lors de son interview par mes soins à Honolulu le 20 octobre 2018. La citation « C'est un bridé » provient de Hawai'i Nikkei History Editorial Board, *Japanese Eyes, American Heart : Personal Reflections of Hawaii's World War II Nisei Soldiers*, Honolulu, University of Hawai'i Press, 1998, p. 51. La citation « C'est la guerre ! C'est la guerre ! Du café ! Du café ! » est extraite de l'interview de Takejiro Higa sur le site web Hawai'i Nisei

Story. La réaction de Kats « Hé, qu'est-ce qui se passe là-dessous ? » est mentionnée dans l'interview menée par Michi Kodama-Nishimoto et Warren Nishimoto le 16 novembre 1989, ainsi que dans son récit sur le site Hawai'i Nisei Story. Ted Tsukiyama décrit la scène à l'université d'Hawaï ce matin-là dans son témoignage pour le musée de l'Holocauste enregistré le 21 décembre 1987[1].

Chapitre 2

L'épigraphe du chapitre est extraite des Mémoires non publiés de Fumiye Miho. Kats Miho raconte son enfance sur Maui dans l'interview menée par Michi Kodama-Nishimoto et Warren Nishimoto, dans son témoignage pour le musée de l'Holocauste enregistré le 21 juin 1989, et dans son récit sur le site Hawai'i Nisei Story. Certains détails sont tirés de l'interview de Mariko Miho menée par mes soins le 19 janvier 2018 et des Mémoires de Fumiye Miho. J'ai puisé un bon nombre d'informations sur la géographie de Kahului au début du XXe siècle d'une carte très détaillée établie par un étudiant anonyme de l'université d'Hawaï dans le cadre d'un travail universitaire, ainsi que de mes propres observations en explorant la ville telle qu'elle se présente de nos jours. La carte se trouve aujourd'hui dans les collections spéciales de la bibliothèque Hamilton de l'université d'Hawaï à Mānoa. J'ai également trouvé des informations sur la structure sociale de Maui dans l'interview de Katsuro Miho menée par Michi Kodama-Nishimoto et Warren Nishimoto le 16 novembre 1989 ; dans les Mémoires de Fumiye Miho et dans l'interview de Mariko Miho, déjà citée. Des renseignements supplémentaires sur la stratification sociale de Maui et le mode de vie de la population blanche viennent en partie de Irma Gerner Burns, *Maui's Mittee and the General*, Honolulu, Ku Pa'a, 1991 ; de Tom Coffman, *The Island Edge of America : A Political History of Hawai'i*, Honolulu, University of Hawai'i Press, 2003 ; d'un article académique rédigé par Katsuoso « Paul » Miho alors qu'il était étudiant à l'université d'Hawaï le 2 juin 1937 et intitulé « An Ecological Dissertation of My Little Community », ainsi que d'une lecture attentive de nombreux numéros de *The Maui News* parus entre 1929 et 1941.
Les statistiques sur la composition de la population d'Hawaï proviennent de Tom Coffman, *op. cit.*, p. 41. La citation « On ne peut pas demander à l'homme blanc de travailler dans la chaleur suffocante » est extraite de l'audition de Walter Dillingham par le Sénat le 13 août 1921 et reproduite dans « Hearings Before the Committee on Immigration », *Senate Journal*, 82, 1921. Des détails supplémentaires sur la vie des jeunes gens et la foire de Maui sont issus de l'interview de Janet et Jim Ohta menée par mes soins le 29 juin 2018 et de la lecture des comptes rendus publiés par *The Maui News*. J'ai mieux compris la vie scolaire au lycée de Maui en consultant des annuaires des élèves conservés par Kats Miho ainsi que par Jill Engledow, *The Spirit Lives On : A History of Old Maui High at Hamakuapoko*, 2007.

---

1. En français, on pourra consulter Hélène Harter, *Pearl Harbor 7 décembre 1941*, Paris, Tallandier, « Texto », 2021. *(NdT)*

Chapitre 3

L'épigraphe de Laura Miho est extraite de propos qu'elle tient dans le film *Voices Behind Barbed Wire*, produit par le Japanese Cultural Center of Hawai'i, écrit, dirigé et édité par Ryan Kawamoto, producteur exécutif Carole Hayashino. Le chiffre de 45 millions de postes de radio est issu de l'ouvrage de Steven M. Gillon, *Pearl Harbor : FDR Leads the Nation into War*, New York, Basic Books, 2011, p. 66. Mon esquisse de la vie à Hillyard s'appuie en premier lieu sur les interviews de Fred Shiosaki menées par mes soins les 10 avril et 2 juillet 2016, sur son interview Densho des 26 et 27 avril 2006, sur John C. Hughes, « Fred Shiosaki : The Rescue of the Lost Battalion », Legacy Washington, bureau du Secrétaire d'État, Olympia (Washington), 2015, et sur Stefanie Pettit, « Hillyard Laundry Building Has Colorful Past », *Spokesman-Review*, 11 décembre 2008. Mon récit de ce qu'a vécu Fred Shiosaki ce jour-là est principalement tiré des interviews menées par mes soins en 2016, ainsi que de son interview Densho déjà citées, et de John C. Hughes, art. cit. Pour en savoir plus au sujet de l'intervention à la radio de John Charles Daly « Les Japonais ont attaqué Pearl Harbor », on pourra se référer à l'émission de NPR « All Things Considered » du 7 décembre 1999 au cours de laquelle le journaliste à la retraite Robert Trout livre un témoignage de première main sur la manière dont les choses se sont déroulées à CBS News ce matin-là.

Les détails sur l'imposition de la loi martiale à Honolulu viennent de Steven M. Gillon, *op. cit.*, et de Gail Honda (éd.), *Family Torn Apart : The Internment Story of the Otokichi Muin Ozaki Family*, Honolulu, Japanese Cultural Center of Hawai'i, 2012. D'autres renseignements sur l'atmosphère à Honolulu cette nuit-là sont tirés de Tamotsu Shibutani, *The Derelicts of Company K : A Sociological Study of Demoralization*, Berkeley, University of California Press, 1978, de « Blacked Out Liner Wins Race with War », *Oakland Tribune*, 10 décembre 1941, et d'un reportage général dans le *Honolulu Star Bulletin* du 8 décembre 1941. Les situations vécues par Kats Miho viennent de son récit sur le site Hawai'i Nisei Story, de son interview menée par Michi Kodama-Nishimoto et Warren Nishimoto le 16 novembre 1989, et de son interview Go for Broke de 2002. La citation de Katsuichi Miho – « Ne fais rien qui puisse attirer la honte » – est extraite de l'interview de Katsuro Miho menée par Michi Kodama-Nishimoto et Warren Nishimoto.

Les propos de Franklin Roosevelt – « chaque Japonais, disposant ou non de la citoyenneté » – sont cités dans l'entrée « Custodial Detention/A-B-C-List » de la *Densho Encyclopedia* qui est la source de l'essentiel des informations histo-riques présentées ici. Davantage d'éléments de contexte historique sont donnés dans l'entrée « German and Italian Detainees » de la même *Densho Encyclopedia*. Les arrestations d'Issei que je mentionne apparaissent dans Time-Life Bureau, *War Comes to the U.S. – Dec. 7, 1941 : The First 30 Hours as Reported from the U.S. and Abroad*, Norwalk (Connecticut), Easton Press, 2014 ; Richard Reeves, *Infamy : The Shocking Story of the Japanese American Internment in World War II*, New York, Henry Holt, 2015, p. 12 ; Franklin Odo, *No Sword to Bury : Japanese Americans in Hawai'i During World War II*, Philadelphia Temple University Press, 2004, p. 112 ; ainsi que dans l'interview Densho du 26 avril 2006 de Sumi Okamoto et dans Thelma Chang, *I Can Never Forget : Men of the 100th/442nd*, Honolulu, Sigi Productions, 1991, p. 84.

Chapitre 4

L'épigraphe est extraite de la retranscription d'une émission de radio reproduite dans Gail Honda (éd.), *Family Torn Apart : The Internment Story of the Otokichi Muin Ozaki Family*, Honolulu, Japanese Cultural Center of Hawai'i, 2012, p. 45. Le récit de la vie de Fred Shiosaki dans les jours qui ont suivi Pearl Harbor est tiré des interviews menées par mes soins en 2016, de John C. Hughes, « Fred Shiosaki : The Rescue of the Lost Battalion », Legacy Washington, bureau du Secrétaire d'État, Olympia (Wash.), 2015, et de l'interview Densho de Fred Shiosaki. Le titre « LOURD BILAN DU BOMBARDEMENT » a paru dans l'édition du 8 décembre 1941 du *Spokesman-Review*. La citation « Kay, regarde ça ! » provient de l'interview Densho de Fred Shiosaki, de même que les citations suivantes attribuées à Kisaburo Shiosaki ce jour-là.

Ma description du Japon à la fin du XIXe siècle s'appuie pour une large part sur Yuji Ichioka, *The Issei : The World of the First Generation Japanese Immigrants, 1885-1924*, New York, Free Press, 1988, p. 42-45 ; et sur Donald Y. Yamasaki, *Issei, Nisei, Sansei : Three Generations of Camp Life Pu'unene, Maui, Hawaii*, Kahului (Hawaï), D&S, 2013, p. 42. Les détails relatifs aux conditions de travail sur les chantiers de chemin de fer au Canada proviennent de « The Chinese Experience in British Columbia : 1850-1950 », un court article du site web de la bibliothèque de l'université de Colombie-Britannique. Ma description de l'intérieur de l'hôtel Davenport repose sur des photographies d'époque publiées dans une brochure promotionnelle. J'ai rassemblé les éléments principaux des premiers temps passés par Kisaburo Shiosaki dans l'État de Washington à partir des interviews de Fred Shiosaki menées par mes soins, de John C. Hughes, art. cit., de l'interview Densho de Fred Shiosaki, et de Blanche Shiosaki Okamoto, « Promising New Future : Memories of Tori and Kisaburo Shiosaki », *Nostalgia*, 23 janvier 2019.

D'autres renseignements sur la capture de l'enseigne Sakamaki se trouvent dans Gary Coover (éd.), *I Attacked Pearl Harbor*, Honolulu, Rollston Press, 2019. Kats Miho raconte l'expérience de sa première nuit de patrouille pour la Garde territoriale dans son récit sur le site Hawai'i Nisei Story. La description des années passées au Japon puis à Hawaï par Katsuichi et Ayano Miho a pris d'abord forme grâce à l'interview de Mariko Miho menée par mes soins, mais d'autres détails probants sont extraits des interviews de Kats et Katsuro Miho menées par Michi Kodama-Nishimoto et Warren Nishimoto. L'arrestation et la détention à Sand Island de Katsuichi Miho sont détaillées dans l'interview Go for Broke de 2002 de Kats Miho et de nombreuses informations supplémentaires sont issues de l'interview de Mariko Miho menée par mes soins. Les conditions de détention au centre de détention de Sand Island sont décrites dans Gail Honda (éd.), *op. cit.*

Pour les récits détaillés de la destruction du HMS *Repulse* et du HMS *Prince of Wales*, voir Gabe Christy, « The WW2 Sinking of Two Mighty War Ships », sur le site web War History Online. L'attaque sous-marine contre Maui est décrite dans Coleen Uechi, « Remembering Pearl Harbor : We Were Scared », *Maui News*, 7 décembre 2016. La description des panneaux, commentaires et dessins racistes s'appuie sur une multitude de sources dont des photographies d'époque et Richard Reeves, *Infamy : The Shocking Story of the Japanese American Internment in World War II*, New York, Henry Holt, 2015, p. 19-21. L'éditorial du *Los Angeles Times* où se trouve la citation « Une vipère est toujours une vipère » apparaît dans un article en ligne du National Park Service, « A Brief History of Japanese American

Relocation During World War II ». La citation « Tous les citoyens japonais » est tirée de John C. Hughes, art. cit. La citation « C'est une guerre raciale » ainsi que celles de Jed Johnson et Chase Clark apparaissent dans Richard Reeves, *op. cit.* L'imposition de la loi martiale sur l'archipel est longuement traitée dans l'entrée « Martial Law In Hawaii » de la *Densho Encyclopedia*. La citation « Ces gens sont nos ennemis » est tirée de Richard Reeves, *op. cit.*, p. 19. Bien d'autres renseignements sur les effets des restrictions sur la vie des Nippo-Américains au lendemain de Pearl Harbor sont consultables dans Bill Hosokawa, *Nisei : The Quiet Americans*, Boulder, University Press of Colorado, 2002. Fred Shiosaki cite son père disant « N'allez pas là où il y a de la foule » dans son interview Densho.

Kats Miho évoque sa fierté de rejoindre la Garde territoriale dans les interviews menées par Michi Kodama-Nishimoto et Warren Nishimoto, et dans son récit sur le site Hawai'i Nisei Story. Sa fille Mariko m'en a également longuement parlé lors de l'interview menée par mes soins. L'entrée de la *Densho Encyclopedia* « Hawaii Territorial Guide » propose une explication détaillée de l'histoire de cette unité. Kats Miho évoque en détail la manière dont il a vécu la nuit au cours de laquelle il a été déchargé de la Garde territoriale dans l'interview menée par Michi Kodama-Nishimoto et Warren Nishimoto, ainsi que dans une interview pour le musée de l'Holocauste le 21 juin 1989. Le commentaire de Ted Tsukiyama, « Si une bombe avait explosé », apparaît dans Franklin Odo, *No Sword to Bury : Japanese Americans in Hawai'i During World War II*, Philadelphia, Temple University Press, 2004, p. 128.

Chapitre 5

L'épigraphe est extraite de l'interview de Yuriko Hatanaka menée par Michi Kodama-Nishimoto et Warren Nishimoto le 14 décembre 2009. Rudy Tokiwa décrit son état d'esprit et ses faits et gestes le jour du 7 décembre 1941 dans son interview Densho de 1998. Beaucoup d'autres détails sont issus de l'interview de la compagne de Rudy Tokiwa, Judy Niizawa, menée par mes soins le 17 mars 2017 ainsi que de l'interview de Judy Niizawa menée par la sœur de Rudy Tokiwa, Fumi Tokiwa Futamase, le 30 décembre 1995. Le récit de la vie de Rudy Tokiwa au Japon provient des mêmes trois sources. Pour en savoir plus sur la vie au Japon avant la guerre, j'ai consulté Eri Hotta, *Japan 1941 : Countdown to Infamy*, New York, Vintage, 2013 ; et Winston Groom, *1942 : The Year That Tried Men's Souls*, New York, Grove Press, 2018. Le statut de Duke Tokiwa comme quarterback star de l'équipe de football est confirmé par l'annuaire de 1942 du lycée de Salinas. Au sujet de l'incinération des poupées et d'autres objets précieux, on pourra consulter l'article émouvant de Ryuken William « Thus Have I Heard : An American Sutra », *Tricycle : The Buddhist Review*, printemps 2019. La citation « Ces sales bridés » et l'échange qui suit viennent en partie de l'interview Densho de Rudy Tokiwa et en partie de son interview Go for Broke du 3 juin 2001. Mon récit de son échange avec le FBI s'appuie sur les deux mêmes sources et sur l'interview de Judy Niizawa menée par mes soins. Les privations qu'ont eu à subir les Nippo-Américains dans la vallée de Salinas sont précisées dans Sandy Lydon, *The Japanese in the Monterey Bay Region : A Brief History*, Capitola (Calif.), Capitola Book Company, 1997, p. 100-101, et dans l'interview de Judy Niizawa menée par Fumi Tokiwa Futamase.

Une description détaillée des diverses installations militaires sur Maui pendant la guerre peut être consultée dans « The History of Maui During the War » sur le site web du National Marine Sanctuaries. Mon compte rendu du travail de Kats Miho à Pu'unēnē repose sur l'interview menée par Michi Kodama-Nishimoto et Warren Nishimoto, sur son récit sur le site Hawai'i Nisei Story, ainsi que sur l'interview de Mariko Miho menée par mes soins. Le récit concernant Fred Shiosaki, ses parents et le FBI s'appuie sur l'interview Densho de Fred Shiosaki, sur son interview menée par mes moins et sur John C. Hughes, « Fred Shiosaki : The Rescue of the Lost Battalion », Legacy Washington, bureau du Secrétaire d'État, Olympia (Wash.), 2015. La mention du gong du temple bouddhiste de Salinas apparaît dans Sandy Lydon, *op. cit.*, p. 99.

Le commentaire de Frank Knox « Je pense que la plus efficace cinquième colonne de la guerre » apparaît, entre autres endroits, dans « Remember Pearl Harbor and Learn », *Los Angeles Time*, 30 septembre 2001. La citation de John Rankin « Je suis pour l'arrestation immédiate de tous les Japonais » est issue du *Congressional Record*, 15 décembre 1941. Pour en savoir plus sur les hésitations au sujet de l'ordre exécutif, voir les entrées « Executive Order 9066 » et « Franklin Roosevelt » dans la *Densho Encyclopedia*. Le texte du « Executive Order 9066 Authorizing the Secretary of War to Prescribe Military Areas » peut être consulté dans les archives en ligne du Marist College. Les résultats du sondage du National Opinion Research Center concernant le déplacement des Issei et des Nisei apparaissent dans Tamotsu Shibutani, *The Derelicts of Company K : A Sociological Study of Demoralization*, Berkeley, University of California Press, 1978, p. 50. Le point de vue d'Eleanor Roosevelt au sujet du déplacement et de l'ordre exécutif est traité dans l'entrée « Eleanor Roosevelt » de la *Densho Encyclopedia*. Au sujet des travaux de la WRA, voir David A. Takami, *Divided Destiny : A History of Japanese Americans in Seattle*, Seattle, University of Washington Press, 1998. L'interpellation « Eh toi, le bridé ! » est citée dans Richard Reeves, *Infamy : The Shocking Story of the Japanese American Internment in World War II*, New York, Henry Holt, 2015, p. 70.

Chapitre six

L'épigraphe est extraite de Louis Fiset (éd.), *Imprisoned Apart : The World War II Correspondence of an Issei Couple*, Seattle, University of Washington Press, 1997. Les détails sur la situation et l'état d'esprit de Jisuke et Fusa Tokiwa sont essentiellement tirés de l'interview de Judy Niizawa menée par mes soins. Les titres du *San Francisco Chronicle* sont reproduits dans Bill Hosokawa, *Nisei : The Quiet Americans*, Boulder, University Press of Colorado, 2002, p. 82-83. Certaines des informations sur les frères Pozzi sont issues du recensement fédéral de 1940. Mais leur relation avec les Tokiwa et leurs conversations avant que les Tokiwa ne soient contraints de quitter leur ferme sont détaillées dans l'interview Densho de Rudy Tokiwa, dans l'interview de Judy Niizawa menée par Fumi Tokiwa Futamase en 1995 et dans l'interview de Judy Niizawa menée par mes soins. Les informations sur la ferme des frères Pozzi aujourd'hui proviennent de la fiche en ligne Dun & Bradstreet. Rudy Tokiwa évoque le trajet de sa famille jusqu'au centre de rassemblement de Salinas dans son interview Go for Broke de 2001. Des détails supplémentaires au sujet de cette journée et des conditions de vie dans les premiers jours du camp sont extraits de l'interview de Judy Niizawa menée par mes soins, de l'interview de Judy Niizawa menée par Fumi Tokiwa Futamase, de l'interview Densho de Marion I. Masada menée le 10 septembre 2014, et de l'interview Densho de Chiyoko Yagi menée le 28 juillet 2008. Certains des détails matériels au sujet du camp proviennent de Jeffery F. Burton *et al.*, *Confinement and Ethnicity : An Overview of World War II Japanese American Relocation Sites*, Tucson (Arizona), Western Archeological and Conservation Center, 1999, p. 368.

La référence aux « camps de bridés » provient de la une du *Seattle Times* du 13 mai 1942, mais l'expression a été utilisée par d'autres journaux tout au long de la guerre. On se référera à l'entrée « Santa Anita (Detention Facility) » dans la *Densho Encyclopedia* pour en savoir plus au sujet de ce camp en particulier. George Oiye décrit l'expérience de sa sœur à Santa Anita dans son interview Go for Broke menée le 24 mars 2002. Ma description du camp Harmony s'appuie, en partie, sur des détails trouvés dans David A. Takami, *Divided Destiny : A History of Japanese Americans in Seattle*, Seattle, University of Washington Press, 1998, p. 52, et sur l'interview Densho de Louise Kashino menée le 15 mars 1998. Le voyage du USS *Grant* et d'autres bateaux transportant des Issei vers le continent, ainsi que leur arrivée à Fort Sill sont documentés avec maints détails dans Gail Honda (éd.), *Family Torn Apart : The Internment Story of the Otokichi Muin Ozaki Family*, Honolulu, Japanese Cultural Center of Hawai'i, 2012. L'assassinat de M. Oshima et les événements qui en ont découlé sont racontés dans le script radio d'Otokichi Ozaki du 3 juin 1950. Celui-ci se trouve dans la collection Otokichi Ozaki du Japanese Cultural Center of Hawai'i à Honolulu, boîte 4, dossier 13, objet A. La citation « nous deviendrons des morts-vivants » est extraite de Gail Honda (éd.), *op. cit.*, p. 66.

Chapitre sept

L'épigraphe est extraite de Gordon Hirabayashi, *A Principled Stand : The Story of Hirabayashi v. United States*, Seattle, University of Washington Press, 2013, p. 127. Le portrait que je fais de Gordon Hirabayashi, ainsi que mon récit de la journée au cours de laquelle il a décidé de violer le couvre-feu s'appuient sur trois sources principales : une série d'interviews Densho entre avril 1999 et mai 2000, son interview de 1990 menée par Lois Horn et son propre récit dans Gordon Hirabayashi, *op. cit.* Fred Shiosaki a évoqué la situation à la blanchisserie de Hillyard après l'attaque contre Pearl Harbor et l'échange de son père avec Will Simpson au cours des interviews menées par mes soins, ainsi que dans son interview Densho. Judy Niizawa m'a raconté les premiers jours de Rudy Tokiwa au centre de rassemblement de Salinas. D'autres détails ainsi que la citation « C'est un de ces bridés » sont extraits de l'interview Go for Broke de Rudy Tokiwa en 2001, tout comme la citation « Je vais t'apprendre ». Gordon Hirabayashi a évoqué l'aide initiale qu'il a apportée à ses semblables pour se préparer à l'internement dans ses interviews Densho et dans Gordon Hirabayashi, *op. cit.* La citation « S'il te plaît, oublie tes principes » et la discussion qui en a suivi avec sa mère sont extraits de Gordon Hirabayashi, *op. cit.*, p. 61-62. La déclaration de Gordon Hirabayashi « Pourquoi je refuse de m'enregistrer pour être évacué » est un document daté du 13 mai 1942 qui peut être consulté dans les collections spéciales de l'université de Washington. Ses échanges avec le FBI, y compris le dialogue que je cite ici, sont racontés de diverses manières dans Gordon Hirabayashi, *op. cit.*, p. 67-68, dans l'interview menée par Lois Horn, dans les interviews Densho de Gordon Hirabayashi et dans l'interview de Dolores Goto menée par Arthur Barnett en 1971, disponible en ligne dans les collections numériques de l'université de Washington.

Chapitre huit

L'épigraphe est extraite de Richard Reeves, *Infamy : The Shocking Story of the Japanese American Internment in World War II*, New York, Henry Holt, 2015, p. 107-108. Un second soldat réprimanda le premier et aida Mme Tokushige à descendre du train avec son nouveau-né, mais l'incident est révélateur du caractère capricieux et vindicatif dont témoignaient parfois les autorités dans leur comportement.

Mon récit de l'arrivée de Rudy Tokiwa à Poston s'appuie essentiellement sur son interview Densho de 1998, son interview Go for Broke menée en 2001, sur l'interview de Judy Niizawa menée par Fumi Tokiwa Futamase en 1995 et sur l'interview de Judy Niizawa menée par mes soins, même si j'ai également consulté les témoignages de plusieurs autres personnes qui sont arrivés à Poston cet été-là pour des détails mineurs sur les conditions de vie dans le camp. Afin d'en savoir plus sur la réserve indienne du fleuve Colorado et ceux qui y furent confinés, on pourra consulter Jay Cravath, « History of the Colorado River Indian Tribes », sur le site web du Poston Preservation. Des détails supplémentaires sur la construction de Poston sont tirés de Jeffery F. Burton *et al.*, *Confinement and Ethnicity : An Overview of World War II Japanese American Relocation Sites*, Tucson (Ariz.), Western Archeological and Conservation Center, 1999, p. 215-216, et de l'entrée « Poston » dans la *Densho Encyclopedia*. La citation « Remplissez-les avec » est tirée de l'interview Densho de Rudy Tokiwa, de même que l'échange « Rudy, ça te dirait de faire la tambouille ? » et le dialogue qui a suivi. Judy Niizawa m'a rapporté la détermination de Rudy Tokiwa à faire plaisir à ses aînés à Poston.

Gordon Hirabayashi décrit ses premiers jours dans la prison du comté de King dans Gordon Hirabayashi, *A Principled Stand : The Story of Hirabayashi v. United States*, Seattle, University of Washington Press, 2013, p. 79-81. J'ai également puisé une grande masse d'informations sur cette période d'enfermement dans le journal qu'il a tenu aux entrées datées du 22 juin au 12 octobre 1942. Le journal se trouve dans les collections spéciales de l'université de Washington. Gordon relate son expérience de « maire de la cellule » à la fois dans son interview Densho de décembre 1999 et dans Gordon Hirabayashi, *op. cit.* Le texte daté du 4 juillet 1942 est directement extrait de son journal. L'arrivée de ses parents au camp du lac Tule, l'accueil que reçut Mme Hirabayashi et les prières de celle-ci pour Gordon sont également mentionnés dans son journal, son interview Densho de décembre 1999 et dans Gordon Hirabayashi, *op. cit.*, p. 114.

Les sentiments de Kats Miho pendant l'été 1942 sont documentés dans les interviews menées par Michi Kodama-Nishimoto et Warren Nishimoto, dans son récit sur le site web Hawai'i Nisei Story et dans l'interview de Mariko Miho menée par mes soins. Mon récit de l'été de Fred Shiosaki et de son échec à s'enrôler est extrait de John C. Hughes, « Fred Shiosaki : The Rescue of the Lost Battalion », Legacy Washington, bureau du Secrétaire d'État, Olympia (Wash.), 2015, des interviews de Fred Shiosaki menées par mes soins, et de son interview Densho. Rudy Tokiwa a évoqué son expérience de cuisinier à Poston à la fois dans son interview Densho et dans son interview Go for Broke. Des détails supplémentaires viennent de l'interview de Judy Niizawa menée par mes soins. Certaines des informations sur les installations de loisirs improvisées à Poston viennent de l'interview Densho de Tom Mine menée le 29 juillet 2008, et de l'entrée « Poston » par Thomas Y. Fujita-Rony dans la *Densho Encyclopedia*. La citation « Mec, si tu tiens à la vie » est tirée de l'interview Densho de Rudy Tokiwa. Les informations biographiques sur Harry Madokoro et sur sa mère proviennent du *San Bernardino County Sun* du 2 mars 1945, de Mas Hashimoto, « Onward », *Pacific Citizen*, 12 juillet 2019, et du *Poston Chronicle* du 7 septembre 1944. Judy Niizawa a également évoqué l'influence d'Harry Madokoro sur Rudy Tokiwa en détail dans l'interview d'elle menée par mes soins.

Gordon Hirabayashi décrit l'arrivée de ses parents dans la prison du comté de King dans Gordon Hirabayashi, *op. cit.*, p. 120-121, et dans l'interview menée par Lois Horn. La citation « Mon dossier est clair » est extraite de son journal de détention, déjà cité. L'ouverture du procès de Gordon Hirabayashi est décrite dans « Hirabayashi Trial Opens », *Seattle Star*, 20 octobre 1942. Gordon Hirabayashi l'a également évoquée dans l'interview menée par Lois Horn, dans son interview Densho de décembre 1999 et dans Gordon Hirabayashi, *op. cit.*, p. 124-125. L'échange à la barre est tiré des trois mêmes sources. L'arrêt du juge Black peut être consulté dans « 46 F. Supp. 657 (1942) United States v. Gordon Hirabayashi, No.45738 U.S. District Court W.D. Washington N.D. September 15, 1942 » sur le site web Justia.

Chapitre neuf

L'épigraphe est extraite de Louis Fiset (éd.), *Imprisoned Apart : The World War II Correspondence of an Issei Couple*, Seattle, University of Washington Press, 1997. Certaines des informations sur les fêtes de fin d'année en 1942 sont issues de Donnie Hudgens, « World War II Diary : Remembering Christmas, 1942 (…) 75 Years Later », *Calhoun Times*, 25 décembre 2017. Ma description de la célébration de Noël à Poston cette année-là est en grande partie fondée sur « 7,000 Children in Yuletide Remembrances », *Poston Chronicle*, 24 décembre 1942, et sur « 'Twas the Night Before Christmas », *Poston Chronicle*, 27 décembre 1942. De nombreux documents gouvernementaux se rapportant à la création d'une unité de combat entièrement nippo-américaine, désormais déclassifiés et accessibles aux National Archives, peuvent être consultés dans les collections spéciales de l'université d'Hawaï conservées à la bibliothèque Hamilton, dans les Ted Tsukiyama Papers, boîte 9, fichier 9. La citation « L'américanité n'est pas, et n'a jamais été » est extraite de la note de Roosevelt au secrétaire à la Guerre Henry Stimson du 1er février 1943 dont une reproduction est conservée dans les Tsukiyama Papers.

Les inquiétudes de Katsuaki Miho au sujet de son avenir – « Une fois dans sa vie, chaque homme » – proviennent du journal qu'il a tenu, dont un exemplaire m'a été fourni par Mariko Miho. Kats Miho décrit la dispute nocturne et l'échange avec son frère dans son récit sur le site Hawai'i Nisei Story. Kats Miho les a également racontés à Mariko Miho, qui à son tour m'a confié d'autres détails. La hâte des Nisei à s'enrôler est décrite dans Tom Coffman, *The Island Edge of America : A Political History of Hawai'i*, Honolulu, University of Hawai'i Press, 2003, et dans Lyn Crost, *Honor by Fire : Japanese Americans at War in Europe and the Pacific*, Novato (Calif.), Presidio Press, 1994 d'où j'ai tiré le chiffre de 10 000 mobilisables potentiels. Tous ne furent finalement pas enrôlés.

Ma description des aînés à Poston provient en partie de mes conversations avec Judy Niizawa et en partie de Paul Okimoto, *Oh ! Poston, Why Don't You Cry for Me ?*, Bloomington (Indiana), Xlibris, 2011. Le récit de l'expérience de Rudy Tokiwa comme contrebandier d'alcool s'appuie essentiellement sur son interview Densho de 1998. Le compte rendu de la visite du lieutenant Bolton à Poston est tiré du *Poston Chronicle*, 9 février 1943. La réunion sous les prosopis et les conversations qui ont suivi au sein de la famille Tokiwa sont évoquées dans l'interview Go for Broke de Rudy Tokiwa de 2001 et dans son interview Densho de 1998. Judy Niizawa m'a également communiqué des informations supplémentaires sur la réunion dans l'interview menée par mes soins, en particulier au sujet des rôles qu'Harry Madokoro et Lloyd Onoye ont joués dans la décision de Rudy Tokiwa.

L'entrée « Loyalty Questionnaire » de Cherstin M. Lyon dans la *Densho Encyclopedia* contient beaucoup d'informations sur le questionnaire de loyauté et en particulier les questions 27 et 28. Le pourcentage de 93,7 % provient du site web du Japanese American National Museum. Pour en savoir davantage au sujet de ceux qui ont répondu et de ceux qui ne l'ont pas fait, voir la très instructive entrée « No-No Boys » de la *Densho Encyclopedia*.

Gordon Hirabayashi décrit sa libération sous caution et son voyage jusqu'à Spokane pour rejoindre Floyd Schmoe dans son interview menée par Roger Daniels le 10 février 1981, conservée dans les collections spéciales de l'université de Washington. Mon portrait d'Esther Schmoe repose sur des photographies d'époque, sur « "I Love Him", Says Bride of Japanese American », *New York Daily News*, 13 août 1944, sur une coupure de presse non datée « Hirabayashi "Bowled Over" as Wife Has Twins », et sur Jay Hirabayashi, « Remembering Gordon and Esther Hirabayashi », publié sur le site web de la National Association of Japanese Canadians. Gordon Hirabayashi a également évoqué sa relation avec Esther Schmoe dans son interview Densho menée le 17 février 2000.

Fred Shiosaki a évoqué son passage à l'université Gonzaga et sa décision de s'enrôler lors des interviews menées par mes soins en 2016 et dans son interview Densho de 2006. J'ai trouvé des renseignements supplémentaires dans John C. Hughes, « Fred Shiosaki : The Rescue of the Lost Battalion », Legacy Washington, bureau du Secrétaire d'État, Olympia (Wash.), 2015.

L'essentiel de ma description de la cérémonie d'adieu au palais 'Iolani est extrait de « 2,600 AJAs Given Public Aloha », *Honolulu Star-Bulletin*, 29 mars 1943, ainsi que sur des photographies prises ce jour-là. La citation « Sois un bon soldat » est tirée du récit de Stan Akita sur le site Hawai'i Nisei Story, mais des variantes de ce qui lui a dit son père surgissent à de nombreuses reprises dans les récits que d'autres soldats Nisei ont donnés des derniers mots échangés avec leur propre père. Kats Miho décrit le défilé vers le port et le départ du *Lurline* dans son récit sur le site Hawai'i Nisei Story. D'autres témoignages semblables apparaissent dans Thelma Chang, *I Can Never Forget : Men of the 100th/442nd*, Honolulu, Sigi Productions, 1991.

La citation « nous n'étions pas encore des soldats » est issue de l'interview Densho de Daniel Inouye menée le 30 juin 1998. Certaines informations sur la vie à bord du *Lurline* sont extraites du récit d'Herbert Isonaga sur le site Hawai'i Nisei Story. Mon rapide panorama des combats est fondé, en partie, sur Rick Atkinson, *The Day of Battle : The War in Sicily and Italy, 1943-1944*, New York, Henry Holt, 2007, p. 5-6. Les statistiques effrayantes au sujet du camp d'Auschwitz-Birkenau sont extraites de « Timeline : The History of Auschwitz-Birkenau » mis en ligne le 27 janvier 2020 sur le site web de *The Times of Israel*.

Kats Miho décrit le voyage d'Honolulu à San Francisco dans son récit sur le site Hawai'i Nisei Story. D'autres informations proviennent de l'interview Densho de Daniel Inouye menée en 1998, de Thelma Chang, *op. cit.*, p. 53, et de l'interview Go for Broke de Thomas Tanaka menée le 17 avril 2004. Plusieurs comptes rendus du voyage en train vers Shelby sont également mentionnés dans Thelma Chang, *op. cit.*, et Whitey Yamamoto le raconte dans l'interview menée par Michi Kodama-Nishimoto et Warren Nishimoto, et dans son récit sur le site Hawai'i Nisei Story. Dans son interview Densho de 1998, Daniel Inouye évoque la nervosité de certains des hommes à l'idée d'être cantonnés dans le Mississippi.

Le récit des derniers jours de Fred Shiosaki à Spokane et de son départ est fondé sur les interviews menées par mes soins en 2017 et sur son interview Densho. J'ai également obtenu des informations au sujet de l'engagement de son frère Roy dans la nécrologie de celui-ci paru dans le *Spokesman-Review* le 2 janvier 2016. La sœur de Fred Shiosaki, Blanche Shiosaki Okamoto, décrit la blanchisserie, y compris les deux étoiles bleues, dans son article « Promising New Future ».

Chapitre dix

L'épigraphe de ce chapitre, comme un certain nombre d'autres qui suivent, est extraite d'une des nombreuses lettres qu'Hiro Higuchi a adressées à son épouse, Hisako, tout au long de la guerre. Les lettres ont été données à l'université d'Hawaï par leur fille Jane et sont archivées dans les collections spéciales à la bibliothèque Hamilton.

L'arrivée des soldats Nisei d'Hawaï à Hattiesburg a fait une forte impression sur nombre d'entre eux. Je me suis appuyé ici sur les souvenirs de Daniel Inouye dans son interview Densho et sur un certain nombre de récits cités dans Lyn Crost, *Honor by Fire : Japanese Americans at War in Europe and the Pacific*, Novato (Calif.), Presidio Press, 1994. Il est fait état des lynchages que je décris dans « Shubota, Mississippi », *Pittsburgh Post-Gazette*, 28 décembre 2016, ainsi que dans un certain nombre d'articles de journaux contemporains. Voir, par exemple, United Press, « Two Boys, 14, Lynched by Mob in Mississippi », *Philadelphia Inquirer*, 13 octobre 1942. Le commentaire de DeWitt « Un bridé est un bridé » est cité par de nombreux auteurs, parmi lesquels Bill Yennes dans « Fear Itself : The General Who Panicked the Coast » sur le site web HistoryNet. Les premières impressions des recrues sur le camp Shelby proviennent de récits dans Thelma Chang, *I Can Never Forget : Men of the 100th/442nd*, Honolulu, Sigi Productions, 1991, et de l'interview de Whitey Yamamoto menée par Michi Kodama-Nishimoto et Warren Nishimoto. Le propos de Rudy Tokiwa au sujet de sa mère qui lui achetait ses vêtements provient de son interview Go for Broke. Sa rencontre avec Sadao Munemori à l'école du MIS et son séjour postérieur à La Nouvelle-Orléans puis son voyage jusqu'au camp Shelby sont documentés dans son interview Densho de 1998 et dans son interview Go for Broke de 2001. Des informations supplémentaires proviennent de l'interview de Judy Niizawa menée par mes soins. Rudy Tokiwa décrit sa première rencontre avec les Hawaïens et son échange avec eux – « Hé, est-ce que ces cantines appartiennent à quelqu'un ? » – dans son interview Densho de 1998. L'expérience de Yasuo Takata sur Cat Island et son observation, « On ne sentait pas le Japonais », apparaissent dans Jason Morgan Ward, « "No Jap Crow" : Japanese Americans Encounter the World War II South », *Journal of Southern History*, 73, n° 1, février 2007. J'ai trouvé de nombreuses informations sur le passage des soldats Nisei à Shelby dans une brochure contemporaine, *With Hawaii's AJA Boys at Camp Shelby* (1943) rédigé par le journaliste du *Honolulu Star-Bulletin*, John Terry. Pratiquement tous les nouveaux soldats Nisei du camp Shelby ont plus tard au cours de leur vie évoqué le conflit entre les têtes-de-bouddha et les kotonks. Nombre de ces récits apparaissent dans Thelma Chang, *op. cit*. En outre, Fred Shiosaki, à la fois dans son interview Densho et dans les interviews menées par mes soins ; Rudy Tokiwa dans son interview Densho ; les lettres d'Hiro Higuchi et de Masao Yamada ; *The 442nd Combat Team Presents : The Album*, Atlanta, Albert Love Enterprises, 1945 ; et le récit de Daniel Inouye dans son interview Densho sont seulement quelques-unes des sources sur lesquelles je m'appuie pour raconter cette partie de l'histoire. Stan Atika évoque dans des détails incontestables ce que c'était que de grandir sur une plantation dans son récit sur le site Hawai'i Nisei Story. De nombreux détails de la vie dans les champs de canne à sucre sont tirés de Franklin Odo, *Voices from the Canefields : Folksongs from Japanese Immigrant Workers in Hawai'i*, New York, Oxford University Press, 2013, et de Donald Y. Yamasaki, *Issei, Nisei, Sansei : Three Generations of Camp Life Pu'unēnē, Maui, Hawaii*, Kahului (Hawai'i), D&S, 2013. Pour en savoir plus sur les mariées sur photo, voir l'entrée « Picture Brides » dans la *Densho Encyclopedia*.

Fred Shiosaki décrit ses premiers jours à Shelby dans l'interview menée par mes soins, qui est la source de la citation « Hé toi, mec ». Les informations biographiques sur George Oiye et mon récit de ses premiers jours à Shelby sont tirés de George Oiye, *Footprints in My Rearview Mirror : An Autobiography and Christian Testimony of George Oiye*, Xulon Press, 2003, de son interview Go for Broke du 24 mars 2002, et d'une interview qu'il a donnée dans le cadre d'un projet universitaire le 20 mai 2004 et publiée sur le site web Telling Their Stories. Son poste de quarterback dans l'équipe de football de son lycée est documenté dans « Southern Six Man Grid », *Montana Standard*, 30 octobre 1938. La citation « Mais qui sont ces types ? » est extraite de son texte « Anecdotes for the 522nd » publié dans *High Angle*, une lettre d'information rédigée par et à l'attention des anciens combattants du 522ᵉ bataillon d'artillerie de combat – sans date. Les fusillades en Arkansas sont documentées dans Jason Morgan Ward, « "No Jap Crow" : Japanese Americans Encounter the World War II South », *Journal of Southern History*, 73, n° 1, février 2007.

Gordon Hirabayashi décrit les circonstances dans lesquelles il a pris connaissance de la décision de la Cour suprême à son sujet dans l'interview menée par Rogers Daniels le 10 février 1981. Les propos du juge Stone, « en temps de guerre », sont extraits de la décision *Hirabayashi v. United States* sur le site web Oyez. La description de la déception de Gordon Hirabayashi, « Je pensais que la raison d'être de la Cour suprême », est tirée de Gordon Hirabayashi, *A Principled Stand : The Story of Hirabayashi v. United States*, Seattle, University of Washington Press, 2013, p. 134.

Mon panorama des activités et des tentations qui s'offraient aux soldats à Hattiesburg est issu en grande partie de publicités dans plusieurs numéros du *Hattiesburg American* publiés au printemps 1943. L'injonction de la mère de Rudy Tokiwa à Harry Madokoro, « Je t'en prie, prends soin de lui », est extraite de l'interview Densho de Rudy Tokiwa en 1998. Dans la même interview, il raconte également l'incident avec le soldat noir, le trajet dans le bus réquisitionné et le dialogue commençant avec « Hé, mon vieux ». Judy Niizawa m'a raconté la même anecdote lors de l'interview menée par mes soins en 2017.

Chapitre onze

L'épigraphe est extraite d'une lettre d'Hiro Higuchi à la date indiquée. L'anecdote sur « Ne laisse jamais une tique » est racontée dans Dorothy Matsuo, *Boyhood to War : History and Anecdotes of the 442nd Regimental Combat Team*, Honolulu, Mutual, 1992, p. 67. Les surnoms dont il est fait la liste ont été trouvés, ici et là, dans George Oiye, *Footprints in My Rearview Mirror : An Autobiography and Christian Testimony of George Oiye*, Xulon Press, 2003, dans une interview qu'Harry Kanada a donnée le 28 mars 2004 au Japanese American Military History Collective (ndajams. omeka.net), dans John Terry, *With Hawaii's AJA Boys at Camp Shelby*, 1943, et dans l'interview de Judy Niizawa menée par mes soins. Les noms que les membres du 522e bataillon d'artillerie de combat ont donnés à leurs armes apparaissent dans *Fire for Effect : A Unit History of the 522 Field Artillery Battalion*, Honolulu, 522nd Field Artillery Battalion Historical Album Committee, 1998, p. 150. Hiro Higuchi et Masao Yamada ont décrit le découragement des kotonks pendant cette période dans une série de lettres adressées à leur épouse. Flint Yonashiro mentionne la citation « Bon Dieu, pourquoi vous autres » et l'anecdote qui l'accompagne dans l'interview menée par mes soins en 2018. Fred Shiosaki m'a raconté l'anecdote au sujet du capitaine Lesinski et de la baïonnette. Elle apparaît également dans Dorothy Matsuo, *op. cit.*, p. 190. La citation « Quand cette guerre sera terminée » est extraite de John Terry, *op. cit.* Les informations biographiques sur Charles Wilbur Pence sont tirées du site web de l'Athletics Hall of Fame de DePauw University et la citation « Vous allez en chier » est issue d'une coupure de presse sans date. Voir les entrées « Rohwer » et « Jerome » de la *Densho Encyclopedia* pour plus de détails à propos des deux camps de l'Arkansas. Certaines des informations au sujet du bal à Shelby proviennent de « Hawaiians Start Work After 1st Open House », *Hattiesburg American*, 3 mai 1943. D'autres sont issues des lettres de Masao Yamada à son épouse des 19 et 20 septembre 1943. Les informations au sujet des entraînements ont été trouvées dans *The 442nd Combat Team Presents : The Album*. D'autres détails sont tirés de John Terry, *op. cit.*, et de la lettre de Masao Yamada à son épouse du 28 août 1943. Les statistiques au sujet des performances des soldats Nisei et la citation de Charles Wilbur Pence « Je conduirai ces hommes au combat » sont issues de John Terry, *op. cit.*

Gordon Hirabayashi fait un compte rendu des discussions à Spokane au sujet de son voyage à Tucson à la fois dans l'interview menée par Rogers Daniels le

10 février 1981 et dans l'interview menée par Lois Horn en 1990. Il raconte le voyage vers le sud, son arrivée à Tucson et son accueil à la prison de Catalina dans Gordon Hirabayashi, *A Principled Stand : The Story of Hirabayashi v. United States*, Seattle, University of Washington Press, 2013, p. 148-150, et dans l'interview menée par Lois Horn en 1990.

La réaction locale à la présence de prisonniers de guerre allemands dans l'Alabama et la citation « Ce sont de jeunes gens de belle prestance, à l'allure soignée » proviennent, en grande partie, de « 510 Prisoners of War Here to Help in Harvesting Peanuts », *Geneva County Reaper*, 9 septembre 1943. D'autres informations sur la réaction plus générale à la présence de prisonniers de guerre allemands peuvent être trouvées dans Michael Farquhar, « Enemies Among Us : German POWs in America », *The Washington Post*, 10 septembre 1997. Les détails au sujet de la garde des prisonniers de guerre tandis qu'ils récoltaient des cacahuètes proviennent de l'interview de Whitey Yamamoto menée par Michi Kodama-Nishimoto et Warren Nishimoto, ainsi que du récit de Stanley Akita sur le site Hawai'i Nisei Story. Kats Miho raconte les circonstances de la mort de son frère Katsuaki dans son récit sur le site Hawai'i Nisei Story et dans son interview Go for Broke de 2002. Les informations sur la météo et la phase de la lune du 16 septembre 1943 proviennent de l'aérodrome de Dothan telles qu'elles sont reportées sur le site web Weather Underground. Certaines informations sur l'accident sont issues de « Two Nisei Killed as Truck Overturns », *Dothan Eagle*, 17 septembre 1943. Masao Yamada décrit le service en mémoire de Katsuaki Miho dans une lettre à son épouse du 23 septembre 1943. L'interview de Mariko Miho menée par mes soins m'a donné un complément d'information sur l'état d'esprit de son père à la suite de la mort de Katsuaki. D'autres informations sur Katsuichi Miho et les autres Issei hawaïens internés sont tirées de Tomi Kaizawa Knaefler, *Our House Divided : Seven Japanese American Families in World War II*, Honolulu, University of Hawai'i Press, 1995. Les informations au sujet de Fort Missoula proviennent de « Fort Missoula Alien Detention Center » sur le site web du Historical Museum at Fort Missoula. D'autres informations sont extraites de « Japs, Italians Don't Mix in Concentration Camp », *Sandusky Register Star News*, 3 août 1942. Le rôle d'Iwao Matsushita dans le camp est évoqué dans Yasutaro Soga, *Life Behind Barbed Wire : The World War II Internment Memoirs of a Hawai'i Issei*, Honolulu, University of Hawai'i Press, 2008. Ma description de l'état d'esprit général de Katsuichi Miho lors de son séjour à Fort Missoula est fondée en grande partie sur l'interview menée par mes soins de Mariko Miho. Kats Miho décrit son voyage vers le Montana avec les cendres de son frère dans son interview menée par Michi Kodama-Nishimoto et Warren Nishimoto, dans son récit sur le site Hawai'i Nisei Story et dans son interview Go for Broke.

Chapitre douze

L'épigraphe est extraite d'une lettre d'Hiro Higuchi à son épouse à la date indiquée qui est également reproduite dans Hawai'i Nikkei History Editorial Board, *Japanese Eyes, American Heart : Personal Reflections of Hawaii's World War II Nisei Soldiers*, Honolulu, University of Hawai'i Press, 1998, p. 233. L'essentiel des informations biographiques au sujet d'Hiro Higuchi proviennent de « Hiro Higuchi, How the

442nd Regimental Combat Team Brought Him Full Circle », sur le site web du 100th Infantry Battalion Veterans Education Center. De même, l'essentiel des informations biographiques au sujet de Masao Yamada proviennent de « Masao Yamada, America's First Japanese American Chaplain Served America's First All-Volunteer Japanese American Military Unit » sur le même site. Des informations complémentaires sont issues de « Chaplains » sur le site web Go for Broke National Education Center et de l'importante correspondance entretenue par les deux aumôniers. L'échange de Masao Yamada avec un commandant anonyme, « Je ne vous crois pas », apparaît dans John Tsukano, *Bridge of Love*, Honolulu, Hawai'i Hosts, 1985, p. 65. D'après la fille d'Hiro Higuchi, Jane, c'est son père qui a eu l'idée d'emmener les têtes-de-bouddha dans les camps. Kats Miho évoque sa visite du camp de Jerome dans son récit sur le site Hawai'i Nisei Story. D'autres détails sont issus du récit de Daniel Inouye dans Dorothy Matsuo, *Boyhood to War : History and Anecdotes of the 442nd Regimental Combat Team*, Honolulu, Mutual, 1992, p. 72-73, et dans l'interview Densho de Daniel Inouye. La remarque de Masao Yamada à son épouse, « Ils sont perdus », provient d'une lettre datée du 4 octobre 1943. La remarque de Daniel Inouye, « Vous n'allez pas en croire vos oreilles », est reproduite dans Dorothy Matsuo, *op. cit.*, p. 73. L'échange de Rudy Tokiwa avec un tête-de-bouddha anonyme, « Hé, Rudy », est issu de son interview Densho de 1998.

Mon récit du séjour de Gordon Hirabayashi à la prison de Catalina s'appuie sur des informations tirées des interviews menées par Lois Horn et Roger Daniels. D'autres informations sur le camp sont tirées de Jeffery F. Burton *et al.*, *Confinement and Ethnicity : An Overview of World War II Japanese American Relocation Sites*, Tucson (Ariz.), Western Archeological and Conservation Center, 1999. On sait que le FBI interceptait la correspondance de Gordon Hirabayashi grâce à un rapport partiellement rédigé dressé par un agent anonyme et daté du 31 mars 1944 dont un exemplaire se trouve dans la collection Pacific Northwest Historical Documents de l'université de Washington. La citation « Pourquoi ai-je été mis dans la baraque des Blancs » est extraite de Gordon Hirabayashi, *A Principled Stand : The Story of Hirabayashi v. United States*, Seattle, University of Washington Press, 2013, p. 153. La citation du garde exaspéré, « Je veux que cette guerre se termine », est issue de l'interview menée par Roger Daniels.

La citation de l'article de John Terry « La lumière de la pleine lune inondait les prairies » est reprise dans Dorothy Matsuo, *op. cit.*, p. 128. Hiro Higuchi évoque l'amélioration du moral des hommes dans sa lettre à son épouse datée du 26 novembre 1943. Kats Miho raconte la chasse au cochon dans son récit sur le site Hawai'i Nisei Story, et elle est également mentionnée dans Dorothy Matsuo, *op. cit.*, p. 69. Mariko Miho m'a également fourni des détails supplémentaires. Le commentaire de Masao Yamada « du sublime au ridicule » est extrait de sa lettre datée du 6 novembre 1943. La remarque « Si nous devons simplement devenir » est tirée de John Terry, *With Hawaii's AJA Boys at Camp Shelby*, 1943. La remarque du père de Rudy Tokiwa, « Tu as choisi ton camp », est extraite de « Go for Broke Memories of Real Heroes », *San Jose Mercury News*, 29 juillet 1983. Plusieurs lettres, à la fois d'Hiro Higuchi et de Masao Yamada à leur épouse, font de fréquentes références au climat froid du Mississippi cet automne et cet hiver-là. Masao Yamada raconte l'anecdote « Je ne m'étais même pas endormi » dans une lettre datée du 6 décembre 1943. Hiro Higuchi cite le soldat anonyme – « Tu sais quoi ? Il n'y a plus que toi et moi désormais » – dans une lettre datée du 7 janvier 1944. Le

4 février 1944, anticipant qu'il serait bientôt envoyé en Italie, Hiro Higuchi écrivit « Je me dis qu'il faudrait que j'apprenne », et Masao Yamada commenta la visite de George C. Marshall à Shelby dans une lettre du 5 mars 1944. Fred Shiosaki, quand je l'ai interviewé, m'a indiqué qu'ils savaient tous ce que la visite de Marshall signifiait. La recommandation d'Hiro Higuchi à son épouse, « J'aimerais qu'il grandisse », apparaît dans une lettre datée d'avril 1944. La lettre à son fils est datée du 28 mars 1944. Mon récit de la bagarre épique lors du bal en Virginie s'appuie sur l'interview Densho de Rudy Tokiwa en 1998, sur son interview Go for Broke de 2001, et le récit de plusieurs autres Nisei qui étaient présents, en particulier l'interview Go for Broke de Thomas Espineda menée le 30 janvier 1999.

Mon récit du départ de Newport News et d'Hampton Roads s'appuie en partie sur des informations apparaissant dans Richard Reeves, *Infamy : The Shocking Story of the Japanese American Internment in World War II*, New York, Henry Holt, 2015, sur James M. McCaffrey, *Going for Broke : Japanese American Soldiers in the War Against Nazi Germany*, Norman, University of Oklahoma Press, 2013, sur les interviews de Fred Shiosaki menées par mes soins en 2016, sur Mark St. John Erickson, « Hampton Roads, Nonstop Pipeline to World War Two », *Newport News Daily Press*, 17 juin 2017, et sur *Fire for Effect : A Unit History of the 522 Field Artillery Battalion*, Honolulu, 522nd Field Artillery Battalion Historical Album Committee, 1998, p. 31. Les termes de la lettre de Franklin Roosevelt – « l'espoir, la gratitude, la confiance » – sont cités dans James M. McCaffrey, *op. cit.*, p. 177. Les données météorologiques sont extraites des registres historiques du site Weather Underground. Masao Yamada décrit les *leis* faits de pelures d'orange et écrit « Maintenant nous savons » dans une lettre à son épouse du 1er mai 1944.

Le rôle du 100e dans l'assaut sur le Monte Cassino est décrit dans Chester Tanaka, *Go for Broke : A Pictorial History of the Japanese American 100th Infantry Battalion and the 442d Regimental Combat Team*, Richmond (Calif.), Go for Broke, 1982, p. 34-36, ainsi que dans « Rome-Arno (January 22-September 9, 1944) » sur le site web Go for Broke National Education Center. Les statistiques sur le nombre de victimes sont tirées de Hawai'i Nikkei History Editorial Board, *op. cit.*, p. 75. Chester Tanaka fait état du surnom « les petits hommes de fer » dans Chester Tanaka, *op. cit.*, p. 39. L'aumônier du 100e, Yost, fait état de la collecte de fleurs dans Israel A. S. Yost, *Combat Chaplain : The Personal Story of the World War II Chaplain of the Japanese American 100th Battalion*, Honolulu, University of Hawai'i Press, 2006, p. 144.

Chapitre treize

L'épigraphe est extraite de la lettre d'Hisako Higuchi à son époux à la date indiquée. L'information sur la lettre cachée dans la chaussure de Gordon Hirabayashi provient de son propre récit dans Gordon Hirabayashi, *A Principled Stand : The Story of Hirabayashi v. United States*, Seattle, University of Washington Press, 2013, et du rapport du FBI du 31 mars 1944 dont un exemplaire se trouve dans la collection Pacific Northwest Historical Documents de l'université de Washington. La citation « les cafards ajoutent un cachet aux geôles locales » est issue de Gordon Hirabayashi, *op. cit.*, p. 158. On pourra trouver une photographie du questionnaire de loyauté dans le Densho Digital Repository. La citation « Ce questionnaire que je vous retourne » est extraite de « Nisei Rejects Draft Board's Questionnaire », *The Seattle Times*, 15 février 1944. Je m'appuie également sur « Failure to Return Form Charged », *Topaz Times*, 5 juillet 1944. Gordon Hirabayashi évoque les difficultés liées à son mariage dans son interview Densho menée le 17 février 2000. Le nombre de réfractaires à la conscription dans chaque camp est tiré de l'entrée « Draft Resistance » dans la *Densho Encyclopedia*.

De nombreuses informations sur le voyage vers l'Europe sont extraites des interviews de Fred Shiosaki menées par mes soins. D'autres détails sont issus de Minoru Masuda, *Letters from the 442nd : The World War II Correspondence of a Japanese American Medic*, Seattle, University of Washington Press, 2008, p. 24, de George Oiye, *Footprints in My Rearview Mirror : An Autobiography and Christian Testimony of George Oiye*, Xulon Press, 2003, p. 127-131, ainsi que des lettres de Masao Yamada et Hiro Higuchi. Judy Niizawa m'a raconté comment Rudy Tokiwa avait gagné son surnom « Punch Drunk ». Rudy Tokiwa se décrit comme ayant été « choppé » dans son interview Go for Broke de 2001.

Certains des éléments biographiques au sujet de Sus Ito proviennent de son interview pour le musée de l'Holocauste, menée le 11 décembre 1991 ; d'autres de son interview Densho du 3 juillet 1998 ; d'autres enfin de la vidéo du Japanese American National Museum *Before They Were Heroes*, ainsi que de portraits sur son site web ; et en grande partie de son interview menée le 3 janvier 2015 pour le site web Discover Nikkei. Roy Fuji m'a parlé du jeton de bus dans l'interview menée par mes soins. Sus Ito évoque les objets qu'il a pris avec lui – y compris le *senninbari* – dans *Before They Were Heroes*. Rudy Tokiwa évoque le grain de riz brun dans son interview Densho de 1998. Pour en savoir plus au sujet de l'économie dans les camps, voir l'entrée « War Relocation Authority » de la *Densho Encyclopedia*. Rudy Tokiwa évoque la situation de son père à Poston dans son interview Go for Broke de 2002. Sa fonction de concierge est documentée dans un tableau de service intitulé « List of Evacuee Employees, October 1942-August 5, 1945 ». Les informations au sujet des femmes Nisei servant dans le Women's Army Corps et le corps des infirmières militaires sont tirées de « Japanese American Women in the U.S. Military During WWII » sur le site web Go for Broke, de « Making a Difference : The U.S. Cadet Nurse Corps » sur le site web National Women's History, et de « Japanese American Women in Military » sur le site web Densho.

L'arrivée du 522e régiment en Italie est décrite dans George Oiye, *op. cit.*, p. 130-132 ; et dans le récit de Kats Miho sur le site web Hawai'i Nisei Story. Hiro Higuchi – comme presque tous les Nisei fraîchement débarqués – évoqua l'état désespéré des Italiens dans une lettre à son épouse datée du 4 juin 1944. Fred Shiosaki fait état de ses premières impressions sur Naples dans son interview Densho. Un autre récit pittoresque apparaît dans l'interview Go for Broke de Lawson Sakai menée le 30 août 2002 et dans Minoru Masuda, *op. cit.*, p. 26. Masao Yamada mentionne la remarque « Tu es gros » dans une lettre à son épouse du 1er juin 1944 et décrit son voyage au centre de Naples dans une lettre datée de la veille. Kats Miho évoque également leurs premiers jours dans la région de Naples dans son récit sur le site web Hawai'i Nisei Story. Fred Shiosaki décrit le voyage de Naples à Anzio dans les interviews menées par mes soins et dans son interview Densho. Certains des détails de la vie à Anzio ce printemps-là sont extraits du magnifique livre d'Ernie Pyles, *Brave Men*, New York, Henry Holt, 1944. Sinon, mon récit de l'arrivée des soldats et de leurs premières expériences à Anzio est essentiellement fondé sur les interviews de Fred Shiosaki menées par mes soins, sur l'interview de Kats Miho menée par Michi Kodama-Nishimoto et Warren Nishimoto, sur son récit sur le site web Hawai'i Nisei Story et sur George Oiye, *op. cit.*, p. 133. La citation « Hé, j'ai creusé tellement profond » est tirée de Israel A. S. Yost, *Combat Chaplain : The Personal Story of the World War II Chaplain of the Japanese American 100th Battalion*, Honolulu, University of Hawai'i Press, 2006. Fred Shiosaki évoque le sentiment que les soldats du 100e bataillon d'infanterie étaient comme des grands frères dans son interview Densho. Ce point de vue se retrouve dans de nombreuses interviews et récits similaires, en particulier dans l'interview Densho de 1998 de Rudy Tokiwa mais beaucoup d'autres soldats du 442e régiment exprimèrent le même sentiment. Thelma Chang mentionne l'état joyeusement enivré de Sus Ito dans Thelma Chang, *I Can Never Forget : Men of the 100th/442nd*, Honolulu, Sigi Productions, 1991, p. 142. Presque tous les hommes ont fait part de leur choc en voyant pour la première fois des Allemands morts. Voir, par exemple, les remarques de Whitey Yamamoto dans son interview menée par Michi Kodama-Nishimoto et Warren Nishimoto.

Chapitre quatorze

L'épigraphe est extraite de la lettre d'Harry Madokoro à sa mère à la date indiquée. Elle a été publiée à plusieurs reprises, notamment sur le site web Discover Nikkei. Le premier tir de l'engagement du 522e régiment dans la guerre est documenté dans *Fire for Effect : A Unit History of the 522 Field Artillery Battalion*, Honolulu, 522nd Field Artillery Battalion Historical Album Committee, 1998, p. 35. Mon récit de la bataille pour Suvereto et les collines alentour est fondé, en partie, sur des informations transmises par le capitaine Walter Lesinski dans une lettre adressée au colonel Sherwood Diwon, le commandant du 3e bataillon au camp Shelby, le 20 août 1944. Dans ce courrier, Lesinski, qui était aux commandes de la compagnie K durant la bataille, se plaint amèrement au sujet de ce qu'il a perçu comme de l'incompétence manifestée par certains de ses officiers supérieurs ce jour-là. Mon récit des tout premiers jours de combat du 442e régiment s'appuie également sur les interviews de Fred Shiosaki menées par mes soins en 2016, sur son interview Densho de 2006, sur l'interview Densho de Rudy Tokiwa de 1998, sur l'interview Go for Broke de Kats Miho, sur *Fire for Effect, op. cit.*, p. 33-35, sur Masayo Umezawa Duus, *Unlikely Liberators : The Men of the 100th and 442nd*, Honolulu, University of Hawai'i Press, 1987, et sur Orville C. Shirey, *Americans : The Story of the 442nd Combat Team*, Washington (DC), Washington Infantry Journal Press, 1946. Des détails précis des mouvements de troupe et des victimes au cours de ces journées viennent des rapports mensuels établis par le personnel du quartier général du 442e régiment et accessibles dans la Manoa's Japanese American Veterans Collection de l'université d'Hawaï. Les événements décrits dans ce chapitre apparaissent dans le rapport mensuel de juillet 1944. Des informations supplémentaires proviennent de « Battle Campaigns : Excerpts from the 442nd Journals » publié sur le site web ajawarvets.org. L'exécution par Rudy Tokiwa de son premier soldat ennemi et son échange avec le major O'Connor proviennent de son interview Densho, et des détails supplémentaires sont issus de l'interview de Judy Niizawa menée par mes soins. Il a décrit plus tard à quel point il s'était senti mal après sa première bataille dans une lettre à l'un de ses enseignants du lycée à Poston, Mme Mary Courage, reproduite dans le journal du lycée du 21 février 1945. Fred Shiosaki décrit le tir de barrage de l'artillerie qui a laissé Lesinski sous le choc dans son interview Densho de 2006. Le résumé stupéfait de cette journée par Hiro Higuchi – « C'est l'enfer, tout simplement » – provient d'une lettre à son épouse datée du 8 juillet 1944. Mariko Miho m'a parlé de la lettre de rupture reçue par Grover Nagaji. Fred Shiosaki a évoqué la mort de Gordon Yamaura lors des interviews menées par mes soins en 2016.

Rudy Tokiwa décrit les techniques de survie que lui et les autres recrues ont apprises du 100ᵉ régiment dans son interview Go for Broke de 2002. Dans la même interview, il évoque ses excursions pour trouver de quoi se nourrir et son incapacité à tuer un lapin. Judy Niizawa a également donné d'autres détails sur sa prédilection pour la recherche de vivres. Mariko Miho m'a expliqué à quel point le poulet hekka était important, en particulier, pour les soldats Nisei d'Hawaï. Le plat est également décrit dans Minoru Masuda, *Letters from the 442nd : The World War II Correspondence of a Japanese American Medic*, Seattle, University of Washington Press, 2008, p. 45.

Chapitre quinze

La levée des couleurs américaines à Rome est décrite dans « Flag of U.S. Capitol Flies in Rome Today », *The New York Times*, 4 juillet 1944. La chute de Garapan est détaillée sur la première page de la même édition. Ma description du 4 Juillet à Poston repose en grande partie sur l'édition du 4 juillet 1944 du *Poston Chronicle*, qui est également la source des citations « Ils rentreront à la maison » et « Ces types devraient être fusillés ». Pour en savoir plus sur la grève générale à Poston, voir l'entrée « Poston (Colorado River) » dans la *Densho Encyclopedia*. S'agissant des divisions au sein des camps, voir Eric L. Muller, *Free to Die for Their Country : The Story of the Japanese American Draft Resisters in World War II*, Chicago, University of Chicago Press, 2001, p. 39-40. La préoccupation du gouvernement sur la situation à Poston est soulignée dans un ensemble de courriers de Scott Rowley (*project attorney*) à Philip Glick (*solicitor*), War Relocation Authority, 8 juillet 1944, et de Scott Rowley à Ed Ferguson (*acting solicitors*), 6 novembre 1944. Une étude approfondie du mouvement de résistance à Poston peut être consultée dans Eric L. Muller, « A Penny for Their Thoughts : Draft Resistance at the Poston Relocation Center », University of North Carolina School of Law Scholarship Repository, 2005. Pour en savoir plus sur les conditions de vie au camp du lac Tule, voir l'entrée « Tule Lake » dans la *Densho Encyclopedia*.

La bataille pour les abords de la colline 140 et l'assaut sur la colline en lui-même ont laissé une forte impression sur tous ceux qui leur ont survécu, et mon récit est fondé sur un grand nombre de sources, parmi lesquelles l'interview Go for Broke de Kats Miho en 2002, l'interview Densho de Fred Shiosaki, son interview par mes soins, l'interview Go for Broke de Rudy Tokiwa en 2002, ainsi que sur des récits détaillés dans *Fire for Effect : A Unit History of the 522 Field Artillery Battalion*, Honolulu, 522nd Field Artillery Battalion Historical Album Committee, 1998, p. 35-36, dans Orville C. Shirey, *Americans : The Story of the 442nd Combat Team*, Washington (DC), Washington Infantry Journal Press, 1946, p. 36-38, et dans James M. McCaffrey,

Going for Broke : Japanese American Soldiers in the War Against Nazi Germany, Norman, University of Oklahoma Press, 2013, p. 201-205. Les informations biographiques sur Calvin et George Saito proviennent en partie de Jay Mathews, « California Family Took Fear, Not Anger, to Camps », *The Washington Post*, 6 décembre 1991. George Saito évoque brièvement les circonstances de la mort de son frère dans une lettre datée du 11 juillet 1944 à son père. Kiyoji Morimoto évoque la contre-attaque allemande dans une interview Go for Broke du 29 février 2002. Les actes de bravoure d'Harry Madokoro ce jour-là sont décrits dans sa citation dans l'ordre du Distinguished Service Cross et dans le « Monthly Historical Report » publié par le quartier général du 442ᵉ régiment le 15 décembre 1944. Les actes héroïques similaires de Ted Tanouye sont mis en avant dans l'entrée « Ted T. Tanouye » du site web Fallen Heroes, ainsi que dans le film documentaire *Citizen Tanouye*, Hashi Pictures, 2005. Le tir de barrage sur la colline 140 est évoqué en détail dans *Fire for Effect*, op. cit., p. 117-118. La mention du colonel Hanley sautillant de joie y apparaît, ainsi que dans Dorothy Matsuo, *Boyhood to War : History and Anecdotes of the 442nd Regimental Combat Team*, Honolulu, Mutual, 1992, p. 102, et dans James M. McCaffrey, *op. cit.*, p. 203. La mention des soldats décourageant leurs semblables d'aller voir la scène sanglante au sommet de la colline est tirée de Dorothy Matsuo, *op. cit.*, p. 103. L'heure du lever de lune et les indications sur les phases de la lune ici et plus loin proviennent du site web timeanddate.com.

Les lettres entre Calvin, George et Kiichi Saito sont des dons de Mary Saito Tominaga au Japanese American National Museum de Los Angeles, et elles sont reproduites ici avec l'aimable autorisation du musée. Rudy Tokiwa raconte sa première rencontre avec Pursall et l'impression que l'homme lui a faite dans son interview Densho de 1998 et son interview Go for Broke de 2002. Judy Niizawa m'a donné des précisions quand je l'ai interviewée, en particulier sur l'influence exercée par Pursall sur la manière de Rudy Tokiwa d'envisager les problèmes. Rudy Tokiwa raconte également sa capture des officiers allemands dans son interview Densho de 1998. Judy Niizawa a assisté à cette interview et elle a pu me fournir des informations supplémentaires sur cet épisode.

Les mouvements du 442ᵉ régiment après la prise de la colline 140 sont chroniqués dans Orville C. Shirey, *op. cit.*, p. 38-42. Pour en savoir plus sur le rôle important des ingénieurs du 442ᵉ régiment, voir « 232nd Engineer Combat Company » sur le site web du National Museum of the United States Army. Fred Shiosaki a détaillé son rôle dans l'attaque sur Luciana dans les deux interviews menées par mes soins et en fait également état dans son interview Densho. Le comportement d'Harry Madokoro à Luciana est mentionné dans sa citation dans l'ordre de la Distinguished Service Cross et il est décrit en détail dans Orville C. Shirey, *op. cit.*, p. 41-42, ainsi que dans le « Monthly Historical Report » publié par le quartier général du 442ᵉ le 15 décembre 1944. Pour décrire la bataille de Luciana, je me suis également appuyé sur Lyn Crost, *Honor by Fire : Japanese Americans at War in Europe and the Pacific*, Novato (Calif.), Presidio Press, 1994, p. 155, et sur Chester Tanaka, *Go for Broke : A Pictorial History of the Japanese American 100th Infantry Battalion and the 442d Regimental Combat Team*, Richmond (Calif.), Go for Broke, 1982, p. 54-55. Masao Yamada décrit les prisonniers de guerre allemands dans une lettre du 30 juillet 1944 à son épouse, dont provient la citation « Nous sommes une race supérieure ! ». Orville C. Shirey, *op. cit.*, p. 41, mentionne Lucy et reproduit une photographie d'elle. Il décrit également la chute de Livourne dans les pages qui suivent. Hiro Higuchi a envoyé sa lettre « Chère Mère d'un soldat allemand » à son épouse le 25 juillet 1944, mais elle illustre la prise de conscience croissante parmi les troupes américaines que les Allemands perpétraient des atrocités en Italie. Le chiffre de 7 500 victimes des massacres nazis provient de « SS Massacre : A Conspiracy of Silence Is Broken », *Independent*, 2 juillet 2004.

Chapitre seize

S'agissant de l'épigraphe, il faut garder à l'esprit que Jane Higuchi est née après qu'Hiro a quitté Hawaï pour servir dans l'armée et qu'il ne l'a vue pour la première fois qu'à son retour sur l'archipel à l'issue de la guerre. Les lettres poignantes de George, Calvin et Kiichi Saito sont conservées au Japanese American National Museum et sont des dons de Mary Saito Tominaga au musée. La lettre de George Saito du 11 juillet 1944 a été reproduite à plusieurs reprises notamment dans Andrew Carroll (éd.), *Letters of a Nation : A Collection of Extraordinary American Letters*, New York, Broadway Books, 1997.

Gordon Hirabayashi évoque son mariage et son souhait de ne pas le voir rendu public dans son interview Densho de février 2000. La citation d'Esther Schmoe « Je l'aime » est issue de « "I Love Him," Says Bride of Japanese-American » dans une coupure de presse non datée. La citation « La barrière de la couleur de peau » est extraite du même article. La remarque sur la « belle jeune femme blanche » est tirée d'une dépêche de l'Associated Press, « White Girl Weds Japanese Youth », qui a paru, entre autres titres, dans le *Reno Gazette News* du 2 août 1944. Mon bref portrait d'Esther Schmoe s'appuie en partie sur « "I Love Him," Says Bride of Japanese-American », sur « Hirabayashi "Bowled Over" as Wife Has Twins », et sur Jay Hirabayashi « Remembering Gordon and Esther Hirabayashi » publié sur le site web de la National Association of Japanese Canadians. Gordon Hirabayashi évoque les lettres anonymes et le don de 50 dollars dans son interview Densho de 2000.

Des informations sur la mission dans Pise apparaissent dans Orville C. Shirey, *Americans : The Story of the 442nd Combat Team*, Washington (DC), Washington Infantry Journal Press, 1946, p. 42-43. Rudy Tokiwa raconte son rôle dans son interview Go for Broke de mars 2002. Judy Niizawa m'a également fourni des informations complémentaires à partir de notes qu'elle avait prises lorsque Rudy Tokiwa a racontée la mission dans Pise, y compris la citation « Non, non, non, non, Hitler et Japon ». Fred Shiosaki a décrit le séjour à Vada lors des interviews menées par mes soins en 2016. D'autres informations proviennent du récit de Kats Miho sur le site Hawai'i Nisei Story, de Bill Yenne, *Rising Sons : The Japanese American GIs Who Fought for the United States in World War II*, New York, Thomas Dunne Books, 2007, p. 119, et de différentes lettres écrites par Masao Yamada et Hiro Higuchi à cette époque-là, la plus notable étant celle d'Hiro Higuchi à son épouse le 22 juillet 1944 et une autre de Masao Yamada à son épouse le 26 juillet 1944. Israel A. S. Yost mentionne les émissions de « Axis Sally » dans *Combat Chaplain : The Personal Story of the World War II Chaplain of the Japanese American 100th Battalion*, Honolulu, University of Hawai'i Press, 2006, p. 139. Rudy Tokiwa indique également les avoir écoutées à différents moments dans son interview Densho de 1998 où il se souvient qu'« Axis Sally » s'adressait directement aux Nisei en les interpellant « vous autres les petits hommes de fer ». Hiro Higuchi raconte l'histoire du soldat apportant une plante en pot au cimetière dans une lettre à son épouse datée du 14 août 1944.

Mon récit de la patrouille au cours de laquelle Harry Madokoro a trouvé la mort est construit à partir de l'interview de Judy Niizawa menée par mes soins, de Orville C. Shirey, *op. cit.*, p. 42, de l'entrée datée des 25-26 août dans le « Battle Excerpts », et d'une nécrologie commémorative postée sur le site web Remembering Our Own : Santa Cruz Veterans Project hébergé par les Santa Cruz Public Libraries.

L'assaut du 442e régiment pour traverser l'Arno, y compris l'incident au cours duquel Masao Yamada a été blessé, est documenté dans le « Narrative of Events » officiel du 442e régiment pour les mois d'août et de septembre. Des informations supplémentaires sur l'assaut sont issues de Orville C. Shirey, *op. cit.*, p. 49. L'essentiel de mon récit, toutefois, est tiré de lettres que Masao Yamada a écrites à son épouse au sujet de l'incident datées des 1er et 3 septembre 1944, ainsi que d'une lettre au colonel Dixon datée du 16 septembre 1944. Rudy Tokiwa évoque également le rendez-vous manqué de Masao Yamada avec la mort dans son interview Densho de 1998. Hiro Higuchi a écrit à son épouse le 27 septembre 1944 pour lui dire combien les hommes étaient soucieux de la sécurité des aumôniers.

Le mouvement à grande échelle du 442e vers le sud de la France est documenté dans le « Narrative of Events » du régiment pour septembre 1944, dans Orville C. Shirey, *op. cit.*, p. 51, et dans Lyn Crost, *Honor by Fire : Japanese Americans at War in Europe and the Pacific*, Novato (Calif.), Presidio Press, 1994. Voir également James M. McCaffrey, *Going for Broke : Japanese American Soldiers in the War Against Nazi Germany*, Norman, University of Oklahoma Press, 2013, p. 225-226. La citation « Je suis vraiment impatient de rentrer à la maison » est extraite de la lettre de George Saito à Miyoko Hayashi du 7 septembre 1944.

Chapitre dix-sept

George Oiye raconte le débarquement mouvementé de la jeep dans George Oiye, *Footprints in My Rearview Mirror : An Autobiography and Christian Testimony of George Oiye*, Xulon Press, 2003, p. 139-140. Kats Miho évoque également l'arrivée dans le sud de la France dans son récit sur le site Hawai'i Nisei Story. Masao Yamada décrit son état d'esprit dans sa tente, et les garçons lui offrant des couvertures, dans une lettre du 30 septembre 1944 à son père. De façon similaire, George Saito se plaint du temps épouvantable dans une lettre à son père le 1er octobre 1944. Le règlement par Esther Schmoe de la caution de Gordon Hirabayashi est relaté dans « Bail Is Posted for Japanese », *Spokesman-Review*, 6 octobre 1944. Le service à la mémoire d'Harry Madokoro est évoqué dans le *Poston Chronicle*, 7 octobre 1944.

Le mouvement du 442e régiment vers le nord à travers la France est détaillé dans le « Narrative of Events » du régiment pour octobre 1944 et dans Orville C. Shirey, *Americans : The Story of the 442nd Combat Team*, Washington (DC), Washington Infantry Journal Press, 1946, p. 51. Les chiffres cités, y compris les 2 millions de soldats et les 3 000 blockhaus, sont tirés de Rick Atkinson, *The Guns at Last Light : The War in Western Europe, 1944-1945*, New York, Henry Holt, 2013. Fred Shiosaki a raconté le voyage en train vers le nord dans les wagons à bestiaux au cours des interviews menées par mes soins et dans son interview Densho de 2006. Kats Miho évoque le voyage vers le nord du 522ᵉ et sa rencontre avec Daniel Inouye dans son récit sur le site Hawai'i Nisei Story. Mariko Miho m'a donné d'autres informations sur la relation entre Daniel Inouye et Kats Miho, ainsi que sur ce qu'elle signifiait pour ce dernier. On trouvera davantage de précisions sur la 36ᵉ division d'infanterie, y compris le tableau de service de ses hommes et officiers vers 1945, sur le site web du Texas Military Forces Museum. La première impression des Vosges de Daniel Inouye apparaît dans John C. Hughes, « Fred Shiosaki : The Rescue of the Lost Battalion », Legacy Washington, bureau du Secrétaire d'État, Olympia (Wash.), 2015. Les lettres entre George et Kiichi Saito sont toutes les deux datées du 14 octobre 1944. L'entrée du 522ᵉ dans la bataille des Vosges est détaillée dans un article de la lettre d'information du bataillon « 522d Fought Five Months in France », *High Angle*, 14 juillet 1945.

La bataille de Bruyères est racontée dans Orville C. Shirey, *op. cit.*, p. 51-58, dans le « Narrative of Events » du régiment pour octobre, et, avec des détails considérables, dans Pierre Moulin, *U.S. samouraïs en Lorraine*, Vagney, Gérard Louis, 1988. Hiro Higuchi fait la description de sa découverte du corps de George Saito – « Un garçon a été ramené sans visage » – dans une lettre à son épouse le 18 octobre 1944. La lettre de Kiichi Saito à George dans laquelle il s'inquiète, « Cela fait trois semaines », a été écrite le 4 novembre 1944, une semaine après la mort de George. L'assaut direct du 3ᵉ bataillon est décrit dans James M. McCaffrey, *Going for Broke : Japanese American Soldiers in the War Against Nazi Germany*, Norman, University of Oklahoma Press, 2013, p. 246-247, dans Orville C. Shirey, *op. cit.*, p. 56, et dans Thelma Chang, *I Can Never Forget : Men of the 100th/442ⁿᵈ*, Honolulu, Sigi Productions, 1991, p. 30. Des informations supplémentaires proviennent de Masi Okumura, « I Remember Company L 442nd RCT 1943-1945 », un manuscrit inédit, des interviews avec Fred Shiosaki menées par mes soins, ainsi que de son interview Densho de 2006. Rudy Tokiwa mentionne les Bruyérois prenant les Nisei pour des Chinois dans son interview Densho de 1998 et évoque l'accueil réservé aux soldats Nisei avec force embrassades dans son interview Go for Broke de 2001. Fred Shiosaki décrit la femme avec ses bouteilles d'eau gazeuse dans son interview Densho et dans l'interview menée par mes soins. George Oiye raconte son entrée dans la ville et mentionne la femme avec le balai dans George Oiye, *op. cit.*, p. 140-142, ainsi que dans son interview Go for Broke de 2002.

Chapitre dix-huit

L'épigraphe est extraite d'une lettre de Masao Yamada au colonel Sherwood Dixon le 30 octobre 1944 citée dans C. Douglas Sterner, *Go for Broke : The Nisei Warriors of World War II Who Conquered Germany, Japan, and American Bigotry*, Clearfield, Utah, American Legacy Historical Press, 2015, p. 53. Les circonstances du réveil d'abord du 2ᵉ bataillon puis du 3ᵉ sont racontées dans Orville C. Shirey, *Americans : The Story of the 442nd Combat Team*, Washington (DC), Washington Infantry Journal Press, 1946, p. 58-63. Dans son interview Go for Broke du 3 juin 2001, Rudy Tokiwa décrit également la situation et affirme que c'est lui à qui on a demandé d'aller réveiller les soldats de la compagnie K. Fred Shiosaki raconte l'anecdote à la fois dans son interview Densho de 1998 et dans l'interview menée par mes soins en 2016.

Les informations biographiques au sujet de John Dahlquist sont tirées de « John Ernest Dahlquist » sur le site web du Arlington National Cemetery, de l'entrée « John E. Dahlquist » dans la *Densho Encyclopedia* et d'un article intitulé « 100th Bn. Losses Attributed to Poor Leadership », *Hawaii Herald*, 16 juillet 1982, mis en ligne sur le site Hawai'i Nisei Story. L'épisode du jeune Oak Kim est tiré de Thelma Chang, *I Can Never Forget : Men of the 100th/442nd*, Honolulu, Sigi Productions, 1991, p. 30.

Plusieurs livres évoquent en grande partie la bataille au cœur de ce chapitre, et je me suis appuyé sur eux, ainsi que sur plusieurs récits de première main, pour raconter le sauvetage du Bataillon perdu. Parmi les plus importants figurent ceux du major Nathan K. Watanabe, *The 110/442D Regimental Combat Team's Rescue of the Lost Battalion : A Study in the Employment of Battle Command*, BiblioScholar, 2012, de Scott McGaugh, *Honor Before Glory : The Epic World War II Story of the Japanese American GIs Who Rescued the Lost Battalion*, Boston, Da Capo Press, 2016, et de C. Douglas Sterner, *op. cit.* Au sujet de la tentative initiale d'atteindre les Texans, je me suis largement appuyé sur Nathan K. Watanabe, *op. cit.*, sur Orville C. Shirey, *op. cit.*, sur James M. McCaffrey, *op. cit.*, sur Douglas Sterner, *op. cit.*, et sur Lyn Crost, *Honor by Fire : Japanese Americans at War in Europe and the Pacific*, Novato (Calif.), Presidio Press, 1994, p. 191-193, ainsi que sur le « Narrative of Events » du régiment pour le mois d'octobre 1944, sur les souvenirs de première main de Fred Shiosaki et sur Rudy Tokiwa dans leur interview Densho respective.

Fred Shiosaki a décrit l'ascension nocturne dans les montagnes et les combats qui ont suivi à la fois dans les interviews menées par mes soins et dans son interview Densho. Sus Ito explique les difficultés rencontrées par le 522e pour tirer efficacement contre les positions allemandes dans les Vosges dans *Fire for Effect : A Unit History of the 522 Field Artillery Battalion*, Honolulu, 522nd Field Artillery Battalion Historical Album Committee, 1998, p. 86. Scott McGaugh, *op. cit.*, se concentre sur le sauvetage du Bataillon perdu et donne d'excellents récits détaillés de la situation critique des Texans, en particulier du point de vue de Marty Higgins, tout au long du siège. Les actes de bravoure de Matsuichi Yogi sont mis en avant dans sa citation dans l'ordre de la Distinguished Cross consultable en ligne sur le site web du Hall of Valor. Rudy Tokiwa décrit sa participation à la tentative de secourir les Texans dans son interview Go for Broke de 2001, dans son interview Go for Broke de 2002 et dans son interview Densho de 1998. Pour davantage d'informations sur les conditions auxquelles James Okubo et les autres brancardiers ont été confrontés, voir Minoru Masuda, *Letters from the 442nd : The World War II Correspondence of a Japanese American Medic*, Seattle, University of Washington Press, 2008, p. 110. Mon récit de la tentative ratée de larguer des vivres aux Texans s'appuie essentiellement sur Scott McGaugh, *op. cit.*, sur James M. McCaffrey, *op. cit.*, et sur Nathan K. Watanabe, *op. cit.* Kats Miho a expliqué comment il avait rempli des projectiles avec des vivres dans son interview menée par Michi Kodama-Nishimoto et Warren Nishimoto, et ce point est également documenté dans Orville C. Shirey, *op. cit.*, dans Scott McGaugh, *op. cit.*, et dans un certain nombre de récits de première main. Scott McGaugh mentionne le soldat mortellement blessé criant « Okaasan, okaasan » dans son ouvrage, p. 140. Certains des hommes qui étaient présents cette nuit-là se sont également souvenus d'avoir entendu un soldat allemand appeler à l'aide jusqu'à ce qu'il meure au matin. La foi d'Hiro Higuchi était fortement chancelante en ce mois d'octobre. La citation « Remonter en chaire » est tirée d'une lettre à son épouse du 4 octobre. La citation « C'est soit tu tues, soit tu es tué » est tirée de sa biographie sur le site web de la Japanese American Veterans Association, tout comme la citation « Qu'est-ce Dieu pour moi ? ».

La citation de Dahlquist « Qu'ils continuent à avancer » est tirée de Scott McGaugh, *op. cit.*, p. 141. La formule maintes fois répétée « OK, Punch Drunk, allons-y » est extraite de l'interview Densho de Rudy Tokiwa en 1998. Mon récit de la confrontation qui s'en est suivie entre Alfred Pursall et John Dahlquist s'appuie sur une multitude de sources, mais essentiellement sur le souvenir de Rudy Tokiwa dans ses interviews Densho et Go for Broke. La mort de Wells Lewis est racontée dans James M. McCaffrey, *op. cit.*, dans Scott McGaugh, *op. cit.*, dans Pierre Moulin, *U.S. samouraïs en Lorraine*, Vagney, Gérard Louis, 1988, et dans de nombreux témoignages de première main, avec seulement quelques variations mineures. La citation « Lewis est mort » attribuée à John Dahlquist est extraite de Scott McGaugh, *op. cit.*, p. 149. L'échange final entre Alfred Pursall et John Dahlquist, se terminant par « Ce sont mes gars que vous essayez de tuer », est extrait de l'interview Densho de Rudy Tokiwa. La citation « Je ne sais pas. Je ne suis pas le patron » est extraite de l'interview Go for Broke de Rudy Tokiwa en 2001. James M. McCaffrey cite Chester Tanaka – « Mon Dieu ! Si ce connard de fils de pute se met à monter vers l'ennemi » – dans *Going for Broke : Japanese American Soldiers in the War Against Nazi Germany, op. cit.*, p. 266, de même que Lyn Crost, *op. cit.*, p. 193. Les pensées et les actions suivantes de Fred Shiosaki sont largement tirées des interviews menées par mes soins et de son interview Densho. Celles de George Oiye sont tirées de son interview Go for Broke de 2002. L'exclamation de Pursall « En voilà un ! » est tirée du « Narrative of Events » de Yuki Minaga dans *Fire for Effect : A Unit History of the 522 Field Artillery Battalion, op. cit.*, p. 176. La citation « *Make ! Make ! Make !* » est tirée de Scott McGaugh, *op. cit.*, p. 158. George Oiye témoigne avoir temporairement perdu son audition dans *Footprints in My Rearview Mirror : An Autobiography and Christian Testimony of George Oiye*, Xulon Press, 2003, p. 146. La description de l'état d'esprit de Fred Shiosaki pendant la charge et la citation « Bon Dieu, je suis touché » sont issues de son interview Densho et des interviews menées par mes soins, tout comme sa citation « Eh bien, tu peux dire adieu à ta mère ». Orville C. Shirey décrit la retraite des Allemands dans une lettre au colonel Dixon du 30 novembre 1944. Rudy Tokiwa raconte sa conversation d'après la bataille avec Alfred Pursall – « Hé, colonel, vous auriez pu vous faire descendre » – dans son interview Densho de 1998. Les pertes de la compagnie K sont détaillées dans Scott McGaugh, *op. cit.*, p. 167. Rudy Tokiwa raconte la mort de son remplaçant et mentionne la remarque « Ah oui. Regarde dans l'abri juste derrière » dans son interview Densho de 1998. Kats Miho parle de la consternation causée par les mauvaises coordonnées données par John Dahlquist dans son interview Go for Broke du 20 janvier 2002. Le capitaine Billy Taylor évoque également l'incident avec de nombreux détails dans une lettre datée du 5 août 1987 conservée dans les Ted Tsukiyama Papers de l'université d'Hawaï. Scott McGaugh, *op. cit.*, p. 172, décrit le rideau de fumée allemand. Mon récit de la percée vers le Bataillon perdu s'appuie sur Thelma Chang, *op. cit.*, p. 54-55, sur l'interview Go for Broke d'Edward Guy du 7 août 2004 qui est également la source de la citation « Tu veux une cigarette ? », sur les actualités filmées de l'époque, sur une lettre que Masao Yamada a écrite au colonel Dixon le 1er novembre 1944, sur Scott McGaugh, *op. cit.*, sur James M. McCaffrey, *op. cit.*, et enfin sur Minoru Masuda, *op. cit.*, p. 111. La citation « Hé !! Les gars du 442e sont là ! » est extraite de Pierre Moulin, *op. cit.*, p. 110. La citation de Marty Higgins « franchement, pour nous, ils étaient comme des géants » peut être lue dans Scott McGaugh, *op. cit.*, p. 180. La citation « Vous êtes drôlement gonflés, les petits gars » est tirée de Pierre Moulin, *op. cit.*, p. 110.

Chapitre dix-neuf

L'épigraphe est extraite de la lettre d'Hiro Higuchi à son épouse la veille de Noël 1944. L'expulsion du soldat Matsuda du salon de coiffure de Parker, Arizona, et la remarque d'Andy Hale commençant par « Je ne veux pas avoir affaire à eux » sont rapportées dans « Wounded Nisei Reported Shoved out of Shop », *Los Angeles Times*, 11 novembre 1944, et dans « Wounded Nisei War Veteran Ejected from Barber Shop », *Pacific Citizen*, 18 novembre 1944. La mère de Rudy Tokiwa lui a confessé sa douloureuse douche rituelle du matin après la guerre. La citation « Il y avait une vraie ironie » est extraite de « 442nd Unit Saves "Lost Battalion" », *Poston Chronicle*, 11 novembre 1944.

La bataille du 442ᵉ immédiatement après le sauvetage du Bataillon perdu est détaillée dans le « Narrative of Events » du régiment pour le mois de novembre 1944. Le nombre de survivants des compagnies K et I provient de Orville C. Shirey, *Americans : The Story of the 442nd Combat Team*, Washington (DC), Washington Infantry Journal Press, 1946, p. 71, et il est également mentionné dans John C. Hughes, « Fred Shiosaki : The Rescue of the Lost Battalion », Legacy Washington, bureau du Secrétaire d'État, Olympia (Wash.), 2015. Mon rapide portrait de Virgil Miller est essentiellement tiré de Joy Teraoka, « Memories of Col. Virgil Miller », sur le site web du 100ᵉ bataillon d'infanterie. Rudy Tokiwa raconte le passage en revue par le général Dahlquist des survivants dans son interview Densho de 1998. C'est également de là qu'est tirée la citation « Colonel, je vous ai demandé ». La citation « Mon général, c'est l'intégralité du régiment » est extraite de l'interview Densho de Daniel Inouye. D'autres personnes présentes, dont Masao Yamada, se souviennent du colonel les yeux embués de larmes, même si certains affirment que le colonel en question était Alfred Pursall plutôt que Virgil Miller. Des détails sur la scène proviennent également de la célèbre photographie des quatre soldats Nisei présentant les couleurs ce jour-là.

Le nombre d'engagés originaires de Poston et les informations sur les victimes sont tirés d'une série d'articles publiés dans le *Poston Chronicle* entre le 12 novembre et le 12 décembre 1944. Des articles semblables ont paru dans *The Pacific Citizen* et les journaux d'autres camps à l'époque. Un large éventail des objets créés par les internés à Poston et dans d'autres camps peut être admiré dans le Densho Digital Repository ainsi qu'au Japanese American Museum de Los Angeles et dans les collections d'un certain nombre d'autres institutions. Pour un article intéressant au sujet d'un objet particulier, voir « Gaman and the Story of the Bird Pins » sur le site web du Smithsonian American Art Museum. Mon évocation de la décision de l'administration Roosevelt de fermer les camps s'appuie essentiellement sur l'entrée « Franklin D. Roosevelt » de la *Densho Encyclopedia*.

Le nombre de victimes d'octobre 1944 est extrait de Nathan K. Watanabe, *The 110/442D Regimental Combat Team's Rescue of the Lost Battalion : A Study in the*

Employment of Battle Command, BiblioScholar, 2012, et de James M. McCaffrey, *Going for Broke : Japanese American Soldiers in the War Against Nazi Germany*, Norman, University of Oklahoma Press, 2013, p. 271. George Oiye décrit le trajet dans les montagnes au-dessus de la Côte d'Azur dans George Oiye, *Footprints in My Rearview Mirror : An Autobiography and Christian Testimony of George Oiye*, Xulon Press, 2003, p. 141, ce trajet est décrit également par un certain nombre des membres du 522ᵉ dans *Fire for Effect : A Unit History of the 522 Field Artillery Battalion*, Honolulu, 522nd Field Artillery Battalion Historical Album Committee, 1998, en particulier p. 174 où ils racontent les problèmes rencontrés avec les mulets récalcitrants. Kats Miho évoque en longueur son séjour sur la Côte d'Azur dans les interviews menées par Michi Kodama-Nishimoto et Warren Nishimoto, et dans son récit sur le site web Hawai'i Nisei Story, y compris son passage au studio Erpé. La citation « Hé, Rosie, le capitaine veut te voir » et le dialogue qui suit sont tirés de l'interview Densho de Fred Shiosaki. Un certain nombre d'informations au sujet de « la campagne du champagne » sont extraites de *Fire for Effect : A Unit History of the 522 Field Artillery Battalion, op. cit.*, p. 191-194.

Hiro Higuchi a décrit en détail la fête de Noël du 18 décembre dans une lettre à son épouse le lendemain. Masao Yamada détaille lui aussi les festivités du 23 décembre dans une lettre à son épouse le même jour, et Hiro Higuchi mentionne le service à la lumière des bougies à son épouse dans une lettre écrite plus tard cette nuit-là.

Chapitre vingt

L'épigraphe est extraite d'une lettre d'Hiro Higuchi à son épouse datée du 14 février 1945 dans laquelle il avoue continuer à se débattre avec sa foi chancelante.

Mon récit de l'arrivée et du séjour de Gordon Hirabayashi sur l'île McNeil est essentiellement fondé sur l'interview menée par Roger Daniels du 10 février 1981. Certaines informations proviennent d'une dépêche de l'Associated Press citée dans « Hirabayashi Taken to McNeil Island », *Klamath Falls Herald and News*, 28 décembre 1944. Mon propos sur les poursuites contre les résistants Nisei à la conscription est fondé sur deux sources principales : l'entrée « Draft Resistance » dans la *Densho Encyclopedia* et le livre d'Eric L. Muller, *Free to Die for Their Country : The Story of the Japanese American Draft Resisters in World War II*, Chicago, University of Chicago Press, 2001, p. 100-112 et 124-146. Les citations « Vous les bridés » et « Il est choquant qu'un citoyen américain » sont extraites d'Eric L. Muller, *op. cit.*, p. 104 et 143. L'essentiel des informations sur le contexte au sujet du MIS est tiré de l'entrée « Military Intelligence Service » dans la *Densho Encyclopedia*. La citation « Nous voulons simplement » est tirée de « Legion Erases Names of Nisei », *Spokesman-Review*, 2 décembre 1944, tout comme la citation « Ayons notre cœur en Amérique ». L'histoire de ce qui est survenu à Hood River a été publiée dans toutes sortes de journaux à travers le pays en décembre de cette année-là. Pour davantage d'informations sur le contexte de l'incident, voir l'entrée « Hood River Incident » dans la *Densho Encyclopedia*.

Les informations biographiques au sujet de Frank Hachiya sont tirées de l'entrée « Frank Hachiya (1920-1945) » dans l'*Oregon Encyclopedia* accessible en ligne. Il convient de noter qu'il existe une autre version de l'histoire d'Hachiya. Le 21 mai 1963, le sénateur Hiram Fong lut dans le *Congressional Record* une version des événements dans laquelle Hachiya aurait été parachuté derrière les lignes ennemies sur Leyte un mois avant l'invasion et s'avançait vers les troupes d'invasion américaines avec des cartes des défenses japonaises quand il fut abattu. Il est possible que ce soit le cas et que son rôle véritable fût classifié et ne fût par conséquent pas rendu public à l'époque. Toutefois, la date de la mort d'Hachiya suivait de plus de deux mois l'invasion, je n'ai donc pas recouru à ce récit, aussi spectaculaire soit-il. Pour en savoir plus sur l'incident de Hood River et la source des titres de journaux que je cite, voir l'entrée correspondante dans la *Densho Encyclopedia*. Des informations supplémentaires proviennent d'une analyse rédigée par la War Relocation Authority, « Prejudice in the Hood River Valley, a Case Study in Race Relations », 6 juin 1945, disponible dans les archives de la State Library of Oregon. Les chiffres relatifs au service des femmes Nisei proviennent de « Japanese American Women in World War II » sur le site web de la Japanese American Veterans Association.

Les escarmouches et les combats sporadiques auxquels les Nisei ont pris part dans les montagnes de l'arrière-pays niçois cet hiver-là sont détaillés dans le « 442nd Infantry Battle Casualty Report-January 1-31 » officiel, dont un exemplaire peut être consulté sur le site web 442nd Regimental Combat Team Legacy. George Oiye évoque sa joie de participer à la destruction du canon allemand dans George Oiye, *Footprints in My Rearview Mirror : An Autobiography and Christian Testimony of George Oiye*, Xulon Press, 2003, p. 149-150, ainsi que dans son interview Go for Broke. Je dois beaucoup à Mariko Miho pour avoir partagé avec moi l'état d'esprit de son père à ce moment-là et tout au long de la guerre. George Oiye décrit le redéploiement du 522ᵉ vers le nord de la France dans George Oiye, *op. cit.*, p. 151, et les deux aumôniers Masao Yamada et Hiro Higuchi l'évoquent dans leurs lettres ce mois-là. Le secret qui entoura la mission suivante du 442ᵉ est évoqué dans Minoru Masuda, *Letters from the 442nd : The World War II Correspondence of a Japanese American Medic*, Seattle, University of Washington Press, 2008, p. 173, dans Lyn Crost, *Honor by Fire : Japanese Americans at War in Europe and the Pacific*, Novato (Calif.), Presidio Press, 1994, p. 235, et dans Orville C. Shirey, *Americans : The Story of the 442nd Combat Team*, Washington (DC), Washington Infantry Journal Press, 1946, p. 76.

Chapitre vingt et un

L'épigraphe est extraite d'une lettre de Masao Yamada à la date indiquée dans laquelle il réfléchit à ce qui venait d'arriver sur la ligne Gothique.

Mon récit de l'échange de Gordon Hirabayashi avec les autorités de la prison de l'île McNeil est tiré essentiellement de l'interview menée par Roger Daniels, de même que l'échange commençant par « Prends tes affaires ».

L'entrée du 522ᵉ en Allemagne est documentée dans Lyn Crost, *Honor by Fire : Japanese Americans at War in Europe and the Pacific*, Novato (Calif.), Presidio Press, 1994, p. 239, ainsi que grâce à une chronologie très précise dans *Fire for Effect : A Unit History of the 522 Field Artillery Battalion*, Honolulu, 522nd Field Artillery Battalion Historical Album Committee, 1998, p. 11. Les indications sur la phase de la lune la nuit en question sont, à nouveau, tirées de timeanddate.com. George Oiye raconte le terrible épisode du champ de mines dans George Oiye, *Footprints in My Rearview Mirror : An Autobiography and Christian Testimony of George Oiye*, Xulon Press, 2003, p. 151-152, ainsi que dans le brouillon d'un article qu'il écrivit pour *High Angle*, joint à une lettre adressée à Ted Tsukiyama le 5 février 1998 et conservé dans les Ted Tsukiyama Papers à l'université d'Hawaï, Mānoa. La blessure du soldat par une mine est également documentée dans *Fire for Effect : A Unit History of the 522 Field Artillery Battalion, op. cit.*, p. 169.

Fred Shiosaki a évoqué son mal de mer, à cette occasion et à d'autres, lors des interviews menées par mes soins en 2016. Dans son interview Densho, il raconte leur arrivée à Livourne, l'impatience du général Clark à les voir rejoindre la 5ᵉ armée, la distribution des équipements et le secret entourant leurs mouvements. La citation de Mark Clark « Le courage et la détermination » est tirée d'une lettre de Clark au colonel Pence le 7 septembre 1944. Michael E. Haskew explique le contexte plus large de la mission du 442ᵉ dans « Breaching the Gothic Line » sur le site web Warfare History Network, de même que Orville C. Shirey, *Americans : The Story of the 442nd Combat Team*, Washington (DC), Washington Infantry Journal Press, 1946, p. 78. Fred Shiosaki a décrit le mouvement dans Azzano à la fois au cours de son interview Densho et dans les interviews menées par mes soins, bien qu'il ne se rappelât pas le nom du village. Les mêmes mouvements sont décrits avec force détails dans les « Battle excerpts » cités *supra* pour les dates concernées. Masaharu Okumura décrivit le séjour à Azzano, avec la référence particulière aux crêpes dans « I Remember Co. L 442nd RCT 1943–1945 », manuscrit inédit, 1995. Lyn Crost, *op. cit.*, p. 252-253 mentionne les soldats s'étalant de la suie sur le visage et d'autres détails liés à la préparation de la bataille.

La citation « Si vous tombez » peut être trouvée dans James M. McCaffrey, *Going for Broke : Japanese American Soldiers in the War Against Nazi Germany*, Norman, University of Oklahoma Press, 2013, p. 301. Mon récit de l'ascension de la face arrière du Monte Folgorito est principalement tiré de Orville C. Shirey, *op. cit.*, p. 82-83, de Thelma Chang, *I Can Never Forget : Men of the 100th/442ⁿᵈ*, Honolulu, Sigi Productions, 1991, p. 125, d'une lettre de Masao Yamada à son épouse le 19 avril 1945 ; et des « Battle excerpts » cités *supra*. La citation « À 4 h 50 les canons » est extraite d'une lettre de Masao Yamada à son épouse datée du 10 avril 1945. Fred Shiosaki détaille le début peu encourageant de l'assaut de la compagnie K sur la montagne dans son interview Densho et dans les deux interviews menées par mes soins. Des informations supplémentaires proviennent du « Narrative of Events » du régiment pour le mois d'avril 1945, de James M. McCaffrey, *op. cit.*, p. 302, et de Orville C. Shirey, *op. cit.*, p. 83.

Rudy Tokiwa évoque sa relation avec Sadao Munemori dans son interview Go for Broke de 2001. Voir également C. Douglas Sterner, *Go for Broke : The Nisei Warriors of World War II Who Conquered Germany, Japan, and American Bigotry*, Clearfield, Utah, American Legacy Historical Press, 2015, p. 109-110. Si je me suis reposé essentiellement sur Orville C. Shirey, *op. cit.*, p. 83, pour la citation de Sadao Munemori à la Medal of Honor, des détails sur son comportement extraordinaire ce jour-là peuvent être consultés à de nombreux endroits : Thelma Chang, *op. cit.* ; Chester Tanaka, *Go for Broke : A Pictorial History of the Japanese American 100th Infantry Battalion and the 442d Regimental Combat Team*, Richmond (Calif.), Go for Broke, 1982, p. 123 ; les « Battle excerpts » ; et Ben M. Tamashiro, « From Pearl Harbor to the Po, the Congressional Medal of Honor : Sadao Munemori », *Hawaii Herald*, 15 mars 1985, republié sur le site web Hawai'i Nisei Story. Judy Niizawa m'a décrit l'étendue des blessures de Rudy Tokiwa et ses doutes quant à l'endroit exact où il se trouvait quand il les a reçues.

Chapitre vingt-deux

L'avancée du 522ᵉ en Allemagne est très bien documentée par de nombreux récits de première main dans *Fire for Effect : A Unit History of the 522 Field Artillery Battalion*, Honolulu, 522nd Field Artillery Battalion Historical Album Committee, 1998, p. 51-65, où une carte extrêmement utile à la p. 76 indique l'emplacement du quartier général du bataillon à différentes dates. Pour retracer les mouvements de l'unité à grande échelle, je me suis également appuyé sur le récit de George Oiye, *Footprints in My Rearview Mirror : An Autobiography and Christian Testimony of George Oiye*, Xulon Press, 2003, p 151-156, et sur les souvenirs de Kats Miho, à la fois dans son récit sur le site web Hawai'i Nisei Story et dans son interview de 1989 pour le Holocaust Museum. Flint Yonashiro m'a raconté avec beaucoup de gaieté les expéditions pour voler des poulets que Kats Miho et lui ont entreprises à plusieurs reprises. Dans son récit sur le site web Hawai'i Nisei Story, Kats Miho décrit en détail le butin que les garçons ont trouvé dans l'entrepôt allemand. George Oiye en parle également, plus brièvement, dans son ouvrage *op. cit.*, p. 153. La référence aux hauts-de-forme et aux queues-de-pie se trouve dans *Fire for Effect : A Unit History of the 522 Field Artillery Battalion, op. cit.*, p. 175. La mention des deux jeunes femmes nues provient de *Fire for Effect : A Unit History of the 522 Field Artillery Battalion, op. cit.*, p. 177. Kats Miho raconte dans son interview Go for Broke de 2002 avoir vu des femmes avec des étoiles cousues sur leurs vêtements. Des informations supplémentaires proviennent de Wayne Muromoto, « The 522nd and Dachau : The Men of the 522nd Encounter the Holocaust », *Hawaii Herald*, 19 mars 1993.

Rudy Tokiwa évoque en longueur dans son interview Go for Broke de 2002 son passage par le centre de repos. Judy Niizawa m'a également fourni des informations supplémentaires au sujet de cette période de la vie de Rudy Tokiwa. La frappe d'obus tragique contre le puits de mine où Lloyd Onoye s'était abrité est documentée dans le « Battle excerpts » pour le mois d'avril 1945 cité *supra*. Judy Niizawa, dans l'interview menée par mes soins, a fourni des informations supplémentaires sur cet incident. La bataille pour Tendola et la campagne environnante est documentée dans le « Narrative of Events » officiel du régiment pour le mois d'avril 1945. Certains des détails sur le terrain et le village proviennent de mes propres observations lors d'une visite dans la région en avril 2019. Le récit spectaculaire par Mario Pomini de la mort du soldat Nisei abattu dans le dos m'a été raconté ainsi qu'à d'autres et traduit sur-le-champ par Mario Mariani. On ne connaît pas le nom du soldat Nisei de la mort duquel Mario a été le témoin, mais en se fondant sur la liste des victimes tombées ce jour-là, cela pourrait être soit le caporal Takashi Ito, soit le caporal James S. Okamoto. La mort de Tadao « Beanie » Hayashi est racontée dans « WWII Vet Lived for Slain Comrade », *Honolulu Star-Bulletin*, 11 septembre 2014, et son avis de décès a paru dans le *Poston Chronicle* du 12 mai 1945. À la fois dans son interview Densho et dans ses deux interviews menées par mes soins, Fred Shiosaki a raconté son escorte du prisonnier de guerre allemand et sa tentation de l'abattre. L'interview Densho est la source du dialogue commençant par « Fred, tu ramènes Pete ».

Chapitre vingt-trois

L'épigraphe est extraite de George Oiye, *Footprints in My Rearview Mirror : An Autobiography and Christian Testimony of George Oiye*, Xulon Press, 2003, p. 155. Les mouvements du 522e à travers la Bavière sont chroniqués dans la chronologie de *Fire for Effect : A Unit History of the 522 Field Artillery Battalion*, Honolulu, 522nd Field Artillery Battalion Historical Album Committee, 1998, p. 11, et font l'objet de récits de première main disséminés dans le livre. Certaines des informations proviennent du récit de Kats Miho sur le site web Hawai'i Nisei Story. L'avance relativement rapide du 442e vers et dans Gênes est racontée avec force détails dans Orville C. Shirey, *Americans : The Story of the 442nd Combat Team*, Washington (DC), Washington Infantry Journal Press, 1946, p. 86-91. Sus Ito, dans son interview du 11 décembre 1991 pour le musée de l'Holocauste, décrit également les manœuvres et l'effondrement de l'armée allemande devant eux. Des détails de ce qui s'est passé à Gênes viennent de Minoru Masuda, *Letters from the 442nd : The World War II Correspondence of a Japanese American Medic*, Seattle, University of Washington Press, 2008, p. 201. Les mouvements des quartiers généraux du 442e tels qu'ils apparaissent dans *Fire for Effect : A Unit History of the 522 Field Artillery Battalion*, op. cit., p. 11, ainsi que la carte p. 76, indiquent que les artilleurs Nisei étaient à proximité du camp principal de Dachau dès l'après-midi du 29 avril, mais il y a peu de preuves qu'ils étaient parmi ceux qui ont les premiers franchi son périmètre. Cela semble toutefois être le cas d'au moins quelques soldats qui ont en effet pénétré dans le camp à un moment ce jour-là, à en croire les souvenirs de Josef Erbs tels qu'ils apparaissent dans *Fire for Effect : A Unit History of the 522 Field Artillery Battalion*, op. cit., p. 63, dans Thelma Chang, *I Can Never Forget : Men of the 100th/442nd*, Honolulu, Sigi Productions, 1991, p. 168, et dans le récit de Toshio Nishizawa dans « The Liberation of Dachau » sur le site web du 100th Infantry Battalion. J'ai également porté une grande attention à l'article de Linda K. Menton « Research Report : Nisei Soldiers at Dachau, Spring 1945 », conservé dans les Special Collections de l'université d'Hawaï. Il n'y a pas de doute qu'avant, pendant et après la libération du camp principal de Dachau, les soldats Nisei sont entrés par hasard et, dans certains cas, ont ouvert quelques-uns des sous-camps du complexe. À ce sujet, voir *Fire for Effect : A Unit History of the 522 Field Artillery Battalion*, op. cit., p. 61-70 ; le récit de Tadashi Tojo « Dachau 1945 », dans les Special Collections de l'université d'Hawaï ; la compilation de récits par Wayne Muromoto dans « The 522nd and Dachau », *Hawaii Herald*, 19 mars 1993 ; Tomi Kaizawa Knaefler, *Our House Divided : Seven Japanese American Families in World War II*, Honolulu, University of Hawai'i Press, 1995, p. 40 ; « 522 Liberates Dachau Prisoners » sur le site web des Hawai'i Nisei Veterans ; Melissa Tnaji, « Nisei Veteran Recounts WWII Memories of Dachau », *Maui News*, 8 novembre 2015 ; James M. McCaffrey, *Going for Broke : Japanese American Soldiers in the War Against Nazi Germany*, Norman, University of Oklahoma Press, 2013, p. 317-318 ; et l'interview pour le musée de l'Holocauste de Joseph Ichijui menée le 16 juin 1997.

Chapitre vingt-quatre

Les titres de journaux comme celui du *New York Times* du 2 mai 1945 « Berlin falls to Russians » ont annoncé à des millions d'Américains la meilleure nouvelle qu'ils aient entendue en plus de quatre ans. Cinq jours plus tard des articles tels que la dépêche de l'Associated Press sous-titrée « La plus grande guerre de l'histoire se termine aujourd'hui » le 7 mai leur ont apporté des nouvelles encore meilleures. Nombre des informations que j'inclus dans mon récit relatives aux célébrations de ces journées grisantes sont extraites de ces deux articles. La réaction d'Hiro Higuchi à la fin de la guerre et celle des hommes auxquels il s'est adressé sont documentées dans le film de Loni Ding *Nisei Soldier : Standard Bearer for an Exiled People,* produit par le Center for Asian American Media, 1984, et de manière très détaillée dans une lettre d'Hiro Higuchi à son épouse le 8 mai 1945. Fred Shiosaki décrivit sa réaction « Grands dieux, eh bien, je l'ai fait » à la fois dans les interviews que j'ai menées et dans son interview Densho. Le titre « La guerre contre les Japonais continue » est tiré du même article du 7 mai de l'Associated Press cité *supra*. La citation de Kats Miho « Hé ! Va moins vite ! » est tirée de son récit sur le site web Hawai'i Nisei Story.

Pour des exemples des listes de victimes qui arrivaient à Poston (comme dans d'autres camps) dans les jours et les semaines qui ont suivi la fin de la guerre, voir le *Poston Chronicle* des 5, 9, 12 et 16 mai 1945. La citation « Il n'y a jamais eu et il n'y aura jamais un bridé » est extraite de Geoffrey Dunn, « Forgotten Documents Reveal Views on Return of Japanese Internees to Monterey Peninsula », *Monterey Herald,* 9 novembre 2013. Le texte du communiqué menaçant peut être consulté dans « Organization to Discourage Return of Japanese to the Pacific Coast », *Monterey Peninsula Herald,* 23 avril 1945. La réplique, y compris la citation « Ces familles ont bâti leur foyer », de Steinbeck, Jeffers et des autres signataires, a paru dans le *Monterey Peninsula Herald* le 11 mai 1945.

Les mouvements du 442ᵉ en Italie à la suite de la capitulation sont retracés dans Orville C. Shirey, *Americans : The Story of the 442nd Combat Team,* Washington (DC), Washington Infantry Journal Press, 1946, p. 93-98. Kats Miho, dans son récit sur le site web Hawai'i Nisei Story, et George Oiye, *Footprints in My Rearview Mirror : An Autobiography and Christian Testimony of George Oiye,* Xulon Press, 2003, p. 156-158, évoquent les activités du 522ᵉ dans et autour de Donauwörth.

L'arrivée de la première vague des soldats du 442ᵉ à Hawaï est mentionnée dans « Honolulu Acclaims 442nd », *Honolulu Star-Bulletin,* 9 août 1945, et dans « Huge Crowd Greets 442nd at Ceremonies at Iolani Palace Grounds », *Honolulu Star-Bulletin,* 9 août 1945. Mon récit du déroulement du jour de la Victoire s'appuie sur les numéros des 14 et 15 août 1945 de journaux à travers le pays, y compris le *New York Times,* le *Seattle Times* et le *Los Angeles Times.* Une longue lettre qu'Hisako Higuchi a écrite à Hiro le 16 août est la source de ma description de la réaction chez elle et dans son quartier à Pearl City, y compris la citation de Peter Higuchi « Maintenant, maman, je pourrais avoir des jouets en vrai métal ? » et celles qui suivent.

Fred Shiosaki a raconté son voyage de retour, dont sa rencontre avec l'un des Texans et l'échange qui a suivi, « Hé, tu es du 442ᵉ ! », dans les interviews menées par mes soins et dans son interview Densho. Il décrit également son accueil chez lui, et le dialogue cité ici, dans son interview Densho. Rudy Tokiwa raconte son voyage de retour, l'incident avec la volontaire de la Croix-Rouge à San José, et ses retrouvailles avec sa famille dans son interview Densho de 1998. La cérémonie au cours de laquelle Rudy Tokiwa a reçu sa Bronze Star est documentée dans « Utah Soldier Honored at Italy Ceremony », *Pacific Citizen*, 9 juin 1945. Rudy Tokiwa évoque ses sentiments au sujet de cet événement dans son interview Go for Broke de 2002, qui est également la source de la citation « Bah, au fond, peu importe à quoi tu ressembles ».

Kats Miho évoque son voyage de retour et l'émission avec Frank Sinatra dans son récit sur le site web Hawai'i Nisei Story. Des informations au sujet de son arrivée à Honolulu sont extraites également de « 432 Soldiers and 46 Civilians Arrive Aboard *Mexico* », *Honolulu Star-Bulletin*, 15 janvier 1946. Mariko Miho m'a également fourni des renseignements supplémentaires sur le retour de son père, ses émotions, l'état de la famille et leurs retrouvailles. Roy Fujii a raconté l'anecdote sur le jeton de bus lors de l'interview menée par mes soins à Honolulu en 2019.

Épilogue

L'épigraphe de Conrad Tsukayama est extraite de Hawai'i Nikkei History Editorial Board, *Japanese Eyes, American Heart : Personal Reflections of Hawaii's World War II Nisei Soldiers*, Honolulu, University of Hawai'i Press, 1998, p. 28. Il est parfois indiqué que le 442ᵉ a reçu davantage de décorations que n'importe quelle autre unité de sa taille et dont le service a duré aussi longtemps. Cela pourrait très bien être vrai. J'ai nuancé ici cette affirmation après en avoir discuté avec Brian Niiya, l'historien de Densho, car c'est une affirmation très difficile à établir de manière empirique. D'après lui, cette affirmation est apparue en référence au 100ᵉ bataillon d'infanterie à l'automne 1944 avant de s'élargir pour inclure tout le 442ᵉ régiment. Bien qu'il soit indubitable que le régiment entier se soit vu décerner un nombre disproportionné d'honneurs durant la Seconde Guerre mondiale, je n'ai pas trouvé une analyse statistique comparative prouvant qu'aucune autre unité ne s'en était vu attribuer davantage. L'attribution de la Medal of Honor à Sadao Munemori est décrite dans « Nation's Highest Honor Given Japanese American Who Gave Life to Save Comrades in Italy », *Pacific Citizen*, 16 mars 1946. La citation du président Truman « Ces actes honteux » apparaît dans un certain nombre de sources, dont l'entrée « Harry S. Truman » de la *Densho Encyclopedia*. C'est également la source de la citation « Vous ne vous êtes pas battus seulement contre l'ennemi ». Mon résumé du traitement reçu après-guerre par les réfractaires Nisei à la conscription est issu essentiellement des entrées « Draft Resistance » et « JACL Apology to Draft Resisters » de la *Densho Encyclopedia*.

Fred Shiosaki évoque les difficultés rencontrées lors de son retour à la vie civile dans son interview Densho de 1998 ainsi que dans les interviews menées par mes soins. La citation « Tu étais encore en train de hurler » est extraite de l'interview Densho de même que la citation « une bande de bridés ». J'en ai appris davantage au sujet de Lily Nakai dans une nécrologie publiée par la Harvey Family Funeral Home en 2016. La citation « sales bridés » est extraite de John C. Hughes, « Fred Shiosaki : The Rescue of the Lost Battalion », Legacy Washington, bureau du Secrétaire d'État, Olympia (Wash.), 2015, de même que la citation « Nom de

Dieu, tu y es un peu pour quelque chose ». Certaines des informations au sujet de l'existence par la suite des Shiosaki sont extraites d'une correspondance électronique avec Michael Shiosaki et d'un article en ligne de Patricia Bayonne-Johnson, « Northwest Railroad Pioneer Kisaburo Shiosaki », sur le site web 4comculture. com. Des informations supplémentaires sur la blanchisserie – ainsi que la citation « un bûcheron de 2 mètres dans un corps de 1,70 mètre » – proviennent de Stefanie Pettit, « Hillyard Laundry Building Has Colorful Past », *Spokesman-Review*, 11 décembre 2008.

La description de l'état d'esprit de Rudy Tokiwa quand il est rentré, y compris ses cauchemars, est tirée de l'interview de Judy Niizawa menée par mes soins et de l'interview de cette dernière menée par Fumi Tokiwa Futamase le 30 décembre 1995. Mon résumé de la suite de la vie de Rudy Tokiwa est également largement tiré de l'interview de Judy Niizawa menée par mes soins, ainsi que du propre récit de Rudy Tokiwa dans son interview Densho de 1998 et d'une autre interview Densho, menée plus tôt, le 13 septembre 1997. Judy Niizawa a participé activement aux côtés de Rudy Tokiwa au mouvement national de réparation, elle fut donc capable de me fournir de nombreuses informations à ce sujet ainsi qu'à propos des effets secondaires des blessures de Rudy Tokiwa. La citation « Nous allons prendre cette colline » est extraite du *Salinas Californian*, 27 juillet 1987. La citation « Mais bon Dieu, qu'est-ce que vous foutez là, bande d'enfoirés ? » et mon récit des événements l'entourant proviennent de l'interview Densho de Rudy Tokiwa en 1997. Le propos « mise en œuvre sans des motifs adéquats de sécurité » est cité du Civil Liberties Act de 1988 et peut être consulté dans l'entrée de la *Densho Encyclopedia* qui lui est consacrée, dont l'auteure est Sharon Yamoto. La citation de Rudy Tokiwa « Je pense avoir fait mon boulot » est tirée de son interview Go for Broke de 2002.

Kats Miho a parlé dans son récit sur le site Hawai'i Nisei Story de sa sensation d'errance quand il est revenu à Hawaï. Lorsque je l'ai interviewée, Mariko Miho m'a donné l'essentiel des mêmes informations et a également partagé avec moi l'histoire de la rencontre de ses parents, du début de leur histoire d'amour et de leur mariage. Elle fut également la source de l'essentiel de mes informations sur la carrière politique de Kats Miho. Mon récit de la session du Parlement de l'État d'Hawaï est tiré en grande partie de « State Legislators Well Aware They're Making Island History », *Honolulu Star-Bulletin*, 31 août 1959, ainsi que de « First Hawaii State Legislature Convenes », *Honolulu Star-Bulletin*, 31 août 1959. Les informations sur les décès de Katsuichi, Ayano et Kats Miho sont issues essentiellement de mon interview de Mariko Miho.

Mon bref récit des vies d'Hiro Higuchi et de Masao Yamada est tiré de leurs biographies sur le 100th Infantry Battalion Veterans Education Center. Le court résumé du reste de la vie de George Oiye est tiré de George Oiye, *Footprints in My Rearview Mirror : An Autobiography and Christian Testimony of George Oiye*, Xulon Press, 2003, p. 163-262, ainsi que de l'entrée qui lui est consacrée dans la *Densho Encyclopedia*. Ce qui concerne Sus Ito est tiré de John Fleischman, « Extraordinary Life of ASCB Founding Member Susumu Ito », sur le site web de l'American Society for Cell Biology, de « Exhibit : Before They Were Heroes : Sus Ito's World », sur le site web des Japanese-American in Boston, et de la nécrologie, « Susumu "Sus" Ito 1919-2015 », *Boston Globe*, 4 octobre 2015. J'ai appris beaucoup de choses à propos du Gordon Hirabayashi Recreational Site en lisant l'article rédigé par Jim Erikson au sujet du site dans le *Arizona Daily Star*, 8 novembre 1999, reproduit sur tucson.

com le 6 janvier 2012. La citation « J'ai toujours gardé la tête haute » apparaît sur la photographie de l'un des panneaux illustrant l'article de Mark Duggan « The Kinds of Things He Believed, He Tried to Live », sur le site web Open Range. Des informations supplémentaires au sujet de Gordon Hirabayashi proviennent de Julie Garner, « Gordon Hirabayashi, 1918-2012 », *University of Washington Magazine*, 1ᵉʳ mars 2012. D'autres informations biographiques peuvent être trouvées dans la « biographical note » introduisant les Gordon K. Hirabayashi Papers sur le site web Archives West. Et, en fin de compte, je dois beaucoup à Jay Hirabayashi pour son hommage émouvant et instructif à ses parents, « Remembering Gordon and Esther Hirabayashi », sur le site web de la National Association of Japanese Canadians s'agissant des informations sur les derniers jours de Gordon. L'ultime citation, « À moins que les citoyens ne soient prêts à se lever pour défendre la Constitution, elle ne vaut pas le papier sur lequel elle est écrite », est extraite du discours du président Obama citant lui-même Gordon Hirabayashi à la Maison Blanche, le 29 mai 2012.

Crédits iconographiques

Table

CET OUVRAGE
A ÉTÉ MIS EN PAGES PAR NORD COMPO
REPRODUIT ET ACHEVÉ D'IMPRIMER
EN MARS 2023
DANS LES ATELIERS DE NORMANDIE ROTO IMPRESSION S.A.S.
61250 LONRAI

N° d'imprimeur : 2300467
Dépôt légal : avril 2023
Imprimé en France

ACHEVÉ D'IMPRIMER
EN FÉVRIER 1993